漢譯《法華經》三種譯本比對暨研究(全彩版)

附：《薩曇分陀利經》之研究

果濱 撰

自序

本書題名為**漢譯《法華經》三種譯本比對暨研究（全彩本）**，後面還附上末學一篇**《薩曇分陀利經》之研究**論文(計 3 萬 2 千多字)，整本書計有 *52 萬 5* 千字；是末學研究及教學《法華經》多年之作。早從 2003 年開始，便由前中華佛學研究所所長李志夫為總主持人、法鼓佛教學院惠敏法師兼校長領導的「**法華經數位資料庫**」(Saddharmapuṇḍarīka database)已在網路上陸續釋放研究成果(詳見網址 http://sdp.chibs.edu.tw/)，目前為 2010 Version2。「**法華經數位資料庫**」裡面有三個漢譯的版本，還有九本以上的「**梵本法華經**」、英譯及藏譯的《法華經》諸多版本比對，並提供「**數位檢索**」，堪稱為《法華經》數位資料比對最詳細的一個大工程。但這「**法華經數位資料庫**」仍限於「**數位**」上的「**純經文比對**」檢索，沒有艱澀難字的「**注釋與研究**」，也沒有「**紙本**」式的流覽上來的方便。另一個就是網路上流傳多年的「**妙法蓮華經三個版本比較**」電子版(http://www.puming.org/download/mflhj_pm/01（大正藏）经文/妙法莲华经%20 三个版本比较.htm➜按取網址，就可下載)，已將《法華經》三個版本歸納成一條一條式的「**表格**」模式，但沒有「**造字**」，也沒有重新標點符號，歸納的很「**籠統**」，錯誤頗多。

本書**漢譯《法華經》三種譯本比對暨研究（全彩本）**，重新將三種漢譯的《法華經》歸納整理，除了保留原有的「**卷名、品名**」外，另自行給每一段再細分「**小標題**」，只要看到「**小標題**」就可知道經文的「**大綱**」內容，增加閱讀的速度。三種漢譯《法華經》中最令人頭痛的就是燉煌菩薩竺法護的譯本《正法華經》，如日本的研究學者岩本裕曾說：「**《正法華》晦澀難懂，難以卒讀**」。然而這位西晉竺法護大師譯經所涉及的範圍及翻譯的數量都是中國古代最多的(竺法護譯經約 154 部 309 卷。而鳩摩羅什譯經約 35 部 294 卷)，整個譯經的活動至少長達 40 年以上(公元 265～308 年)，無怪乎梁・僧祐(公元 445～518)撰的《出三藏記集・卷八》中就推崇竺法護說「**經法所以廣流中華者，護(竺法護)之力也**」。又讚歎竺法譯的譯經是：「**言准天竺，事不加飾，悉則悉矣，而辭質勝文也**」

竺法護譯的《正法華經》是所有《法華經》譯本最早(公元 286 年譯出)、最原始、最圓滿、最豐富的譯本，可惜歷代研究或講解《正法華經》者只有十餘人而已(據已發現的文獻而言)，因為真的是「**晦澀難懂，難以卒讀**」。本書在內文中特地開了「**《正法華經》聖賢錄**」一節，整理了曾對《正法華經》研究或講解的歷代「**聖賢人物**」。除了竺法護本人外，還有西晉・康那律法師、西晉・闕公則居士、東晉・曇影法師、東晉・曇邃 法師、東晉・智賢法師、東晉・法義法師。加上唐末五代後晉・可洪撰《新集藏經音義隨函錄・卷五・正法華經》、唐・玄應撰《一切經音義・卷二十八・正法花經》，之後就再也沒有與《正法華經》相關的作品問世了。一直到民國以來對《正法華經》的「**艱澀文字**」做出最多供獻的是日人辛嶋靜志撰《正法華經詞典》，該《詞典》收錄四千餘條詞語並作詳細解釋(所依據的梵本是 Kern-Nanjio 校刊本，及「**中亞**」

出土的寫本。但所有研究《法華經》的資料都說：法護和羅什當年所譯的梵文「原典」確實早已散佚，目前只能就「現今」所發現多種「外文資料」進行對勘還原，請參閱內文「六、梵本問題」)，但解釋完全採用「英文」釋義，如「獲逮」字，解作 "obtains, attains"。如「饑虛」，解作 "starved, hungry"。沒有「中文」的解釋。最後一位就是 2011 年 1 月浙江大學康振棟所撰寫的博士論文〈竺法護翻譯佛經詞彙研究--以《正法華經》詞彙爲中心〉，康振棟也參考了辛嶋靜志《正法華經詞典》一書，並進一步考釋竺法護譯經中出現的一批難以理解的詞語，共計三佰餘條。

　　無論是日人辛嶋靜志的《正法華經詞典》，或康振棟的〈竺法護翻譯佛經詞彙研究--以《正法華經》詞彙爲中心〉都是在解釋《正法華經》那些艱澀的「字詞、字句」，並沒有整部經從頭到尾與另二個《法華經》譯本作詳細的「比對」整理。末學這部漢譯《法華經》三種譯本比對暨研究(全彩本)將是第一部詳盡的將三種譯本作「比整」整理的全彩書，除了《正法華經》的「偈頌」無法與另二個譯本作「比對」外，其餘的所有內容都已作出詳細的「比對」，並加上難字的「注音」及「解釋」，所有的「造字」也都進行處理。

　　在中國有關《法華經》的歷代註釋，從漢到唐朝就有「四千多卷」，數量多到不可思議！目前《大正藏》收有九家十五種，《卍續藏經》也收有四十七家六十六種，加上「香光尼眾佛學院圖書館」所整理的「妙法蓮華經研究書目」(詳 http://www.gaya.org.tw/library/readers/guide-28.htm)，上千筆有關《法華經》論文資料多到眼睛可能要「脫窗」了，足見漢人喜歡這部《法華經》的程度！但末學相信無數您收藏過多少本有關《法華經》的著作，這一本《法華經》是有史以來的全彩本--您絕對不可錯過！正如《法華經》第六卷之〈隨喜功德品第十八〉中說：「是諸人等，聞(《法華經》)已「隨喜」，復行「轉教」(他人)；餘人聞已，亦隨喜「轉教」。如是展轉至「第五十」。阿逸多(彌勒菩薩)！其「第五十」(之)「善男子、善女人」，(其)「隨喜」(《法華經》之)功德，我今說之，汝當善聽」！佛便舉喻說，若有一「大施主」布施「財寶」與「法義」與眾生，令彼皆得「阿羅漢果、八解脫」；此功德仍不及「第五十人」聞《法華經》「一偈」而生的「隨喜」功德啊！

　　最後祈望所有研究《法華經》的佛教四眾弟子、教授學者們皆能從這本書中獲得全新的「法喜」。末學在教學繁忙之餘，匆匆編撰，錯誤之處，在所難免，猶望諸位大德教授，不吝指正，爰聊綴數語，以為之序。

公元 2013 年 8 月 20　果濱序於土城楞嚴齋

本書閱讀方式：

✺為了符合現代人閱讀的方便，筆者已在每個人名、地名、法號、字號下皆劃上「底線」。另外電腦沒有的字也都進行了「造字系統」，儘量與藏經的「文字」一模一樣(據 CBETA 電子版及《大正藏》紙本互相對校)，以保持「原貌」，相信可以讓此書更加完美。底下就「看圖解說」吧！

「族姓子、女」是指「善男子、善女人」

薄首指的是文殊菩薩

西晉・竺法護譯《正法華經》	後秦・鳩摩羅什譯《妙法蓮華經》	隋・闍那崛多、達磨笈多共譯《添品妙法蓮華經》
❷於是溥ㄆㄛˊ首(文殊)告慈氏、諸大士眾會者「族姓子、女」(善男子、善女人)：吾心惟忖ㄘㄨㄣˇ(思惟忖度;思惟推測)，今者(釋迦)如來，	❷爾時文殊師利語彌勒菩薩摩訶薩及諸「大士、善男子」等：如我(文殊菩薩)惟忖ㄘㄨㄣˇ(思惟忖度;思惟推測)，今(釋迦)佛世尊，	❷是時文殊師利語彌勒菩薩摩訶薩及諸「大士、善男子」等：如我(文殊菩薩)惟忖ㄘㄨㄣˇ(思惟忖度;思惟推測)，今(釋迦)佛世尊，
注音 ❶當敷大法、演無極典。❷散大法雨。❹擊大法鼓。❸吹大法。❺講無量法。	❶欲說大法。❷雨ㄩˋ 大法雨。❸吹大法螺。❹擊大法鼓。❺演大法義。	❶欲說大法。❷雨ㄩˋ 大法雨。❸吹大法螺。❹擊大法鼓。❺演大法義。

我指的是文殊菩薩

這是「忖」字的解釋

釋迦2字是加上去的補充說明

漢譯《法華經》三種譯本比對暨研究(全彩版)

附:《薩曇分陀利經》之研究

果濱 撰

自序

字數統計
統計:
頁數 595
字數 525,234
字元數 (不含空白) 543,091
字元數 (含空白) 556,237
段落數 15,911
行數 48,603
半形字 31,819
全形字 493,415
☐含文字方塊、註腳及章節附註(F)
關閉

本書題名為**漢譯《法華經》三種譯本比對暨研究(全彩本)**，後面還附上末學一篇**《薩曇分陀利經》之研究**論文(計3萬2千多字)，整本書計有 *52* 萬 *5* 千字；是末學研究及教學《法華經》

多年之作。早從 2003 年開始，便由前中華佛學研究所所長李志夫為總主持人，法鼓佛教學院

──目錄及頁碼──

開慧的《楞嚴》，成佛的《法華》

一、開慧的《楞嚴》，成佛的《法華》

明·交光 真鑑大師云：
然《法華》與「斯經」（《楞嚴經》）雖皆「攝末歸本」之真詮，而《法華》但以「開其端」，而「斯經」（《楞嚴經》）方以竟其說矣！我故嘗敘「斯經」（《楞嚴經》）為《法華》堂奧、《華嚴》關鍵，誠有見於是耳。
—《楞嚴經正脈疏懸示》。《卍續藏》第十八冊頁 289 上。

明·交光 真鑑大師云：
夫諸佛出世，本只為說《華嚴》，而四十年後，乃稱《法華》為一大事者，以《法華》於施「權」之後，復「攝諸教」歸《華嚴》耳。今斯經（《楞嚴經》）前五因緣（指「畢竟廢立、的指知見、發揮實相、改無常見、引入佛慧」等五因緣），圓《法華》不了之公案，啟《華嚴》無上之要關，所謂莫大之因緣，豈小小哉」？
—《楞嚴經正脈疏懸示》。《卍續藏》第十八冊頁 289 上—下。

明·紫柏 真可大師云：
「首楞嚴」，此言一切事究竟堅固，一切事究竟堅固，即《法華》觸事而真也，第名異而實同……倘能悟此，則《楞嚴》與《法華》字字皆「實相頂佛」也」。
—《紫柏尊者全集·卷十四》。《卍續藏》第一二六冊頁 875 下—876 上。

明·幽溪 傳燈大師云：
佛之知見也，蓋一代時教，統為《法華》「佛知見」而設，獨《楞嚴》一經，明「佛知見」最親。而謂之意別者，《法華》雖曰「諸佛如來為大事因緣，開示悟入佛之知見」，經文初，未嘗見「一言」道及此義。
—《楞嚴經圓通疏前茅·卷上》。《卍續藏》第八十九冊頁 492 上。

明·幽溪 傳燈
　　明傳燈，姓葉，衢洲人，幽溪 高明寺僧。少從進賢 映庵禪師薙髮，隨謁百松法師，聞講《法華》，恍有神會，次問《楞嚴》大定之旨，百松瞪目周視，燈即契入，百松以「金雲紫袈裟」授之。一生修《法華》、《大悲》、《光明》、《彌陀》、《楞嚴》等懺，無虛日。卜居幽溪 高明寺，先有士人葉祺，葬親寺後，夢神云：「此聖道場地，將有肉身菩薩，大作佛事，可速遷」。祺不信，俄舉家病困，懼而徙焉。翌日，燈至，即其地立「天台」祖庭，學侶輻湊，嘗於新昌大佛前登座豎義，眾聞石室中「天樂」鏗鏘，講畢乃寂。
　　嘗著《生無生論》，融會三觀，闡揚淨土法門。又註《楞嚴》、《維摩》等經，凡染翰，必被戒衲，前後應講席七十餘期。年七十五，預知時至，手書「妙法蓮華經」五字，復高唱經題者再，泊然而寂。（詳於《法華持驗》、《淨土法語》、《淨土聖賢錄》等。參閱《淨土生無生論會集》。CBETA, X61, no. 1169, p. 876, b // Z 2:14, p. 44, d // R109, p. 88, b）。

明·柴紫 乘旹大師云：
此經（《楞嚴經》）不獨該通五教，亦且圓攝三宗，蓋《法華》、《華嚴》等經，互貫諸經之堂奧者也。而《楞嚴》一經兼貫《法華》等經之脈絡者也。非遍閱諸經者，詎識此經之微妙？非熟

諙此經(《楞嚴經》)者，又詎知其為諸經之綱領乎？
—明・乘旹大師《楞嚴經講錄・卷一》。《卍續藏》第八十九冊頁 890 上。

清・劉道開居士云：

《法華》為「佛全身」，此經(《楞嚴經》)為「如來頂」，顯斯經(《楞嚴經》)為《法華》中精要之義也。
—劉道開《楞嚴經貫攝・卷一》。《卍續藏》第二十三冊頁 97 下。

清・徐元文居士云：

《蓮華》(《妙法蓮華經》)、《楞嚴》尤為教乘至寶。然《蓮華》(《妙法蓮華經》)為佛全身，而《楞嚴》為佛之頂，則以此經究竟堅固，始「乾慧」以迄「等覺」，莫不因頂薰修，直踏毘盧頂上，為大覺最尊勝之法，蓋作佛之淨梁，而(為)《蓮華》(《妙法蓮華經》)之精要也，開佛知見，舍此蔑由。所以自「天台」以來，前賢接踵，代有闡發。雖繁簡不同，而「婆心」(仁慈心)則一。
—清・徐元文之「《楞嚴經貫攝》序」。《卍續藏》第二十三冊頁 91 下。

二、譯者介紹

1 竺法護

1. 梵名 Dharmarakṣa。又稱支法護。西晉譯經僧。音譯作曇摩羅刹、曇摩羅察。祖先為月支人，世居敦煌。八歲出家，師事竺高座，遂以竺為姓。

2. 竺法護本性純良而好學，每日誦經「數萬言」，並博覽六經，涉獵百家。其時，關內京邑雖禮拜寺廟、圖像，然諸大乘經典未備，竺法護乃立志西行，後遍通西域三十六國之語文。

3. 據《法華傳記・卷一》載，竺法護於西晉・武帝 泰始元年（265）攜帶大批「胡本經典」至東土，居於長安、洛陽，專事譯經，有聶承遠、仁法乘、陳士倫等人參與筆受、校對等工作。

4. 西晉・武帝（265～291 在位）末年，竺法護在長安 青門外營建寺院，精勤行道，廣布德化二十餘年。後示寂於囑西晉・愍帝 建興年間（313～316）。或謂竺法護於西晉・惠帝（291～305 在位）西奔之頃而病逝，世壽七十八。時人稱竺法護為月支菩薩、敦煌菩薩、敦煌開士、本齋菩薩。

5. 有關竺法護所譯經典部數，據出《三藏記集・卷二》所載，共有：《光讚般若》、《普曜》、《大哀》、《度世品》、《持心》、《首楞嚴》、《賢劫》、《維摩》、《無量壽》、《正法華》等大乘經典凡一五四部，三〇九卷。譯出時間約在西晉・武帝 泰始年間（265～274），至西晉・懷帝 永嘉二年(308 年)，或謂是至西晉・愍帝 建興元年(313 年)。

6. 竺法護於西晉・武帝 太康六年（286 年）所譯之《正法華經》問世後，東土漢人始知有觀音之名，且因而有靈驗之說與觀音信仰之開始。

7. 又據《歷代三寶紀・卷六》，依諸經錄而增列竺法護之譯作為二一〇部，三九四卷。《開元釋教錄・卷二》則刪減為一七五部，三五四卷，而以譯經年代為自西晉・武帝 泰始二年至西晉・愍帝 建興元年。（以上資料據《佛光大辭典》再略作修訂）

2 鳩摩羅什

1. 梵名 Kumārajīva（344～413，一說 350～409）。又作究摩羅什、鳩摩羅什婆、拘摩羅耆婆。略稱羅什、什。意譯作童壽。東晉龜茲國（新疆疏勒）人。中國「四大譯經家」之一。

2. 鳩摩羅什父母俱奉佛出家，素有德行。羅什自幼聰敏，七歲從母入道，遊學天竺，徧參名宿，博聞強記，譽滿五天竺。後歸故國，王奉為師。

3. 前秦苻堅聞其德，遣將呂光率兵迎之。呂光西征既利，遂迎羅什，然於途中聞苻堅敗沒，遂於河西自立為王，羅什乃羈留涼州十六、七年。直至後秦姚興攻破呂氏，羅什始得東至長安，時為東晉・隆安五年（401）。

4. 姚興禮鳩摩羅什為國師，令鳩摩羅什居於逍遙園，與僧肇、僧嚴等從事譯經工作。

5. 自後秦弘始五年（403）四月，羅什先後譯出《中論》、《百論》、《十二門論》(以上合稱三論)、《般若》、《法華》、《大智度論》、《阿彌陀經》、《維摩經》、《十誦律》等經論，有系統地介紹龍樹中觀學派之學說。

6. 鳩摩羅什譯經之總數說法不一，《出三藏記集》稱三十五部，二九四卷；《開元釋教錄》則謂七十四部，三八四卷。

7. 自佛教入傳，漢譯佛經日多，但所譯多滯文格義，不與原本相應，羅什通達多種外國語言，

所譯經論內容卓拔，文體簡潔曉暢，至後世頗受重視。其時，四方賢俊風從，羅什悉心作育，皆得玄悟。

8. 羅什一生致力弘通之法門，當為「般若系」之大乘經典，與龍樹、提婆系之中觀部論書之翻譯。所譯之經典，對中國佛教之發展有很大之影響；《中論》、《百論》、《十二門論》，道生傳於南方，經僧朗、僧詮、法朗，至隋之吉藏而集三論宗之大成；再加上《大智度論》，而成四論學派。

9. 此外，鳩摩羅什所譯之《法華經》，乃肇啟「天台宗」之端緒。

《成實論》為「成實學派」之根本要典。

《阿彌陀經》及《十住毘婆沙論》為「淨土宗」所依之經論。

《彌勒成佛經》促成了「彌勒信仰」之發達。

《坐禪三昧經》之譯出，促成了「菩薩禪」之流行。

《梵網經》一出，中土得傳「大乘戒」。

《十誦律》則提供了研究「律學」之重要資料。

10. 羅什門下有僧肇、道生、道融、僧叡、曇影、僧導等，名僧輩出，蔚成「三論」與「成實」兩學派。故羅什亦被尊為「三論宗」之祖。居十二年而入寂，時為東晉・義熙九年，世壽七十。或謂義熙五年示寂。

11. 又據《梁高僧傳》記載，姚興以鳩摩羅什為聰明超凡之輩，不欲其無嗣，遂以「女十人」逼令受之。元魏・孝文帝曾至洛陽，遣使覓羅什之後嗣，委任以「官爵」。迨至隋世，關中鳩摩氏猶有顯者，或即羅什之後人。(以上資料據《佛光大辭典》再略作修訂)

3 闍那崛多

1. 梵名 Jñānagupta（523～600）。意譯為「德志、至德、佛德、志德」。陳隋時代的僧人，為北印度 犍陀羅國人。

2. 闍那崛多自幼即入大林寺出家，師事闍那耶舍、闍若那跋達囉。後闍那崛多巡禮聖蹟，至諸方弘法，曾至迦臂施國、厭怛國、于闐、吐谷渾等地。北周・明帝 武成年間（559～560），闍那崛多偕師耶舍、跋達囉及同參耶舍崛多等來至長安，住於草堂寺。未久，闍那崛多入四天王寺從事譯經工作，譯出《十一面觀世音神咒經》、《金仙問經》等。後闍那崛多任益州僧主，止於龍淵寺。

3. 北周・武帝滅法時，逼令僧眾受爵返俗，闍那崛多以不屈而遭流放。乃經甘州入突厥，未久，耶舍與跋達囉相繼入寂。闍那崛多則與北齊僧惠琳、寶暹等相遇，共居於突厥而翻譯經典，並習禪定。隋興，文帝遣使請還，敕闍那崛多主譯事，法席移至大興善寺。

4. 闍那崛多共譯出《佛本行集經》、《大法炬陀羅尼經》、《添品妙法蓮華經》、《起世經》等，計三十七部，一七六卷，及梵文古書世典等二百餘卷。後因事擯流東越，邊陲土人多為所化。開皇二十年示寂，世壽七十八。（以上資料據《佛光大辭典》再略作修訂）

4 達摩笈多

1. 梵名 Dharmagupta（？～619）。又作達摩崛多、笈多、法密、法藏。隋代譯經僧。本為南印度羅囉國人，為剎帝利種姓。達摩笈多二十三歲便於中印度 究牟地僧伽藍出家，二十五歲受具足戒。

2. 達摩笈多後與同伴六人東行，歷遊沙勒、龜茲、烏耆、高昌、伊吾、瓜州等地，於開皇十年（590）抵達長安，同伴或歿或留中途，入京時僅達摩笈多一人，奉敕住於大興善寺。

3. 大業二年（606），達摩笈多與闍那崛多（Jñānagupta）於洛陽創設「翻經院」（官立譯經機構），達摩笈多譯有《大集念佛三昧經》、《攝大乘論釋》等九部四十六卷。

4. 達摩笈多生性柔和，威容祥正，端居寡欲，居止三十年，學者風從。後於唐・高祖 武德二年入寂於洛汭，世壽不詳。（以上資料據《佛光大辭典》再略作修訂）

三、譯本介紹

據《開元釋教錄》卷十一及卷十四中說，本經先後有六譯：

一、**《法華三昧經》**六卷。吳・支疆梁接（或譯成支彊良接，魏言正無畏）於孫亮五鳳二年（公元255）譯。

二、**《薩芸芬陀利經》**六卷。西晉・竺法護於秦始元年（公元265）譯（前譯）。

三、**《正法華經》**十卷。西晉・竺法護於西晉武帝太康七年（公元286）譯（後譯）。

四、**《方等法華經》**五卷。東晉・沙門支道根於咸亨元年（公元335）譯。

五、**《妙法蓮華經》**七卷（後世改八卷）。姚秦・鳩摩羅什於弘始八年（公元406）譯。

六、**《添品妙法蓮華經》**七卷。隋・闍那崛多、達摩笈多於仁壽元年（公元601）譯。

- 近代研究《法華經》的學者認為：支疆梁接（或譯成支彊良接，魏言正無畏）與支道根的譯本應屬誤傳，實際上可能是不存在的(參閱《中華佛教百科全書》中《法華經》的介紹)！

- 上述六譯本中，竺法護一人就有兩譯《正法華經》與《薩芸芬陀利經》，可能也是誤傳。如唐・智昇《開元釋教錄・卷十四》中云：

謹按(費)長房《錄》。其《正法華》是竺法護，太康七年(公元 286)譯，見《聶ㄋㄧㄝˋ道真錄》。復云太始元年(公元 265)譯《薩芸芬陀利經》六卷，出竺道祖《錄》，同是一經，不合再出。名目既殊，本復存沒，未詳所以。或可「薩芸芬陀利」是梵語，「正法華」是晉名。梵晉俱存，錄家誤也。

從智昇的推測來看，竺法護的譯本應只有一本，不會有二種譯本出現。

- 傳統的佛教目錄都稱《添品妙法蓮華經》是崛多、笈多兩人完成，實際還應該加上那位不知名的〈添品妙法蓮華經序〉的「作者」，疑或為彥琮ㄘㄨㄥˊ這個人。

- 《妙法蓮華經》有「七卷、二十七品」，因它意義通達，無有晦澀，在當時成為最為「流通」的版本，但原本此經中並無〈**提婆達多品**〉和〈**普門品**〉的長偈頌。其後，闍那崛多、達摩笈多加譯《妙法蓮華經》之不足，故另稱作《添品妙法蓮華經》。

- 至於現今所見的「流通版」《妙法蓮華經》，則是後人已將〈**提婆達多品**〉和〈**普門品**〉偈頌加入羅什的《妙法蓮華經》中而成為「八卷、二十八品」的讀誦本。

- 漢譯《妙法蓮華經》原有六種，現存僅如下三種：

1. 竺法護譯《正法華經》十卷二十七品（譯於公元 286）。《正法華經》譯文最詳密。
2. 鳩摩羅什譯《妙法蓮華經》八卷（譯於公元 406），《妙法蓮華經》譯文簡約，然流傳亦最廣，一般佛徒所誦者皆為此譯本。
3. 闍那崛多與達磨笈多譯《添品妙法蓮華經》七卷二十七品（譯於公元 601）。

- 佛教東傳入中國後，譯出的經典數以千計，所謂「浩如煙海、汗牛充棟」。其實，真正引起中國關注並產生巨大影響的經典不過「十來」部，《妙法蓮華經》就是其中之一。南北朝至盛唐，《妙法蓮華經》的影響更是「如日中天」。「天台宗」以《妙法蓮華經》而「立宗開派」，「三階教」便模仿《妙法蓮華經》的常不輕菩薩行。

�֎ 「敦煌遺書」中保存唐高宗時期的「宮廷寫經」，雖有四、五十號，實際只包括兩部經：《妙法蓮華經》與《金剛經》。其中僅《妙法蓮華經》卷三就存有十號，也就是說，當時唐王朝頒賜到敦煌的《妙法蓮華經》至少應有十部。這也說明《妙法蓮華經》在當時影響之大。

《妙法蓮華經》

1. 梵名 Saddharma-puṇḍarīka sūtra。凡七卷，或八卷。略稱《法華經》、《妙法華經》。今收於大正藏第九冊。為大乘佛教要典之一。共有二十八品。
2. 「**妙法**」，意為所說教法微妙無上；
   「**蓮華**」經，比喻經典之潔白完美。
   據推測，其原典之成立可溯自「公元」之前後。
3. 該經主旨，認為小乘佛教各派過分重視形式，遠離教義真意，故為把握佛陀之真精神，乃採用詩、譬喻、象徵等文學手法，以讚歎永恆之佛陀 (久遠實成之佛)。
4. 稱釋迦成佛以來，壽命無限，現各種化身，以種種方便說微妙法；重點在弘揚「三乘歸一」，即「聲聞、緣覺、菩薩」之「三乘」歸於「一佛乘」，調和「大、小」乘之各種說法，並認為「一切眾生皆能成佛」。
5. 表現雖為文學性，然主旨則契入佛陀說教之真正思想。
6. 各品「成立之年代」雖然互異，然自整體觀之，仍不失渾然統一，在佛教思想史、佛教文學史上具有不朽之價值。
   (以上資料據《佛光大辭典》再略作修訂)

《妙法蓮華經》注釋

1. 印度早有世親為作略解，稱 **《妙法蓮華經憂波提舍》** 二卷 (菩提流支、曇林等譯)。
2. 中國自鳩摩羅什後，注釋者亦屢有所出，初有南朝宋代竺道生之《法華經疏》二卷，繼之有光宅寺《法雲之義記》八卷、智顗之《法華三大部》、吉藏之《義疏》十二卷與《玄論》十卷、窺基之《玄贊》二十卷等；其中，智顗且基於「本經」而創立「天台宗」。
3. 日本聖德太子注義疏以後，此經便成為日本「鎮護國家」的三部經之一，古來即受到尊信。
4. 最澄於日本開「天台宗」後，該經更成為佛教教學之中心、新佛教之主幹，而支配日本佛教界。
5. 本經之「梵文本」近年於新疆之喀什噶爾 (Kashgar) 等地發現，於 1852 年，法國學者布諾夫 (Eugène Burnouf) 自「梵文」譯成「法文本」出版。其後復有「英譯本」、「日譯本」(梵和對照)。
   (以上資料據《佛光大辭典》再略作修訂)

《妙法蓮華經》流布

1. 本經自古以來為流布最廣之經，於《大般泥洹經》、《大般涅槃經》、《優婆塞戒經》、《觀普賢菩薩行法經》、《大乘本生心地觀經》、《大佛頂首楞嚴經》等諸經，及《大智度論》、《中論》、《究竟一乘寶性論》、《攝大乘論》、《佛性論》、《入大乘論》等諸論中，皆嘗舉出本經「經名」，並援引經中文義。
2. 在一般的「道教」典籍中，亦屢屢盜用本經的「經文」與「經說」，再加以糅合竄改為他們的「宗教」典籍。
3. 在敦煌出土的經本中，竟出現《妙法蓮華經》之「**度量天地品第二十九**」、及「**馬明菩薩品第三十**」的內容。以上皆收於《大正藏》第八十五冊。

4.書寫《法華經》之風氣自古興盛，最早書寫本經而有文字可稽者為<u>西涼</u> <u>建初</u>七年（411），
即<u>鳩摩羅什</u>譯出本經的六年之後。

（以上資料據《佛光大辭典》再略作修訂）

四、三種譯本各品名稱差異

(1)《正法華經》之〈**藥草喻品**〉第五有兩組「長行」與「重頌」組成。而《妙法華經》之同品只有前一組「長行」與「重頌」，缺失後一組。見《大正藏》卷 9，頁 85 上第 19 行～頁 86 中第 17 行。

(2)《正法華經》之〈**授五百弟子決品**〉首部有一段「長行」與一段「重頌」，內容為「導師」帶人入海採寶。參見《大正藏》卷 9，頁 94 下第 11 行～頁 95 中第 28 行。但《妙法華經》相應之〈**五百弟子授記品**〉中無此內容。

(3)《正法華經》之〈**藥王如來品**〉第十由三組「長行」與「重頌」組成，但《妙法華經》相應之〈**法師品**〉祇有後兩組，缺失前一組。參見《大正藏》卷 9，頁 99 上第 25 行～頁 100 中第 13 行。

(4)《正法華經》在〈**寶塔品**〉第十一中有佛陀論提婆達多的內容，參見《大正藏》卷 9，頁 105 上第 27 行～頁 106 上第 25 行。而《妙法華經》相應之〈**見寶塔品**〉中則無此內容。

(5)《正法華經》把〈**囑累品**〉作為第二十七品，置於全經之最後；而《妙法華經》則把〈**囑累品**〉作為第二十二品，置於經文中間。

(6)據梵文本，〈**陀羅尼品**〉應為第二十一品，排在〈**如來神力品**〉之後。而《正法華經》、《妙法華經》卻都把該品放在〈**觀世音菩薩普門品**〉之後。

(7)據梵文本，〈**觀世音菩薩普門品**〉中應該有「重頌」，但《正法華經》、《妙法華經》中卻都沒有。

❶《正法華經》之「**藥草品**」，羅什譯為「藥草喻品」，其中有迦葉之問答及「日月生盲」之譬喻。

❷《正法華經》之「**授五百弟子決品**」，羅什譯為「五百弟子授記品」，其中有「入海取寶」之譬喻。

❸《正法華經》之「**藥王如來品**」，羅什譯為「法師品」，其中有寶蓋王及千子善蓋太子「法供養」之事。

❹《正法華經》中的咒語皆已翻梵為「漢」；《正法華經》之「**總持品**」，羅什譯為「陀羅尼品」。《正法華經》之「**樂普賢品**」，羅什譯為「普賢菩薩勸發品」。《正法華經》中有關「陀羅尼」之漢譯出入甚大。

❺《正法華經》將「**提婆達多品**」與「見寶塔品」合為「七寶塔品」。

❻《正法華經》之「**光世音普門品**」，羅什譯為「觀世音菩薩普門品」，《正法華經》中並無「重頌」。

❼《正法華經》將「囑累品」列於最後一品。

西晉・竺法護譯 《正法華經》	後秦・鳩摩羅什譯 《妙法蓮華經》	隋・闍那崛多、達磨笈多 共譯 《添品妙法蓮華經》
(公元 286)	(公元 406)	(公元 601)
第一卷	第一卷	第一卷
〈光瑞品第一〉	〈序品第一〉	〈序品第一〉
〈善權品第二〉	〈方便品第二〉	〈方便品第二〉

第二卷	第二卷	第二卷
〈應時品第三〉	〈譬喻品第三〉	〈譬喻品第三〉
〈信樂品第四〉	〈信解品第四〉	〈信解品第四〉
第三卷 〈藥草品第五〉	**第三卷** 〈藥草喻品第五〉 ✠中間以後缺文	**第三卷** 藥草喻品第五
〈授聲聞決品第六〉	〈授記品第六〉	〈授記品第六〉
〈往古品第七〉	〈化城喻品第七〉	〈化城喻品第七〉
第四卷 〈授五百弟子決品第八〉	**第四卷** 〈五百弟子受記品第八〉 ✠前文欠缺一些內容	**第四卷** 〈五百弟子受記品第八〉 ✠前文欠缺一些內容
〈授阿難、羅云決品第九〉	〈授學、無學人記品第九〉	〈授學、無學人記品第九〉
〈藥王如來品第十〉	〈法師品第十〉 ✠前文欠缺一些內容	〈法師品第十〉 ✠前文欠缺一些內容
〈七寶塔品第十一〉	〈見寶塔品第十一〉 ✠有缺一小段內容	〈見寶塔品第十一〉 ✠有缺一小段內容
〈梵志品第二十八〉	〈提婆達多品第十二〉	內容仍屬〈見寶塔品第十一〉
〈勸說品第十二〉	〈勸持品第十三〉	〈勸持品第十二〉
第五卷 〈安行品第十三〉	**第五卷** 〈安樂行品第十四〉	**第五卷** 〈安樂行品第十三〉
〈菩薩從地踊出品第十四〉	〈從地踊出品第十五〉	〈從地踊出品第十四〉
《如來現壽品第十五》	《如來壽量品第十六》	《如來壽量品第十五》
〈御福事品第十六〉 ✠後面有缺一小段內容	〈分別功德品第十七〉	〈分別功德品第十六〉
第六卷 〈勸助品第十七〉	**第六卷** 〈隨喜功德品第十八〉	**第六卷** 〈隨喜功德品第十八〉
〈歎法師品第十八〉	〈法師功德品第十九〉	〈法師功德品第十八〉
〈常被輕慢品第十九〉	〈常不輕菩薩品第二十〉	〈常不輕菩薩品第十九〉
〈如來神足行品第二十〉	〈如來神力品第二十一〉	〈如來神力品第二十〉
〈囑累品第二十七〉 ✠底下內容乃將《正法華經》及《添品妙法蓮華經》之〈囑累品第二十七〉往前移至此節，以作比對	〈囑累品第二十二〉	〈囑累品第二十七〉 ✠底下內容乃將《正法華經》及《添品妙法蓮華經》之〈囑累品第二十七〉往前移至此節，以作比對
〈藥王菩薩品第二十一〉	〈藥王菩薩本事品第二十三〉	〈藥王菩薩本事品第二十二〉

第七卷	第七卷	第七卷
〈妙吼菩薩品第二十二〉	〈妙音菩薩品第二十四〉	〈妙音菩薩品第二十三〉
〈光世音普門品第二十三〉	〈觀世音菩薩普門品第二十五〉	〈觀世音菩薩普門品第二十四〉
〈總持品第二十四〉	〈陀羅尼品第二十六〉	〈陀羅尼品第二十一〉
〈淨復淨王品第二十五〉	〈妙莊嚴王本事品第二十七〉	〈妙莊嚴王本事品第二十五〉
〈樂普賢品第二十六〉	〈普賢菩薩勸發品第二十八〉	〈普賢菩薩勸發品第二十六〉

	品名	大綱
第一卷	〈序品第一〉	(1)世尊先為眾人宣說《**無量義 教菩薩法 佛所護念經**》(即《無量義經》)後，即入「**無量義處三昧**」，出定後照耀東方「一萬八千國土」而現種種瑞相，讓「彼、此」世界皆能互見。此為佛將說《法華經》之緣起。 (2)彌勒菩薩欲問文殊師利菩薩世尊為何現「瑞相」之因緣？於是世尊便宣說過去日月燈明如來、妙光菩薩皆相繼宣說《法華經》之因緣。
	〈方便品第二〉	(1)世尊宣說唯佛與佛乃能究盡之「**諸法實相**」，「**十如是**」即是「**諸法實相**」。 (2)舍利弗知四眾弟子心中有疑，故代大眾「三請」世尊說法，然會中有「**罪根深重、增上慢、未得謂得、未證謂證**」五千人禮佛而退。佛亦默然不制止。 (3)佛以「一大事因緣」出現於世，欲令眾生「**開、示、悟、入**」佛之知見。 (4)如來但以「一佛乘」為眾生說法，亦施「**善權方便**」而於「一佛乘」分別說有「三乘」。
第二卷	〈譬喻品第三〉	(1)佛開始為諸聲聞說《法華經》，並授記舍利弗於未來世為華光如來。 (2)諸有智者需以「譬喻」得解，眾生需以「**羊車、鹿車、牛車**」等種種珍翫奇異諸物為「誘」引，始願出離「三界」火宅。故如來初說「**羊車**」(聲聞乘)、「**鹿[馬]車**」(辟支佛乘;緣覺乘)、「**牛[象]車**」(大乘菩薩)這「三乘」引導眾生，後但唯以「一佛乘」(大白牛車)而度脫眾生。
	〈信解品第四〉	(1)窮子逃逝五十年後仍未捨「權教小乘」之心，佛則以「漸教」為誘，後終令得入「大乘」。 (2)「**大乘菩薩**」是「**佛真子**」，「**小乘聲聞**」只名為「**似佛子**」。

第三卷	〈藥草喻品第五〉	(1)如來觀眾生雖有「上、中、下」之別,仍發願:「**未度者度,未脫者脫,未安者安,未滅度者令得滅度**」。 (2)如來所說之法,皆「**一相、一味**」,所謂「**解脫相、離相、滅相**」,究竟至於「**一切種智**」。 (3)如來所教唯有「**一佛乘**」,但隨眾生根機而方便演說「三乘」(聲聞、緣覺、菩薩)。 (4)佛以「**天生盲者**」故事說喻,「**天生盲者**」即是六道眾生。「**大醫**」者即是如來。「**四病**」者即是「**貪、瞋癡、六十二邪見**」。「**四藥**」者即是「**空、無相、無願、涅槃門**」。
	〈授記品第六〉	(1)世尊授記<u>摩訶迦葉</u>於未來世成佛名<u>光明</u>如來。 (2)授<u>須菩提</u>於未來為<u>名相</u>如來。 (3)授<u>大迦旃延</u>於未來為<u>閻浮那提金光</u>如來。 (4)授<u>大目犍連</u>於未來為<u>多摩羅跋栴檀香</u>如來。
	〈化城喻品第七〉	(1)過去有佛名<u>大通智勝</u>如來,世尊以「**佛知見力**」能觀<u>大通智勝</u>如來久遠「滅度」之事,猶若今日。<u>大通智勝</u>佛有「十六子」,後亦出家修道宣講《法華經》,其第十六子即後來之<u>釋迦</u>佛。 (2)如來智慧難信難解,佛當以「漸」誘進無上大道,故佛以「**方便力**」化作「**大城**」令眾入城;既得止息,即滅「**化城**」,速當轉進「**佛乘**」寶地。 (3)若眾生但只聞有「一佛乘」,便畏佛道長遠,不欲見佛,故如來以眾生根器而於「一佛乘」方便說有「三乘」。
第四卷	〈五百弟子受記品第八〉	(1)<u>富樓那</u>聞「**佛智慧方便、授聲聞當成佛道、宿世因緣、諸佛大自在神力**」,得未曾有,歡喜踊躍。 (2)佛以「**導師領眾,入海取寶**」作譬喻。 (3)佛授<u>富樓那</u>於未來作佛,號<u>法明</u>如來。 (4)授<u>憍陳如</u>比丘於未來為<u>普明</u>如來,餘一千二百諸阿羅漢於未來世成佛,亦同名為<u>普明</u>如來。 (5)得佛授記之五百「阿羅漢」悔過自責云:自謂已得「**究竟滅度**」,故得少為足,自身已有「**無價寶珠**」繫其衣裏,而竟不覺知。
	〈授學、無學人記品第九〉	(1)佛授<u>阿難</u>於未來世為<u>山海慧自在通王</u>如

		來。釋迦佛與阿難於空王佛所，同發「阿耨菩提心」。阿難樂「多聞」，釋迦佛勤「精進」，故釋迦佛先於阿難成佛。 (2)佛授羅睺羅於未來為蹈七寶華如來。 (3)佛授「二千聲聞」於未來皆同名為寶相如來。
	〈法師品第十〉	(1)寶蓋轉輪聖王之「千子」即「賢劫」中之「千佛」，始於拘樓秦如來，終於欣樂如來。寶蓋轉輪聖王即寶燧如來，其太子善蓋即今釋迦佛。 (2)若於佛前聞《法華經》一偈一句，乃至「一念隨喜」者，是人前世已供養「十萬億佛」而生此人間。佛亦為「此人」授記，是人為如來所遣，行「如來事」，將得「無上正等菩提」。 (3)《法華經》最為難信難解，是諸佛祕要之藏，不可分布「妄授」與人，此經即是「如來全身舍利」。
	〈見寶塔品第十一〉	(1)大樂說菩薩問釋迦佛「寶塔」為何**從地踊出**之因緣？若十方國土有說《法華經》之處，多寶如來之「寶塔」，將踊現其前。 (2)釋迦佛於十方世界說法之「分身」須盡還集於「一處」後；多寶如來始現於世。 (3)釋迦佛欲容受自己所「分身」之十方諸佛；復於「八方」各更變「二百萬億」那由他國，皆令清淨。 (4)釋迦佛開啟「七寶塔」，眾會皆見多寶如來於寶塔中，坐師子座，全身不散，如入禪定。 (5)釋迦佛以「神通力」，接諸大眾駐於「虛空」中禮拜多寶如來。
	〈提婆達多品第十二〉	(1)過去有一「國王」曾於無量劫求《法華經》，無有懈倦，不惜軀命，甚至說：若有宣說是經者，將終身供給「走使」。 (2)其求《法華經》之「國王」即釋迦佛，而為佛說《法華經》之「仙人」即提婆達多。提婆達多亦將於未來成佛名為天王如來。 (3)文殊菩薩亦於「龍宮」中宣講《法華經》。 (4)娑竭羅龍王之「八歲龍女」，聰明智慧，與眾超異，發大道意，志願弘廣，能速得成佛；但智積菩薩不信「八歲龍女」能成佛，另舍利弗亦以「女身」有「五障」而疑「八歲龍女」不能成佛。

		(5)此時龍女忽現成男身，前往「南方」無垢世界，便即刻成「等正覺」。
	〈勸持品第十三〉	(1)時有「藥王菩薩、大樂說菩薩、二萬菩薩、五百阿羅漢得授記者、有學無學八千人得授記者」，皆發誓願，將修持演說《法華經》。 (2)佛授姨母摩訶波闍波提未來成佛，名一切眾生喜見如來。 (3)佛授耶輸陀羅未來為具足千萬光相如來。
第五卷	〈安樂行品第十四〉	(1)若有菩薩於後惡世欲說是《法華經》者，當安住此「四法」：❶「身」安樂行。❷「口」安樂行。❸「意」安樂行。❹「誓願」安樂行。 (2)《法華經》能令眾生得「一切智」，《法華經》是諸如來「第一之說」，於諸說中「最為甚深」，《法華經》為諸佛如來「祕密之藏」。
	〈從地踊出品第十五〉	(1)娑婆世界有「六萬」恒河沙菩薩，一一菩薩各有「六萬」恒河沙眷屬，從地踊出，皆「護持、讀誦、廣說」《法華經》。 (2)無量千萬億菩薩從「地」踊出，有上行、無邊行、淨行、安立行等四位上首菩薩，向多寶佛、釋迦佛「讚歎」長達「五十小劫」。佛以神力故，令諸大眾謂如「半日」。 (3)彌勒菩薩請佛宣說：云何世尊能於「四十年」時間，而教化無量無邊阿僧祇諸大菩薩？
	《如來壽量品第十六》	(1)世尊於無量無邊劫，實已成佛，即使「不退轉地菩薩」，亦不能知其邊際。 (2)世尊於過去「久遠成佛」以來，常在此娑婆、及餘處無量國土導利眾生。今說於菩提樹下得成正覺，此為方便「權化」度眾之說。 (3)佛乃「不生不滅」，故非實有「滅度」，但以方便教化眾生而言「已滅度」，欲令大眾有「難遭之想」而廣種善根。 (4)佛另以「良醫之子誤飲毒藥」為喻，言「自己已滅度」之語並非是「虛妄過失」之義。
	〈分別功德品第十七〉	(1)世尊說〈如來壽量品〉經文時，「六百八十萬億」河沙眾生得「無生法忍」，無量菩薩亦得「聞持陀羅尼門、樂說無礙辯才、旋陀羅尼」。 (2)若聞〈如來壽量品〉經文者，深心信解，

		則為見佛常在耆闍崛山，共「大菩薩、諸聲聞眾」圍繞說法。 (3)若聞是經而不毀呰，起「隨喜」心者；當知已為**深信解相**，何況「讀誦、受持」之者，斯人則為「**頂戴如來**」。
第六卷	〈隨喜功德品第十八〉	(1)若能為「父母、宗親、善友、知識」，隨力「演說」此經，能「隨喜」轉教他人，如是展轉至「第五十人」之功德有多殊勝？ (2)佛舉喻說，若有一「大施主」布施「財寶」與「法義」與眾生，令彼皆得「阿羅漢果、八解脫」；此功德仍不及「第五十人」聞《法華經》「一偈」而生的「隨喜」功德。 (3)若有勸人須臾聽聞《法華經》者，是人功德「六根」具足，「不禿、不跛」，色如桃花，人所愛敬。世世所生，見佛聞法，信受教誨。
	〈法師功德品第十九〉	(1)若「讀誦、解說、書寫」《法華經》，能得「一千二百」或「八百」六根功德。 (2)能以「清淨眼根」見三千大千世界所有「善惡業因緣、果報生處」。 (3)能以「清淨耳根」聞三千大千世界所有諸聲，皆悉聞知。 (4)能以「清淨鼻根」聞三千大千世界所有諸香，皆悉聞知。 (5)能以「清淨舌根」將飲食變成上味，如天甘露，講授法要，皆令眾等歡喜快樂。 (6)能以「清淨身根」令身如淨琉璃，一切眾生憙見，上至「有頂天」，下至地獄，乃至諸佛，悉能於「身中現」。 (7)能以「清淨意根」於聽聞一偈一句後，立刻通達無量無邊之義。諸所說法，皆與「實相」不相違背。
	〈常不輕菩薩品第二十〉	(1)常不輕菩薩見四眾弟子，皆對彼禮拜讚歎言：**我深敬汝等，不敢輕慢。所以者何？汝等皆行「菩薩道」，當得「作佛」**。 (2)常不輕比丘臨欲終時，聞威音王佛所說《法華經》「二十千萬億偈」，即得「六根清淨」，得「大神通力、樂說辯力、大善寂力」。 (3)常不輕菩薩即往昔之釋迦佛，因「受持、讀誦、解說」《法華經》，故急得「阿耨多羅三藐三菩提」。 (4)昔日輕賤常不輕菩薩之「四眾」，即今此法會中跋陀婆羅等之五百「菩薩」、師子

		月等之五百「比丘」、尼思佛等之五百「優婆塞」。
	〈如來神力品第二十一〉	(1)釋迦佛及其「分身諸佛」皆一時「謦欬」，俱共「彈指」。此「二音聲」遍至十方諸佛世界，大地皆六種震動。 (2)「諸天」於虛空中唱言：有國名娑婆，中有釋迦佛，今為諸菩薩說《法華經》。 (3)若以「佛神力」說《法華經》功德，猶不能盡。如來一切「所有之法、自在神力、祕要之藏、甚深之事」，皆於此經中而宣示顯說。
	〈囑累品第二十二〉	(1)世尊付囑，應當一心流布此能得「阿耨多羅三藐三菩提」之大法，能與眾生「佛之智慧、如來智慧、自然智慧」。 (2)釋迦佛令從「十方世界」來之「分身諸佛」各還本土。多寶佛亦歸還其「故塔」。
	〈藥王菩薩本事品第二十三〉	(1)宿王華菩薩問佛：藥王菩薩堪任無數「勤苦」之難、遊於娑婆世界之因緣？ (2)佛說過去有一切眾生憙見菩薩服食「諸香」，以「香油」塗身，以神通力願而「燃身供佛」。諸佛同時讚言：是「真精進」，「真法」供養如來。於是一切眾生憙見菩薩焚身供養，火燃「一千二百年」，其身乃盡。 (3)一切眾生憙見菩薩命終後，轉生至日月淨明德佛國土之國王家，復還供養日月淨明德佛。一切眾生憙見菩薩復於日月淨明德佛之「舍利塔」前「燃臂」供養，此一切眾生憙見菩薩即今藥王菩薩是。 (4)若有女人聞〈藥王菩薩本事品〉受持者，後不復受「女身」，命終即往「極樂世界」，得「菩薩神通、無生法忍、眼根清淨」。
第七卷	〈妙音菩薩品第二十四〉	(1)東方有世界名淨光莊嚴，佛號淨華宿王智如來，有一妙音菩薩成就十六種「三昧定」。 (2)淨華宿王智佛告欲詣娑婆世界之妙音菩薩說：莫輕彼國，生下劣想。佛土本「空」，眾生罪福，現有不同。 (3)妙音菩薩遂與八萬四千菩薩共來娑婆世界，其身真金色，無量功德莊嚴；問訊釋迦佛及多寶如來。 (4)華德菩薩問妙音菩薩修何功德，方有如是「神力」？妙音菩薩遂說自己於過去精進供養雲雷音王佛，故今生淨華宿王智佛國，遂有如是「神力」。

	(5)妙音菩薩現種種身，為諸眾生說《法華經》，應以何身得度者，即現何身而為說《法華經》。此乃妙音菩薩住「現一切色身三昧」，故能作種種變現。
〈觀世音菩薩普門品第二十五〉	(1)若三千大千國土，滿中「夜叉、羅剎」欲來惱人，聞其稱觀世音菩薩名者，是諸「惡鬼」，尚不能以「惡眼」視之，況復加害。 (2)受持觀世音菩薩名號，乃至一時「禮拜、供養」；與盡形壽受持「六十二億」恒河沙菩薩名字並供養，正等無異。 (3)觀世音菩薩以眾生有何因緣得度，即現何身而為說法。以種種形度脫眾生，令得「無所畏」而獲「安隱」，故遊娑婆世界。 (4)持地菩薩云：若有眾生，聞是〈觀世音菩薩品〉自在之業，「普門」示現「神通」力者，當知是人功德不少。
〈陀羅尼品第二十六〉	本品分成五個咒語。 (1)藥王菩薩為守護受此經，而說諸佛所說之咒語。若有「侵毀」受持解說《法華經》之「法師」者，如是等同「侵毀」諸佛。 (2)妙勇菩薩說咒語。 (3)毘沙門天王說咒語。 (4)持國天王說咒語。 (5)十羅剎女與鬼子母并其子及眷屬說咒語。
〈妙莊嚴王本事品第二十七〉	(1)過去有雲雷音宿王華智佛、妙莊嚴國王、淨德夫人，及淨藏、淨眼二子。 (2)淨藏、淨眼二子願與母親往詣雲雷音宿王華智佛所聽受《法華經》；因父親妙莊嚴王深著「外道婆羅門法」，故現種種神變，令父親能「心淨信解」。父親妙莊嚴王見二子顯現神力後，生大信解；而共往詣雲雷音宿王華智佛處。 (3)淨眼菩薩通達「法華三昧」，淨藏菩薩通達「離諸惡趣三昧」。離垢施夫人得「諸佛集三昧」及「諸佛祕密之藏」。 (4)雲雷音宿王華智佛為妙莊嚴王「授記」未來為娑羅樹王佛。 (5)妙莊嚴王即今華德菩薩是。淨德夫人即今光照莊嚴相菩薩是。淨藏、淨眼二子者，即今藥王菩薩、藥上菩薩是。
〈普賢菩薩勸發品第二十八〉	(1)如來滅後，能獲得《法華經》之四種條件：❶為諸佛護念。❷殖眾德本。❸入正定聚。❹發救一切眾生之心。

		(2)普賢菩薩於後五濁惡世中，將「現身」守護受持《法華經》者，令彼得安隱，得「**旋、百千萬億旋、法音方便**」三種陀羅尼。 (3)五濁惡世中欲修習《法華經》者，應於「三七日」中一心精進，<u>普賢菩薩</u>將現在前而為說法，復授與「陀羅尼咒」。 (4)若有修持《法華經》者，當知是人即同修行普賢行，並為諸如來「手摩」其頭。命終得「千佛授手」，生「忉利天」，或生「兜率」彌勒菩薩處。 (5)若有修習《法華經》者：❶如從釋迦佛口親聞此經。❷如同供養佛。❸為佛所讚善。❹為佛所摩頂。❺為「佛衣」之所覆護。 (6)若有輕毀修持《法華經》者，當世世「無眼」、得「白癩病」及諸惡重病。若見修持《法華經》者，當起「遠迎」，當如「敬佛」。

五、《正法華經》聖賢錄

✲日本佛教研究學者大內文雄及齊藤隆信說：

可以肯定的是，**竺法護譯經涉及的範圍廣泛，翻譯的數量也是古代最多的**(竺法護譯經 154 部 309 卷。
而鳩摩羅什譯經 35 部 294 卷)。他所翻譯的大多為大乘的主要經典，翻譯活動至少長達 **40 年以上**(265～
308 年)，從傳記可知，他具有一定的經濟實力，[1]擁有相當大規模的教團，[2]以此為基礎從事譯
經、寫經事業，因此他譯的經典廣泛弘通於南北。以致僧祐(公元 445～518)這樣說[3]：「凡一百
四十九部，孜孜所務，唯以弘通為業，終身譯寫，老不告倦。**經法所以廣流中華者，護**(竺法護)
之力也。[4]

《出三藏記集・卷八》云：
〈正法華經記第六出經後記〉太康七年(公元 286 年)八月十日，❶燉煌 月支菩薩沙門法護，手執
「**胡經**」(古文獻資料有關「梵語」字詞有時也說成是「胡語」，「梵經」有時也說成是「胡經」)，口宣出《正法華經》二
十七品。
授優婆塞❷聶承遠、❸張仕明、❹張仲政，共筆受。
❺竺德成、❻竺文盛、❼嚴威伯、❽續文承、❾趙叔初、❿張文龍、⓫陳長玄等，共勸助歡喜。
九月二日訖(以上共計 23 天)。
⓬天竺沙門竺力、⓭龜茲居士帛元信，共參校。
元年(公元 287 年)二月六日重覆。
又元康元年，長安 孫伯虎，以四月十五日寫素解。[5]

✲文中提到至少有十三人「直接」或「間接」參與了《正法華經》的譯經之事，其中漢族人數
占了八位(①聶承遠、②張仕明、③張仲政、④嚴威伯、⑤續文承、⑥趙叔初、⑦張文龍、⑧陳長玄)，而三位「筆受」者，
竟全是「漢人」。而翻譯十卷本的《正法華經》，竺法護前後只用了 23 天的時間，這樣的效
率即使在現代「電腦」的條件下，效率之高，有點不可思議。再看整部《正法華經》中那些
「文采斐然」的古字佳句，可得知竺法護譯經的「班底」，其梵語和漢語的功力以及翻譯的水
準，應該都是最頂級之團隊。

✲日本學者岩本裕說：
即使我們將這兩個譯本(指《正法華經、妙法蓮華經》)與「泥婆羅」(泥泊爾本)原典作一對照比較，亦可
知「泥婆羅」(泥泊爾本)較《妙法蓮華經》、《正法華》更接近原典。遺憾的是《正法華》晦澀
難懂，難以卒讀。[6]

✲康振棟撰寫的「竺法護翻譯佛經詞彙研究--以《正法華經》詞彙為中心」博士論文中說：
《正法華經》中絕大部分的譯文語言「文雅」，表達流暢，邏輯嚴密，文思清晰。尤其是散

---

[1] 如梁・僧祐(445～518)撰《出三藏記集・卷十三》云：「關中有甲族，欲奉大法，試護(竺法護)道德。偽往告急，
求錢二十萬，護(竺法護)未有答」。詳CBETA, T55, no. 2145, p. 98, a。

[2] 如梁・僧祐撰《出三藏記集・卷十三》云：「僧徒千數，咸來宗奉」。詳CBETA, T55, no. 2145, p. 98, a。

[3] 底下文字原文請參見梁・僧祐撰《出三藏記集・卷十三》云：「唯以弘通為業，終身譯寫，勞不告惓。經法
所以廣流中華者，護(竺法護)之力也」。詳CBETA, T55, no. 2145, p. 98, a。

[4] 以上內容請參見大內文雄及齊藤隆信整理《淨度三昧經・卷三》。詳CBETA, ZW07, no. 63, p. 338, a。

[5] 參見梁・僧祐撰《出三藏記集・卷八》。詳CBETA, T55, no. 2145, p. 56, c。

[6] 詳日本學者岩本裕著、劉永增譯《梵語法華經及其研究》。載於《敦煌研究》1994年第4期，117-124頁。

文，一般都不太難懂。讀者感到難懂，往往是不太熟悉漢譯佛經獨特的語言特色，或者不熟悉「中印古典文化」和抽象的「佛教義理」。當然《正法華經》有些句子確實不好懂，它們一般出現在較長的「偈頌」中。[7]

1 西晉・竺法護法師

南宋・宗曉編《法華經顯應錄》

(1)燉煌三藏^(竺法)護法師。三藏曇摩羅察，此云法護，月支國人。八歲離俗，凡是「經書」，過目成誦，日記「萬言」。西游諸國，通「三十六種語言」書誌訓音。久居燉煌，時號燉煌菩薩。

(2)^(竺法護)自西晉・武帝時，賷^(贈送)「梵夾」到洛陽，既而博覽五經「史傳」。至永康中，^(竺法護)於長安 青門外大寺中，譯《正法華經》一部十卷，仍為四眾敷講。又翻餘經，共一百五十四部，咸奉勅流通。

(3)^(竺法護)時隱居深山，山有清泉，澡漱給用。一日樵人觸「穢」，忽爾「枯涸」。^(竺法)護嘆曰：人之「無德」，遂使清泉「輟流」，既乏所須，吾當去矣！言訖，清泉復涌。

(4)支遁贊曰：^(竺法)護公證寂，道德淵美，微吟穹谷，枯泉漱水，邈以護公^(竺法護)。天挺弘懿，濯足流沙，傾拔玄致（《梁高僧傳》）。

（參見《法華經顯應錄》卷 1。詳 CBETA, X78, no. 1540, p. 25, c // Z 2B:7, p. 412, a // R134, p. 823, a。參見《高僧傳》卷 1。詳 CBETA, T50, no. 2059, p. 326, c）

2 西晉・康那律法師

唐・神清撰，慧寶注《北山錄・卷四》

(1)晉初竺法護，時號燉煌菩薩（高僧竺法護，燉煌人，八歲出家，後往西國，篤志好學，萬里尋師，孫綽方之山巨源，譯《正法華》等經，晉惠時卒於澠池也）

(2)^(竺法護)門下有作者「七人」，其始譯《正法華》，既定「詁訓」，命康那律講授，諷誦者，翕然^(一致稱頌)為美，至羅什世重譯為《妙法蓮華》，而^(竺法)護所譯，稍潛^(隱藏)其耀（羅什弘始年於逍遙園重譯，於世盛行《正法華》稍歇，今在藏內）蓋覩大輅者。

（參見《北山錄》卷 4。詳 CBETA, T52, no. 2113, p. 594, c）

隋・吉藏造《法華遊意》

(1)第十，明講經原由。經既有二本，初講亦有兩人。漢地以竺法護為始，^(竺法)護公以永熙元年八月二十八日。比丘康那律師於洛陽寫《正法花經》竟，與^(竺)法護口校「古訓」，譯出深義。

(2)九月本齊^(完備)，十四日於東生寺施設「檀會」，講此經，竟日晝夜，莫不歡喜。

（參見《法華遊意》卷 1。詳 CBETA, T34, no. 1722, p. 650, a）

3 西晉・闕公則居士

清・彭際清撰《淨土聖賢錄・卷八》

(1)闕公則者，趙人也。西晉・武帝時，居於洛陽，蕭然恬放，日常誦《正法華經》。既卒，其友為設會於白馬寺。

(2)^(諸友人)至夕轉經，忽聞空中有聲，仰見一人，形色光麗，曰：我闕公則也，生「西方安樂世界」，與諸上人來此聽經。

(3)堂中人共見之，有汲郡 衛士度者，受業於^(闕)公則，其母常飯^(供養)僧。是日將中，忽空中下「鉢」，正落母前，諦視之，乃^(闕)公則常所用「鉢」也。有飯滿中，其香充堂，食者七日

---

[7] 詳康振棟撰「竺法護翻譯佛經詞彙研究--以《正法華經》詞彙為中心」，浙江大學博士論文。2011年1月，頁29。

不飢。

(4)支道林為之贊曰：大哉闕公(則)，歆虛納靈，神化西域，跡應東京，徘徊霄壚，流響耀形，豈欽一贊，示以匪冥（《大唐內典錄》、《念佛寶王三昧論》）。

(參見《淨土聖賢錄》卷 8。詳 CBETA, X78, no. 1549, p. 293, b // Z 2B:8, p. 171, b // R135, p. 341, b。參見《居士傳》卷 1。詳 CBETA, X88, no. 1646, p. 185, b // Z 2B:22, p. 401, b // R149, p. 801, b)

4 東晉・曇影法師

梁・慧皎撰《高僧傳・卷六》

(1)釋曇影，或云北人，不知何許郡縣，性虛靖(通「靜」)，不甚交遊，而安貧志學，舉止「詳審」，過似「淹遲」(遲緩)，而神氣「駿捷」，志與(身)形(相)反。

(2)能講《正法華經》及《光讚波(般)若》，每法輪一轉，輒道俗千數。

(3)(曇影)後入關中，姚興(後秦之主，366～416)大加禮接，及(羅)什至長安，(曇)影往從之，(羅)什謂(姚)興曰：昨見(曇)影公，亦是此國風流「標望」之僧也。

(4)(姚)興勅(曇影)住逍遙園，助(羅)什譯經。初出《成實論》，凡諍論問答，皆次第往反。(曇)影恨其「支離」，乃結為「五番」，竟以呈(羅)什，(羅)什曰：「大善」！深得吾意。

(5)(羅)什後出《妙法華經》，(曇)影既舊所命宗(指之前精通之《正法華經》)，特加深思，乃著《法華義疏》四卷，并注《中論》。

(6)後(曇影)山棲隱處，守節塵外，修功立善，愈老愈篤。以東晉・義熙中卒，春秋七十矣。

(參見《高僧傳》卷 6。詳 CBETA, T50, no. 2059, p. 364, a。參見《法華經三大部補注》卷 11。詳 CBETA, X28, no. 586, p. 339, a // Z 1:44, p. 172, d // R44, p. 344, b8)

5 東晉・曇邃 法師

唐・道世撰《法苑珠林・卷二十八》（或見《高僧傳・卷十二》）

(1)晉・河陰 白馬寺有釋曇邃，未詳何許人，少出家，止河陰 白馬寺。蔬食布衣，誦《正法華經》，常一日一遍。又精達經(《正法華經》)旨，亦為人解說。

(2)(曇邃)嘗於夜中忽聞「扣戶」(敲門)，云欲請法師「九旬」(共九十天)說法，(曇)邃不許，固請(一再請求)乃赴之。而(曇邃)猶是眠中，比覺已身在白馬 塢神祠中，并一弟子。自爾(曇邃)日日密往，餘無知者。

(3)後寺僧經「祠」前過，見有兩高座，(曇)邃在北，弟子在南，如有「講說聲」，又聞有「奇香」之氣，於是道俗共傳，咸云：「神異」。

(4)至夏竟，(曇邃)神施以「白馬」一疋、「白羊」五頭、「絹」九十匹。呪願畢，於是各絕。(曇)邃終不知所在。

(參見《法苑珠林》卷 28。詳 CBETA, T53, no. 2122, p. 490, c。參見《高僧傳》卷 12。詳 CBETA, T50, no. 2059, p. 406, b。參見《神僧傳》卷 2。詳 CBETA, T50, no. 2064, p. 960, b)

6 東晉・智賢法師

梁・寶唱撰《比丘尼傳・司州西寺智賢尼傳三》

(1)智賢，本姓趙，常山人也……(智)賢幼有雅操，志槩(同「概」)「貞立」，及在「緇衣」(佛教：僧人；僧服)，「戒行」修備，神情凝遠，曠然不雜……

(2)倍加精進，菜齋苦節，門徒百餘人，常如水乳。及符堅偽立，聞(智賢)風敬重，為製織，繡「袈裟」，三歲方成，價直百萬。後(智賢)住司州西寺，弘顯「正法」，開長信行。

(3)東晉・太和中，(智賢)年七十餘，誦《正法華經》，猶日夜「一遍」，其所住處，眾鳥依栖，經行之時，鳴呼隨逐云。

(參見《比丘尼傳》卷 1。詳 CBETA, T50, no. 2063, p. 935, a。)

7 東晉・法義法師

南宋・宗曉編《法華經顯應錄》

(1)法義師，俗姓竺，十三歲入道，專勤「梵行」，誦《正法華經》，住瓦官寺，後遷會稽 寶山精舍。

(2)東晉・咸和二年染疾，誦習無虧，夜夢一僧，為出「腸胃」，洗滌垢穢，洗已還納腹中，夢覺，疾即痊癒。

(3)晉帝嘗宣至「禁中」(指帝王所居宮內)，從受「五戒」，供奉殷厚。至東晉・大和年，不疾而化，勅市新亭崗，起塔安窆焉，今中興寺是也(《靈瑞集》)。

　　(參見《法華經顯應錄》卷 1。詳 CBETA, X78, no. 1540, p. 30, c // Z 2B:7, p. 417, b // R134, p. 833, b)

8 唐末五代後晉・可洪撰《新集藏經音義隨函錄・卷五・正法華經》

　　(詳 CBETA, K34, no. 1257, p. 784, b4 ~ p. 790, b7)

9 唐・玄應撰《一切經音義・卷二十八・正法花經》

　　(詳 CBETA, T54, no. 2128, p. 493, c2 ~ p. 495, c4)

10 民國・日人辛嶋靜志撰《正法華經詞典》

✵辛嶋靜志撰《正法華經詞典》(The International Research Institute for Advanced Buddhology Soka University, Tokyo, 1998)
辛嶋靜志精讀了《正法》，並把它跟《妙法》及《法華經》梵本進行了比較，做了 15000 多張的卡片，記錄了上萬個詞語。《正法華經詞典》所收的詞語就是從上萬個詞語中精選的最有價值的部分。該詞典收四千餘條詞語。辛嶋靜志的《正法華經》所依據的梵本是 Kern-Nanjio 校刊本，及「中亞」出土的寫本。辛嶋靜志另有撰寫《妙法蓮華經詞典》(The International Research Institute for Advanced Buddhology Soka University, Tokyo, 2001)

11 民國・康振棟撰寫的「竺法護翻譯佛經詞彙研究--以《正法華經》詞彙為中心」博士論文

✵康振棟撰寫的「竺法護翻譯佛經詞彙研究--以《正法華經》詞彙為中心」博士論文，以《正法華經》詞彙為中心，在對該經詞彙研究的基礎上，考釋了竺法護譯經中出現的一批難以理解的詞語，共計三佰餘條。

另有單篇論文，內容多少與《正法華經》有相關，或與竺法護的研究有關。列表如下：

(1)望月良晃：教団史より見た《正法華経》の特徴--竺法護訳の一考察〉。《法華經研究》第 4 期，平樂寺書店，1972 年。

(2)佐々木孝憲：竺法護の訳経について--《正法華経》読解のための基礎的考察。《法華經研究》第 4 期，平樂寺書店，1972 年。

(3)陳國燦：吐魯番出土的《諸經要集經》殘卷與敦煌高僧竺法護的譯經考略。《敦煌學輯刊》總第 4 期，1983 年。

(4)葛維鈞：從《正法華經》看竺法護的翻譯特點(上、下)。《南亞研究》1986 年第 3 期、第 4 期。

(5)河野訓：竺法護の譯經について。《印度學仏教學研究》35 卷 1 期，1986 年 12 月。

(6)河野訓：竺法護傳について。《印度學仏教學研究》37 卷 2 期，1989 年 3 月。

(7)陳世良：敦煌菩薩竺法護與于闐和尚無羅叉。《1990 年敦煌學國際研討會文集》「石窟史地、語文編」，遼寧美術出版社，1995 年。又載於《新疆文物》1991 年第 4 期。

(8)胡湘榮：鳩摩羅什同支謙、竺法護譯經中語詞的比較(上、下)。《古漢語研究》。1994 年第 2 期、第 3 期。

(9)梅乃文：竺法護的翻譯初探。《中華佛學學報》第 9 輯，1996 年。

(10)楊繩信：竺法護其人其事。《中華文化論壇》第 4 期。1996 年

(11)劉曼麗：竺法護譯經數量及時間考。《西北大學學報》（社科版）2000 年第 2 期。

(12)黃國清：竺法護譯《正法華經》「自然」譯詞析論。《中華佛學研究》第 5 期，2001 年。

(13)河野訓：竺法護の經典漢譯の特徵について。木村清孝博士還曆紀念論集《東アジア佛教：その成立と展開》。（東京）春秋社，2002 年。

(14)李尚全：「敦煌菩薩」竺法護的生平及其佛學思想。《敦煌學輯刊》2004 年第 1 期

(15)曹榮芳：從常用詞看竺法護譯經的詞彙特點」。湖南師範大學 2006 年碩士論文。

(16)方鳳蘭：竺法護譯經複音介詞研究。廣西師範大學 2008 年碩士論文。

(17)梁富國：竺法護與鳩摩羅什入華傳教比較研究。西北大學 2008 年碩士論文。

(18)羅智豐：竺法護譯經語言風格芻議。《桂林航太工業高等專科學校學報》2008 年第 3 期。

(19)曹榮芳：竺法護譯詞對《漢語大詞典》的補正作用。《湖南工業大學學報》（社科版）2008 年第 1 期。

(20)王惠民：竺法護「世居敦煌」辨析。《蘭州大學學報》（社科版）2008 年第 4 期。

(21)陳春風、張濤：中古佛經詞語在大型語文辭書編纂上的價值--以西晉竺法護譯經為例。《求索》2008 年第 8 期。

六、梵本問題

✳康振棟撰寫的「竺法護翻譯佛經詞彙研究--以《正法華經》詞彙為中心」博士論文中說：

由於時代久遠，法護和羅什所用的梵文「原典」早已散佚，我們很難看到以上兩譯的底本了，這就只能用「現今」所見的「外文資料」進行對勘。所幸《法華經》的寫本數量夠多，將多種「外文經典」和不同的「漢譯本」進行綜合勘對，仍然是科學的方法，儘管這也存在一定的局限性。[8]

✳竺法護與鳩摩羅什所用的梵本已不復得見，所幸「尼泊爾版梵文」《法華經》已經重現，經西方學者多次校勘，確認在品數與內容上都是完整的經典，可與鳩摩羅什當年所譯的《妙法蓮華經》可相互對照。

日本學者，荻原雲來、土田勝彌《改訂梵文法華經·序文》說明：

尼泊爾版的梵文《法華經》已經過了荷蘭 Kern 博士與日本高楠順次郎、南條文雄兩位博士就「尼泊爾本」作過校對，並做過藏譯《法華經》與漢譯《法華經》的對照。認定「尼泊爾」的梵文《法華經》是藏譯《法華經》的源流，並與鳩摩羅什譯本相近，可做對照。
(請見日本·荻原雲來、土田勝彌《改訂梵文法華經》，日本東京：山喜房佛書林，1994 年出版。〈序文〉頁 4。並請見 Edited by Dr. P. L. Vaidya," Saddharmapuṇḍrīkasūtra",（Published by The Mithila Institute, Darbhanga, India, 1960）

近代出土的梵文《法華經》寫本有四十餘種，依出土地點命名，依內容分為三大系：
(1)尼泊爾本（Nepalese Manuscripts）：在尼泊爾發現不同時代之梵文寫本，是三系梵本中發現數量最多的。大約為公元十一、十二世紀的寫本，部分更晚至第十八世紀。此系皆為「梵文」寫本，共分二十七品，內容是合「寶塔」與「提婆」為一品。
(2)基爾基特本（Gilgit Manuscripts），又名「克什米爾本」，發現於克什米爾基爾基特北部佛塔遺址，分別屬於五、六種不同的寫本，「克什米爾本」的內容與尼泊爾本相似，故而學界將此二者視為相近的系統。大約為公元五、六世紀的寫本。「克什米爾本」是目前所發現最古老的「梵文」寫本。
(3)中亞本（Central Asian Manuscripts），又名「西域本、喀什本」。十九世紀末開始，陸續於新疆省的喀什、于闐、庫車、吐魯番等地發現以「梵、漢、于闐、回鶻（亦稱回紇、烏護、烏紇）」等語言抄寫之《法華經》殘本，其中以在喀什（kashgar）發現的梵文寫本較為古老，卷帙較多，且保存良好，很受學界重視，約為七、八世紀的寫本。日人辛嶋靜志對現存《法華經》梵本及漢譯本的語言進行了「對比」研究，得出的結論是：《正法華經》和《妙法蓮華經》兩種譯本都與「中亞寫本」具有高度的一致性，但《妙法蓮華經》與「中亞」寫本的契合程度遠高於《正法華經》。[9]

根據現代學者楊富學的研究結論，三本漢譯的《法華經》應該來自不同的體系：

漢譯本	梵本來源

---

[8] 詳康振棟撰「竺法護翻譯佛經詞彙研究--以《正法華經》詞彙為中心」，浙江大學博士論文。2011年1月，頁28。

[9] 詳辛嶋靜志著，徐文堪譯《早期漢譯佛教經典所依據的語言》，載於《漢語史研究集刊》第10輯。成都：巴蜀書社。2007年版，第293-305頁。

闍那崛多譯本《添品妙法蓮華經》（據梵本重勘）	尼泊爾本
竺法護譯本《正法華經》（據梵本）	喀什本
鳩摩羅什譯本《妙法蓮華經》（據龜茲文本）	不明體系

✸楊富學於結論中表示，弘傳最廣的羅什譯本，是來自「不明體系」的本子，皆不同於現今出土已知的三系梵文寫本。這一點與〈添品妙法蓮華經序〉中說「羅什所據乃龜茲文本《法華經》的說法」，或可謂冥契。

✸假如羅什所依據的梵本是自「梵本轉譯」的「龜茲文本」，則在經過多一層的「語言轉換」，在這之間的「增刪」可能性也隨之而增加。故方有隋唐高僧智顗、吉藏及窺基，為羅什譯本究為「二十八品」？還是「二十七品」而有種種異說；而這「一品」之差，極有可能是〈提婆品〉在漢譯本中「獨立成品」的關鍵。

隋・仁壽元年崛多、笈多二法師添品《添品妙法蓮華經》序

(1)《妙法蓮華經》者，破二「明一」之指歸也。降神五濁，弘道三乘，權智不思，大悲難極，先設化城之迹，後示「繫珠」之本，車雖有異，雨實無差；記以「正覺」之名，許以「真子」之位，同入法性，歸之於此。

(2)昔燉煌沙門竺法護，於晉武之世譯《正法華》；後秦姚興，更請羅什(鳩摩羅什)譯《妙法蓮華》。考驗二譯，定非一本。護(竺法護)似「多羅之葉」(印度「貝多羅葉」所寫的梵文經文)，仕(鳩摩羅什)似「龜茲」(西域的龜茲文)之文。

(3)余撿經藏，備見二本，「多羅」則與《正法》(《正法華經》)符會(符合會通)，「龜茲」則共《妙法》(《妙法蓮華經》)允同(允合相同)，護(竺法護)葉(印度「貝多羅葉」所寫的梵文經文)尚有所遺，仕(鳩摩羅什)文寧無其漏？

(4)而護(竺法護)所闕者，〈普門品〉偈也；

(5)仕(鳩摩羅什)所闕者，

　❶〈藥草喻品〉(〈藥草喻品第五〉)之半，

　❷〈富樓那〉(即〈五百弟子受記品第八〉)及

　❸〈法師〉(即〈法師品第十〉)等二品之「初」，

　❹〈提婆達多品〉(即〈提婆達多品第十二〉)、

　❺〈普門品〉偈(即〈觀世音菩薩普門品第二十五〉)也。

(6)仕(鳩摩羅什)又移〈囑累〉(即〈囑累品第二十二〉)在〈藥王〉(即〈藥王菩薩本事品第二十三〉)之前，二本「陀羅尼」並置〈普門〉(即〈觀世音菩薩普門品第二十五〉)之後。其間異同，言不能極。

(7)竊見〈提婆達多〉及〈普門品〉偈，先賢續出，補闕流行。余景仰遺風，憲章成範，大隋・仁壽元年辛酉之歲，因普曜寺沙門上行所請，遂共三藏崛多(闍那崛多)、笈多(達摩笈多)二法師，於大興善寺重勘天竺「多羅葉本」(印度「貝多羅葉」所寫的梵文經文)。

(8)❶〈富樓那〉(即〈五百弟子受記品第八〉)及〈法師〉(即〈法師品第十〉)等二品之「初勘本」猶闕。

　❷〈藥草喻品〉(〈藥草喻品第五〉)更益其半。

　❸〈提婆達多〉(即〈提婆達多品第十二〉)通入〈塔品〉(即〈見寶塔品第十一〉)。

　❹〈陀羅尼〉次〈神力〉(即〈如來神力品第二十〉)之後。

　❺〈囑累〉(即〈囑累品第二十七〉)還結其終。

(9)字句差殊，頗亦改正，儻有披(披露；陳述；分析)尋(考索；探求)，幸勿疑惑。雖千萬億偈，妙義難盡，而二十七品，本文且具。所願四辯梵詞，遍神州之域；一乘祕教，悟象運之機。聊記翻譯，

序之云爾。

(參見《添品妙法蓮華經》卷 1。詳 CBETA, T09, no. 264, p. 134, b)

漢 譯
《法華經》
三種譯本比對

第一卷

〈序品第一〉

一－1 本經與會之二十一為首的「大阿羅漢」、二千位「有學、無學」、摩訶波闍波提比丘尼與眷屬共六千人，及耶輸陀羅比丘尼之介紹

西晉·竺法護譯《正法華經》（公元286）	後秦·鳩摩羅什譯《妙法蓮華經》（公元406）	隋·闍那崛多、達磨笈多共譯《添品妙法蓮華經》（公元601）
〈光瑞品第一〉	〈序品第一〉	〈序品第一〉
❶聞如是： 一時，佛遊王舍城(Rāja-gṛha)靈鷲山(Gṛdhra-kūṭa)，與大比丘眾俱，比丘千二百。一切「無著」(阿羅漢果)，「諸漏」(眾生住於三界之「欲漏、有漏、無明漏」三種煩惱)已盡，無復「欲塵」，已得「自在」，逮(到;及)得「己利」(離老病死得出「三界」，此時僅能「自利」，仍未能利他)，「生死」已索，「眾結」(即「二十五有」之生因)即斷，一切由已，獲(六)度「無極」(pāramitā波羅蜜)，已脫於慧，心解得度。 名曰：	❶如是我聞： 一時，佛住王舍城(Rāja-gṛha)耆闍崛山(Gṛdhra-kūṭa)中，與大比丘眾，萬二千人俱(佛常隨眾只「千二百五十人」。今言「一萬二千」乃兼「他方」所集之眾。或參**四－19**指對《法華經》一念隨喜者皆得佛「授記」之「與會大眾」共計「一萬二千人」)。皆是「阿羅漢」，諸漏(眾生住於三界之「欲漏、有漏、無明漏」三種煩惱)已盡，無復「煩惱」，逮(到;及)得「己利」(離老病死得出「三界」，此時僅能「自利」，仍未能利他)，盡「諸有」(即「二十五有」之生處)結(即「二十五有」之生因)，心得「自在」(已不為三界生死所縛)。 其名曰：	❶如是我聞： 一時，佛住王舍城(Rāja-gṛha)耆闍崛山(Gṛdhra-kūṭa)中，與大比丘眾，萬二千人俱(佛常隨眾只「千二百五十人」。今言「一萬二千」乃兼「他方」所集之眾。或參**四－19**指對《法華經》一念隨喜者皆得佛「授記」之「與會大眾」共計「一萬二千人」)。皆是「阿羅漢」，諸漏(眾生住於三界之「欲漏、有漏、無明漏」三種煩惱)已盡，無復「煩惱」，逮(到;及)得「己利」(離老病死得出「三界」，此時僅能「自利」，仍未能利他)，盡「諸有」(即「二十五有」之生處)結(即「二十五有」之生因)，心得「自在」(已不為三界生死所縛)。 其名曰：
①賢者知本際。 (Ājñāta-Kauṇḍinya)	①阿若憍陳如。 (Ājñāta-Kauṇḍinya)	①阿若憍陳如。 (Ājñāta-Kauṇḍinya)
②賢者大迦葉(mahā-kāśyapa)。	②摩訶迦葉(mahā-kāśyapa)。	②摩訶迦葉(mahā-kāśyapa)。
③上時迦葉(Uruvilvā-kāśyapa)。	③優樓頻螺迦葉 (Uruvilvā-kāśyapa)。	③優樓頻螺迦葉 (Uruvilvā-kāśyapa)。
④象迦葉(Gayā-kāśyapa)。	④伽耶迦葉(Gayā-kāśyapa)。	④伽耶迦葉(Gayā-kāśyapa)。
⑤江迦葉(Nadī-kāśyapa)。	⑤那提迦葉(Nadī-kāśyapa)。	⑤那提迦葉(Nadī-kāśyapa)。
⑥舍利弗(Śāriputra)。	⑥舍利弗(Śāriputra)。	⑥舍利弗(Śāriputra)。

⑦大目揵連。	⑦大目揵連。	⑦大目乾連。
(Mahā-Maudgalyāyana)	(Mahā-Maudgalyāyana)	(Mahā-Maudgalyāyana)
⑧迦旃延(Mahā-kātyāyana)。	⑧摩訶迦旃延	⑧摩訶迦旃延
	(Mahā-kātyāyana)。	(Mahā-kātyāyana)。
⑨阿那律(Aniruddha)。	⑨阿㝹樓馱(Aniruddha)。	⑨阿㝹樓馱(Aniruddha)。
⑩劫賓㝹(Mahākalpina)。	⑩劫賓那(Mahākalpina)。	⑩劫賓那(Mahākalpina)。
⑪牛呞(Gavāmpati)。	⑪憍梵波提(Gavāmpati)。	⑪憍梵波提(Gavāmpati)。
⑫離越(Revata)。	⑫離婆多(Revata)。	⑫離婆多(Revata)。
⑬譬利斯(Pilinda-vatsa)。	⑬畢陵伽婆蹉(Pilinda-vatsa)。	⑬畢陵伽婆蹉(Pilinda-vatsa)。
⑭薄拘盧(Vakkula)。	⑭薄拘羅(Vakkula)。	⑭薄拘羅(Vakkula)。
⑮拘絺(Mahākoṭṭhita)。	⑮摩訶拘絺羅(Mahākoṭṭhita)。	⑮摩訶拘絺羅(Mahākoṭṭhita)。
⑯難陀（nanda）。	⑯難陀(nanda)。	⑯難陀(nanda)。
⑰善意（Sundara-nanda）。	⑰孫陀羅難陀	⑰孫陀羅難陀
	(Sundara-nanda)。	(Sundara-nanda)。
⑱滿願子。	⑱富樓那彌多羅尼子。	⑱富樓那彌多羅尼子。
(Pūrṇa-maitrāyaṇīputra)	(Pūrṇa-maitrāyaṇīputra)	(Pūrṇa-maitrāyaṇīputra)
⑲須菩提(Subhūti)。	⑲須菩提(Subhūti)。	⑲須菩提(Subhūti)。
⑳阿難(Ānanda)。	⑳阿難(Ānanda)。	⑳阿難(Ānanda)。
㉑羅云(Rāhula)。	㉑羅睺羅(Rāhula)。	㉑羅睺羅(Rāhula)。
	如是眾所知識，大阿羅漢等。	如是眾所知識，大阿羅漢等。
貳	貳	貳
	❶復有「(有)學、無學」二千人。	❶復有「(有)學、無學」二千人。
	❷摩訶波闍波提(Mahāprajāpatī佛之姨母)比丘尼，與眷屬，(計有)六千人俱。	❷摩訶波闍波提(Mahāprajāpatī佛之姨母)比丘尼，與眷屬，(計有)六千人俱。
	(參見四—42)	(參見四—42)
	❸羅睺羅(Rāhula)母耶輸陀羅(Yaśodharā)比丘尼，亦與眷屬俱。	❸羅睺羅(Rāhula)母耶輸陀羅(Yaśodharā)比丘尼，亦與眷屬俱。

二十五有：

(1)生死輪迴之「迷界」，計分為二十五種；由因必得果，因果不亡，故稱為「有」。即「二十五種」三界有情眾生的果報之處：

　❶地獄有。❷畜生有。❸餓鬼有。❹阿修羅有。地獄至阿修羅乃六趣中之四趣，各一有。

　❺弗婆提有。❻瞿耶尼有。❼鬱單越有。❽閻浮提有。由❺～❽乃開人之「四洲」為「四有」。

　❾四天處有。❿三十三天處有。⓫炎摩天有。⓬兜率天有。⓭化樂天有。⓮他化自在天有。⓯初禪有。⓰大梵天有。⓱二禪有。⓲三禪有。⓳四禪有。⓴無想有。㉑淨居阿那含有。㉒空處有。㉓識處有。㉔不用處有。㉕非想非非想處有。

(2)天趣中，「六欲天、四禪」及「四無色」各一「有」；別開「初禪」之「大梵」，「四禪」之「無想、

淨居」，各為一「有」。總計「欲界」有十四種，「色界」有七種，「無色界」則有「四種」。
(3)若能破此「二十五有」者，即有「二十五三昧」。

二十五三昧：

謂能破「三界二十五有」之「二十五種三昧」。亦稱三昧之王。即：

(一)以「無垢三昧」能壞「地獄有」。
(二)以「不退三昧」能壞「畜牲有」。
(三)以「心樂三昧」能壞「餓鬼有」。
(四)以「歡喜三昧」能壞「阿修羅有」。
(五)以「日光三昧」能斷「東弗婆提有」。
(六)以「月光三昧」能斷「西瞿耶尼有」。
(七)以「熱燄三昧」能斷「北鬱單越有」。
(八)以「如幻三昧」能斷「南閻浮提有」。
(九)以「不動三昧」能斷「四天處有」。
(十)以「難伏三昧」能斷「三十三天處有」。
(十一)以「悅意三昧」能斷「炎摩天有」。
(十二)以「青色三昧」能斷「兜率天有」。
(十三)以「黃色三昧」能斷「化樂天有」。
(十四)以「赤色三昧」能斷「他化自在天有」。
(十五)以「白色三昧」能斷「初禪有」。
(十六)以「種種三昧」能斷「大梵天有」。
(十七)以「雙三昧」能斷「二禪有」。
(十八)以「雷音三昧」能斷「三禪有」。
(十九)以「注雨三昧」能斷「四禪有」。
(廿)以如「虛空三昧」能斷「無想有」。
(廿一)以「照鏡三昧」能斷「淨居阿那含有」。
(廿二)以「無礙三昧」能斷「空處有」。
(廿三)以「常三昧」能斷「識處有」。
(廿四)以「樂三昧」能斷「不用處有」。
(廿五)以「我三昧」能斷「非想非非想處有」。

一－2 本經與會之「八萬」尊菩薩，其中有「十八位」為上首之菩薩介紹

西晉‧竺法護譯 《正法華經》	後秦‧鳩摩羅什譯 《妙法蓮華經》	隋‧闍那崛多、達磨笈多共譯 《添品妙法蓮華經》
⑤菩薩(計有)八萬。	⑤菩薩摩訶薩(計有)八萬人。	⑤菩薩摩訶薩(計有)八萬人。
⑴皆不退轉，堅住「無上正真之道」。	⑴皆於「阿耨多羅三藐三菩提」不退轉。	⑴皆於「阿耨多羅三藐三菩提」不退轉。
⑵逮(到;及)「總持法」，得大辯才，常讚歎「不退轉法輪」。	⑵皆得「陀羅尼」，樂說辯才，轉「不退轉法輪」。	⑵皆得「陀羅尼」，樂說辯才，轉「不退轉法輪」。
⑶供養無數百千諸佛，於無	⑶供養無量百千諸佛，於諸	⑶供養無量百千諸佛，於諸

量佛殖眾德本，諸佛世尊所見諮嗟_(讚歎)。	佛所，殖眾德本，常為諸佛之所稱歎。	佛所，殖眾德本，常為諸佛之所稱歎。
④身常行慈，入如來慧。	④以慈修身，善入佛慧。	④以慈修身，善入佛慧。
⑤「善權」普至大知_(智)度「無極」_(pāramitā 波羅蜜;到彼岸)。	⑤通達大智，到於彼岸。	⑤通達大智，到於彼岸。
⑥從無數劫，多所博聞。名達十方，救護無量百千眾生。	⑥名稱普聞_(於)無量世界，能度無數百千眾生。	⑥名稱普聞_(於)無量世界，能度無數百千眾生。
〈貳〉①遊於三界，猶如日明，解一切法如幻、如化、野馬、影、響，悉無所有、住無所住。		
②雖見終始，亦無去來。既見色像，本無形貌。現諸所生，永無起滅。		
③導利群黎，不著「三處」_(三界)，分別「空慧_(空性)、無想_(無相)、無願」。		
④起「三脫門」_(空、無相、無願)至「三達智」_(三事通達無礙之智明，❶宿命智證明❷生死智證明❸漏盡智證明)，無「去、來、今現在」之想，開化_(開示教化)黎庶，使了本無。		
〈參〉其名曰：	〈參〉其名曰：	〈參〉其名曰：
①溥_{ㄆㄨˇ}首菩薩。	①文殊師利菩薩。	①文殊師利菩薩。
②光世音菩薩。	②觀世音菩薩。	②觀世音菩薩。
③大勢至菩薩。	③得大勢菩薩。	③得大勢菩薩。
④常精進菩薩。	④常精進菩薩。	④常精進菩薩。
⑤不置_(休息)遠菩薩。	⑤不休息菩薩。	⑤不休息菩薩。
⑥寶掌菩薩。	⑥寶掌菩薩。	⑥寶掌菩薩。
⑦印手菩薩。		
⑧藥王菩薩。	⑦藥王菩薩。	⑦藥王菩薩。
⑨妙勇菩薩。	⑧勇施菩薩。	⑧勇施菩薩。

⑩寶月菩薩。	⑨寶月菩薩。	⑨寶月菩薩。
⑪月光菩薩。	⑩月光菩薩。	⑩月光菩薩。
⑫月滿菩薩。	⑪滿月菩薩。	⑪滿月菩薩。
⑬大度菩薩。	⑫大力菩薩。	⑫大力菩薩。
⑭超無量菩薩。	⑬無量力菩薩。	⑬無量力菩薩。
⑮越世菩薩。	⑭越三界菩薩。	⑭越三界菩薩。
⑯解縛菩薩。	⑮跋陀婆羅菩薩。	⑮跋陀婆羅菩薩。
⑰寶事菩薩。		
⑱恩施菩薩。		
⑲雄施菩薩。		
⑳水天菩薩。	⑯彌勒菩薩。	⑯彌勒菩薩。
㉑帝天菩薩。	⑰寶積菩薩。	⑰寶積菩薩。
㉒大導師菩薩。	⑱導師菩薩。	⑱導師菩薩。
㉓妙意菩薩。		
㉔慈氏菩薩。		
如是(二十四位為首的)大士,(共計有)「八萬(菩薩)」上首。	如是等(十八位為首的)菩薩摩訶薩,(共計有)「八萬人(菩薩)」俱。	如是等(十八位為首的)菩薩摩訶薩,(共計有)「八萬人(菩薩)」俱。

一─3 本經與會之「天龍護法」大眾及阿闍世王子之介紹

西晉・竺法護譯《正法華經》	後秦・鳩摩羅什譯《妙法蓮華經》	隋・闍那崛多、達磨笈多共譯《添品妙法蓮華經》
壹爾時天帝釋,與二萬天子俱。	壹爾時釋提桓因,與其眷屬二萬天子俱。	壹爾時釋提桓因,與其眷屬二萬天子俱。
❶日天子與無數眷屬俱。	復有名:	復有名:
❷月天子以寶光明,普有所炤。	❶月天子。	❶月天子。
❸寶光天子。	❷普香天子。	❷普香天子。
❹光燿天子俱。	❸寶光天子。	❸寶光天子。
❺四大天王,與萬天子俱。	❹四大天王。與其眷屬萬天子俱。	❹四大天王。與其眷屬萬天子俱。
❻燄明大梵自在天子與三萬天子俱。	❺自在天子。	❺自在天子。
❼梵忍跡天子與三萬二千天子俱。	❻大自在天子。與其眷屬三萬天子俱。	❻大自在天子。與其眷屬三萬天子俱。
❽飾乾大梵與無數天子。	❼娑婆世界主梵天王。	❼娑婆世界主梵天王。
❾又梵名燄光與無數大眾	❽尸棄大梵。	❽尸棄大梵。

俱。來詣佛所，稽首畢，退坐一面。	❾光明大梵等。與其眷屬萬二千天子俱。	❾光明大梵等。與其眷屬萬二千天子俱。
貳 有八龍王，與無央數千諸龍眷屬俱。	貳有八龍王， ⑴難陀龍王。 ⑵跋難陀龍王。 ⑶娑伽羅龍王。 ⑷和脩吉龍王。 ⑸德叉迦龍王。 ⑹阿那婆達多龍王。 ⑺摩那斯龍王。 ⑻優鉢羅龍王等。 各與若干百千眷屬俱。	貳有八龍王， ⑴難陀龍王。 ⑵跋難陀龍王。 ⑶娑伽羅龍王。 ⑷和脩吉龍王。 ⑸德叉迦龍王。 ⑹阿那婆達多龍王。 ⑺摩那斯龍王。 ⑻漚ㄡ鉢羅龍王等。 各與若干百千眷屬俱。
參四「真陀羅王」， ㈠慎法真陀羅王。 ㈡大法真陀羅王。 ㈢仁和真陀羅王。 ㈣持法真陀羅王。	參有四「緊那羅王」， ㈠法緊那羅王。 ㈡妙法緊那羅王。 ㈢大法緊那羅王。 ㈣持法緊那羅王。 各與若干百千眷屬俱。	參有四「緊那羅王」， ㈠法緊那羅王。 ㈡妙法緊那羅王。 ㈢大法緊那羅王。 ㈣持法緊那羅王。 各與若干百千眷屬俱。
肆香音神，各與「營從」(營衛隨從)來詣佛所，稽首畢，退住一面。淨身四天子， ⑴柔軟天子。 ⑵和音天子。 ⑶美軟天子。 ⑷悅響天子。 俱來詣佛所，前稽首畢，退坐一面。	肆有四「乾闥婆王」， ⑴樂乾闥婆王。 ⑵樂音乾闥婆王。 ⑶美乾闥婆王。 ⑷美音乾闥婆王。 各與若干百千眷屬俱。	肆有四「乾闥婆王」， ⑴樂乾闥婆王。 ⑵樂音乾闥婆王。 ⑶美乾闥婆王。 ⑷美音乾闥婆王。 各與若干百千眷屬俱。
伍四「阿須倫王」， ㈠最勝阿須倫。 ㈡欲錦阿須倫。 ㈢燕居阿須倫。 ㈣吸氣阿須倫。 與無央數百千「阿須倫、人民」俱，來詣佛所，前稽首畢，	伍有四「阿修羅王」， ㈠婆稚阿修羅王。 ㈡佉ㄑ羅騫ㄑ馱阿修羅王。 ㈢毘摩質多羅阿修羅王。 ㈣羅睺阿修羅王。 各與若干百千眷屬俱。	伍有四「阿修羅王」， ㈠婆稚阿修羅王。 ㈡佉ㄑ羅騫ㄑ馱阿修羅王。 ㈢毘摩質多羅阿修羅王。 ㈣羅睺阿修羅王。 各與若干百千眷屬俱。

退坐一面。		
㈥四「金翅鳥王」， ⑴大身王。 ⑵大具足王。 ⑶得神足王。 ⑷不可動王。 俱來詣佛所，稽首畢，退住一面。	㈥有四「迦樓羅王」， ⑴大威德迦樓羅王。 ⑵大身迦樓羅王。 ⑶大滿迦樓羅王。 ⑷如意迦樓羅王。 各與若干百千眷屬俱。	㈥有四「迦樓羅王」， ⑴大威德迦樓羅王。 ⑵大身迦樓羅王。 ⑶大滿迦樓羅王。 ⑷如意迦樓羅王。 各與若干百千眷屬俱。
㈦摩竭國(Magadha 中印度之古國)王阿闍世(Ajātaśatru)，與十子，幷諸營從(營衛隨從)，來詣佛所，稽首畢，退坐一面。「諸天、龍神、世人」，莫不歸命，奉敬侍坐。	㈦韋提希(Vaidehī 中印度摩揭陀國頻婆娑羅 Bimbisāra 王之夫人，即阿闍世 Ajātaśatru 王之生母)子阿闍世王(Ajātaśatru)，與若干百千眷屬俱，各禮佛足，退坐一面。	㈦韋提希(Vaidehī 中印度摩揭陀國頻婆娑羅 Bimbisāra 王之夫人，即阿闍世 Ajātaśatru 王之生母)子阿闍世王(Ajātaśatru)，與若干百千眷屬俱，各禮佛足，退坐一面。

一－4 世尊為眾說《無量義 教菩薩法 佛所護念》經。佛放光照東方一萬八千佛土，彼、此世界相互盡見

西晉‧竺法護譯 《正法華經》	後秦‧鳩摩羅什譯 《妙法蓮華經》	隋‧闍那崛多、達磨笈多共譯 《添品妙法蓮華經》
㈠爾時世尊，與四部眾眷屬圍繞而為說經，講演「菩薩方等大頌 一切諸佛嚴淨之業」。	㈠爾時世尊，四眾圍遶，供養、恭敬、尊重、讚歎。為諸菩薩說「大乘㊞ 經」，名「無量義 教菩薩法 佛所護念」。	㈠爾時世尊，四眾圍遶，供養、恭敬、尊重、讚歎，為諸菩薩說「大乘㊞ 經」，名「無量義 教菩薩法 佛所護念」。
㈡說斯經(指「菩薩方等大頌 一切諸佛嚴淨之業」之大乘經)已(以上指釋迦佛已宣講《無量義經》完畢)，昇于自然「師子之床」，「加趺」而坐，「三昧正受定意」，名曰「立無量頌」。尋(不久；隨即)應所宜，不見身貌，不得心意。	㈡佛說此經(指「無量義 教菩薩 佛所護念」之大乘經)已(以上指釋迦佛已宣講《無量義經》完畢)，結「加趺坐」，入於「無量義處三昧」(anantanirdeśapratiṣṭhāna-samādhi)，身心不動。	㈡佛說此經(指「無量義 教菩薩 佛所護念」之大乘經)已(以上指釋迦佛已宣講《無量義經》完畢)，結「加趺坐」，入於「無量義處三昧」(anantanirdeśapratiṣṭhāna-samādhi)，身心不動。
㈢所坐立處，則有「瑞應」(祥	㈢是時天雨㊞ 「曼陀羅華、	㈢是時天雨㊞ 「曼陀羅華、

瑞感應)，天雨┗「意華、大意華、柔軟音華、大柔軟音華」，散世尊上，及於大會四部之眾，普佛國土，六反震動。	摩訶曼陀羅華、曼殊沙華、摩訶曼殊沙華」，而散佛上，及諸大眾，普佛世界，六種震動。	摩訶曼陀羅華、曼殊沙華、摩訶曼殊沙華」，而散佛上，及諸大眾，普佛世界，六種振動。
㊵時大眾會「比丘、比丘尼、清信士、清信女」。「天、龍、神鬼、捷沓惒、阿須倫、迦留羅、真陀羅、摩休勒、人與非人」。「國王、君主、大力轉輪聖王」。各與營從(營衛隨從)，咸悉一心「瞻戴」(瞻仰戴望)世尊，意皆愕然(驚訝)，怪未曾有。	㊵爾時會中，「比丘、比丘尼、優婆塞、優婆夷」。「天、龍、夜叉、乾闥婆、阿修羅、迦樓羅、緊那羅、摩睺羅伽、人非人」。及諸「小王、轉輪聖王」。是諸大眾，得未曾有，歡喜合掌，一心觀佛。	㊵爾時會中，「比丘、比丘尼、優婆塞、優婆夷」。「天、龍、夜叉、乾闥婆、阿脩羅、迦樓羅、緊那羅、摩睺羅伽、人非人」等。及諸「小王、轉輪聖王」。是諸大眾，得未曾有，歡喜合掌，一心觀佛。
㊄於時佛放「面、口」結光明，普炤(照)「東方」萬八千佛土，其大光明照諸佛國，靡不周遍，至於「無擇大地獄」(無間地獄)中，上徹「三十三天」(Trāyastriṃśat-deva 欲界忉利天)。	㊄爾時佛放「眉間」白毫(兩眉間有柔軟細澤之白毫)相光，照「東方」萬八千世界，靡不周遍，下至「阿鼻地獄」，上至「阿迦尼吒天」(Akaniṣṭha 色界最頂之天)。	㊄爾時佛放「眉間」白毫(兩眉間有柔軟細澤之白毫)相光，照「東方」萬八千世界，靡不周遍，下至「阿鼻地獄」，上至「阿迦膩吒天」(Akaniṣṭha 色界最頂之天)。
㊅「彼、此」世界六趣周旋，所有「蒸民」(眾民;百姓)一切皆現，其界諸佛現在所由，此土(婆婆世界)眾會悉遙見之。彼土覩斯(此)，亦復如是，十方諸佛所說經法，普遍聞焉。	㊅於此(婆婆)世界，盡見彼土六趣眾生。又見彼土現在諸佛，及聞諸佛所說經法。	㊅於此(婆婆)世界，盡見彼土六趣眾生。又見彼土現在諸佛，及聞諸佛所說經法。
㊆諸「比丘、比丘尼、清信士、清信女」，修行獨處者，逮(到;及)得德果，一切表露。	㊆幷見彼諸「比丘、比丘尼、優婆塞、優婆夷」諸修行得道者。	㊆幷見彼諸「比丘、比丘尼、優婆塞、優婆夷」諸修行得道者。
㊇又諸菩薩，意寂「解脫」，其出家者，求報應行，皆亦悉現。	㊇復見諸菩薩摩訶薩，種種「因緣」、種種「信解」、種種「相貌」，行「菩薩道」。	㊇復見諸菩薩摩訶薩，種種「因緣」、種種「信解」、種種「相貌」，行「菩薩道」。
㊈諸佛世界「滅度」眾聖，	㊈復見諸佛「般涅槃」者，	㊈復見諸佛「般涅槃」者，

所建寶廟，自然為現。	復見諸佛「般涅槃」後，以「佛舍利」，起「七寶塔」。	復見諸佛「般涅槃」後，以「佛舍利」，起「七寶塔」。

1997 年《俗語言研究》第四期和該刊 1998 年第五期發表了日人辛嶋靜志《漢譯佛典的語言研究》一篇論文，文中辛嶋靜志認爲「大乘、小乘」的「乘」應該讀作ㄕㄥˋ，不能讀作ㄔㄥˊ，並用「梵語」和「古漢語」知識予以論證，很有力度。

--詳康振棟撰「竺法護翻譯佛經詞彙研究--以《正法華經》詞彙為中心」，浙江大學博士論文。2011 年 1 月，頁 8。

法華三部經

指《無量義經》、《妙法蓮華經》、《觀普賢菩薩行法經》等三經。即：

❶《無量義經》，全一卷，蕭齊曇摩伽陀耶舍譯。此經旨在說「實相」之法。慧基、智顗等皆以《無量義經》為《法華經》所指之「**無量義教菩薩法**」。吉藏之《法華義疏·卷二》中則依「處同、眾數大同、時節同、義同」及「翻經者」言等五義，亦謂《無量義經》即《法華經》前文序品中所指之經。古來亦以《無量義經》為《法華經》之「開經」。

❷《妙法蓮華經》，七卷，後秦鳩摩羅什譯。為流布最廣之經，智顗依《法華經》而創立「天台宗」。

❸《觀普賢菩薩行法經》，一卷，劉宋曇摩密多譯。略稱《觀普賢經》。本經係承《法華經》最後之〈普賢菩薩勸發品〉而說「觀普賢菩薩」之方法及功德，被稱為《法華經》之「結經」。

（以上資料據《佛光大辭典》再略作修訂）

無量義處三昧

(1)anantanirdeśapratiṣṭhāna-samādhi。指佛陀欲說《法華經》時所入之「三昧」。

(2)「無量」指「三乘、五乘」等無量法門，即「無量義」。

「義處」指「無量義」之「所依處」，即「實相」。

(3)生出「無量法義」所依止處之「實相無相三昧」，故稱為「無量義處三昧」。

(4)佛陀已說《無量義經》後，將說《法華經》之「實相」義，則於說經前入此「三昧」。

(5)「所出」之「無量義」，是為《無量義經》之「三昧」。

(6)「所歸」之義處，則為《法華經》之「三昧」。

（以上資料據《佛光大辭典》再略作修訂）

一－5 彌勒菩薩欲問文殊師利菩薩，世尊現「瑞相」之因緣

西晉·竺法護譯《正法華經》	後秦·鳩摩羅什譯《妙法蓮華經》	隋·闍那崛多、達磨笈多共譯《添品妙法蓮華經》
⑤於是彌勒菩薩心自念言：今者世尊(釋迦佛)，如來、至真、等正覺，三昧正受。現大感變，多所降伏，覩未曾有，天上世間，諸佛廟寺，恢閣(恢弘寬閣)彰顯，將何所興，而有此瑞？	⑤爾時彌勒菩薩作是念：今者世尊(釋迦佛)現「神變相」，以何因緣而有此瑞？	⑤爾時彌勒菩薩作是念：今者世尊(釋迦佛)現「神變相」，以何因緣而有此瑞？

⑳從昔暨今，未曾見也。欲問其歸，孰堪「發遣」(研討；處理)，解斯誼(同「義」)乎？	⑳今佛世尊(釋迦佛在說完「無量義 教菩薩法 佛所護念」之大乘經後)入于「三昧」(指「無量義處三昧」)，是不可思議、現希有事。當以問誰？誰能答者？	⑳今佛世尊(釋迦佛在說完「無量義 教菩薩法 佛所護念」之大乘經後)入于「三昧」(指「無量義處三昧」)，是不可思議、現希有事。當以問誰？誰能答者？
㈣(彌勒菩薩)尋(不久；隨即)改思曰：今者大士溥首童真(文殊師利)，所作已辦，靡所不達，供養過去無數諸佛，曾當瞻覩如來、至真、等正覺，如此瑞應，欲請問之(指文殊菩薩)。	㈣(彌勒菩薩)復作此念：是文殊師利法王之子，已曾親近供養過去無量諸佛，必「應見」此希有之相，我今當問(彼文殊菩薩)。	㈣(彌勒菩薩)復作此念：是文殊師利法王之子，已曾親近供養過去無量諸佛，必「應見」此希有之相，我今當問(彼文殊菩薩)。

一－6 彌勒菩薩觀四眾及諸眾會之心，以偈問文殊師利菩薩

西晉・竺法護譯《正法華經》	後秦・鳩摩羅什譯《妙法蓮華經》	隋・闍那崛多、達磨笈多共譯《添品妙法蓮華經》
㊀時四部眾「比丘、比丘尼、清信士、清信女」，「諸天、龍、神、揵沓惒、阿須倫、迦留羅、真陀羅、摩休勒」，志懷猶豫，得未曾有，見斯大聖「無極威曜」神足(神通具足)變化，各各發意，欲問世尊，決散(斷決消散)疑網。	㊀爾時「比丘、比丘尼、優婆塞、優婆夷」，及諸「天、龍、鬼神」等，咸作此念：是(釋迦)佛「光明神通」之相，今當問誰？	㊀爾時「比丘、比丘尼、優婆塞、優婆夷」，及諸「天、龍、鬼神」等，咸作此念：是(釋迦)佛「光明神通」之相，今當問誰？
㈡慈氏大士見眾會心，便問溥首(文殊)曰：仁者惟說，今(世尊)何因緣，有此「瑞應」(祥瑞感應)？大聖(釋迦佛)神足(神通具足)，放大光明，照于「東方」萬八千土，諸佛世界自然為「現」，所說「經法」，皆遙聞之？	㈡爾時彌勒菩薩，欲自「決疑」(解決疑難問題)，又觀四眾「比丘、比丘尼、優婆塞、優婆夷」，及諸「天、龍、鬼神」等眾會之心，而問文殊師利言：(釋迦佛)以何因緣，而有此瑞神通之相，放大光明，照于「東方」萬八千土，悉見彼佛國界莊嚴？	㈡爾時彌勒菩薩，欲自「決疑」(解決疑難問題)，又觀四眾「比丘、比丘尼、優婆塞、優婆夷」，及諸「天、龍、鬼神」等眾會之心，而問文殊師利言：(釋迦佛)以何因緣，而有此瑞神通之相，放大光明，照于「東方」萬八千土，悉見彼佛國界莊嚴？

㊂於是<u>慈氏</u>以頌而問<u>溥首</u>（<u>文殊</u>）曰：	㊂於是<u>彌勒</u>菩薩，欲重宣此義，以偈問曰：	㊂於是<u>彌勒</u>菩薩，欲重宣此義，以偈問曰：
<u>文殊師利</u>！今何以故，	<u>文殊師利</u>！導師何故，	<u>文殊師利</u>！導師何故，
導利眾庶，放演光明？	眉間白毫，大光普照？	眉間白毫，大光普照？
甚大威曜，出于面門，	雨曼陀羅、曼殊沙華，	雨曼陀羅、曼殊沙華，
神變遍照，十方燿（閃耀）然；	栴檀香風，悅可眾心？	旃檀香風，悅可眾心。
天雨眾華，紛紛如降，	以是因緣，地皆嚴淨，	以是因緣，地皆嚴淨；
意華大意，柔軟音華，	而此世界，六種震動。	而此世界，六種震動。
種種若干，其色殊妙，	時四部眾，咸皆歡喜，	時四部眾，咸皆歡喜，
栴檀馨香，悅可（喜悅認可）眾心	身意快然，得未曾有。	身意快然，得未曾有。
嚴淨巍巍，皆悉周遍。	眉間光明，照于東方，	眉間光明，照于東方，
今日四輩，欣然踊躍，	萬八千土，皆如金色，	萬八千土，皆如金色。
於此佛土，十方世界，	從阿鼻獄，上至有頂。	從阿鼻獄，上至有頂，
六反震動，莫不傾搖。	諸世界中，六道眾生，	諸世界中，六道眾生，
于彼光明，則照東方，	生死所趣，善惡業緣，	生死所趣，善惡業緣，
萬八千土，其暉普徹，	受報好醜，於此悉見。	受報好醜，於此悉見。
諸佛境土，紫磨金色，	又覩諸佛、聖主師子、	又覩諸佛，聖主師子；
煌煌灼灼，爓無不接。	演說經典，微妙第一。	演說經典，微妙第一。
國邑群萌，莫不蒙賴，	其聲清淨，出柔軟音，	其聲清淨，出柔軟音；
達盡上界，入無擇獄。	教諸菩薩，無數億萬，	教諸菩薩，無數億萬。
眾庶受生，用無明故，	梵音深妙，令人樂聞。	梵音深妙，令人樂聞；
滅沒墮落，歸此諸趣。	各於世界，講說正法，	各於世界，講說正法。
斯等黎民，覩見因緣，	種種因緣。以無量喻，	種種因緣，以無量喻；
若干之趣，今現嚴淨，	照明佛法，開悟眾生。	照明佛法，開悟眾生。
賢明不肖，中間品類，	若人遭苦，厭老病死，	若人遭苦，厭老病死；
吾於此住，皆遙見之。	為說涅槃，盡諸苦際。	為說涅槃，盡諸苦際。
又覩諸佛，而師子吼，	若人有福，曾供養佛，	若人有福，曾供養佛；
演說經典，開闡法門，	志求勝法，為說緣覺。	志求勝法，為說緣覺。
消除眾生，無數之穢。	若有佛子、修種種行，	若有佛子，修種種行；
歌頌聖教，出柔軟音，	求無上慧，為說淨道。	求無上慧，為說淨道。
其響深妙，令人欣踊。	<u>文殊師利</u>！我住於此，	<u>文殊師利</u>！我住於此；
各各自捨，境界所有，	見聞若斯，及千億事，	見聞若斯，及千億事，
講說譬喻，億載報應，	如是眾多，今當略說。	如是眾多，今當略說：
分別敷演，於此佛法。	我見彼土，恒沙菩薩，	我見彼土，恒沙菩薩，
一切眾生，所造苦患，	種種因緣，而求佛道。	種種因緣，而求佛道；
以無巧便，治老病死，	或有行施，金銀珊瑚、	或有行施，金銀珊瑚、
猶斯等類，說寂滅度。	真珠摩尼、車𤦲馬腦、	真珠摩尼、車𤦲馬瑙、
比丘當知，貧劇困惱，	金剛諸珍，奴婢車乘、	金剛諸珍，奴婢車乘、

眾人則處，安雅快樂， 積累功德，乃見聖尊， 又得逮至，緣一覺乘， 一切令入，於此道業， 見佛殊異，諸所經籍， 或有志求，無上之慧。 一切世間，見若干形， 斯等眾類，歌詠佛德。 仁者溥首！彼所言說， 我立住此，今悉見聞， 及餘無數，諸億千眾， 在此遊居，吾悉覩眄。 又見佛土，不可計數， 諸菩薩等，如江河沙， 億百千數，而不減少， 建志精進，興發道意。 或有放捨，諸所財業， 而行布施。金銀珍寶， 明月真珠，車渠馬腦， 奴婢車乘，床臥机榻， 諸所珍異，環珮瓔珞， 於是具足，皆用惠賜， 悉以勸助，上尊佛道。 今我等類，聞斯音聲， 安住所歎，正覺大乘， 遊於三界，而無所猗， 其人速逮，得獲斯願。 或以諸乘，則而施與， 諸華伎樂，欄楯莊嚴， 簫成鼓吹，音節所娛， 四事如應，惠與奉授， 以此布施，心不悋惜。 妻妾子孫，所重輦輿， 或應非常，手足與人， 志不矜愛，皆用惠施。 欲以慕求，此尊佛道。 復有捨身，給諸所有， 頭眼支體，無所遺愛，	寶飾輦輿，歡喜布施。 迴向佛道，願得是乘， 三界第一，諸佛所歎。 或有菩薩，駟馬寶車、 欄楯華蓋、軒飾布施。 復見菩薩，身肉手足， 及妻子施，求無上道。 又見菩薩，頭目身體， 欣樂施與，求佛智慧。 文殊師利！我見諸王， 往詣佛所，問無上道， 便捨樂土，宮殿臣妾， 剃除鬚髮，而被法服。 或見菩薩，而作比丘， 獨處閑靜，樂誦經典。 又見菩薩，勇猛精進， 入於深山，思惟佛道。 又見離欲，常處空閑， 深修禪定，得五神通。 又見菩薩，安禪合掌， 以千萬偈、讚諸法王。 復見菩薩，智深志固， 能問諸佛，聞悉受持。 又見佛子，定慧具足， 以無量喻，為眾講法。 欣樂說法，化諸菩薩， 破魔兵眾，而擊法鼓。 又見菩薩，寂然宴默， 天龍恭敬，不以為喜。 又見菩薩，處林放光， 濟地獄苦，令入佛道。 又見佛子，未嘗睡眠， 經行林中，懃求佛道。 又見具戒，威儀無缺， 淨如寶珠，以求佛道。 又見佛子，住忍辱力， 增上慢人，惡罵捶打， 皆悉能忍，以求佛道。	寶飾輦輿、歡喜布施， 迴向佛道；願得是乘， 三界第一，諸佛所歎。 或有菩薩，駟馬寶車、 欄楯華蓋、軒飾布施。 復見菩薩，身肉手足， 及妻子施，求無上道。 又見菩薩，頭目身體， 欣樂施與，求佛智慧。 文殊師利！我見諸王， 往詣佛所，問無上道； 便捨樂土，宮殿臣妾， 剃除鬚髮，而被法服。 或見菩薩，而作比丘， 獨處閑靜，樂誦經典。 又見菩薩，勇猛精進， 入於深山，思惟佛道。 又見離欲，常處空閑， 深修禪定，得五神通。 又見菩薩，安禪合掌， 以千萬偈，讚諸法王。 復見菩薩，智深志固， 能問諸佛，聞悉受持。 又見佛子，定慧具足， 以無量喻，為眾講法。 欣樂說法，化諸菩薩， 破魔兵眾，而擊法鼓。 又見菩薩，寂然宴默， 天龍恭敬，不以為喜。 又見菩薩，處林放光， 濟地獄苦，令入佛道。 又見佛子，未嘗睡眠， 經行林中，勤求佛道。 又見具戒，威儀無缺， 淨如寶珠，以求佛道。 又見佛子，住忍辱力， 增上慢人，惡罵捶打， 皆悉能忍，以求佛道。

所以布施，用成佛道，
志願逮獲，如來聖慧。
溥首童真！吾瞻國王，
與眷屬俱，而出遊立，
中宮后妃，婇女貴人，
族姓娛樂，俱禮佛身。
衆庶朋黨，悉詣導師，
而於法王，啓問經典，
則除俗服，下其鬚髮，
而被袈裟，以為法式。
我覩若干，諸菩薩衆，
比丘知友，頓止山巖，
獨處閑居，解暢空無，
或有受經，而讀誦讚。
吾復瞻見，開士之黨，
英雄儔疋，出入山谷，
專精思惟，歷察衆相，
分別講說，演諸佛乘，
捐棄愛欲，永使無餘。
常自纂修，悕仰正行，
安住諸子，不離閑居，
則便逮得，成五神通。
高妙之士，志平等句，
向諸導師，恭敬叉手，
心懷踊躍，歌詠佛德，
以數千偈，歎人中王。
覩無所畏，志踊調和，
曉了分別，出家之業，
詔稟經典，於兩足尊，
所聞頻數，尋即執翫，
安住衆子，先自修已。
我又遙見，諸佛孫息，
為無數億，人民講法，
而現報應，兆載難計，
志懷欣喜，自歸正法，
勸助開化。無數菩薩，
降伏衆魔，秉勢官屬，
而雷擊扣，於此法鼓，

又見菩薩，離諸戲笑，
及癡眷屬，親近智者，
一心除亂，攝念山林，
億千萬歲，以求佛道。
或見菩薩，餚饍飲食、
百種湯藥，施佛及僧。
名衣上服，價直千萬，
或無價衣，施佛及僧。
千萬億種，栴檀寶舍、
衆妙臥具，施佛及僧。
清淨園林，華菓茂盛，
流泉浴池，施佛及僧。
如是等施，種種微妙，
歡喜無厭，求無上道。
或有菩薩，說寂滅法，
種種教詔，無數衆生。
或見菩薩，觀諸法性，
無有二相，猶如虛空。
又見佛子，心無所著，
以此妙慧、求無上道。
文殊師利！又有菩薩，
佛滅度後，供養舍利。
又見佛子，造諸塔廟，
無數恒沙，嚴飾國界，
寶塔高妙，五千由旬，
縱廣正等，二千由旬。
一一塔廟，各千幢幡，
珠交露幔，寶鈴和鳴，
諸天龍神、人及非人，
香華伎樂，常以供養。
文殊師利！諸佛子等，
為供舍利，嚴飾塔廟，
國界自然，殊特妙好，
如天樹王，其華開敷。
佛放一光，我及衆會，
見此國界，種種殊妙。
諸佛神力、智慧希有，
放一淨光，照無量國。

又見菩薩，離諸戲笑，
及癡眷屬，親近智者，
一心除亂，攝念山林，
億千萬歲，以求佛道。
或見菩薩，餚饍飲食，
百種湯藥，施佛及僧；
名衣上服，價直千萬，
或無價衣，施佛及僧；
千萬億種，栴檀寶舍，
衆妙臥具，施佛及僧；
清淨園林，華果茂盛，
流泉浴池，施佛及僧；
如是等施，種種微妙，
歡喜無厭，求無上道。
或有菩薩，說寂滅法，
種種教詔，無數衆生；
又見菩薩，觀諸法性，
無有一相，猶如虛空；
又見佛子，心無所著，
以此妙慧，求無上道。
文殊師利！又有菩薩，
佛滅度後，供養舍利。
又見佛子，造諸塔廟，
無數恒沙，嚴飾國界；
寶塔高妙，五千由旬，
縱廣正等，二千由旬；
一一塔廟，各千幢幡，
珠交露縵，寶鈴和鳴；
諸天龍神，人及非人，
香華伎樂，常以供養。
文殊師利！諸佛子等，
為供舍利，嚴飾塔廟；
國界自然，殊特妙好；
如天樹王，其華開敷。
佛放一光，我及衆會，
見此國界，種種殊妙。
諸佛神力，智慧希有；
放一淨光，照無量國。

善逝典誥㊟。我又覽歷， 諸天人神，所共宗奉， 安住諸子，不以奇雅， 益用寂然，履行定隱， 無所猗(貪著)著，猶如師子， 開化度眾，令發道意。 眾生在居，手執所供， 心懷悅豫，斂㊟然俱詣。 又諸佛子，立於精進， 棄捐欲塵，常得自在， 建志經行，遊諸樹間， 心願勤修，根求佛道。 而護身口，常行清淨， 禁戒安隱，不畏生死， 於彼秉心，具足諸行， 以斯禁戒，寤諸不覺。 最勝之子，據忍辱力， 為諸貢高，卑下謙順， 輕毀罵詈，若撾㊟捶㊟者， 其求佛道，默然不校。 吾或復觀，菩薩之眾， 一切棄離，調戲伎樂， 與諸力勢(喻佛)，親友(喻善知識) 等俱， 其心堅固，平如虛空。 蠲除諸穢，憒㊟亂之意， 建立一心，消滅陰蓋(五蓋)， 禪思思惟，億百千歲， 布施立意，求尊佛道。 或自割損，多所惠潤， 刈㊟除貪嫉，閑不懷懅㊟， 飲食供具，所當得者， 及無數人，諸病醫藥。 又復施與，衣被服飾， 檀已濟裸，無所藏積。 與營從俱，面見最勝， 在上化立，億百千供。 所造珍寶，及栴檀香，	我等見此，得未曾有。 佛子文殊！願決眾疑。 四眾欣仰，瞻仁及我。 世尊何故，放斯光明？ 佛子時答，決疑令喜。 何所饒益，演斯光明？ 佛坐道場，所得妙法， 為欲說此？為當授記？ 示諸佛土，眾寶嚴淨， 及見諸佛，此非小緣。 文殊當知，四眾龍神， 瞻察仁者，為說何等。	我等見此，得未曾有。 佛子文殊！願決眾疑， 四眾欣仰，瞻仁及我； 世尊何故，放斯光明？ 佛子時答，決疑令喜； 何所饒益，演斯光明？ 佛坐道場，所得妙法； 為欲說此，為當授記？ 示諸佛土，眾寶嚴淨； 及見諸佛，此非小緣。 文殊當知！四眾龍神； 瞻察仁者，為說何等？

多有床座，明珠諸藏。
現在目前，奉上安住，
其寶之價，直億百千。
所覩園觀，樹葉華實，
具足鮮淨，悅可人意。
夙夜修行，兼加進獻，
上人正士，諸聲聞等，
所可慧益，品列如斯，
雜種若干，歡喜濟乏，
深自欣慶，而建道行，
以此所施，願求尊覺。
或有得人，寂然法誼，
察諸報應，衆億兆載，
發起民庶，使其悔過，
令捨億寶，志願佛道。
曉了觀察，不祕恡法，
滅除三事，寂等如空，
安住之子，悉無所著，
斯等智慧，求尊佛道。
溥 柔軟音，吾復覩見，
諸滅度佛，安住開化。
諸所現在，大菩薩衆，
咸共奉敬，最勝舍利。
吾覩佛廟，億千之數，
凡難限計，如江河沙。
在于億土，常見尊戴，
諸所化現，最勝由已。
七寶自然，清淨而現，
具足里數，二十五萬。
諸蓋幢幡，各有數千，
廣長周匝，各二千里，
其蓋妙好，殊異嚴淨。
所在衆香，珍寶自然，
諸果芬馥，伎樂和雅。
鬼神羅剎，肅恭人尊，
安住諸子，所興感動，
以用供養，舍利若斯。
今此佛廟，昱鑠 璨麗，

普布香華，如晝度樹。 於斯人衆，無數億千， 悉遙覩見，煒 暐 煸 爛， 衣毛為竪，眷屬馳造， 欲見最勝，顯發光明。 人中之上，演大光燿， 妙哉明哲，離垢無漏， 乃能闡現，如斯弘暉， 示諸佛土，無央數千。 見此瑞應，得未曾有。 如是疇類，諸大變化， 唯願溥 首，具說斯誼。 吾今欽羨，及諸佛子， 於四部衆，心懷悅豫。 渴仰仁者，兼見瞻察， 今日安住，何所因由， 奮大光明，而從口出， 解散狐疑，勸發欣躍。 何故佛現，無極大光？ 如斯所變，當有所感。 安住之子，願用時說。 大聖所成，此微妙法， 在于道場，正士敷演。 世雄(喻佛)導師，所由方面， 願為分別。此諸菩薩， 欲見佛土，無央數千， 群生倫品，衆寶嚴淨， 諸佛自現，無量明目。 凡新學者，得無猶豫， 諸最勝子，普共啓問。 悅諸人民，天神羅剎， 四部之衆，一切戴仰。 今者溥 首，惟具分別。		

※彌勒菩薩觀四衆及諸衆會之心，請問文殊菩薩釋迦佛為何現此「瑞相」之因緣？

　文殊菩薩即告訴彌勒菩薩：

➜過去有佛號日月燈明如來，復有二萬佛亦皆同此名。

➜ 日月燈明佛俗家有「八王子」亦隨父出家。

➜ 日月燈明佛為與會大眾説《無量義 教菩薩法 佛所護念》法(即指《無量義經》)；復為妙光菩薩(有
八百位弟子)説《妙法蓮華 教菩薩法 佛所護念》經(即指《法華經》)，共「六十小劫」不起于座。

➜ 日月燈明佛在世時之妙光菩薩持《妙法蓮華經》，滿「八十小劫」為人演説。

➜ 日月燈明佛俗家之「八王子」亦歸依妙光菩薩，出家修道，最後一位出家修道成佛即燃燈佛。

➜ 妙光菩薩即文殊師利菩薩，妙光菩薩的弟子求名菩薩即彌勒菩薩。

一－7 佛欲令群生洗除「俗穢」，聞知一切世間難信之法，故現光明

西晉‧竺法護譯 《正法華經》	後秦‧鳩摩羅什譯 《妙法蓮華經》	隋‧闍那崛多、達磨笈多共譯 《添品妙法蓮華經》
壹於是溥ㄆㄨˇ首(文殊)告慈氏、諸大士眾會者「族姓子、女」(善男子、善女人)：吾心惟忖ㄘㄨㄣˇ(思惟忖度；思惟推測)，今者(釋迦)如來， ❶當敷大法、演無極典。 ❷散大法雨。 ❹擊大法鼓。 ❸吹大法螺。 ❺講無量法。 貳(文殊菩薩)又自追憶，乃從過去諸佛世尊見斯像瑞，彼如來等所放光明，亦復若茲，猶斯識察，知講「大法」。 參諸如來、至真、等正覺，欲令眾生聽「無極典」，故現斯應。所以者何？世尊(釋迦佛)欲令群生洗除「俗穢」，聞服佛法，現弘大變，光明神化。	壹爾時文殊師利語彌勒菩薩摩訶薩及諸「大士、善男子」等：如我(文殊菩薩)惟忖ㄘㄨㄣˇ(思惟忖度；思惟推測)，今(釋迦)佛世尊， ❶欲說大法。 ❷雨ㄩˋ大法雨。 ❸吹大法螺。 ❹擊大法鼓。 ❺演大法義。 貳(文殊菩薩云)諸善男子！我(文殊菩薩)於過去諸佛曾見此瑞，放斯光已，即說「大法」。 參(文殊菩薩云)是故當知，今(釋迦)佛現光，亦復如是，欲令眾生得聞知一切世間「難信之法」，故現斯瑞。	壹是時文殊師利語彌勒菩薩摩訶薩及諸「大士、善男子」等：如我(文殊菩薩)惟忖ㄘㄨㄣˇ(思惟忖度；思惟推測)，今(釋迦)佛世尊， ❶欲說大法。 ❷雨ㄩˋ大法雨。 ❸吹大法螺。 ❹擊大法鼓。 ❺演大法義。 貳(文殊菩薩云)諸善男子！我(文殊菩薩)於過去諸佛曾見此瑞，放斯光已，即說「大法」。 參(文殊菩薩云)是故當知，今(釋迦)佛現光亦復如是，欲令眾生咸得聞知一切世間「難信之法」，故現斯瑞。

《佛說菩薩本行經‧卷中》

(1)當于是時，光明化佛，彌滿三千大千世界，五道眾生皆得度脱。凡於如來光明入處，各有所應。

(2)欲説「地獄」事，光從「足下」入。

(3)欲説「畜生」事，光從「足上」入。

(4)欲説「餓鬼」事，光從「脛ㄐㄧㄥˋ(小腿)踝ㄏㄨㄞˊ(小腿與腳之間左右兩側的突起部分)」入。

(5)欲説「人道」事，光從「髀」ㄅㄟˊ（大腿）入。

(6)欲説「轉輪聖王」事，光從「臍」入。

(7)欲説「羅漢事」，光從「口」入。

(8)欲説「辟支佛」事，光從「眉間」入。

(9)欲説「菩薩」事，光從「頂」入。

(10)欲説「過去事」，光從「後」入。

(11)欲説「當來、今現在」事，光從「前」入。

(參見《菩薩本行經》卷 2。詳 CBETA, T03, no. 155, p. 117, c)

《雜譬喻經》

(1)時佛微笑，現四十齒，并出四牙。從四牙中放大光明，遍照三千周及十方。其光明還繞佛身三匝，從「胸上」入。

(2)諸佛之法，説「地獄」事，光從「足下」入。

(3)欲説「畜生」事，光從「髆」入。

(4)欲説「餓鬼」事，光從「髀」入。

(5)欲説「人」事，光從「臍」入。

(6)欲説「諸天」事，光從「胸」入。

(7)欲説「聲聞」事，光從「口」入。

(8)欲説「緣覺」事，光從「眉間相」入。

(9)欲説「諸佛菩薩」事，光從「頂」入。

(10)阿難見光從「胸」入，知佛欲説「諸天事」。

(參見《雜譬喻經》卷。詳 CBETA, T04, no. 207, p. 525, c)

《大方廣佛華嚴經・卷三十九》

(1)佛子！此菩薩坐彼大蓮華座時，

(2)於「兩足」下放百萬阿僧祇光明，普照十方諸大「地獄」，滅眾生苦。

(3)於「兩膝輪」放百萬阿僧祇光明，普照十方諸「畜生趣」，滅眾生苦。

(4)於「臍輪」中放百萬阿僧祇光明，普照十方「閻羅王界」，滅眾生苦。

(5)從「左右脇」放百萬阿僧祇光明，普照十方一切「人趣」，滅眾生苦。

(6)從「兩手」中放百萬阿僧祇光明，普照十方一切「諸天及阿脩羅」所有宮殿。

(7)從「兩肩」上放百萬阿僧祇光明，普照十方一切「聲聞」。

(8)從其「項背」放百萬阿僧祇光明，普照十方「辟支佛身」。

(9)從其「面門」放百萬阿僧祇光明，普照十方「初始發心」乃至「九地諸菩薩」身。

(10)從「兩眉間」放百萬阿僧祇光明，普照十方「受職菩薩」(《大方廣佛華嚴經・卷三十九・十地品》云：諸佛智水灌其頂故，名爲「受職」)，令魔宮殿悉皆不現。

(11)從其「頂上」放百萬阿僧祇三千大千世界微塵數光明，普照十方一切世界「諸佛如來」道場眾會，右遶十匝，住虛空中，成光明網，名「燄然光明」。

(參見《大方廣佛華嚴經》卷 39〈26 十地品〉。詳 CBETA, T10, no. 279, p. 205, c)

《佛説光明童子因緣經・第一》

(1)世尊若欲説「過去事」。其光即當從佛「後」隱。

(2)若欲説彼「未來世事」。其光即當從佛「前」隱。

(3)若欲説彼「地獄」趣事。其光即從佛「足心」隱。

(4)若欲説彼「傍生」趣事。其光即從佛「足面」隱。

(5)若欲説彼「餓鬼」趣事。其光即從佛「足指」隱。
(6)若欲説於「人趣」中事。其光即當從佛「膝」隱。
(7)若欲説彼「小轉輪王」事。其光從佛「左手心」隱。
(8)若欲説彼「大轉輪王」事。其光從佛「右手心」隱。
(9)若欲説彼「天趣」中事。其光即當從佛「臍」隱。
(10)若欲説彼「聲聞菩提」。其光即當從佛「口」隱。
(11)若欲説彼「緣覺菩提」。其光即當從佛「眉」隱。
(12)若欲説彼「阿耨多羅三藐三菩提」。其光從佛「頂門」而隱。
　　(參見《佛説光明童子因緣經》卷 1。詳 CBETA, T14, no. 549, p. 856, a)

《佛説佛頂尊勝陀羅尼經》
(1)若佛世尊説「過去事」，光從「背」入。
(2)若説「未來事」，光從「胸」入。
(3)若説「地獄事」，光從「足下」入。
(4)若説「傍生事」，光從「足跟」入。
(5)若説「餓鬼事」，光從「足指」入。
(6)若説「人事」，光從「膝」入。
(7)若説「力輪王事」，光從「左手掌」入。
(8)若説「轉輪王事」，光從「右手掌」入。
(9)若説「天事」，光從「臍」入。
(10)若説「聲聞事」，光從「口」入。
(11)若説「獨覺事」，光從「眉間」入。
(12)若説「阿耨多羅三藐三菩提事」，光從「頂」入。
　　(參見《佛説佛頂尊勝陀羅尼經》卷 1。詳 CBETA, T19, no. 971, p. 362, b)

一－8 過去有佛號<u>日月燈明</u>如來，復有二萬佛亦皆同此名，演說正法，「初語、中語、竟語」皆善。<u>日月燈明</u>佛俗家有「八王子」亦隨父出家

西晉・竺法護譯《正法華經》	後秦・鳩摩羅什譯《妙法蓮華經》	隋・闍那崛多、達麼笈多共譯《添品妙法蓮華經》
🄰(文殊菩薩云)又念往故，無央數劫不可思議無能度量，時有如來，號<u>日月燈明</u>至真、等正覺、明行成為、善逝、世間解、無上士、道法御、天人師、為佛、世尊，演說經典，初語(序分)亦善、中語(正宗分)亦善、竟語(流通分)亦善，分別其誼(同「義」)，微妙具足，究竟清淨修梵行。	🄰(文殊菩薩云)諸善男子！如過去無量無邊不可思議阿僧祇劫，爾時有佛，號<u>日月燈明</u>如來、應供、正遍知、明行足、善逝、世間解、無上士、調御丈夫、天人師、佛、世尊，演說正法，初善(序分)、中善(正宗分)、後善(流通分)，其義深遠，其語巧妙，純一無雜，具足清白梵行之相。	🄰(文殊菩薩云)諸善男子！如過去無量無邊不可思議阿僧祇劫，爾時有佛，號<u>日月燈明</u>如來、應供、正遍知、明行足、善逝、世間解、無上士、調御丈夫、天人師、佛、世尊，演說正法，初善(序分)、中善(正宗分)、後善(流通分)，其義深遠，其語巧妙，純一無雜，具足清白梵行之相。

〔貳〕	〔貳〕	〔貳〕
❶❷為「聲聞乘」，講陳「(四)聖諦」，則令眾庶度「生老死憂惱」眾患，入近「無為」。 ❸為諸「菩薩大士」之眾，顯揚部分(分析;講解)，分別六度「無極」(pāramitā 波羅蜜)「無上正真」。	❶為求「聲聞」者，說(與之相)應「四諦法」，度「生老病死」，究竟涅槃。 ❷為求「辟支佛」者，說(與之相)應「十二因緣法」。 ❸為諸「菩薩」，說(與之相)應「六波羅蜜」，令得「阿耨多羅三藐三菩提」，成「一切種智」。	❶為求「聲聞」者，說(與之相)應「四諦法」，度「生老病死」，究竟涅槃。 ❷為求「辟支佛」者，說(與之相)應「十二因緣法」。 ❸為諸「菩薩」，說(與之相)應「六波羅蜜」，令得「阿耨多羅三藐三菩提」，成「一切種智」。
〔參〕又「族姓子」(善男子)！其日月燈明如來滅度之後；次復有佛，亦號日月燈明。滅度之後，次復有佛，亦號日月燈明。滅度之後，復次有佛，亦號日月燈明。如是等倫，八十如來，皆同一號日月燈明，胄裔(古代帝王或貴族的後嗣)紹(承繼)一姓。若斯之比，二萬如來，佛語莫能勝(無能勝菩薩;彌勒菩薩)：彼二萬如來，最前興者，號日月燈明，最後起者，故復名曰日月燈明如來、至真、等正覺。其佛說經，「初語(序分)、中語(正宗分)、竟語(流通分)」皆善，分別其誼(同「義」)，微妙具足，淨修梵行，為諸「聲聞」講說「四諦、十二因緣、生老病死愁慼」諸患，皆令滅度，究竟無為。為諸菩薩講「六度」無極(pāramitā 波羅蜜)，使逮(及;到)「無上正真道」，至諸「通慧」(一切種智)。	〔參〕(文殊菩薩云)次復有佛，亦名日月燈明；次復有佛，亦名日月燈明。如是二萬佛，皆同一字，號日月燈明；又同一姓，姓頗羅墮(Bharadvāja。印度婆羅門六姓或十八姓之一。此指日月燈明佛俗家姓氏)。彌勒(菩薩)當知！初佛(二萬同名之日月燈明佛的第一尊)、後佛(二萬同名之日月燈明佛的最後一尊)，皆同一字，名日月燈明，十號具足，所可說法，「初(序分)、中(正宗分)、後(流通分)」善。	〔參〕(文殊菩薩云)次復有佛，亦名日月燈明；次復有佛，亦名日月燈明。如是二萬佛，皆同一字，號日月燈明；又同一姓，姓頗羅墮(Bharadvāja。印度婆羅門六姓或十八姓之一。此指日月燈明佛俗家姓氏)。彌勒(菩薩)當知！初佛(二萬同名之日月燈明佛的第一尊)、後佛(二萬同名之日月燈明佛的最後一尊)，皆同一字，名日月燈明，十號具足，所可說法，「初(序分)、中(正宗分)、後(流通分)」善。
〔肆〕其日月燈明如來，未「出家」時，有八子：	〔肆〕其最後(一尊日月燈明)佛，未出家時，有八王子：	〔肆〕其最後(一尊日月燈明)佛，未出家時，有八王子：

一名有志。	一名有意。	一名有意。
二曰善意。	二名善意。	二名善意。
三曰加勸。	三名無量意。	三名無量意。
四曰寶志。	四名寶意。	四名寶意。
五曰持意。	五名增意。	五名增意。
六曰除慢。	六名除疑意。	六名除疑意。
七曰響意。	七名響意。	七名響意。
八曰法意。	八名法意。	八名法意。
是「八太子」則(是)如來子，神足(神通具足)弘普。時一一子，各各「典主」(掌管;統理)四域天下，其土豐殖，治以正法，無所「侵枉」(侵害而使受冤枉;欺騙迷惑;欺凌;侵害)。	是八王子，威德自在，各領四天下。	是八王子，威德自在，各領四天下。
㈤(此八太子)而見世尊(日月燈明如來)棄國修道，逮(及;到)最「正覺」。(八太子)適聞(父親)得佛，尋(不久;隨即)皆離俗，不顧重位，詣世尊(日月燈明如來)所，悉為「沙門」，皆志「無上正真之道」，盡為「法師」，常修「梵行」，於無央數百千諸佛，殖眾德本。	㈤是諸(八)王子，聞父(日月燈明如來)出家，得「阿耨多羅三藐三菩提」，悉捨王位，亦隨出家，發「大乘」意。常修「梵行」，皆為「法師」，已於千萬佛所，殖諸善本。	㈤是諸(八)王子，聞父(日月燈明如來)出家，得「阿耨多羅三藐三菩提」，悉捨王位，亦隨出家，發「大乘」意。常修「梵行」，皆為「法師」，已於千萬佛所，殖諸善本。

初中後善：

此為稱讚「經文」之詞。有六種解釋，即：

(1)配合「身語意」三密，即：

    ❶「身密」為「粗」，故配為「初善」。

    ❷以「語密」係引自「內心」而顯於「外者」，故配為「中善」。

    ❸以「意密」為「細」，故配為「後善」。

(2)依「戒、定、慧」之順次而為「初、中、後」善。即依準《成實論》之「捉戒、縛定、殺慧」
    等順序而配置。

    ❶「捉戒」配「初善」。

    ❷「縛定」配「中善」。

    ❸「殺慧」配「後善」。

(3)配合一部經軌之「序分、正宗分、流通分」而有此義。據《理趣釋·卷上》所載，

    ❶「初善」者，謂一切如來「身密」，指一切「契印、身威儀」。

    ❷「中善」者，謂一切如來「語密」，指「真言陀羅尼」、「法王」教劫，不可違越。

    ❸「後善」者，謂「本尊」瑜伽，指一切「三摩地」無量智解脫。

(4)有說：

❶從初發心開始修行時，名為「初善」。

❷自爾之後，中間「起行」則名為「中善」。

❸後際究竟成「無上道」時，則名為「後善」。

(5)《大方廣寶篋經·卷中》列舉「聲聞」之「三善」，則以：

❶「身、口、意」之「三善行」為「初善」。

❷「戒、定、慧」等「三學行」為「中善」。

❸「空、無相、無願」等三「三昧解脫法門」為「後善」。

(6)亦有謂《法華經》之「序分、正宗分、流通分」等三分（三段），即為「三善」。

❶「序分」為「初善」。

❷「正宗分」為「中善」。

❸「流通分」為「後善」。

一－9 日月燈明佛為眾說《無量義 教菩薩法 佛所護念》經；復為**妙光**菩薩說《妙法蓮華 教菩薩法 佛所護念》經，共「六十小劫」不起于座

西晉·竺法護譯《正法華經》	後秦·鳩摩羅什譯《妙法蓮華經》	隋·闍那崛多、達磨笈多共譯《添品妙法蓮華經》
（壹）(文殊菩薩)又曰：阿逸(彌勒菩薩)！時日月燈明「勸發菩薩護諸佛法」，而為眾會(與會大眾)講演「大頌方等正經」。時彼世尊(日月燈明如來)於座寂然，以「無量頌三昧正受」(anantanirdeśapratiṣṭhāna-samādhi)，即不復現，無身無意，都不可得，心無所立。	（壹）(文殊菩薩云)是時日月燈明佛(為與會大眾而)說「大乘經」，名「無量義 教菩薩法 佛所護念」。說是經已(日月燈明佛已說完「無量義 教菩薩法 佛所護念」此經典)，即於大眾中，結「加趺」坐，入於「無量義處三昧」(anantanirdeśapratiṣṭhāna-samādhi)，身心不動。	（壹）(文殊菩薩云)是時日月燈明佛(為與會大眾而)說「大乘經」，名「無量義 教菩薩法 佛所護念」。說是經已(日月燈明佛已說完「無量義 教菩薩法 佛所護念」此經典)，即於大眾中，結「加趺」坐，入於「無量義處三昧」(anantanirdeśapratiṣṭhāna-samādhi)，身心不動。
（貳）世尊(日月燈明如來)適「三昧」已，天雨「意華、大意華、柔軟音華、大軟音華」而散佛上，及於大會四部之眾，應時其地，六反震動，國中人民各取天華復散佛上，四部弟子諸天世人，愕然(驚訝)疑怪。	（貳）是時，天雨「曼陀羅華、摩訶曼陀羅華、曼殊沙華、摩訶曼殊沙華」而散佛上，及諸大眾。普佛世界，六種震動。爾時會中，「比丘、比丘尼、優婆塞、優婆夷，天、龍、夜叉、乾闥婆、阿修羅、迦樓羅、緊那羅、摩睺羅伽、人非人」，及諸「小王、轉輪聖王」等。是諸大眾，得未曾有，歡喜合掌，一心觀佛。	（貳）是時，天雨「曼陀羅華、摩訶曼陀羅華、曼殊沙華、摩訶曼殊沙華」而散佛上，及諸大眾。普佛世界，六種震動。爾時會中，「比丘、比丘尼、優婆塞、優婆夷，天、龍、夜叉、乾闥婆、阿脩羅、迦樓羅、緊那羅、摩睺羅伽、人非人 等」，及諸「小王、轉輪聖王」等。是諸大眾，得未曾有，歡喜合掌，一心觀佛。
（參）其(日月燈明)佛「三昧」(指「無	（參）爾時(日月燈明)如來放「眉	（參）爾時(日月燈明)如來放「眉

西晉·竺法護譯《正法華經》	後秦·鳩摩羅什譯《妙法蓮華經》	隋·闍那崛多、達磨笈多共譯《添品妙法蓮華經》
量頌三昧正受」)未久，威神德本，「面」出一光，其光普照「東方」萬八千佛土，靡不周遍，諸佛國土所可造作，悉自然現，亦如今日諸佛土現。 (肆)彼時世尊(日月燈明如來)與「二十億」諸菩薩俱，於眾會中講說經法，諸菩薩大士覩「大光明」普照世間。 (伍)而其(日月燈明)佛世，有菩薩，名曰超光(文殊菩薩之前生)，侍者「十八人」。有一菩薩而獨(疲)勞懈(息)，名曰名聞(彌勒菩薩之前生)。(日月燈明)佛「三昧正受」，從「三昧」(指「無量頌三昧正受」)起，為超光菩薩講「正法華 方等之業 諸菩薩行 皆說佛法」，(日月燈明佛於)一處安坐，具足「六十劫」說斯經典(指《正法華》經)。 (陸)眾會亦然，身不傾動，心無因緣(心無別餘之因緣，只專心聽講《正法華經》)。又彼世尊(日月燈明佛)「六十中劫」，因為諸會說法，聽者一無疲厭，心不勞擾。	間」白毫相光，照「東方」萬八千佛土，靡不周遍，如今所見，是諸佛土。 (肆)彌勒(菩薩)當知，爾時會中，有「二十億菩薩」樂欲聽法。是諸菩薩，見此光明普照佛土，得未曾有，欲知此「光」所為因緣。 (伍)時(指在日月燈明佛時)有菩薩，名曰妙光(文殊菩薩之前生)，有「八百弟子」。是時日月燈明佛從「三昧」(指「無量義處三昧」)起，因妙光菩薩(而)說「大乘經」，名「妙法蓮華 教菩薩法 佛所護念」，(日月燈明如來)「六十小劫」不起于座(而講說《妙法蓮華經》)。 (陸)時(與)會聽者，亦坐一處，「六十小劫」身心不動，聽(日月燈明)佛所說(之《妙法蓮華經》)，謂如食頃。是時眾中，無有一人，若身、若心而生「懈惓」。	間」白毫相光，照「東方」萬八千佛土，靡不周遍，如今所見，是諸佛土。 (肆)彌勒(菩薩)當知！爾時會中，有「二十億菩薩」樂欲聽法，是諸菩薩，見此光明普照佛土，得未曾有，欲知此「光」所為因緣。 (伍)時(指在日月燈明佛時)有菩薩，名曰妙光(文殊菩薩之前生)，有「八百弟子」。是時日月燈明佛從「三昧」(指「無量義處三昧」)起，因妙光菩薩(而)說「大乘經」，名「妙法蓮華 教菩薩法 佛所護念」，(日月燈明如來)「六十小劫」不起于座(而講說《妙法蓮華經》)。 (陸)時(與)會聽者，亦坐一處，「六十小劫」身心不動，聽(日月燈明)佛所說(之《妙法蓮華經》)，謂如食頃。是時眾中，無有一人，若身、若心而生「懈倦」。

一－10 日月燈明佛俗家之「八王子」，其最後一位出家修道成佛即燃燈佛。妙光菩薩即文殊師利菩薩，求名菩薩即彌勒菩薩

西晉·竺法護譯《正法華經》	後秦·鳩摩羅什譯《妙法蓮華經》	隋·闍那崛多、達磨笈多共譯《添品妙法蓮華經》
(壹)(文殊菩薩云)日月燈明「六十	(壹)(文殊菩薩云)日月燈明佛於	(壹)(文殊菩薩云)日月燈明佛於

劫」中，為諸菩薩講演《法華方等(大乘)正經》，便自說言，當「般泥洹」。告「天、世人、諸梵、魔衆、沙門、梵志、阿須倫、鬼神、諸比丘」等：察於其時，(日月燈明)如來夜半，至「無餘界」，當「般泥洹」。

(貳)授其菩薩首藏之決，告諸比丘：吾滅度後，首藏開士(菩薩)當逮(及；到)「無上正真道成最正覺」，號離垢體如來、至真、等正覺。(日月燈明)佛「授決」已，尋(不久；隨即)於「夜半」，而取「滅度」。

(參)彼世尊(日月燈明如來)子等類八人(指前文說的「八位王子」)，皆歸(依)超光菩薩大士而順教勅，咸志「無上正真之道」，見無央數億載諸佛，供養奉侍，悉逮(到；及)正覺，最後興者(日月燈明如來俗家八子最後一位成佛)號曰法事。

(肆)十八人(即超光菩薩有十八位侍者)中有一菩薩，於利無節；慇懃求供，尊己貪穢，多於三(貪瞋癡)病，分別句誼(同「義」)，中而忽忘，便得於閑，不復懅忪(焦急；懼怕)務。時「族姓子」(善男子)得「名聞」定，(名聞菩薩)以斯德本，從不可計億百千佛，求願得見，悉奉衆聖。

「六十小劫」說是經(指《妙法蓮華經》)已，即於「梵(大梵天王)、魔(魔王)、沙門、婆羅門」，及「天、人、阿修羅」衆中，而宣此言：(日月燈明)如來於今日中夜，當入「無餘涅槃」。

(貳)時有菩薩，名曰德藏，日月燈明佛即授其記，告諸比丘：是德藏菩薩，次當作佛，號曰淨身多陀阿伽度、阿羅訶、三藐三佛陀。(日月燈明)佛授記已，便於「中夜」，入「無餘涅槃」。

(參)(日月燈明)佛滅度後，妙光菩薩(文殊菩薩之前生)持《妙法蓮華經》，滿「八十小劫」為人演說。日月燈明佛(之俗家)八子，皆師(法)妙光；妙光(菩薩)教化(日月燈明如來俗家之八子)令其堅固「阿耨多羅三藐三菩提」。是諸(八位)王子、供養無量百千萬億佛已，皆成佛道。其(八位王子之)最後成佛者，名曰燃燈。

(肆)八百弟子(即妙光菩薩有八百位弟子)，中有一人號曰求名(彌勒菩薩之前生)，貪著利養，雖復「讀誦」衆經，而不「通利」(通暢無阻礙；無有忘失)，多所忘失，故號求名。是人(求名菩薩)亦以種諸善根因緣故，得值無量百千萬億諸佛，供養、恭敬、尊重、讚歎。

「六十小劫」說是經(指《妙法蓮華經》)已，即於「梵(大梵天王)、魔(魔王)、沙門、婆羅門」，及「天、人、阿脩羅」衆中，而宣此言：(日月燈明)如來於今日中夜，當入「無餘涅槃」。

(貳)時有菩薩，名曰德藏，日月燈明佛，即授其記告諸比丘：是德藏菩薩，次當作佛，號曰淨身多陀阿伽度、阿羅訶、三藐三佛陀。(日月燈明)佛授記已，便於「中夜」，入「無餘涅槃」。

(參)(日月燈明)佛滅度後，妙光菩薩(文殊菩薩之前生)持《妙法蓮華經》，滿「八十小劫」為人演說。日月燈明佛(之俗家)八子，皆師(法)妙光；妙光(菩薩)教化(日月燈明如來俗家之八子)令其堅固「阿耨多羅三藐三菩提」。是諸(八位)王子，供養無量百千萬億佛已，皆成佛道。其(八位王子之)最後成佛者，名曰然燈。

(肆)八百弟子(即妙光菩薩有八百位弟子)，中有一人號曰求名(彌勒菩薩之前生)，貪著利養，雖復讀誦衆經，而不「通利」(通暢；無阻礙；無有忘失)，多所忘失，故號求名。是人(求名菩薩)亦以種諸善根因緣故，得值無量百千萬億諸佛，供養、恭敬、尊重、讚歎。

(五)溥首(文殊菩薩)謂莫能勝(即彌勒菩薩)：欲知爾時比丘法師號超光者，則吾(文殊菩薩)是也。其名聞菩薩大士而懈怠者，則莫能勝(彌勒菩薩)是。	(五)(文殊菩薩云)彌勒(菩薩)當知，爾時妙光菩薩，豈異人乎？我(文殊菩薩)身是也。求名菩薩，汝(彌勒菩薩)身是也。	(五)(文殊菩薩云)彌勒(菩薩)當知，爾時妙光菩薩，豈異人乎？我(文殊菩薩)身是也。求名菩薩，汝(彌勒菩薩)身是也。
(六)(文殊菩薩云)是故當知，見此世尊(釋迦佛)所見「瑞應」(祥瑞感應)放其光明，吾(文殊菩薩我)觀察之，今日大聖(釋迦佛)當為我等講「正法華」方等(大乘)典籍。	(六)今見此瑞，與「本」(指前文殊菩薩自言過去已見諸佛放光瑞相之事)無異，是故(文殊菩薩我)惟忖𢝊(思惟忖度；思惟推測)。今日(釋迦)如來，當說「大乘經」，名「妙法蓮華 教菩薩法 佛所護念」(指《法華經》)。	(六)今見此瑞，與「本」(指前文殊菩薩自言過去已見諸佛放光瑞相之事)無異，是故(文殊菩薩我)惟忖𢝊(思惟忖度；思惟推測)。今日(釋迦)如來，當說「大乘經」，名「妙法蓮華 教菩薩法 佛所護念」(指《法華經》)。

✱彌勒菩薩觀四眾及諸眾會之心，請問文殊菩薩釋迦佛為何現此「瑞相」之因緣？

文殊菩薩即告訴彌勒菩薩：

➔過去有佛號日月燈明如來，復有二萬佛亦皆同此名。

➔日月燈明佛俗家有「八王子」亦隨父出家。

➔日月燈明佛為與會大眾說《無量義 教菩薩法 佛所護念》法(即指《無量義經》)；復為妙光菩薩(有八百位弟子)說《妙法蓮華 教菩薩法 佛所護念》經(即指《法華經》)，共「六十小劫」不起于座。

➔日月燈明佛在世時之妙光菩薩持《妙法蓮華經》，滿「八十小劫」為人演說。

➔日月燈明佛俗家之「八王子」亦歸依妙光菩薩，出家修道，最後一位出家修道成佛即燃燈佛。

➔妙光菩薩即文殊師利菩薩，妙光菩薩的弟子求名菩薩即彌勒菩薩。

一－11 文殊師利重宣此義而説偈頌

西晉‧竺法護譯《正法華經》	後秦‧鳩摩羅什譯《妙法蓮華經》	隋‧闍那崛多、達磨笈多共譯《添品妙法蓮華經》
於是溥首(文殊)菩薩，欲重現誼(同「義」)，說此頌曰：	爾時文殊師利於大眾中，欲重宣此義，而說偈言：	爾時文殊師利，於大眾中，欲重宣此義，而說偈言：
吾自憶念，往古過去，不可思議，無央數劫。最勝造誼，智慧無上，其號名曰，日月燈明。彼講說法，聖達無極，開化眾生，不可計億。勸助發起，無數菩薩，	我念過去世，無量無數劫，有佛人中尊，號日月燈明。世尊演說法，度無量眾生，無數億菩薩，令入佛智慧。佛未出家時，所生八王子，見大聖出家，亦隨修梵行。時佛說大乘，經名無量義，	我念過去世，無量無數劫；有佛人中尊，號日月燈明。世尊演說法，度無量眾生；無數億菩薩，令入佛智慧。佛未出家時，所生八王子；見大聖出家，亦隨修梵行。時佛說大乘，經名無量義，

不可思議，億百千人。 於時如來，尊者諸子， 皆為幼童，見佛導師， 則從所尊，悉作沙門， 棄捐愛欲，一切所有。 導利世者，為講說法， 所演經典，名「無量頌」， 而號最上，厥誼如此， 開化黎庶，億千之數。 大聖適說，斯經典已， 能仁至尊，處於法床， 加趺而坐，尋有瑞應， 三昧正受，名無量頌。 於時即雨，大意音華， 又現電燋，大雷音聲， 諸天鬼神，住於虛空， 一心奉敬，人中之尊。 尋則感動，諸佛國土， 從其眉間，顯出妙燋， 放斯光明，無量難限， 不可計人，怪未曾有。 其明遍照，東方佛土， 周萬八千，億數世界。 常以應時，多所分別， 示于眾生，終始根原。 或有佛土，立諸寶蓋， 光如琉璃，及若水精， 以導師光，威神之曜， 現若干種，瑰異雅麗。 諸天人民，幷鬼神龍， 揵沓惒等，驚喜希有。 其有專精，奉事安住， 彼諸世界，皆自然現。 又見諸佛，各各自由， 端正姝妙，紫磨金色， 如琉璃中，而有眾寶， 在於會中，為雨法教。 其諸聲聞，不可稱計，	於諸大眾中，而為廣分別。 佛說此經已，即於法座上， 加趺坐三昧，名無量義處。。 天雨曼陀華，天鼓自然鳴， 諸天龍鬼神，供養人中尊。 一切諸佛土，即時大震動， 佛放眉間光，現諸希有事。 此光照東方，萬八千佛土， 示一切眾生，生死業報處。 有見諸佛土，以眾寶莊嚴， 琉璃頗梨色，斯由佛光照。 及見諸天人、龍神夜叉眾、 乾闥緊那羅，各供養其佛。 又見諸如來，自然成佛道， 身色如金山，端嚴甚微妙。 如淨琉璃中，內現真金像， 世尊在大眾，敷演深法義。 一一諸佛土，聲聞眾無數， 因佛光所照，悉見彼大眾。 或有諸比丘，在於山林中， 精進持淨戒，猶如護明珠。 又見諸菩薩，行施忍辱等， 其數如恒沙，斯由佛光照。 又見諸菩薩，深入諸禪定， 身心寂不動，以求無上道。 又見諸菩薩，知法寂滅相， 各於其國土，說法求佛道。 爾時四部眾，見日月燈佛， 現大神通力，其心皆歡喜， 各各自相問：是事何因緣？ 天人所奉尊，適從三昧起， 讚妙光菩薩：汝為世間眼， 一切所歸信，能奉持法藏， 如我所說法，唯汝能證知。 世尊既讚歎，令妙光歡喜， 說是《法華經》，滿六十小劫 不起於此座。所說上妙法， 是妙光法師，悉皆能受持。	於諸大眾中，而為廣分別。 佛說此經已，即於法座上； 加趺坐三昧，名無量義處。。 天雨曼陀華，天鼓自然鳴； 諸天龍鬼神，供養人中尊。 一切諸佛土，即時大震動； 佛放眉間光，現諸希有事。 此光照東方，萬八千佛土； 示一切眾生，生死業報處。 又見諸佛土，以眾寶莊嚴； 琉璃頗梨色，斯由佛光照。 及見諸天人，龍神夜叉眾、 乾闥緊那羅，各供養其佛。 又見諸如來，自然成佛道， 身色如金山，端嚴甚微妙。 如淨琉璃中，內現真金像； 世尊在大眾，敷演深法義。 一一諸佛土，聲聞眾無數， 因佛光所照，悉見彼大眾。 或有諸比丘，在於山林中， 精進持淨戒，猶如護明珠。 又見諸菩薩，行施忍辱等， 其數如恒沙，斯由佛光照。 又見諸菩薩，深入諸禪定， 身心寂不動，以求無上道。 又見諸菩薩，知法寂滅相， 各於其國土，說法求佛道。 爾時四部眾，見日月燈佛， 現大神通力，其心皆歡喜。 各各自相問：是事何因緣？ 天人所奉尊，適從三昧起， 讚妙光菩薩：汝為世間眼， 一切所歸信，能奉持法藏。 如我所說法，惟汝能證知。 世尊既讚歎，令妙光歡喜， 說是《法華經》，滿六十小劫 不起於此座；所說上妙法， 是妙光法師，悉皆能受持。

嗟歎無量，安住弟子。
一切導師，一一世界，
又光明曜，皆悉巍巍。
常行精進，戒無所犯，
忍辱之力，猶明月珠。
世尊諸子，現無央數，
遊於閑居，山林曠野，
一切禪定，不起因緣，
若有加害，不興瞋恨。
諸菩薩眾，如恒沙數，
安住光明，感動若斯，
心念無常，不為放逸，
忍辱樂禪，不捨一心。
有安住子，普悉來現，
自伏其志，慕尊佛道，
立審諦住，其心寂然，
各以緣便，多所開化。
無數佛界，廣說經法，
世尊所為，感應如此。
又覩大聖，猶如船師，
所出光明，蔽日月暉。
一切眾生，所立歡喜，
各各問言，此何感變？
天人所奉，從三昧起，
未久之頃，導師便坐。
其菩薩者，名曰超光，
而作法師，佛為解說，
世間之眼，劚除眾趣，
唯安悅我，示諸種大，
為我分別。於斯經法，
吾慜眾生，以是教化，
建立勸助。諸菩薩眾，
聞佛教詔，欣然嗟歎。
於時世尊，說大經法，
所演具足，六十中劫，
於一床上，結加趺坐。
導師化世，說殊特教，
彼諸佛等，皆已滅度。

佛說是《法華》，令眾歡喜已
尋即於是日，告於天人眾：
諸法實相義，已為汝等說，
我今於中夜，當入於涅槃。
汝一心精進，當離於放逸，
諸佛甚難值，億劫時一遇。
世尊諸子等，聞佛入涅槃，
各各懷悲惱，佛滅一何速。
聖主法之王，安慰無量眾：
我若滅度時，汝等勿憂怖，
是德藏菩薩，於無漏實相，
心已得通達。其次當作佛，
號曰為淨身，亦度無量眾。
佛此夜滅度，如薪盡火滅，
分布諸舍利，而起無量塔。
比丘比丘尼，其數如恒沙，
倍復加精進，以求無上道。
是妙光法師，奉持佛法藏，
八十小劫中，廣宣《法華經》。
是諸八王子，妙光所開化，
堅固無上道，當見無數佛。
供養諸佛已，隨順行大道，
相繼得成佛，轉次而授記。
最後天中天，號曰燃燈佛，
諸仙之導師，度脫無量眾。
是妙光法師，時有一弟子，
心常懷懈怠，貪著於名利，
求名利無厭，多遊族姓家，
棄捨所習誦，廢忘不通利。
以是因緣故，號之為求名。
亦行眾善業，得見無數佛，
供養於諸佛，隨順行大道，
具六波羅蜜，今見釋師子。
其後當作佛，號名曰彌勒，
廣度諸眾生，其數無有量。
彼佛滅度後，懈怠者汝是；
妙光法師者，今則我身是。
我見燈明佛，本光瑞如此，

佛說是《法華》，令眾歡喜已
尋即於是日，告於天人眾：
諸法實相義，已為汝等說；
我今於中夜，當入於涅槃；
汝一心精進，當離於放逸；
諸佛甚難值，億劫時一遇。
世尊諸子等，聞佛入涅槃，
各各懷悲惱，佛滅一何速。
聖主法之王，安慰無量眾：
我若滅度時，汝等勿憂怖；
是德藏菩薩，於無漏實相，
心已得通達，其次當作佛，
號曰為淨身，亦度無量眾。
佛此夜滅度，如薪盡火滅，
分布諸舍利，而起無量塔。
比丘比丘尼，其數如恒沙，
倍復加精進，以求無上道。
是妙光法師，奉持佛法藏，
八十小劫中，廣宣《法華經》
是諸八王子，妙光所開化，
堅固無上道，當見無數佛。
供養諸佛已，隨順行大道，
相繼得成佛，轉次而授記。
最後天中天，號曰然燈佛，
諸仙之導師，度脫無量眾。
是妙光法師，時有一弟子，
心常懷懈怠，貪著於名利，
求名利無厭，多遊族姓家，
棄捨所習誦，廢忘不通利。
以是因緣故，號之為求名；
亦行眾善業，得見無數佛，
供養於諸佛，隨順行大道，
具六波羅蜜，今見釋師子，
其後當作佛，號名曰彌勒；
廣度諸眾生，其數無有量。
彼佛滅度後，懈怠者汝是；
妙光法師者，今則我身是。
我見燈明佛，本光瑞如此；

其法師者，超光仁人， 最勝所演，講說經典。 無央數人，皆悉歡喜， 惟願大聖，分別解之。 在諸天上，及與世間， 講說經典，自然之誼， 顯示象庶，此《正法華》。 告諸比丘，吾已時到， 當於夜半，而取滅度， 修無放逸，堅固其心。 吾已解說，諸經法教。 大聖神通，難得值遇， 於無央數，億那術劫， 常當供養。無量佛子， 憂惱諸患，甚亦苦劇。 時聞世尊，所現章句， 觀於無為，採習言教。 值覲人尊，所見安慰， 會無數人，不可思憶。 比丘莫懼，吾當泥曰， 我去然後，已不復現。 第二菩薩，號曰首藏， 無有諸漏，無所不入， 當究竟逮，尊上佛道， 所號名曰，離垢之體。 即尋於此，夜半之時， 便取滅度，盡執光耀。 其佛舍利，而廣分布， 即起塔廟，無量億載。 諸比丘等，及比丘尼， 志悉慕求，上尊佛道， 不可稱限，如江河沙， 常修精進，尊安住教。 爾時比丘，為法師者， 超光大人，執持經典， 一坐之頃，演說尊法 則具足滿，八十中劫。 彼時侍從，有十八人，	以是知今佛，欲說《法華經》 今相如本瑞，是諸佛方便， 今佛放光明，助發實相義。 諸人今當知，合掌一心待， 佛當雨法雨，充足求道者。 諸求三乘人，若有疑悔者， 佛當為除斷，令盡無有餘。	以是知今佛，欲說《法華經》 今相如本瑞，是諸佛方便； 今佛放光明，助發實相義。 諸人今當知，合掌一心待； 佛當雨法雨，充足求道者。 諸求三乘人，若有疑悔者； 佛當為除斷，令盡無有餘。

教化度之，皆蒙安隱。
此等值見，無數億佛，
至心供養，諸大聖尊，
常尊奉教，柔順之法，
於諸世界，皆各成佛。
尊得自在，受持無量，
各各授決，使逮正覺。
於時諸佛，皆悉究竟，
定光世尊，最後得佛，
大仙日月，開化聖眾，
導師所化，巨億百千，
安住所興，諸大威化。
法師超光，則吾身是。
爾時侍從，志懈怠者，
求索利養，親屬交友，
志所願求，但慕名聞。
周旋行來，詣諸族姓，
捨置所學，不諷誦讀。
彼時不肯，分別而說，
以故其人，唐載此名。
於佛法教，欲使稱譽，
其人由此，所造德本，
在住世尊，而有瑕疵，
值見諸佛，億千之數。
積累功德，廣普大聖，
專修正行，得最順忍，
又覩世尊，於斯能行。
然於將來，最後世時，
當得無上，尊佛正道，
成至世尊，號曰慈氏。
教化眾生，無數億千，
逮得勇猛，所在自由。
安住滅度，仁順其教，
於彼世時，比像如是。
我身爾時，則為法師，
是以之故，行哀如此。
過世覩見，如是之類，
安住之仁，變動若茲。

本第一察，如斯瑞應， 彼時世尊，無量明目， 諸釋中王，現第一誼， 今者欲說，《正法華》典。 吾過世時，所聞道業， 今日變化，而得具足。 諸導師尊，行權方便， 大釋師子，建立興發， 講說經法，自然之教， 諸懷道意，悉叉手歸。 導利世者，今者分別， 當雨法雨，柔軟法教， 普潤飽滿，履道意者。 其有諸天，入於無為， 志懷狐疑，而有猶豫。 若有菩薩，求斯道意， 今當蠲除，吾我之想。		

〈方便品第二〉

一－12 唯佛與佛乃能究盡「諸法實相」，「十如是」即「諸法實相」

西晉·竺法護譯《正法華經》	後秦·鳩摩羅什譯《妙法蓮華經》	隋·闍那崛多、達磨笈多共譯《添品妙法蓮華經》
〈善權品第二〉	〈方便品第二〉	〈方便品第二〉
㊀於是世尊，從「三昧」（指「無量頌三昧正受」）覺，告賢者舍利弗：佛道甚深，如來、至真、等正覺，所入之慧「難曉、難了、不可及知」。雖「聲聞、緣覺」，從本億載（億年）所事歸命，無央數劫，造立德本，奉遵佛法，懃懇勞苦，精進修行，尚不能了道品之化。	㊀爾時世尊，從「三昧」（指「無量義處三昧」）安詳而起，告舍利弗：諸佛智慧甚深無量，其智慧門難解難入，一切「聲聞、辟支佛」所不能知。所以者何？佛曾親近百千萬億無數諸佛，盡行諸佛無量道法，勇猛精進，名稱普聞，成就甚深未曾有法，隨宜（隨眾機宜）所說，意趣難解。	㊀爾時世尊，從「三昧」（指「無量義處三昧」）安詳而起，告舍利弗：諸佛智慧甚深無量，其智慧門難解難入，一切「聲聞、辟支佛」所不能知。所以者何？佛曾親近百千萬億無數諸佛，盡行諸佛無量道法，勇猛精進，名稱普聞，成就甚深未曾有法，隨宜（隨眾機宜）所說，意趣難解。
㊁又舍利弗！（釋迦）如來觀察人所緣起，「善權方便」隨誼（同「義」）順導，猗一靡一（相隨）現慧，各為分別，而散法誼（同「義」），用度群生。	㊁舍利弗！吾（釋迦佛）從成佛已來，種種「因緣」，種種「譬喻」，廣演言教，無數方便，引導眾生令離諸「著」。所以者何？如來「方便知見」波羅蜜，皆已具足。	㊁舍利弗！吾（釋迦佛）從成佛已來，種種「因緣」，種種「譬喻」，廣演言教，無數方便，引導眾生令離諸「著」。所以者何？如來「方便知見」波羅蜜，皆已具足。
㊂以大智慧，（十）力、（四）無所畏、一心（禪定）、脫門（解脫）、「三昧正受」（三昧），不可限量，所說經典，不可及逮（及；到），而如來尊，較略說耳。	㊂舍利弗！如來知見，廣大深遠，無量無礙，（十）力、（四）無所畏、禪定（禪定是因）、解脫（解脫是果）、三昧，深入無際，成就一切未曾有法。	㊂舍利弗！如來知見，廣大深遠，無量無礙，（十）力、（四）無所畏、禪定（禪定是因）、解脫（解脫是果）、三昧，深入無際，成就一切未曾有法。
㊃大聖所說，得未曾有，巍巍難量。	㊃舍利弗！如來能種種分別，巧說諸法，言辭柔軟，悅可（喜悅認可；贊許）眾心。舍利弗！取要言之，無量無邊未曾有法，佛悉成就。	㊃舍利弗！如來能種種分別，巧說諸法，言辭柔軟，悅可（喜悅認可；贊許）眾心。舍利弗！取要言之，無量無邊未曾有法，佛悉成就。
㊄如來皆了諸法所由，從何所來，諸法「自然」，分別「法貌」（諸法實相）眾相根本，知法	㊄止，舍利弗！不須復說。所以者何？佛所成就第一希有難解之法，唯「佛與佛」	㊄止，舍利弗！不須復說。所以者何？佛所成就第一希有難解之法，唯「佛與佛」

「自然」。	乃能究盡「諸法實相」，所謂諸法：	乃能究盡「諸法實相」，所謂諸法：
	❶如是「相」。	❶如是「相」。
	❷如是「性」。	❷如是「性」。
	❸如是「體」。	❸如是「體」。
	❹如是「力」。	❹如是「力」。
	❺如是「作」。	❺如是「作」。
	❻如是「因」。	❻如是「因」。
	❼如是「緣」。	❼如是「緣」。
	❽如是「果」。	❽如是「果」。
	❾如是「報」。	❾如是「報」。
	❿如是「本末究竟等」。	❿如是「本末究竟等」。

相	性	體	力	作
相狀，指外在之形相	不變，指內在之本性	以「相、性」為屬性之主體	由「體」所具有之潛在「能力」	顯現出的「動作」
外顯的形相	內具的理性	所具的體質	由體所生的力用	所造的「作業」
「相」即「相貌」，「相」以據「外覽」而可分別。謂始自「地獄」，終至「佛界」，各各相貌不同，是名「如是相」。(據《大明三藏法數(第14卷-第35卷)》卷28，並稍作修改，底下皆同)	「性」即「性分」，「性」以據「內自分」而不改，謂始自「地獄」，終至「佛界」，其性各各不同，是名「如是性」。	「體」即「體質」，謂始自「地獄」，終至「佛界」，俱以「色身」而為「體質」，是名「如是體」。	「力」即「力用」，謂始自「地獄」，終至「佛界」，皆有「力用」功能，是名「如是力」。	「作」即「造作」，謂始自「地獄」，終至「佛界」，皆能運為「造作」，是名「如是作」。

因	緣	果	報	本末究竟等
直接原因	間接原因	由「因、緣」和合所生之「結果」	果報 ✷由「因、緣、果」所形成後世之「果報」	「本」指開始之「如是相」。「末」指最末之「如是報」。「等」指平等」。 ✷從「如是相」至「如是報」，皆歸趣於同一「實相」而究竟「平等」，故說「本末究竟等」
「因」即「習因」，謂始自「地獄」，終至「佛界」，善惡業因，皆由「自種」而生，「習因」持續不斷，是名「如是因」。	「緣」即「緣助」，謂始自「地獄」，終至「佛界」，各有「緣起」之法，助成「習因」，是名「如是緣」。	「果」即「習果」，謂始自「地獄」，終至「佛界」，皆由「習因、緣助」於前，「習果」剋獲於後，是名「如是果」。	「報」即「報果」，謂始自「地獄」，終至「佛界」，皆由「習因、緣助、習果」而感其報，是名「如是報」。	謂初「如是相」為本，後「如是報」為末。此之本末，皆同「實相」，一理「平等」無二，是名「如是本末究竟等」。
由所種的因	助「因」生「果」的助緣	由「緣」發生的結果」	所招的「報應」	「如是相」為本，「如是報」為末。最後的歸趣即達「究竟」，故名「如是本末究竟」。

✷ 「一心」具有「十法界」（地獄、餓鬼、畜生、修羅、人間、天上、聲聞、緣覺、菩薩、佛）。

※「十法界」又「界界」相具，即一「地獄」界亦具其餘「九界」之性，其餘皆如此類推，所以「十法界」再 X 10，則是為「**百界**」。
※每一「法界」具「**十如是**」(相、性、體、力、作、因、緣、果、報、本末究竟等)。故「百界」再 X 「**十如是**」，總共為「**千如是**」。
※復 X 上「三世間」(國土、眾生、五陰)，是為「三千世間」，此即天台宗所說的「**一念三千**」學說。
※吾人凡夫於當下「一念」之中皆具足「三千世間」之諸法性相。

天台智者大師說《摩訶止觀・卷五》

(1)夫「一心」具「十法界」，「一法界」又具「十法界、百法界」。
(2)「一界」具「三十種世間」。「百法界」即具「三千種世間」。
(3)此「三千」在「一念心」，若無心而已。介爾「有心」，即具「三千」。
(4)亦不言：「一心在前」，「一切法在後」。亦不言：「一切法在前」，「一心在後」。
(參見《摩訶止觀》卷 5。詳 CBETA, T46, no. 1911, p. 54, a)

天台智者大師說《妙法蓮華經玄義・卷二》

南岳師讀此文，皆云如，故呼為「十如」也，
天台師云：依義讀文，凡有三轉。
一云：是「相」如、是「性」如，乃至是「報」如。
二云：如是「相」、如是「性」，乃至如是「報」。
三云：「相」如是、「性」如是，乃至「報」如是。
❶若皆稱「如」者，「如」名不異，即「空義」也。
❷若作「如是相」、「如是性」者，點空相性，名字施設，邐迤(曲折連綿貌)不同，即「假義」也。
❸若作「相如是」者，如於「中道實相」之是，即「中義」也。
分別令易解故，明「空、假、中」，得意為言，「空」即「假、中」。
約如明「空」，一空一切空。
點如明「相」，一假一切假。
就是論中一中一切中，非一二三而一二三，不縱不橫，名為實相，唯佛與佛究竟此法，是十法攝一切法。
(參見《妙法蓮華經玄義》卷 2。詳 CBETA, T33, no. 1716, p. 693, b)

空轉	假轉	中轉
諸法皆「空」	由眾緣所生的「現象」，故名為「假」	諸法即「諸法實相」
彰顯「**空**」諦	彰顯「**假**」諦	彰顯「**中**」諦
是**相**如	如是**相**	**相**如是
是**性**如	如是**性**	**性**如是
是**體**如	如是**體**	**體**如是
是**力**如	如是**力**	**力**如是
是**作**如	如是**作**	**作**如是
是**因**如	如是**因**	**因**如是
是**緣**如	如是**緣**	**緣**如是
是**果**如	如是**果**	**果**如是
是**報**如	如是**報**	**報**如是

一－13 世尊欲重宣此義，而說偈頌

西晉・竺法護譯《正法華經》	後秦・鳩摩羅什譯《妙法蓮華經》	隋・闍那崛多、達磨笈多共譯《添品妙法蓮華經》
於時世尊，欲重解誼(同「義」)，更說頌曰：	爾時世尊，欲重宣此義，而說偈言：	爾時世尊，欲重宣此義，而說偈言：
世雄(喻佛)不可量，諸天世間人	世雄(喻佛)不可量，諸天及世人	世雄(喻佛)不可量，諸天及世人
一切眾生類，焉能知導師。	一切眾生類，無能知佛者。	一切眾生類，無能知佛者。
離垢解脫門，寂然無所畏，	佛力無所畏、解脫諸三昧，	佛力無所畏，解脫諸三昧，
如諸佛法貌，莫有逮及者。	及佛諸餘法，無能測量者。	及佛諸餘法，無能測量者。
本從億諸佛，依因而造行，	本從無數佛，具足行諸道，	本從無數佛，具足行諸道，
入於深妙誼，所現不可及。	甚深微妙法，難見難可了。	甚深微妙法，難見難可了。
於無央數劫，而學佛道業，	於無量億劫，行此諸道已，	於無量億劫，行此諸道已，
果應至道場，猶如行慈愍。	道場得成果，我已悉知見。	道場得成果，我已悉知見。
使我獲斯慧，如十方諸佛，	如是大果報，種種性相義，	如是大果報，種種性相義，
諸相普具足，眾好亦如是。	我及十方佛，乃能知是事。	我及十方佛，乃能知是事。
其身不可見，亦無有言說，	是法不可示，言辭相寂滅，	是法不可示，言辭相寂滅，
察諸群黎類，世間無與等。	諸餘眾生類，無有能得解。	諸餘眾生類，無有能得解。
若說經法時，有能分別解，	除諸菩薩眾、信力堅固者。	除諸菩薩眾，信力堅固者，
其惟有菩薩，常履懷信樂。	諸佛弟子眾，曾供養諸佛，	諸佛弟子眾，曾供養諸佛，
	一切漏已盡，住是最後身，	一切漏已盡，住是最後身，
假使諸佛，弟子之眾，	如是諸人等，其力所不堪。	如是諸人等，其力所不堪。
所作已辦，如安住教，	假使滿世間，皆如<u>舍利弗</u>	假使滿世間，皆如<u>舍利弗</u>
盡除疾病，執御其心，	盡思共度量，不能測佛智。	盡思共度量，不能測佛智。
不能達彼，若干種慧。	正使滿十方，皆如<u>舍利弗</u>	正使滿十方，皆如<u>舍利弗</u>
設令於斯，佛之境界，	及餘諸弟子，亦滿十方剎，	及餘諸弟子，亦滿十方剎，

皆以七寶，充滿其中， 以獻安住，神明至尊， 欲解此慧，終無能了。 正使十方，諸佛剎土， 諸明哲者，悉滿其中， 及吾現在，諸聲聞眾， 一切具足，亦復如是。 一時普會，共思惟之， 計安住慧，無能及知。 佛之智慧，無量若斯， 欲知其限，莫能逮者。 諸緣一覺，無有眾漏， 諸根通達，總攝其心。 假使十方，悉滿中人， 譬如甘蔗，若竹蘆葦， 悉俱合會，而共思惟， 欲察知佛，所說解法， 於億那術，劫載計念， 未曾能知，及法利誼。 新學發意，諸菩薩等， 假使供養，無數億佛， 講說經法，分別其誼， 復令是等，周滿十方， 其數譬如，稻麻叢林， 在諸世界，滋茂不損， 悉俱合會，而共思惟， 世尊所明，覩諸法本， 不可思議，無數億劫， 如江河沙，不可限量， 心無變異，超越智慧， 欲得知者，非其境界。 無數菩薩，皆不退轉， 無崖底劫，如恒邊沙， 一心專精，悉共思惟， 此之等類，亦不堪任。 諸佛聖明，不可及逮， 一切漏盡，非心所念。 獨佛世尊，能解了知，	盡思共度量，亦復不能知。 辟支佛利智，無漏最後身， 亦滿十方界，其數如竹林， 斯等共一心，於億無量劫， 欲思佛實智，莫能知少分。 新發意菩薩，供養無數佛， 了達諸義趣，又能善說法， 如稻麻竹葦，充滿十方剎， 一心以妙智，於恒河沙劫， 咸皆共思量，不能知佛智。 不退諸菩薩，其數如恒沙， 一心共思求，亦復不能知。 又告舍利弗：無漏不思議， 甚深微妙法，我今已具得， 唯我知是相，十方佛亦然。 舍利弗當知，諸佛語無異， 於佛所說法，當生大信力， 世尊法久後，要當說真實。 告諸聲聞眾，及求緣覺乘： 我令脫苦縛，逮(及;到)得涅槃者 佛以方便力，示以三乘教， 眾生處處著，引之令得出。	盡思共度量，亦復不能知。 辟支佛利智，無漏最後身， 亦滿十方界，其數如竹林， 斯等共一心，於億無量劫， 欲思佛實智，莫能知少分。 新發意菩薩，供養無數佛， 了達諸義趣，又能善說法， 如稻麻竹葦，充滿十方剎， 一心以妙智，於恒河沙劫， 咸皆共思量，不能知佛智。 不退諸菩薩，其數如恒沙， 一心共思求，亦復不能知。 又告舍利弗：無漏不思議， 甚深微妙法，我今已具得， 惟我知是相，十方佛亦然。 舍利弗當知！諸佛語無異。 於佛所說法，當生大信力， 世尊法久後，要當說真實。 告諸聲聞眾，及求緣覺乘： 我令脫苦縛，逮(及;到)得涅槃者 佛以方便力，示以三乘教， 眾生處處著，引之令得出。

分別十方，諸佛世界。 告舍利弗，安住所說， 唯佛具足，解達知彼， 最勝導利，悉暢了識， 說無上誼，以來久遠。 佛今日告，諸聲聞眾， 緣覺之乘，如所立處， 捨置已逝，入泥曰者， 所可開化，各各得度。 佛有尊法，善權方便， 猶以講說，法化世間， 常如獨步，多所度脫， 以斯示現，真諦經法。		

一－14 舍利弗知四眾心疑：何故世尊慇懃稱歎「甚深微妙難解」之法？故代大眾第一次請世尊說法

西晉‧竺法護譯 《正法華經》	後秦‧鳩摩羅什譯 《妙法蓮華經》	隋‧闍那崛多、達磨笈多共譯 《添品妙法蓮華經》
⑤爾時大眾會中，一切「聲聞」阿羅漢等，諸漏已盡，知本際(Ājñāta-kauṇḍinya 阿若憍陳如)黨(類)，千二百眾及弟子學，「比丘、比丘尼、清信士、清信女」、諸「聲聞乘」，各各興心念：世尊何故慇懃諮嗟(讚歎)善權方便，宣暢如來深妙經業，致「最正覺」，慧不可及，「聲聞、緣覺」莫能知者？	⑤爾時大眾中，有諸「聲聞」漏盡阿羅漢，阿若憍陳如(Ājñāta-kauṇḍinya 阿若憍陳如)等千二百人，及發「聲聞、辟支佛」心、「比丘、比丘尼、優婆塞、優婆夷」，各作是念：今者世尊，何故慇懃(情意懇切)稱歎(稱揚讚歎)方便；而作是言：佛所得法，甚深難解，有所言說，意趣難知，一切「聲聞、辟支佛」，所不能及。	⑤爾時大眾中，有諸「聲聞」漏盡阿羅漢，阿若憍陳如(Ājñāta-kauṇḍinya 阿若憍陳如)等千二百人，及發「聲聞、辟支佛」心、「比丘、比丘尼、優婆塞、優婆夷」，各作是念：今者世尊，何故慇懃(情意懇切)稱歎(稱揚讚歎)方便；而作是言：佛所得法，甚深難解，有所言說，意趣難知，一切「聲聞、辟支佛」，所不能及。
⑥如今世尊，乃演斯教，於是佛法，無逮(及；到)「泥洹」，雖說此經，吾等不解誼(同「義」)之所趣。	⑥佛說一「解脫義」(小乘解脫寂滅之義)，我等亦得此法，到於「涅槃」，而今不知是義(大乘義理)所趣(向)。	⑥佛說一「解脫義」(小乘解脫寂滅之義)，我等亦得此法，到於「涅槃」，而今不知是義(大乘義理)所趣(向)。
⑦賢者舍利弗，見四部眾	⑦爾時舍利弗知四眾心	⑦爾時舍利弗，知四眾心

心懷猶豫，欲為發問，決其疑網，冀(希望)幷公被蒙(蒙受)，前白佛言(舍利弗第一次代眾請法)：唯然世尊！今日如來何故獨宣「善權方便」(指以三乘法接引眾生)，以深妙法，逮(到)最正覺，道德巍巍，不可稱限？	疑，自亦未了，而白佛言：世尊！何因何緣，慇懃稱歎諸佛第一方便(指以三乘法接引眾生)、甚深微妙、難解之法？我自昔來(指從鹿野苑聞法以來)，未曾從佛聞如是說。今者四眾咸皆有疑，(舍利弗第一次代眾請法)唯願世尊敷演斯事。世尊！何故慇懃稱歎「甚深微妙難解」之法？	疑，自亦未了，而白佛言：世尊！何因何緣，慇懃稱歎諸佛第一方便(指以三乘法接引眾生)、甚深微妙、難解之法？我自昔來(指從鹿野苑聞法以來)，未曾從佛聞如是說。今者四眾咸皆有疑，(舍利弗第一次代眾請法)惟願世尊敷演斯事。世尊！何故慇勤稱歎「甚深微妙難解」之法？

一－15 舍利弗欲重宣此義，而説偈言

西晉・竺法護譯《正法華經》	後秦・鳩摩羅什譯《妙法蓮華經》	隋・闍那崛多、達磨笈多共譯《添品妙法蓮華經》
時舍利弗以偈頌曰： 樂慧聖大尊，久宣如是教， 力脫門禪定，所奉無央數。 讚揚佛道場，無敢發問者， 獨諮嗟真法，無能啓微妙。 顯現大聖法，自歎譽其行， 智慧不可限，欲分別深法。 今鄙(我)等懷疑，說道諸漏盡， 其求無為者，皆聞佛所讚。 其求緣覺者，比丘比丘尼， 諸天龍鬼神，揵沓摩休勒， 及餘諸等類，心各懷猶豫， 請問兩足尊，大德願解說。 一切諸聲聞，安住所教化， 大聖見歎譽，我獨度無極， 鄙(我)意在沈吟，不能自決了， 究竟至泥洹。今復聞此說， 唯願演分別，雷震音現說。 如今所發教，猶若師子吼， 最勝諸子等，歸命皆叉手， 欲聞正是時，願為分別說。	爾時舍利弗欲重宣此義，而說偈言： 慧日大聖尊，久乃說是法， 自說得如是，力無畏三昧、 禪定解脫等，不可思議法。 道場所得法，無能發問者； 我意難可測，亦無能問者。 無問而自說，稱歎所行道， 智慧甚微妙，諸佛之所得。 無漏諸羅漢，及求涅槃者， 今皆墮疑網，佛何故說是？ 其求緣覺者，比丘比丘尼， 諸天龍鬼神，及乾闥婆等， 相視懷猶豫，瞻仰兩足尊， 是事為云何？願佛為解說。 於諸聲聞眾，佛說我第一。 我今自於智，疑惑不能了， 為是究竟法？為是所行道？ 佛口所生子，合掌瞻仰待， 願出微妙音，時為如實說。 諸天龍神等，其數如恒沙， 求佛諸菩薩，大數有八萬，	爾時舍利弗欲重宣此義，而說偈言： 慧日大聖尊，久乃說是法， 自說得如是，力無畏三昧、 禪定解脫等，不可思議法， 道場所得法，無能發問者。 我意難可測，亦無能問者； 無問而自說，稱歎所行道， 智慧甚微妙，諸佛之所得。 無漏諸羅漢，及求涅槃者， 今皆墮疑網，佛何故說是？ 其求緣覺者，比丘比丘尼， 諸天龍鬼神、及乾闥婆等， 相視懷猶豫，瞻仰兩足尊， 是事為云何？願佛為解說。 於諸聲聞眾，佛說我第一， 我今自於智，疑惑不能了， 為是究竟法？為是所行道？ 佛口所生子，合掌瞻仰待， 願出微妙音，時為如實說。 諸天龍神等，其數如恒沙， 求佛諸菩薩，大數有八萬，

諸天龍眾，鬼神真陀， 無數百千，如江河沙， 而悉僉^{ㄐㄧ}曰，供養世尊。 咸欲發問，於尊佛道。 國主帝王，轉輪聖王， 悉共同心，億百千姟， 一切恭敬，叉手而立， 德何因盛，眾行具足。	又諸萬億國，轉輪聖王至， 合掌以敬心，欲聞具足道。	又諸萬億國，轉輪聖王至， 合掌以敬心，欲聞具足道。

一－16 世尊恐諸天人皆當驚疑，故止舍利弗問此義。然舍利弗第二次重請佛說法

西晉‧竺法護譯 《正法華經》	後秦‧鳩摩羅什譯 《妙法蓮華經》	隋‧闍那崛多、達磨笈多共譯 《添品妙法蓮華經》
㊀爾時世尊告舍利弗：且止！且止！用問此誼（同「義」）。所以者何？諸天世人聞斯說者，悉當恐怖。	㊀爾時佛告舍利弗：止！止！不須復說。若說是事，一切世間諸天及人，皆當驚疑（乍聞「一佛乘」之成佛大法，當驚恐而生疑惑心）。	㊀爾時佛告舍利弗：止！止！不須復說。若說是事，一切世間諸天及人，皆當驚疑（乍聞「一佛乘」之成佛大法，當驚恐而生疑惑心）。
㊁時舍利弗復重啟曰（舍利弗第二次代眾請法）：唯願大聖，如是誼（同「義」）者，加哀說之。所以者何？於此眾會，有無央數億百千載蚑^{ㄑㄧ}行（蟲行貌）、喘息（呼吸）、蜎^{ㄐㄩㄢ}蜚^{ㄈㄟ}（同「飛」）、蠕^{ㄖㄨ}動群生之類，曾見過佛，知（知道）殖眾德，聞佛所說，悉當信樂，受持奉行。	㊁舍利弗重白佛言（舍利弗第二次代眾請法）：世尊！唯願說之，唯願說之！所以者何？是會無數百千萬億阿僧祇眾生，曾見諸佛，（皆）諸根猛利（六根清淨，勇猛聰利），智慧明了，聞佛所說，則能敬信。	㊁舍利弗重白佛言（舍利弗第二次代眾請法）：世尊！惟願說之，惟願說之！所以者何？是會無數百千萬億阿僧祇眾生，曾見諸佛，（皆）諸根猛利（六根清淨，勇猛聰利），智慧明了，聞佛所說，則能敬信。
㊂時舍利弗以偈頌曰：	㊂爾時舍利弗欲重宣此義，而說偈言：	㊂爾時舍利弗欲重宣此義，而說偈言：
願人中王，哀愍意說。 此出家者，眾庶億千，	法王無上尊，唯說願勿慮。 是會無量眾，有能敬信者。	法王無上尊，惟說願勿慮； 是會無量眾，有能敬信者。

恭肅安住，欽信慧誼，斯之等類，必皆欣樂。		

一一 77 佛第二次止舍利弗，舍利弗亦以此會眾等皆於百千萬億世曾從佛受化，故第三次再請佛說法

西晉・竺法護譯《正法華經》	後秦・鳩摩羅什譯《妙法蓮華經》	隋・闍那崛多、達磨笈多共譯《添品妙法蓮華經》
⓵於時世尊歎舍利弗，如是至三，告曰勿重歎，諸天世人悉懷慢(驕慢)恣(恣情)，「比丘、比丘尼」墜大艱難。	⓵佛復止舍利弗：若說是事，一切世間天、人、阿修羅，皆當驚疑，增上慢「比丘」將墜於「大坑」(指「生死大我慢」之坑)。	⓵佛復止舍利弗：若說是事，一切世間天、人、阿修羅，皆當驚疑，增上慢「比丘」將墜於「大坑」(指「生死大我慢」之坑)。
⓶世尊以偈告舍利弗：且止且止，用此為問，斯慧微妙，眾所不了。假使吾說，易得之誼(同「義」)，愚癡闇塞，至懷慢恣。	⓶爾時世尊重說偈言：止止不須說，我法妙難思。諸增上慢者，聞必不敬信。	⓶爾時世尊重說偈言：止止不須說，我法妙難思；諸增上慢者，聞必不敬信。
⓷賢者舍利弗復白佛言(舍利弗第三次代眾請法)：唯願大聖以時哀說，無央數眾，昔過世時曾受佛教，以故今者思聞聖音，聞者則信，多所安隱，冀不疑慢。	⓷爾時舍利弗重白佛言(舍利弗第三次代眾請法)：世尊！唯願說之，唯願說之！今此(靈山)會中，如我等比，百千萬億世世已曾從佛受化。如此人等，必能敬信，長夜安隱，多所饒益。	⓷爾時舍利弗重白佛言(舍利弗第三次代眾請法)：世尊！惟願說之，惟願說之！今此(靈山)會中，如我等比，百千萬億世世已曾從佛受化。如此人等，必能敬信，長夜安隱，多所饒益。
⓸時舍利弗以偈頌曰：我佛長子，今故啟勸，願兩足尊，哀為解說。今有眾生，無數億千，悉當信樂，聖尊所詔，會致本德，決諸疑網。往古長夜，曾被訓誨，是等又手，恭肅側立，	⓸爾時舍利弗欲重宣此義，而說偈言：無上兩足尊，願說第一法，我為佛長子，唯垂分別說。是會無量眾，能敬信此法，佛已曾世世，教化如是等，皆一心合掌，欲聽受佛語。我等千二百，及餘求佛者，願為此眾故，唯垂分別說。	⓸爾時舍利弗欲重宣此義，而說偈言：無上兩足尊，願說第一法；我為佛長子，惟垂分別說。是會無量眾，能敬信此法，佛已曾世世，教化如是等，皆一心合掌，欲聽受佛語。我等千二百，及餘求佛者，願為此眾故，惟垂分別說；

必當欽樂，於斯法誼。 我之等類，千二百人， 及餘眾黨，求尊佛道。 假令見聞，安住言教， 尋當歡喜，興發大意。	是等聞此法，則生大歡喜。	是等聞此法，則生大歡喜。

一－18 佛因<u>舍利弗</u>三請，故佛將開講此《法華經》。然會中有「罪根深重、增上慢、未得謂得、未證謂證」五千人，禮佛而退。佛默然不制止

西晉・竺法護譯 《正法華經》	後秦・鳩摩羅什譯 《妙法蓮華經》	隋・闍那崛多、達磨笈多共譯 《添品妙法蓮華經》
壹 于時世尊見<u>舍利弗</u>三反(次)勸助(勸發獎助)，而告之曰：爾今慇懃所啓至三，安得不說？諦聽諦聽！善思念之！吾當解說(以上指<u>釋迦</u>佛準備開講此《法華經》)。	**壹** 爾時世尊告<u>舍利弗</u>：汝已慇懃三請，豈得不說？汝今諦聽，善思念之，吾當為汝分別解說(以上指<u>釋迦</u>佛準備開講此《法華經》)。	**壹** 爾時世尊告<u>舍利弗</u>：汝已慇懃三請，豈得不說？汝今諦聽，善思念之，吾當為汝分別解說(以上指<u>釋迦</u>佛準備開講此《法華經》)。
貳 世尊適發此言，「比丘、比丘尼、清信士、清信女」五千人等，至懷甚慢，即從坐起，稽首佛足，捨眾而退。所以者何？ ❶慢無「巧便」(靈巧方便)。 ❷未得想得。 ❸未成謂成。 收「屏(屏障之物)、蓋藏(儲藏物)、衣服、臥具」，摩(撫摸)何(「荷」的古字→扛；以肩承物)而去。世尊默然，亦不制止。	**貳** 說此語時，會中有「比丘、比丘尼、優婆塞、優婆夷」五千人等，即從座起，禮佛而退。所以者何？此輩： ❶罪根深重。 ❷及增上慢。 ❸未得謂得。 ❹未證謂證。 有如此(過)失，是以「不住」(退席而不住法筵)。世尊默然而不制止。	**貳** 說此語時，會中有「比丘、比丘尼、優婆塞、優婆夷」五千人等，即從座起，禮佛而退。所以者何？此輩： ❶罪根深重。 ❷及增上慢。 ❸未得謂得。 ❹未證謂證。 有如此(過)失，是以「不住」(退席而不住法筵)。世尊默然而不制止。
參 又<u>舍利弗</u>！眾會辟(退避；避開)易有竊去者，離廣大誼(同「義」)，(為)聲味(聽聞法義上的聲音之味)所拘。又<u>舍利弗</u>！斯甚「慢」者，退亦佳矣。	**參** 爾時佛告<u>舍利弗</u>：我今此眾，無復「枝葉」(喻罪根深重等四類型眾，如「枝葉」離去)，純有「貞實」(喻純有「樹幹」之大乘根器者乃「貞固堅實」)。<u>舍利弗</u>！如是增上	**參** 爾時佛告<u>舍利弗</u>：我今此眾，無復「枝葉」(喻罪根深重等四類型眾，離去如「枝葉」)，純有「貞實」(喻純有「樹身」乃貞固堅實)。<u>舍利弗</u>！如是增上慢人(指五千眾

	慢人(指五千眾人)，退亦佳矣。 ㊞汝今善聽，當為汝說。 舍利弗言：唯然，世尊！願樂欲聞。	人)，退亦佳矣。 ㊞汝今善聽，當為汝說。 舍利弗言：唯然，世尊！願樂欲聞。
摩何→辛嶋靜志《正法華經詞典》頁 294 解作：indifferently，unconcernedly。指「冷漠，漫不經心地」。		

增上慢

(1)梵語作abhi-māna，對於「教理」或「修行境地」尚未有所得、有所悟，卻起「高傲自大」之心。

(2)經論中常舉的「未得謂得、未獲謂獲、未觸謂觸、未證謂證」等，皆屬修行者生起的「增上慢」之例。

(3)又《法華論・卷下》列舉七種「增上慢」之心，詳加解說，並分別以《法華》七喻配當、對治之，即：

❶「顛倒求諸功德」增上慢心，以「火宅喻」對治之→參〈譬喻品第三〉 二－8

❷「聲聞一向決定」增上慢心，以「窮子喻」對治之→參〈信解品第四〉 二－15

❸「大乘一向決定」增上慢心，以「雲雨喻」對治之→參〈藥草喻品第五〉 三－1

❹「實無謂有」增上慢心，以「化城喻」對治之→參〈化城喻品第七〉 三－34

❺「散亂」增上慢心，以「繫珠喻」對治之→參〈五百弟子受記品第八〉 四－9

❻「實有功德」增上慢心，以「頂珠喻」對治之→參〈安樂行品第十四〉 五－11

❼「實無功德」增上慢心，以「醫師喻」對治之→參〈如來壽量品第十六〉 五－27

(4)將「他人」與「自己」比較而產生「自負高傲之心」，亦稱為「增上慢」，即通常所謂的「貢高我慢」。

世親釋《妙法蓮華經憂波提舍・卷二・譬喻品》

何等七種增上慢心？云何七種譬喻對治？

一者：「顛倒求諸功德」增上慢心。謂世間中諸「煩惱染」熾然增上，而求「天人」勝妙境界「有漏」果報。

對治此故，為説「火宅譬喻」應知。

→參〈譬喻品第三〉 二－8

→第一人者：示世間中，種種「善根」三昧功德，(先)方便令(彼歡)喜，然後令入「大涅槃」故。

二者：「聲聞一向決定」增上慢心。自言「我乘」與「如來乘」等無差別。

如是「倒取」(顛倒取著)，對治此故為説「窮子譬喻」應知。

→參〈信解品第四〉 二－15

→第二人者：(先)以「三」為「一」，(後)令入「大乘」故。

三者：「大乘一向決定」增上慢心。起如是「意」，無(分)別「聲聞、辟支佛」乘。

如是「倒取」(顛倒取著)，對治此故為説「雲雨譬喻」應知。

→參〈藥草喻品第五〉**三－1**

→第三人者：令(彼人)知種種「乘」，諸佛如來平等說法，(但)隨諸眾生「善根種子」而生「芽」故。

四者：「實無謂有」增上慢心。以有「世間三昧」(之)三摩跋提，(此)實無「涅槃」(竟)生「涅槃想」。

如是「倒取」(顛倒取著)，對治此故為說「化城譬喻」應知。

→參〈化城喻品第七〉**三－34**

→第四人者：方便令入「涅槃城」故。「涅槃城」者，所謂「諸禪三昧城」故，過彼城已，然後令入「大涅槃城」故。

五者：「散亂」增上慢心。實無有「定」，過去雖有「大乘善根」而不覺知，不覺知故，不求「大乘」。(於)「狹劣心」中生(出)「虛妄解」，(並)謂(此為)「第一乘」。

如是「倒取」(顛倒取著)，對治此故為說「繫寶珠譬喻」應知。

→參〈五百弟子受記品第八〉**四－9**

→第五人者：示其「過去」所有善根，令憶念已，然後教令入「三昧」故。

六者：「實有功德」增上慢心。聞「大乘法」(而反)取「非大乘」(之法)。

如是「倒取」(顛倒取著)，對治此故為說「輪王解自髻中明珠與之」譬喻應知。

→參〈安樂行品第十四〉**五－11**

→第六人者：說大乘法，以此法門，同「十地」行滿，諸佛如來密與「授記」故。

七者：「實無功德」增上慢心。於「第一乘」不曾修習「諸善根本」，(雖)聞「第一乘」(而)心中不取以為「第一」。

如是「倒取」(顛倒取著)，對治此故為說「醫師譬喻」應知。

→參〈如來壽量品第十六〉**五－27**

→第七人者：「根」未淳熟，為令熟故。如是「示現」，得「涅槃」量，為是義故，如來說此七種譬喻。

(以上內容參見《妙法蓮華經憂波提舍》卷2〈3 譬喻品〉。詳 CBETA, T26, no. 1519, p. 8, b)

一－19 佛以「一大事因緣」出現於世，欲令眾生「開、示、悟、入」佛之知見

西晉・竺法護譯 《正法華經》	後秦・鳩摩羅什譯 《妙法蓮華經》	隋・闍那崛多、達磨笈多共譯 《添品妙法蓮華經》
⑤如來云何說此法乎？譬靈瑞華，時時可見，佛歎斯法，久久希有。爾等當信如來誠諦所說深經，誼(同「義」)甚微妙，言輒無虛。	⑤佛告舍利弗：如是妙法，諸佛如來「時」(時機與緣熟)乃說之，如「優曇鉢華」，時「一現」耳。舍利弗！汝等當信佛之所說，言不虛妄。	⑤佛告舍利弗：如是妙法，諸佛如來「時」(時機與緣熟)乃說之，如「優曇鉢華」，時一現耳。舍利弗！汝等當信佛之所說，言不虛妄。

貳若干音聲現諸章句，各各殊別，人所不念，本所未思，如來悉知。	貳舍利弗！諸佛「隨宜」(隨眾機宜)說法，意趣難解。所以者何？我以無數方便，種種「因緣、譬喻、言辭」演說諸法。是法非「思量、分別」之所能解(法性空寂，離諸名相，非「心」所思，非「口」分別也)，唯有諸佛乃能知之。	貳舍利弗！諸佛「隨宜」(隨眾機宜)說法，意趣難解。所以者何？我以無數方便，種種「因緣、譬喻、言辭」演說諸法。是法非「思量、分別」之所能解(法性空寂，離諸名相，非「心」所思，非「口」分別也)，惟有諸佛乃能知之。
參所以者何？正覺(如來)所興(起)，世(所)嗟歎(讚歎)「一事」，為大「示現」，皆出「一原」(一個本原)。	參所以者何？諸佛世尊唯以「一大事因緣」故(而)出現於世。舍利弗！云何名諸佛世尊唯以「一大事因緣」故(而)出現於世？	參所以者何？諸佛世尊惟以「一大事因緣」故(而)出現於世。舍利弗！云何名諸佛世尊惟以「一大事因緣」故(而)出現於世？
肆❶以用「眾生」望想(願望期想)「果應(如來之果報相應)」，(為)勸助(勸發獎助)此類(眾生)，(如來)出現于世。❷「黎元」(眾生)望想「希求佛慧」，(如來)出現于世。❸「蒸庶」(眾生)望想「如來寶決」(如來寶慧的訣竅。決→撥開；剖開。通「抉」→揭發。通「訣」→訣竅)，(如來)出現于世。❹以如來慧，覺(覺悟)「群生」想，(如來)出現于世。❺示寤(使覺悟)「民庶」(眾生)「八正由路」(八正道)，使除欲(給予；賜予)望想(願望期想)，(如來)出現于世。	肆諸佛世尊，❶欲令眾生「開佛知見」，使得清淨故，出現於世。❷欲示眾生「佛之知見」故，出現於世。(敦煌本作「佛知見」)❸欲令眾生「悟佛知見」故，出現於世。❹欲令眾生「(證)入佛知見」道故，出現於世。舍利弗！是為諸佛以「一大事因緣」故(而)出現於世。	肆諸佛世尊，❶欲令眾生「開佛知見」使得清淨故，出現於世。❷欲示眾生「佛知見」故，出現於世。❸欲令眾生「悟佛知見」故，出現於世。❹欲令眾生「(證)入佛知見」道故，出現於世。舍利弗！是為諸佛以「一大事因緣」故(而)出現於世。

寶決→辛嶋靜志《正法華經詞典》頁 12 解作：a precious judgement。指「珍貴的判斷」。

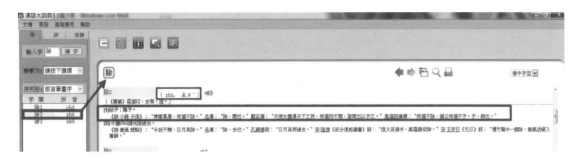

一－20 如來但以「一佛乘」為眾生說法，十方三世諸佛亦如是。佛以種種「因緣、譬喻言辭」，善權方便而為眾說法

西晉·竺法護譯《正法華經》	後秦·鳩摩羅什譯《妙法蓮華經》	隋·闍那崛多、達磨笈多共譯《添品妙法蓮華經》
⑮以故當知，正覺所興，悉為一誼(同「義」)，以「無極(pāramitā 波羅蜜)慧」而造大業，猶一「空慧」，以無蓋(無有遮蓋；無極)哀，興出于世，如佛所行，所化利誼(同「義」)，亦復如是。而為說法，教諸菩薩，現「真諦慧」，以佛聖明，而分別之。	⑮佛告舍利弗：諸佛如來但教化菩薩，諸有所作，常為一事，唯以「佛之知見」示悟(開示並令覺悟)眾生。	⑮佛告舍利弗：諸佛如來但教化菩薩，諸有所作，常為一事，惟以「佛之知見」示悟(開示並令覺悟)眾生。
⑳轉使增進，唯「大覺乘」，無有「二乘」(小乘、大乘)，況「三乘」(聲聞乘、緣覺乘、菩薩乘)乎！	⑳舍利弗！如來但以「一佛乘」故，為眾生說法，無有餘乘，若二(小乘、大乘)、若三(聲聞乘、緣覺乘、菩薩乘)。	⑳舍利弗！如來但以「一佛乘」故，為眾生說法，無有餘乘，若二(小乘、大乘)、若三(聲聞乘、緣覺乘、菩薩乘)。
㉃㉄㉅㉆十方世界諸佛世尊，「去、來、現在」亦復如是。以「權方便」若干種教，各各異音，開化(開示教化)一切，而為說法，皆興大乘，佛「正覺乘」，諸「通慧」(一切種智)乘。又舍利弗！斯眾生等悉更供養諸「過去佛」，亦曾聞法，隨其本行，獲示現誼(同「義」)。	㉃舍利弗！一切十方諸佛，法亦如是。 ㉄舍利弗！過去諸佛，以無量無數「方便」，種種「因緣、譬喻言辭」而為眾生演說諸法，是法皆為「一佛乘」故。是諸眾生，從諸佛聞法，究竟皆得「一切種智」。 ㉅舍利弗！未來諸佛當出	㉃舍利弗！一切十方諸佛，法亦如是。 ㉄舍利弗！過去諸佛，以無量無數「方便」，種種「因緣、譬喻言辭」而為眾生演說諸法，是法皆為「一佛乘」故。是諸眾生，從諸佛聞法，究竟皆得「一切種智」。 ㉅舍利弗！未來諸佛當出

	於世，亦以無量無數「方便」，種種「因緣、譬喻言辭」而為眾生演說諸法，是法皆為「一佛乘」故。是諸眾生，從佛聞法，究竟皆得「一切種智」。	於世，亦以無量無數「方便」，種種「因緣、譬喻言辭」而為眾生演說諸法，是法皆為「一佛乘」故。是諸眾生，從佛聞法，究竟皆得「一切種智」。
	㊅舍利弗！現在十方無量百千萬億佛土中，諸佛世尊，多所饒益，安樂眾生，是諸佛亦以無量無數「方便」，種種「因緣、譬喻言辭」而為眾生演說諸法，是法皆為「一佛乘」故。是諸眾生，從佛聞法，究竟皆得「一切種智」。	㊅舍利弗！現在十方無量百千萬億佛土中，諸佛世尊，多所饒益，安樂眾生，是諸佛亦以無量無數「方便」，種種「因緣、譬喻言辭」而為眾生演說諸法，是法皆為「一佛乘」故。是諸眾生，從佛聞法，究竟皆得「一切種智」。
	㊐舍利弗！是諸佛但教化菩薩， ❶欲以「佛之知見」(開)示眾生故。 ❷欲以「佛之知見」(覺)悟眾生故。 ❸欲令眾生(證)入「佛之知見」故。	㊐舍利弗！是諸佛但教化菩薩， ❶欲以「佛之知見」(開)示眾生故。 ❷欲以「佛之知見」(覺)悟眾生故。 ❸欲令眾生(證)入「佛知見道」故。
㊑吾見群生，「本行」不同，佛觀其心，所樂若干，善權方便，造立報應，而講法誼(同「義」)。	㊑舍利弗！我今亦復如是，知諸眾生有種種欲，深心所著，隨其本性，以種種「因緣、譬喻言辭」，方便力而為說法。	㊑舍利弗！我今亦復如是，知諸眾生有種種欲，深心所著，隨其本性，以種種「因緣、譬喻言辭」，方便力故而為說法。
㊒皆為平等「正覺大乘」，至諸「通慧」(一切種智)，道德一定，無有二也。	㊒舍利弗！如此皆為得「一佛乘、一切種智」故。	㊒舍利弗！如此皆為得「一佛乘、一切種智」故。
㊓十方世界，(平)等無「差特」(差異殊特)，安得「三乘」(聲聞乘、緣覺乘、菩薩乘)？	㊓舍利弗！十方世界中，尚無「二乘」(小乘、大乘)，何況有三(聲聞乘、緣覺乘、菩薩乘)？	㊓舍利弗！十方世界中，尚無「二乘」(小乘、大乘)，何況有三(聲聞乘、緣覺乘、菩薩乘)？

一－21 諸佛出於五濁惡世，以方便力，於「一佛乘」分別說三。若有阿羅漢不信此法，無有是處

西晉・竺法護譯《正法華經》	後秦・鳩摩羅什譯《妙法蓮華經》	隋・闍那崛多、達磨笈多共譯《添品妙法蓮華經》
㊉又舍利弗！設如來說眾生「瑕穢」（瑕垢污穢），一劫不竟。今吾興出於五濁世：一日「塵勞」，二日「凶暴」，三日「邪見」，四日「壽命短」，五日「劫穢濁」。	㊉舍利弗！諸佛出於五濁惡世，所謂「劫濁、煩惱濁、眾生濁、見濁、命濁」。	㊉舍利弗！諸佛出於五濁惡世，所謂「劫濁、煩惱濁、眾生濁、見濁、命濁」。
㊋為此之黨（指具瑕穢之眾生），本德淺薄，慳貪多垢故，（如來）以善權（而）現「三乘教」（聲聞乘、緣覺乘、菩薩乘），勸化「聲聞」及「緣覺」者。	㊋如是，舍利弗！「劫濁」亂時，眾生垢重，慳貪、嫉妬，成就諸不善根故，諸佛以方便力，於「一佛乘」分別說三（聲聞乘、緣覺乘、菩薩乘）。	㊋如是，舍利弗！「劫濁」亂時，眾生垢重，慳貪、嫉妬，成就諸不善根故，諸佛以方便力，於「一佛乘」分別說三（聲聞乘、緣覺乘、菩薩乘）。
㊌若（為聲聞、緣覺）說「（一）佛乘」，（彼等）終不「聽受」、不「入」、不「解」。無謂（不要以為）如來法（只）有「聲聞」及「緣覺」道，（反而對）深遠（一佛乘法）諸（責）難。	㊌舍利弗！若我弟子，自謂「阿羅漢、辟支佛」者，不聞不知。諸佛如來但教化菩薩事，此非「佛弟子」，非阿羅漢，非「辟支佛」。（❶如來昔為「五濁惡世」而方便開「三乘教」，若能隨順修習，則名為「佛弟子」。今眾生之「五濁」既除，則佛為汝說「一佛乘」法。若對此「一佛乘法」而不聞不知，則非「佛弟子」！非「阿羅漢」！非「辟支佛」！❷諸佛出世只為教化「菩薩」，故本無「二乘」這些法。二乘人乃自謂己為「二乘」，並為佛只為他們講「二乘」，故對如來但教化「菩薩」之「一大事因緣」之事，亦不聞不知。若「能聞能知」如來只教化「菩薩」，是人便可名為「佛弟子」。若對此理仍「不聞不知」的話，則非「佛弟子」！	㊌舍利弗！若我弟子，自謂「阿羅漢、辟支佛」者，不聞不知。諸佛如來但教化菩薩事，此非「佛弟子」，非阿羅漢，非「辟支佛」。

	非「阿羅漢」！非「辟支佛」！)	
㈣若「比丘、比丘尼」，已得「羅漢」，自已(通)達(滿)足，而不肯受「無上正真道教」，定為誹謗於「(一)佛乘」矣！雖有是意，佛平等訓，然後至于「般泥洹」時，諸甚「慢者」，乃知之耳。所以者何？又諸比丘為「羅漢」者，無所志求，諸漏已盡，聞斯經典，而不信樂。	㈣又舍利弗！是諸「比丘、比丘尼」，自謂已得「阿羅漢」，是「最後身」，究竟涅槃，便不復志求「阿耨多羅三藐三菩提」。當知此輩皆是「增上慢人」。所以者何？若有比丘實得「阿羅漢」，若不信此法(指「一佛乘」法)，無有是處。 (❶若佛在世，佛正説是「大乘經」時，有人仍「不信不受」，此非「眞羅漢」也，亦即是「增上慢」者。 若於佛滅度後方證得「羅漢」者，因偏執「權教」經典，而不信「一佛乘」之「圓教」法，可聽許其並非爲「增上慢」者。 ❷「羅漢」等小乘法，乃如來「方便」之説。唯「一佛乘」乃如來「眞實」之談。 往昔既能相信如來之「方便」説而獲證「羅漢」，今豈不信如來「眞實説」之「一佛乘」之法嗎？所以眞實獲證「羅漢」者，必能相信「一佛乘」法。若不信「一佛乘」法者，則彼就算自謂爲「羅漢」，而實非「羅漢」，乃是「增上慢」人。)	㈣又舍利弗！是諸「比丘、比丘尼」，自謂已得「阿羅漢」，是「最後身」，究竟涅槃，便不復志求「阿耨多羅三藐三菩提」。當知此輩，皆是「增上慢人」。所以者何？若有比丘實得「阿羅漢」，若不信此法(指「一佛乘」法)，無有是處。
㈤若滅度時，如來面現(於)諸「聲聞」前，大聖(如來)滅度，不以斯行，令受(修)持(演)說「方等」頌經，尋(不久；隨即)於異「佛、至真、等正覺」，決其狐疑。	㈤除佛滅度後，現前無佛。所以者何？佛滅度後，(於)如是等經，(能)受持、讀誦、解義者，是人難得。若遇餘佛，於此法中，便得決了。	㈤除佛滅度後，現前無佛。所以者何？佛滅度後，(於)如是等經，(能)受持、讀誦、解其義者，是人難得。若遇餘佛，於此法中，便得決了。
㈥然後於彼，乃當篤信，如來言誠，正有「一乘」，無有二(小乘、大乘)也。	㈥舍利弗！汝等當「一心」信解，受持佛語。諸佛如來言無虛妄，無有餘乘(聲聞乘、緣	㈥舍利弗！汝等當「一心」信解，受持佛語。諸佛如來言無虛妄，無有餘乘(聲聞乘、緣

覺乘、菩薩乘），唯「一佛乘」。	覺乘、菩薩乘），惟「一佛乘」。

一－22 爾時世尊，欲重宣此義，而說偈言

西晉・竺法護譯 《正法華經》	後秦・鳩摩羅什譯 《妙法蓮華經》	隋・闍那崛多、達磨笈多共譯 《添品妙法蓮華經》
世尊頌曰： 比丘比丘尼，心懷甚慢恣， 諸清信士女，五千人不信。 不自見瑕穢，奉誡有缺漏， 多獲傾危事，而起愚騃意， 反行求雜糅，悉無巧方便。 諸佛最勝禪，緣此得聞法， 供養清淨慧，眾會儼然住， 一切受恩教，逮志立見要。 舍利弗聽此，佛為人中上， 諦覺了諸法，為說若干教。 善權方便，億百千姟， 隨人心行，而為說法。 罪福之事，若干不同， 從其宿世，各得報應。 此諸眾生，心各各異， 所造眾多，纏綿結縛。 因緣諸見，億百千姟， 一切品類，瑕穢如是。 如來大聖，說此經典， 所言至誠，終無虛欺。 從始引喻，若干無數， 如有所說，尋為分別。 其有不樂，正覺明(佛慧)者， 於無數佛，不造立行。 愚癡生死，甚多苦患， 故為斯等，現說泥洹。 大聖所興，行權方便， 因勸化之，使入佛慧。 如佛道教，興顯于世，	爾時世尊，欲重宣此義，而說偈言： 比丘比丘尼，有懷增上慢， 優婆塞我慢，優婆夷不信， 如是四眾等，其數有五千， 不自見其過，於戒有缺漏， 護惜其瑕疵。是小智已出 眾中之糟糠，佛威德故去， 斯人尠福德，不堪受是法。 此眾無枝葉，唯有諸貞實， 舍利弗善聽！諸佛所得法， 無量方便力，而為眾生說。 眾生心所念，種種所行道， 若干諸欲性，先世善惡業， 佛悉知是已，以諸緣譬喻、 言辭方便力，令一切歡喜。 或說：(底下為小乘九部，除去「方廣、受記、無問自說」等三部而成者)❶修多羅❷伽陀及❸本事❹本生❺未曾有，亦說於❻因緣❼譬喻并❽祇夜❾優波提舍經。 鈍根樂小法，貪著於生死， 於諸無量佛，不行深妙道， 眾苦所惱亂，為是說涅槃。 我設是方便，令得入佛慧， 未曾說汝等，當得成佛道。 所以未曾說，說時未至故， 今正是其時，決定說大乘。 我此九部法，隨順眾生說， 入大乘為本，以故說是經。 有佛子心淨，柔軟亦利根，	爾時世尊，欲重宣此義，而說偈言： 比丘比丘尼，有懷增上慢， 優婆塞我慢，優婆夷不信， 如是四眾等，其數有五千， 不自見其過，於戒有缺漏， 護惜其瑕疵。是小智已出 眾中之糟糠，佛威德故去， 斯人尠福德，不堪受是法。 此眾無枝葉，惟有諸貞實， 舍利弗善聽，諸佛所得法， 無量方便力，而為眾生說。 眾生心所念，種種所行道， 若干諸欲性，先世善惡業， 佛悉知是已，以諸緣譬喻， 言辭方便力，令一切歡喜。 或說：(底下為小乘九部，除去「方廣、受記、無問自說」等三部而成者)❶脩多羅❷伽陀及❸本事❹本生❺未曾有，亦說於❻因緣❼譬喻并❽祇夜❾優波提舍經。 鈍根樂小法，貪著於生死， 於諸無量佛，不行深妙道， 眾苦所惱亂，為是說涅槃。 我設是方便，令得入佛慧， 未曾說汝等，當得成佛道。 所以未曾說，說時未至故， 今正是其時，決定說大乘。 我此九部法，隨順眾生說， 入大乘為本，以故說是經。 有佛子心淨，柔軟亦利根，

吾始未曾，為若等現。	無量諸佛所，而行深妙道。	無量諸佛所，而行深妙道，
何故愚冥，覩於導師，	為此諸佛子，說是大乘經，	為此諸佛子，說是大乘經。
見自患厭，乃為分別。	我記如是人，來世成佛道，	我記如是人，來世成佛道，
今乃得聞，演于平等，	以深心念佛，修持淨戒故。	以深心念佛，修持淨戒故。
以故得說，佛所決了。	此等聞得佛，大喜充遍身，	此等聞得佛，大喜充遍身，
於我法教，諸新學者，	佛知彼心行，故為說大乘。	佛知彼心行，故為說大乘。
佛以聖慧，行權方便，	聲聞若菩薩，聞我所說法，	聲聞若菩薩，聞我所說法，
所可分別，為眾生故，	乃至於一偈，皆成佛無疑。	乃至於一偈，皆成佛無疑。
欲開化之，故示此誼。	十方佛土中，唯有一乘法，	十方佛土中，惟有一乘法，
欲知佛道，常調清淨，	無二亦無三，除佛方便說。	無二亦無三，除佛方便說。
仁樂聖典，實為要妙，	但以假名字，引導於眾生，	但以假名字，引導於眾生。
在諸佛所，所作已辦，	說佛智慧故，諸佛出於世。	說佛智慧故，諸佛出於世，
故為斯類，說方等經。	唯此一事實，餘二則非真，	惟此一事實，餘二則非真。
志性和順，行能具足，	終不以小乘，濟度於眾生。	終不以小乘，濟度於眾生，
是等勇猛，親近聖教，	佛自住大乘，如其所得法。	佛自住大乘，如其所得法。
則為彼說，德最弘衍，	定慧力莊嚴，以此度眾生。	定慧力莊嚴，以此度眾生。
於當來世，慈愍哀傷。	自證無上道，大乘平等法。	自證無上道，大乘平等法。
一切聞之，欣然諮嗟，	若以小乘化，乃至於一人，	若以小乘化，乃至於一人，
我等成佛，亦當如是。	我則墮慳貪，此事為不可。	我則墮慳貪，此事為不可。
緣是行故，世世端正，	若人信歸佛，如來不欺誑，	若人信歸佛，如來不欺誑，
而當翫習，是方等經。	亦無貪嫉意，斷諸法中惡。	亦無貪嫉意，斷諸法中惡，
其有逮聞，無極聖教，	故佛於十方，而獨無所畏。	故佛於十方，而獨無所畏。
斯等乃為，佛之弟子。	我以相嚴身，光明照世間，	我以相嚴身，光明照世間，
假使得聽，佛一偈者，	無量眾所尊，為說實相印。	無量眾所尊，為說實相印。
皆成正覺，終無有疑。	舍利弗當知，我本立誓願，	舍利弗當知！我本立誓願，
佛道有一，未曾有二，	欲令一切眾，如我等無異。	欲令一切眾，如我等無異。
何況一世，而當有三？	如我昔所願，今者已滿足，	如我昔所願，今者已滿足，
除人中上，行權方便，	化一切眾生，皆令入佛道。	化一切眾生，皆令入佛道。
以用乘故，開化說法，	若我遇眾生，盡教以佛道，	若我遇眾生，盡教以佛道，
欲得講說，佛之深慧。	無智者錯亂，迷惑不受教。	無智者錯亂，迷惑不受教。
善權方便，導師光明，	我知此眾生，未曾修善本，	我知此眾生，未曾修善本，
唯有一乘，豈寧有二？	堅著於五欲，癡愛故生惱。	堅著於五欲，癡愛故生惱，
下劣乘者，當求殊特，	以諸欲因緣，墜墮三惡道，	以諸欲因緣，墜墮三惡道，
諸佛所覺，常皆如應。	輪迴六趣中，備受諸苦毒，	輪迴六趣中，備受諸苦毒，
至尊所在，莫敢能當。	受胎之微形，世世常增長。	受胎之微形，世世常增長。
其力一心，若順脫門。	薄德少福人，眾苦所逼迫，	薄德少福人，眾苦所逼迫，
皆立眾生，於此道教，	入邪見稠林，若有若無等，	入邪見稠林，若有若無等，
諸佛最勝，無有瑕疵。	依止此諸見，具足六十二，	依止此諸見，具足六十二，

尊無等倫，現平等覺，
如是示以，衆生善法。
世尊因而，勸立是乘，
所在安和，誘進稽首。
諸境界名，於此當行，
斷除一切，諸兇暴法。
是故號佛，則大勇猛，
今已造立，若干種相，
眷屬圍繞，演出法光，
無數衆生，億百千姟，
為講說法，自然之印。
告舍利弗，我見如是，
今當奈此，群生類何？
三十二相，顏容殊妙，
猶得自在，無所拘礙。
而吾所觀，若所思念，
如往古時，有可志願，
皆具足成，深微妙事，
分別講說，得至佛位。
語舍利弗，佛言至誠，
以何等事，寤覺衆生，
假使為說，不能解了，
不肯啓受。善言至誠，
即時心念，如是之誼，
前往古世，行不可議，
今日乃逮，得本所願，
已斷愛欲，除大陰雨。
衆庶坐欲，墜于惡趣，
安住穢厭，衆諸穢垢，
黑冥之法，數數增長。
薄德之夫，患苦所惱，
為諸邪見，之所輞　繫。
有此無異，不有不無，
具足依倚，六十二見。
當住於斯，根著所有，
勢力薄少，而懷恐懼。
未曾得聞，佛之音聲，
恒當墮落，不離三處，

深著虛妄法，堅受不可捨，
我慢自矜高，諂曲心不實，
於千萬億劫，不聞佛名字，
亦不聞正法，如是人難度。
是故舍利弗！我為設方便，
說諸盡苦道，示之以涅槃。
我雖說涅槃，是亦非真滅，
諸法從本來，常自寂滅相。
佛子行道已，來世得作佛，
我有方便力，開示三乘法。
一切諸世尊，皆說一乘道，
今此諸大衆，皆應除疑惑，
諸佛語無異，唯一無二乘。
過去無數劫，無量滅度佛，
百千萬億種，其數不可量。
如是諸世尊，種種緣譬喻，
無數方便力，演說諸法相。
是諸世尊等，皆說一乘法，
化無量衆生，令入於佛道。
又諸大聖主，知一切世間，
天人群生類，深心之所欲，
更以異方便，助顯第一義。
若有衆生類，值諸過去佛，
若聞法布施，或持戒忍辱、
精進禪智等，種種修福慧，
如是諸人等，皆已成佛道。
諸佛滅度已，若人善軟心，
如是諸衆生，皆已成佛道。
諸佛滅度已，供養舍利者，
起萬億種塔，金銀及頗梨、
車㲲與馬腦、玫瑰琉璃珠，
清淨廣嚴飾，莊校於諸塔。
或有起石廟，栴檀及沈水，
木櫁并餘材，塼　瓦泥土等。
若於曠野中，積土成佛廟，
乃至童子戲，聚沙為佛塔，
如是諸人等，皆已成佛道。
若人為佛故，建立諸形像，

深著虛妄法，堅受不可捨，
我慢自矜高，諂曲心不實，
於千萬億劫，不聞佛名字，
亦不聞正法，如是人難度。
是故舍利弗！我為設方便，
說諸盡苦道，示之以涅槃。
我雖說涅槃，是亦非真滅，
諸法從本來，常自寂滅相。
佛子行道已，來世得作佛，
我有方便力，開示三乘法。
一切諸世尊，皆說一乘道，
今此諸大衆，皆應除疑惑，
諸佛語無異，惟一無二乘。
過去無數劫，無量滅度佛，
百千萬億種，其數不可量。
如是諸世尊，種種緣譬喻，
無數方便力，演說諸法相。
是諸世尊等，皆說一乘法，
化無量衆生，令入於佛道。
又諸大聖主，知一切世間，
天人群生類，深心之所欲，
更以異方便，助顯第一義。
若有衆生類，值諸過去佛，
若聞法布施，或持戒忍辱，
精進禪智等，種種修福慧，
如是諸人等，皆已成佛道。
諸佛滅度已，若人善軟心，
如是諸衆生，皆已成佛道。
諸佛滅度已，供養舍利者，
起萬億種塔，金銀及頗梨，
車㲲與馬瑙，玫瑰瑠璃珠，
清淨廣嚴飾，莊校於諸塔；
或有起石廟，栴檀及沈水，
木櫁并餘材，塼　瓦泥土等，
若於曠野中，積土成佛廟；
乃至童子戲，聚沙為佛塔；
如是諸人等，皆已成佛道。
若人為佛故，建立諸形像，

億百千生，不能解法。	刻雕成眾相，皆已成佛道。	刻彫成眾相，皆已成佛道。
佛了善權，卓然難及，	或以七寶成，鍮 石赤白銅、	或以七寶成，鍮 石赤白銅，
為說勤苦，斷其根原。	白鑞及鉛錫，鐵木及與泥，	白鑞及鉛錫，鐵木及與泥，
眾生之類，諸見所惱，	或以膠漆布，嚴飾作佛像，	或以膠漆布，嚴飾作佛像；
佛故導示，便至泥洹。	如是諸人等，皆已成佛道。	如是諸人等，皆已成佛道。
吾所以故，常解滅度，	彩畫作佛像，百福莊嚴相，	彩畫作佛像，百福莊嚴相，
令一切法，皆至寂然。	自作若使人，皆已成佛道。	自作若使人，皆已成佛道。
又復過去，諸佛之子，	乃至童子戲，若草木及筆，	乃至童子戲，若草木及筆，
當來之世，得成最勝。	或以指爪甲，而畫作佛像，	或以指爪甲，而畫作佛像；
今我如是，行權方便，	如是諸人等，漸漸積功德，	如是諸人等，漸漸積功德，
各令休息，說三乘教。	具足大悲心，皆已成佛道。	具足大悲心，皆已成佛道。
其乘有一，亦不非一，	但化諸菩薩，度脫無量眾。	但化諸菩薩，度脫無量眾。
大聖世尊，故復說一。	若人於塔廟、寶像及畫像，	若人於塔廟，寶像及畫像，
諸有蒸民，興發沈吟，	以華香幡蓋，敬心而供養。	以華香幡蓋，敬心而供養。
意慮憒亂，狐疑猶豫。	若使人作樂，擊鼓吹角貝，	若使人作樂，擊鼓吹角貝，
如來所說，終無有異，	簫笛琴箜篌、琵琶鐃銅鈸，	簫笛琴箜篌，琵琶鐃銅鈸，
慧乘(一佛乘)有一，未曾有二。	如是眾妙音，盡持以供養。	如是眾妙音，盡持以供養。
其有往古，世雄(喻佛)導師，	或以歡喜心，歌唄頌佛德，	或以歡喜心，歌唄頌佛德，
億百千佛，諸滅度者。	乃至一小音，皆已成佛道。	乃至一小音，皆已成佛道。
或有過去，無央數劫，	若人散亂心，乃至以一華，	若人散亂心，乃至以一華；
計其限量，不可稱度。	供養於畫像，漸見無數佛。	供養於畫像，漸見無數佛。
謂此一切，人中之上，	或有人禮拜，或復但合掌，	或有人禮拜，或復但合掌，
講說經法，無數清淨，	乃至舉一手，或復小低頭，	乃至舉一手，或復小低頭，
所可作為，報應譬喻，	以此供養像，漸見無量佛。	以此供養像，漸見無量佛。
行權方便，億百千姟，	自成無上道，廣度無數眾，	自成無上道，廣度無數眾，
普為眾生，示現一乘，	入無餘涅槃，如薪盡火滅。	入無餘涅槃，如薪盡火滅。
是故說道，度未度者。	若人散亂心，入於塔廟中，	若人散亂心，入於塔廟中，
常為人說，平等道慧，	一稱南無佛，皆已成佛道。	一稱南無佛，皆已成佛道；
開化眾庶，億百千姟。	於諸過去佛，在世或滅度，	於諸過去佛，現在或滅度，
又復見異，若干大聖，	若有聞是法，皆已成佛道。	若有聞是法，皆已成佛道。
為講分別，是大尊法。	未來諸世尊，其數無有量，	未來諸世尊，其數無有量，
本性清淨，乃信解之。	是諸如來等，亦方便說法。	是諸如來等，亦方便說法。
若在天上，世間亦然。	一切諸如來，以無量方便，	一切諸如來，以無量方便，
其有聞經，若聽省者，	度脫諸眾生，入佛無漏智；	度脫諸眾生，入佛無漏智；
彼諸眾生，所獲安隱，	若有聞法者，無一不成佛。	若有聞法者，無一不成佛。
常行布施，其戒具足，	諸佛本誓願，我所行佛道，	諸佛本誓願，我所行佛道，
忍辱無乏，斯行平等，	普欲令眾生，亦同得此道。	普欲令眾生，亦同得此道。
精進一心，修善勇猛。	未來世諸佛，雖說百千億，	未來世諸佛，雖說百千億，

於此經典，遵奉智慧，
或有建立，若干種德，
斯等皆當，成得佛道。
其有滅度，諸所如來，
彼時所有，一切眾生，
忍辱調意，得至大安，
斯等皆當，成得佛道。
假使供養，諸佛舍利，
大聖最勝，及滅度者。
興立佛廟，眾億百千，
黃金白銀，水精琉璃，
若以馬瑙，造作塔寺，
車渠異寶，及明月珠，
若以墼泥，立作形像，
斯等皆當，成得佛道。
假使以石，用作佛廟，
或以栴檀，若木蜜香(沈水香)，
設令塔寺，立天尊像，
材木刻鏤，彩畫眾飾，
或有奉戒，口言至誠，
若復堅 立，最勝廟寺，
在於居室，諷誦經典，
處于曠野，深谷中立，
為數億人，而師子吼。
現有十方，諸佛廟寺，
中有舍利，童子對舞。
斯等皆當，成得佛道。
若為如來，作寶模像
三十二相，執持殊最。
假使復有，誦經說誼，
斯等皆當，成得佛道。
設為安住，興立彩像，
後致七寶，覺意道路，
其光遍照，通徹眾行，
斯等皆當，成得佛道。
若復以銅，刻鏤碧玉，
為大聖尊，立殊特形，
設以經字，載妙素帛，

無數諸法門，其實為一乘。
諸佛兩足尊，知法常無性，
佛種從緣起，是故說一乘。
是法住法位，世間相常住，
於道場知已，導師方便說。
天人所供養，現在十方佛，
其數如恒沙，出現於世間，
安隱眾生故，亦說如是法。
知第一寂滅，以方便力故，
雖示種種道，其實為佛乘。
知眾生諸行，深心之所念，
過去所習業，欲性精進力，
及諸根利鈍，以種種因緣、
譬喻亦言辭，隨應方便說。
今我亦如是，安隱眾生故，
以種種法門，宣示於佛道。
我以智慧力，知眾生性欲，
方便說諸法，皆令得歡喜。
舍利弗當知！我以佛眼觀，
見六道眾生，貧窮無福慧，
入生死嶮道，相續苦不斷，
深著於五欲，如犛牛愛尾，
以貪愛自蔽，盲瞑無所見。
不求大勢佛，及與斷苦法，
深入諸邪見，以苦欲捨苦，
為是眾生故，而起大悲心。
我始坐道場，觀樹亦經行，
於三七日中，思惟如是事，
我所得智慧，微妙最第一。
眾生諸根鈍，著樂癡所盲，
如斯之等類，云何而可度？
爾時諸梵王，及諸天帝釋、
護世四天王，及大自在天，
幷餘諸天眾，眷屬百千萬，
恭敬合掌禮，請我轉法輪。
我即自思惟：若但讚佛乘，
眾生沒在苦，不能信是法；
破法不信故，墜於三惡道。

無數諸法門，其實為一乘。
諸佛兩足尊，知法常無性，
佛種從緣起，是故說一乘。
是法住法位，世間相常住，
於道場知已，道師方便說。
天人所供養，現在十方佛，
其數如恒沙，出現於世間，
安隱眾生故，亦說如是法；
知第一寂滅，以方便力故，
雖示種種道，其實為佛乘；
知眾生諸行，深心之所念，
過去所集業，欲性精進力，
及諸根利鈍，以種種因緣、
譬喻亦言辭，隨應方便說；
我今亦如是，安隱眾生故，
以種種法門，宣示於佛道。
我以智慧力，知眾生性欲，
方便說諸法，皆令得歡喜。
舍利弗當知！我以佛眼觀，
見六道眾生，貧窮無福慧，
入生死險道，相續苦不斷，
深著於五欲，如犛牛愛尾，
以貪愛自蔽，盲冥無所見。
不求大勢佛，及與斷苦法，
深入諸邪見，以苦欲捨苦，
為是眾生故，而起大悲心，
我始坐道場，觀樹亦經行，
於三七日中，思惟如是事：
我所得智慧，微妙最第一。
眾生諸根鈍，著樂癡所盲，
如斯之等類，云何而可度？
爾時諸梵王，及諸天帝釋，
護世四天王，及大自在天，
幷餘諸天眾，眷屬百千萬，
恭敬合掌禮，請我轉法輪。
我即自思惟：若但讚佛乘，
眾生沒在苦，不能信是法；
破法不信故，墜於三惡道；

斯等皆當，成得佛道。	我寧不說法，疾入於涅槃。	我寧不說法，疾入於涅槃。
若繕壞寺，修立形像，	尋念過去佛，所行方便力，	尋念過去佛，所行方便力；
功德志性，有百福相，	我今所得道，亦應說三乘。	我今所得道，亦應說三乘。
出家學法，書佛經卷，	作是思惟時，十方佛皆現，	作是思惟時，十方佛皆現；
斯等皆當，成得佛道。	梵音慰喻我：善哉釋迦文！	梵音慰喻我，善哉釋迦文！
設使各各，作奇異行，	第一之導師，得是無上法，	第一之導師，得是無上法；
除棄一切，所樂調戲，	隨諸一切佛，而用方便力。	隨諸一切佛，而用方便力，
正士童子，聰達解誼，	我等亦皆得，最妙第一法，	我等亦皆得，最妙第一法；
而不謿話，言不虛誕，	為諸眾生類、分別說三乘。	為諸眾生類，分別說三乘。
悉亦自致，為大慈哀，	少智樂小法，不自信作佛，	少智樂小法，不自信作佛，
一切皆當，逮得佛道。	是故以方便，分別說諸果。	是故以方便，分別說諸果，
即使得度，億千群萌，	雖復說三乘，但為教菩薩。	雖復說三乘，但為教菩薩。
無數菩薩，神通三昧。	舍利弗當知！我聞聖師子，	舍利弗當知！我聞聖師子，
設為是等，安住舍利，	深淨微妙音，喜稱南無佛。	深淨微妙音，稱南無諸佛！
興立塔寺，彩畫形像，	復作如是念：我出濁惡世，	復作如是念：我出濁惡世，
塗治至飾飾，書經著壁，	如諸佛所說，我亦隨順行。	如諸佛所說，我亦隨順行。
供上華香，勳散塔像，	思惟是事已，即趣波羅奈。	思惟是事已，即趣波羅奈，
假令伎樂，歌誦佛德，	諸法寂滅相，不可以言宣，	諸法寂滅相，不可以言宣，
簫成鼓舞，節奏哀和，	以方便力故，為五比丘說。	以方便力故，為五比丘說；
讚美嬉笑，又加肅敬，	是名轉法輪，便有涅槃音，	是名轉法輪，便有涅槃音，
以若干事，遵修供奉，	及以阿羅漢，法僧差別名。	及以阿羅漢，法僧差別名。
彈琴箜篌，鐃鏡應弦，	從久遠劫來，讚示涅槃法，	從久遠劫來，讚示涅槃法，
箏笛吹笙，激發妙音，	生死苦永盡，我常如是說。	生死苦永盡，我常如是說。
皆以一心，不為眾吏，	舍利弗當知！我見佛子等，	舍利弗當知！我見佛子等，
緣是悉致，寂然悅豫。	志求佛道者，無量千萬億，	志求佛道者，無量千萬億，
若以挹灑，淨掃塔寺，	咸以恭敬心，皆來至佛所，	咸以恭敬心，皆來至佛所，
用柔軟水，蜜漿飲施，	曾從諸佛聞，方便所說法。	曾從諸佛聞，方便所說法。
雜香堊塗，理作樂器，	我即作是念：如來所以出，	我即作是念：如來所以出，
歸命安住，供養最勝，	為說佛慧故，今正是其時。	為說佛慧故。今正是其時。
以若干物，供上舍利，	舍利弗當知！鈍根小智人，	舍利弗當知！鈍根小智人，
如來滅度，少多肅敬，	著相憍慢者，不能信是法。	著相憍慢者，不能信是法。
假使一反(回:次)，鼓伎拊(拍:擊)弄，	今我喜無畏，於諸菩薩中，	今我喜無畏，於諸菩薩中，
一切皆當，得成佛道。	正直捨方便，但說無上道。	正直捨方便，但說無上道。
設令得見，安住畫像，	菩薩聞是法，疑網皆已除，	菩薩聞是法，疑網皆已除，
執持一華，進上靈模，	千二百羅漢，悉亦當作佛。	千二百羅漢，悉亦當作佛。
以恭敬意，篤信無疑，	如三世諸佛，說法之儀式，	如三世諸佛，說法之儀式，
當稍稍見，無數億佛。	我今亦如是，說無分別法。	我今亦如是，說無分別法。
	諸佛興出世，懸遠值遇難，	諸佛興出世，懸遠值遇難，

其有人衆，叉手佛廟， 具足一反，繞旋自歸， 禮拜大聖，嗟歎稽首， 所行如是，身無垢染， 當漸漸覩，無數億佛。 於諸導師，多造利誼， 假使有持，舍利供養， 口宣音言，南摸佛尊， 其亂心者，若說此言， 斯等皆當，逮尊佛道。 滅度因緣，盡除毒火， 此等皆當，逮成佛道。 於衆會中，建立信者， 爾時安住，當濟此倫， 假使有人，聞此法名， 斯等皆當，逮成佛道。 若復當來，無數億佛， 不可思議，無能限量， 是等上勝，世雄(喻佛)導師， 當為講說，善權慧事， 是等大人，行權方便， 當得成佛。導世聖雄， 所以開化，億數衆生， 禪定智慧，以消諸漏， 得聞此法，未有一人， 群萌品類，豈弘了覺。 諸大聖法，皆本所願， 行佛道時，最後究竟， 無量法門，億千姟數， 當來最勝，之所講說。 諸如來尊，常宣布法， 是則得見，諸佛正教。 諸佛本淨，常行自然， 此諸誼者，佛所開化， 如兩足尊，乃分別道， 故暢斯教，一乘之誼。 諸法定意(禪定)，志懷律防， 常處于世，演斯讚頌，	正使出于世，說是法復難。 無量無數劫，聞是法亦難， 能聽是法者，斯人亦復難。 譬如優曇花，一切皆愛樂， 天人所希有，時時乃一出。 聞法歡喜讚，乃至發一言， 則為已供養，一切三世佛， 是人甚希有，過於優曇花。 汝等勿有疑，我為諸法王， 普告諸大衆，但以一乘道， 教化諸菩薩，無聲聞弟子。 汝等舍利弗，聲聞及菩薩， 當知是妙法，諸佛之祕要。 以五濁惡世，但樂著諸欲， 如是等衆生，終不求佛道。 當來世惡人，聞佛說一乘， 迷惑不信受，破法墮惡道。 有慚愧清淨，志求佛道者， 當為如是等，廣讚一乘道。 舍利弗當知！諸佛法如是， 以萬億方便，隨宜而說法， 其不習學者，不能曉了此。 汝等既已知，諸佛世之師， 隨宜方便事，無復諸疑惑， 心生大歡喜，自知當作佛。	正使出于世，說是法復難。 無量無數劫，聞是法亦難， 能聽是法者，斯人亦復難。 譬如優曇華，一切皆愛樂， 天人所希有，時時乃一出。 聞法歡喜讚，乃至發一言， 則為已供養，一切三世佛。 是人甚希有，過於優曇華， 汝等勿有疑，我為諸法王， 普告諸大衆，但以一乘道， 教化諸菩薩，無聲聞弟子。 汝等舍利弗，聲聞及菩薩， 當知是妙法，諸佛之祕要。 以五濁惡世，但樂著諸欲， 如是等衆生，終不求佛道。 當來世惡人，聞佛說一乘， 迷惑不信受，破法墮惡道。 有慚愧清淨，志求佛道者， 當為如是等，廣讚一乘道。 舍利弗當知！諸佛法如是， 以萬億方便，隨宜而說法， 其不習學者，不能曉了此。 汝等既已知，諸佛世之師， 隨宜方便事，無復諸疑惑， 心生大歡喜，自知當作佛。

每同讚說，善權方便， 諸最勝尊，志意弘大。 其有供養，天人所歸， 今現在佛，如江河沙， 欲利安隱，一切群黎 斯等正覺，亦說佛尊， 所可演說，善權方便。 以若干教，開化令入， 皆共謌嗟，是一乘道， 寂然之地，無有二上。 欲知眾生，本際(過去)之行， 從其過去，志性所猗， 料簡精進，而觀本原 諸未脫者，為分別說。 眾導師力，若干因緣， 攀喻引譬，而為示現， 探覩群生，種種所樂， 若干部音，而開化之。 今我如是，為人中王， 興發黎庶，安隱利誼， 種種音聲，億百千姟， 故為示現，斯佛大道。 吾所說法，若干種變， 知諸萌類(眾生)，心所好樂， 若干色像，尋令悅豫， 緣其智慧，訓以道力。 吾為法王，而遍觀見， 諸愚冥者，離智慧德， 崩墜生死，坑壙險谷， 不得解脫，來世艱難， 愛欲所繫，馳如流沙， 諸塵勞垢，今日自在。 大聖威神，覺無所來， 諸法未曾，致眾患苦， 群萌之類，默在六墊(系)， 堅住邪見，不可動轉， 在於苦惱，處危嶮(岑)徑。 吾發大哀，愍此愚癡，		

安隱求至，處于道場，
具足七日，坐於草蓐，
即思惟誼，當何所興？
尋時即斷，彼世慢恣，
觀察尊樹，目未曾眴。
吾又經行，於斯樹下，
因奇特慧，得未曾有，
衆生輪轉，於大無明。
於時梵天，則知佛意，
帝釋四天，諸護世者，
大神妙天，及善天子，
無數億千，皆共覺知，
一切叉手，儼然恭肅。
我時自念，當奈之何？
假令吾歎，佛之道德，
群黎品類，莫肯受化，
諸闇冥者，便當謗毀，
適毀此已，趣非法地。
吾初未曾，說奇妙法，
常樂餘事，當何興立？
等觀往古，諸佛所為，
彼時聖衆，行權方便。
吾今寧可，以此佛道，
分為三乘，而開化之。
初成佛時，作此思惟，
又有十方，諸佛世尊，
其大聖衆，悉各自現，
音讚善哉！我等欣豫。
快哉能仁，世雄(喻佛)導師，
斯為正法，執御當然，
乃能思惟，善權方便。
諸大聖典，亦學救世，
吾等為佛，履上跡時，
分為三乘，而開化之。
下劣不肖，志懷羸弱，
觀諸佛興，卒不肯信，
吾等猶此，興立攝濟，
以權方便，而為示現。

嗟歎稱美，獲果之證， 又復勸助，無數菩薩。 爾時佛身，聽諸尊歎， 尋則解了，諸大聖音。 弘妙之士，心欣悅豫， 今大神通，分別名色。 於時余等，當遵其行， 如諸導師，之所言說。 我時(降生之時)比丘，亦持斯法 出生於人，黎庶之間。 告舍利弗，吾聽省彼， 尋時往詣，波羅奈國， 便即合集，諸比丘眾。 身子欲知，佛善權法， 大聖應時，便轉法輪， 興發宣暢，滅度寂然， 歎羅漢音，讚譽法聲。 於是歌頌，聖眾之德， 其聞最勝，說彼經典。 一切皆來，歸於世尊， 斂𨑎共叉手，恭肅而住。 善權方便，為若干種。 爾時世尊，復更思惟， 吾說尊法，今正是時。 我所以故，於世最勝， 應當講說，斯尊佛道。 志懷愚癡，起於妄想， 設吾說法，少有信者， 憍慢自大，不肯啟受。 如斯法者，菩薩乃聽。 佛時悅豫，秉修勇猛， 應時解斷，一切諸結。 今日當說，最勝自由， 或以勸助，使入佛道。 諸佛之子，得觀覩此， 因從獲信，順行法律。 時千二百，諸漏盡者， 皆當於世，成為佛道。		

亦如往古，諸佛大聖，
亦如當來，最勝之法。
吾復如是，蠲棄衆想，
然後爾乃，講天尊法。
久久時時，世間有佛，
大仙慧士（喻佛），興發聖道，
無極明目，既現於世，
選擇希有，時講斯法。
於億百千，無量劫數，
乃得值遇，如此像法。
假使菩薩，獲斯比經，
若復逮聞，是尊佛道。
若靈瑞華，時時可見，
欲見慕值，莫能覩者。
最勝容貌，和悅難遭，
天上世間，無上聖賢，
今此大尊，乃謂琦珍。
假使有人，而說斯經，
一反（回；次）舉聲，歡喜勸助，
則為供養，一切佛已。
其去亂心，不懷狐疑。
吾為法王，悉普告勅，
吾之法中，一切聲聞，
則便勸助，以尊佛道。
卿舍利弗，及諸聲聞，
今現在者，且皆默然。
其諸菩薩，意勇智慧，
密持斯法，勿得忘宣。
何故說世，而有五事？
或有衆生，懷毒求短，
貪欲愚瞶（昏瞶；不明事理），而好誹謗
如是倫品，不尚至道。
若當來人，而說此法，
聽察如來，一乘之教，
設復覩見，諸最勝名，
誹謗斯經，便墮地獄。
假使有人，慚愧清淨，
發心志願，求尊佛道，

聞大覺乘，無量之德， 諸佛聖明，則現目前， 眾猛尊導，講法如是， 善權方便，億百千姟， 分別無數，無復想念， 其不學者，不能曉了。 由是之故，了正真言， 正覺出世，順修明哲， 斷諸狐疑，蠲除猶豫， 能仁欣勇，咸至佛道。		

第 二 卷

〈譬喻品第三〉

二－1無上菩提必以「大乘」而得度脫，舍利弗竟志在「小乘」，此是我等之咎，非世尊也

西晉‧竺法護譯《正法華經》	後秦‧鳩摩羅什譯《妙法蓮華經》	隋‧闍那崛多、達磨笈多共譯《添品妙法蓮華經》
〈應時品第三〉	〈譬喻品第三〉	〈譬喻品第三〉
壹於是賢者舍利弗，聞佛說此，欣然踊躍，即起叉手(即「金剛合掌」，即合掌交叉兩手之指頭)白眾祐曰：今聞大聖，講斯法要，心加歡喜，得未曾有。	壹爾時舍利弗踊躍歡喜，即起合掌，瞻仰尊顏，而白佛言：今從世尊聞此法音，心懷勇躍，得未曾有。	壹爾時舍利弗踊躍歡喜，即起合掌，瞻仰尊顏，而白佛言：今從世尊聞此法音，心懷踊躍，得未曾有。
貳所以者何？(我)常從佛聞法說，(教)化(開)導諸「菩薩乘」，見餘「開士」(菩薩)聽承佛音，(皆能)得至「真覺」，(吾)甚自悼(傷感；哀傷)感，獨「不豫」(沒有參與)及(指「授記」事)，心用灼(驚恐；惶恐)惕(畏懼；戒懼)，(對於如來)所示現議，(我)所不紹(承繼)逮(及；到)，我已永失「如來之慧」。	貳所以者何？我昔從佛聞如是法(指大乘菩薩之法)，見諸「菩薩」授記作佛，而我等「不豫」(沒有參與)斯事(指「授記」事)，甚自感傷，失於如來「無量知見」。	貳所以者何？我昔從佛聞如是法(指大乘菩薩之法)，見諸「菩薩」受記作佛，而我等「不預」(沒有參與)斯事(指「授記」事)，甚自感傷，失於如來「無量知見」。
參假使往返山林「巖藪」(山澤；山野)，曠野樹下，閑居獨處，若在「讌室」(坐禪閒居之室)，謹勅自守，一身經行，益用愁毒(愁苦怨恨)，深自惟言：法號(法性)等入(平等而入)，世尊為我(舍利弗)現若干教，而(我竟)志小乘，(此是)自我等咎，非如來也。	參世尊！我(舍利弗)常獨處山林樹下，若坐、若行，每作是念：我(舍利弗)等同入「法性」(我與菩薩同師「如來」而入於「法性」)，云何如來以「小乘法」而見濟度(我舍利弗)？是我等咎，非世尊(有所慳吝)也。	參世尊！我(舍利弗)嘗獨處山林樹下，若坐、若行，每作是念：我(舍利弗)等同入「法性」(我與菩薩同師「如來」而入於「法性」)，云何如來以「小乘法」而見濟度(我舍利弗)？是我等咎，非世尊(有所慳吝)也。

⑭(如來)所講演法，大聖(平)等心，為「開士」(菩薩所讚)歎，(皆)思(惟)奉尊者，為(接)受第一如來「訓典」(王者教導民眾的法則)，堪至「無上正真之道」。我(聲聞筆)等所順，而被衣服(出家)，所建立(發)願，不以「頻數」(多次；連續；常常)。(喻道心不堅而退失)	⑭所以者何？若我(筆)等待(如來)說(菩薩修行)所因(而)成就「阿耨多羅三藐三菩提」者，必以「大乘」而得度脫。然我等，不解方便「隨宜」(隨眾機宜)所說，初聞佛法(初於鹿野苑聞四諦法)，遇便信受，思惟取證(用心思惟取證小果)。	⑭所以者何？若我(筆)等待(如來)說(菩薩修行)所因(而)成就「阿耨多羅三藐三菩提」者，必以「大乘」而得度脫。然我等，不解方便「隨宜」(隨眾機宜)所說，初聞佛法(初於鹿野苑聞四諦法)，遇便信受，思惟取證(用心思惟取證小果)。
⑮唯然世尊！鄙(我)當爾時，用自「剋責」(嚴格責備)，晝夜寢念，雖從「(佛)法」生，不得自在，偏蒙「聖恩」(佛陀大聖之恩)，得離惡趣，今乃逮(及；到)聞(如來之「一佛乘」法)。	⑮世尊！我從昔來，終日竟夜，每自「剋責」(嚴格責備)，而今(日)從佛，聞(昔日)所未聞(之)「未曾有法」(指前文〈方便品第二〉之內容)，斷諸「疑悔」(疑惑掉悔)，身意泰然，快得安隱。今日乃知真是「佛子」，從佛口生(而得聞慧)，從法化生(得思慧)，得「佛法分」(得於佛法有自己分。佛子所應得者皆已得之)。	⑮世尊！我從昔來，終日竟夜，每自「剋責」(嚴格責備)，而今(日)從佛，聞(昔日)所未聞(之)「未曾有法」(指前文〈方便品第二〉之內容)，斷諸「疑悔」(疑惑掉悔)，身意泰然，快得安隱。今日乃知真是「佛子」，從佛口生(而得聞慧)，從法化生(得思慧)，得「佛法分」(得於佛法有自己分。佛子所應得者皆已得之)。

二－2 舍利弗以偈讚頌「未曾有法」之殊勝

西晉・竺法護譯《正法華經》	後秦・鳩摩羅什譯《妙法蓮華經》	隋・闍那崛多、達磨笈多共譯《添品妙法蓮華經》
時，舍利弗以頌讚曰：	爾時舍利弗欲重宣此義，而說偈言：	爾時舍利弗欲重宣此義，而說偈言：
得聞佛乘，一句之業，超出本望，怪未曾有。所當受獲，非心口言，覩大尊雄，益懷喜歡。假使有人，能造行者，聞安住音，以為奇雅。諸塵勞垢，鄙(我)已蠲盡，音聲之信，亦悉永除。我本書日，設經行時，	我聞是法音，得所未曾有，心懷大歡喜，疑網皆已除。昔來蒙佛教，不失於大乘，佛音甚希有，能除眾生惱。我已得漏盡，聞亦除憂惱。我處於山谷，或在林樹下，若坐若經行，常思惟是事，嗚呼深自責，云何而自欺？我等亦佛子，同入無漏法，	我聞是法音，得所未曾有；心懷大歡喜，疑網皆已除。昔來蒙佛教，不失於大乘；佛音甚希有，能除眾生惱。我已得漏盡，聞亦除憂惱；我處於山谷，或在林樹下，若坐若經行，常思惟是事；嗚呼深自責，云何而自欺？我等亦佛子，同入無漏法，

若在樹下，端坐一心，
設在林藪，山巖之中，
心自思惟，如此行誼。
嗚呼自責，弊惡之意。
因平等法，而得無漏，
不由三界，順尊法居。
追悔過事，以誠將來。
紫磨金容，相三十二，
我已違遠，失不自嚴。
眾相八十，具足殊特，
種種積累，不以瓔珞。
根力脫門，八部之音，
於平等法，而自危削。
諸佛之法，有十八事，
如是之誼，我已永失。
音聲所聞，達於十方，
吾以得見，愍世俗者。
一身獨己，晝日經行，
又自剋責，而內思惟。
我每夙夜，深自料計，
反側婉轉，忖 度己身。
當問世尊，如是之誼，
鄙(我)何所失，當復所失。
現在眼前，於聖明日，
夙夜過去，逝不休息。
見餘菩薩，而不可計，
世雄(喻佛)尊師，之所開化。
彼等悉聞，此佛音教，
為諸群萌，講演法力。
其法無想，諸漏已盡，
普悉曉暢，致微妙慧。
覩若干種，諸所祠祀，
歷外異學，諸邪偽術。
由是之故，解佛言教，
觀見脫門，即說滅度。
一切得解，諸所見行，
尋時開了，空無之法。
由是自謂，已得滅度，

不能於未來，演說無上道。
金色三十二，十力諸解脫，
同共一法中，而不得此事；
八十種妙好，十八不共法，
如是等功德，而我皆已失。
我獨經行時，見佛在大眾，
名聞滿十方，廣饒益眾生。
自惟失此利，我為自欺誑。
我常於日夜，每思惟是事，
欲以問世尊，為失為不失？
我常見世尊，稱讚諸菩薩，
以是於日夜，籌量如此事。
今聞佛音聲，隨宜而說法，
無漏難思議，令眾至道場。
我本著邪見，為諸梵志師，
世尊知我心，拔邪說涅槃。
我悉除邪見，於空法得證，
爾時心自謂，得至於滅度；
而今乃自覺，非是實滅度。
若得作佛時，具三十二相，
天人夜叉眾，龍神等恭敬，
是時乃可謂，永盡滅無餘。
佛於大眾中，說我當作佛，
聞如是法音，疑悔悉已除。
初聞佛所說，心中大驚疑，
將非魔作佛，惱亂我心耶？
佛以種種緣、譬喻巧言說，
其心安如海，我聞疑網斷。
佛說過去世，無量滅度佛，
安住方便中，亦皆說是法。
現在未來佛，其數無有量，
亦以諸方便，演說如是法。
如今者世尊，從生及出家、
得道轉法輪，亦以方便說。
世尊說實道，波旬無此事，
以是我定知，非是魔作佛。
我墮疑網故，謂是魔所為，
聞佛柔軟音，深遠甚微妙，

不能於未來，演說無上道。
金色三十二，十力諸解脫，
同共一法中，而不得此事。
八十種妙好，十八不共法；
如是等功德，而我皆已失。
我獨經行時，見佛在大眾，
名聞滿十方，廣饒益眾生。
自惟失此利，我為自欺誑，
我常於日夜，每思惟是事。
欲以問世尊，為失為不失？
我常見世尊，稱讚諸菩薩，
以是於日夜，籌量如此事。
今聞佛音聲，隨宜而說法，
無漏難思議，令眾至道場。
我本著邪見，為諸梵志師，
世尊知我心，拔邪說涅槃；
我悉除邪見，於空法得證，
爾時心自謂，得至於滅度；
而今乃自覺，非是實滅度。
若得作佛時，具三十二相；
天人夜叉眾，龍神等恭敬，
是時乃可謂，永盡滅無餘；
佛於大眾中，說我當作佛；
聞如是法音，疑悔悉已除。
初聞佛所說，心中大驚疑，
將非魔作佛，惱亂我心耶？
佛以種種緣，譬喻巧言說，
其心安如海，我聞疑網斷。
佛說過去世，無量滅度佛，
安住方便中，亦皆說是法；
現在未來佛，其數無有量，
亦以諸方便，演說如是法。
如今者世尊，從生及出家、
得道轉法輪，亦以方便說；
世尊說實道，波旬無此事，
以是我定知，非是魔作佛；
我墮疑網故，謂是魔所為。
聞佛柔軟音，深遠甚微妙；

今乃自知，非至泥洹。 得觀諸佛，天中之天， 時人中上，眾會圍繞， 三十二相，光色巍巍， 因斯覺了，至度無餘。 我適聞說，除於眾熱， 不以吾聲，而得無為。 如我所知，正覺師子， 諸天世人，之所奉事， 則以力勢，恒住如斯， 第一初聞，大聖之教。 波旬時化，變為佛形， 無得為魔，之所嬈害。 如因緣行，而引說喻， 無央數億，顯現姟限。 善立彼岸，至道意海， 得聞彼法，除諸狐疑。 有百千佛，及姟之數， 悉得覩見，眾滅度脫。 如斯諸佛，所說經典， 善權方便，隨順御之。 假使有見，現究竟行， 當來諸佛，眾億百千， 善權方便，導御是黨， 為講說經，誘進泥洹。 隨其體像，化以慧行， 悉而分別，次第所有。 諸佛之法，所當教誨， 尋即承聖，受轉經輪。 世雄(喻佛)導師，現真雅訓， 吾亦如是，依蒙其像。 彼諸魔眾，而不敢當， 心未常懷，邪疑之礙。 普興柔軟，深妙之道， 以佛音聲，而得歡欣。 今日所有，諸志猶預， 以棄沈吟，住於聖慧。 我成如來，無眾結網，	演暢清淨法。我心大歡喜， 疑悔永已盡，安住實智中。 我定當作佛，為天人所敬， 轉無上法輪，教化諸菩薩。	演暢清淨法，我心大歡喜。 疑悔永已盡，安住實智中， 我定當作佛，為天人所敬， 轉無上法輪，教化諸菩薩。

諸天世人，以為眷屬。 今日得覩，佛之道眼， 當勸助(勸發獎助)化，於衆菩薩		

二－3 舍利弗往昔亦長夜隨佛受學，佛欲令舍利弗憶念本願，並開始為諸聲聞說《妙法蓮華 教菩薩法 佛所護念》經

西晉・竺法護譯 《正法華經》	後秦・鳩摩羅什譯 《妙法蓮華經》	隋・闍那崛多、達磨笈多共譯 《添品妙法蓮華經》
壹佛告賢者舍利弗：今吾(釋迦佛)班告(頒宣布告)天上世間，「沙門、梵志、諸天、人民、阿須倫」。佛知舍利弗曾以供奉三十二千億佛，而為諸佛之所教化，當成「無上正真道」。吾(釋迦佛)身長夜，亦開導汝(舍利弗)以「菩薩」誼(同「義」)，爾緣此故，興在吾法。	壹爾時佛告舍利弗：吾今於「天、人、沙門、婆羅門」等大衆中說，我(釋迦佛)昔曾於二萬億佛所，為無上道故，常教化汝，汝(舍利弗)亦長夜隨我受學，我以方便引導汝(舍利弗)，故生我法中。	壹爾時佛告舍利弗：吾今於「天、人、沙門、婆羅門」等大衆中說，我(釋迦佛)昔曾於二萬億佛所，為無上道故，常教化汝，汝(舍利弗)亦長夜隨我受學，我以方便引導汝(舍利弗)，故生我法中。
貳如來「威神」之所建立，亦「本願」行，念「菩薩」教，(舍利弗你)未得「滅度」自謂「滅度」。	貳舍利弗！我昔教汝「志願佛道」(立志願求無上佛道)，汝今悉忘，而便自謂「已得滅度」。	貳舍利弗！我昔教汝「志願佛道」(立志願求無上佛道)，汝今悉忘，而便自謂「已得滅度」。
參舍利弗！汝因本行，欲得「識念」無央數佛，則當受斯「正法華經 一切佛護」，(佛將)普為「聲聞」分別說之(指《正法華經》)。	參我今還欲令汝憶念「本願」所行道故，(佛將)為諸(在會之)「聲聞」說是「大乘經」，名「妙法蓮華 教菩薩法 佛所護念」(指《法華經》)。	參我今還欲令汝憶念「本願」所行道故，(佛經)為諸(在會之)「聲聞」說是「大乘經」，名「妙法蓮華 教菩薩法 佛所護念」(指《法華經》)。

二－4 佛授記舍利弗於未來世為華光如來，國名離垢，劫名大寶莊嚴，壽十二小劫。後授記堅滿菩薩為華足安行如來

西晉・竺法護譯 《正法華經》	後秦・鳩摩羅什譯 《妙法蓮華經》	隋・闍那崛多、達磨笈多共譯 《添品妙法蓮華經》
壹佛語舍利弗：汝於來世	壹舍利弗！汝於未來世，	壹舍利弗！汝於未來世，

無量無數不可計劫,供養億百千佛,受正法教,奉敬修行此「方等」經,具足眾行,當得佛道,號蓮華光如來、至真、等正覺、明行成為、善逝、世間解、無上士、道法御、天人師。	過無量無邊不可思議劫,供養若干千萬億佛,奉持正法,具足菩薩所行之道,當得作佛,號曰華光如來、應供、正遍知、明行足、善逝、世間解、無上士、調御丈夫、天人師、佛、世尊。	過無量無邊不可思議劫,供養若干千萬億佛,奉持正法,具足菩薩所行之道,當得作佛,號曰華光如來、應供、正遍知、明行足、善逝、世間解、無上士、調御丈夫、天人師、佛、世尊。
(貳)其世界名離垢,平等快樂,威曜魏魏,諸行清淨,所立安隱,米穀豐賤,人民繁熾。男女眾多,具足周備,琉璃黃金,以為長繩,連綿路傍。一切路邊,有七寶樹,八重交道,行樹枝葉,華實常茂。	(貳)國名離垢,其土平正,清淨嚴飾,安隱豐樂,天人熾盛。琉璃為地,有八交道,黃金為繩,以界其側。其傍各有七寶行樹,常有華菓。	(貳)國名離垢,其土平正,清淨嚴飾,安隱豐樂,天人熾盛。琉璃為地,有八交道,黃金為繩,以界其側。其傍各有七寶行樹,常有華果。
(參)蓮華光正覺亦當承續說「三乘法」(聲聞乘、緣覺乘、菩薩乘),而(蓮華光)佛說法,具足一劫,所可演經,示奇特願。	(參)華光如來亦以「三乘」(聲聞乘、緣覺乘、菩薩乘)教化眾生。舍利弗!彼(華光)佛出時,雖非惡世,以本願故,說「三乘法」。	(參)華光如來亦以「三乘」(聲聞乘、緣覺乘、菩薩乘)教化眾生。舍利弗!彼(華光)佛出時,雖非惡世,以本願故,說「三乘法」。
(肆)劫名大寶嚴,所以名曰大寶嚴者?謂彼佛國諸菩薩眾,諸菩薩眾,有無央數,不可思議,無能限量,唯有「如來」乃能知數。	(肆)其劫名大寶莊嚴。何故名曰大寶莊嚴?其國中以「菩薩」為大寶故。彼諸菩薩,無量無邊,不可思議,算數譬喻所不能及,非「佛智力」,無能知者。	(肆)其劫名大寶莊嚴。何故名曰大寶莊嚴?其國中以「菩薩」為大寶故。彼諸菩薩,無量無邊,不可思議,算數譬喻所不能及,非「佛智力」,無能知者。
(伍)菩薩大士,在其佛土,為覺意寶,行如蓮華,無有「新學」(nava-yāna-saṃprasthita 新發提心而入佛道,相當於五十二位中之「十信位」)久殖德本,淨修梵行,而無年限,親近如來,常應佛慧(常與佛慧而相應)。	(伍)若欲行(行走)時,寶華承足。此諸菩薩,(己)非「初發意」(nava-yāna-saṃprasthita 新發提心而入佛道,相當於五十二位中之「十信位」),皆久殖「德本」,於無量百千萬億佛所,淨修「梵行」,恒為諸佛之所稱歎。	(伍)若欲行(行走)時,寶華承足。此諸菩薩,(己)非「初發意」(nava-yāna-saṃprasthita 新發提心而入佛道,相當於五十二位中之「十信位」),皆久殖「德本」,於無量百千萬億佛所,淨修「梵行」,恒為諸佛之所稱歎。

西晉・竺法護譯《正法華經》	後秦・鳩摩羅什譯《妙法蓮華經》	隋・闍那崛多、達磨笈多共譯《添品妙法蓮華經》
(陸)(此諸菩薩大士)具大神通，志存法要，勇猛志強。諸菩薩眾，具足如是無有缺減，是故其劫名大寶嚴。	(陸)(此諸菩薩)常修佛慧，具大神通，善知一切諸法之門，「質直」(樸實正直)無偽，志念堅固。如是菩薩，充滿其國。	(陸)(此諸菩薩)常修佛慧，具大神通，善知一切諸法之門，「質直」(樸實正直)無偽，志念堅固。如是菩薩，充滿其國。
(柒)蓮華光佛當壽「十二中劫」，不可計「童子」時也，其國人民，(皆)當壽「八劫」。	(柒)舍利弗！華光佛壽「十二小劫」，除為「王子」(除了在家當王子)，(及出家但尚)未作佛時。其國人民，(皆)壽「八小劫」。	(柒)舍利弗！華光佛壽「十二小劫」，除為「王子」(除了在家當王子)，(及出家但尚)未作佛時。其國人民，(皆)壽「八小劫」。
(捌)蓮華光如來過「十二劫」，有菩薩名堅滿，當授其決，告諸比丘言：此堅滿大士，吾滅度後當得「無上正真道」，號度蓮華界如來正覺。	(捌)華光如來過「十二小劫」，授堅滿菩薩「阿耨多羅三藐三菩提」記，告諸比丘：是堅滿菩薩次當作佛，號曰華足安行多陀阿伽度、阿羅訶、三藐三佛陀。其佛國土，亦復如是。	(捌)華光如來過「十二小劫」，授堅滿菩薩「阿耨多羅三藐三菩提」記，告諸比丘：是堅滿菩薩次當作佛，號曰華足安行多陀阿伽度·阿羅訶·三藐三佛陀。其佛國土，亦復如是。
(玖)蓮華光佛滅度之後，「正法、像法」住「二十中劫」，其佛世界，如前佛土，(平)等無「差特」(差異殊特)。	(玖)舍利弗！是華光佛滅度之後，「正法」住世「三十二小劫」，「像法」住世亦「三十二小劫」。	(玖)舍利弗！是華光佛滅度之後，「正法」住世「三十二小劫」，「像法」住世亦「三十二小劫」。
(拾)度蓮華界如來亦壽「二十二中劫」，爾乃滅度。佛滅度後，其佛「正法」及「像法」住「二十二中劫」。		

二-5 世尊以偈頌重宣舍利弗「未來成佛」之種種莊嚴

西晉・竺法護譯《正法華經》	後秦・鳩摩羅什譯《妙法蓮華經》	隋・闍那崛多、達磨笈多共譯《添品妙法蓮華經》
爾時世尊以偈頌曰： 卿舍利弗，於當來世， 得成為佛，顯如來尊，	爾時世尊，欲重宣此義，而說偈言： 舍利弗來世，成佛普智尊， 號名曰華光，當度無量眾。	爾時世尊，欲重宣此義，而說偈言： 舍利弗來世，成佛普智尊； 號名曰華光，當度無量眾。

號蓮華光，普平等目， 教授開化，眾庶億千。 奉事無數，諸佛億載， 於彼修力，多所興立， 所在勸化，得為十力， 便當成就，上尊佛道。 不可思議，無央數劫， 劫當號名，大寶嚴莊。 世界名曰，為離諸垢。 其蓮華光，國土清淨， 以紺琉璃，遍敷為地， 紫磨金繩，連綿為飾， 若干種樹，皆七寶成， 其樹華實，悉以黃金。 彼諸菩薩，意皆堅強， 所造言行，聖哲聰明， 善學佛道，億百千姟， 是等來現，最勝法教。 佛最後時，無有蔭蓋， 為童子時，無所慕樂， 棄離愛欲，即出家去， 便得成就，上尊佛道。 斯最勝尊，則得自在， 其命當壽，十二中劫。 法教當立，盡于八劫。 彼命限量，劫數如是。 若大聖佛，滅度之後， 當具足滿，廿二中劫。 爾時法住，若干之數， 愍哀天上，及世間人。 其佛正法，滅盡之後， 像法當住，廿二中劫。 彼大聖明，舍利流布， 男神女鬼，供養最勝。 其世尊德，亦當如是。 告舍利弗，且當自慶， 仁者國土，嚴飾如是， 兩足之尊，自然無倫。	供養無數佛，具足菩薩行， 十力等功德，證於無上道。 過無量劫已，劫名大寶嚴， 世界名離垢，清淨無瑕穢。 以琉璃為地，金繩界其道， 七寶雜色樹，常有華菓實。 彼國諸菩薩，志念常堅固， 神通波羅蜜，皆已悉具足。 於無數佛所，善學菩薩道， 如是等大士，華光佛所化。 佛為王子時，棄國捨世榮， 於最末後身，出家成佛道。 華光佛住世，壽十二小劫， 其國人民眾，壽命八小劫。 佛滅度之後，正法住於世， 三十二小劫，廣度諸眾生。 正法滅盡已，像法三十二， 舍利廣流布，天人普供養。 華光佛所為，其事皆如是， 其兩足聖尊，最勝無倫匹。 彼即是汝身，宜應自欣慶。	供養無數佛，具足菩薩行； 十力等功德，證於無上道。 過無量劫已，劫名大寶嚴； 世界名離垢，清淨無瑕穢。 以琉璃為地，金繩界其道； 七寶雜色樹，常有花果實。 彼國諸菩薩，志念常堅固； 神通波羅蜜，皆已悉具足。 於無數佛所，善學菩薩道； 如是等大士，華光佛所化。 佛為王子時，棄國捨世榮； 於最末後身，出家成佛道。 華光佛住世，壽十二小劫； 其國人民眾，壽命八小劫。 佛滅度之後，正法住於世 三十二小劫，廣度諸眾生。 正法滅盡已，像法三十二； 舍利廣流布，天人普供養。 華光佛所為，其事皆如是； 其兩足聖尊，最勝無倫匹， 彼即是汝身，宜應自欣慶。

二－6 與會大眾「釋提桓因、梵天王」與無數天子等，見佛為舍利弗授記，心大歡喜，後以「天衣、妙華」供養佛。諸天子亦以偈讚頌

西晉・竺法護譯《正法華經》	後秦・鳩摩羅什譯《妙法蓮華經》	隋・闍那崛多、達磨笈多共譯《添品妙法蓮華經》
㊀爾時四部眾，「比丘、比丘尼、清信士、清信女」，「天、龍、鬼神、揵沓惒、阿須倫、迦留羅、真陀羅、摩休勒」，聞(釋迦)佛世尊授舍利弗決，當成「無上正真之道」，心懷欣豫，歡喜踊躍，不能自勝，各自脫身衣，以覆佛上。	㊀爾時四部眾，「比丘、比丘尼、優婆塞、優婆夷」，「天、龍、夜叉、乾闥婆、阿修羅、迦樓羅、緊那羅、摩睺羅伽」等大眾，見舍利弗於(釋迦)佛前受「阿耨多羅三藐三菩提」記，心大歡喜，踊躍無量，各各脫身所著上衣，以供養佛。	㊀爾時四部眾，「比丘、比丘尼、優婆塞、優婆夷」，「天、龍、夜叉、乾闥婆、阿脩羅、迦樓羅、緊那羅、摩睺羅伽」等大眾，見舍利弗於(釋迦)佛前得受「阿耨多羅三藐三菩提」記，心大歡喜踊躍無量，各各脫身所著上衣，以供養佛。
㊁時「天帝釋、(大)梵(天)、忍跡天」，及餘無數億千天子，各各「取衣」供養世尊，以「天華、香意華、大意華」散于佛上。諸天「衣物」悉在虛空羅列而住，天上伎樂自然而鳴，天上大聲，自然雷震，普雨天華。	㊁「釋提桓因、梵天王」等，與無數天子，亦以「天妙衣、天曼陀羅華、摩訶曼陀羅華」等，供養於佛。所散「天衣」，住虛空中，而自迴轉；諸天伎樂百千萬種，於虛空中一時俱作，雨眾天華。	㊁「釋提桓因、梵天王」等，與無數天子，亦以「天妙衣、天曼陀羅華、摩訶曼陀羅華」等，供養於佛。所散「天衣」，住虛空中，而自迴轉；諸天伎樂百千萬種，於虛空中一時俱作，雨眾天華。
㊂咸共舉聲，而皆歎曰：今所聞法，自昔未有，前波羅奈 鹿苑之中，「始轉」法輪，蓋不足言，今佛世尊則復講說「無上法輪」。	㊂(與會大眾)而作是言：佛昔於波羅柰(Vārāṇasī 中印度古王國)「初轉」法輪，今乃復轉「無上最大法輪」。	㊂(與會大眾)而作是言：佛昔於波羅奈(Vārāṇasī 中印度古王國)「初轉」法輪，今乃復轉「無上最大法輪」。
㊃時諸天子讚頌曰： 於世無雙比，今者轉法輪，為男女講說，陰衰(五陰六衰)所從起，彼第一暢說，十二展轉事，今導師演說，少能信樂者。	㊃爾時諸天子欲重宣此義，而說偈言： 昔於波羅柰，轉四諦法輪，分別說諸法，五眾之生滅。今復轉最妙，無上大法輪，是法甚深奧，少有能信者。	㊃爾時諸天子，欲重宣此義，而說偈言： 昔於波羅奈，轉四諦法輪；分別說諸法，五眾之生滅。今復轉最妙，無上大法輪；是法甚深奧，少有能信者。

從世雄(喻佛)大聖,面聞無數法 往始至于茲,未聆如斯典。 大導師所說,我今代勸助, 勇猛<u>舍利弗</u>,而乃得授決。 為歎本發意,所供養佛數, 我當蒙及逮,得佛世最上。 已所造淨行,頻數若干種, 奉過去諸佛,願獲佛道誼(同「義」)	我等從昔來,數聞世尊說, 未曾聞如是,深妙之上法。 世尊說是法,我等皆隨喜。 大智<u>舍利弗</u>,今得受尊記, 我等亦如是,必當得作佛。 於一切世間,最尊無有上, 佛道叵思議,方便隨宜說。 我所有福業,今世若過世, 及見佛功德,盡迴向佛道。	我等從昔來,數聞世尊說; 未曾聞如是,深妙之上法; 世尊說是法,我等皆隨喜。 大智<u>舍利弗</u>,今得受尊記; 我等亦如是,必當得作佛。 於一切世間,最尊無有上, 佛道叵思議,方便隨宜說。 我所有福業,今世若過世, 及見佛功德,盡迴向佛道。

二－7 「一千二百」二乘者以為離「我、有、無」見,便得涅槃

西晉・竺法護譯 《正法華經》	後秦・鳩摩羅什譯 《妙法蓮華經》	隋・闍那崛多、達磨笈多共譯 《添品妙法蓮華經》
❶於是舍利弗白世尊曰:我今無結,「狐疑」已除,現在佛前得授予(我)決(記),為「無上正真道」。	❶爾時舍利弗白佛言:世尊!我今無復「疑悔」(疑惑掉悔),親於佛前得受「阿耨多羅三藐三菩提」記。	❶爾時舍利弗白佛言:世尊!我今無復「疑悔」(疑惑掉悔),親於佛前得受「阿耨多羅三藐三菩提」記。
❷又曰:大聖!斯(佛之常隨眾)「千二百」得(心)自在者,昔來豈不住「(有)學地」乎?當來如是此佛教(佛陀所教化)耶?斯諸比丘,頓止「行門」,遵尚「法律」,度「老、病、死」,諮嗟(讚歎)「泥洹」。	❷是諸(佛之常隨眾)「千二百」(得)心自在者(已破見思得脫三界,心無垢累,名自在者),(乃因)昔住「(有)學地」,佛(便)常教化言:我法(四諦之法)能離「生、老、病、死」,究竟「涅槃」。	❷是諸(佛之常隨眾)「千二百」(得)心自在者(已破見思得脫三界,心無垢累,名自在者),(乃因)昔住「(有)學地」,佛(便)常教化言:我法(四諦之法)能離「生、老、病、死」,究竟「涅槃」。
❸是諸比丘無央數千,供養世尊,學諸所學,畏「吾我」、懼「三世」,毀諸見眾邪?行立「滅度」,(是諸比丘)已懷此想」得至「道場」。初未曾聞如是像法,心每「猶豫」。善哉!世尊!願說要誼(同「義」),使此比丘「疑網」悉除。今四部眾,(有)意咸悵悵(失意不快貌),當令(此四部眾)坦然,無	❸是「(有)學、無學」人,亦各自以(認為)離「我見」及(離)「有(常見)、無(斷見)」見等,(便)謂(己)得涅槃;而今於世尊前「聞所未聞」,皆墮「疑惑」。善哉!世尊!願為四眾說其因緣(往昔佛說小乘,今日說「一佛乘」之因緣),令離「疑悔」(疑惑掉悔)。	❸是「(有)學、無學」人,亦各自以(認為)離「我見」及(離)「有(常見)、無(斷見)」見等,(便)謂(己)得涅槃;而今於世尊前「聞所未聞」,皆墮「疑惑」。善哉!世尊!願為四眾說其因緣(往昔佛說小乘,今日說「一佛乘」之因緣),令離「疑悔」(疑惑掉悔)。

餘(留)「結恨」。

㊷佛告舍利弗：向者(前面經文)吾不說(早已而過)斯法耶？(諸佛)以若干種「善權方便」，隨其因緣而示現之。如來、至真、等正覺所分別演，皆為「無上正真道」故，我所諮嗟(讚歎)，皆當知之，(此)為(方便教化)「菩薩」也。

㊷爾時佛告舍利弗：我(於前面經文)先不言(早已而過)：「諸佛世尊以種種因緣、譬喻言辭，(以三乘)方便(而)說法，皆為「阿耨多羅三藐三菩提」耶(前品云：「諸有所作，常唯一事，唯以佛之知見示悟眾生」，豈不聞耶)？是諸所說(是諸方便所說之法)，(此)皆為(教)化「菩薩」故。

諸佛說法，若「權」若「實」，皆令眾生「入於佛道」無住涅槃。佛已明言過，奈何「二乘者」猶執「往昔之教」，故迷聞而不解。

㊷爾時佛告舍利弗：我(於前面經文)先不言(早已而過)：「諸佛世尊以種種因緣、譬喻言辭，(以三乘)方便(而)說法，皆為「阿耨多羅三藐三菩提」耶(前品云：「諸有所作，常唯一事，唯以佛之知見示悟眾生」，豈不聞耶)？是諸所說(是諸方便所說之法)，(此)皆為(教)化「菩薩」故。

二－8 諸有智者以「譬喻」得解。眾生需以「羊車、鹿車、牛車」種種珍翫奇異諸物為「誘」，始願出離「三界」火宅

西晉‧竺法護譯《正法華經》	後秦‧鳩摩羅什譯《妙法蓮華經》	隋‧闍那崛多、達磨笈多共譯《添品妙法蓮華經》
㊀又舍利弗！今吾引喻重解斯誼(同「義」)，有明慧者，當了此「譬喻」。	㊀然，舍利弗！今當復以「譬喻」更明此義，諸有智者以「譬喻」得解。(《雜阿含經》云：「諸比丘……其智者以譬喻得解」。《增壹阿含經》云：「佛告梵志……智者以譬喻得解」。《楞嚴經》云：「諸有智者，要以譬喻而得開悟」)。	㊀然，舍利弗！今當復以「譬喻」更明此義，諸有智者以「譬喻」得解。(《雜阿含經》云：「諸比丘……其智者以譬喻得解」。《增壹阿含經》云：「佛告梵志……智者以譬喻得解」。《楞嚴經》云：「諸有智者，要以譬喻而得開悟」)。
㊁如郡國、縣邑，有「大長者」，其年朽邁，坐起苦難，富樂無極，財寶無量。有大屋宅，周匝寬博，垣牆(院牆；圍牆)高廣。其舍久故，數百千人而在其內，唯有「一門」及「監守者」。堂屋傾危，梁柱腐敗，軒窗(窗戶)既多，多	㊁舍利弗！若國邑、聚落，有「大長者」(喻佛陀)，其年衰邁，財富無量，多有田宅及諸僮僕。其家廣大，唯有「一門」(喻「一佛乘」)，多諸人眾，一百、二百、乃至五百人(喻五道眾生)，止住其中。堂閣(殿堂樓閣)朽故，牆壁隤(毀壞)	㊁舍利弗！若國邑、聚落，有「大長者」(喻佛陀)，其年衰邁，財富無量，多有田宅及諸僮僕。其家廣大，唯有「一門」(喻「一佛乘」)，多諸人眾，一百、二百、乃至五百人(喻五道眾生)，止住其中。堂閣(殿堂樓閣)朽故，牆壁「頹

積薪草。	落(崩頹；墜下)，柱根腐敗，「梁棟」(屋宇的大梁)傾危(傾倒危險)。	落」(墜落；下落)，柱根腐敗，「梁棟」(屋宇的大梁)傾危(傾倒危險)。
㊙時失大火，從一面起，普燒屋宅。「長者」有子，若十、若二十。	㊙周匝俱時欻然火起，焚燒舍宅。「長者」諸子，若十(喻聲聞)、二十(喻緣覺)，或至三十(喻菩薩)，在此宅中。	㊙周匝俱時欻然火起，焚燒舍宅。「長者」諸子，若十(喻聲聞)、二十(喻緣覺)，或至三十(喻菩薩)，在此宅中。
㊉欲出(驅趕出)諸子，諸子放逸，嬉戲飲食，卒欻(忽然)見火起，各各馳走，周憧(或作「周章」，倉惶驚恐)詰屈(曲折)，不知所出。	㊉「長者」見是大火從四面起，即大驚怖，而作是念：我雖能於此所燒之門(此門喻「一佛乘」)，安隱得出，而諸子等，於火宅內樂著(五欲)「嬉戲」，不覺、不知、不驚、不怖，火來逼身，苦痛切己，心不厭患，無求出意。	㊉「長者」見是大火從四面起，即大驚怖，而作是念：我雖能於此所燒之門(此門喻「一佛乘」)，安隱得出，而諸子等，於火宅內樂著(五欲)「嬉戲」，不覺、不知、不驚、不怖，火來逼身，苦痛切己，心不厭患，無求出意。
	㊄舍利弗！是「長者」作是思惟(喻佛之他心輪)：我身手有力，當以「衣裓」(衣襟，多掛於肩，用以拭手，或盛物。天人之像，自兩肩長垂者是也➡喻佛之神通輪)、若以机案(案桌➡喻佛之說法輪)，從舍出之。	㊄舍利弗！是「長者」作是思惟(喻佛之他心輪)：我身手有力，當以「衣裓」(衣襟，多掛於肩，用以拭手，或盛物。天人之像，自兩肩長垂者是也➡喻佛之神通輪)、若以机案(案桌➡喻佛之說法輪)，從舍出之。
	復更思惟：是舍唯有「一門」，而復狹小。諸子幼稚，末有所識，戀著戲處，或當墮落，為火所燒。我當為說「怖畏」之事，此舍已燒，宜時疾出，無令為火之所燒害。	復更思惟：是舍唯有「一門」，而復陜小。諸子幼稚，末有所識，戀著戲處，或當墮落，為火所燒。我當為說「怖畏」之事，此舍已燒，宜時疾出，無令為火之所燒害。
	㊅作是念已，如所思惟，具告諸子：汝等速出！父雖憐愍，善言誘喻，而諸子等樂著(五欲)「嬉戲」，不肯信受，不驚不畏，了無出心；亦復不知何者是「火」？何者為「舍」？云何為「失」？但東西	㊅作是念已，如所思惟，具告諸子：汝等速出！父雖憐愍，善言誘喻，而諸子等樂著(五欲)「嬉戲」，不肯信受，不驚不畏，了無出心；亦復不知何者是「火」？何者為「舍」？云何為「失」？但東西

	走戲（喻二乘者執於「空、有」二理中，而日夕奔馳），視父而已。	走戲（喻二乘者執於「空、有」二理中，而日夕奔馳），視父而已。

（柒）父而念曰：今遭火變，屋皆然（燃）熾，以何方便，免救吾子？

（柒）爾時「長者」，即作是念：此舍已為大火所燒，我及諸子若不時出，必為所焚。我今當設（三乘法）方便，令諸子等得免斯害。

（柒）爾時「長者」，即作是念：此舍已為大火所燒，我及諸子若不時出，必為所焚。我今當設（三乘法）方便，令諸子等得免斯害。

（捌）時父知子各所好憙，即為陳設「象、馬」車乘，遊觀（遊逛觀覽）之具，開示「門閣」（門戶；門扇），使出于外，鼓作「倡伎」絕妙之樂，戲笑相娛，令濟火厄，當賜「眾乘」。象車、馬車、羊車、伎車，吾以（己）嚴辦（認真辦理），停在門外，速疾走出，出避火災，自恣所欲，從意所樂。

（捌）父知諸子，先心各有所好，種種珍玩（可玩賞之珍貴物，通「珍翫」）奇異之物，情必「樂著」，而告之言：汝等所可「玩好」（供玩賞嗜好之物），希有難得，汝若不取，後必憂悔。如此種種「羊車（喻聲聞）、鹿車（喻緣覺）、牛車（喻菩薩）」，今在門外，可以遊戲。汝等於此火宅，宜速出來，隨汝所欲，皆當與汝。

（捌）父知諸子，先心各有所好，種種珍玩（可玩賞之珍貴物，通「珍翫」）奇異之物，情必「樂著」，而告之言：汝等所可「玩好」（供玩賞嗜好之物），希有難得，汝若不取，後必憂悔。如此種種「羊車（喻聲聞）、鹿車（喻緣覺）、牛車（喻菩薩）」，今在門外，可以遊戲。汝等於此火宅，宜速出來，隨汝所欲，皆當與汝。

（玖）諸子聞父所勅所賜，「象、馬」車乘，音樂之屬，各共精進，廣設方計（方略；計策），土坌（撒落；飛揚）水澆，奔走得出。

（玖）爾時諸子聞父所說珍玩（可玩賞之珍貴物，通「珍翫」）之物，適（隨順）其願故，心各勇銳（勇猛銳利），互相推排（排擠），競共「馳走」（快跑；疾馳），爭「出」火宅。

（玖）爾時諸子聞父所說珍玩（可玩賞之珍貴物，通「珍翫」）之物，適（隨順）其願故，心各勇銳（勇猛銳利），互相推排（排擠），競共「馳走」（快跑；疾馳），爭「出」火宅。

（拾）「長者」見子安隱而出，四面露坐，心各踊躍，不復恐懼，各各白言：願父賜我諸所「見許」（稱許答應）若干種「伎（車）」相娛樂，具「象、馬」車乘。

（拾）是時「長者」見諸子等安隱得出，皆於四衢（道（歧路；盆路）中，露地而坐，無復障礙，其心泰然，歡喜踊躍。時諸子等各白父言：父先所許（允）「玩好」（供玩賞嗜好之物）之具，「羊車（喻聲聞）、鹿車（喻緣覺）、牛車（喻菩薩）」，願時賜與。

（拾）是時「長者」見諸子等安隱得出，皆於四衢（道（歧路；盆路）道中，露地而坐，無復障礙，其心泰然，歡喜踊躍。時諸子等各白父言：父先所許（允）「玩好」（供玩賞嗜好之物）之具，「羊車（喻聲聞）、鹿車（喻緣覺）、牛車（喻菩薩）」，願時賜與。

二－9 「大長者」有無量之「七寶大車」，於眾諸子，愛無偏私，故皆平等賜與「一佛乘」之「大白牛車」

西晉·竺法護譯《正法華經》	後秦·鳩摩羅什譯《妙法蓮華經》	隋·闍那崛多、達磨笈多共譯《添品妙法蓮華經》
❶又舍利弗！彼「大長者」，(平)等賜諸子「七寶大車」(即「大白牛車」，喻「一佛乘」)，珠交露(交錯的珠串所組成的帷幔，狀若露珠)幔車甚高廣，諸珍嚴莊，所未曾有，清淨香華，瓔珞校飾，敷以繒(絲織品的總稱)褥叉(坐臥的墊具)，氍毹(一種毛織或毛與其他材料混織的毯子。可用作「地毯、壁毯、床毯、簾毯」等)綩綖(地褥；舞筵；舞蹈時鋪地用的席子或地毯；珍妙的地衣毛錦)，衣被鮮白，鑠叉如電光，冠幘叉(古代包扎髮髻的巾，似帽子)履屣工(拖著鞋子走路)，世所希有，若干童子，各各手持。一種一色，皆悉同等，用(賞)賜諸子。	❶舍利弗！爾時「長者」，各賜諸子(平)等「一大車」(即「大白牛車」，喻「一佛乘」)，其車高廣，眾寶莊校，周匝欄楯，四面懸鈴；又於其上張設「幰叉(車帷)蓋，亦以珍奇雜寶而嚴飾之。寶繩絞叉絡(同「交絡」，交錯往來)，垂諸華纓(彩色冠纓)，重敷綩綖(地褥；舞筵；舞蹈時鋪地用的席子或地毯；珍妙的地衣毛錦)，安置「丹枕」(天竺國風俗以「赤皮」或「赤色布」作囊貯，以「覩羅綿」及以「毛絮」之類為枕，或作「倚枕」)。駕以「白牛」(指一條「白牛」拉著「一大車」，名「大白牛車」，即喻「一佛乘」)，膚色充潔，形體姝好，有大筋力(體力)，行步平正，其疾如風；又多「僕從」而侍衛之。(牛相有四德。❶「白牛」。❷「肥壯即膚充也」。❸「筋力」。❹「端美」)	❶舍利弗！爾時「長者」，各賜諸子(平)等「一大車」(即「大白牛車」，喻「一佛乘」)，其車高廣，眾寶莊校，周匝欄楯，四面懸鈴；又於其上張設「幰叉(車帷)蓋，亦以珍奇雜寶而嚴飾之。寶繩絞叉絡(同「交絡」，交錯往來)，垂諸華纓(彩色冠纓)，重敷綩綖(地褥；舞筵；舞蹈時鋪地用的席子或地毯；珍妙的地衣毛錦)，安置「丹枕」(天竺國風俗以「赤皮」或「赤色布」作囊貯，以「覩羅綿」及以「毛絮」之類為枕，或作「倚枕」)。駕以「白牛」(指一條「白牛」拉著「一大車」，名「大白牛車」，即喻「一佛乘」)，膚色充潔，形體姝好，有大筋力(體力)，行步平正，其疾如風；又多「僕從」而侍衛之。(牛相有四德。❶「白牛」。❷「肥壯即膚充也」。❸「筋力」。❹「端美」)
❷所以者何？今此幼童皆是吾子，寵(愛)敬(重)等(平)愛，意無偏黨(偏私)，以故賜與「平等大乘」(即「大白牛車」，喻「一佛乘」)。又舍利弗！吾亦如是為眾生父，停儲庫藏，滿無空缺，如斯色像，教化誘進(誘引策進)，得示「大乘」。	❷所以者何？是「大長者」財富無量，種種諸藏，悉皆充溢，而作是念：我財物無極，不應以「下劣小車」(指羊、鹿、牛三車)與諸子等。今此幼童，皆是吾子，愛無偏黨(偏私)。我有如是「七寶大車」(即「大白牛車」，喻「一佛乘」)，其數無量，應當(平)等心，各各與之，不宜差別。所以者何？以我此物，周給叉(周濟救助)一國，猶尚不匱叉(缺乏)，何況諸子！	❷所以者何？是「大長者」財富無量，種種諸藏，悉皆充溢，而作是念：我財物無極，不應以「下劣小車」(指羊、鹿、牛三車)與諸子等。今此幼童，皆是吾子，愛無偏黨(偏私)。我有如是「七寶大車」(即「大白牛車」，喻「一佛乘」)，其數無量，應當(平)等心，各各與之，不宜差別。所以者何？以我此物，周給叉(周濟救助)一國，猶尚不匱叉(缺乏)，何況諸子！

㈢諸子則尋(不久；隨即)獲斯「大乘」(喻「一佛乘」)，以為奇珍，得未曾有，而乘遊行。	㈢是時諸子，各乘「大車」(喻「一佛乘」)，得未曾有，非本(來)所(願)望。	㈢是時諸子，各乘「大車」(喻「一佛乘」)，得未曾有，非本(來)所(願)望。
㈣於意云何？「長者」賜子「珍寶大乘」(喻「一佛乘」)，將無虛妄乎？(原先允諾送「羊鹿牛」三車，今突改送「大白牛車」，此有虛妄過失否？)	㈣舍利弗！於汝意云何，是「長者」(平)等與諸子「珍寶大車」(喻「一佛乘」)，寧有虛妄不？(原先允諾送「羊鹿牛」三車，今突改送「大白牛車」，此有虛妄過失否？)	㈣舍利弗！於汝意云何？是「長者」(平)等與諸子「珍寶大車」(喻「一佛乘」)，寧有虛妄不？(原先允諾送「羊鹿牛」三車，今突改送「大白牛車」，此有虛妄過失否？)
㈤舍利弗白佛：不也。安住！不也。世尊！其人至誠。所以者何？彼「大長者」救濟諸子，而不欲令遇斯「火害」。	㈤舍利弗言：不也，世尊！是「長者」但令諸子，得免「火難」，全其軀命，非為虛妄。何以故？若全身命，便為已得「玩(弄)好(物)」(供玩賞嗜好之物)之具，況復方便於彼「火宅」而拔濟之。	㈤舍利弗言：不也，世尊！是「長者」但令諸子，得免「火難」，全其軀命，非為虛妄。何以故？若全身命，便為已得「玩(弄)好(物)」(供玩賞嗜好之物)之具，況復方便於彼「火宅」而拔濟之。
㈥隨其所樂，許而賜之，適(等待)出(三界火宅)之後，各與「大乘」，以故「長者」不為虛妄。究竟諸子，志操(志向節操)所趣，故以「方便」，令免患禍，況復貯畜(貯藏積蓄)無量寶藏，以一「色類」(種類；類別)「平等大乘」(喻「一佛乘」)，賜子不虛。	㈥世尊！若是「長者」，乃至不與「最小一車」(喻小乘聲聞之「羊車」)，猶不虛妄。何以故？是「長者」先作是意：我以(三車之)方便，令子得出。以是因緣，無虛妄也。何況「長者」自知財富無量，欲饒益諸子，(平)等與「大車」(即「大白牛車」，喻「一佛乘」)。	㈥世尊！若是「長者」，乃至不與「最小一車」(喻小乘聲聞之「羊車」)，猶不虛妄。何以故？是「長者」先作是意：我以(三車之)方便，令子得出。以是因緣，無虛妄也。何況「長者」自知財富無量，欲饒益諸子，(平)等與「大車」(即「大白牛車」，喻「一佛乘」)。

二－10 如來為一切世間之父，愍哀「三界火宅」。眾生沒在其中，竟不以為患，故不能解「佛之智慧」

西晉‧竺法護譯《正法華經》	後秦‧鳩摩羅什譯《妙法蓮華經》	隋‧闍那崛多、達磨笈多共譯《添品妙法蓮華經》
㈠佛言：善哉！舍利弗！誠如所云：如來、至真、等正覺，超越十方，光照眾冥，	㈠佛告舍利弗：善哉！善哉！如汝所言。舍利弗！如來亦復如是，則為一切世間	㈠佛告舍利弗：善哉！善哉！如汝所言。舍利弗！如來亦復如是，則為一切世間

解脫憂恐，拔斷根牙，枝葉華實，如來慧現。	之父。於諸「怖畏、衰惱、憂患、無明闇蔽」，永(滅)盡無餘，而悉成就無量「知見、(十)力、(四)無所畏」。	之父。於諸「怖畏、衰惱、憂患、無明闇蔽」，永(滅)盡無餘，而悉成就無量「知見、(十)力、(四)無所畏」。
(貳)(如來)法王神力，為世之父，善權方便，攝持恩議，行乎大悲，道心無盡，愍哀「三界」大火熾然，黎庶不解，故(如來)現世間。	(貳)(如來)有「大神力」及「智慧力」，具足「方便」、智慧波羅蜜，大慈大悲，常無懈倦，恒求善事，利益一切，而(轉)生(示現)三界，(乃為)朽(磨滅;消散)故(故舊)火宅(三界火宅)。	(貳)(如來)有「大神力」及「智慧力」，具足「方便」、智慧波羅蜜，大慈大悲，常無懈倦，恒求善事，利益一切，而(轉)生(示現)三界，(乃為)朽(磨滅;消散)故(故舊)火宅(三界火宅)。
(參)(如來)救濟眾生，「生老病死」諸不可意「結縛」之惱，裂壞「所著」、脫「婬怒癡」，誘導「三乘」，漸漸勸示「無上正真之道」。	(參)(如來)為度眾生「生老病死、憂悲苦惱、愚癡闇蔽、三毒之火」，教化令得「阿耨多羅三藐三菩提」。	(參)(如來)為度眾生「生老病死、憂悲苦惱、愚癡闇蔽、三毒之火」，教化令得「阿耨多羅三藐三菩提」。
(肆)(如來)適興于世，覩諸群萌，妄想「財業」，愛惜無厭，因從「情欲」，致無數苦。	(肆)(如來)見諸眾生為「生老病死、憂悲苦惱」之所燒煮，亦以「五欲、財利」故，受種種苦。	(肆)(如來)見諸眾生為「生老病死、憂悲苦惱」之所燒煮，亦以「五欲、財利」故，受種種苦。
(伍)(眾生)於今現在，貪求汲汲，後離救護；便嚾「地獄、餓鬼、畜生」，燒炙〔脯〕(使之成為乾肉)煮，饑渴負重，痛不可言。	(伍)又以(眾生)貪著追求故，現受眾苦，後受「地獄、畜生、餓鬼」之苦。	(伍)又以(眾生)貪著追求故，現受眾苦，後受「地獄、畜生、餓鬼」之苦。
(陸)(眾生)正使生天，及在人間，與「不可會(指怨憎會苦)、恩愛別離(指愛別離苦)」，憂惱難量。(八苦:❶生苦❷老苦❸病苦❹死苦❺愛別離苦❻怨憎會苦❼求不得苦❽五陰熾盛苦)	(陸)(眾生)若生天上，及在人間，「貧窮困苦、愛別離苦、怨憎會苦」，如是等種種諸苦。(八苦:❶生苦❷老苦❸病苦❹死苦❺愛別離苦❻怨憎會苦❼求不得苦❽五陰熾盛苦)	(陸)(眾生)若生天上，及在人間，「貧窮困苦、愛別離苦、怨憎會苦」，如是等種種諸苦。(八苦:❶生苦❷老苦❸病苦❹死苦❺愛別離苦❻怨憎會苦❼求不得苦❽五陰熾盛苦)
(柒)(眾生淪溺)一時「離、苦」(愛別離苦)，(竟當)歌舞戲笑，不知	(柒)眾生沒(溺)在其中(指貧窮困苦、愛別離苦、怨憎會苦等)，(竟)歡喜	(柒)眾生沒(溺)在其中(指貧窮困苦、愛別離苦、怨憎會苦等)，(竟)歡喜

「恐畏」，無所忌難，不自覺了。不肯思惟，計其本末，不求救護，復見燒然(燃)。	遊戲，不覺不知、不驚不怖，亦不生厭，不求解脫。於此「三界火宅」，東西馳走，雖遭大苦，不以為患。	遊戲，不覺不知、不驚不怖，亦不生厭，不求解脫。於此「三界火宅」，東西馳走，雖遭大苦，不以為患。
⑻三界眾生，(受)勤苦之患，吾(如來)當施立「無極」(pāramitā 波羅蜜)大安，無數百千不可思議「諸佛正慧」。	⑻舍利弗！佛見此已，便作是念：我為眾生之父，應拔其苦難，與無量無邊「佛智慧樂」(諸佛智慧寂滅之樂)，令其遊戲(令眾生遊戲於如來「大寂滅海」中)。	⑻舍利弗！佛見此已，便作是念：我為眾生之父，應拔其苦難，與無量無邊「佛智慧樂」(諸佛智慧寂滅之樂)，令其遊戲(令眾生遊戲於如來「大寂滅海」中)。
⑼其有(眾生)盈逸，迷惑「欲樂」，如來誘立「道慧、神足(神通具足)」，善權方便，化現「佛慧」，聞使佛(十)力、(四)無所畏。	⑼舍利弗！如來復作是念：若我但以「神力」及「智慧力」，(令眾生)捨於方便(棄捨漸修之方便法門)，為諸(鈍根)眾生讚如來「知見、(十)力、(四)無所畏」者。	⑼舍利弗！如來復作是念：若我但以「神力」及「智慧力」，(令眾生)捨於方便(棄捨漸修之方便法門)，為諸(鈍根)眾生讚如來「知見、(十)力、(四)無所畏」者。
⑽眾生難寤(指難於「一佛乘」得悟)，不肯尋(隨即)受(信)，(被種種)因緣所縛，未脫「生老病死、憂患」，未始得度。三界燒炙，不了所歸；何謂解「佛慧」者？	⑽眾生不能以是(指「一佛乘」)得度。所以者何？是諸眾生，未免「生老病死、憂悲苦惱」，而為「三界火宅」所燒；何由能解佛之智慧？	⑽眾生不能以是(指「一佛乘」)得度。所以者何？是諸眾生，未免「生老病死、憂悲苦惱」，而為「三界火宅」所燒；何由能解佛之智慧？

二－11 如來以智慧方便，於三界火宅拔濟眾生，為説「聲聞、辟支佛(緣覺)、菩薩」三乘

西晉·竺法護譯《正法華經》	後秦·鳩摩羅什譯《妙法蓮華經》	隋·闍那崛多、達磨笈多共譯《添品妙法蓮華經》
⑴譬如「長者」，立強勇猛，多力諸士，救彼諸子，使離「火患」，「方便」誘之(喻漸修方式)，適出在外，然後乃賜微妙奇特「眾寶車乘」(喻「一佛乘」)。	⑴舍利弗！如彼「長者」，雖復身手有力(喻十力、四無所畏)，而不用之，但以慇懃「方便」(喻漸修方式)，勉濟(勤勉拔濟)諸子「火宅」之難，然後各與「珍寶大車」(喻「一佛乘」)。	⑴舍利弗！如彼「長者」，雖復身手有力(喻十力、四無所畏)，而不用之，但以慇懃「方便」(喻漸修方式)，勉濟(勤勉拔濟)諸子「火宅」之難，然後各與「珍寶大車」(喻「一佛乘」)。
⑵如是，舍利弗！如來正	⑵如來亦復如是，雖有(十)	⑵如來亦復如是，雖有(十)

覺，以㈩力、㈣無畏，建立眾德，善權方便，修勇猛慧，覩見「三界」然（燃）熾之宅，欲以救濟眾生諸難，故現「聲聞、緣覺、菩薩」之道。	力、㈣無所畏，而不用之，但以「智慧」方便（喻權乘方便之智慧），於「三界火宅」拔濟眾生，為說「三乘」：聲聞、辟支佛、佛乘。（「聲聞」以「四諦」為乘。「緣覺」以「因緣」為乘。「菩薩」以「六度」為乘，運出三界，歸於涅槃，故亦稱大乘。今將「菩薩乘」名為「佛乘」者。乃因菩薩以「三十四心」頓斷「見思」習氣後將得成佛故）	力、㈣無所畏，而不用之，但以「智慧」方便（喻權乘方便之智慧），於「三界火宅」拔濟眾生，為說「三乘」：聲聞、辟支佛、佛乘。（「聲聞」以「四諦」為乘。「緣覺」以「因緣」為乘。「菩薩」以「六度」為乘，運出三界，歸於涅槃，故亦稱大乘。今將「菩薩乘」名為「佛乘」者。乃因菩薩以「三十四心」頓斷「見思」習氣後將得成佛故）
㊂以是「三乘」，開化（開示教化）驅馳（策馬快跑），使棄「愛欲」，教諸「萌𤑔類」（萌庶：眾生），滅「三界」火、「婬怒癡」縛，「色、聲、香、味、細滑」之法，三處（三界）五欲，五欲燒人，不猗（依：貪著）「三界」，便得「三乘」。	㊂而作是言：汝等莫得樂住「三界火宅」，勿貪麁弊「色、聲、香、味、觸」也。若貪著生「愛」，則為所燒。(若)汝速出三界，當得「三乘」：聲聞、辟支佛、佛乘。	㊂而作是言：汝等莫得樂住「三界火宅」，勿貪麁弊「色、聲、香、味、觸」也，若貪著生「愛」，則為所燒。(若)汝等速出三界，當得「三乘」：聲聞、辟支佛、佛乘。
㊣勤精三乘，則超「三界」，進（誘引策進）「三乘」者，諸佛所訓也。	㊣我今為汝，保任（擔保）此事，終不虛也。汝等但當勤修精進。如來以是（三乘）方便，「誘進」（誘引策進）眾生。	㊣我今為汝，保任（擔保）此事，終不虛也。汝等但當勤修精進。如來以是（三乘）方便，「誘進」（誘引策進）眾生。
㊄「黎庶」則至無央數集，世尊現戲、行為娛樂，修此「㈤根、㈤力、㈦覺意、㈣禪、㈧定、㈧脫門、三昧正受」，然於後世致「大法樂」，安隱「欣豫」（歡樂），無所罣礙。	㊄復作是言：汝等當知此「三乘法」，皆是「聖所稱歎」，自在無繫，無所依求。乘是「三乘」，以無漏「㈤根、㈤力、㈦覺（支）、㈧聖道、㈣禪、㈧定、㈧解脫、三昧」等而自娛樂（法喜禪悅之樂），便得無量安隱快樂。	㊄復作是言：汝等當知此「三乘法」，皆是「聖所稱歎」，自在無繫，無所依求。乘是「三乘」，以無漏「㈤根、㈤力、㈦覺（支）、㈧聖道、㈣禪、㈧定、㈧解脫、三昧」等而自娛樂（法喜禪悅之樂），便得無量安隱快樂。

❇菩薩以「八忍、八智、九無礙、九解脫」頓斷「見、思」習氣而成「正覺」，故稱「三十四心」斷結成「佛道」。

八忍八智

(1)前四者「忍」，可印證「欲界」之四諦，即**「苦法忍、集法忍、滅法忍、道法忍」**等四法忍；

後四者「忍」，可印證「色界、無色界」之四諦，即「苦類忍、集類忍、滅類忍、道類忍」等四類忍。

(2)以此「八忍」正斷「三界」之「見惑」，故為「無間道」。「見惑」既斷，觀照分明，則為「八智」，即「苦法智、集法智、滅法智、道法智、苦類智、集類智、滅類智、道類智」等，是為「解脫道」。

(3)「忍」者為「智」之因，「智」者則為「忍」之果。

(以上資料據《佛光大辭典》再略作修訂)

九無間道(九無礙道)

(1)三界分為「九地」，「九地」一一有「修惑、見惑」。「一地」之「修惑」又分「九品」斷之，每斷「一品」惑，各有「無間、解脫」二道。

(2)即「正斷」煩惱之位為「無間道」；「斷後」相續所得之智為「解脫道」。

(3)「修惑」於各地立有「九品」，故能對治之道亦有「九品」，稱「九無間道、九解脫道」。

(以上資料據《佛光大辭典》再略作修訂)

✠清・一松大師講錄《法華經演義・卷二》云：

(1)菩薩志求「作佛」，故於三祇中，伏「見、思」惑，修「六度行」。更於百劫，修於相好。於樹王下，「三十四心」頓斷「見、思」習氣，成等「正覺」。故名此「菩薩」為「佛乘」。

(2)蓋「菩薩」是「因」，「佛乘」是「果」。「因」中而舉其「果」，故(此經文說的「菩薩乘」將之)言「佛乘」，此乃三藏(指「藏、通、別」三教)「果頭佛」(指在「果地」上的佛)也。

(3)若云(此經文說的「佛乘」)是圓妙覺(之)「一佛乘」，謬之甚矣。

(參見《法華經演義》卷2。詳 CBETA, X33, no. 625, p. 115, c // Z 1:52, p. 92, d // R52, p. 184, b)

「有教無人、果頭無人」：

(1)此為天台宗判立之「藏、通、別、圓」四教中，前三教「藏、通、別」為「無實際證得佛果」之人，故稱為「果頭無人、有教無人」。「果頭」即指「果上、果地、佛果」。

(2)在四教之中，「藏、通」二教，就「行人稟教」之「因」位而言，雖有「教法」與「行證教法」之人；然就「因成果滿」之「果」位而言，則僅有「教法」，而無「行證教法」之人。

(3)至於「別教」，則亦為有「教法」而無「行證教法」之人；此係因「別教」之「初地位」以上，定入「圓教」，恰如「圓教」之「初住位」，故自「初地」以上，僅有「教法」而無「行證」之人。

(4)所以「藏、通、別」三教皆稱為「果頭無人、有教無人」，唯有「圓教」乃具足「教法」與「行證」之人，稱為「圓教」稱為「有教有人」。

(以上資料據《佛光大辭典》再略作修訂)

✠清・通理大師《法華經指掌疏・卷二》云：

(1)「佛乘」即「大乘」也，在「因」名「菩薩乘」，在「果」名「佛乘」。

(2)雖(此經文將「菩薩乘」)名「佛乘」，但(此只)是「權漸」，(並)非圓頓最上(之)「一佛乘」也。

(參見《法華經指掌疏》卷2。詳 CBETA, X33, no. 631, p. 547, a // Z 1:93, p. 292, c // R93, p. 584, a)

二－12 如來初說「三乘」引導眾生，「羊車」(聲聞乘)、「鹿(馬)車」(辟支佛乘；緣覺乘)、「牛(象)」車(大乘菩薩)。後但以「一佛乘」(大白牛車)而度脫之

西晉・竺法護譯《正法華經》	後秦・鳩摩羅什譯《妙法蓮華經》	隋・闍那崛多、達磨笈多共譯《添品妙法蓮華經》
⑤又舍利弗！其有眾生，未興起者，如來出世，有信樂者，樂佛法教，精進奉行，最後竟時，欲(自求)取「滅度」，謂「聲聞(小)乘」。遵求「羅漢」，孚乑(《一切經音義》云：「又作趏乑，芳務反，疾也」)出三界，譬如「長者」免濟(救濟免難)子難，(暫時)許以「羊車」(喻「聲聞乘」)。	⑤舍利弗！若有眾生，內有「智性」，從佛世尊，聞法信受，慇懃精進，欲速出三界，(但只)自求涅槃，是名「聲聞(小)乘」，如彼諸子，為求「羊車」出於火宅。	⑤舍利弗！若有眾生，內有「智性」，從佛世尊，聞法信受，慇懃精進，欲速出三界，(但只)自求涅槃，是名「聲聞(小)乘」，如彼諸子，為求「羊車」出於火宅。
⑥若復有人，無有「師法」，自從(己)意出，求至「寂然」，欲獨「滅度」，覺諸「因緣」，(亦)於如來法，而行精進，謂「緣覺(中)乘」。出之火宅，(暫時)許以「馬車」(喻「緣覺乘」)。	⑥若有眾生，從佛世尊，聞法信受，慇懃精進，求「自然慧」(深求諸法自然之慧)，樂獨(常樂獨處)善寂(善修寂靜涅槃)，深知諸法因緣(諸法生滅十二因緣理)，是名「辟支佛(中)乘」，如彼諸子，為求「鹿車」出於火宅。	⑥若有眾生，從佛世尊，聞法信受，慇懃精進，求「自然慧」(深求諸法自然之慧)，樂獨(常樂獨處)善寂(善修寂靜涅槃)，深知諸法因緣(諸法生滅十二因緣理)，是名「辟支佛(中)乘」，如彼諸子，為求「鹿車」出於火宅。
⑦假使有人，求諸「通慧(一切種智)、諸佛道慧、自在聖慧、自從心出無師主慧」，多所哀念，多所安隱諸天人民，欲利天上世間人民，滅度「黎庶」。(若有眾生)於如來法，奉修精進，欲求大聖(之)「普見之慧、(十)力、(四)無所畏」；謂如來道。(此皆為)「菩薩大士」所履乘也，譬如「長者」勸誘其子免火患難，(暫時)許以「象車」(喻「菩薩乘」)，驅出火宅。	⑦若有眾生，從佛世尊，聞法信受，勤修精進，求「一切智、佛智、自然智(自然智慧；無功用智；佛本具足之智)、無師智(無師獨悟之智慧。如緣覺諸聖，觀法因緣生滅，不待師教而證成覺智)」。(若有眾生欲求)如來「知見、(十)力、(四)無所畏」，(欲學如來)慇念、安樂無量眾生，利益天人，度脫一切，是名「大乘菩薩」；(菩薩)求此乘故，名為「摩訶薩」，如彼諸子為求「牛車」(「小牛車」喻修行「六度」之「菩薩乘」。「大白牛車」則喻「一佛乘」)，出於火宅。	⑦若有眾生，從佛世尊，聞法信受，勤修精進，求「一切智、佛智、自然智(自然智慧；無功用智；佛本具足之智)、無師智(無師獨悟之智慧。如緣覺諸聖，觀法因緣生滅，不待師教而證成覺智)」。(若有眾生欲求)如來「知見、(十)力、(四)無所畏」，(欲學如來)慇念、安樂無量眾生，利益天人，度脫一切，是名「大乘菩薩」；(菩薩)求此乘故，名為「摩訶薩」，如彼諸子為求「牛車」(「小牛車」喻修行「六度」之「菩薩乘」。「大白牛車」則喻「一佛乘」)，出於火宅。
⑧父見子安，濟難無懼，	⑧舍利弗！如彼「長者」，	⑧舍利弗！如彼「長者」，

第一欄：

自察家中財寶無量，(平)等賜諸子高大殊妙「七寶大乘」(喻「一佛乘」)。如來「正覺」，亦復如是。覩無數衆億百千姟，使度「三難」，懃苦怖懼，從其所願，開生死門，遂令脫出，難嶮恐患，使「滅度」(而)安。

㊄又舍利弗！如來爾時從終始宅，以無數「慧、(十)力、(四)無所畏」，觀衆罹厄，矜哀喻子，普勸進使，歸於「佛乘」(喻「一佛乘」)，不令各各從意而滅度也，如來悉「誘」以「佛(之究竟)滅度」而「滅度」之。

㊅假使衆生，(難)得度「三界」，(如來將再)以「如來慧、脫門、定意(禪定)、賢聖度門」，安慰歡娛，施樂法誼(同「義」)，惠(得脫三界之小乘者)以「一貌」佛之大道。※

㊆如彼「長者」本許(原本許諾)諸子以「三品乘」(聲聞乘、緣覺乘、菩薩乘)，適(才)見免難(免除火宅難)，(即)各賜一類(之)「平等大乘」(即「大白牛車」，喻「一佛乘」)，誠諦不虛，各得踴躍，(諸子皆)無有慍氿(含怒；怨恨)恨。

㊇如來如是，本現「三乘」(聲聞乘、緣覺乘、菩薩乘)，然後皆化使入「大乘」(喻「一佛乘」)，不為虛妄。所以者何？當知如

第二欄：

見諸子等，安隱得出火宅，到「無畏處」，自(思)惟財富無量，(平)等以「大車」(即「大白牛車」，喻「一佛乘」)而賜諸子。如來亦復如是，為一切衆生之父，若見無量億千衆生，以佛教門(佛教中方便之門)，出三界苦，怖畏險道，得「涅槃」樂(出世寂滅之樂)。

㊄如來爾時便作是念：我有無量無邊「智慧、(十)力、(四)無畏」等諸佛法藏，是諸衆生皆是我子，(平)等(賜)與「大乘」(喻「一佛乘」)，不令有人獨得「滅度」，皆以「如來(之究竟)滅度」而「滅度」之。

㊅是諸衆生(難得)脫「三界」者，(如來將再)悉與(得脫三界之小乘者)諸佛「禪定、解脫」等娛樂(法喜禪悅之樂)之具，(此)皆是「一相、一種」，(此為)「聖所稱歎」，能生「淨妙」第一之樂。※

㊆舍利弗！如彼「長者」，初以「三車」(羊鹿牛)誘引諸子，然後但與「大車」(即「大白牛車」，喻「一佛乘」)，寶物莊嚴，安隱第一；然彼「長者」(並)無虛妄之咎。(原先允諾送「羊鹿牛」三車，今突改送「大白牛車」，此並無虛妄過失也)

㊇如來亦復如是，無有虛妄，初說「三乘」(聲聞乘、緣覺乘、菩薩乘)引導衆生，然後但以「大乘」(喻「一佛乘」)而度脫之。何

第三欄：

見諸子等，安隱得出火宅，到「無畏處」，自(思)惟財富無量，(平)等以「大車」(即「大白牛車」，喻「一佛乘」)而賜諸子。如來亦復如是，為一切衆生之父，若見無量億千衆生，以佛教門(佛教中方便之門)，出三界苦，怖畏險道，得「涅槃」樂(出世寂滅之樂)。

㊄如來爾時便作是念：我有無量無邊「智慧、(十)力、(四)無畏」等諸佛法藏，是諸衆生皆是我子，(平)等(賜)與「大乘」(喻「一佛乘」)，不令有人獨得「滅度」，皆以「如來(之究竟)滅度」而「滅度」之。

㊅是諸衆生(難得)脫「三界」者，(如來將再)悉與(得脫三界之小乘者)諸佛「禪定、解脫」等娛樂(法喜禪悅之樂)之具，(此)皆是「一相、一種」，(此為)「聖所稱歎」，能生「淨妙」第一之樂。※

㊆舍利弗！如彼「長者」，初以「三車」(羊鹿牛)誘引諸子，然後但與「大車」(即「大白牛車」，喻「一佛乘」)，寶物莊嚴，安隱第一；然彼「長者」(並)無虛妄之咎。(原先允諾送「羊鹿牛」三車，今突改送「大白牛車」，此並無虛妄過失也)

㊇如來亦復如是，無有虛妄，初說「三乘」(聲聞乘、緣覺乘、菩薩乘)引導衆生，然後但以「大乘」(喻「一佛乘」)而度脫之。何

來等覺，有無央數「倉庫帑藏(庫藏財產)」，以得自在，為諸「黎庶」(眾生)，現大法，化諸通慧慧，當作是知，當解此誼(同「義」)。 　㉟如來等正覺「善權方便」，以「慧」行音，唯說「一乘」，謂「(一)佛乘」也。	以故？如來有無量智慧、(十)力、(四)無所畏諸法之藏，能與一切眾生「大乘」之法，但不盡能受(但以眾生根器微弱，故不能盡受於「一佛乘」)。 　㉟舍利弗！以是因緣，當知諸佛，方便力故(以隨順眾生善巧方便智慧之力)，於(原本唯說之)「一佛乘」分別說三(聲聞乘、緣覺乘、菩薩乘)。	以故？如來有無量智慧、(十)力、(四)無所畏諸法之藏，能與一切眾生「大乘」之法，但不盡能受(但以眾生根器微弱，故不能盡受於「一佛乘」)。 　㉟舍利弗！以是因緣，當知諸佛，方便力故(以隨順眾生善巧方便智慧之力)，於(原本唯說之)「一佛乘」分別說三(聲聞乘、緣覺乘、菩薩乘)。

※(如來將再)悉與(得脫三界之小乘者)諸佛「禪定、解脫」等娛樂(法喜禪悅之樂)之具，(此)皆是「一相、一種」，(此為)聖所稱歎，能生「淨妙」第一之樂。

(1)彼「得脫三界之小乘者」，雖得「小乘」禪定解脫，然猶「厭有著空」，非為如來之「一相」境界。「小乘」之執著未除，故「非淨」，且「空有」未融，亦非「妙」也。

(2)如來將與「得脫三界之小乘者」之「諸佛禪定解脫娛樂之具」，此為「一相、一種」之「淨妙樂」，如彼「大牛車」，「眾美」皆具備。

(3)如來以「一相、一種」諸佛禪定解脫之具；惠予「得脫三界之小乘者」，此能生出「淨妙第一之樂」。

(4)「三乘」禪定解脫娛樂之具，是「聖所讚歎」。
　「諸佛」禪定解脫娛樂之具，亦曰「聖所稱歎」也。

(5)小乘仍有「變易生死」，故「不淨」。如來則「分段、變易生死」永滅盡，故「淨」。

(6)小乘但證「人空」，故「不妙」。如來「二空雙證」，故「妙」。

(7)小乘唯脫「見、思」二惑，故非「第一」。如來「五住地惑」(五種住地之惑；五住地煩惱➔❶見一處住地。❷欲愛住地。❸色愛住地。❹有愛住地。❺無明住地)皆滅盡，故「第一」也。

(8)「一相」即是「實相」。「一種」即「一切種智」。若了「一切相」悉皆「平等」，無有彼此「愛、憎」之心，則名為「一相」。而「一切」即「一」，亦無別「種類」，故名為「一種」。

二－13 佛重宣此方便力之義而說偈

西晉‧竺法護譯 《正法華經》	後秦‧鳩摩羅什譯 《妙法蓮華經》	隋‧闍那崛多、達磨笈多共譯 《添品妙法蓮華經》
世尊頌曰： 譬如「長者」，而有大宅， 極甚朽故，腐敗傾危。 有大殿舍，而欲損壞， 梁柱橡(屋椽)棟，皆復摧折。 多有軒(簷)閣(內門;小門)，	佛欲重宣此義，而說偈言： 譬如「長者」，有一大宅， 其宅久故，而復頓弊， 堂舍高危，柱根摧朽， 梁棟傾斜，基陛隤(墜)毀， 牆壁圮(崩)坼，泥塗褫(剝)落，	佛欲重宣此義，而說偈言： 譬如「長者」，有一大宅， 其宅久故，而復頓弊， 堂舍高危，柱根摧朽， 梁棟傾斜，基陛頹毀， 牆壁圮(崩)坼，泥塗搗(剝)落，

及諸窓牖(窗戶)，	覆苫亂墜，椽梠差脫，	覆苫亂墜，椽梠差脫，
又有倉庫，以泥塗木。	周障屈曲，雜穢充遍。	周障屈曲，雜穢充遍；
高峻垣牆，壁障崩隤，	有五百人，止住其中。	有五百人，止住其中；
薄所覆苫，彌久彫落。	鵄梟雕鷲、烏鵲鳩鴿、	鵄梟鵰鷲，鳥鵲鳩鴿，
時有諸人，五百之衆，	蚖蛇蝮蠍、蜈蚣蚰蜒、	蚖蛇蝮蝎，蜈蚣蚰蜒，
皆共止頓，於彼舍宅。	守宮百足、狖狸鼷鼠、	守宮百足，狖狸鼷鼠，
有無央數，草木積聚，	諸惡蟲輩，交橫馳走	諸惡蟲輩，交橫馳走；
所當用者，滿畜無量。	屎尿臭處，不淨流溢，	屎尿臭處，不淨流溢，
一切門戶，時皆閉塞。	蜣蜋諸蟲，而集其上。	蜣蜋諸蟲，而集其上；
有諸樓閣，及諸蓮華，	狐狼野干，咀嚼踐蹋，	狐狼野干，咀齭踐蹋，
億千衆香，而有芬氣。	齧齩死屍、骨肉狼藉。	齧齩死屍，骨肉狼籍。
若干種鳥，眷屬圍繞，	由是群狗，競來搏撮，	由是群狗，競來搏撮，
種種虺蛇，蝮蝎遁竄。	飢羸慞惶，處處求食。	飢羸慞惶，處處求食，
在在處處，有諸惡蟲，	鬪諍齰齚(同「齟」)掣，	鬪爭齰齚(同「齟」)掣，
有若干種，狐狸鼷鼠，	嗥吠，	嗥吠，
其字各異，嗚呼啾窒(同「咥」→笑)。	其舍恐怖，變狀如是。	其舍恐怖，變狀如是。
其地處處，而有匿藏，	處處皆有，魑魅魍魎、	處處皆有，魑魅魍魎，
溷廁屎溺，污穢流溢，	夜叉惡鬼，食噉人肉。	夜叉惡鬼，食噉人肉。
蟲朋刺棘，充滿其中。	毒蟲之屬，諸惡禽獸，	毒虫之屬，諸惡禽獸，
師子狐狼，各各嘷吠，	孚乳(鳥孵卵)產生，各自藏護	孚乳(鳥孵卵)產生，各自藏護
悉共咀嚼，死人屍體，	夜叉競來，爭取食之，	夜叉競來，爭取食之；
何人聞見，而不怖懼？	食之既飽，惡心轉熾，	食之既飽，惡心轉熾，
無數狗犬，蹲伏窠窟，	鬪諍之聲，甚可怖畏。	鬪爭之聲，甚可怖畏；
各各圍繞，皆共齗掣。	鳩槃茶鬼，蹲踞土埵，	鳩槃茶鬼，蹲踞土埵，
假使此等，饑餓之時，	或時離地，一尺二尺，	或時離地，一尺二尺；
普皆諍食，疲瘦羸劣。	往返遊行，縱逸嬉戲，	往返遊行，縱逸嬉戲。
鬪相齗齧，音聲暢逸，	捉狗兩足，撲令失聲，	捉狗兩足，撲令失聲，
其舍恐畏，變狀如是。	以腳加頸，怖狗自樂。	以腳加頸，怖狗自樂。
有諸鬼神，志懷毒害，	復有諸鬼，其身長大，	復有諸鬼，其身長大，
蠅蚤壁虱，亦甚衆多。	裸形黑瘦，常住其中，	裸形黑瘦，常住其中；
百足種種，及諸魍魎，	發大惡聲，叫呼求食。	發大惡聲，叫呼求食。
四面周匝，產生孚乳(鳥孵卵)	復有諸鬼，其咽如針，	復有諸鬼，其咽如針，
各取分食，羯羠羝羊，	復有諸鬼，首如牛頭，	復有諸鬼，首如牛頭；
不得奔走，歸其處所。	或食人肉，或復噉狗，	或食人肉，或復噉狗，
雖諸鬼神，來擁護之，	頭髮蓬亂，殘害凶險，	頭髮蓬亂，殘害兇險；
不能濟脫，令不被害。	飢渴所逼，叫喚馳走。	飢渴所逼，叫喚馳走。
彼諸鬼神，亦食衆生，	夜叉餓鬼，諸惡鳥獸，	夜叉餓鬼，諸惡鳥獸；
	飢急四向，窺看窓牖(窗戶)	飢急四向，窺看窓牖(窗戶)

雖得飽滿，心續懷惡。	如是諸難，恐畏無量。	如是諸難，恐畏無量。
群品不同，種姓別異，	是朽故宅，屬于一人。	是朽故宅，屬于一人，
若有死者，皆埋冢圠(覆)埌㙈	其人近出，未久之間，	其人近出，未久之間，
(曠遠；墳墓)。	於後舍宅，欻然火起，	於後舍宅，欻然火起；
彼志出外，而遊所處，	四面一時，其炎俱熾。	四面一時，其焰俱熾。
鳩桓(鳩盤荼鬼)香音，志存暴弊	棟梁椽柱，爆聲震裂，	棟梁椽柱，爆聲震裂，
舒展兩臂，往來經行，	摧折墮落，牆壁崩倒。	摧折墮落，牆壁崩倒；
無有呪術，可以辟除。	諸鬼神等，揚聲大叫。	諸鬼神等，揚聲大叫；
於時諸犬，取其兩足，	雕鷲諸鳥、鳩槃荼等，	鵰鷲諸鳥，鳩槃荼等，
撲令仰臥，而就擊之。	周章(倉惶驚恐)惶怖，不能自出。	周惶(倉惶驚恐)惶怖，不能自出；
捉其兩腳，絞加頸項，	惡獸毒蟲，藏竄孔穴。	惡獸毒虫，藏竄孔穴；
坐自放恣，心意㵮逸。	毘舍闍鬼，亦住其中，	毘舍闍鬼，亦住其中；
諸黑象眾，厥(其)狀高大，	薄福德故，為火所逼，	薄福德故，為火所逼，
體力強盛，拔扈自在，	共相殘害，飲血噉肉。	共相殘害，飲血噉肉。
旬日饑餓，行求飲食，	野干之屬，竝已前死，	野干之屬，並已前死；
遙見荔蒿，奔走趣之。	諸大惡獸，競來食噉，	諸大惡獸，競來食噉。
有鍼喙嘴(鳥喙→鳥嘴)蟲，	臭烟熢㶿(煙起貌)，	臭烟熢㶿(煙起貌)，
及鐵喙鳥，	四面充塞，	四面充塞，
在丘壙間，見人死屍。	蜈蚣蚰蜒、毒蛇之類，	蜈蚣蚰蜒，毒蛇之類，
惡鬼兀巆，放髮叫呼，	為火所燒，爭走出穴，	為火所燒，爭走出穴；
諸魅湊滿，貪欲慢翰。	鳩槃荼鬼、隨取而食。	鳩槃荼鬼，隨取而食。
窻(窗戶)牖顯明，視瞻四顧	又諸餓鬼，頭上火燃，	又諸餓鬼，頭上火燃；
於斯䦕(同「窺」)看，不可得常	飢渴熱惱，周章(倉惶驚恐)悶走。	飢渴熱惱，周惶(倉惶驚恐)悶走。
諸邪妖魅，及眾餓鬼，	其宅如是，甚可怖畏，	其宅如是，甚可怖畏；
鵰鷲鶹梟，悉行求食。	毒害火災，眾難非一。	毒害火災，眾難非一。
其宅恐難，如是品類，	是時宅主，在門外立，	是時宅主，在門外立；
有大園觀，牆壁隤落，	聞有人言：汝諸子等，	聞有人言：汝諸子等，
室宅門戶，圮裂破柝(毀壞)	先因遊戲，來入此宅，	先因遊戲，來入此宅，
唯一男子，而守護之。	稚小無知，歡娛樂著。	稚小無知，歡娛樂著。
其人在裏，止頓居跱。	「長者」聞已，驚入火宅，	「長者」聞已，驚入火宅；
爾時失火，尋燒屋宇，	方宜救濟，令無燒害。	方宜救濟，令無燒害。
周迴四面，而皆燔燒。	告喻諸子，說眾患難，	告喻諸子，說眾患難，
無數千人，驚怖啼哭，	惡鬼毒蟲，災火蔓延。	惡鬼毒虫，災火蔓莚。
於今火盛，焚我子息。	眾苦次第，相續不絕。	眾苦次第，相續不絕；
又彼尊者，舉聲稱怨，	毒蛇蚖蝮，及諸夜叉，	毒蛇蚖蝮，及諸夜叉，
堂柱摧滅，垣屏碎散。	鳩槃荼鬼，野干狐狗、	鳩槃荼鬼，野干狐狗；
神諸餓鬼，揚聲喜喚，	雕鷲鶹梟，百足之屬，	鵰鷲鶹梟，百足之屬；
鵰鷲數百，飛欲避火。	飢渴惱急，甚可怖畏。	飢渴惱急，甚可怖畏。

無數鳩垣，框㮸懷憛，
百千妖魅，憧違馳走。
親自目見，火所燔燒，
無量群萌，烏殤灰蘆，
諸薄枯者，為火所災。
各各懊惱，而見焚燒，
炙燎焦爛，沸血流離。
於時此宅，強猛之眾，
一一鬼魅，悉共噉食。
臭烟熢勃，稱讚香美，
一切奔驚，周旋詰屈。
蜈蚣蚰蜒，蚖蛇蝘蜓，立出，
饜魅勇逸，多所齟齚。
頭上火然，遊行嬉怡，
悉饑食噉，火所燒者。
其屋宅中，怖違若茲，
百千人眾，燒喪狼藉。
於時宅主，大勢「長者」，
見之如斯，急急孚(投入)務。
聞此災禍，愍念諸子，
建立伎樂，寶乘誘出。
有諸愚癡，不能解知，
於彼戲笑，放逸自恣。
「長者」聽察，尋入館內，
駴夫不覺，無解脫想。
今我諸子，闇蔽閉塞，
一切盲瞽，無有耳目，
以戲樂故，而自繫縛，
種姓孫息，甚難得值。
凡品眾庶，若干等倫，
遭大災火，各各痛惱。
鬼神蛇虺，心中懷毒。
無數妖魅，歡喜踊躍。
諸狼狐狗，亦不可計，
饑渴欲求，飲食之具。
我子眾多，皆沒于此，
設無火災，亦不可樂。
狐疑眾結，酷苦若是，

此苦難處，況復大火。
諸子無知，雖聞父誨，
猶故樂著，嬉戲不已。
是時「長者」，而作是念：
諸子如此，益我愁惱。
今此舍宅，無一可樂，
而諸子等，耽湎嬉戲，
不受我教，將為火害。
即便思惟，設諸方便，
告諸子等：我有種種，
珍玩之具，妙寶好車，
羊車鹿車、大牛之車，
今在門外。汝等出來，
吾為汝等，造作此車，
隨意所樂，可以遊戲。
諸子聞說，如此諸車，
即時奔競，馳走而出，
到於空地，離諸苦難。
「長者」見子，得出火宅，
住於四衢。坐師子座，
而自慶言：我今快樂！
此諸子等，生育甚難，
愚小無知，而入險宅。
多諸毒蟲，魑魅可畏，
大火猛炎，四面俱起。
而此諸子，貪樂嬉戲。
我已救之，令得脫難。
是故諸人，我今快樂。
爾時諸子，知父安坐，
皆詣父所，而白父言：
願賜我等，三種寶車。
如前所許：諸子出來，
當以三車，隨汝所欲。
今正是時，唯垂給與。
「長者」大富，庫藏眾多，
金銀琉璃、車𤦲馬腦，
以眾寶物，造諸大車。
莊校嚴飾，周匝欄楯，

此苦難處，況復大火。
諸子無知，雖聞父誨；
猶故樂著，嬉戲不已。
是時「長者」，而作是念：
諸子如此，益我愁惱。
今此舍宅，無一可樂，
而諸子等，耽湎嬉戲，
不受我教，將為火害。
即便思惟，設諸方便，
告諸子等：我有種種，
珍玩之具，妙寶好車，
羊車鹿車，大牛之車；
今在門外，汝等出來，
吾為汝等，造作此車，
隨意所樂，可以遊戲。
諸子聞說，如此諸車，
即時奔競，馳走而出；
到於空地，離諸苦難。
「長者」見子，得出火宅，
住於四衢，坐師子座。
而自慶言：我今快樂，
此諸子等，生育甚難，
愚小無知，而入險宅；
多諸毒虫，魑魅可畏；
大火猛焰，四面俱起；
而此諸子，貪樂嬉戲；
我已救之，令得脫難。
是故諸人，我今快樂。
爾時諸子，知父安坐，
皆詣父所，而白父言：
願賜我等，三種寶車。
如前所許：諸子出來，
當以三車，隨汝所欲。
今正是時，惟垂給與。
「長者」大富，庫藏眾多，
金銀琉璃，硨磲碼磌，
以眾寶物，造諸大車；
莊校嚴飾，周匝欄楯，

何況周匝，普見熾然。	四面懸鈴，金繩交絡。	四面懸鈴，金繩交絡，
執愚意者，於斯自恣，	真珠羅網，張施其上，	真珠羅網，張施其上；
諸子貪戲，而相娛樂，	金華諸瓔，處處垂下，	金華諸纓，處處垂下，
永不思惟，父所言教，	眾綵雜飾，周匝圍繞，	眾彩雜飾，周匝圍繞；
心不自念，速圖方計。	柔軟繒纊，以為茵蓐。	柔軟繒纊，以為茵蓐。
爾時「長者」，意自忖度，	上妙細氀，價直千億，	上妙細氀，價直千億，
吾生此子，勤苦養育，	鮮白淨潔，以覆其上。	鮮白淨潔，以覆其上。
得無為火，而見燒燌。	有大白牛，肥壯多力，	有大白牛，肥壯多力，
於何救子，而脫孫息？	形體姝好，以駕寶車。	形體姝好，以駕寶車；
即自思議，立造權計。	多諸儐從，而侍衛之。	多諸儐從，而侍衛之；
今我諸子，耽媔音伎，	以是妙車，等賜諸子。	以是妙車，等賜諸子。
禍害乘至，非戲樂時。	諸子是時，歡喜踊躍，	諸子是時，歡喜踊躍，
痛哉愚憒，不覩酷苦，	乘是寶車，遊於四方，	乘是寶車，遊於四方，
諸童瑕穢，不識此難。	嬉戲快樂，自在無礙。	嬉戲快樂，自在無礙。
今吾心怖，子樂逸盪，	告舍利弗：我亦如是，	告舍利弗：我亦如是，
要從精進，免濟大牆。	眾聖中尊，世間之父。	眾聖中尊，世間之父；
即尋設計，於舍之外，	一切眾生，皆是吾子，	一切眾生，皆是吾子，
施張伎樂，遊戲之具，	深著世樂，無有慧心。	深著世樂，無有慧心；
子所好慕，吾皆辦之，	三界無安，猶如火宅，	三界無安，猶如火宅，
調隱音節，一時俱作。	眾苦充滿，甚可怖畏。	眾苦充滿，甚可怖畏。
諸子聞賜，貪愛樂音，	常有生老、病死憂患，	常有生老，病死憂患，
各各速疾，盡力勸勵，	如是等火，熾然不息。	如是等火，熾然不息。
驅逐一切，迸出災屋，	如來已離，三界火宅，	如來已離，三界火宅，
得脫苦惱，集子一處，	寂然閑居，安處林野。	寂然閑居，安處林野。
安隱歡然，無復恐懼。	今此三界，皆是我有，	今此三界，皆是我有，
於是「長者」，見諸子出，	其中眾生，悉是吾子。	其中眾生，悉是吾子。
心中寬泰，意得自由，	而今此處，多諸患難，	而今此處，多諸患難，
廣設眾具，師子之座，	唯我一人，能為救護。	唯我一人，能為救護；
吾身今日，則獲無為，	雖復教詔，而不信受，	雖復教詔，而不信受，
彼諸苦患，已永盡除。	於諸欲染，貪著深故。	於諸欲染，貪著深故。
斯諸童子，修精進力，	以是方便，為說三乘，	是以方便，為說三乘，
迷在災宅，而自放恣，	令諸眾生，知三界苦，	令諸眾生，知三界苦；
前者曾更，無限眠寐，	開示演說，出世間道。	開示演說，出世間道。
火燌然熾，人遭此難，	是諸子等，若心決定，	是諸子等，若心決定，
陰蓋(五蓋)所覆，心不開解。	具足三明，及六神通，	具足三明，及六神通，
今日一切，皆得解脫，	有得緣覺、不退菩薩。	有得緣覺，不退菩薩。
已致自然，志之所願。	汝舍利弗！我為眾生，	汝舍利弗！我為眾生，
父見諸子，志在安隱。	以此譬喻，說「一佛乘」。	以此譬喻，說「一佛乘」。

於時諸子，往詣「長者」，
唯願天父，各各賜我，
如前所許，若干種乘。
本居遇火，迷冥不寤，
大人勅教，一切奉承，
當賜諸子，三品之乘，
今正是時，願垂給與。
於時「長者」，勅侍開藏，
紫磨天金，明月珠寶，
上妙珍異，世所希有。
極好奇特，弘雅之車，
最尊難及，莊校嚴飾，
周匝欄楯，珠璣瓔珞，
幢幡繒綵，而為光觀，
金銀交露，覆蓋其上，
煒曄殖立，珍寶諸華，
四面周匝，而皆下垂，
車上重疊，敷諸坐具，
天繒白氎，而不可計。
又復加施，柔輭茵褥，
無量綩綖，參席于車，
計所校飾，車價億千，
奇異珍寶，無量兆載。
其象多力，鮮白如華，
象身高大，儀體擾馴，
調駕寶車，以為大乘。
於時「長者」，嚴車以辦，
各以賜與，諸正士疇，
皆是我子，一切等給。
是時諸子，歡喜踊躍，
各各處處，欣慶相娛。
告舍利弗，大仙如是，
為諸群生，救護父母。
一切眾庶，皆是我子，
為三界欲，所見纏縛。
計惟三處，如彼火宅，
勤苦患惱，具足百千，
此則所謂，普然無餘，

汝等若能，信受是語，
一切皆當，得成佛道。
是乘微妙、清淨第一，
於諸世間，為無有上，
佛所悅可。一切眾生，
所應稱讚、供養禮拜。
無量億千，諸力解脫、
禪定智慧，及佛餘法，
得如是乘。令諸子等，
日夜劫數，常得遊戲，
與諸菩薩，及聲聞眾，
乘此寶乘，直至道場。
以是因緣，十方諦求，
更無餘乘，除佛方便。
告舍利弗：汝諸人等，
皆是吾子，我則是父。
汝等累劫，眾苦所燒，
我皆濟拔，令出三界。
我雖先說：汝等滅度。
但盡生死，而實不滅；
今所應作，唯佛智慧。
若有菩薩，於是眾中，
能一心聽，諸佛實法。
諸佛世尊，雖以方便；
所化眾生，皆是菩薩。
若人小智，深著愛欲，
為此等故，說於苦諦。
眾生心喜，得未曾有，
佛說苦諦，真實無異。
若有眾生，不知苦本，
深著苦因，不能暫捨，
為是等故，方便說道。
諸苦所因，貪欲為本，
若滅貪欲，無所依止，
滅盡諸苦，名第三諦。
為滅諦故，修行於道，
離諸苦縛，名得解脫。
是人於何，而得解脫？

汝等若能，信受是語，
一切皆當，成得佛道。
是乘微妙，清淨第一，
於諸世間，為無有上；
佛所悅可，一切眾生，
所應稱讚，供養禮拜；
無量億千，諸力解脫，
禪定智慧，及佛餘法，
得如是乘，令諸子等，
日夜劫數，常得遊戲；
與諸菩薩，及聲聞眾，
乘此寶乘，直至道場；
以是因緣，十方諦求，
更無餘乘，除佛方便。
告舍利弗：汝諸人等，
皆是吾子，我則是父；
汝等累劫，眾苦所燒，
我皆濟拔，令出三界。
我雖先說，汝等滅度，
但盡生死，而實不滅；
今所應作，唯佛智慧。
若有菩薩，於是眾中；
能一心聽，諸佛實法；
諸佛世尊，雖以方便，
所化眾生，皆是菩薩。
若人小智，深著愛欲；
為此等故，說於苦諦。
眾生心喜，得未曾有；
佛說苦諦，真實無異。
若有眾生，不知苦本，
深著苦因，不能暫捨；
為是等故，方便說道，
諸苦所因，貪欲為本。
若滅貪欲，無所依止，
滅盡諸苦，名第三諦。
為滅諦故，修行於道，
離諸苦縛，名得解脫。
是人於何，而得解脫？

生老病死，憂哭之痛。	但離虛妄，名為解脫；	但離虛妄，名為解脫；
佛為三界，救度無餘，	其實未得，一切解脫。	其實未得，一切解脫。
遊在閑居，若坐林樹，	佛說是人，未實滅度。	佛說是人，未實滅度；
則常應時，將護三處。	斯人未得，無上道故，	斯人未得，無上道故；
彼見燒炙，皆斯吾子，	我意不欲，令至滅度。	我意不欲，令至滅度。
寤諸黎庶，令得自歸。	我為法王，於法自在，	我為法王，於法自在；
由此意故，示現于彼。	安隱眾生，故現於世。	安隱眾生，故現於世。
一切黎元，愚不受教，	汝舍利弗！我此法印，	汝舍利弗！我此法印，
坐著愛欲，而自繫紲。	為欲利益，世間故說，	為欲利益，世間故說。
善權方便，為大良藥，	在所遊方，勿妄宣傳。	在所遊方，勿妄宣傳。
分別三乘，以示眾生。	若有聞者，隨喜頂受，	若有聞者，隨喜頂受，
適聞三界，無量瑕穢，	當知是人，阿鞞跋致。	當知是人，阿惟越致。
則以隨時，驅勸令出。	若有信受，此經法者，	若有信受，此經法者，
其諸菩薩，來依倚佛，	是人已曾，見過去佛，	是人已曾，見過去佛；
六通三達，成大聖慧。	恭敬供養，亦聞是法。	恭敬供養，亦聞是法。
或有得成，為緣覺乘，	若人有能，信汝所說，	若人有能，信汝所說；
逮不退轉，致佛尊道。	則為見我，亦見於汝，	則為見我，亦見於汝，
現在諸子，因佛自由，	及比丘僧，幷諸菩薩。	及比丘僧，幷諸菩薩。
以是譬喻，無有瞋恨。	斯《法華經》，為深智說，	斯《法華經》，為深智說，
緣是得近，於佛道乘，	淺識聞之，迷惑不解。	淺識聞之，迷惑不解；
受斯一切，得為最勝。	一切聲聞，及辟支佛，	一切聲聞，及辟支佛，
於是恢闡，平等之信，	於此經中，力所不及。	於此經中，力所不及。
降伏棄離，一切世色，	汝舍利弗！尚於此經，	汝舍利弗！尚於此經，
諸正覺慧，殊異道德。	以信得入；況餘聲聞。	以信得入，況餘聲聞；
稽首歸命，於聖中尊，	其餘聲聞，信佛語故，	其餘聲聞，信佛語故，
根力脫門，一心如是，	隨順此經，非己智分。	隨順此經，非己智分。
三昧之定，億數千姟，	又舍利弗！憍慢懈怠、	又舍利弗！憍慢懈怠，
諸佛之子，常所宗重，	計我見者，莫說此經。	計我見者，莫說此經；
斯則名曰，尊妙大乘。	凡夫淺識，深著五欲，	凡夫淺識，深著五欲，
晝則誓願，志存降魔，	聞不能解，亦勿為說。	聞不能解，亦勿為說。
夜每專精，欽慕不勸，	若人不信，毀謗此經，	若人不信，毀謗此經，
於一年數，若歷劫數，	則斷一切，世間佛種。	則斷一切，世間佛種；
度脫眾生，無數千姟。	或復顰蹙，而懷疑惑，	或復顰蹙，而懷疑惑，
所喻寶乘，則謂于斯，	汝當聽說，此人罪報。	汝當聽說，此人罪報。
以是遊至，於佛道場。	若佛在世，若滅度後，	若佛在世，若滅度後，
無數佛子，以為娛樂，	其有誹謗，如斯經典，	其有誹謗，如斯經典；
其有聽者，安住弟子。	見有讀誦、書持經者，	見有讀誦，書持經者，
告舍利弗，卿當知是，	輕賤憎嫉，而懷結恨。	輕賤憎嫉，而懷結恨，

計有一乘，則無有二。
住至十方，一切求索，
知人中上，普行善權，
稍稍誘進，從微至大。
先現聲聞，緣覺之證，
適德三界，欲捨之去，
然後便示，菩薩大道。
佛恩普潤，譬如良田，
隨其所種，各得其類。
種者所殖，非地增減，
佛亦如是，一切普等。
常示大道，取者增減，
佛則於彼，諸人者父。
我常觀者，眾庶苦惱，
無數億劫，而見燒煮。
三界之中，恐畏之難，
佛為唱導，使得滅度。
諸賢無為，今日乃知，
棄捐生死，脫勤苦患。
其有菩薩，住於是者，
至誠之決，取譬若斯。
一切普聞，佛之明日，
諸大導師，行權方便，
所當勸助，如諸菩薩，
瑕穢愛欲，亦可惡厭，
心闇塞者，而見污染，
是故導師，為說勤苦，
現四聖諦，當分別此。
假使眾人，不解眾惱，
根著冥塵（貪欲塵垢），不肯捨離
故為是等，而示其路。
因從所習，而致諸苦，
愛欲已斷，常無所著。
已得滅度，於斯三品，
了無有異，則得解脫，
若修八路，便得超度。
告舍利弗，何所為度？
受無所有，則為解脫。

此人罪報，汝今復聽。
其人命終，入阿鼻獄，
具足一劫，劫盡更生。
如是展轉，至無數劫，
從地獄出，當墮畜生。
若狗野干，其形頭 （禿也）瘦，
黧 黮 疥癩，人所觸嬈。
又復為人，之所惡賤，
常困飢渴，骨肉枯竭，
生受楚毒，死被瓦石。
斷佛種故，受斯罪報。
若作駱駝，或生驢中，
身常負重，加諸杖捶，
但念水草，餘無所知。
謗斯經故，獲罪如是。
有作野干，來入聚落，
身體疥癩，又無一目，
為諸童子，之所打擲，
受諸苦痛，或時致死。
於此死已，更受蟒身。
其形長大，五百由旬，
聾騃無足，宛轉腹行，
為諸小蟲，之所唼食，
晝夜受苦，無有休息。
謗斯經故，獲罪如是。
若得為人，諸根闇鈍，
矬 陋攣 躄，盲聾背傴，
有所言說，人不信受，
口氣常臭，鬼魅所著。
貪窮下賤，為人所使，
多病痟 瘦，無所依怙。
雖親附人，人不在意，
若有所得，尋復忘失。
若修醫道，順方治病，
更增他疾，或復致死。
若自有病，無人救療，
設服良藥，而復增劇。
若他反逆、抄劫竊盜，

此人罪報，汝今復聽。
其人命終，入阿鼻獄，
具足一劫，劫盡更生，
如是展轉，至無數劫；
從地獄出，當墮畜生。
若狗野干，其形頭 （禿也）瘦，
黧 黮 疥癩，人所觸嬈，
又復為人，之所惡賤，
常困飢渴，骨肉枯竭；
生受楚毒，死被瓦石，
斷佛種故，受斯罪報。
若作駱駝，或生驢中，
身常負重，加諸杖捶，
但念水草，餘無所知；
謗斯經故，獲罪如是。
有作野干，來入聚落，
身體疥癩，又無一目，
為諸童子，之所打擲，
受諸苦痛，或時致死；
於此死已，更受蟒身。
其形長大，五百由旬，
聾騃無足，宛轉腹行；
為諸小虫，之所唼食，
晝夜受苦，無有休息；
謗斯經故，獲罪如是。
若得為人，諸根闇鈍，
矬 陋攣 躄，盲聾背傴，
有所言說，人不信受；
口氣常臭，鬼魅所著，
貪窮下賤，為人所使；
多病痟 瘦，無所依怙，
雖親附人，人不在意；
若有所得，尋復忘失，
若修醫道，順方治病；
更增他疾，或復致死；
若自有病，無人救療，
設服良藥，而復增劇；
若他反逆，抄劫竊盜，

彼亦不為，一切解脫。	如是等罪，橫羅其殃。	如是等罪，橫羅其殃；
無所滅度，便見導師。	如斯罪人，永不見佛，	如斯罪人，永不見佛，
佛何以故，而說解脫？	眾聖之王，說法教化。	眾聖之王，說法教化。
無所逮者，乃成佛道。	如斯罪人，常生難處，	如斯罪人，常生難處；
當得如我，為聖法王，	狂聾心亂，永不聞法。	狂聾心亂，永不聞法，
以安隱誼，現出于世。	於無數劫、如恒河沙，	於無數劫，如恒河沙；
告舍利弗，是吾法印，	生輒聾瘂，諸根不具。	生輒聾瘂，諸根不具；
是佛最後，微妙善說，	常處地獄，如遊園觀，	常處地獄，如遊園觀；
愍傷諸天，及於世間，	在餘惡道，如己舍宅，	在餘惡道，如己舍宅；
在所遊處，常能獨行。	駝驢豬狗，是其行處。	駝驢豬狗，是其行處；
假使有人，講說是典，	謗斯經故，獲罪如是。	謗斯經故，獲罪如是。
若有勸助，代歡喜者，	若得為人，聾盲瘖瘂、	若得為人，聾盲瘖瘂，
聞其妙法，當奉持之，	貧窮諸衰，以自莊嚴。	貧窮諸衰，以自莊嚴，
為悉供養，過去諸佛，	水腫乾痟、疥癩癰疽、	水腫乾痟，疥癩癰疽，
奉持此法，至不退轉。	如是等病，以為衣服。	如是等病，以為衣服；
假使有人，信樂斯經，	身常臭處，垢穢不淨，	身常臭處，垢穢不淨；
往古已見，過去導師，	深著我見，增益瞋恚，	深著我見，增益瞋恚；
亦悉奉順，諸聖至尊，	婬欲熾盛，不擇禽獸。	婬欲熾盛，不擇禽獸；
加得逮聞，如是典摸 (法;規)	謗斯經故，獲罪如是。	謗斯經故，獲罪如是。
皆得曾見，吾之儀容。	(以上內容可參閱七－35)	(以上內容可參閱七－35)
又亦觀察，我比丘眾，	告舍利弗：謗斯經者，	告舍利弗：謗斯經者，
常觀勤視，今現菩薩，	若說其罪，窮劫不盡。	若說其罪，窮劫不盡；
信斯典者，德亦如是。	以是因緣，我故語汝：	以是因緣，我故語汝，
一切皆瞻，是諸菩薩，	無智人中，莫說此經。	無智人中，莫說此經。
其信此經，則亦如是。	若有利根，智慧明了，	若有利根，智慧明了；
頑騃闇夫，不肯篤信，	多聞強識，求佛道者，	多聞強識，求佛道者，
若說此經，諸得神通，	如是之人，乃可為說。	如是之人，乃可為說。
諸聲聞黨，非其所逮，	若人曾見，億百千佛，	若人曾見，億百千佛，
緣覺之乘，亦不能了。	殖諸善本，深心堅固，	殖諸善本，深心堅固，
今我所有，諸聲聞等，	如是之人，乃可為說。	如是之人，乃可為說。
舍利弗身，堅固信之。	若人精進，常修慈心，	若人精進，常修慈心，
仁輩如是，信大法典，	不惜身命，乃可為說。	不惜身命，乃可為說。
現在盡悉，不著因緣。	若人恭敬，無有異心，	若人恭敬，無有異心，
假使不應，斯經卷者，	離諸凡愚，獨處山澤，	離諸凡愚，獨處山澤，
則為謗訕，佛天中天。	如是之人，乃可為說。	如是之人，乃可為說。
闇冥輩類，常懷愛欲，	又舍利弗！若見有人，	又舍利弗！若見有人，
未曾解了，無所生法。	捨惡知識，親近善友，	捨惡知識，親近善友；
又其毀謗，善權方便，	如是之人，乃可為說。	如是之人，乃可為說。

世間所有，佛常明日。 其聞佛說，講此罪福， 志不歡樂，顏色為變。 我今現在，及滅度後， 若有誹謗，如是典比。 不使比丘，書寫斯經， 佛說罪緣，皆誼普聽。 沒失人身，墮無擇獄， 處於其中，具足一劫。 又無央數，過是之限， 若罪竟已，常在癡冥。 假令得出，於地獄中， 便當墮于，禽獸畜生， 為狗蠱狐，其形燋悴。 當入人宅，或復見害。 設有憎惡，佛經典者， 其色變異，黯黮如墨。 罪之所為，顏常若漆， 身體羸瘦，而無潤澤。 為諸品類，所見賤穢， 瓦石打擲，啼哭淚出。 其人常被，撾捶榜笞， 饑渴虛乏，軀形瘦燥。 當墜畜生，駱駝驢騾， 常負重擔，而得捶杖， 心中燠憹，厄求芻草。 謗佛斯經，獲罪若此。 雖得為人，身疽癩瘡， 狀貌痤陋，肌色傷爛。 假使行人，縣邑聚落， 童子輕易，戲弄扠踏。 其愚騃子，若後壽終， 即當墮生，邊夷狄處， 當為含血，蠕動之類， 或為聾瘂，不得自在。 假使誹謗，此經獲罪， 常多疾病，體生疽蟲， 無數之命，唼食其軀，	若見佛子，持戒清潔， 如淨明珠，求大乘經， 如是之人，乃可為說。 若人無瞋，質直柔軟， 常愍一切，恭敬諸佛， 如是之人，乃可為說。 復有佛子，於大眾中， 以清淨心，種種因緣、 譬喻言辭，說法無礙， 如是之人，乃可為說。 若有比丘，為一切智， 四方求法，合掌頂受， 但樂受持，大乘經典， 乃至不受，餘經一偈， 如是之人，乃可為說。 如人至心，求佛舍利， 如是求經，得已頂受， 其人不復，志求餘經， 亦未曾念，外道典籍， 如是之人，乃可為說。 告舍利弗：我說是相， 求佛道者，窮劫不盡。 如是等人，則能信解， 汝當為說，《妙法華經》。	若見佛子，持戒清潔， 如淨明珠，求大乘經； 如是之人，乃可為說。 若人無瞋，質直柔軟， 常愍一切，恭敬諸佛； 如是之人，乃可為說。 復有佛子，於大眾中， 以清淨心，種種因緣， 譬喻言辭，說法無礙； 如是之人，乃可為說。 若有比丘，為一切智， 四方求法，合掌頂受， 但樂受持，大乘經典， 乃至不受，餘經一偈； 如是之人，乃可為說。 如人至心，求佛舍利， 如是求經，得已頂受， 其人不復，志求餘經， 亦未曾念，外道典籍； 如是之人，乃可為說。 告舍利弗：我說是相， 求佛道者，窮劫不盡， 如是等人，則能信解； 汝當為說，《妙法華經》。

心常憂瘀，疾不離己。 告舍利弗，不信此經， 彼男子者，無點⼘無明， 所在慳貪，性常嚛呎⼘（聲也）， 生盲無目，人所棄捐， 人坐不信。於佛大道， 口中常臭，惡氣外薰， 鬼神厭魅，詳觸嬈之， 普世俗人，無用言者。 假使不樂，斯道地者， 所在窮乏，常當貧匱。 身末常得，著好被服， 財業雖豐，不敢飲食。 有所造作，當所為者， 假使欲求，安隱之具， 設有所得，尋復亡失。 興發惡行，果報如此。 假使呼醫，合諸方藥， 善知方便，而療治之， 有不除差，及轉增劇， 恒被疾病，不得所便。 設復發意，興立餘事， 則遭擾擾，鬥諍之業， 又見毀辱，而被楚撻， 彼犯律者，常遇此惡。 若有誹謗，斯經之罪， 末曾得見，世雄（喻佛）導師。 人中帝王，佛之法教， 卒暴隧鬼，阿須倫神， 恒當罹殃，耳聾閉塞， 愚癡騃⼘瞶⼘，不得聞經。 設有誹謗，斯經典者， 然於後世，永無所見。 假使毀呰，斯經罪果， 殃無數億，百千之計， 若干姟劫，如江河沙， 常當瘖瘂，口不能言。 佛所立道，常師子吼，		

毀者地獄，以為遊觀，
勤苦惡趣，用作居宅，
已所犯罪，致殃如斯。
人多疾患，自速痛痓，
若在世間，當獲此咎。
坐在眾會，兩舌欺言，
命欲盡時，舉賈生息，
其身恒遭，若干苦痛。
無央數億，百千眾患，
顏貌常黑，人所不喜。
殃暴疽癘，常有臭氣，
自見吾我，顏色黧黵，
瞋恚懷毒，怒害滋甚。
情欲熾盛，無有節限，
有所好忤，若如畜生。
告舍利弗，今日世尊，
具足一切，說其人罪。
若有誹謗，斯佛經者，
欲計殃限，不可究竟。
見是誼(同「義」)已，當觀察之，
（以上內容可參閱七—35）
今我故為，舍利弗說。
不為愚騃，不解道者，
分別論講，如斯像法。
其有聰明，廣博多聞，
秉志堅強，常修憶辨，
若有勸發，遵尚佛道，
爾乃聽受，未曾有法。
則以睹見，億百千佛，
殖無央數，如意功德。
其人志性，猛如月光，
爾乃聽受，如是典籍。
若有精進，志常懷慈，
常於夙夜，焰燿悲哀，
朽棄軀體，不惜壽命，
爾乃聽受，於斯經卷。
常行恭敬，無他想習，
其心專一，不立愚願，

恒處曠野，若隱巖居， 彼等人仁，爾乃聽受。 結親善友，常相恃怙， 棄捐遠離，諸惡知識， 當得逮見，如是佛子， 乃能值遇，若斯言教。 不犯禁戒，如寶明珠， 志智奉受，方等諸經， 當見如茲，佛聖子孫， 常專精此，一品經卷。 設有罵詈，毀辱經者， 恒以愍哀，向于眾生， 常志恭敬，承安住教， 今故為之，說是經法。 其在眾會，誦斯經者， 心常如應，得無合會， 引無央數，億載譬喻， 故為是倫，而見斯典。 又佛今日，講解道品， 所至到處，踊躍而步。 假使比丘，欲求善說， 若見此經，當欣頂受。 其有奉持，方等經者， 心常專精，不樂餘業， 執持一頌，志不改易， 乃得聽受，如是弘模。 假使有人，慕求斯經， 當崇敬之，如如來身。 若人思僥，欲學此法， 設令得者，當稽首受。 其人不當，念索餘經， 亦未曾想，世之群籍。 而行佛道，志在根力(功德:業力) 悉捨離之，講專斯經。 告舍利弗，佛滿一劫， 舉喻億千，分別解脫。 設有願發，上尊佛道， 當以斯經，宣暢布散。		

〈信解品第四〉

二－14 四位聲聞長老見佛授舍利弗之「阿耨多羅三藐三菩提記」，心甚歡喜，得未曾有

西晉‧竺法護譯 《正法華經》	後秦‧鳩摩羅什譯 《妙法蓮華經》	隋‧闍那崛多、達磨笈多共譯 《添品妙法蓮華經》
〈信樂品第四〉	〈信解品第四〉	〈信解品第四〉
壹於是賢者須菩提、迦栴延、大迦葉、大目揵連等，聽演大法，得未曾有，本所未聞；而見世尊授舍利弗決，當得「無上正真之道」，驚喜踊躍。咸從坐起，進詣佛前，偏袒右肩，禮畢叉手(即「金剛合掌」，即合掌交叉兩手之指頭)，瞻順(瞻仰歸順)尊顏，內自思省，心體熙ㄒ怡(和樂：喜悅)，支節(四肢關節)和懌ㄧˋ(和悅)，悲喜竝(同「並」)集。	壹爾時慧命須菩提、摩訶迦栴延、摩訶迦葉、摩訶目揵連，從佛所聞「未曾有法」。(四位聲聞長老見)世尊授舍利弗「阿耨多羅三藐三菩提」記(佛授記舍利弗於未來世佛成佛為華光如來)，發希有心，歡喜踊躍，即從座起，整衣服，偏袒右肩，右膝著地，一心合掌，曲躬(躬身曲腰)恭敬。	壹爾時慧命須菩提、摩訶迦栴延、摩訶迦葉、摩訶目揵連，從佛所聞「未曾有法」。(四位聲聞長老見)世尊授舍利弗「阿耨多羅三藐三菩提」記(佛授記舍利弗於未來世佛成佛為華光如來)，發希有心，歡喜踊躍，即從座起，整衣服，偏袒右肩，右膝著地，一心合掌，曲躬(躬身曲腰)恭敬。
貳(摩訶迦葉)白世尊曰：唯大聖通，我等朽耄ㄇㄠˋ，年在老耄ㄇㄠˋ，於眾耆ㄑㄧˊ長，僉ㄑㄧㄢ(皆)老羸ㄌㄟˊ劣，歸命眾祐，(只)冀得(自求)「滅度」，(對於)志存「無上正真之道」，進力尠ㄒㄧㄢˇ少，(認為自己乃)無所堪任(堪承任受)。	貳瞻仰尊顏，而白佛言：我(摩訶迦葉)等居「僧之首」，年竝(同「並」)朽邁，自謂「已得涅槃」，無所堪任(堪承任受另外的「大法」)，(故)不復進求「阿耨多羅三藐三菩提」。	貳瞻仰尊顏，而白佛言：我(摩訶迦葉)等居「僧之首」，年竝(同「並」)朽邁，自謂「已得涅槃」，無所堪任(堪承任受另外的「大法」)，(故)不復進求「阿耨多羅三藐三菩提」。
參如來所講，我(摩訶迦葉)等靖(安定靜息)聽，次第坐定。諸來大眾，不敢危(幾乎：將要：一點點)疲，無所患厭。前者如來為鄙(我)說法，(吾)已得於「空、無相、無願」，至于： ❶佛典國土所有。 ❷於一切法，無所造作。 ❸其諸菩薩，所可娛樂(法喜禪悅之樂)。	參世尊往昔說法(指佛說「方等、般若」諸大乘法)既久，我(摩訶迦葉)時在座，身體疲懈(身形鬆散，疲倦懈息)，但(只)念「空、無相、無作」，(故)於 ❶菩薩法(大乘菩薩之法)。 ❷遊戲神通(心遊法性自在神通)。 ❸淨佛國土(清淨如來常寂之土)。	參世尊往昔說法(指佛說「方等、般若」諸大乘法)既久，我(摩訶迦葉)時在座，身體疲懈(身形鬆散，疲倦懈息)，但(只)念「空、無相、無作」，(故)於 ❶菩薩法(大乘菩薩之法)。 ❷遊戲神通(心遊法性自在神通)。 ❸淨佛國土(清淨如來常寂之土)。

❹如來勸發，多所率導化(順從)。 鄙(我)於三界，(雖)而見催逐(催促追逐)。(但我卻)常自惟忖喥(思惟忖度;思惟推測)，謂(己)獲「滅度」。 　㒵今至疲憊，爾(如來)乃誨我(摩訶迦葉)以奇特誼(同「義」)，樂於「等一」(方等一佛乘之法)，則發大意於「無上正真道」。而今大聖(釋迦佛)授(舍利弗)「聲聞」決，當成正覺，心用愕然(驚訝)，怪未曾有，余(我)得大利，各當奉事，乃獲逮(到)聞如是品經。 　㒷(我摩訶迦葉等人)從過去佛，(便)常聞斯法，故初值遇，則我「祿厚」(喻己福德如優厚的俸祿)，喻獲妙寶，無央數妙意所至願。現在於色，而無所畏，珍琦鼓樂，自然為鳴，而燃大燈，焰耀(光芒照射)彌廣，栴檀叢林，芬(芬芳)蘊(積聚)而香。唯然世尊，我豈堪任(堪承任受)而說之乎？ (釋迦佛)告曰：可也。	❹成就眾生(度化眾生)。 心不喜樂。所以者何？世尊(已)令我等出於「三界」，得「涅槃」證。 　㒵又今我(摩訶迦葉)等，年已朽邁，於佛(所說)教(示)化(導)菩薩(成)「阿耨多羅三藐三菩提」，不生一念「好樂之心」。我等今於佛前，聞(佛)授(舍利弗)「聲聞」阿耨多羅三藐三菩提記，心甚歡喜，得未曾有。 　㒷(我摩訶迦葉等人)不謂於今(不敢說僥倖於今日之法會)，忽然得聞希有之法，深自慶幸(深心喜悅自生慶幸)，獲大善利，無量珍寶、不求自得。	❹成就眾生(度化眾生)。 心不喜樂。所以者何？世尊(已)令我等出於「三界」，得「涅槃」證。 　㒵又今我(摩訶迦葉)等，年已朽邁，於佛(所說)教(示)化(導)菩薩(成)「阿耨多羅三藐三菩提」，不生一念「好樂之心」。我等今於佛前，聞(佛)授(舍利弗)「聲聞」阿耨多羅三藐三菩提記，心甚歡喜，得未曾有。 　㒷(我摩訶迦葉等人)不謂於今(不敢說僥倖於今日之法會)，忽然得聞希有之法，深自慶幸(深心喜悅自生慶幸)，獲大善利，無量珍寶、不求自得。

智者大師將佛陀所說之一代聖教，分判為「五時」，圖解如下：

「祕密教」和「不定教」				非頓、非漸 非祕密、非不定	
頓教	漸教				
	初	中	末		
第一時 （轉同爲別）	第二時 （轉凡成聖）	第三時 （轉小成大）	第四時 （轉權成實）	第五時 （轉偏成圓）	
華嚴時 擬宜時	鹿苑時（阿含時） 誘引時	方等時 彈訶時	般若時 淘汰時	法華	涅槃時
21天	12年	8年	22年	8年	1日1夜
指佛陀成道最初之三七日間說《華嚴經》之時。	佛陀說《華嚴經》後之「十二年間」，於「十六大國」說小乘四《阿含經》之時期。	※佛於「鹿苑」說「小乘法」，「二乘者」以「得少為足」，如來遂假維摩居士以呵斥之。 ※佛於「鹿苑時」之後「八年間」說《維摩、思益、勝鬘、楞伽》等大乘經典之時期。	※指「方等」時之後的「二十二年間」，佛說諸「般若經」之時期。 ※小乘既在「方等時」被彈呵，故須「迴心向大」，然其「執情」未能頓泯，佛遂以「般若空慧」法滌蕩之。	為使佛教證入「佛之知見」，故佛在人生「最後八年」間說《法華經》與入「涅槃」之前一日一夜說《涅槃經》之時期。	
如日照「高山」之時。	日照「幽谷」之時。	如日照「平地」之時（辰時，即早上7～9點）。	如日照「禺ㄩˊ中」之時（巳ㄙˋ時，即早上9～11點）。	如「日輪」當「正午」之時。（即近中午11～下午1點）	
正說「圓教」，兼說「別教」。	佛最初說法之處所在鹿野苑，故此期稱作「鹿苑時」；或稱「阿含時」。	此時之教法併說「藏、通、別、圓」四教，打破視「第二時」得「小乘」之「淺證」為與佛之「深證」為「同一」之偏見。	此時所說教法，在內容上為「通、別、圓」三教。	此時所說之教法純係「圓滿」之「圓教」，即會通「前四時」之淺方便教，並彰顯「真實」之「開顯圓」。	
講法對像為「別教」之「大菩薩眾」與「圓教」中之優秀份子。	※此期所說之教法程度較低，僅為「小乘法」。 ※佛因「小乘者」於《華嚴》大法不見不聞，猶如「聾瞽ㄍㄨˇ」，故「隱大化」而「施小化」之。	其所說「斥小歎大」（斥責小乘而讚歎大乘）、「彈偏褒圓」（彈訶偏教而褒揚圓教）之意義，乃欲啟發「小乘者」生起「恥小慕大」（恥小乘，尊大乘）之心。	闡示「通教」的消極之「空」（即「共般若」，爲三乘共學之般若）外，亦說明「別、圓」二教積極的「不空中道」之理（即「不共般若」，爲菩薩所學之若）。	《法華經》屬於前番「五味」中之「後教、後味」。此係將「華嚴時」以後至《法華經》間之「二乘」，令其成就「入佛知見」為最終目的。	
又名「擬宜時」。	以根機較淺者為	※此期亦稱「彈	※此時為淘汰	※令二乘者「會	

初從牛身擠出之「乳味」。	對象而誘導之，故稱「誘引時」；在教之順序上，此期譬喻為「酪味」。	訶時」（訶責小乘）。在教之順序上，則喻為「生酥味」。 ✺「方等」為「大乘經」之通稱，故此時為初說「大乘經」期，故亦稱「方等時」。	「大小乘」分別之「偏執」，說「諸法皆空」，融合「大小乘」於「一味」，故稱為「淘汰時」。 ✺在教之順序上，喻為「熟酥味」。此期乃佛為須菩提等說「般若」，令其仰慕「大乘」，且由「二乘」更進展至「大乘」中之「空」，故稱為「般若轉教」。	權歸實」，「了妄即真」。上中下根咸蒙「授記」，此乃佛宣說《法華經》之因緣。 ✺此期喻為「醍醐味」。《法華經》與《涅槃經》之關係在於顯揚「畢竟」之「一佛乘」思想。佛講《法華經》後，猶有「餘機」未盡，故佛又為彼等人說《涅槃經》以收拾「遺餘」（遺留剩餘的諸弟子們）。

二－15 窮子捨父逃逝五十年，後為求衣食遇父而不知。「大富長者」遣傍人，急追「貧窮子」將還

西晉・竺法護譯 《正法華經》	後秦・鳩摩羅什譯 《妙法蓮華經》	隋・闍那崛多、達磨笈多共譯 《添品妙法蓮華經》
壹時諸「聲聞」(指摩訶迦葉等人)共白佛言：昔有一士，離父流宕益（遠游），僑(寄居異鄉)亭(通「停」)他土，二、三十年，馳騁益（縱馬疾馳；奔馳）四至，求救衣食，恒守貧窮，困無產業。	壹世尊！我（摩訶迦葉）等今者，樂說「譬喻」，以明斯義。譬若有人，年既幼稚，捨父逃逝，久住「他國」，或十、二十，至五十歲。年既長大，加復窮困，馳騁益（縱馬疾馳；奔馳）四方，以求衣食。漸漸遊行，遇向「本國」。(喻迷本佛性，如失家鄉。反妄歸真，如向本國)	壹世尊！我（摩訶迦葉）等今者，樂說「譬喻」，以明斯義。譬若有人，年既幼稚，捨父逃逝，久住「他國」，或十、二十，至五十歲。年既長大，加復窮困，馳騁益（縱馬疾馳；奔馳）四方，以求衣食。漸漸遊行，遇向「本國」。(喻迷本佛性，如失家鄉。反妄歸真，如向本國)
貳父詣「異城」(喻佛現「應化身」而住於異城)，獲無央數金銀珍寶、水精琉璃、車𤩺馬碯、珊瑚虎魄，帑益藏(庫藏財產)盈滿，侍使僮僕、象馬車乘，不可稱計，眷屬無數，七寶	貳其父(喻如來)先來，求子不得，中止(於)「一城」(喻佛之「應化身」)。其家大富，財寶無量，金、銀、琉璃、珊瑚、虎珀、頗梨珠等，其諸倉庫，悉皆盈溢；多有「僮僕、臣佐、吏	貳其父(喻如來)先來，求子不得，中止(於)「一城」(喻佛之「應化身」)。其家大富，財寶無量，金、銀、琉璃、珊瑚、虎珀、頗梨珠等，其諸倉庫，悉皆盈溢；多有「僮僕、臣佐、吏

豐溢，出內錢財，耕種賈作。

參子厄求食，周行國邑，城營村落。(急)造「富長者」(其生父)，適值秋節(泛指秋季)，(窮子)入處城內，循行(巡視:巡行)帑藏(庫藏財產)，(其生父)與子別久，忽然思見，不知所在。

肆(其生父)自念一夫，財富無量，橫濟遠近，竊惟我老，朽耄垂至，假使終沒，室藏(儲藏珍寶)騷(早)散，願得見子，(任子)恣所服食，則獲「無為」，不復憂感(憂愁煩惱)。

伍其子僥會(僥幸遇會)至「長者」(其生父)家，遙見門前，梵志、君子，大眾聚會，眷屬圍遶，金銀「雜廁」(混雜:夾雜)。為師子座，交露(交錯的珠串所組成的帷幔，狀若露珠)珠瓔，為大寶帳，父坐其中，分部(分派)言教，諸解脫華(七寶花)，遍布其地，億百千金，以為飲食。

陸子覲「長者」(其生父)，色像威嚴，怖不自寧，謂是帝王？

民、象馬、車乘、牛羊，無數。出入「息利」(利息)，乃遍他國，商估(商人)賈客，亦甚眾多。

參時貧窮子，遊諸「聚落」，經歷國邑，遂到其父所止之「城」。父母念子，與子離別五十餘年(喻五十二菩薩階位)，而未曾向人說如此事(喻小乘聲聞等亦具有「一佛乘」資格之「真佛子」)，但自思惟：

肆心懷悔恨(追悔怨恨)，自念老朽，多有財物，金銀珍寶，倉庫盈溢；無有「子息」，一旦終沒，財物散失，無所委付。是以慇懃，每憶其子，復作是念：我若得子，委付財物，坦然快樂，無復憂慮。

伍(摩訶迦葉云)世尊！爾時窮子「傭賃」(謂受雇於人)，展轉遇到父舍，住立門側(喻小乘者不見中道實相，如只立於門側)。遙見其父，踞「師子床」，寶机承足。諸婆羅門、剎利、居士皆恭敬圍遶，以真珠瓔珞，價直千萬，莊嚴其身；吏民、僮僕，手執白拂，侍立左右。覆以寶帳，垂諸華幡，香水灑地，散眾名華，羅列寶物，出內取與，有如是等種種嚴飾，威德特尊。

陸窮子見父，有大力勢，即懷恐怖，悔來至此(指佛所住之城)。竊作是念：

民、象馬、車乘、牛羊，無數。出入「息利」(利息)，乃遍他國，商估(商人)賈客，亦甚眾多。

參時貧窮子，遊諸「聚落」，經歷國邑，遂到其父所止之「城」。父母念子，與子離別五十餘年(喻五十二菩薩階位)，而未曾向人說如此事(喻小乘聲聞等亦具有「一佛乘」資格之「真佛子」)，但自思惟：

肆心懷悔恨(追悔怨恨)，自念老朽，多有財物，金銀珍寶，倉庫盈溢；無有「子息」，一旦終沒，財物散失，無所委付。是以慇懃，每憶其子，復作是念：我若得子，委付財物，坦然快樂，無復憂慮。

伍(摩訶迦葉云)世尊！爾時窮子「傭賃」(謂受雇於人)，展轉遇到父舍，住立門側(喻小乘者不見中道實相，如只立於門側)。遙見其父，踞「師子床」，寶机承足。諸婆羅門、剎利、居士皆恭敬圍遶，以真珠瓔珞，價直千萬，莊嚴其身；吏民、僮僕，手執白拂，侍立左右。覆以寶帳，垂諸華幡，香水灑地，散眾名華，羅列寶物，出內取與，有如是等種種嚴飾，威德特尊。

陸窮子見父，有大力勢，即懷恐怖，悔來至此(指佛所住之城)。竊作是念：

若大君主？ 進退猶豫，不敢自前，尋ㄒ(《一切經音義》云：「又作趨ㄒ，芳務反，疾也」)便馳走。	此或是王(帝王➜喻法身佛)？ 或是王等(大君主➜喻報身佛)？ (此)非我「傭力」(受雇出賣勞力)得物之處！不如往至「貧里」(貧民聚居之里巷)，肆力(盡力)有地，衣食易得。若久住此(指佛所住之城)，或見逼迫，強使我作。作是念已，疾走而去。	此或是王(帝王➜喻法身佛)？ 或是王等(大君主➜喻報身佛)？ (此)非我「傭力」(受雇出賣勞力)得物之處！不如往至「貧里」(貧民聚居之里巷)，肆力(盡力)有地，衣食易得。若久住此(指佛所住之城)，或見逼迫，強使我作。作是念已，疾走而去。
㊛父遙見子，心用歡喜，遣傍「侍者」，追呼令還。	㊛(摩訶迦葉云)時「富長者」(其生父)於師子座，見子便識，心大歡喜，即作是念：我財物庫藏，今有所付。我常思念此子，無由見之，而忽自來(喻小乘者忽轉歸至「一佛乘」)，甚適我願。我雖年朽，猶故貪惜(貪吝庫藏)。即遣傍人(此喻諸大菩薩)，急追(小乘諸子)將還。	㊛(摩訶迦葉云)時「富長者」(其生父)於師子座，見子便識，心大歡喜，即作是念：我財物庫藏，今有所付。我常思念此子，無由見之，而忽自來(喻小乘者忽轉歸至「一佛乘」)，甚適我願。我雖年朽，猶故貪惜(貪吝庫藏)。即遣傍人(此喻諸大菩薩)，急追(小乘諸子)將還。
㊤遑(惶急不安)懅ㄐ(惶悚恐懼)躄ㄅ(跌倒)地，謂追者曰：我不「相犯」，何為「見捉」？侍者執之，俱詣「長者」(其生父)。	㊤爾時使者(此諸大菩薩皆為佛之使者)，疾走(喻令頓超直入「一佛乘」)往捉(小乘諸子)。窮子驚愕(喻忽聞「一佛乘」法而驚愕)，稱怨(稱是冤家)大喚(大聲叫喚)：我不相犯(喻我本無心入「一佛乘」教法)，何為見捉？使者執之愈急，「強牽」將還。(以大乘導化小乘名曰「強牽」。令回復本來心性名曰「將還」)于時窮子，自念無罪，而被囚執(囚禁停獲)，此必定死；轉更惶怖，「悶絕」躄ㄅ(跌倒)地。※	㊤爾時使者(此諸大菩薩皆為佛之使者)，疾走(喻令頓超直入「一佛乘」)往捉(小乘諸子)。窮子驚愕(喻忽聞「一佛乘」法而驚愕)，稱怨(稱是冤家)大喚(大聲叫喚)：我不相犯(喻我本無心入「一佛乘」教法)，何為見捉？使者執之逾急，「強牽」將還。(以大乘導化小乘名曰「強牽」。令回復本來心性名曰「將還」)于時窮子，自念無罪，而被囚執(囚禁停獲)，此必定死；轉更惶怖，「悶絕」躄ㄅ(跌倒)地。※

五十二位：

(1)大乘菩薩之「五十二種階位」。即「十信、十住、十行、十迴向、十地、等覺、妙覺」。

(2)「五十二菩薩階位」，諸經論所說不一，如《華嚴經》說「十住、十行、十迴向、十地、佛地」等四十一位。

(3)《仁王經・卷上・菩薩教化品》說「十善、三賢三十心、十地、佛地」等「五十一位」。

(4)《菩薩瓔珞本業經》則舉前位「十信」與「四十二賢聖位」，稱為「十信心、十心住、十行心、十迴向心、十地心、入法界心、寂滅心」。

(5)《大佛頂首楞嚴經‧卷八》更於「十信」之前說「乾慧地」，於「十迴向」之後加「煖、頂、忍、世第一法」等四善根，合為「五十七階位」。

(6)《瓔珞經》所舉之「五十二位」名義整足，位次無缺，故自古廣為大乘諸家所採用，其名數為：❶十信心，即信心、念心、精進心、慧心、定心、不退心、迴向心、護法心、戒心、願心。❷十心住，即發心住、治地心住、修行心住、生貴心住、方便心住、正心住、不退心住、童真心住、法王子心住、灌頂心住。

(以上資料據《佛光大辭典》再略作修訂)

※北宋‧戒環解《法華經要解‧卷二》云：

(1)父命追子，實欲親之。而子「驚悶絕」乃「自棄」也。譬「二乘」初聞「華嚴」，怯其「頓說」。

(2)蓋「頓教」以「煩惱即菩提」，而「二乘」以「煩惱為冤賊」，故「稱怨」也。

「頓」以「生死即涅槃」，而「二乘」以「生死為苦縛」，故「大喚」。

(3)不犯而被捉，譬「不求」而「強化」。

急執而強牽，譬「不從」而「強率」也。

(4)菩薩「示生」三界，而二乘以「三界為牢獄」，故云「無罪被囚」。

菩薩「出入」塵勞，而二乘恐喪「定果」，故云此「必定死」。

(5)由是如聾若啞，悶然不解，故曰「轉更惶怖，悶絕躄地」。

(參見《法華經要解》卷 2。詳 CBETA, X30, no. 602, p. 303, a // Z 1:47, p. 292, b // R47, p. 583, b)

※北宋‧戒環大師云：

論三經*(《般若經、法華經、楞嚴經》)* 大致無非為「一大事因緣」，而必先藉《般若》發明，次由《楞嚴》脩證，終至《法華》印可……導達禪乘，決擇正見，莫尚《楞嚴》矣。

(參見《新續高僧傳‧卷三》。《佛教藏》第一六一冊頁 103~106。或參見《楞嚴經要解》卷 1。詳 CBETA, X11, no. 270, p. 777, b // Z 1:17, p. 342, c // R17, p. 684, a)

二－16 窮子逃逝五十年後，仍未捨「權教小乘」之心。佛以「漸教」，後令得入「大乘」

西晉‧竺法護譯《正法華經》	後秦‧鳩摩羅什譯《妙法蓮華經》	隋‧闍那崛多、達磨笈多共譯《添品妙法蓮華經》
㊃「長者」告(窮子)曰：勿恐勿懼，吾為子(你)勤廣修產業，帑藏(庫藏財產)充實，與子別久，數思相見，(我已)年高力弊，父子情重。(後長者便)將(子攜)入家內，在於眾輩，(但)不與共語(講話)。所以者何？父知窮子，志存「下劣」，不識「福父」，久久意悟，色和	㊃(摩訶迦葉云)父遙見之，而語使(使者)言：不須此人(窮子)，勿強將來。以冷水灑(窮子)面，令得醒悟，莫復與語(喻不為彼講大乘法)。所以者何？父知其子，志意「下劣」(聲聞乘種性)，自知「豪貴」(喻佛德智慧豪富尊貴)為子所難(窮子見富父定驚疑成難)，審知是子，而以方便，不語	㊃(摩訶迦葉云)父遙見之，而語使(使者)言：不須此人(窮子)，勿強將來。以冷水灑(窮子)面，令得醒悟，莫復與語(喻不為彼講大乘法)。所以者何？父知其子，志意「下劣」(聲聞乘種性)，自知「豪貴」(喻佛德智慧豪富尊貴)為子所難(窮子見富父定驚疑成難)，審知是子，而以方便，不語

知名，又見琦珍。	(山)他人：云是我子(喻我之「眞佛子」)。	(山)他人：云是我子(喻我之「眞佛子」)。
（貳）「長者」言曰：(你)是吾子也，以權(方便説辭而)告子，今且恣汝隨意所奉。窮子(竟)怪之(此事)，得未曾有，則從坐起，(還往)行詣「貧里」，(往)求衣索食。	（貳）使者語(山)之：我今放汝(窮子)，隨意所趣。窮子(竟自)歡喜，得未曾有，從地而起，(仍還)往至(舊故)「貧里」(喻背實向權)，以求衣食。	（貳）使者語(山)之：我今放汝(窮子)，隨意所趣。窮子(竟自)歡喜，得未曾有，從地而起，(仍還)往至(舊故)「貧里」(喻背實向權)，以求衣食。
（參）父知(與)子(回)緣，方便與語(山)：汝便自(離)去，與小衆俱。」子來至此，而再致印，曰：「至此宅，有所調飾(指調教整飾諸事)。」父付(於子)象馬，即令粗習。假有問者，答亦如之。當調(調教訓練)車馬，嚴治寶物，恣意賜與。父求窮子，所可賑給(救濟施與)，具足如斯。時子於廐(同「厩」→馬房)，調習(調教訓練)車馬，繕治(整理；修補)珍寶，轉復教化家内小大。	（參）爾時「長者」，將欲誘引其子，而設方便，密遣二人(喻密遣菩薩化作「二乘」)，形色憔悴(而)無威德者：汝(二人)可詣彼，徐(慢)語(山)窮子：「此有(工)作處，(加)倍與汝直(錢)。」窮子若許，將來使(其工)作。若言：「欲何所作？」便可語(山)之：「雇汝除糞，我等二人亦共汝作。」(菩薩雖現二乘身，亦共彼同修小乘之行)時「二使人」即求窮子，既已得之，具陳上事(説明爲何雇彼除糞之因)。爾時窮子先取其價，尋(不久；隨即)與「除糞」(暫許彼證小乘四果，名「雇」也。令彼斷「見思」惑，名「除糞」也)。	（參）爾時「長者」，將欲誘引其子，而設方便，密遣二人(喻密遣菩薩化作「二乘」)，形色憔悴(而)無威德者：汝(二人)可詣彼，徐(慢)語(山)窮子：「此有(工)作處，(加)倍與汝直(錢)。」窮子若許，將來使(其工)作。若言：「欲何所作？」便可語(山)之：「雇汝除糞，我等二人亦共汝作。」(菩薩雖現二乘身，亦共彼同修小乘之行)時「二使人」即求窮子，既已得之，具陳上事(説明爲何雇彼除糞之因)。爾時窮子先取其價，尋(不久；隨即)與「除糞」。(暫許彼證小乘四果，名「雇」也。令彼斷「見思」惑，名「除糞」也)。
（肆）父於窓牖(窗戶)，遙見其子，所為超絶(指調習車馬，繕治寶物諸事)。(父使爲而)脱故所著，沐浴其(子)身，右手洗之，以寶瓔珞香華被(音)服(其子)，光曜(光輝亮麗)其(兒子)體，皆令清淨。	（肆）其父見子(佛見眾生竟捨大取小)，(憐)愍而怪之。又以他日，於窓牖(窗戶)中遙見子身，羸(瘦)瘦憔悴，糞土塵坌(搬落；飛揚)，污穢不淨。(其父)即脱瓔珞、細軟上服、嚴飾之具，更著麁弊垢膩之衣，塵土坌(搬落；飛揚)身(佛現劣應身)，右手執持「除糞之器」，狀有所畏(佛現劣應身，故無任何莊嚴)。(其父)語(山)諸(工)作人(聲聞、	（肆）其父見子(佛見眾生竟捨大取小)，(憐)愍而怪之。又以他日，於窓牖(窗戶)中遙見子身，羸(瘦)瘦憔悴，糞土塵坌(搬落；飛揚)，污穢不淨。(其父)即脱瓔珞、細軟上服、嚴飾之具，更著麁弊垢膩之衣，塵土坌(搬落；飛揚)身(佛現劣應身)，右手執持「除糞之器」，狀有所畏(佛現劣應身，故無任何莊嚴)。(其父)語(山)諸(工)作人(聲聞、

緣覺眾）：「汝等勤作，勿得懈息。」（其父）以方便故，得（親）近其子。

伍後（其父）復告（窮子）言：咄！男子！汝常此作（除糞事），勿復「餘去」（警誡勿從邪見），當加汝價（喻沙門果位之次第增進）。諸有所須「瓫器」（盛貯→喻果位）、米麵（濟飢→喻戒定）、鹽酢（調和→喻智慧）之屬，莫自疑難（小乘之「戒、定、慧、解脫、解脫知見」皆悉具足），亦有「老弊使人」（內證菩薩而外現聲聞比丘之老弊形者，即「菩薩比丘、應化聲聞、變化聲聞」之「內祕外現」）；（應）須（求）者相（供）給，好自安意。我如汝父，勿復憂慮。所以者何？我年老大，而汝少壯，汝常（工）作時，無有「欺怠、瞋恨、怨言」，都不見汝有此諸惡，如餘作人（我都不見你於平時有此諸惡；如餘世間「未入道者」有諸過惡）。自今已後，（我將視）如所生子。即時「長者」更與（窮子）作字，名之為「兒」。

陸爾時窮子雖欣此遇，猶故自謂：客作賤人（聲聞者仍自謂己非菩薩機，猶執著於小見）。由是之故，於二十年中常令「除糞」。過是已後，心相（指能通達心內相與心外相之義）體信（體解信受），入出無難（聞「大乘法」為「入」。說「小乘法」為「出」），然其所止，猶在「本處」（聲聞人雖達入出無難，得入「大乘」，而仍謂此是菩薩事，非己智分，故仍不肯回小向大，猶居小乘羅漢，不言未來自己當得作佛）。

緣覺眾）：「汝等勤作，勿得懈息。」（其父）以方便故，得（親）近其子。

伍後（其父）復告（窮子）言：咄！男子！汝常此作（除糞事），勿復「餘去」（警誡勿從邪見），當加汝價（喻沙門果位之次第增進）。諸有所須「瓫器」（盛貯→喻果位）、米麵（濟飢→喻戒定）、鹽醋（調和→喻智慧）之屬，莫自疑難（小乘之「戒、定、慧、解脫、解脫知見」皆悉具足），亦有「老弊使人」（內證菩薩而外現聲聞比丘之老弊形者，即「菩薩比丘、應化聲聞、變化聲聞」之「內祕外現」）；（應）須（求）者相（供）給，好自安意。我如汝父，勿復憂慮。所以者何？我年老大，而汝少壯，汝常（工）作時，無有「欺怠、瞋恨、怨言」，都不見汝有此諸惡，如餘作人（我都不見你於平時有此諸惡；如餘世間「未入道者」有諸過惡）。自今已後，（我將視）如所生子。即時「長者」更與（窮子）作字，名之為「兒」。

陸爾時「窮子」雖欣此遇，猶故自謂：客作賤人（聲聞者仍自謂己非菩薩機，猶執著於小見）。由是之故，於二十年中常令「除糞」。過是已後，心相（指能通達心內相與心外相之義）體信（體解信受），入出無難（聞「大乘法」為「入」。說「小乘法」為「出」），然其所止，猶在「本處」（聲聞人雖達入出無難，得入「大乘」，而仍謂此是菩薩事，非己智分，故仍不肯回小向大，猶居小乘羅漢，不言未來自己當得作佛）。

伍（其父）而告之曰：爾從本來，何所興立？何所繫屬？捨吾他行，勤苦飢寒。吾以耄矣，以情相告，便時納娶，嬉遊飲食，以康「祚胤」（以福運加被於後代子孫）。吾所造業，不可訾計（估量計算），眾寶具足，子知之乎！求汝積年，而戀「惡友」，今乃來歸，宜除瑕垢（恥辱；污點），吾有妙寶，夜光明珠，琦珍瓌（同「瑰」→珍奇美石）異，皆為汝施。僮僕侍使，男女大小，恣意所欲，一以相付。吾愛念汝，猶如國王，幸（寵愛）其太子。

陸諸尊「聲聞」共白佛言：彼時窮子，播盪（飄蕩遷移）流離二、三十年，至「長者」家，乃得申敘（詳細說明），追惟前後遊觀（遊逛觀覽）所，更心悉念之。

㈦時「大長者」寢疾于床，知壽欲終，自命其子而告之曰：吾今困劣，宜承「洪軌」(大法；根本規範)，居業寶藏，若悉受之，周濟窮乏，從意所施，輒備奉教，喜不自勝，所行至誠，不失本誓。	㈦(摩訶迦葉云)世尊！爾時「長者」有疾，自知將死不久。語🈂窮子言：我今多有金銀珍寶，倉庫盈溢，其中多少，所應取與，汝悉知之。我心如是，當體此意。所以者何？今我與汝，便為不異(所有皆付汝，如我無異)，宜加用心，無令漏失。	㈦(摩訶迦葉云)世尊！爾時「長者」有疾，自知將死不久。語🈂窮子言：我今多有金銀珍寶，倉庫盈溢，其中多少，所應取與，汝悉知之。我心如是，當體此意。所以者何？今我與汝，便為不異(所有皆付汝，如我無異)，宜加用心，無令漏失。
⑻父知子志，身行「謹勅」(同「謹教」→謹慎自飭)，先貧後富，益加欣慶。	⑻爾時窮子，即受教勅，領知眾物(眾多法財)，金銀珍寶，及諸庫藏，而無悕取「一湌🈂之意」(喻無心趣向大乘)。然其所止，故在「本處」(喻二乘處)，「下劣」之心，亦未能捨。復經少🈂時(一會兒)，父知子意，漸已「通泰」(曠達寬厚)，成就大志，自鄙「先心」(自覺鄙賤先時於鹿苑「執小」之心)。	⑻爾時窮子，即受教勅，領知眾物(眾多法財)，金銀珍寶，及諸庫藏，而無希取「一湌🈂之意」(喻無心趣向大乘)。然其所止，故在「本處」(喻二乘處)，「下劣」之心，亦未能捨。復經少🈂時(一會兒)，父知子意，漸以「通泰」(曠達寬厚)，成就大志，自鄙「先心」(自覺鄙賤先時於鹿苑「執小」之心)。
㈨宗敬親屬，禮拜者長，父於國王、君主、大臣眾會前曰：各且明聽，斯是吾子則吾所生，名字為「某」，捨我流迸🈂(流離；奔走)二、三十年，今乃相得。斯則吾子，吾則是父，所有財寶，皆屬我子。	㈨臨欲終時(喻佛說「般若」後，將欲示滅而說「法華」時)，而命其子，并會「親族、國王、大臣、剎利、居士」，皆悉已集，即自宣言：諸君當知！此是我子，我之所生。於某城中，捨吾逃走(捨佛大乘，逃入小乘)，伶🈂俜🈂(孤單)辛苦「五十餘年」，其本字「某」。我名「某甲」，(我)昔在本城，懷憂(憂思鬱結)推覓(推究尋覓)，忽於此間遇會得之(指兒子)。此實我子，我實其父。今我所有一切財物，皆是「子」有，先所出內，是子所知。	㈨臨欲終時(喻佛說「般若」後，將欲示滅而說「法華」時)，而命其子，并會「親族、國王、大臣、剎利、居士」，皆悉已集，即自宣言：諸君當知！此是我子，我之所生。於某城中，捨吾逃走(捨佛大乘，逃入小乘)，伶🈂俜🈂(孤單)辛苦「五十餘年」，其本字「某」。我名「某甲」，(我)昔在本城，懷憂(憂思鬱結)推覓(推究尋覓)，忽於此間遇會得之。此實我子(指兒子)，我實其父。今我所有一切財物，皆是「子」有，先所出內，是子所知。

| ⑩子聞「宣令」(傳達帝王的命令)，大眾之音，心益欣然，而自念言：余何「宿福」；得領室藏？ | ⑩(摩訶迦葉云)世尊！是時「窮子」聞父此言，即大歡喜，得未曾有，而作是念：我本「無心」(於大乘寶藏)，(但)有所希求(佛果)，今此寶藏(竟)自然而至。 | ⑩(摩訶迦葉云)世尊！是時「窮子」聞父此言，即大歡喜，得未曾有，而作是念：我本「無心」(於大乘寶藏)，(但)有所希求(佛果)，今此寶藏(竟)自然而至。 |

五種聲聞：

❶**決定聲聞**(一向趣寂聲聞、種性聲聞)：謂其久習「小乘」之法，故今聞「小乘教」而得「證果」，既「證小果」之後，便再不進求「大乘之法」。

❷**退菩提聲聞**(迴向菩提聲聞)：謂此「聲聞」，往昔本是「菩薩」，曾發「菩提」之心，積劫修道，忽因「疲厭生死」，進而退失「大道之心」而反取證「小果」。

❸**應化聲聞**(變化聲聞)：「應化」指「應現變化」，「應化聲聞」本是「諸佛菩薩」化現，此化現之「菩薩眾」皆 內祕真實之行，外現聲聞之身 ，但卻能引接前面「決定聲聞、退菩提聲聞」導歸於「大乘」，及廣化眾生，令入佛道。

❹**增上慢聲聞**：謂自稱已得「增上之法」而輕慢於他，此種聲聞「厭惡生死、欣樂涅槃」，因修「戒定慧」之道，稍有所得，便謂「證果」，此乃屬「未得謂得、未證謂證」，故稱「增上慢聲聞」。

❺**大乘聲聞**：謂以佛道之聲，令一切聞者不住於「化城」(喻小乘涅槃)，終歸大乘實相「究竟涅槃」之理。

(以上資料據《佛光大辭典》再略作修訂)

二－17 大乘菩薩是「佛真子」，小乘聲聞只名為「似佛子」

西晉‧竺法護譯《正法華經》	後秦‧鳩摩羅什譯《妙法蓮華經》	隋‧闍那崛多、達磨笈多共譯《添品妙法蓮華經》
⓵諸「聲聞」(摩訶迦葉)等，又白佛言：大富長者」則譬「如來」，諸「學士」(有學、無學)者，則謂「佛子」。勉濟(勤勉拔濟)吾(摩訶迦葉)等，三界勤苦，如「富長者」還執其子，度脫生死。	⓵(摩訶迦葉云)世尊！「大富長者」則是「如來」，我等皆「似佛子」(大乘菩薩是「佛真子」。小乘聲聞名為「似子」)，如來常說我等為子。世尊！我等以「三苦」(苦苦、壞苦、行苦)故，於生死中受諸「熱惱」(身心焦熱苦惱)，迷惑無知，樂著「小法」。	⓵(摩訶迦葉云)世尊！「大富長者」則是「如來」，我等皆「似佛子」(大乘菩薩是「佛真子」。小乘聲聞名為「似子」)，如來常說我等為子。世尊！我等以「三苦」(苦苦、壞苦、行苦)故，於生死中受諸「熱惱」(身心焦熱苦惱)，迷惑無知，樂著「小法」。
⓶於是世尊，有無央數聖眾之寶，以「五神通」除「五陰蓋」(❶貪欲蓋❷瞋恚蓋❸惛眠蓋❹掉舉惡⦅作蓋❺疑蓋)，常修精進。(我摩訶迦葉等人)在彼道教(佛道教修)，(竟)志于「滅度」，(而)謂為「妙印」。(吾人)慇懃慕求，初	⓶(摩訶迦葉云)今日世尊，令我等思惟，蠲除諸法「戲論」(邪執邪見)之糞，我等(曾)於(小乘教法)中，勤加精進，得至「涅槃」一日之價(喻小乘僅得一日備工之價，便自謂為足)。既得此已(指小乘四果)，心大歡喜，自以為足，	⓶(摩訶迦葉云)今日世尊，令我等思惟，蠲除諸法「戲論」(邪執邪見)之糞，我等(曾)於(小乘教法)中，勤加精進，得至「涅槃」一日之價(喻小乘僅得一日備工之價，便自謂為足)。既得此已(指小乘四果)，心大歡喜，自以為足，

不休懈（休息懈息），欲得「無為」，意中默然，熟自思惟，所獲無量，於如來所，承順法行，遵修禪定，而常信樂。	而便自謂：於佛法（小乘教法）中勤精進故，所得弘多。	而便自謂：於佛法（小乘教法）中勤精進故，所得弘多。
㊂（摩訶迦葉云：世尊）謂觀我等「懈廢」下劣，而不分別，不能志願（於）此如來法珍寶之藏。	㊂（摩訶迦葉云）然世尊（於鹿苑時）先知我等，心著「弊欲」（麤弊五欲），樂於「小法」（小乘教法），（佛）便見（吾等修學小乘）縱捨（放縱習小而捨於大），不為（我等）分別（演說）：汝等當有如來「知見」寶藏之分。	㊂（摩訶迦葉云）然世尊（於鹿苑時）先知我等，心著「弊欲」（麤弊五欲），樂於「小法」（小乘教法），（佛）便見（吾等修學小乘）縱捨（放縱習小而捨於大），不為（我等）分別（演說）：汝等當有如來「知見」寶藏之分。
㊃（摩訶迦葉云）於今世尊，以「權方便」，觀（吾等）于本際（過去），（賜吾）慧寶珞藏（庫藏財貨），蠲除（免除）饑（饑餓）餒（飲食），授「大妙印」。唯然大聖（釋迦佛），於今耆年，斯大迦葉從如來所，朝旦「印印」（喻佛以法印去印眾生之心），當至「無為」。	㊃世尊以方便力，說如來智慧。我（摩訶迦葉）等從佛，得涅槃一日之價（喻小乘僅得一日傭工之價，便自謂為足），以為大得；於此（法華圓頓）大乘，無有志求（志願希求）。	㊃世尊以方便力，說如來智慧。我（摩訶迦葉）等從佛，得涅槃一日之價（喻小乘僅得一日傭工之價，便自謂為足），以為大得；於此（法華圓頓）大乘，無有志求（志願希求）。
㊄又世尊為我（摩訶迦葉）等示現「菩薩大士」慧誼（同「義」），余黨奉行，為眾說法，當顯如來聖明大德，咸使暢入隨時之誼（同「義」）。	㊄我（摩訶迦葉）等又因如來智慧，為（彼等）「諸菩薩」開示演說（大般若法），而（吾等竟）自於此（大乘法）無有志願（自謂己為小機，非菩薩根，故於大乘無志願求）。	㊄我（摩訶迦葉）等又因如來智慧，為（彼等）「諸菩薩」開示演說（大般若法），而（吾等竟）自於此（大乘法）無有志願（自謂己為小機，非菩薩根，故於大乘無志願求）。
㊅所以者何？世雄（世尊）大通「善權方便」，知我（摩訶迦葉）「志操」（志向節操），不解「深法」，為現「聲聞」，畏三界法，及生老死，「色、聲、香、味、細滑」之事。（吾等）趣欲「自濟」，不救一切，（遠）離大慈悲「智慧」善權，禪定三昧。乃知人心，不覩一切眾生根	㊅所以者何？佛知我（摩訶迦葉）等心樂「小法」，（故）以「方便力」隨我等說；而我等不知「真是佛子」（不知我於「往昔本因」就已是「佛之真子」）。今我（摩訶迦葉）等方知世尊，於「（成）佛智慧」無所「恡惜」（慳吝不捨）。	㊅所以者何？佛知我（摩訶迦葉）等心樂「小法」，（故）以「方便力」隨我等說；而我等不知「真是佛子」（不知我於「往昔本因」就已是「佛之真子」）。今我（摩訶迦葉）等方知世尊，於「（成）佛智慧」無所「恡惜」（慳吝不捨）。

原。譬如窮士，求衣索食，而父須待，欲使安樂，子不覺察。佛以「方便」，隨時示現。我(摩訶迦葉)等「不悟」。今乃自知「成佛真子」，無上「孫息」(佛子佛孫)，(皆)為佛所矜(哀矜)，(故佛)施以大慧。

㊅所以者何？雖(摩訶迦葉吾等昔曾)為「佛子」，(但)下賤怯弱。假使如來(宣講大法)，(令吾人能)靚心信樂，喜「菩薩乘」，然後乃說「方等」(大乘)大法。

㊇又世尊興(興起)，為二事，❶為「諸菩薩」現「甘露法」。❷為諸下劣，志願小者，轉復「勸進」，入微妙誼(同「義」)。

譬如彼子，與父別久，行道遙見，不識何人，(被)呼而怖懼；後稍稍示威儀法，則乃知是(真)父。

佛亦如是，吾(摩訶迦葉)等不解「菩薩大士」，雖(與菩薩皆)從法生，(亦)為如來子，但(吾等只)求「滅度」，不志(願於)道場，坐於樹下，降魔「官屬」(官吏下屬；眷屬)，度脫一切。

㊅所以者何？我(摩訶迦葉)等昔來「真是佛子」，而但樂小法，若我等有「樂大」之心，佛則為我說「大乘法」，於此(法華)經中唯說「一乘」(一佛乘道)，而(佛)昔於菩薩前，毀呰「聲聞」樂小法者(佛於昔日之「方等」會中，當諸菩薩大眾前毀斥「聲聞」樂著「小法」者，名為「焦種、敗種、敗種二乘」。即二乘如草木之種子已敗壞，或根已腐敗，故永不能成佛)，然佛實以「大乘」教化(諸菩薩)。

㊈是故我(摩訶迦葉)等說：「本無心，有所悕求」(本無大心希求佛法)。今法王大寶，自然而至，如「佛子」所應得者(如彼諸菩薩所當得之法)，(吾今等)皆已得之。

㊅所以者何？我(摩訶迦葉)等昔來「真是佛子」，而但樂小法，若我等有「樂大」之心，佛則為我說「大乘法」，於此(法華)經中唯說「一乘」(一佛乘道)，而(佛)昔於菩薩前，毀呰「聲聞」樂小法者(佛於昔日之「方等」會中，當諸菩薩大眾前毀斥「聲聞」樂著「小法」者，名為「焦種、敗種、敗種二乘」。即二乘如草木之種子已敗壞，或根已腐敗，故永不能成佛)，然佛實以「大乘」教化(諸菩薩)。

㊈是故我(摩訶迦葉)等說：「本無心，有所希求」(本無大心希求佛法)。今法王大寶，自然而至，如「佛子」所應得者(如彼諸菩薩所當得之法)，(吾今等)皆已得之。

我(摩訶迦葉)輩自謂「已得解脫」，以是之故，今日覩聞(菩薩成佛大法)，(但)未為成就，(故仍)不為(真)出家，不成(真)沙門。 今如來尊，現諸「通慧」(一切種智)，我(摩訶迦葉)等以獲大聖珍寶，佛則為父，我則為子，父子同體，焉得差別？ 猶如「長者」，臨壽終時，於大眾前，宣令(傳達帝王命令)「帝王、梵志、長者、君子」，今諸所有「庫藏珍寶」，用賜其子。子聞歡喜，得未曾有。 佛亦如是，先現「小乘」，一時悅我(摩訶迦葉)，然今最後，普令四輩「比丘、比丘尼、清信士、清信女」，「天上、世間」一切人民，顯示「本宜(同「義」)」。佛(曾)「權方便」(而)說「三乘」(聲聞乘、緣覺乘、菩薩乘)耳，尚無有二，豈當有三？(如今)是諸「聲聞」皆當(能)「成佛」，(故)我(摩訶迦葉)等(非常)悅豫(喜悅:愉快)，不能自勝。		

二 - 18 大迦葉為此「譬喻」而說偈頌

西晉・竺法護譯 《正法華經》	後秦・鳩摩羅什譯 《妙法蓮華經》	隋・闍那崛多、達磨笈多共譯 《添品妙法蓮華經》
時大迦葉則說頌曰： 我等今日，逮聞斯音， 怪之愕然，得未曾有，	爾時摩訶迦葉欲重宣此義，而說偈言： 我等今日，聞佛音教， 歡喜踊躍，得未曾有。	爾時摩訶迦葉，欲重宣此義，而說偈言： 我等今日，聞佛音教， 歡喜踊躍，得未曾有。

由是之故，心用悲喜。
又省導師，柔軟音聲，
尊妙珍寶，為大積聚，
一處合集，以賜我等。
未曾思念，亦不有求，
還聞弘教，心懷踊躍。
譬如「長者」，而有一子，
興起如愚，亦不闇冥，
自捨其父，行詣他國，
志于殊域，仁賢百千。
於時「長者」，愁憂念之，
然後而聞，即自逃走，
遊于十方，意常悒感。
父子隔別，二三十年，
與人戀訟，欲得其子，
便詣異土，入于大城。
則於彼止，立於屋宅，
具足嚴辦，五樂之欲，
無數紫金，及諸珍寶，
奇異財業，明珠碧玉，
象馬車乘，甚為眾多。
牛畜腤(腹)豘(豬)，
雞騺挮羊，
出內產息，賈作耕種，
奴僕僮使，不可計數。
嚴辦眾事，億千百類，
又得王意，威若國主，
一城民庶，委敬自歸，
諸郡種人，遠皆戴仰。
若干種業，因從求索，
興造既多，不可計限，
勢富如是。啼哭淚出，
吾既朽老，志力衰變，
心誨思想，欲得見子。
夙夜追念，情不去懷，
聞子之問，意增煩惋。
捨我別來，二三十年，
吾之所有，財業廣大，

佛說聲聞，當得作佛，
無上寶聚，不求自得。
譬如童子，幼稚無識，
捨父逃逝，遠到他土，
周流諸國，五十餘年。
其父憂念，四方推求，
求之既疲，頓止一城，
造立舍宅，五欲自娛。
其家巨富，多諸金銀、
車渠馬腦、真珠琉璃；
象馬牛羊、輦輿車乘；
田業僮僕、人民眾多。
出入息利，乃遍他國，
商估賈人、無處不有。
千萬億眾，圍繞恭敬，
常為王者，之所愛念，
群臣豪族，皆共宗重。
以諸緣故，往來者眾，
豪富如是，有大力勢。
而年朽邁，益憂念子，
夙夜惟念，死時將至。
癡子捨我，五十餘年，
庫藏諸物，當如之何？
爾時窮子，求索衣食，
從邑至邑、從國至國。
或有所得，或無所得，
飢餓羸瘦，體生瘡癬。
漸次經歷，到父住城，
傭賃展轉，遂至父舍。
爾時「長者」，於其門內，
施大寶帳，處師子座；
眷屬圍遶，諸人侍衛，
或有計算，金銀寶物，
出內財產，注記券疏。
窮子見父，豪貴尊嚴，
謂是國王，若是王等。
驚怖自怪，何故至此。
覆自念言：我若久住，

佛說聲聞，當得作佛；
無上寶聚，不求自得。
譬如童子，幼稚無識，
捨父逃逝，遠到他土；
周流諸國，五十餘年；
其父憂念，四方推求，
求之既疲，頓止一城，
造立舍宅，五欲自娛。
其家巨富，多諸金銀、
車渠馬瑙、真珠琉璃、
象馬牛羊、輦輿車乘、
田業僮僕，人民眾多；
出入息利，乃遍他國；
商估賈人，無處不有。
千萬億眾，圍繞恭敬；
常為王者，之所愛念；
群臣豪族，皆共宗重；
以諸緣故，往來者眾。
豪富如是，有大力勢，
而年朽邁，益憂念子，
夙夜惟念：死時將至，
癡子捨我，五十餘年，
庫藏諸物，當如之何？
爾時窮子，求索衣食，
從邑至邑、從國至國；
或有所得，或無所得，
飢餓羸瘦，體生瘡癬；
漸次經歷，到父住城，
傭賃展轉，遂至父舍。
爾時「長者」，於其門內，
施大寶帳，處師子座；
眷屬圍繞，諸人侍衛，
或有計算，金銀寶物，
出內財產，注記券疏。
窮子見父，豪貴尊嚴，
謂是國王，若是王等；
驚怖自怪，何故至此？
復自念言：我若久住，

假當壽終，無所委付。 計彼「長者」，其子愚濁， 貧窮困厄，常求衣食， 遊諸郡縣，恒多思想， 周旋汲汲，慕係嗇口， 征營馳邁，裁自供活， 或時有獲，或無所得。 纏滯他鄉，亦懷悒﹃儱﹄， 志性褊﹄促，荊棘塵﹄（同「塵」 治也。後晉·可洪撰《新集藏經音義隨函 錄·卷五》云：塵，上力之反，畫也）身， 展轉周旋，行不休息， 漸漸自致，到父所居。 槃桓入出，復求衣食， 稍稍得進，至于家君。 遙見勢富，極大「長者」， 在於門前，坐師子床， 無數侍衛，眷屬圍繞， 出入財產，及所施與。 若干人眾，營從立侍， 或有計校，金銀珍寶， 或合簿書，部別分貟， 紀別入出，料量多少。 于時窮子，見之如此， 倚住路側，觀所云為， 自惟我身，何為至此， 斯將帝王，若王太子， 得無為之，所牽逼迫， 不如捨去，修己所務。 思慮是已，尋欲迸逝， 世無敬貧，喜窮士者。 是時「長者」，處師子座， 遙見其子，心密踊躍， 尋遣侍者，追而止之， 呼彼窮子，使還相見。 侍者受教，追及宣告， 錄召令還。即怖僻地， 心竊自惟，得無被害，	或見逼迫，強驅使作。 思惟是已，馳走而去， 借問貧里，欲往傭作。 「長者」是時，在師子座， 遙見其子，默而識之。 即勅使者，追捉將來。 窮子驚喚，迷悶躄﹄地： 是人執我，必當見殺， 何用衣食，使我至此？ 「長者」知子，愚癡狹劣， 不信我言，不信是父， 即以方便，更遣餘人， 眇﹄目矬﹄陋，無威德者： 汝可語之，云當相雇， 除諸糞穢，倍與汝價。 窮子聞之，歡喜隨來， 為除糞穢，淨諸房舍。 「長者」於牖，常見其子， 念子愚劣，樂為鄙事。 於是「長者」，著弊垢衣， 執除糞器，往到子所， 方便附近，語令勤作： 既益汝價，并塗足油， 飲食充足，薦席厚煖。 如是苦言：汝當勤作。 又以軟語：若如我子。 「長者」有智，漸令入出， 經二十年，執作家事。 示其金銀、真珠頗梨； 諸物出入，皆使令知。 猶處門外，止宿草庵， 自念貧事：我無此物。 父知子心，漸已廣大， 欲與財物。即聚親族、 國王大臣、剎利居士， 於此大眾，說是我子， 捨我他行，經五十歲， 自見子來，已二十年。	或見逼迫，強驅使作。 思惟是已，馳走而去， 借問貧里，欲往傭作。 「長者」是時，在師子座， 遙見其子，默而識之； 即勅使者，追捉將來。 窮子驚喚，迷悶躄﹄地： 是人執我，必當見殺， 何用衣食，使我至此？ 「長者」知子，愚癡狹劣， 不信我言，不信是父； 即以方便，更遣餘人， 眇﹄目矬﹄陋，無威德者， 汝可語之：云當相雇； 除諸糞穢，倍與汝價。 窮子聞之，歡喜隨來， 為除糞穢，淨諸房舍。 「長者」於牖，常見其子， 念子愚劣，樂為鄙事。 於是「長者」，著弊垢衣， 執除糞器，往到子所； 方便附近，語令勤作， 既益汝價，并塗足油， 飲食充足，薦席厚暖。 如是苦言，汝當勤作。 又以軟語，若如我子。 「長者」有智，漸令入出， 經二十年，執作家事， 示其金銀、真珠頗梨； 諸物出入，皆使令知； 猶處門外，止宿草庵， 自念貧事，我無此物。 父知子心，漸已曠大， 欲與財物，即聚親族、 國王大臣，剎利居士， 於此大眾，說是我子； 捨我他行，經五十年， 自見子來，已二十年。

曷為見執，何所求索。
大富「長者」，見之起慂，
憐傷斯子，為下劣極，
亦不親信，彼是我父，
又復懷疑，不審財寶。
其人慰喻，具解語之，
有紫磨金，積聚於此，
當以供仁，為飲食具，
典攝眾計，役業侍使，
吾有眾寶，蘊積腐敗，
委在糞壤，不見飾用。
子便多取，以為質本，
蓄財殷廣，無散用者。
其人聞告，如是教勅，
則尋往詣，奉宣施行，
受「長者」教，不敢違命，
即入家中，止頓正領。
爾時「長者」，遙從天窻，
詳觀察之，知何所為。
雖是吾子，下劣底極，
唯曉計算，調御車耳。
即從樓觀，來下到地，
便還去衣，垢污之服，
則便往詣，到其子所。
勅之促起，修所當為，
則當與卿，劇難得者，
以德施人，案摩手腳，
醎醹滋美，以食相給，
及床臥具，騎乘所乏。
於時復為，娉索妻婦，
敖黠「長者」，以此漸教，
子汝當應，分部之業，
吾愛子故，心無所疑。
漸漸稍令，入在家中，
賈作治生，所入難計，
所空缺處，皆使盈溢，
步步所行，鞭杖加人，
珍琦異寶，明珠流離，

昔於某城，而失是子，
周行求索，遂來至此。
凡我所有，舍宅人民，
悉以付之，恣其所用。
子念昔貧，志意下劣，
今於父所，大獲珍寶，
并及舍宅、一切財物。
甚大歡喜，得未曾有。
佛亦如是，知我樂小，
未曾說言：汝等作佛。
而說我等，得諸無漏，
成就小乘，聲聞弟子。
佛勅我等，說最上道，
修習此者，當得成佛。
我承佛教，為大菩薩，
以諸因緣、種種譬喻、
若干言辭，說無上道。
諸佛子等、從我聞法，
日夜思惟，精勤修習。
是時諸佛，即授其記：
汝於來世，當得作佛。
一切諸佛，祕藏之法，
但為菩薩，演其實事，
而不為我，說斯真要。
如彼窮子、得近其父，
雖知諸物，心不希取。
我等雖說，佛法寶藏，
自無志願，亦復如是。
我等內滅，自謂為足，
唯了此事，更無餘事。
我等若聞，淨佛國土，
教化眾生，都無欣樂。
所以者何？一切諸法，
皆悉空寂，無生無滅，
無大無小，無漏無為。
如是思惟，不生喜樂。
我等長夜，於佛智慧，
無貪無著，無復志願；

昔於某城，而失是子，
周行求索，遂來至此。
凡我所有，舍宅人民，
悉以付之，恣其所用。
子念昔貧，志意下劣，
今於父所，大獲珍寶，
并及舍宅，一切財物，
甚大歡喜，得未曾有。
佛亦如是，知我樂小，
未曾說言，汝等作佛。
而說我等，得諸無漏，
成就小乘，聲聞弟子。
佛勅我等，說最上道，
修習此者，當得成佛。
我承佛教，為大菩薩
以諸因緣，種種譬喻；
若干言辭，說無上道。
諸佛子等，從我聞法，
日夜思惟，精勤修習。
是時諸佛，即授其記；
汝於來世，當得作佛。
一切諸佛，祕藏之法，
但為菩薩，演其實事，
而不為我，說斯真要；
如彼窮子，得近其父，
雖知諸物，心不悕取；
我等雖說，佛法寶藏，
自無志願，亦復如是；
我等內滅，自謂為足，
唯了此事，更無餘事。
我等若聞，淨佛國土，
教化眾生，都無欣樂；
所以者何？一切諸法，
皆悉空寂，無生無滅，
無大無小，無漏無為。
如是思惟，不生喜樂。
我等長夜，於佛智慧，
無貪無著，無復志願；

都皆收檢，内于帑藏(庫藏財產)	而自於法，謂是究竟。	而自於法，謂是究竟。
一切所有，能悉計校，	我等長夜，修習空法，	我等長夜，修習空法；
普悉思惟，財產利誼。	得脫三界，苦惱之患，	得脫三界，苦惱之患，
為愚騃子，別作小庫，	住最後身、有餘涅槃。	住最後身，有餘涅槃。
與父不同，在於外處。	佛所教化，得道不虛，	佛所教化，得道不虛，
于時窮士，心自念言，	則為已得，報佛之恩。	則為已得，報佛之恩。
人無有此，如我庫者。	我等雖為，諸佛子等，	我等雖為，諸佛子等，
時父即知，志性所念，	說菩薩法，以求佛道；	說菩薩法，以求佛道，
其人自謂，得無極勢，	而於是法，永無願樂。	而於是法，永無願樂。
即便召之，而親視之。	導師見捨，觀我心故，	導師見捨，觀我心故，
欲得許付，所有財賄，	初不勸進，說有實利。	初不勸進，說有實利；
而告之曰，今我一切，	如富「長者」，知子志劣，	如富「長者」，知子志劣，
無數財寶，生活資貨，	以方便力，柔伏其心，	以方便力，柔伏其心，
聚會大眾，在國王前，	然後乃付，一切財物。	然後乃付，一切財寶；
「長者」梵志，君子等類，	佛亦如是，現希有事，	佛亦如是，現希有事，
使人告令，遠近大小。	知樂小者，以方便力，	知樂小者，以方便力，
今是我子，捨我迸走，	調伏其心，乃教大智。	調伏其心，乃教大智。
在於他國，梁昌求食，	我等今日，得未曾有，	我等今日，得未曾有，
窮厄困極，今乃來歸，	非先所望，而今自得，	非先所望，而今自得，
與之別離，二三十年。	如彼窮子，得無量寶。	如彼窮子，得無量寶。
今至此國，乃得相見，	世尊我今，得道得果，	世尊我今，得道得果，
在於某城。而亡失之，	於無漏法，得清淨眼。	於無漏法，得清淨眼；
於此求索，自然來至，	我等長夜，持佛淨戒，	我等長夜，持佛淨戒，
我之財物，無所乏少，	始於今日，得其果報，	始於今日，得其果報；
今悉現在，於斯完具，	法王法中，久修梵行，	法王法中，久修梵行，
一切皆以，持用相與，	今得無漏，無上大果。	今得無漏，無上大果；
卿當執御，父之基業。	我等今者，真是聲聞，	我等今者，真是聲聞，
其人尋歡，得未曾有。	以佛道聲，令一切聞。	以佛道聲，令一切聞。
我本貧窮，所在不詣，	我等今者，真阿羅漢，	我等今者，真阿羅漢，
父時知余，為下劣極，	於諸世間，天人魔梵，	於諸世間，天人魔梵，
得諸帑藏(庫藏財產)，今日乃安	普於其中，應受供養。	普於其中，應受供養。
大雄導師，教化我等，	世尊大恩，以希有事，	世尊大恩，以希有事，
覩見下劣，樂喜小乘，	憐愍教化，利益我等，	憐愍教化，利益我等；
度脫我輩，使得安隱，	無量億劫，誰能報者。	無量億劫，誰能報者？
便復授決，當成佛道。	手足供給，頭頂禮敬，	手足供給，頭頂禮敬，
於今安住，多所遣行。	一切供養，皆不能報。	一切供養，皆不能報。
無數菩薩，慧力無量，	若以頂戴，兩肩荷負，	若以頂戴，兩肩荷負，
分別示現，無上大道，	於恒沙劫，盡心恭敬；	於恒沙劫，盡心恭敬；

攀緣稱讚，億姟譬喻，
余等得聞。最勝諸子，
則便奉行，尊上大道，
所當起立，視眾眼目，
當於世間，得成佛道，
而為聖尊，造業如斯。
將養擁護，於此佛法，
講說分別，最勝慧誼。
則為感動，一切眾生，
我等志願，貪心思念。
假使得聞，于斯佛誨，
不肯發起，如來之慧。
覩見最勝，宣暢道誼，
意中自想，盡得滅度，
不願志求，如此比慧。
又聞大聖，諸佛國土，
未曾有意，發歡喜者，
寂然在法，一切無漏，
棄捐所興，滅度之事。
由此思想，不成佛道，
常當修行，晝夜除慢。
諸佛道誼，最無有上，
未曾勸助，志存于彼。
今乃究竟，具足最勝，
得無為限，當捨陰蓋，
長夜精進，修理空誼，
解脫三界，勤苦之惱。
佛興教戒，則以具嚴，
如是計之，無所乏少。
最勝所演，經身之慧，
假使有人，願等佛道，
為是等故，加賜法事，
由緣致斯，余徒欽樂。
有大導師，周旋世間，
普悉觀察，如此輩相。
諸恐懼者，令得利誼，
求索勸助，令我信樂。
善權方便，猶若如父，

又以美饍、無量寶衣，
及諸臥具、種種湯藥，
牛頭栴檀，及諸珍寶，
以起塔廟，寶衣布地。
如斯等事，以用供養，
於恒沙劫，亦不能報。
諸佛希有，無量無邊，
不可思議，大神通力，
無漏無為，諸法之王。
能為下劣，忍于斯事，
取相凡夫，隨宜為說。
諸佛於法，得最自在，
知諸眾生，種種欲樂，
及其志力。隨所堪任，
以無量喻，而為說法。
隨諸眾生，宿世善根，
又知成熟、未成熟者，
種種籌量，分別知已，
於一乘道、隨宜說三。

又以美膳，無量寶衣，
及諸臥具，種種湯藥，
牛頭栴檀，及諸珍寶，
以起塔廟，寶衣布地，
如斯等事，以用供養；
於恒沙劫，亦不能報。
諸佛希有，無量無邊，
不可思議，大神通力；
無漏無為，諸法之王，
能為下劣，忍于斯事；
取相凡夫，隨宜而說。
諸佛於法，得最自在，
知諸眾生，種種欲樂，
及其志力，隨所堪任；
以無量喻，而為說法，
隨諸眾生，宿世善根；
又知成熟，未成熟者，
種種籌量，分別知已，
於一乘道，隨宜說三。

譬如「長者」，遭時大富。 其子而復，窮劣下極， 則以財寶，而施與之。 大聖導師，所興希有， 分別宣暢，善權方便。 諸子之黨，志樂下劣， 修行調定，而以法施。 我等今日，致得百千， 未曾有法，如貪得財。 於佛教化，獲道得寶， 第一清淨，無復諸漏。 長夜所習，戒禁定意(禪定)， 執誼將護，世雄(喻佛)唱導。 今日有獲，佛之大道， 眷屬圍繞，修行無闕。 其有長夜，清淨梵行， 依倚法王，深遠之慧， 而為具足，此尊德果， 日成微妙，無有諸漏。 我等今日，乃為聲聞， 還得聽省，上尊佛道， 當復見揚，聖覺(喻佛)音聲， 以故獲聽，超度恐懼。 今日乃為，致無所著， 以無著誼，為諸天說， 世人魔王，及與梵天， 為親一切，眾生之類。 何所名色，造立寂然， 蠲除眾生，無億數劫， 於是所造，甚難得值， 計於世間，希有及者。 今日無著，燒罪度岸， 修行為業，踊躍歡喜。 吾等歸聖，以頂受之， 所願具足，如江河沙。 飲食衣服，若干巨億， 諸床臥具，離垢無穢， 用栴檀香，以為屋室，		

柔軟坐具，以敷其上。
若疾病者，無所藥療，
今日供養，安住廣度，
所施劫數，如江河沙，
所造立者，無能奪還。
高遠之法，無量無限，
其大神足，建立法力。
佛為大王，無漏最勝，
堪任堅強，常修牢固，
安慰勸進，恒以時節，
未曾修設，望想福行。
於一切世，諸法中尊，
皆為大神，最勝如來。
然(燃)大燈明，示無央眾，
知諸黎庶，筋力所在，
若干種種，所憙樂願，
因緣百千，而順開化。
如來皆覩，眾人性行，
他人心念。一切群萌，
以若干法，而致墮落。
以法示現，此尊佛道。

第三卷

〈藥草喻品第五〉

三－1 如來觀眾生雖有上中下之別，仍發願「未度者度，未脫者脫，未安者安，未滅度者令得滅度」

西晉・竺法護譯《正法華經》	後秦・鳩摩羅什譯《妙法蓮華經》	隋・闍那崛多、達磨笈多共譯《添品妙法蓮華經》
〈藥草品第五〉	〈藥草喻品第五〉	〈藥草喻品第五〉
㊀爾時世尊告大迦葉及諸耆年「聲聞」：善哉！(迦葉如汝說如來功德)所歎如實。審如所言，如來之德，如向(剛剛您之)所喻，復倍無數不可思誼(同「義」)，無能計量劫之「姟「坺」底」(ayuta「姟」古同「垓」)，一一計數大聖所應。	㊀爾時世尊告摩訶迦葉及諸大弟子(如須菩提、迦旃延、大目犍連等)：善哉！善哉！迦葉善說如來真實功德(指原為「一佛乘」而方便說「三乘」之事)。誠如所言，如來復有無量無邊阿僧祇功德，汝等(二乘者之智)若於無量億劫，說不能盡。	㊀爾時世尊告摩訶迦葉及諸大弟子(如須菩提、迦旃延、大目犍連等)：善哉！善哉！迦葉善說如來真實功德(指原為「一佛乘」而方便說「三乘」之事)。誠如所言，如來復有無量無邊阿僧祇功德，汝等(二乘者之智)若於無量億劫，說不能盡。
㊁如來之慧，無能限者，不有「法想、道地、處所」，莫能盡原，世尊普入「一切諸誼」(同「義」)	㊁迦葉！當知如來是諸法之王，若有所說，皆不虛也。於一切法，以智(善巧智慧)方便而演說之；其所說法，皆悉到於「一切智地」(sarvajña-bhūmi。究竟一切智地。指證得「一切智」之佛果位)。	㊁迦葉！當知如來是諸法之王，若有所說，皆不虛也。於一切法，以智(善巧智慧)方便而演說之；其所說法，皆悉到於「一切智地」(sarvajña-bhūmi。究竟一切智地。指證得「一切智」之佛果位)。
㊂(如來)察于世間，見「眾庶」(眾生)心，所度(化眾生)無極，一切(皆能)分別(了知)，皆使決了「權慧」之事，勸立一切(眾生)度於「彼岸」，皆現普智(喻佛智)，入諸「通慧」(一切種智)。	㊂如來觀知(觀察了知)一切諸法之所歸趣，亦知一切眾生「深心」所行，通達無礙；又於諸法究盡明了，示諸眾生一切智慧。	㊂如來觀知(觀察了知)一切諸法之所歸趣，亦知一切眾生「深心」所行，通達無礙；又於諸法究盡明了，示諸眾生一切智慧。
㊃譬如三千大千世界，其中所有「諸藥草木，竹蘆、叢林、諸樹小大」，根本莖節，	㊃迦葉！譬如三千大千世界，山川谿谷，土地所生「卉木(卉喻「上中下三草」。木喻「大小二	㊃迦葉！譬如三千大千世界，山川谿谷，土地所生「卉木(卉喻「上中下三草」。木喻「大小二

枝葉華實，其色若干，種類各異，悉生于地。若在「高山、巖石」之間，「丘陵、堆阜ㄈㄨˋ(小丘)、嶔谷、坑坎」。時大澍ㄕㄨˋ雨，潤澤「普洽」(周遍普施)。	樹」)、叢林」及「諸藥草」，種類若干，「名色」(名稱色相)各異。密雲(喻佛法身及妙應身)彌布，遍覆三千大千世界，一時等澍ㄕㄨˋ(大雨)，其澤「普洽」(周遍普施)。	樹」)、叢林」及「諸藥草」，種類若干，「名色」(名稱色相)各異。密雲(喻佛法身及妙應身)彌布，遍覆三千大千世界，一時等澍ㄕㄨˋ(大雨)，其澤「普洽」(周遍普施)。
(伍)隨其種類，各各茂盛，回ㄠˋ我(並不是我有所)低仰(高低起伏)，(諸種類皆)莫不得(其)所。	(伍)「卉木、叢林」及「諸藥草」，「小根小莖、小枝小葉(人天二道喻為「小根莖」)、中根中莖、中枝中葉(聲聞緣覺喻為「中根莖」)、大根大莖、大枝大葉(菩薩乘喻為「大根莖」)，諸樹大小，隨上中下，各有所受。	(伍)「卉木、叢林」及「諸藥草」，「小根小莖、小枝小葉(人天二道喻為「小根莖」)、中根中莖、中枝中葉(聲聞緣覺喻為「中根莖」)、大根大莖、大枝大葉(菩薩乘喻為「大根莖」)，諸樹大小，隨上中下，各有所受。
(陸)雨水一品，周遍佛土，各各生長，(大)地(平)等無二。	(陸)「一雲」(喻如來法身、妙應身皆能遍澍甘雨)所雨，稱ㄔㄣ(符合)其「種性」(種器根性)而得生長，華菓敷實。雖「一地」(喻本性自平等)所生，「一雨」所潤，而諸草木，各有「差別」。	(陸)「一雲」(喻如來法身、妙應身皆能遍澍甘雨)所雨，稱ㄔㄣ(符合)其「種性」(種器根性)而得生長，華菓敷實。雖「一地」(喻本性自平等)所生，「一雨」所潤，而諸草木，各有「差別」。
(柒)如來正覺，講說深法，猶如大雨。大聖出現，興在世者，則為一切諸「天、人民、阿須倫、鬼神、龍」，顯示威曜，咸尋(隨即)來至，皆現在前。	(柒)迦葉！當知如來亦復如是，出現於世，如「大雲」(喻如來法身、妙應身皆能遍澍甘雨)起，以「大音聲」普遍世界「天、人、阿修羅」，如彼大雲遍覆三千大千國土。	(柒)迦葉！當知如來亦復如是，出現於世，如「大雲」(喻如來法身、妙應身皆能遍澍甘雨)起，以「大音聲」普遍世界「天、人、阿脩羅」，如彼大雲遍覆三千大千國土。
(捌)(如來)為暢大音，分別慧誼(同「義」)，大師子吼，班宣(頒布宣諭)景(大)模ㄇㄛˊ(法式;規範)。吾為如來使(使者)，天上天下，諸天世人， ①未度者度。(即眾生無邊誓願度) ②未脫者脫。(即煩惱無盡誓願斷) ③未安者安。(即法門無量誓願學) ④未滅度者，令得滅度。	(捌)(如來)於大眾中、而唱是言：「我是如來、應供、正遍知、明行足、善逝、世間解、無上士、調御丈夫、天人師、佛、世尊」。 ①未度者令度。(即眾生無邊誓願度) ②未解者令解。(即煩惱無盡誓願斷) ③未安者令安。(即法門無量誓願學) ④未涅槃者，令得涅槃。	(捌)(如來)於大眾中、而唱是言：「我是如來、應供、正遍知、明行足、善逝、世間解、無上士、調御丈夫、天人師、佛、世尊」。 ①未度者令度。(即眾生無邊誓願度) ②未解者令解。(即煩惱無盡誓願斷) ③未安者令安。(即法門無量誓願學) ④未涅槃者，令得涅槃。

（即佛道無上誓願成）	（即佛道無上誓願成）	（即佛道無上誓願成）
㊆於「是世」及「後世」所知而審，為諸「通慧」（一切種智），皆能普見， ①度諸度。 ②脫諸脫。 ③安諸安。 ④未滅度者，皆令滅度。 悉來詣我。	㊆今世、後世，如實知之。我是 ❶一切知者。 ❷一切見者。 ❸知道者。 ❹開道者。 ❺說道者。	㊆今世、後世，如實知之。我是 ❶一切知者。 ❷一切見者。 ❸知道者。 ❹開道者。 ❺說道者。
㊉於時諸「天、人民、阿須倫、揵沓和、迦留羅、真陀羅、摩睺勒」一切雲集，吾於講法，現其道誼（同「義」），佛為道父，分別「道慧」。	㊉汝等「天、人、阿修羅」衆，皆應到此，為聽法故。	㊉汝等「天、人、阿脩羅」衆，皆應到此，為聽法故。

後晉·可洪撰《新集藏經音義隨函錄·卷二》云：

景摸 ➜ 上居影反，大也，明也。下莫胡反，法也，規也。

(參見《新集藏經音義隨函錄(第 1 卷-第 12 卷)》卷 2。詳 CBETA, K34, no. 1257, p. 691, c)

頓悟菩薩 ➜ 智增上菩薩；直往菩薩。

漸悟唯識 ➜ 悲增上菩薩；迴心菩薩。

三—2 如來所說之法，皆「一相、一味」，所謂「解脫相、離相、滅相」，究竟至於「一切種智」

西晉·竺法護譯 《正法華經》	後秦·鳩摩羅什譯 《妙法蓮華經》	隋·闍那崛多、達磨笈多共譯 《添品妙法蓮華經》
㊀佛語迦葉：于時「黎庶」無數億姟（古同「垓」，數大也），皆來聽經。如來通見一切根本，大精進力，如應說法，分別散告無量言教，不失本心，咸令歡喜。	㊀爾時無數千萬億種衆生，來至佛所而聽法。如來于時，觀是衆生諸根「利、鈍、精進、懈怠」，隨其所堪，而為說法，種種無量，皆令歡喜，快得善利。	㊀爾時無數千萬億種衆生，來至佛所而聽法。如來于時，觀是衆生諸根「利、鈍、精進、懈怠」，隨其所堪，而為說法，種種無量，皆令歡喜，快得善利。
㊁「安隱」無患，或得「度世」，終生善處，恣其所好，各自然生。或習「愛欲」，便為說經，或聽受法，離諸「貪	㊁是諸衆生聞是法已，現世「安隱」，後生「善處」，以道受樂，亦得聞法。既聞法已，離諸障礙，於諸法中，	㊁是諸衆生聞是法已，現世「安隱」，後生「善處」，以道受樂，亦得聞法。既聞法已，離諸障礙，於諸法中，

惑」，轉稍以漸，遵諸「通慧」_(一切種智)，因從本力，如其能量，堅固成就平等法身。	任力所能_(任其力量，隨其所能)，漸得入道。	任力所能_(任其力量，隨其所能)，漸得入道。
㊂猶如大雨，普佛世界，滋育養生，_(平)等無「差特」_(差異殊特)。	㊂如彼「大雲」_(喻如來法身、妙應身)，雨ㄇ 於一切「卉木、叢林」及「諸藥草」，如其「種性」_(種器根性)，具足蒙潤，各得生長。	㊂如彼「大雲」_(喻如來法身、妙應身)，雨ㄇ 於一切「卉木、叢林」及「諸藥草」，如其「種性」_(種器根性)，具足蒙潤，各得生長。
㊃如來演法，「一品」如是，至❶解脫味、❷離欲、❸寂滅，入諸❹「通慧」_(一切種智)。	㊃如來說法，一相_(等觀眾生)、一味_(普潤一切)，所謂：❶解脫相_(解三界縛令脫生死)、❷離相_(遠離一切塵勞煩惱)、❸滅相_(達真空理，證寂滅樂)，究竟至於❹「一切種智」。	㊃如來說法，一相_(等觀眾生)、一味_(普潤一切)，所謂：❶解脫相_(解三界縛令脫生死)、❷離相_(遠離一切塵勞煩惱)、❸滅相_(達真空理，證寂滅樂)，究竟至於❹「一切種智」。
㊄若_(眾生)聽受持諷誦奉者，不自識省，無所觀念。所以者何？「群生」_(眾生)根本「形所、像類_(種類；類型)」，如： ❶_(眾生)所想念，已念、當念。 ❷_(眾生)所可施行，以行、當行。 ❸_(眾生)所當行者，諸所因緣，所當獲致，所當說者。 唯_(有)如來目，悉知見之，_(眾生)在所現處，住于其地。	㊄其有眾生聞如來法，若持讀誦，如說修行，所得功德，不自覺知。所以者何？唯有如來知此眾生「種相_(種性相貌)、體性_(本體根性)」， ❶_(眾生)念_(繫念)何事？思_(思惟)何事？修何事？ ❷_(眾生)云何念？云何思？云何修？ ❸_(眾生)以何法念_(繫念)？以何法思_(思惟)？以何法修？以何法得何法？ 眾生住於種種之地，唯有如來「如實」見之，明了無礙。	㊄其有眾生聞如來法，若持讀誦，如說修行，所得功德，不自覺知。所以者何？唯有如來知此眾生「種相_(種性相貌)、體性_(本體根性)」， ❶_(眾生)念_(繫念)何事？思_(思惟)何事？修何事？ ❷_(眾生)云何念？云何思？云何修？ ❸_(眾生)以何法念_(繫念)？以何法思_(思惟)？以何法修？以何法得何法？ 眾生住於種種之地，唯有如來「如實」見之，明了無礙。
㊅如雨等，潤藥「草叢林」、「白黑青赤、上中下」樹。世尊如之，見「一味」已，入「解脫味」，志于「滅度」，度諸未度，究竟「滅度」，令至「一土」、「一同法味」，到「無恐懼」，	㊅如彼「卉木、叢林、諸藥草」等，而不自知「上、中、下」性。如來知是「一相_(等觀眾生)、一味_(普潤一切)」之法，所謂：❶解脫相、❷離相、❸滅相、❹究竟涅槃_{(前云「一切種智」}	㊅如彼「卉木、叢林、諸藥草」等，而不自知「上、中、下」性。如來知是「一相_(等觀眾生)、一味_(普潤一切)」之法，所謂：❶解脫相、❷離相、❸滅相、❹究竟涅槃_{(前云「一切種智」}

使得解脫。化於眾生，使得信樂，苞育(孕育;養育)將護，悉令普至於諸「通慧」(一切種智)。	之涅槃)、❺常寂滅相(常住於「涅槃寂滅」之理。「無相之相」名為「常寂」)，終歸於「空」。佛知是已，觀眾生心，欲而將護之，是故不即為說「一切種智」(以眾生根機未堪，故佛不敢即說)。	之涅槃)、❺常寂滅相(常住於「涅槃寂滅」之理。「無相之相」名為「常寂」)，終歸於「空」。佛知是已，觀眾生心，欲而將護之，是故不即為說「一切種智」(以眾生根機未堪，故佛不敢即說)。
㊉讚詠分別，逮(及;到)賢聖法，亦如向者迦葉所說。	㊉汝等迦葉！甚為希有，能知如來「隨宜」(隨眾機宜)說法，能信能受。所以者何？諸佛世尊(能)「隨宜」(隨眾機宜)說法，難解難知。	㊉汝等迦葉！甚為希有，能知如來「隨宜」(隨眾機宜)說法，能信能受。所以者何？諸佛世尊(能)「隨宜」(隨眾機宜)說法，難解難知。

三－3 世尊為「一相、一味」法義而重說偈頌

西晉・竺法護譯《正法華經》	後秦・鳩摩羅什譯《妙法蓮華經》	隋・闍那崛多、達磨笈多共譯《添品妙法蓮華經》
世尊欲重解誼(同「義」)所趣，以偈頌曰： 吾興於世間，仁和為法王， 為眾生說法，隨其所信樂。 意勇建大業，久立分別說， 群萌多受持，蒸庶無所言。 法王慧難解，闇冥設聞者， 眾入懷狐疑，則棄所住處。 隨其境界說，如本力所任， 又示餘利誼，則為現正法。 譬如純黑雲，踊出升虛空， 普雨佛世界，遍覆於土地， 又放大電燋，周匝有水氣， 而復震雷聲，人民皆歡喜。 陰蔽於日月，除熱令陰涼， 欲放雨水故，時布現在上。 彼時普等雨，水下無偏黨， 滂流於佛土，澤洽眾墟域。 應時而降雨，激灌一切地， 旱涸枯谿潤，一切得浸漬。	爾時世尊，欲重宣此義，而說偈言： 破有法王，出現世間， 隨眾生欲，種種說法。 如來尊重，智慧深遠， 久默斯要，不務速說。 有智若聞，則能信解； 無智疑悔，則為永失。 是故迦葉！隨力為說， 以種種緣，令得正見。 迦葉當知！譬如大雲， 起於世間，遍覆一切； 慧雲含潤，電光晃曜， 雷聲遠震，令眾悅豫。 日光掩蔽，地上清涼， 靉靆 垂布、如可承攬。 其雨普等，四方俱下， 流澍無量，率土充洽。 山川險谷，幽邃所生， 卉木藥草，大小諸樹，	爾時世尊，欲重宣此義，而說偈言： 破有法王，出現世間， 隨眾生欲，種種說法。 如來尊重，智慧深遠， 久默斯要，不務速說； 有智若聞，則能信解； 無智疑悔，則為永失。 是故迦葉！隨力為說， 以種種緣，令得正見。 迦葉當知！譬如大雲， 起於世間，遍覆一切； 惠雲含潤，電光晃曜， 雷聲遠震，令眾悅豫。 日光掩蔽，地上清涼， 靉靆 垂布，如可承攬； 其雨普等，四方俱下， 流澍無量，率土充洽； 山川嶮谷，幽邃所生， 卉木藥草，大小諸樹，

惠澤無不到，眾源皆涌溢， 深谷諸廣野，林麓橋樹 幽藪， 萌葉用青倉，藥草無數生， 樛木諸叢林，滋長大小樹， 眾藥咸茂殖，莖幹華實繁， 隨其本境界，皆令得蒙恩。 諸天樹木，結根坑坎， 陜隘 迮 處，而生其中。 如諸邪道，一切愚癡， 長益繫縛，如象著絆， 草刺棘樹，蘆葦稆稆 （稻禾擧 出苗也）， 莖節枝葉，及諸華實。 華實茂盛，多所饒益， 蒙之恩雨，藥草滋長， 從其種類，因本境界， 各各得服，饑渴飽滿。 如其所種，各得其類， 然其天雨，皆為一味。 告迦葉曰，佛亦如是， 出興於世，譬如天雨。 這現天下，為眾說法， 以是誠行，示於眾生。 大仙以斯，使人聞經， 皆於諸天，人民前現。 佛為如來，聖中之尊， 善權方便，猶如天雨， 吾當飽滿，一切群萌， 愚騃 之黨，身形枯燥， 除諸苦患，得立大安， 燒盡愛欲，獲至滅度。 諸天人民，皆聽我言， 普悉當來，詣佛大聖， 吾為如來，世尊無倫， 有所導御，故出於世， 為一切人，分別說經， 化無數千，眾生之類， 又復示現，若干種誼，	百穀苗稼，甘蔗蒲萄， 雨之所潤，無不豐足， 乾地普洽，藥木竝茂。 其雲所出，一味之水， 草木叢林，隨分受潤。 一切諸樹，上中下等， 稱其大小，各得生長， 根莖枝葉，華菓光色， 一雨所及，皆得鮮澤。 如其體相，性分大小， 所潤是一，而各滋茂。 佛亦如是，出現於世， 譬如大雲，普覆一切。 既出于世，為諸眾生， 分別演說，諸法之實。 大聖世尊，於諸天人、 一切眾中，而宣是言： 我為如來，兩足之尊， 出于世間，猶如大雲， 充潤一切。枯槁眾生， 皆令離苦，得安隱樂， 世間之樂，及涅槃樂。 諸天人眾，一心善聽， 皆應到此，觀無上尊。 我為世尊，無能及者， 安隱眾生，故現於世。 為大眾說，甘露淨法， 其法一味，解脫涅槃。 以一妙音、演暢斯義， 常為大乘，而作因緣。 我觀一切，普皆平等， 無有彼此，愛憎之心。 我無貪著，亦無限礙， 恒為一切，平等說法。 如為一人，眾多亦然， 常演說法，曾無他事。 去來坐立，終不疲厭， 充足世間，如雨普潤。	百穀苗稼，甘蔗蒲桃， 雨之所潤，無不豐足。 乾地普洽，藥木並茂， 其雲所出，一味之水， 草木叢林，隨分受潤， 一切諸樹，上中下等， 稱其大小，各得生長； 根莖枝葉，華果光色， 一雨所及，皆得鮮澤； 如其體相，性分大小， 所潤是一，而各滋茂。 佛亦如是，出現於世， 譬如大雲，普覆一切； 既出于世，為諸眾生， 分別演說，諸法之實； 大聖世尊，於諸天人， 一切眾中，而宣是言： 我為如來，兩足之尊， 出于世間，猶如大雲， 充潤一切。枯槁眾生， 皆令離苦，得安隱樂； 世間之樂，及涅槃樂， 諸天人眾，一心善聽； 皆應到此，觀無上尊。 我為世尊，無能及者， 安隱眾生，故現於世， 為大眾說，甘露淨法， 其法一味，解脫涅槃。 以一妙音，演暢斯義； 常為大乘，而作因緣； 我觀一切，普皆平等， 無有彼此，愛憎之心。 我無貪著，亦無限礙， 恒為一切，平等說法。 如為一人，眾多亦然， 常演說法，曾無他事。 去來坐立，終不疲厭， 充足世間，如雨所潤。

於彼若此，常行平等，
得至解脫，滅度無為。
或在門前，而說經典，
則為造立，道德之藏，
諸等不等，皆令平等，
無有所憎，愛欲永除。
未曾講說，無益之語，
未常增惟，諸放逸緣。
以一切法，為眾生說，
假使眾庶，多不可計，
為講大典，不詭因緣，
行步所由，若復住立，
在於座上，而續三昧。
譬如大龍，雨多所潤，
普浸潤斯，一切世間。
尋興慧雲，而降法雨，
暢發微妙，應病與藥。
常為眾生，說賢聖誼，
皆令奉戒，如天陰涼。
眾人失言，及違諸行，
欲使近法，轉漸調柔。
使住疑者，捨諸邪見，
勸化導利，令淨所覩。
捨置下劣，遠眾懈廢，
隨其所趣，而令入法。
應時為說，如其心本，
令皆棄捐，順師子行。
世尊等演，經法之雨，
悉使得至，大尊佛道，
任其力耐，而令聽受，
若干道慧，而「化立」(度化眾生
使立志於佛道)之。
從諸天人，志性所樂，
天帝釋梵，轉輪聖王，
猶如於此，諸小世間，
諸藥品類，各各異種，
碎小段段，諸所良藥。
迦葉且聽，吾悉當說，

貴賤上下，持戒毀戒，
威儀具足，及不具足，
正見邪見，利根鈍根，
等雨法雨，而無懈倦。
一切眾生，聞我法者，
隨力所受，住於諸地。
或處人天，轉輪聖王，
釋梵諸王，是小藥草。
知無漏法，能得涅槃，
起六神通，及得三明，
獨處山林，常行禪定，
得緣覺證，是中藥草。
求世尊處，我當作佛，
行精進定，是上藥草。
又諸佛子，專心佛道，
常行慈悲，自知作佛，
決定無疑，是名小樹。
安住神通，轉不退輪，
度無量億、百千眾生，
如是菩薩，名為大樹。
佛平等說，如一味雨；
隨眾生性，所受不同，
如彼草木，所稟各異。
佛以此喻，方便開示，
種種言辭，演說一法，
於佛智慧，如海一渧。
我雨法雨，充滿世間，
一味之法，隨力修行。
如彼叢林，藥草諸樹，
隨其大小，漸增茂好。
諸佛之法，常以一味，
令諸世間，普得具足，
漸次修行，皆得道果。
聲聞緣覺，處於山林，
住最後身，聞法得果，
是名藥草，各得增長。
若諸菩薩，智慧堅固，
了達三界，求最上乘，

貴賤上下，持戒毀戒，
威儀具足，及不具足，
正見邪見，利根鈍根，
等雨法雨，而無懈倦。
一切眾生，聞我法者，
隨力所受，住於諸地，
或處人天，轉輪聖王，
釋梵諸天，是小藥草；
知無漏法，能得涅槃，
起六神通，及得三明，
獨處山林，常行禪定，
得緣覺證，是中藥草；
求世尊處，我當作佛，
行精進定，是上藥草。
又諸佛子，專心佛道，
常行慈悲，自知作佛，
決定無疑，是名小樹；
安住神通，轉不退輪，
度無量億，百千眾生，
如是菩薩，名為大樹。
佛平等說，如一味雨；
隨眾生性，所受不同，
如彼草木，所稟各異；
佛以此喻，方便開示，
種種言辭，演說一法；
於佛智慧，如海一渧。
我雨法雨，充滿世間，
一味之法，隨力修行，
如彼叢林，藥草諸樹，
隨其大小，漸增茂好。
諸佛之法，常以一味，
令諸世間，普得具足，
漸次修行，皆得道果；
聲聞緣覺，處於山林，
住最後身，聞法得果；
是名藥草，各得增長。
若諸菩薩，智慧堅固，
了達三界，求最上乘，

以能識慧，無漏之法， 便得無為，所在遊行， 神通三達，亦復如是。 斯雨定意(禪定)，三昧諸藥， 或有遊詣，在於山巖， 其人便得，緣一覺乘， 於彼修禪，清淨之行， 是則名曰，為中品藥。 假使志願，上士美德， 我當於世，逮成導師， 常精進行，志依一心， 是則名曰，為上尊藥。 設使欲為，安住之子， 恬怕慈心，而行寂然， 疾得成道，為人中尊， 所謂樹者，則喻於斯。 是等能轉，不退轉輪， 建立神足，根力之行， 緣是長養，醫藥除病， 英雄度脫，無數億人， 隨時示現，於斯佛道， 是則名曰，為大林樹。 吾之所順，善權方便， 一切大聖，亦復如是。 最勝講法，則為平等， 猶如慶雲，普一放雨。 神通無礙，如此比像， 若如眾藥，在於地上。 以見如是，微妙之誼， 如來所建，善權方便。 假使分別，一善法事， 亦如天雨，至若干形。 佛以法雨，多所安隱， 普潤天下，有所成就。 觀察其人，堪任所趣， 佛之法誨，景則一等。 譬如放雨，墮草山巖， 及至中間，無有不遍，	是名小樹，而得增長。 復有住禪，得神通力， 聞諸法空，心大歡喜， 放無數光，度諸眾生， 是名大樹，而得增長。 如是迦葉！佛所說法， 譬如大雲，以一味雨， 潤於人華，各得成實。 迦葉當知！以諸因緣、 種種譬喻，開示佛道， 是我方便，諸佛亦然。 今為汝等，說最實事： 諸聲聞眾，皆非滅度。 汝等所行，是菩薩道， 漸漸修學，悉當成佛。	是名小樹，而得增長。 復有住禪，得神通力， 聞諸法空，心大歡喜； 放無數光，度諸眾生， 是名大樹，而得增長。 如是迦葉！佛所說法， 譬如大雲，以一味雨， 潤於人華，各得成實。 迦葉當知！以諸因緣， 種種譬喻，開示佛道， 是我方便，諸佛亦然。 今為汝等，說最實事； 諸聲聞眾，皆非滅度。 汝等所行，是菩薩道， 漸漸修學，悉當成佛。

灌諸樹木，若大叢林，
密雲四集，天下豐羨。
設使世間，行慈愍法，
常以經典，飽滿天下。
以現世間，令普安隱，
天雨藥草，華實茂盛，
其藥樹木，稍漸長大，
是為羅漢，諸漏盡者。
諸緣覺品，處于林藪，
我所說法，無有塵垢。
無數菩薩，志開總智(一切種智)
周旋三界，一切普行，
於眾會中，演此大道，
猶如樹木，日日滋長。
修進神足，專達四禪，
若聞空慧，心則解達。
放出光明，無數億千，
是為大樹，而復滋茂。
若諸聲聞，不至滅度，
斯為世尊，第一最說。
若此分別，乃為講法，
猶如興雲，而澍甘雨，
漸漸長育，眾藥草木，
人民之華，不可稱量。
一時之間，說因緣法，
而為眾人，現於佛道。
善權方便，佛謂言教，
一切導師，亦復如是。
斯諸說法，為最究暢，
諸聲聞等，皆當承是。
緣斯之行，當得佛行，
此諸羅漢，如是無異。
世尊演誼，盡極於斯，
化諸小乘，皆得佛道。

〈妙法蓮華經--缺文〉

三－4 如來所教，唯有「一佛乘」，等無差別。但隨眾生機而方便演說「三乘」(聲聞、緣覺、菩薩)

西晉・竺法護譯《正法華經》	後秦・鳩摩羅什譯《妙法蓮華經》	隋・闍那崛多、達磨笈多共譯《添品妙法蓮華經》
⑤佛復告大迦葉：如來所教(平)等化無偏，譬如日明，廣照天下，光無所擇，照與不照，「高下、深淺、好惡、香臭」，(平)等無「差特」(差異殊特)。		⑤復次，迦葉！如來於諸眾生調伏「平等」。迦葉！譬如「日、月」光明，照於世間，若「作善」、若「作不善」，若「高處住」、若「下處住」，若「香」、若「臭」，諸處「平等」，光照無偏。
⑥佛亦如是，以「智慧光」普照一切，「五道」生死、「菩薩、緣覺、聲聞」，慧無增減，隨心所解，各得其所，本無(真實之)「三乘」(聲聞乘、緣覺乘、菩薩乘)，(隨眾)緣(之)行(而)致之(方便演說三乘)。		⑥如是，迦葉！如來、應、正遍知，「一切種智」心之光明，於諸「五趣」眾生受生之中，如其信解「大乘(菩薩乘)、緣覺乘、聲聞乘」中，為說「正法」平等而轉，如來智慧亦無增減，如其「福智」聚集而生。迦葉！無有(真實之)「三乘」(聲聞乘、緣覺乘、菩薩乘)，唯彼眾生別異行故，施設(方便)「三乘」。
⑦迦葉白佛：設無(真實之)「三乘」，何故得有「菩薩、緣覺、聲聞」？		⑦慧命摩訶迦葉白佛言：世尊！若無(真實之)「三乘」，何故現世施設「聲聞、緣覺、菩薩」？
⑧佛言：譬如「陶家」埏埴(和泥製作陶器)作器，或盛「甘露蜜」，或盛「酪蘇麻油」，或盛「醲(酒味醇厚)飲食」，「泥」本一(平)等，作「器」別異，(故)所受(則有種種)不同。		⑧佛告慧命摩訶迦葉：譬如作「瓦器」者，等和「土泥」，而用作器，彼中或有盛「沙糖器」，或盛「酥器」，或盛「乳酪器」，或盛「惡糞穢器」。「泥」亦無有種種別異，而物著中，隨所受量，「器」則(隨)種種別異施設。
⑨本際(根本究竟之邊際；絕對平等		⑨如是，迦葉！此唯「一乘」

		(一佛乘)，所謂「大乘」，無有「二乘」及以「三乘」(聲聞乘、緣覺乘、菩薩乘)。
之理體)亦爾，一等(一乘平等)無異，各隨所行，(而)成上中下。		

三－5 天生盲者，聽聞色有「好惡」而不能信受。經良醫療治其盲後，乃得生信，而自剋責昔日愚痴

西晉・竺法護譯《正法華經》	後秦・鳩摩羅什譯《妙法蓮華經》	隋・闍那崛多、達磨笈多共譯《添品妙法蓮華經》
壹迦葉又問：縱使別異，究竟合不？		**壹**慧命摩訶迦葉白佛言：世尊！彼諸眾生種種信解，若出三界，彼等為一「涅槃」，為當二(種涅槃)、三(種涅槃)？
貳告曰：當合明者解之。		**貳**佛告慧命摩訶迦葉：若覺(悟)諸法(本)體(平)等涅槃，彼亦唯一(「一佛乘」之涅槃法)，無有二(種涅槃)、三(種涅槃)。迦葉！以彼義故，我當為汝作喻，以此喻故，有「智丈夫」則當解我所說之義。
參譬若有人，從生而盲(天生盲眼，此喻六道輪迴眾生)，不見「日月、五色、十方」，則謂天下無「日月、五色、八方上下」。		**參**迦葉！譬如「生盲」(天生盲眼，此喻六道輪迴眾生)丈夫，作如是言：無有「(喜)好、(憎)惡ㄨ」等色，亦無「(喜)好、(憎)惡ㄨ」等色可見；無有「日、月、星宿」等，亦無「星宿」等可見。
肆有對說者，其人不信。		**肆**有「異丈夫」(喻有明眼者)，於彼「生盲」(天生盲眼)者前，說如是言：有「(喜)好、(憎)惡ㄨ」等色(喻有大小乘之別)，亦有「好、惡」等色可見；有「日、月、星宿」等，亦有「星宿」等可見。「生盲」(天生盲眼)丈夫雖聞其說，而不信受。

㈤若有「良醫」(喻如來)，觀人本病，何故「無目」(天生盲眼)？「本罪」(宿世有罪)所種，「離明、眼冥、體癭ㄜ」(囊狀腫瘤，多生於頸部，包括甲狀腺腫大等)、「重病」。何謂重病？「風、寒、熱、癖ㄆ」是則四病(此四種病乃喻「貪、瞋、癡」及「六十二外道邪見」)。

㈥便心念言：斯人之疾，凡藥療之，終不能愈。雪山有藥(此四種藥乃喻「空、無相、無願、涅槃門」)，能療四病。

一曰「顯」。
二曰「良」。
三曰「明」。
四曰「安」。
是藥四名。

㈦於時「良醫」(喻如來)愍傷(悲愍傷憐)病人，為設方便即入雪山，採「四品藥」吙ㄙ(咀嚼)咀ㄉ(吞食)搗合，以療其盲，目便見明。又加「針灸ㄐ」，消息(休養生息)「補寫」(補益與疏瀉。中醫之「補」用於治療「虛症」；「寫」則用於治療「實症」)。

㈤時有「良醫」(喻如來)，能知諸病，見彼「生盲」(天生盲眼)丈夫，如是念言：其彼丈夫，先有「惡業」，今有病生，若其病生，則有四種(此四種病乃喻「貪、瞋、癡」及「六十二外道邪見」)，所謂「風、黃」與「癃ㄌ」(衰老病弱)及以「等分」(謂諸病症一齊而起)。

㈥時彼「良醫」(喻如來)，為欲滅其病故，又復方便，如是思惟：所有藥物，世所行者，彼等(皆)不能療治此病，唯雪山王，有四種藥(此四種藥乃喻「空、無相、無願、涅槃門」)。何等為四？所謂：
初名：順入諸色味處。
二名：解脫諸病。
三名：破壞諸毒。
四名：隨所住處，施與安樂。
是為四種。

㈦時彼「良醫」(喻如來)，於「生盲」(天生盲眼)所，發生悲愍，興起如是方便思惟，以彼方便詣雪山王，到已上頂，或下入、或傍行，周遍觀察，既觀察已，得四種藥。於中：
❶或以齒等咀嚼，作已與之。
❷或以石磨。
❸或復和別藥物，煮熟與之。
❹或復和生藥物，作已與之。
❺或針刺身，與作孔穴。
❻或有與火炙ㄓ燒。
❼或以別異藥物相和。
❽乃至飲食和而與之。

㊳斯人「目睛」，內外通徹，覩「日月光、五色、十方」，爾乃取信。		㊳時彼「生盲」，以方便相應故，即時得眼，彼得眼已，「內、外、遠、近、日、月、光明、星宿」諸色，皆悉得見。
㊴尋(不久；隨即)自剋責(嚴格責備)：我之「盲冥」，無所見聞，自以為「達」。今眼得視，乃自知本愚，蔽之甚也。今覩遠近、高下，無喻我者。		㊴說如是言：嗚呼！我甚愚癡，我聞「先說」，本不信受，我今「此時」，皆悉得見，我盲已脫，亦已「得眼」，無勝我者。

三－6 「生盲」者唯得眼後，竟生憍慢，未有智慧善巧。仙人令出家除情欲及斷煩惱，始知往昔所見漏劣

西晉‧竺法護譯《正法華經》	後秦‧鳩摩羅什譯《妙法蓮華經》	隋‧闍那崛多、達磨笈多共譯《添品妙法蓮華經》
㊀時有「五通」閑居仙人(喻菩薩)，(具有)「洞視(天眼通)、徹聽(天耳通)、身能飛行(神足通)，心能「知人所念(他心通)」，(能)自知(自己)所從來，(及)生死本末(宿命通)。(五通仙人)而具語曰(先盲後得眼者)曰：卿莫「矜高」(高傲自大)，自以為(通)達。		㊀彼時復有「五通」仙人(喻菩薩)，(具有)「天眼、天耳、了知他心(他心通)」，(能)憶念宿住(宿世所住→宿命通)，善證「智通」(神足智通)。(五通仙人)語ㄩ丈夫(先盲後得眼者)言：丈夫！汝唯得眼，餘無一知，汝今何故，已生「憍慢」(驕傲輕慢)，汝亦未有「智慧善巧」！
㊁仁(先盲後得眼者)！ ❶在屋裏「自閉」不出，不知外事。 ❷人(心)念卿「善、惡」，尚不能見。 ❸(遠則)十里、五里「語言」之音、或二十里「擊鼓」之音聲，猶不能聞。		㊁彼(五通仙人)復作如是言：丈夫(指先盲後得眼者)！ ❶汝「入室」坐，外有別色，不見、不知！ ❷汝亦不知眾生「善心、惡心」。 ❸(遠則)五「踰闍那」(yojana 由旬)邊(範圍內)，住所有「言說、鼓、貝」等聲，汝亦不聞、不知。

❹近(則)一、二里，自不「躇∦步」(踩踏貌)，亦不能至。 ❺自觀未生(時)，(於)「胚胎」(種種)所憶，亦不能識。 ❻(你)有何「通達」;稱「無不見」(無所不見;無所不知)乎？ ❼今吾察卿身，(以)「闇」作「明」知，(以)「明」作「闇」知。 (參)其人(指先盲後得眼者)問曰：作何「方術」(方法;策略)，得斯「聖通」？願垂「慧誨」(智慧教誨)！ (肆)(五通)仙人答曰：當入「深山」，閑居獨處，除諸「情欲」，爾乃有獲。 (伍)(彼丈夫)即遵所訓，「捨家」巖(嚴居於山中)「燕」(安禪;坐禪)，一心專精，無所慕樂(慕悅欣樂)，(後)則得「神通」。爾乃自覺，察「本所見」(往昔之所知所見)，(皆)不足言名(言說)，今得「五通」(已)無所罣礙，甫(才)自知「本所見」(往昔之所知所見)蔽闇(昏昧)。 (陸)佛言：如是當解此(譬)喻。		❹(近則)「拘盧舍」(krośa)邊(範圍內)，不舉兩足，不能往到。 ❺及生長已，(於)「母胎」(種種)作業，汝亦不念。 ❻云何汝有「巧智」？云何作如是言「我悉得見」？ ❼又汝丈夫，(以)「闇」(當)作「明」知，(以)「明」(當)作「闇」知。 (參)時彼「丈夫」(指先盲後得眼者)，語心仙人言：以何方便？又作何等「清淨業」已？當(方能)得是「智」？及於汝等，(具有如是)淨信力故，我亦當得如此(之)功德。 (肆)時彼(五通)仙人語「丈夫」言：若欲如是，汝應當住「空閑山窟」，坐「思念法」及「斷煩惱」，當得「神通」，具足功德。 (伍)時彼「丈夫」(指先盲後得眼者)受其義已，即行「出家」，住「空閑處」，專守「一心」，斷世「渴愛」(tṛṣṇā 有渴;欲望;貪欲;性愛)，得「五神通」;既得「五神通」已，思惟：我先作於別業(往昔所知所見之種種作業)，以彼因故，無一功德可以證知；我念此時，隨所「思念」，即能得去；我於昔時「少智、少慧」，有「盲」而住。 (陸)迦葉！(吾為汝)作此「譬喻」，欲令知義，於此義中，復應當見。

三－7 「生盲」者即是六道眾生。「大醫」即如來。「四病」即「貪、瞋、癡、六十二邪見」。「四藥」即「空、無相、無願、涅槃門」

西晉·竺法護譯《正法華經》	後秦·鳩摩羅什譯《妙法蓮華經》	隋·闍那崛多、達磨笈多共譯《添品妙法蓮華經》
❶人在「生死五道」陰蓋(為五蘊所覆蓋)， ❶不了本無，則名曰「癡」(無明)。 ❷從「癡」(無明)致「行」。 ❸從「行」致「識」。 ❹從「識」致「名色」， ❺從「名色」致「六入」， ❻從「六入」致「更」(觸)， ❼從「更」(觸)致「痛」(受)， ❽從「痛」(受)致「愛」， ❾從「愛」致「受」(取)， ❿從「受」(取)致「有」， ⓫從「有」致「生」， ⓬從「生」致「老病死、憂惱苦患」，罪應集會，故謂「盲冥」。		❶迦葉！其「生盲」者，即是「六趣流轉」中住所有眾生。 ❶若於「正法」未有知覺，「煩惱盲闇」則當增長。 ❷及彼「無明闇冥」，以「無明闇冥」故，「行業」聚集。 ❹以「行業」為緣故「名色」。
		⓬乃至唯有「大苦之聚」積集當生。 如是「無明闇冥」眾生，流轉中住。
❷是以世尊，愍傷(哀愍悲傷)其人(指六道輪迴眾生)，升降「三界」，輪轉無際，(而)不能自拔。		❷唯有如來超出三界，發生悲愍，亦如慈父，愛念一子，發悲愍已，下入「三界」，見彼眾生，於(生死)「流轉」輪中行，不「如實知」出離「(生死)流轉」。
❸(佛)觀於眾生心之「根原」，病有「輕、重」，垢有「厚、薄」，解有「難、易」，(所)覩(知)見(有)遠(有)近。		❸佛以「佛眼」而觀見之，見已，了知此等眾生，先世作善，少瞋厚欲，少欲厚瞋，或有少智，或有巧慧，或有成熟清淨，或有邪見。
❹(佛為度眾)便見(說)「三乘」(聲		❹彼等眾生，佛為方便巧

聞乘、緣覺乘、菩薩乘)，(令彼)發「菩薩心」，至「不退轉」，無所從生，徑得至「佛」，猶如有目，得為神仙。 ㊄ ①其「良醫」者，謂「如來」也。 ②(六道輪迴眾生)不發「大意」(菩薩大心)，謂「生盲」也。 ③「貪婬、瞋恚、愚癡六十二見」，謂四病也。 ④「空、無想、無願、向泥洹門」，謂四藥也。 ㊅藥行病愈，則無有❶癡、❹名色、❺六入所、❻更(觸)、❼痛(受)、❽愛、❾受(取)、❿有、⓫生、⓬老病死憂惱苦患」，皆悉除矣。 ㊆ (1)(二乘者)志不「作善」，亦不「在惡」，如生盲者，還得兩目，(此)謂「聲聞、緣覺」，(其)生死已斷。 (2)(二乘已)度於「三界」，省去(除去)練(經歷)五道。 (3)(二乘者)自以通暢，莫能喻者。 ㊇(二乘者)臨欲(自取小乘)滅度。		說「三乘」(聲聞乘、緣覺乘、菩薩乘)；如彼仙人，「五通」淨眼者，即是菩薩；「菩提心」生，得「無生忍」，證覺「無上正真之覺」。 ㊄ ①如彼「大醫」，即是「如來」；當如是見。 ②如彼「生盲」，即是癡闇眾生；當如是見。 ③如彼「風、黃、癊」等，即是「欲、瞋」及「癡」六十二見；當如是見。 ④如四種藥，即是「空、無相、無願、涅槃門」；當如是見。 ㊅所服藥，其病隨滅，即是「空、無相、無願、解脫門」，「正修」念已。「無明」當滅，「無明」滅故「行」滅，乃至唯有「大苦聚」滅。 ㊆ (1)如是思惟，不住「善中」，亦不(住)「惡中」，如盲得眼，(此)即是「聲聞、緣覺」乘；當如是見。 (2)(二乘者)割斷「流轉」、煩惱繫縛、解脫煩惱，解脫六趣，及以三界，以彼義故。 (3)「聲聞」乘者，如是念言：(已)無有別法，更須證覺，我今已得到於「涅槃」。 ㊇爾時如來為彼(二乘)說法，若於諸法未能悉到(全部到達究竟)，何處彼有「究竟涅

		槃」？(故於)彼(二乘)等，
(一)佛在前住，誨以「要法」。(令二乘者)發「菩薩」意，不在「生死」、不住「滅度」。(此指度化「增上慢聲聞」者，此類聲聞乃「厭惡生死、欣樂涅槃」)		(一)佛以「菩提」教化，(令二乘者)發「菩提心」，不住「流轉」，不到「涅槃」。(此指度化「增上慢聲聞」者，此類聲聞乃「厭惡生死、欣樂涅槃」)
(二)(令二乘者)解「三界」空，「十方」一切如化、如幻，如夢、野馬、深山之響。		(二)(令)彼(二乘者)悟「三界、十方」空寂，皆如「化夢」及以「熖響」。
(三)(令二乘者觀見諸法)悉無所有、無所希望，無取無捨，無冥無明。		(三)(令彼二乘者)觀見諸法「不生、不滅，不縛、不解，不闇、不明」。
(四)爾乃(令二乘者)深觀(般若法要)，(令)無所不達，見無所見(→見而不見)，(能)見知一切「黎庶」(眾生)萌兆(動機；預兆)。		(四)如是(令彼二乘者)見甚深(般若)法，彼見亦「無所見」(→見而不見)，而亦「恒見」(→不見而見)，滿諸三界，(能)別異(餘)眾生(其)心之信解。

《大寶積經・卷五十三》
(1)又舍利子！「毘鉢舍那」(觀)者。非以「有因」故觀，非以「無因」故觀。非以「生滅住因」故觀，非以「有所得因」故觀。何以故？
(2)菩薩於此都「無所觀」而復「觀察」。「不見」而「見」，「見」而「不見」。
(3)舍利子！若諸菩薩作是觀者，名「如實觀」，名「真實見」。
(參見《大寶積經》卷53〈11 般若波羅蜜多品〉。詳 CBETA, T11, no. 310, p. 313, a)

《大寶積經・卷九十九》
若離「二邊」見故，不「作」、非「不作」，如是「見」而「不見」，是名「正見」。
(參見《大寶積經》卷99。詳 CBETA, T11, no. 310, p. 553, c)

三－8 世尊欲重宣此義，而說偈言

西晉・竺法護譯《正法華經》	後秦・鳩摩羅什譯《妙法蓮華經》	隋・闍那崛多、達磨笈多共譯《添品妙法蓮華經》
於是頌曰： 譬如日光曜，遍照於天下， 其明無增減，亦不擇好醜。 如來猶若茲，慧等殊日月， 普化於十方，亦不有增減。 若如彼陶家，埏埴作瓦器，		爾時世尊，欲重宣此義，而說偈言： 譬如日月光，平等照三千， 於善及於惡，而光無增減。 如來智慧光，平等如日月， 教化諸眾生，無增亦無減。 如瓦師作器，平等和土泥，

或盛甘露蜜，或受蘇油食， 計泥本一等，為器各別異， 所受又不同，因盛而立名。 人本亦如是，無三界五道， 隨行而隨生，展轉不自覺。 解空號菩薩，中住則緣覺， 倚空不解慧，則名為聲聞。 譬如人生盲，不見日月光， 五色及十方，謂天下無此。 良醫探本端，見四病陰蓋， 慈哀憐愍之，入山為求藥。 所採藥奇妙，名顯良明安， 呚（咀嚼）咀（吞食）而搗合， 以療生盲者， 消息加針灸，病愈目覩明， 見日月五色，乃知本淳愚。 人不了無本，坐墮生死徑， 十二緣所縛，不解終始病， 世尊現於世，觀察三界原， 因疾而隨本，各各開化之。 了空則菩薩，意劣為緣覺， 畏厭生死苦，故墜于聲聞。 自謂道德高，無能有踰者， 所覩極究練，無所憂弊礙。 猶如五通者，號名曰仙人， 愍而告之曰，卿故有蔽礙， 不能弘深奧，於愚則為明。 在內不見外，雖明故為愚。 數十里有聲，耳則不得聞， 若人欲危害，不知彼所念。 欲至外數里，不躇步不到， 若生長大時，不識胎中事。 五事表裏徹，爾乃為悉達， 何以忍貢高，自謂無等倫？ 欲得五通者，當處於閑居， 精思專念道，爾能曉了此。 即尋奉所誨，捨家入深山， 一心無穢慮，便得成神仙。		於中器或盛，沙糖乳穌水， 或有盛不淨，或有盛於酪； 彼唯取一泥，瓦師用為器， 若物墮其內，因彼知器名。 如眾生無餘，如來隨別欲， 雖說乘差別，決定唯「佛乘」； 無智故輪轉，而不知寂滅， 若人能知空，遠離於法我； 彼知佛世尊，所得正真覺。 安置處中智，說名緣覺者； 空智教化已，顯名為聲聞； 若能覺諸法，說名正遍知。 如有生盲者，不見日月星， 彼便如是言，無有諸色類。 大醫於生盲，為其入慈愍， 往詣雪山已，上下及傍行； 求得於良藥，順入色味處， 如是等四種，和合而療治； 或有用齒齧，或有以石磨， 或以針入身，療治生盲者。 彼既得眼已，即見日月光， 復作如是念，昔時無智說。 是流轉眾生，生盲大無智， 緣生輪所運，無智受苦道。 無智癡世中，如是一切智， 如來大良醫，出生悲愍體， 彼以善方便，演說寂正法。 無上佛覺智，演說最勝乘， 廣說處中際，中智導師者。 怖畏於流轉，為讚異菩提； 出離三界已，聲聞自知住。 如是念我得，涅槃無垢安； 當得諸法覺，涅槃甘露處。 大仙於彼故，為其入悲愍； 告言汝愚癡，莫念我是智。 若有於倉舍，汝住彼中時， 外有則不知，汝是小智者。 若住彼中時，知外作未作，

若得至聲聞，及獲緣覺乘，
自謂慧具足，與佛等泥洹，
臨欲滅度時，佛即住其前，
為現菩薩法，三達無罣礙，
智慧度無極，進善權方便，
度空無想願，菩薩由是生。
四等心四恩，用開化黎庶，
解一切如化，幻夢野馬影，
深山響芭蕉，三界無所有，
不執亦不捨，無愚亦無明，
不生死泥洹，悉等如虛空，
無見無不見，乃覩一切本。
當爾時所見，不造三界觀，
一切普平等，所濟無有量。

彼亦未是知，況汝小智者。
五踰闍那量，若有音聲出，
汝不能聞彼，何況別遠住。
他人於汝所，若愛若惡心，
汝不能知彼，如何生普慢。
欲向俱盧舍，不步不能往，
汝胎所有事，汝亦忘彼時。
若得五神通，乃名一切智，
汝癡無一智，而說是智者。
汝欲一切智，出生於神通，
若住空閑處，神通則可出，
思惟清淨法，則當得神通。
受義詣空閑，思惟入靜室，
得五神通已，不久具功德；
如是諸聲聞，念得涅槃想。
諸佛說彼時，小息非涅槃，
是諸佛方便，為說如此道。
若離一切智，無有發涅槃，
三世智無邊，六度行清淨；
空寂及無相，作願亦除捨，
及以菩提心，別法向涅槃。
及四種梵行，四攝亦讚說，
為教化眾生，勝仙而說此。
若復知諸法，自性如幻夢，
不實似芭蕉，亦與音響等。
及知彼自性，三界無餘殘，
不縛亦不解，不知於滅度。
諸法平等空，無有異體者，
此亦無所見，不觀於一法。
彼見大智者，法身無餘殘，
無有於三乘，一乘此中有。
諸法皆平等，平等常等等，
知如是智已，涅槃甘露安。

〈授記品第六〉

三－9 世尊授記<u>摩訶迦葉</u>於未來世成佛，名<u>光明</u>如來，國名<u>光德</u>，劫名<u>大莊嚴</u>。雖有魔及魔民，皆護佛法

西晉·竺法護譯 《正法華經》	後秦·鳩摩羅什譯 《妙法蓮華經》	隋·闍那崛多、達磨笈多共譯 《添品妙法蓮華經》
〈授聲聞決品第六〉	〈授記品第六〉	〈授記品第六〉
㊀於是世尊說斯頌時，一切普告諸比丘眾：吾盡宣告，此聲聞比丘<u>大迦葉</u>者，曾已供養三千億佛，方當供養如此前數，奉敬承順諸佛世尊，稟受正法，奉持宣行。	㊀爾時世尊說是偈已，告諸大眾，唱如是言：我此弟子<u>摩訶迦葉</u>，(將)於未來世，當得奉覲𦲷(供奉覲見)三百萬億諸佛世尊，供養恭敬，尊重讚歎，廣宣諸佛無量大法。	㊀爾時世尊說是偈已，告諸大眾，唱如是言：我此弟子<u>摩訶迦葉</u>，(將)於未來世，當得奉覲𦲷(供奉覲見)三百萬億諸佛世尊，供養恭敬，尊重讚歎，廣宣諸佛無量大法。
㊁竟斯數已，(摩訶迦葉)當得作佛，世界曰<u>還明</u>，劫名<u>弘大</u>，佛號<u>時大光明</u>如來、至真、等正覺、明行成為、善逝、世間解、無上士、道法御、天人師、為佛、眾祐。壽十二中劫。佛滅度後，「正法」住二十劫，其「像法」者亦二十劫。	㊁(摩訶迦葉將)於最後身，得成為佛，名曰<u>光明</u>如來、應供、正遍知、明行足、善逝、世間解、無上士、調御丈夫、天人師、佛、世尊。國名<u>光德</u>，劫名<u>大莊嚴</u>。佛壽十二小劫，「正法」住世二十小劫，「像法」亦住二十小劫。	㊁(摩訶迦葉將)於最後身，得成為佛，名曰<u>光明</u>如來、應供、正遍知、明行足、善逝、世間解、無上士、調御丈夫、天人師、佛、世尊。國名<u>光德</u>，劫名<u>大莊嚴</u>。佛壽十二小劫，「正法」住世二十小劫，「像法」亦住二十小劫。
㊂其佛國土，甚為清淨，無有「礫石、荊棘、穢濁之瑕、山陵谿澗」，普大快樂。紺𤦡(深青而含赤的顏色)琉璃地，眾寶為樹，黃金為繩，連綿諸樹，有八交道，諸寶樹木，常有華實，悉皆茂盛。	㊂國界嚴飾，無諸「穢惡、瓦礫、荊棘、便利、不淨」。其土平正，無有「高下、坑坎(高低不平)、堆阜𤟎(小丘)」。琉璃為地，寶樹行列，黃金為繩，以界道側，散諸寶華，周遍清淨。	㊂國界嚴飾，無諸「穢惡、瓦礫、荊棘、便利、不淨」。其土平正，無有「高下、坑坎(高低不平)、堆埠𤟎(小丘)」。琉璃為地，寶樹行列，黃金為繩，以界道側，散諸寶華，周遍清淨。
㊃其土「菩薩」無央數億百千姟(古同「垓」，數大也)，諸「聲聞」等亦不可量億百千姟。其土無有「魔事」及諸「官屬」(官吏下屬；眷屬)，諸魔「營從」(營衛隨從)皆護佛法，常行精進，無	㊃其國「菩薩」無量千億，諸「聲聞」眾亦復無數，無有「魔事」，雖有「魔」及「魔民」，皆護(持)佛法。	㊃其國「菩薩」無量千億，諸「聲聞」眾亦復無數，無有「魔事」，雖有「魔」及「魔民」，皆護(持)佛法。

所違失。		

三－10 世尊重宣「授摩訶迦葉成佛」偈頌

西晉・竺法護譯《正法華經》	後秦・鳩摩羅什譯《妙法蓮華經》	隋・闍那崛多、達磨笈多共譯《添品妙法蓮華經》
爾時世尊,欲重解誼(同「義」),即說頌曰:	爾時世尊,欲重宣此義,而說偈言:	爾時世尊,欲重宣此義,而說偈言:
我覩比丘,以佛明目,	告諸比丘:我以佛眼,	告諸比丘:我以佛眼,
迦葉住此,當成為佛。	見是迦葉,於未來世,	見是迦葉,於未來世,
於將來世,無央數劫,	過無數劫,當得作佛。	過無數劫,當得作佛;
供養諸佛,聖中之尊,	而於來世,供養奉覲,	而於來世,供養奉覲,
具足悉滿,三千億佛。	三百萬億,諸佛世尊。	三百萬億,諸佛世尊;
斯大迦葉,諸漏得盡,	為佛智慧,淨修梵行。	為佛智慧,淨修梵行。
便當越度,三品之行,	供養最上,二足尊已,	供養最上,兩足尊已,
當得佛道,親近法施,	修習一切,無上之慧。	修集一切,無上之慧。
供養諸佛,天人之尊,	於最後身,得成為佛。	於最後身,得成為佛。
合集得至,無上大道。	其土清淨,琉璃為地,	其土清淨,琉璃為地,
最於來世,尊無上倫,	多諸寶樹,行列道側,	多諸寶樹,行列道側,
為大聖道,無極神仙。	金繩界道,見者歡喜。	金繩界道,見者歡喜;
其佛國土,最勝第一,	常出好香,散眾名華,	常出好香,散眾名華,
清淨離垢,若干顯明,	種種奇妙,以為莊嚴。	種種奇妙,以為莊嚴;
隨意所欲,常可至心。	其地平正,無有丘坑。	其地平正,無有丘坑;
紫磨金色,珍寶莊嚴,	諸菩薩眾,不可稱計,	諸菩薩眾,不可稱計,
復以珍寶,成為樹木,	其心調柔,逮大神通,	其心調柔,逮大神通,
有諸道徑,嚴八交路,	奉持諸佛,大乘經典。	奉持諸佛,大乘經典。
天人放香,自然流馨,	諸聲聞眾,無漏後身,	諸聲聞眾,無漏後身,
彼時國土,所有如是。	法王之子,亦不可計,	法王之子,亦不可計,
若干種華,而為挍飾,	乃以天眼,不能數知。	乃以天眼,不能數知。
一切諸華,紫磨金色,	其佛當壽,十二小劫;	其佛當壽,十二小劫;
出光音聲,以為法則,	正法住世,二十小劫;	正法住世,二十小劫;
普常微妙,莫不見者。	像法亦住,二十小劫。	像法亦住,二十小劫;
諸菩薩眾,億千之數,	光明世尊,其事如是。	光明世尊,其事如是。
志性調定,逮大神通。		
諸聖哲等,奉方等經,		
不可計數,億百千姟,		
無有諸漏,奉持志強。		

所有聲聞，彼佛法勝， 假使天眼，欲計劫限， 弟子之數，不可稱算。 其佛當壽，十二中劫， 正法當住，二十中劫， 像法亦立，二十中劫。 大光明佛，德當如是。		

三－11 大目犍連、須菩提、摩訶迦栴延等，一起祈請佛為之授記

西晉‧竺法護譯 《正法華經》	後秦‧鳩摩羅什譯 《妙法蓮華經》	隋‧闍那崛多、達磨笈多共譯 《添品妙法蓮華經》
於是賢者大目揵連、賢者須菩提、賢者摩訶迦旃延等，同心側立頂戴，瞻順(瞻仰歸順)光顏(對人之顏面最恭敬的稱呼)，目未曾眴ㄕ(眨眼)，稽首足下，戰戰兢兢，應時各各說斯之頌，而諮嗟ㄐㄝ(讚歎)曰：	爾時大目犍連、須菩提、摩訶迦栴延等，皆悉悚ㄙ 慄ㄌ(恐懼戰慄)，一心合掌，瞻仰尊顏，目不暫捨，即共同聲，而說偈言：	爾時大目犍連、須菩提、摩訶迦栴延等，皆悉悚ㄙ 慄ㄌ(恐懼戰慄)，一心合掌，瞻仰尊顏，目不暫捨，即共同聲，而說偈言：
大雄無所著，釋王無極人， 乃愍傷我等，讚揚宣佛音。 今以知余等，愍授我疇ㄔㄡ 荊， 以甘露見灌，沐浴眾祐決。 譬如饑饉時，丈夫得美饍， 虛乏叫喚求，有人手授食。 吾等咸歡喜，本為下劣乘， 違時捨眾人，虛乏不得決， 設至平等覺，大聖不拜授， 於今處世倫，則不復飲食。 世尊見勸勵，聞尊上音聲， 唯垂見授決，爾能獲大安。 大哀願散疑，愍傷多所矜， 撫恤貧匱ㄎㄨㄟ 意，甘露誘示子。	大雄猛世尊，諸釋之法王， 哀愍我等故，而賜佛音聲。 若知我深心，見為授記者， 如以甘露灑，除熱得清涼。 如從饑國來，忽遇大王饍， 心猶懷疑懼，未敢即便食； 若復得王教，然後乃敢食。 我等亦如是，每惟小乘過， 不知當云何，得佛無上慧。 雖聞佛音聲，言我等作佛， 心尚懷憂懼，如未敢便食； 若蒙佛授記，爾乃快安樂。 大雄猛世尊，常欲安世間， 願賜我等記，如飢須教食。	大雄猛世尊，諸釋之法王， 哀愍我等故，而賜佛音聲。 若知我深心，見為授記者， 如以甘露灑，除熱得清涼。 如從飢國來，忽遇大王饍， 心猶懷疑懼，未敢即便食； 若復得王教，然後乃敢食。 我等亦如是，每惟小乘過， 不知當云何，得佛無上慧？ 雖聞佛音聲，言我等作佛， 心尚懷憂懼，如未敢便食； 若蒙佛授記，爾乃快安樂。 大雄猛世尊，常欲安世間， 願賜我等記，如飢須教食。

三－12 世尊授記須菩提於未來成佛，名名相如來，國名寶生，劫

名有<u>寶</u>。其佛常處虛空為眾説法

西晉·竺法護譯《正法華經》	後秦·鳩摩羅什譯《妙法蓮華經》	隋·闍那崛多、達磨笈多共譯《添品妙法蓮華經》
🈡於是世尊,見諸耆舊(喻大弟子)心志所念,即復重告諸比丘眾:比丘當知,此大聲聞耆年須菩提,當復奉侍供養八千三十億百千姟佛,在諸佛所,常修「梵行」,積累功德,具足究竟。	🈡爾時世尊,知諸大弟子心之所念,告諸比丘:是須菩提於當來世,奉覲覩(供奉覲見)三百萬億「那由他」佛,供養恭敬,尊重讚歎,常修梵行,具菩薩道。	🈡爾時世尊,知諸大弟子心之所念,告諸比丘:是須菩提於當來世,奉覲覩(供奉覲見)三百萬億「那由他」佛,供養恭敬,尊重讚歎,常修梵行,具菩薩道。
🈔竟後世時,當得作佛,號<u>稱歎</u>如來、至真、等正覺、明行成為、善逝、世間解、無上士、道法御、天人師、為佛、眾祐,世界名<u>寶成</u>,劫曰<u>寶音</u>。	🈔於最後身得成為佛,號曰<u>名相</u>如來、應供、正遍知、明行足、善逝、世間解、無上士、調御丈夫、天人師、佛、世尊。劫名<u>有寶</u>,國名<u>寶生</u>。	🈔於最後身得成為佛,號曰<u>名相</u>如來、應供、正遍知、明行足、善逝、世間解、無上士、調御丈夫、天人師、佛、世尊。劫名<u>有寶</u>,國名<u>寶生</u>。
🈪普佛之土,周匝悉遍,有諸寶樹,自然莊嚴,無「沙礫、石、山陵、谿澗」,其樹音聲,哀和柔雅,眾庶產業,不可稱數。	🈪其土平正,頗梨為地,寶樹莊嚴,無諸「丘坑、沙礫、荊棘、便利之穢」,寶華覆地,周遍清淨。	🈪其土平正,頗梨為地,寶樹莊嚴,無諸「丘坑、沙礫、荊棘、便利之穢」,寶華覆地,周遍清淨。
🈐人所居跱峙(止),館宇(房舍;館舍)若干,重閣「交露」(交錯的珠串所組成的帷幔,狀若露珠)。有無央數「聲聞」之眾,欲計算者,無能限量,悉識「宿命」。彼土「菩薩」亦不可計億「那術」(nayuta 那由他)百千。	🈐其土人民,皆處「寶臺」,珍妙樓閣。「聲聞」弟子無量無邊,算數譬喻所不能知。諸「菩薩」眾,無數千萬億「那由他」。	🈐其土人民,皆處「寶臺」,珍妙樓閣。「聲聞」弟子無量無邊,算數譬喻所不能知。諸菩薩眾,無數千萬億「那由他」。
🈦其佛當壽十二中劫,滅度之後,「正法」當住二十中劫,「像法」亦立二十中劫。	🈦佛壽十二小劫,正法住世二十小劫,像法亦住二十小劫。	🈦佛壽十二小劫,正法住世二十小劫,像法亦住二十小劫。
🈶(其佛)則坐虛空,為一切人講說經法,開化(開示教化)無	🈶其佛常處「虛空」,為眾說法,度脫無量「菩薩」及「聲	🈶其佛常處「虛空」,為眾說法,度脫無量「菩薩」及「聲

數百千菩薩。	聞眾」。	聞眾」。

三－13 世尊重宣「授須菩提成佛」偈頌

西晉‧竺法護譯 《正法華經》	後秦‧鳩摩羅什譯 《妙法蓮華經》	隋‧闍那崛多、達磨笈多共譯 《添品妙法蓮華經》
爾時世尊而說頌曰：	爾時世尊，欲重宣此義，而說偈言：	爾時世尊，欲重宣此義，而說偈言：
今吾普告，諸比丘眾， 悉且明聽，佛所班宣。 尊須菩提，是吾弟子， 當來之世，得成為佛。 大聖所見，至誠無虛， 具足三十，那術姟千， 當於世間，遵修道行， 常志求斯，佛之要道。 於彼來世，究竟行已， 顏色殊妙，相三十二， 威曜巍巍，紫磨金容， 處世清淨，多所愍哀。 國土快樂，所在顯現， 無數人見，踊躍可意， 悉當遊行，詣諸世尊， 度脫群生，億百千姟。 諸菩薩眾，不可計量， 而常廣說，不退轉輪， 在最勝教，諸根通利， 皆當恭順。彼佛國土， 諸聲聞事，不可計量， 欲有限算，無能盡極。 六通三達，獲大神足， 脫門無礙，而處安隱。 計神足力，不可思議。 我假使說，諸佛尊道， 諸天人民，如江河沙， 常當叉手，自歸聖尊。 其佛當壽，十二中劫，	諸比丘眾，今告汝等， 皆當一心，聽我所說： 我大弟子，須菩提者， 當得作佛，號曰名相。 當供無數，萬億諸佛， 隨佛所行，漸具大道。 最後身得，三十二相， 端正姝妙，猶如寶山。 其佛國土，嚴淨第一， 眾生見者，無不愛樂， 佛於其中，度無量眾。 其佛法中，多諸菩薩， 皆悉利根，轉不退輪， 彼國常以，菩薩莊嚴。 諸聲聞眾，不可稱數， 皆得三明，具六神通， 住八解脫，有大威德。 其佛說法，現於無量， 神通變化，不可思議。 諸天人民，數如恒沙， 皆共合掌，聽受佛語。 其佛當壽，十二小劫， 正法住世，二十小劫， 像法亦住，二十小劫。	諸比丘眾，今告汝等， 皆當一心，聽我所說： 我大弟子，須菩提者， 當得作佛，號曰名相； 當供無數，萬億諸佛； 隨佛所作，漸具大道， 最後身得，三十二相； 端正殊妙，猶如寶山； 其佛國土，嚴淨第一， 眾生見者，無不愛樂。 佛於其中，度無量眾； 其佛法中，多諸菩薩， 皆悉利根，轉不退輪， 彼國常以，菩薩莊嚴。 諸聲聞眾，不可稱數， 皆得三明，具六神通， 住八解脫，有大威德。 其佛說法，現於無量， 神通變化，不可思議； 諸天人民，數如恒沙， 皆共合掌，聽受佛語。 其佛當壽，十二小劫； 正法住世，二十小劫； 像法亦住，二十小劫。

正法當住，二十中劫， 像法亦立，二十中劫， 世雄(喻佛)導師，劫數如是。		

三－14 世尊授記<u>大迦旃延</u>於未來世成佛，名<u>閻浮那提金光</u>如來。無四惡道，多有天、人、諸聲聞眾及諸菩薩眾

西晉・竺法護譯 《正法華經》	後秦・鳩摩羅什譯 《妙法蓮華經》	隋・闍那崛多、達磨笈多共譯 《添品妙法蓮華經》
㊀爾時世尊，重復宣告諸比丘眾：比丘！欲知堅固取要分別平等，是我聲聞<u>大迦旃延</u>，後當供養奉侍「八千億佛」。	㊀爾時世尊，復告諸比丘眾：我今語汝，是<u>大迦旃延</u>於當來世，以諸供具，供養奉事「八千億佛」，恭敬尊重。	㊀爾時世尊，復告諸比丘眾：我今語汝，是<u>大迦旃延</u>於當來世，以諸供具，供養奉事「八千億佛」，恭敬尊重。
㊁佛滅度後，各起塔廟，高四萬里，廣長各二萬里，皆「七寶」成，「金、銀、琉璃、水精、車𤦲、馬碯、珊瑚、碧玉」，「香華、雜香、擣香、繒綵(彩色繒帛)、幢幡」供廟。	㊁諸佛滅後，各起塔廟，高千由旬，縱廣正等五百由旬，皆以「金、銀、琉璃、車𤦲」，馬瑙、真珠、玫瑰、七寶」合成，「眾華、瓔珞、塗香、末香、燒香、繒蓋、幢幡」供養塔廟。	㊁諸佛滅後，各起塔廟，高千由旬，縱廣正等五百由旬，皆以「金、銀、琉璃、車𤦲」，馬瑙、真珠、玫瑰、七寶」合成，「眾華、瓔珞、塗香、末香、燒香、繒蓋、幢幡」供養塔廟。
㊂如是過斯數已，當復供養「二十億佛」。然後來世當得作佛，號曰<u>還已紫磨金色</u>如來、至真、等正覺、明行成為、善逝、世間解、無上士、道法御、天人師、為佛、眾祐。	㊂過是已後，當復供養「二萬億佛」，亦復如是。供養是諸佛已，具菩薩道，當得作佛，號曰<u>閻浮那提金光</u>如來、應供、正遍知、明行足、善逝、世間解、無上士、調御丈夫、天人師、佛、世尊。	㊂過是已後，當復供養「二萬億佛」，亦復如是。供養是諸佛已，具菩薩道，當得作佛，號曰<u>閻浮那提金光</u>如來、應供、正遍知、明行足、善逝、世間解、無上士、調御丈夫、天人師、佛、世尊。
㊃國土嚴淨，「平等」無邪，名聞顯現，琉璃為地，若干種樹，眾寶校飾，紫磨黃金，為繩連綿，諸樹華實，茂盛華遍。	㊃其土平正，頗梨為地，寶樹莊嚴，黃金為繩，以界道側，妙華覆地，周遍清淨，見者歡喜。	㊃其土平正，頗梨為地，寶樹莊嚴，黃金為繩，以界道側，妙華覆地，周遍清淨，見者歡喜。

⑤佛土無有「地獄、餓鬼、畜生」，但有「諸天、人民」眾多，具足充滿。又諸「聲聞」無數百千「那術」(nayuta 那由他)之眾，諸「菩薩」等無數百千，莊嚴國土。	⑤無四惡道，「地獄、餓鬼、畜生、阿修羅道」，多有「天、人」、諸「聲聞眾」，及諸「菩薩」，無量萬億，莊嚴其國。	⑤無四惡道，「地獄、餓鬼、畜生、阿修羅道」，多有「天、人」、諸「聲聞眾」，及諸「菩薩」，無量萬億，莊嚴其國。
⑥其佛當壽十小劫，滅度之後，正法當住二十中劫，像法亦住二十中劫。	⑥佛壽十二小劫，正法住世二十小劫，像法亦住二十小劫。	⑥佛壽十二小劫，正法住世二十小劫，像法亦住二十小劫。

三－15 世尊重宣「授大迦旃延成佛」偈頌

西晉・竺法護譯《正法華經》	後秦・鳩摩羅什譯《妙法蓮華經》	隋・闍那崛多、達磨笈多共譯《添品妙法蓮華經》
於時世尊，即說頌曰：	爾時世尊，欲重宣此義，而說偈言：	爾時世尊，欲重宣此義，而說偈言：
諸比丘眾，皆聽吾教。	諸比丘眾、皆一心聽，	諸比丘眾，皆一心聽；
其佛音聲，當美柔軟，	如我所說，真實無異。	如我所說，真實無異。
尊迦旃延，為佛弟子。	是迦栴延，當以種種，	是迦旃延，當以種種，
當供養佛，若干導師，	妙好供具，供養諸佛。	妙好供具，供養諸佛；
奉敬承順，恭恪無量，	諸佛滅後，起七寶塔，	諸佛滅後，起七寶塔，
無數世人，不能稱計。	亦以華香，供養舍利。	亦以華香，供養舍利。
若滅度後，當起廟寺，	其最後身，得佛智慧，	其最後身，得佛智慧，
當以華香，而供養之。	成等正覺。國土清淨，	成等正覺，國土清淨。
然於後世，便得作佛，	度脫無量，萬億眾生，	度脫無量，萬億眾生；
國土清淨，無有瑕穢。	皆為十方，之所供養。	皆為十方，之所供養。
講說發起，億千眾生，	佛之光明，無能勝者。	佛之光明，無能勝者，
具足開導，一切人民。	其佛號曰，閻浮金光。	其佛號曰，閻浮金光，
世界莊嚴，光照十方，	菩薩聲聞，斷一切有，	菩薩聲聞，斷一切有；
當得作佛，多所超喻。	無量無數，莊嚴其國。	無量無數，莊嚴其國。
號紫金色，其德巍巍，		
究竟群黎，億百千姟。		
無數菩薩，及諸聲聞，		
滿其佛國，無量難計。		
常行精進，於佛法教，		
除斷諸難，滅終始患。		

三－16 世尊授記<u>大目犍連</u>於未來世成佛,名<u>多摩羅跋栴檀香如來</u>,劫名<u>喜滿</u>,國名<u>意樂</u>。天、人、菩薩、聲聞,其數無量

西晉・<u>竺法護</u>譯 《正法華經》	後秦・鳩摩羅什譯 《妙法蓮華經》	隋・<u>闍那崛多、達磨笈多</u>共譯 《添品妙法蓮華經》
❶於是世尊復告四部眾會曰:今佛大聖,宣告爾等,是我聲聞尊<u>大目揵連</u>,當悉供養奉侍於「八千佛」,承順世尊一切無量。	❶爾時世尊復告大眾:我今語汝,是<u>大目犍連</u>,當以種種供具供養「八千諸佛」,恭敬尊重。	❶爾時世尊復告大眾:我今語汝,是<u>大目犍連</u>,當以種種供具供養「八千諸佛」,恭敬尊重。
❷諸佛滅度,當起塔廟,七寶校成,「金銀、琉璃、水精、車𤦲、馬碯、珊瑚、真珠」,高四萬里,廣長二萬里。若干殊好眾寶之物,供養塔廟,及與「香華、雜香、搗香、繒綵(彩色繒帛)、華蓋、幢幡、伎樂之娛」。過是數已,當復奉敬「二百萬億佛」,供養承順。	❷諸佛滅後,各起塔廟,高千由旬,縱廣正等,五百由旬,皆以「金銀、琉璃、車𤦲、馬瑙、真珠、玫瑰、七寶」合成,「眾華、瓔珞、塗香、末香、燒香、繒蓋、幢幡」以用供養。過是已後,當復供養「二百萬億諸佛」,亦復如是。	❷諸佛滅後,各起塔廟,高千由旬,縱廣正等,五百由旬,皆以「金銀、琉璃、車𤦲、馬瑙、真珠、玫瑰、七寶」合成,「眾華、瓔珞、塗香、末香、燒香、繒蓋、幢幡」以用供養。過是已後,當復供養「二百萬億諸佛」,亦復如是。
❸最後世時,當得作佛,號還已金華栴檀香如來、至真、等正覺、明行成為、善逝、世間解、無上士、道法御、天人師、為佛、眾祐。	❸當得成佛,號曰<u>多摩羅跋栴檀香</u>如來、應供、正遍知、明行足、善逝、世間解、無上士、調御丈夫、天人師、佛、世尊。	❸當得成佛,號曰<u>多摩羅跋栴檀香</u>如來、應供、正遍知、明行足、善逝、世間解、無上士、調御丈夫、天人師、佛、世尊。
❹國土名<u>意樂</u>,劫曰<u>樂滿</u>。其佛世界,快樂安隱,清淨鮮潔,紺䌷(深青而含赤的顏色)色琉璃,以為其地,諸樹華實,七寶合成,普以真珠,眾華莊校,平等端嚴,眾寶具足。	❹劫名<u>喜滿</u>,國名<u>意樂</u>。其土平正,頗梨為地,寶樹莊嚴,散真珠華,周遍清淨,見者歡喜。	❹劫名<u>喜滿</u>,國名<u>意樂</u>。其土平正,頗梨為地,寶樹莊嚴,散真珠華,周遍清淨,見者歡喜。

㊄諸「大仙聖」有億百千，寂然(寂靜)而坐，所謂無量，皆諸「菩薩」，廣說經法。	㊄多諸「天、人、菩薩、聲聞」，其數無量。	㊄多諸「天、人、菩薩、聲聞」，其數無量。
㊅其佛當壽二十中劫，滅度之後，正法當住四十中劫，并計像法。	㊅佛壽二十四小劫，正法住世四十小劫，像法亦住四十小劫。	㊅佛壽二十四小劫，正法住世四十小劫，像法亦住四十小劫。

三－11 世尊重宣「大目犍連成佛」偈頌

西晉・竺法護譯《正法華經》	後秦・鳩摩羅什譯《妙法蓮華經》	隋・闍那崛多、達磨笈多共譯《添品妙法蓮華經》
爾時世尊則說頌曰：	爾時世尊，欲重宣此義，而說偈言：	爾時世尊，欲重宣此義，而說偈言：
大目揵連，是吾弟子，棄捐仁行，猶得自在。二百萬億，諸劫之數，悉當供養，此諸佛教。普於諸佛，常修梵行，而當志願，斯諸佛道。悉當奉待，諸佛世尊，具以承事。導師之眾，皆當廣普，執持聖教，若干億劫，百千之數，慇懃承順，不違大命，諸安住等。滅度之後，以眾七寶，興立塔廟，為諸最勝，建修上業。用栴檀香，以為柱梁，眾香伎樂，而供養之。然於後世，事究竟已，言談斐粲，人所宗仰，多所慇哀，所為如此，當得作佛，號金栴檀。其佛當壽，二十中劫，安住所更，行德如是。當為菩薩，講說經法，	我此弟子，大目揵連，捨是身已，得見八千，二百萬億，諸佛世尊。為佛道故，供養恭敬，於諸佛所，常修梵行，於無量劫，奉持佛法。諸佛滅後，起七寶塔，長表金刹，華香伎樂，而以供養，諸佛塔廟。漸漸具足，菩薩道已，於意樂國，而得作佛，號多摩羅栴檀之香。其佛壽命，二十四劫，常為天人，演說佛道。聲聞無量，如恒河沙，三明六通，有大威德。菩薩無數，志固精進，於佛智慧，皆不退轉。佛滅度後，正法當住，四十小劫，像法亦爾。我諸弟子，威德具足，其數五百，皆當授記。於未來世、咸得成佛。	我此弟子，大目揵連，捨是身已，得見八千，二百萬億，諸佛世尊；為佛道故，供養恭敬，於諸佛所，常修梵行，於無量劫，奉持佛法；諸佛滅度，起七寶塔，長表金刹，花香伎樂，而以供養，諸佛塔廟。漸漸具足，菩薩道已，於意樂國，而得作佛，號多摩羅栴檀之香。其佛壽命，二十四劫；常為天人，演說佛道，聲聞無量，如恒河沙，三明六通，有大威德；菩薩無數，志固精進，於佛智慧，皆不退轉；佛滅度後，正法當住，四十小劫，像法亦爾。我諸弟子，威德具足，其數五百，皆當授記，於未來世，咸得成佛；

於是劫數，分別雅誼。 最勝聲聞，有無數千， 億百千數，如江河沙。 六通三達，得大神足， 於安住世，獲致妙通。 無數菩薩，悉不退轉， 精進勇猛，有志智慧。 修行如應，順斯佛教， 不可計量，若干千數。 佛滅度後，弟子多學， 正法當住，流布十方。 正法像法，四十中劫， 正法沒盡，像法乃出。 是佛聲聞，得大神足， 佛皆勸立，在大尊道。 依倚大聖，不違真法， 於當來世，成佛自在。	我及汝等，宿世因緣， 吾今當說，汝等善聽。	我及汝等，宿世因緣， 吾今當說，汝等善聽。

〈化城喻品第七〉

三－18 過去有佛名<u>大通智勝</u>如來，其國名<u>好成</u>，劫名<u>大相</u>。世尊以佛知見力，能觀<u>大通智勝</u>如來久遠「滅度」之事，猶若今日

西晉·竺法護譯《正法華經》	後秦·鳩摩羅什譯《妙法蓮華經》	隋·闍那崛多、達磨笈多共譯《添品妙法蓮華經》
〈往古品第七〉	〈化城喻品第七〉	〈化城喻品第七〉
⑤佛告諸比丘：乃去往古久遠世時，不可計會無央數劫，有佛號<u>大通眾慧</u>如來、至真、等正覺、明行成為、善逝、世間解、無上士、道法御、天人師、為佛、眾祐，世界曰<u>大殖稼</u>，劫名<u>所在形色</u>。	⑤佛告諸比丘：乃往過去無量無邊，不可思議阿僧祇劫，爾時有佛，名<u>大通智勝</u>如來、應供、正遍知、明行足、善逝、世間解、無上士、調御丈夫、天人師、佛、世尊。其國名<u>好成</u>，劫名<u>大相</u>。	⑤佛告諸比丘：乃往過去無量無邊，不可思議阿僧祇劫，爾時有佛，名<u>大通智勝</u>如來、應供、正遍知、明行足、善逝、世間解、無上士、調御丈夫、天人師、佛、世尊。其國名<u>好成</u>，劫名<u>大相</u>。
⑥其(大通眾慧)佛說經不可稱限，譬如於是三千大千世界所有土地，有一「士夫」，皆悉「破碎」此一佛國，悉令如塵，則取一塵，過東方如「千佛界」中塵之數國，乃著一塵。如是「比類」(對照比類；比照舊例)，復取一塵，(前往超)越東如前佛界塵數，乃著「一塵」，悉使塵盡三千大千世界中塵，令無有餘，遍於東方，如是「比類」(對照比類；比照舊例)無量佛國。	⑥諸比丘！彼(大通智勝)佛滅度已來，甚大久遠，譬如三千大千世界所有地種，假使有人，磨(地)以為墨(水)，過於東方「千」國土，乃下「一點」，大如微塵，又過「千」國土，復下「一點」，如是展轉，盡地種墨(墨水)。	⑥諸比丘！彼(大通智勝)佛滅度已來，甚大久遠，譬如三千大千世界所有地種，假使有人，磨(地)以為墨(水)，過於東方「千」國土，乃下「一點」，大如微塵，又過「千」國土，復下「一點」，如是展轉，盡地種墨(墨水)。
⑦於意云何？寧可稱限，得諸佛界「邊際」不乎？比丘答曰：不也。世尊！不也。安住！	⑦於汝等意云何？是諸國土，若算師，若算師弟子，能得「邊際」，知其數不？不也，世尊！	⑦於汝等意云何？是諸國土，若算師，若算師弟子，能得「邊際」，知其數不？不也，世尊！
⑧佛言比丘：如是等倫(類)佛土，諸數悠邈(遙遠；久遠)，猶如有人，一一取塵，著諸佛	⑧諸比丘！是人所經國土，若「點、不點」(若下點處、若不下點處)，盡末為塵，一塵一	⑧諸比丘！是人所經國土，若「點、不點」(若下點處、若不下點處)，盡末為塵，一塵一

土，若干之限，諸佛國塵，不可稱量，億百千姟，兆載諸劫。欲知其(大通眾慧)佛滅度以來劫數長久，不可思議，無量難測。大通眾慧(如來)道力示現，滅度以後，「法住」劫數，亦復如是。	劫。彼(大通智勝)佛滅度已來，復(起)過是數無量無邊百千萬億阿僧祇劫。我以如來「知見力」(佛具「三明六通」大自在神通力)故，觀彼(大通智勝佛)久遠(滅度之事)，猶若今日。	劫。彼(大通智勝)佛滅度已來，復過是數無量無邊百千萬億阿僧祇劫。我以如來「知見力」(佛具「三明六通」大自在神通力)故，觀彼(大通智勝佛)久遠(滅度之事)，猶若今日。

《大智度論》卷26〈1 序品〉

聲聞、辟支佛，念宿命，極多「八萬劫」，於廣有減；亦於見諦道中，不能念念分別。

　(參見《大智度論》卷26〈1 序品〉。詳 CBETA, T25, no. 1509, p. 250, b)

《大智度論》卷70〈48 佛母品〉

得禪者「宿命智」力，乃見「八萬劫」事，過是已往，不復能知。

　(參見《大智度論》卷70〈48 佛母品〉。詳 CBETA, T25, no. 1509, p. 546, c)

唐・法寶撰《俱舍論疏》卷1〈1 分別界品〉

「二乘」宿住，不能觀知「八萬劫」前，「死生智」通(神通)，不能觀知「八萬劫」後。

　(參見《俱舍論疏》卷1〈1 分別界品〉。詳 CBETA, T41, no. 1822, p. 461, b)

隋・慧遠撰《大乘義章》卷20

「二乘」極遠，能知「過去八萬劫」事，諸佛菩薩所知「無極」。

　(參見《大乘義章》卷20。詳 CBETA, T44, no. 1851, p. 860, c)

三－19 世尊重宣此義，而說偈言

西晉・竺法護譯《正法華經》	後秦・鳩摩羅什譯《妙法蓮華經》	隋・闍那崛多、達磨笈多共譯《添品妙法蓮華經》
世尊頌曰：	爾時世尊，欲重宣此義，而說偈言：	爾時世尊，欲重宣此義，而說偈言：
我念過去，無數億劫， 時有如來，兩足之尊， 名大通慧，無極慈仁。 於時世尊，黎庶之上， 比如皆取，此佛世界， 悉破碎之，盡令如塵。 假使有人，一一取塵， 過千佛界，乃著一塵， 如是次第，聖尊國土。 其人著塵，皆令悉遍， 若干之數，悉令周普，	我念過去世，無量無邊劫， 有佛兩足尊，名大通智勝。 如人以力磨，三千大千土， 盡此諸地種，皆悉以為墨。 過於千國土，乃下一塵點， 如是展轉點，盡此諸塵墨。 如是諸國土，點與不點等， 復盡末為塵，一塵為一劫。 此諸微塵數，其劫復過是， 彼佛滅度來，如是無量劫。 如來無礙智，知彼佛滅度，	我念過去世，無量無邊劫， 有佛兩足尊，名大通智勝。 如人以力磨，三千大千土， 盡此諸地種，皆悉以為墨。 過於千國土，乃下一塵點， 如是展轉點，盡此諸塵墨。 如是諸國土，點與不點等， 復盡末為塵，一塵為一劫。 此諸微塵數，其劫復過是， 彼佛滅度來，如是無量劫。 如來無礙智，知彼佛滅度，

世界衆限，有不可數。 一切所有，大聖國土， 諸所有塵，不可限量， 皆悉破碎，令無有餘。 大聖至尊，逝來如斯， 其佛安住，滅度已竟。 劫數如是，無量億千， 若欲料限，無能思議。 滅度已來，若干劫數， 彼時導師，過久乃爾。 諸弟子衆，及菩薩行， 如來之慧，巍巍如斯。 今佛悉念，聖滅度來， 比丘欲知，佛之智慧， 聖明普達，等無有異。 佛皆覺了，過無數劫， 不計微妙，無漏之誼。	及聲聞菩薩，如見今滅度。 諸比丘當知！佛智淨微妙， 無漏無所礙，通達無量劫。	及聲聞菩薩，如見今滅度。 諸比丘當知！佛智淨微妙， 無漏無所礙，通達無量劫。

三－20 忉利諸天為<u>大通智勝</u>佛敷師子座，但經「十小劫」方成佛道。諸梵天、四王諸天皆供養<u>大通智勝</u>佛，至于滅度，亦復如是

西晉‧竺法護譯 《正法華經》	後秦‧鳩摩羅什譯 《妙法蓮華經》	隋‧闍那崛多、達摩笈多共譯 《添品妙法蓮華經》
㊀(釋迦)佛告諸比丘：其<u>大通衆慧</u>如來、正覺，壽四十四億百千劫，以「無上正真道」，初昇道場，坐于樹下，「一劫」默然。	㊀(釋迦)佛告諸比丘：<u>大通智勝</u>佛，壽五百四十萬億「那由他」劫。其(大通智勝)佛本坐道場，破魔軍已，垂(臨)得「阿耨多羅三藐三菩提」，而諸佛法不現在前。(因悟道而見諸佛法僅名爲「得道」，今將「欲得」佛道，故尚云「不現在前」)	㊀(釋迦)佛告諸比丘：<u>大通智勝</u>佛，壽五百四十萬億「那由他」劫。其(大通智勝)佛本坐道場，破魔軍已，垂(臨)得「阿耨多羅三藐三菩提」，而諸佛法不現在前。(因悟道而見諸佛法僅名爲「得道」，今將「欲得」佛道，故尚云「不現在前」)
㊁至于「二劫」，(大通衆慧佛皆)不得正覺，乃至「十劫」，而不興起，身不動搖，體不傾倚，亦不自念，都無「思想」，而向諸法，逐坐佛樹(菩提樹)，	㊁如是一小劫，乃至「十小劫」，(大通智勝佛)結加趺坐，身心不動(身不動表「威儀寂靜」。心不動表「妄念寂滅」)，而諸佛法猶不在前。(攝靜雖久，猶未得成正覺)	㊁如是一小劫，乃至「十小劫」，(大通智勝佛)結加趺坐，身心不動(身不動表「威儀寂靜」。心不動表「妄念寂滅」)，而諸佛法猶不在前。(攝靜雖久，猶未得成正覺)

降魔官屬(官吏下屬:眷屬),當成正覺。		
(參)「忉利」諸天子,化作「大師子座」,面四十里,(大通眾慧)佛坐其上。	(參)爾時「忉利」諸天,先為彼(大通智勝)佛於菩提樹下敷「師子座」,高一由旬,佛於此座,當得「阿耨多羅三藐三菩提」。	(參)爾時「忉利」諸天,先為彼(大通智勝)佛於菩提樹下敷「師子座」,高一由旬,佛於此座,當得「阿耨多羅三藐三菩提」。
(肆)(大通眾慧如來)世尊坐定,諸「梵天子」,普雨⼊天華,周四千里,自然風起,吹放眾華,散于(大通眾慧)佛上。(大通眾慧)佛在(菩提樹)樹下,滿「十中劫」,天華紛紛,盡劫不絕。	(肆)(大通智勝如來)適坐此座,時諸「梵天王」雨⼊眾天華,面百由旬,香風時來,吹去萎華,更雨新者。如是不絕,滿「十小劫」,供養於(大通智勝)佛,乃至(大通智勝如來)滅度,常雨⼊此華。	(肆)(大通智勝如來)適坐此座,時諸「梵天王」雨⼊眾天華,面百由旬,香風時來,吹去萎華,更雨新者。如是不絕,滿「十小劫」,供養於(大通智勝)佛,乃至(大通智勝如來)滅度,常雨⼊此華。
(伍)又「四天王」及諸天子,作眾伎樂,音如雷震,常以華香伎樂供養大聖(大通眾慧如來),未曾休懈。	(伍)四王諸天為供養(大通智勝)佛,常擊「天鼓」,其餘諸天,作天伎樂,滿十小劫,至于(大通智勝如來)滅度,亦復如是。	(伍)四王諸天為供養(大通智勝)佛,常擊「天鼓」,其餘諸天,作天伎樂,滿十小劫,至于(大通智勝如來)滅度,亦復如是。
(陸)(釋迦)佛告比丘:時世尊大通眾慧,乃至「十劫」,逮(到)成「無上正真之道」,為最正覺,至于滅度,供養不懈。	(陸)(釋迦佛告)諸比丘!大通智勝佛過「十小劫」,「諸佛之法」乃現在前,成「阿耨多羅三藐三菩提」。(大通智勝佛在經過「十劫」之後,道果乃成,此時諸佛之法,方現其前)	(陸)(釋迦佛告)諸比丘!大通智勝佛過「十小劫」,「諸佛之法」乃現在前,成「阿耨多羅三藐三菩提」。(大通智勝佛在經過「十劫」之後,道果乃成,此時諸佛之法,方現其前)

三-27 大通智勝佛未出家時有「十六子」,聞父王成佛後,皆捨所珍愛諸物,往詣佛所,親近修學。其第十六子即後來的釋迦佛

西晉·竺法護譯《正法華經》	後秦·鳩摩羅什譯《妙法蓮華經》	隋·闍那崛多、達磨笈多共譯《添品妙法蓮華經》
(壹)其(大通眾慧)佛在家,未捨國去,為太子時,有十六子(其第十六子即後來的釋迦牟尼佛),端正殊好,智慧難及,「色像」第	(壹)其(大通智勝)佛未出家時,有十六子(其第十六子即後來的釋迦牟尼佛),其第一者名曰智積。諸子各有種種珍異「玩⼊好⼊」	(壹)其(大通智勝)佛未出家時,有十六子(其第十六子即後來的釋迦牟尼佛),其第一者名曰智積。諸子各有種種珍異「玩⼊好⼊」

一,儒雅(博學的儒士或文人雅士)仁和(仁愛溫和)。時十六國王子者,各各自有若干種樂,所居「遊觀」(遊逛觀覽),快不可言,種種顯現,琴瑟伎樂,亦不可量。

(貳)(十六子)見(大通眾慧)佛世尊成「最正覺」,時有自然大法音聲,(大通眾慧如來之俗家父親)尋(不久:隨即)則棄國,捨「轉輪王位」,(時有)萬民伎樂、諸欲之娛,眷屬圍繞(於大通眾慧如來),及諸聖賢,大饗帝王百千之數,并不可計,億百千姟群萌之類營從(營衛隨從)集會,往詣世尊(大通眾慧如來)所處道場。

(參)欲得稽首(大通眾慧如來),奉受(大通眾慧)佛(法)教。群從(堂兄弟及諸子任)僉然(皆然;和諧貌),雍雍肅肅(同「雝雝、肅邕」。莊嚴雍容,整齊和諧),稽首佛足,繞(大通眾慧)佛三匝,却住一面,以偈頌曰:

<u>大通眾慧</u>,極尊無上,
積累平等,無量億數,
以上妙誼,愍傷一切,
所願具足,於是賢聖。
修勤苦行,竟十中劫,
專精一心,處在一座,
其身清淨,而不動搖,
燒諸苦患,如拔樹根。
分別于心,而志湛泊,
未曾進退,亦不傾倚,
無有增減,默然而應,
究竟寂定,無有諸漏。

(供玩賞嗜好之物)之具。

(貳)(十六子)聞父(大通智勝如來)得成「阿耨多羅三藐三菩提」,皆捨所珍,往詣(大通智勝)佛所。諸母涕泣,而隨送之,其祖(此為大通智勝如來之俗家父親。故「十六位孫子」應稱其為「祖父」)「轉輪聖王」,與一百大臣,及餘百千萬億人民,皆共圍繞,隨至(大通智勝如來之)道場。

(參)咸欲親近<u>大通智勝</u>如來,供養恭敬,尊重讚歎。到已,頭面禮足,繞佛畢已,一心合掌,瞻仰世尊(大通智勝如來),以偈頌曰:

大威德世尊,為度眾生故,
於無量億劫,爾乃得成佛,
諸願已具足,善哉吉無上。
世尊甚希有,一坐十小劫,
身體及手足,靜然安不動。
其心常惔怕,未曾有散亂,
究竟永寂滅,安住無漏法。
今者見世尊,安隱成佛道,
我等得善利,稱慶大歡喜。
眾生常苦惱,盲瞑無導師,
不識苦盡道,不知求解脫。
長夜增惡趣,減損諸天眾,

(供玩賞嗜好之物)之具。

(貳)(十六子)聞父(大通智勝如來)得成「阿耨多羅三藐三菩提」,皆捨所珍,往詣(大通智勝)佛所。諸母涕泣,而隨送之,其祖(此為大通智勝如來之俗家父親。故「十六位孫子」應稱其為「祖父」)「轉輪聖王」,與一百大臣,及餘百千萬億人民,皆共圍繞,隨至(大通智勝如來之)道場。

(參)咸欲親近<u>大通智勝</u>如來,供養恭敬,尊重讚歎。到已,頭面禮足,繞佛畢已,一心合掌,瞻仰尊顏(大通智勝如來),以偈頌曰:

大威德世尊,為度眾生故,
於無量億歲,爾乃得成佛,
諸願已具足,善哉吉無上。
世尊甚希有,一坐十小劫,
身體及手足,靜然安不動。
其心常惔怕,未曾有散亂,
究竟永寂滅,安住無漏法。
今者見世尊,安隱成佛道,
我等得善利,稱慶大歡喜。
眾生常苦惱,盲冥無導師,
不識苦盡道,不知求解脫。
長夜增惡趣,減損諸天眾,

現在吉祥，常獲大安， 無想著故，得尊佛道。 我等見之，增智無畏， 如是比類，長益德義。 不計身命，皆斷苦患， 積累忍辱，不貪安樂。 分別道慧，不處惱痛， 號在閑居，興發精進。 其不篤信，諸佛音聲， 長夜增益，惡道之罪， 則失人身，墮落惡趣， 為一切世，所見謗毀。 今以逮見，世之聖父， 其道最上，無有眾漏。 於此世間，而見救護， 及諸過去，大聖導師。	從冥入於冥，永不聞佛名。 今佛得最上、安隱無漏道， 我等及天人，為得最大利， 是故咸稽首，歸命無上尊。	從冥入於冥，永不聞佛名。 今佛得最上，安隱無漏道， 我等及天人，為得最大利， 是故咸稽首，歸命無上尊。

三－22 「十六王子」勸請大通智勝如來轉法輪，重說偈言

西晉・竺法護譯 《正法華經》	後秦・鳩摩羅什譯 《妙法蓮華經》	隋・闍那崛多、達磨笈多共譯 《添品妙法蓮華經》
⓵(釋迦)佛告比丘：斯諸帝王(大通眾慧如來俗家父親)及諸太子，太子兄弟，年既幼少，嗟歎(讚嘆)稱譽大通眾慧如來、至尊、等正覺，以此雅頌，宣揚已竟，啟勸世尊(大通眾慧如來)，願說經法，安住分別，多所安隱，多所憨傷(悲愍傷憐)，饒益眾生，安諸天人。	⓵爾時「十六王子」偈讚(大通智勝)佛已，勸請世尊(大通智勝如來)轉於法輪，咸作是言：世尊(大通智勝如來)說法，多所安隱、憐愍、饒益諸天人民。	⓵爾時「十六王子」偈讚(大通智勝)佛已，勸請世尊(大通智勝如來)轉於法輪，咸作是言：世尊(大通智勝如來)說法，多所安隱、憐愍、饒益諸天人民。
⓶復以此偈，而讚頌曰： 惟願大聖，讚說經典， 開化眾生，發起黎庶。 三界群萌，悉共渴仰， 使建道意，皆令蒙度。 諸佛普大聖，百福法莊嚴，	⓶重說偈言： 世雄無等倫，百福自莊嚴， 得無上智慧，願為世間說。 度脫於我等、及諸眾生類， 為分別顯示，令得是智慧。 若我等得佛，眾生亦復然。	⓶重說偈言： 世雄無等倫，百福自莊嚴， 得無上智慧，願為世間說， 度脫於我等，及諸眾生類， 為分別顯示，令得是智慧。 若我等得佛，眾生亦復然。

| 無極仙逮獲，慧則最尊妙。
為諸天講法，及世間人民，
度脫我等類，普及諸群萌。
應時彰現露，如來之慧誼，
猶如今於此，顯導上尊道。
令諸群品類，予等獲此法，
悉解於一切，諸行慧本末。
皆為分別說，前世所行德，
普見知黎庶，心本所好樂。
則為轉法輪，最勝無等倫，
勉脫眾生厄，悉令至大道。 | 世尊知眾生，深心之所念，
亦知所行道，又知智慧力，
欲樂及修福，宿命所行業。
世尊悉知已，當轉無上輪。 | 世尊知眾生，深心之所念，
亦知所行道，又知智慧力，
欲樂及修福，宿命所行業，
世尊悉知已，當轉無上輪。 |

三－23 大通智勝佛成正覺時，十方國土中間「幽冥」之處，皆得大明，眾生各得「相見」

西晉‧竺法護譯 《正法華經》	後秦‧鳩摩羅什譯 《妙法蓮華經》	隋‧闍那崛多、達磨笈多共譯 《添品妙法蓮華經》
⑤(釋迦)佛告諸比丘：於時世尊大通眾慧如來變化十方世界，各各五百億百千佛土，六反震動，光明普照，無所不周，皆於一切諸佛境界，虛空大神，若干種明，日月光耀，遠照無極，尊無等倫，諸天宮殿館宇(房舍；館舍)之明，梵天往返，自然威曜，其(大通眾慧)佛變現，「瑞應」(祥瑞感應)光明，皆覆蔽之，悉令不現(因大通眾慧如來的光明勝過於彼)，天上世間，晃昱(同「晃煜」→明亮；光輝)暉(光)曜(明)。	⑤(釋迦)佛告諸比丘：大通智勝佛得「阿耨多羅三藐三菩提」時，十方各五百萬億諸佛世界，六種震動，其國中間「幽冥」之處，「日月」威光所不能照，而皆大明。	⑤(釋迦)佛告諸比丘：大通智勝佛得「阿耨多羅三藐三菩提」時，十方各五百萬億諸佛世界，六種震動，其國中間「幽冥」之處，「日月」威光所不能照，而皆大明。
⑥眾生品類，若生彼界，皆「相見」知，各自說言：此間今日，卒(忽然)有人(眾生)生(因之前處於幽冥，故不知此處有眾生)，時於天上震動所現，靡	⑥其中眾生(原處於幽冥處的眾生)，(因此)各得「相見」，咸作是言：此中云何忽生「眾生」(因之前處於幽冥，故不能相見)？又其國界、諸天宮殿、乃至梵宮，	⑥其中眾生(原處於幽冥處的眾生)，(因此)各得「相見」，咸作是言：此中云何忽生「眾生」？(因之前處於幽冥，故不能相見)又其國界、諸天宮殿、乃至梵宮，

	六種震動；大光普照，遍滿世界，勝諸天光。	六種震動；大光普照，遍滿世界，勝諸天光。
不周遍。		

三－24 東方五百萬億國土，有<u>救一切</u>梵天王，為諸梵眾而説偈頌

西晉・竺法護譯《正法華經》	後秦・鳩摩羅什譯《妙法蓮華經》	隋・闍那崛多、達磨笈多共譯《添品妙法蓮華經》
❶爾時東方佛土邊，無限億百千「梵天宮殿」，自然為(光)明，威曜巍巍。諸梵自念：無數梵宮，宮殿館宇(房舍;館舍)爉魒(閃耀)明，無所不接，有何「瑞應」(祥瑞感應)，而現斯變？	❶爾時東方五百萬億諸國土中「梵天宮殿」，光明照曜，倍於常明。諸梵天王各作是念：今者宮殿光明，昔所未有。以何因緣而現此相？	❶爾時東方五百萬億諸國土中「梵天宮殿」，光明照曜，倍於常明。諸梵天王各作是念：今者宮殿光明，昔所未有。以何因緣而現此相？
❷於時五百世界諸億百千大「梵天眾」，各從宮殿雲集而會。時於眾中有大梵天，號<u>護群生</u>，為諸梵天，而歎頌曰： 今日我等，宮殿室宅，諸賢當知，此大光明，諸天最勝，志所樂喜。以何因緣，現此瑞應？善哉當往，趣求斯誼。 時諸天子，今日自興：承何聖旨，現神如是，今所覩見，本末曾有，親近諸天，為人中王，將無大聖，興出于世，最妙光明，照于十方，所變感動，乃如是乎？	❷是時諸梵天王，即各相詣，共議此事。時彼眾中、有一大梵天王，名<u>救一切</u>，為諸梵眾而說偈言： 我等諸宮殿，光明昔未有，此是何因緣，宜各共求之。為大德天生，為佛出世間，而此大光明、遍照於十方。	❷是時諸梵天王，即各相詣，共議此事。時彼眾中、有一大梵天王，名<u>救一切</u>，為諸梵眾而說偈言： 我等諸宮殿，光明昔未有，此是何因緣，宜各共求之。為大德天生，為佛出世間，而此大光明、遍照於十方。

三－25「東方」諸梵天王眾，共詣西方<u>大通智勝</u>如來，以「天華、菩

「提樹、宮殿」供養佛，並請轉法輪

西晉‧竺法護譯《正法華經》	後秦‧鳩摩羅什譯《妙法蓮華經》	隋‧闍那崛多、達磨笈多共譯《添品妙法蓮華經》
⑤(釋迦)佛告諸比丘：時五百世界億百千姟「梵天」，悉共相和，從東方來。	⑤爾時五百萬億國土諸「梵天王」，與宮殿俱，各以衣裓盛(衣襟，多掛於肩，用以拭手，或盛物。天人之像，自兩肩長垂者是也)，盛諸天華，共詣西方，推尋是(大光明)相(的來源)。	⑤爾時五百萬億國土諸「梵天王」，與宮殿俱，各以衣裓盛(衣襟，多掛於肩，用以拭手，或盛物。天人之像，自兩肩長垂者是也)，盛諸天華，共詣西方，推尋是(大光明)相(的來源)。
②遙見西方大通眾慧如來、正覺，處於道場，在「菩提樹」下，坐師子床。諸「天、龍、神、阿須倫、迦留羅、真陀羅、摩休勒，人與非人」，及「十六子」，眷屬圍繞，適覩是已，悉共啓勸，欲令說經。	②見大通智勝如來處于道場「菩提樹」下，坐師子座，諸「天、龍王、乾闥婆、緊那羅、摩睺羅伽、人非人」等，恭敬圍繞，及見「十六王子」，請佛轉法輪。	②見大通智勝如來處于道場「菩提樹」下，坐師子座，諸「天、龍王、乾闥婆、緊那羅、摩睺羅伽、人非人」等，恭敬圍繞，及見「十六王子」，請佛轉法輪。
③即詣(大通眾慧)如來稽首于地，繞佛無數匝，執其蓮華，如大須彌，及散佛樹(菩提樹)，樹高四十里。	③即時諸「梵天王」，頭面禮佛，繞百千匝，即以「天華」而散(大通智勝)佛上，其所散華，如須彌山。幷以供養佛「菩提樹」，其菩提樹，高十由旬。	③即時諸「梵天王」，頭面禮佛，繞百千匝，即以「天華」而散(大通智勝)佛上，其所散華，如須彌山。幷以供養佛「菩提樹」，其菩提樹，高十由旬。
④普已本土(之)梵天宮殿，奉進世尊(大通眾慧如來)，惟願哀愍，納受「宮殿」華土之供。	④華供養已，各以(梵天王之)「宮殿」奉上彼(大通智勝)佛，而作是言：	④華供養已，各以(梵天王之)「宮殿」奉上彼(大通智勝)佛，而作是言：
⑤以偈頌讚曰：	唯見哀愍，饒益我等。 所獻宮殿，願垂納受。	唯見哀愍，饒益我等。 所獻宮殿，願垂納受。
見佛無量，得未曾有， 多所愍傷，興出于世。 世尊所演，如師子吼，	⑤時諸梵天王，即於(大通智勝)佛前，一心同聲，以偈頌曰： 世尊甚希有，難可得值遇， 具無量功德，能救護一切。 天人之大師，哀愍於世間，	⑤爾時諸梵天王，即於(大通智勝)佛前，一心同聲，以偈頌曰： 世尊甚希有，難可得值遇， 具無量功德，能救護一切。 天人之大師，哀愍於世間，

則已將護，十方黎庶。 我等經歷，所從來處， 去此五百，億百千界。 計諸世界，若干之類， 皆棄宮殿，咸詣聖尊， 一切皆是，宿命淨德， 若干麗妙，諸寶宮殿。 惟加臨昒昒(莊臨)，而居其中， 願發大哀，愍傷受之。	十方諸眾生，普皆蒙饒益。 我等所從來，五百萬億國， 捨深禪定樂，為供養佛故。 我等先世福，宮殿甚嚴飾， 今以奉世尊，唯願哀納受。	十方諸眾生，普皆蒙饒益。 我等所從來，五百萬億國， 捨深禪定樂，為供養佛故。 我等先世福，宮殿甚嚴飾， 今以奉世尊，唯願哀納受。
陸(釋迦)佛告諸比丘：時大梵天眾面讚歎(大通眾慧)佛，五百人俱白世尊曰： 願轉法輪，演大聖典， 勉濟(勤勉拔濟)群黎(眾生)， 使獲滅度。	陸爾時諸梵天王偈讚(大通智勝)佛已，各作是言： 唯願世尊，轉於法輪， 度脫眾生，開涅槃道。	陸爾時諸梵天王偈讚(大通智勝)佛已，各作是言： 唯願世尊，轉於法輪， 度脫眾生，開涅槃道。
柒時五百梵天，億百千眾，合一音聲，而歎頌曰： 世尊願說經，兩足上分別， 當現慈心力，度眾勤苦患。	柒時諸梵天王，一心同聲而說偈言： 世雄兩足尊，唯願演說法， 以大慈悲力，度苦惱眾生。	柒時諸梵天王，一心同聲而說偈言： 世雄兩足尊，唯願演說法， 以大慈悲力，度苦惱眾生。
捌(釋迦)佛告諸比丘：于時世尊(大通眾慧如來)見諸梵天，所上「宮殿」，默然受之。	捌爾時大通智勝如來，默然許之。	捌爾時大通智勝如來，默然許之。

三－26 「東南方」諸梵天王眾，共詣西北方大通智勝如來，以「天華、菩提樹、宮殿」供養佛，並請轉法輪

西晉·竺法護譯 《正法華經》	後秦·鳩摩羅什譯 《妙法蓮華經》	隋·闍那崛多、達磨笈多共譯 《添品妙法蓮華經》
壹爾時「東南方」，去是五百億百千世界諸「梵天眾」，各各自從「宮殿」，皆見光明，晃晃鑠鑠(光輝閃爍)，無不周接，怪未曾有，悉俱集會。	壹又，諸比丘！「東南方」五百萬億國土諸大梵王，各自見「宮殿」光明照曜，昔所未有。歡喜踊躍，生希有心，即各相詣，共議此事。	壹又，諸比丘！「東南方」五百萬億國土諸大梵王，各自見「宮殿」光明照曜，昔所未有。歡喜踊躍，生希有心，即各相詣，共議此事。

㉑於眾會中，有大梵天，號最慈哀，為諸梵天，而歎頌曰：

諸大天當知，此則本瑞應，
宮殿悉感動，最有大名聞。
有德諸天子，人人雲集此，
則是其威神，令宮殿巍巍。
今佛興于世，兩足之中尊，
所以令館宇，現光明如是。
吾等當往質，斯事不可妄，
從昔至于今，覩瑞無若茲。
四方有光明，至于億國土，
今有定至誠，佛當成於世。

㉑(釋迦)佛告諸比丘，時五百億百千「梵天」，各從宮殿，駱驛←(連續不斷)四出，以諸「天華」，如須彌山，詣西北角。

㉕遙見如來大通(大通眾慧)聖慧，處于道場，於佛樹下坐師子座。諸「天、龍、神、阿須倫、迦留羅、真陀羅、摩休勒」眷屬圍繞，而為說經法。

㉖適見(大通眾慧)佛已，尋(不久；隨即)時即往，稽首于地，繞無數匝，手執大華，而散(大通眾慧)佛上。

㉑時彼眾中，有一大梵天王，名曰大悲，為諸梵眾，而說偈言：

是事何因緣，而現如此相？
我等諸宮殿，光明昔未有。
為大德天生？為佛出世間？
未曾見此相，當共一心求。
過千萬億土，尋光共推之，
多是佛出世，度脫苦眾生。

㉑爾時五百萬億諸「梵天王」與「宮殿」俱，各以衣裓←(衣襟，多掛於肩，用以拭手，或盛物。天人之像，自兩肩長垂者是也)盛諸天華，共詣「西北方」，推尋是相。

㉕見大通智勝如來，處于道場菩提樹下，坐師子座，諸「天、龍王、乾闥婆、緊那羅、摩睺羅伽、人非人」等，恭敬圍繞，及見「十六王子」請(大通智勝)佛轉法輪。

㉖時諸「梵天王」，頭面禮(大通智勝)佛，繞百千匝，即以「天華」而散(大通智勝)佛上，所散之華如須彌山，并以供養佛「菩提樹」。華供養已，各以「宮殿」奉上彼佛，而作是言：

唯見哀愍，饒益我等。

㉑時彼眾中，有一大梵天王，名曰大悲，為諸梵眾，而說偈言：

是事何因緣，而現如此相？
我等諸宮殿，光明昔未有。
為大德天生？為佛出世間？
未曾見此相，當共一心求。
過千萬億土，尋光共推之，
多是佛出世，度脫苦眾生。

㉑爾時五百萬億諸「梵天王」與「宮殿」俱，各以衣裓←(衣襟，多掛於肩，用以拭手，或盛物。天人之像，自兩肩長垂者是也)盛諸天華，共詣「西北方」，推尋是相。

㉕見大通智勝如來，處于道場菩提樹下，坐師子座，諸「天、龍王、乾闥婆、緊那羅、摩睺羅伽、人非人」等，恭敬圍繞，及見「十六王子」請(大通智勝)佛轉法輪。

㉖時諸「梵天王」，頭面禮(大通智勝)佛，繞百千匝，即以「天華」而散(大通智勝)佛上，所散之華如須彌山，并以供養佛「菩提樹」。華供養已，各以「宮殿」奉上彼佛，而作是言：

唯見哀愍，饒益我等。

	所獻宮殿,願垂納受。	所獻宮殿,願垂納處。
㊅時「大梵天」及諸眷屬,以頌讚曰:	㊅爾時諸「梵天王」,即於(大通智勝)佛前,一心同聲,以偈頌曰:	㊅爾時諸「梵天王」,即於(大通智勝)佛前,一心同聲,以偈頌曰:
禮無等倫,則為大仙, 天中之天。聲如哀鸞, 唱導普護,諸天人民, 願稽首禮。愍傷世俗, 得未曾有,在在難值, 久思光顏,今日乃見。 本於百劫,積德解空, 八十億佛,壽如塵劫。 又人中尊,分別空慧, 而常講說,善權方便。 諸天群臣,人民得觀, 具足億姟,八十之數。 其眼徹見,在所救濟, 多所擁護,於佛道法。 故出于世,愍傷眾庶, 我等福會,甚難值遇。	聖主天中王,迦陵頻伽聲, 哀愍眾生者,我等今敬禮。 世尊甚希有,久遠乃一現, 一百八十劫,空過無有佛。 三惡道充滿,諸天眾減少, 今佛出於世,為眾生作眼。 世間所歸趣,救護於一切, 為眾生之父,哀愍饒益者。 我等宿福慶,今得值世尊。	聖主天中王,迦陵頻伽聲, 哀愍眾生者,我等今敬禮。 世尊甚希有,久遠乃一現, 一百八十劫,空過無有佛。 三惡道充滿,諸天眾減少, 今佛出於世,為眾生作眼。 世間所歸趣,救護於一切, 為眾生之父,哀愍饒益者。 我等宿福慶,今得值世尊。
㊆(釋迦)佛告諸比丘:無數億千「梵天」之眾,勸發世尊(大通眾慧如來)願轉法輪,演出典誼(同「義」)散告群生,救脫三界,令獲安隱。	㊆爾時諸梵天王,偈讚(大通智勝)佛已,各作是言: 唯願世尊,哀愍一切, 轉於法輪,度脫眾生。	㊆爾時諸梵天王,偈讚(大通智勝)佛已,各作是言: 唯願世尊,哀愍一切, 轉於法輪,度脫眾生。
㊇爾時諸「梵天」,悉俱等心,同聲讚曰: 最上大人,願轉法輪, 惟講經典,為十方人。 度脫蠢萌,苦惱之患, 令一切人,喜踊忻然。 其有聞者,得成佛道, 諸天人民,咸蒙安隱。 阿須倫身,當復減損, 施于忍辱,安隱之事。	㊇時諸梵天王,一心同聲,而說偈言: 大聖轉法輪,顯示諸法相, 度苦惱眾生,令得大歡喜。 眾生聞此法,得道若生天, 諸惡道減少,忍善者增益。	㊇時諸梵天王,一心同聲,而說偈言: 大聖轉法輪,顯示諸法相, 度苦惱眾生,令得大歡喜。 眾生聞是法,得道若生天, 諸惡道減少,忍善者增益。

(釋迦)佛告諸比丘：<u>大通眾慧</u>如來，默然可之。	爾時<u>大通智勝</u>如來，默然許之。	爾時<u>大通智勝</u>如來，默然許之。

三－27 「南方、西方」諸梵天王眾，共詣北方<u>大通智勝</u>如來，以「天華、菩提樹、宮殿」供養佛，並請轉法輪

西晉‧竺法護譯《正法華經》	後秦‧鳩摩羅什譯《妙法蓮華經》	隋‧闍那崛多、達磨笈多共譯《添品妙法蓮華經》
壹「南方、西方」億百千姟諸佛世界，諸「大梵天」宮殿館宇(房舍；館舍)悉為普明，弈弈(通「奕」→光明)煌煌(明亮輝耀；光彩奪目)，靡不周達。時諸「梵天」，自見「宮殿」，威變(威勢神變)煜爚(光輝燦爛)，怪未曾有。	壹又諸比丘！「南方」五百萬億國土諸「大梵王」，各自見「宮殿」，光明照曜，昔所未有，歡喜踊躍，生希有心。	壹又諸比丘！「南方」五百萬億國土諸大梵王，各自見「宮殿」，光明照曜，昔所未有，歡喜踊躍，生希有心。
貳悉俱集會，各自念言：我等宮殿，何乃如之？於其眾中，有「大梵天」，名曰善法，獨歡頌曰：	貳即各相詣，共議此事：以何因緣，我等「宮殿」有此光曜？時彼眾中有一「大梵天王」，名曰<u>妙法</u>，為諸梵眾，而說偈言：	貳即各相詣，共議此事：以何因緣，我等「宮殿」有此光明？時彼眾中有一「大梵大王」，名曰<u>妙法</u>，為諸梵眾，而說偈言：
大聖而興，所舉不妄，一切宮殿，威光重照。有此瑞應，現于世間，善哉行求，如斯奧誼。過去無數，億千諸劫，未曾覩見，如是感動。將以如來，出現于世，令諸天子，自然來會。	我等諸宮殿，光明甚威曜，此非無因緣，是相宜求之。過於百千劫，未曾見是相，為大德天生？為佛出世間？	我等諸宮殿，光明甚威曜；此非無因緣，是相宜求之。過於百千劫，未曾見是相；為大德天生？為佛出世間？
參(釋迦)佛告諸比丘：時五百百千億「諸梵天人」，從其所處，遙見「大華」，如須彌山，各手執持，眾供養具，	參爾時五百萬億諸「梵天王」與「宮殿」俱，各以衣裓(衣襟，多掛於肩，用以拭手，或盛物。天人之像，自兩肩長垂者是也)盛諸天	參爾時五百萬億諸「梵天王」與「宮殿」俱，各以衣裓(衣襟，多掛於肩，用以拭手，或盛物。天人之像，自兩肩長垂者是也)盛諸天

行詣「北方」。	華，共詣「北方」，推尋是相。	華，共詣「北方」，推尋是相。
㊃瞻覲如來大通衆慧佛，處于道場，坐樹下師子座上，與無央數諸「天、龍、神、阿須倫、迦留羅、真陀羅、摩休勒」眷屬圍繞，講說經法。	㊃見大通智勝如來，處于道場菩提樹下，坐師子座，諸「天、龍王、乾闥婆、緊那羅、摩睺羅伽、人非人」等，恭敬圍繞，及見「十六王子」請(大通智勝)佛轉法輪。	㊃見大通智勝，處于道場菩提樹下，坐師子座，諸「天、龍王、乾闥婆、緊那羅、摩睺羅伽、人非人」等，恭敬圍繞，及見「十六王子」請(大通智勝)佛轉法輪。
㊄即詣(大通衆慧)佛所，稽首于地，繞無數匝，手執「大華」如須彌山，供養散(大通衆慧)佛。尋(隨即)以「宮殿」奉上世尊(大通衆慧如來)，惟願愍傷(悲愍傷憐)，受而處之。	㊄時諸「梵天王」，頭面禮(大通智勝)佛，繞百千匝，即以「天華」而散佛上，所散之華，如須彌山，并以供養佛「菩提樹」。華供養已，各以「宮殿」奉上彼(大通智勝)佛，而作是言：	㊄時諸「梵天王」，頭面禮(大通智勝)佛，繞百千匝，即以「天華」而散佛上，所散之華，如須彌山，并以供養佛「菩提樹」。華供養已，各以「宮殿」奉上彼(大通智勝)佛，而作是言：
	唯見哀愍，饒益我等。 所獻宮殿，願垂納受。	唯見哀愍，饒益我等。 所獻宮殿，願垂納處。
㊅時諸「梵天」，等心同聲，而歎頌曰：	㊅爾時諸「梵天王」，即於(大通智勝)佛前，一心同聲，以偈頌曰：	㊅爾時諸「梵天王」，即於(大通智勝)佛前，一心同聲，以偈頌曰：
諸佛現世，甚難得值， 久不瞻覲，今日乃覲。 僥倖來至，蠲除愛欲， 具足充滿，於三千刹。 諸大導師，飽滿饑虛， 古來至今，未曾見聞。 如靈瑞華，劫乎 可遭值， 道慧難遇，時時乃有。 我等宮殿，雅麗無量， 承佛威神，而得獲此。 唯垂大哀，納受所進， 願處其中，顯現道因。	世尊甚難見，破諸煩惱者， 過百三十劫，今乃得一見。 諸飢渴眾生，以法雨充滿， 昔所未曾見，無量智慧者， 如優曇鉢花，今日乃值遇。 我等諸宮殿，蒙光故嚴飾， 世尊大慈悲，唯願垂納受。	世尊甚難見，破諸煩惱者， 過百三十劫，今乃得一見。 諸飢渴眾生，以法雨充滿， 昔所未曾覩，無量智慧者。 如優曇鉢羅，今日乃值遇， 我等諸宮殿，蒙光故嚴飾。 世尊大慈愍，唯願垂納受。
㊆時諸梵天，勸請世尊(大通	㊆爾時諸「梵天王」，偈讚(大	㊆爾時諸「梵天王」，偈讚(大

眾慧如來），惟轉法輪，分別經典，令諸「天神、沙門、梵志」，多所愍傷（悲愍傷憐），普安一切，天上世間，悉當蒙恩。	通智勝）佛已，各作是言：唯願世尊，轉於法輪，令一切世間諸「天、魔（魔王）、梵（大梵天王）、沙門、婆羅門」，皆獲安隱，而得度脫。	通智勝）佛已，各作是言：唯願世尊，轉於法輪，令一切世間諸「天、魔（魔王）、梵（大梵天王）、沙門、婆羅門」，皆獲安隱，而得度脫。
㉘於是「梵天」，與群侍俱，等心同聲，而歎頌曰：	㉘時諸「梵天王」，一心同聲，以偈頌曰：	㉘時諸「梵天王」，一心同聲，而說偈言：
倖願世尊，廣演經典，加哀當轉，大聖法輪。講若干法，聲若雷震，惟願愍傷，吹大法螺。以大經典，雨於世界，分別善教，微妙之誨。我等勸助，願講道慧，開度眾生，億百千姟。	唯願天人尊，轉無上法輪，擊于大法鼓，而吹大法螺，普雨大法雨，度無量眾生。我等咸歸請，當演深遠音。	惟願天人尊，轉無上法輪，擊于大法鼓，而吹大法螺，普雨大法雨，度無量眾生。我等咸歸請，當演深遠音。
	㉙爾時大通智勝如來，默然許之。	㉙爾時大通智勝如來，默然許之。

三－28 「西南方、西北方、東北方、上方」諸梵天王眾，共詣下方大通智勝如來，以「天華、菩提樹、宮殿」供養佛，並請轉法輪

西晉‧竺法護譯《正法華經》	後秦‧鳩摩羅什譯《妙法蓮華經》	隋‧闍那崛多、達磨笈多共譯《添品妙法蓮華經》
㊀「西南方、西北方、東北方」，各各如是，無數「梵天」不可計限。「上方、下方」各各如是，自在宮殿，覩見光明，靡不周接，怪之未有。各從斯去五百億百千世界「諸梵天眾」，各捨「宮殿」，來詣（大通眾慧）佛所。	㊀「西南方」乃至「下方」，亦復如是。爾時「上方」五百萬億國土諸「大梵王」，皆悉自覩所止「宮殿」，光明威曜，昔所未有。歡喜踊躍，生希有心，即各相詣，共議此事：以何因緣，我等宮殿，有斯光明？	㊀「西南方」乃至「下方」，亦復如是。爾時「上方」五百萬億國土諸「大梵王」，皆悉自覩所止「宮殿」，光明威曜，昔所未有。歡喜踊躍，生希有心，即各相詣，共議此事：以何因緣，我等宮殿，有斯光明？
	㊁時彼眾中，有一「大梵天王」，名曰尸棄，為諸梵眾，而說偈言：	㊁時彼眾中，有一「大梵天王」，名曰尸棄，為諸梵眾，而說偈言：

	今以何因緣，我等諸宮殿， 威德光明曜，嚴飾未曾有。 如是之妙相，昔所未聞見， 為大德天生？為佛出世間？	今以何因緣，我等諸宮殿， 威德光明曜，嚴飾未曾有？ 如是之妙相，昔所不聞見； 為大德天生？為佛出世間？
	㊂爾時五百萬億諸「梵天王」與「宮殿」俱，各以衣裓(衣襟，多掛於肩，用以拭手，或盛物。天人之像，自兩肩長垂者是也)盛諸天華，共詣「下方」，推尋是相。見大通智勝如來，處于道場「菩提樹」下，坐師子座，諸「天、龍王、乾闥婆、緊那羅、摩睺羅伽、人非人」等，恭敬圍繞，及見「十六王子」請佛(大通智勝如來)轉法輪。	㊂爾時五百萬億諸「梵天王」與「宮殿」俱，各以衣裓(衣襟，多掛於肩，用以拭手，或盛物。天人之像，自兩肩長垂者是也)盛諸天華，共詣「下方」，推尋此相。見大通智勝如來，處于道場「菩提樹」下，坐師子座，諸「天、龍王、乾闥婆、緊那羅、摩睺羅伽、人非人」等，恭敬圍繞，及見「十六王子」請佛(大通智勝如來)轉法輪。
	㊃時諸「梵天王」，頭面禮(大通智勝)佛，繞百千匝，即以「天華」而散(大通智勝)佛上，所散之花，如須彌山，幷以供養佛「菩提樹」。花供養已，各以「宮殿」奉上彼(大通智勝)佛，而作是言：	㊃時諸「梵天王」，頭面禮(大通智勝)佛，繞百千匝，即以「天華」而散(大通智勝)佛上，所散之花，如須彌山，幷以供養佛「菩提樹」。華供養已，各以「宮殿」奉上彼(大通智勝)佛，而作是言：
	唯見哀愍，饒益我等。 所獻宮殿，願垂納受。	唯見哀愍，饒益我等。 所獻宮殿，願垂納處。
㊄有大梵天，名曰妙識，即歎偈曰：	㊄時諸「梵天王」，即於(大通智勝)佛前，一心同聲，以偈頌曰：	㊄時諸「梵天王」，即於(大通智勝)佛前，一心同聲，以偈頌曰：
善哉願諸佛，世吼(獅子吼)獲聖明 為三界眾生，開示正覺乘。 普為世間眼，達見於十方， 開通甘露門，度脫無數人。 乃昔往古世，人中尊變現，	善哉見諸佛，救世之聖尊， 能於三界獄，勉出諸眾生。 普智(一切種智)天人尊，哀愍群萌類 能開甘露門，廣度於一切。 於昔無量劫，空過無有佛，	善哉見諸佛，救世之聖尊， 能於三界獄，勉出諸眾生， 普智(一切種智)天人尊，哀愍群萌類 能開甘露門，廣度於一切。 於昔無量劫，空過無有佛，

空無思想念，使現於十方。
長益樂地獄，好憙畜生處，
後生墮餓鬼，億數難思議。
亡失於天身，壽終墮惡趣，
若得聽佛法，進獲平等道。
志行趣佛慧，將護眾黎庶，
皆得歸安隱，不失快樂想。
常不行佛道，不處於正法，
違無量聖教，即墮於惡趣。
覩見世光明，以善故來至，
發一切眾生，而行於慈哀。
逮見於世尊，解空慧無漏，
諸天及世間，于斯悉勸助。
宮殿妙無量，猶如威神德，
普施明月珠，大導師願受。
人尊願受供，愍傷幸宮殿，
令此群品類，逮得無上道。

㈥（釋迦）佛告諸比丘：於時五百百千億「大梵天眾」，讚歎（大通眾慧）佛已，啟勸令（大通眾慧）佛，轉大法輪，開度十方，安隱世人。

㈦復歎頌曰：

思願講說，無上法輪，
惟雷法鼓，尊妙法音。
度脫眾生，勤苦之患，
加哀示現，無為大道。
我等勸助，唯聖說法，
救護餘類，及世間人。
音聲柔軟，敷揚美響，
億百千劫，積累德行。

世尊未出時，十方常暗冥，
三惡道增長，阿修羅亦盛，
諸天眾轉減，死多墮惡道。
不從佛聞法，常行不善事，
色力及智慧，斯等皆減少。
罪業因緣故，失樂及樂想，
住於邪見法，不識善儀則，
不蒙佛所化，常墮於惡道。
佛為世間眼，久遠時乃出，
哀愍諸眾生，故現於世間。
超出成正覺，我等甚欣慶，
及餘一切眾，喜歡未曾有。
我等諸宮殿，蒙光故嚴飾，
今以奉世尊，唯垂哀納受。
願以此功德，普及於一切，
我等與眾生，皆共成佛道。

㈥爾時五百萬億諸「梵天王」，偈讚（大通智勝）佛已，各白佛言：

唯願世尊，轉於法輪，
多所安隱，多所度脫。

㈦時諸「梵天王」，而說偈言：

世尊轉法輪，擊甘露法鼓，
度苦惱眾生，開示涅槃道。
唯願受我請，以大微妙音，
哀愍而敷演，無量劫習法。

世尊未出時，十方常闇冥，
三惡道增長，阿脩羅亦盛，
諸天眾轉減，死多墮惡道。
不從佛聞法，常行不善事，
色力及智慧，斯等皆減少。
罪業因緣故，失樂及樂想，
住於邪見法，不識善儀則，
不蒙佛所化，常墮於惡道。
佛為世間眼，久遠時乃出，
哀愍諸眾生，故現於世間。
超出成正覺，我等甚欣慶，
及餘一切眾，喜嘆未曾有。
我等諸宮殿，蒙光故嚴飾，
今以奉世尊，唯垂哀納受。
願以此功德，普及於一切，
我等與眾生，皆共成佛道。

㈥爾時五百萬億諸「梵天王」，偈讚（大通智勝）佛已，各白佛言：

唯願世尊，轉於法輪，
多所安隱，多所度脫。

㈦時諸「梵天王」，一心同聲，而說偈言：

世尊轉法輪，擊甘露法鼓，
度苦惱眾生，開示涅槃道。
唯願受我請，以大微妙音；
哀愍而敷演，無量劫集法。

三-29 大通智勝如來「三轉十二行法輪」，說「四聖諦、十二因緣法」，四說經法，度眾無量

西晉·竺法護譯《正法華經》	後秦·鳩摩羅什譯《妙法蓮華經》	隋·闍那崛多、達磨笈多共譯《添品妙法蓮華經》
壹(釋迦)佛告諸比丘：大通眾慧如來，爾時見十方無央數百千億眾生勸請說法，及「十六子國王太子」，(大通眾慧如來便為眾人)轉大法輪「三轉(示轉、勸轉、證轉)、十二事」，開化(開示教化)發起「沙門、梵志」，「諸天、龍神、眾魔、梵天」及「世人民」。	壹爾時大通智勝如來，受「十方」諸「梵天王」，及「十六王子」請，即時「三轉(示轉、勸轉、證轉)、十二行法輪」，若「沙門、婆羅門」，若「天、魔(魔王)、梵(大梵天王)」及餘世間(其餘一切世間之人)，所不能轉(「出世」法，唯佛能轉，非世人也)。	壹爾時大通智勝如來，受「十方」諸「梵天王」，及「十六王子」請，即時「三轉(示轉、勸轉、證轉)、十二行法輪」，若「沙門、婆羅門」，若「天、魔(魔王)、梵(大梵天王)」及餘世間，所不能轉(「出世」法，唯佛能轉，非世人也)。
貳 ❶為說「苦本」，是為「苦諦」，至習盡道，由是盡「苦」，「苦」盡至「道」。 ❷「十二緣起」，具足分別，從「癡」(無明)致「行」，從「行」致「識」，從「識」致「名色」，從「名色」致「六入」，從「六入」致「習」(觸)，從「習」(觸)致「痛」(受)，從「痛」(受)致「愛」，從「愛」致「受」(取)，從「受」(取)致「有」，從「有」致「生」，從「生」致「老病死、憂苦大患」。	貳 ❶謂是「苦」，是「苦集」，是「苦滅」，是「苦滅道」。 ❷及廣說「十二因緣法」，「無明」緣「行」，「行」緣「識」，「識」緣「名色」，「名色」緣「六入」，「六入」緣「觸」，「觸」緣「受」，「受」緣「愛」，「愛」緣「取」，「取」緣「有」，「有」緣「生」，「生」緣「老死憂悲苦惱」。 ❸「無明」滅則「行」滅，「行」滅則「識」滅，「識」滅則「名色」滅，「名色」滅則「六入」滅，「六入」滅則「觸」滅，「觸」滅則「受」滅，「受」滅則「愛」滅，「愛」滅則「取」滅，「取」滅則「有」滅，「有」滅則「生」滅，「生」滅則「老死憂悲苦惱」滅。	貳 ❶謂是「苦」，是「苦集」，是「苦滅」，是「苦滅道」。 ❷及廣說「十二因緣法」，「無明」緣「行」，「行」緣「識」，「識」緣「名色」，「名色」緣「六入」，「六入」緣「觸」，「觸」緣「受」，「受」緣「愛」，「愛」緣「取」，「取」緣「有」，「有」緣「生」，「生」緣「老死憂悲苦惱」。 ❸「無明」滅則「行」滅，「行」滅則「識」滅，「識」滅則「名色」滅，「名色」滅則「六入」滅，「六入」滅則「觸」滅，「觸」滅則「受」滅，「受」滅則「愛」滅，「愛」滅則「取」滅，「取」滅則「有」滅，「有」滅則「生」滅，「生」滅則「老死憂悲苦惱」滅。
參(釋迦佛)又告比丘：大通眾慧如來「三說經法」，須臾之	參(大通智勝)佛於天人大眾之中，說是法(第一說經法)時，六	參(大通智勝)佛於天人大眾之中，說是法(第一說經法)時，六

頌，分別此誼（同「義」），令「十六億」百千姟眾「漏盡」意解，逮（及；到）得「六通」（❶神足通❷天耳通❸他心通❹宿命通❺天眼通❻漏盡智證通）、三達之智（三事通達無礙之智明，❶宿命智證明❷生死智證明❸漏盡智證明）」，無央數人，皆得度脫。

㊵如是至「三」，「第四」說經，江河沙等億百千姟群生聽經，一一皆獲「漏盡」意解，諸「聲聞眾」不可稱計。

百萬億「那由他」人，以「不受一切法」（諸煩惱皆因「受」而生，此已達「物不礙心」境）故，而於「諸漏」，心得解脫，皆得深妙「禪定」，「三明（三事通達無礙之智明，❶宿命智證明❷生死智證明❸漏盡智證明）、六通（❶神足通❷天耳通❸他心通❹宿命通❺天眼通❻漏盡智證通）」，具「八解脫」（❶內有色想觀外色解脫❷內無色相觀外諸色解脫❸淨解脫❹空無邊處解脫❺識無邊處解脫❻無所有處解脫❼非想非想處解脫❽滅受想解脫）。

㊵第二、第三、第四說法時，千萬億恒河沙「那由他」等眾生，亦以「不受一切法」（已不受諸煩惱法，心達「空寂」境）故，而於「諸漏」，心得解脫。從是已後，諸「聲聞眾」無量、無邊，不可稱數。

百萬億「那由他」人，以「不受一切法」（諸煩惱皆因「受」而生，此已達「物不礙心」境）故，而於「諸漏」，心得解脫，皆得深妙「禪定」，「三明（三事通達無礙之智明，❶宿命智證明❷生死智證明❸漏盡智證明）、六通（❶神足通❷天耳通❸他心通❹宿命通❺天眼通❻漏盡智證通）」，具「八解脫」（❶內有色想觀外色解脫❷內無色相觀外諸色解脫❸淨解脫❹空無邊處解脫❺識無邊處解脫❻無所有處解脫❼非想非想處解脫❽滅受想解脫）。

㊵第二、第三、第四說法時，千萬億恒河沙「那由他」等眾生，亦以「不受一切法」（已不受諸煩惱法，心達「空寂」境）故，而於「諸漏」，心得解脫。從是已後，諸「聲聞眾」無量、無邊，不可稱數。

八解脫（八背捨、八惟無、八惟務）：

八種「由淺入深」的禪「觀行」法門，依此八種禪定力量，可斷三界煩惱，證得解脫，故名「八解脫」。又名「八背捨」，即依八種「禪定力」以背棄「五欲」諸境，且捨離其「貪」等著執心。

❶有色觀諸色解脫（內有色想觀外色解脫）：謂離內心之色想，觀外在諸色為青瘀膿爛等不淨。

❷內無色想、觀外色解脫（內無色相、觀外諸色解脫）：謂內心已離色想，然為欲更使堅定不移，故於外色修不淨觀。

❸淨解脫身作證具足住（淨解脫）：謂為欲試練善根是否成滿，乃棄背前二解脫之不淨觀心，而修觀外在色境之色相，令煩惱不生。

❹超諸色想、滅有對想、不思惟種種想、入無邊空、空無邊處、具足住解脫（空無邊處解脫）：謂滅有對色想，成就空無邊處之行相。

❺超一切空無邊處、入無邊識、識無邊處、具足住解脫（識無邊處解脫）：謂棄背空無邊心，成就識無邊之行相。

❻超一切識無邊處、入無所有無所有處、具足住解脫（無所有處解脫）：謂棄背識無邊之心，成就無所有之行相。

❼超一切無所有處、入非想非非想處、具足住解脫（非想非非想處解脫）：謂棄背無所有心，無明勝之想，住非無想之相且成就之。

❽超一切非想非非想處、入想受滅身作證、具足住解脫（滅受想解脫）：謂厭背受想等，趣入滅一切心心所法的滅盡定。

（以上資料據《佛光大辭典》再略作修訂）

三轉十二行相（當三轉四輪十二行法輪。四諦法輪三會十二轉說。三轉十二行法輪）：

(1)釋尊在<u>鹿野苑</u>初轉法輪時，以「示、勸、證」等三層次（三轉）來闡明「苦、集、滅、道」四諦，故云「三轉十二行相」。

❶示轉：首揭此是「**苦**」、此是「**集**」、此是「**滅**」、此是「**道**」等四諦。這是對「四諦」之意義的「開示」。

❷勸轉：次勸苦「**應知**」、集「**應斷**」、滅「**應證**」、道「**應修**」。這是對四諦之「實踐」的「勸誡」。

❸證轉：再以己身作證，苦「**已知**」、集「**已斷**」、滅「**已證**」、道「**已修**」。這是對四諦之「實踐」成果的「展示」。

如下圖示：

三轉	苦諦 (世世受生老病死，以有身則苦)	集諦 (念念起貪愛妄想，則惡業叢集)	滅諦 (滅除生死煩惱，證得涅槃寂滅)	道諦 (勤修戒定慧，精進諸道品)
示相轉 對四諦意義的「開示」	此是「**苦**」 (身心酬業，患累逼惱)	此是「**集**」 (起惑造業，招集來苦)	此是「**滅**」 (結業已盡，無生死累)	此是「**道**」 (正助雙修，能至涅槃)
勸相轉 對四諦實踐的「勸誡」	苦--「**應知**」 (眾生無邊誓願度)	集--「**應斷**」 (煩惱無盡誓願斷)	滅--「**應證**」 (佛道無上誓願成)	道--「**應修**」 (法門無量誓願學)
證相轉 對四諦實踐成果的「展示」	苦--「**已知**」	集--「**已斷**」	滅--「**已證**」	道--「**已修**」

(2)「三轉」各具「**眼、智、明、覺**」等四行相，或「三周」循歷「四聖諦」，故亦稱「十二行相」。

據《大毘婆沙論・卷七十九》載，「**眼、智、明、覺**」有兩義：

❶眼➔即法智忍。智➔即諸法智。明➔即諸類智忍。覺➔即諸類智。

❷眼➔觀見之義。智➔決斷之義。明➔照了之義。覺➔警察之義。

如下圖所示：

三轉	十二行相			
示相轉 對四諦意義的「開示」	**眼** (觀見義) 法智忍	**智** (決斷義) 諸法智	**明** (照了義) 諸類智忍	**覺** (警察義) 諸類智
勸相轉 對四諦實踐的「勸誡」	**眼** (觀見義) 法智忍	**智** (決斷義) 諸法智	**明** (照了義) 諸類智忍	**覺** (警察義) 諸類智
證相轉 對四諦實踐成果的「展示」	**眼** (觀見義) 法智忍	**智** (決斷義) 諸法智	**明** (照了義) 諸類智忍	**覺** (警察義) 諸類智

(3)於每一諦中，皆有「三轉十二行相」，故若以「四諦」合之，則共有「**十二轉四十八行相**」。

如以「苦諦」言之。

謂「**此是苦**」，為「示相轉」。

謂「**應遍知此苦**」，為「勸相轉」。

謂「**已遍知此苦**」，為「證相轉」。

(4)此「三轉」依次可配於「見道、修道、無學道」。

如下圖示：

	示相轉 （見道）	勸相轉 （修道）	證相轉 （無學道）
苦	此是「苦」	應遍知此「苦」	已遍知此「苦」
集	此是「集」	應遍斷此「集」	已遍斷此「集」
滅	此是「滅」	應遍證此「集」	已遍證此「集」
道	此是「道」	應遍修此「道」	已遍修此「道」

（以上資料據《佛光大辭典》再略作修訂，並自行製作圖表）

三－30 「十六王子」以童子出家為沙彌，請大通智勝如來説《妙法蓮華 教菩薩法 佛所護念》大乘經

西晉‧竺法護譯 《正法華經》	後秦‧鳩摩羅什譯 《妙法蓮華經》	隋‧闍那崛多、達磨笈多共譯 《添品妙法蓮華經》
⑤爾時「十六國王太子」，以家之信，「出家」為道，皆為「沙彌」，聰明智慧，多有方便，以曾供養億百千佛，造立眾行，求「無上正真道」。	⑤爾時「十六王子」，皆以「童子出家」而為「沙彌」，諸(六)根「通利」(通達銳利；通暢清淨)，智慧明了，已曾供養百千萬億諸佛，淨修「梵行」，求「阿耨多羅三藐三菩提」。	⑤爾時「十六王子」，皆以「童子出家」而為「沙彌」，諸(六)根「通利」(通達銳利；通暢清淨)，智慧明了，已曾供養百千萬億諸佛，淨修「梵行」，求「阿耨多羅三藐三菩提」。
⑥(十六王子)俱白(大通眾慧)佛言：今大會「聲聞眾」，無央數億百千人，有大「神足」(神通具足)，已具成就。惟為我(十六王子)等，講演「無上正真道誼(同「義」)，願弘慧見(智慧正見)，指示其處，當從如來，學大聖教，以共勸進，觀察其本。	⑥(十六王子)俱白(大通智勝)佛言：世尊！是諸無量千萬億大德「聲聞」，皆已成就。世尊亦當為我(十六王子)等說「阿耨多羅三藐三菩提法」，我等聞已，皆共修學。世尊！我等志願(立志發願)如來(無上)知見，深心(志求佛道)所念(所念在佛，不求餘乘)，佛自證知(佛以神通力，自知我心，爲我作證)。	⑥(十六王子)俱白(大通智勝)佛言：世尊！是諸無量千萬億大德「聲聞」，皆已成就。世尊亦當為我(十六王子)等說「阿耨多羅三藐三菩提法」，我等聞已，皆共修學。世尊！我等悉願(悉求發願)如來(無上)知見，深心(志求佛道)所念(所念在佛，不求餘乘)，佛自證知(佛以神通力，自知我心，爲我作證)。
⑦於時世尊(大通眾慧如來)，悉見「幼童、國王、(十六)太子」心之所念，則為「國王」(大通眾慧如來之俗家父親)及諸「眷屬」講說經法，(時有)八十億百千姟人，皆作「沙門」。	⑦爾時「轉輪聖王」(大通智勝如來之俗家父親)所，將眾中「八萬億人」，見「十六王子」出家，(八萬億人)亦求出家。(轉輪聖)王即聽許。	⑦爾時「轉輪聖王」(大通智勝如來之俗家父親)所，將眾中「八萬億人」，見「十六王子」出家，(八萬億人)亦求出家。(轉輪聖)王即聽許。
⑧於時彼(大通眾慧)佛觀諸	⑧爾時彼(大通智勝)佛受(十六	⑧爾時彼(大通智勝)佛受(十六

「沙門」心之本原，為「二萬劫」，(乃)說「正法華方等經典菩薩所行 一切佛護」，皆已周遍。四部眾會，普等無異，「十六幼童沙彌」兄弟，聞(大通眾慧)佛所說(共花「八萬劫」說此經)，悉共受持，諷誦講讚。其(大通眾慧)佛授決(十六菩薩沙彌)，當得「無上正真之道」。	王子出家)「沙彌」請，過「二萬劫」已，乃於「四眾」之中說是「大乘經」，名「妙法蓮華 教菩薩法 佛所護念」。說是經已(共花「八千劫」說此經)，「十六沙彌」為「阿耨多羅三藐三菩提」故，皆共「受持、諷誦、通利(通暢；無阻礙；無有忘失)」。	王子出家)「沙彌」請，過「二萬劫」已，乃於「四眾」之中說是「大乘經」，名「妙法蓮華 教菩薩法 佛所護念」。說是經已(共花「八千劫」說此經)，「十六沙彌」為「阿耨多羅三藐三菩提」故，皆共「受持、諷誦、通利(通暢；無阻礙；無有忘失)」。
(伍)(大通眾慧如來)說是經(指《正法華經》)已，「聲聞」歡喜，「十六沙彌」、無數億百千姟「諸菩薩眾」，皆得本志。彼(大通眾慧)佛說是(《正法華經》)，於八萬劫，未曾休懈。	(伍)(大通智勝如來)說是經(指《法華經》)時，「十六菩薩沙彌」(沙彌但受十戒，本是小乘。今求佛道，修學大乘，故尊稱曰「菩薩沙彌」)皆悉信受；「聲聞」眾中，亦有信解；其餘眾生千萬億種，皆生「疑惑」(劣弱根機者聞大乘深妙不能信受，如靈山之退席)。(大通智勝)佛說是經(《法華經》)，於八千劫，未曾休廢。	(伍)(大通智勝如來)說是經(指《法華經》)時，「十六菩薩沙彌」(沙彌但受十戒，本是小乘。今求佛道，修學大乘，故尊稱曰「菩薩沙彌」)皆悉信受；「聲聞」眾中，亦有信解；其餘眾生千萬億種，皆生「疑惑」(劣弱根機者聞大乘深妙不能信受，如靈山之退席)。(大通智勝)佛說是經(《法華經》)，於八千劫，未曾休廢。
(陸)(大通眾慧如來)說斯經(《正法華經》)已，即入「靜室」，精思「閑定」(禪定)，四十萬劫「三昧正受」。	(陸)(大通智勝如來)說此經(《法華經》)已，即入「靜室」，住於「禪定」八萬四千劫。	(陸)(大通智勝如來)說此經(《法華經》)已，即入「靜室」，住於「禪定」八萬四千劫。
(柒)爾時「十六王子」為「沙彌」者，行「菩薩道」，本是「佛子」，覩見世尊(大通眾慧如來)獨處「閑居」，各各「豫嚴」(預先端正儀容，以示嚴肅恭敬)法座，欲用「敷演」，廣彼法誼(同「義」)。於時都會「八萬四千劫」，分別說經(《正法華經》)，一一菩薩(十六菩薩沙彌)，化度六十萬江河沙億百千姟(眾生)，(令彼等)處於「無上正真道」，皆立「大乘」。	(柒)是時「十六菩薩沙彌」，知(大通智勝)佛入室(寂靜之室)，寂然禪定，(十六菩薩沙彌)各昇法座，亦於八萬四千劫，為四部眾，廣說分別《妙法華經》。一一(十六菩薩沙彌)皆度(化)六百萬億「那由他」恒河沙等眾生，示教(開示教誨)利喜(利益生喜)，令發「阿耨多羅三藐三菩提心」。	(柒)是時「十六菩薩沙彌」，知(大通智勝)佛入室(寂靜之室)，寂然禪定，(十六菩薩沙彌)各昇法座，亦於八萬四千劫，為四部眾，廣說分別《妙法華經》。一一(十六菩薩沙彌)皆度(化)六百萬億「那由他」恒河沙等眾生，示教(開示教誨)利喜(利益生喜)，令發「阿耨多羅三藐三菩提心」。

三－*31* 若「聲聞、辟支佛、諸菩薩」能信「十六菩薩」所說《妙法蓮華經》，是人皆當得「阿耨多羅三藐三菩提」如來之慧

西晉・竺法護譯《正法華經》	後秦・鳩摩羅什譯《妙法蓮華經》	隋・闍那崛多、達磨笈多共譯《添品妙法蓮華經》
❶其<u>大通衆慧</u>如來八十四萬劫，乃從三昧興，就法座，普告一切諸比丘衆：「十六王子」所建功德，難及無量，至未曾有，智慧巍巍，則以供養無數億百千諸佛，衆行具足，普受聖慧，入于道明，合集佛智。	❶<u>大通智勝</u>佛過八萬四千劫已，從三昧起，往詣法座，安詳而坐，普告大衆：是「十六菩薩沙彌」，甚為希有，諸(六)根「通利」(通達銳利；通暢清淨)，智慧明了，已曾供養無量千萬億數諸佛。於諸佛所，常修梵行，受持佛智，開示衆生，令入其中。	❶<u>大通智勝</u>佛過八萬四千劫已，從三昧起，往詣法座，安詳而坐，普告大衆：是「十六菩薩沙彌」，甚為希有，諸(六)根「通利」(通達銳利；通暢清淨)，智慧明了，已曾供養無量千萬億數諸佛。於諸佛所，常修梵行，受持佛智，開示衆生，令入其中。
❷諸比丘衆，皆當稽首，恭敬自歸「十六仁賢」，數ㄕ數ㄕ莫懈(怠)，其志「聲聞、緣覺乘」，已得「聲聞、緣覺」之路，若行「菩薩」，及成就者，其「新發意」(nava-yāna-saṃprasthita 新發菩提心而入佛道，相當於五十二位中之「十信位」)，皆當付此。諸「族姓子」(善男子)！聽所說經(指聽十六菩薩所說之《正法華經》)，不拒逆(違抗)者，皆當逮(到)得「無上正真之道」，成佛聖慧。	❷汝等皆當數ㄕ數ㄕ親近(十六菩薩)而供養之。所以者何？若「聲聞、辟支佛」及「諸菩薩」，能信是「十六菩薩」所說經法(指《法華經》)，受持不毀者，是人皆當得「阿耨多羅三藐三菩提」如來之慧。	❷汝等皆當數ㄕ數ㄕ親近(十六菩薩)而供養之。所以者何？若「聲聞、辟支佛」及「諸菩薩」，能信是「十六菩薩」所說經法(指《法華經》)，受持不毀者，是人皆當得「阿耨多羅三藐三菩提」如來之慧。
❸諸「族姓子」(善男子)！順世尊教，以是正法，數ㄕ數ㄕ分別為一切說，其「十六子」具菩薩乘，一一開化(開示教化)「六十」江河沙等人，所生之處，常共俱會，亦復普說，聽正法誼(同「義」)，各各值見「四十億」百千諸佛世尊，或當復更見諸佛者，今我班宣(頒布宣諭)「四輩」(四衆弟子)。	❸(釋迦)佛告諸比丘：是「十六菩薩」常樂說是《妙法蓮華經》，一一菩薩(十六菩薩)所(度)化六百萬億「那由他」恒河沙等衆生，世世所生，(皆)與「菩薩」俱，從其聞法，悉皆信解，以此因緣，得值四百萬億諸佛世尊，于今不盡。	❸(釋迦)佛告諸比丘：是「十六菩薩」常樂說是《妙法華經》，一一菩薩(十六菩薩)所(度)化六百萬億「那由他」恒河沙等衆生，世世所生，(皆)與「菩薩」俱，從其聞法，悉皆信解，以此因緣，得值四百萬億諸佛世尊，于今不盡。

三－32 爾時十六沙彌菩薩，今皆得成佛，於十方國土現在說法。第十六菩薩即今之**釋迦牟尼佛**

西晉・竺法護譯《正法華經》	後秦・鳩摩羅什譯《妙法蓮華經》	隋・闍那崛多、達磨笈多共譯《添品妙法蓮華經》
⑤(釋迦)佛言：欲知爾時「十六國王子」乎？ 答曰：不及也。 佛言：今皆成「無上正真之道」，今悉現在，處于十方，說法救護，無數億百千姟兆載「聲聞」眾，不可稱計。	⑤諸比丘！我(釋迦佛)今語汝：彼(大通智勝)佛弟子，「十六沙彌」今皆得「阿耨多羅三藐三菩提」，於十方國土，現在說法，有無量百千萬億「菩薩、聲聞」，以為眷屬。	⑤諸比丘！我(釋迦佛)今語汝：彼(大通智勝)佛弟子，「十六沙彌」今皆得「阿耨多羅三藐三菩提」，於十方國土，現在說法，有無量百千萬億「菩薩、聲聞」，以為眷屬。
②菩薩東方現在甚樂世界，有二佛號。 無怒。 山崗如來、至真、等正覺。	②其二沙彌，東方作佛，一名阿閦，在歡喜國。 二名須彌頂。	②其二沙彌，東方作佛，一名阿閦，在歡喜國。 二名須彌頂。
③東南方現在二佛，號師子響。 師子幢如來。	③東南方二佛，一名師子音。 二名師子相。	③東南方二佛，一名師子音。 二名師子相。
④南方現在二佛，號一住。 常滅度如來。	④南方二佛，一名虛空住。 二名常滅。	④南方二佛，一名虛空住。 二名常滅。
⑤西南方現在二佛，號帝幢。 梵幢如來。	⑤西南方二佛，一名帝相。 二名梵相。	⑤西南方二佛，一名帝相。 二名梵相。
⑥西方現在二佛，號無量壽。 超度因緣如來。	⑥西方二佛，一名阿彌陀。 二名度一切世間苦惱。	⑥西方二佛，一名阿彌陀。 二名度一切世間苦惱。
⑦西北方現在二佛，號栴檀神通山。	⑦西北方二佛，一名多摩羅跋栴檀香神通。	⑦西北方二佛，一名多摩羅跋栴檀香神通。

藏念如來。	二名須彌相。	二名須彌相。
⑻北方現在二佛，號樂雨。雨音王如來。	⑻北方二佛，一名雲自在。二名雲自在王。	⑻北方二佛，一名雲自在。二名雲自在王。
⑼東北方現在二佛，號除世懼。	⑼東北方佛，名壞一切世間怖畏。	⑼東北方佛，名壞一切世間怖畏。
⑽今吾能仁(我本人釋迦牟尼)，於忍世界(娑婆世界)，得成「如來」至真等正覺，合「十六尊」。	⑽第十六，我釋迦牟尼佛，於娑婆國土成「阿耨多羅三藐三菩提」。	⑽第十六，我釋迦牟尼佛，於娑婆國土成「阿耨多羅三藐三菩提」。

三－33 如來智慧，難信難解，佛當以「漸」誘進無上大道。世間無有「二乘」而得滅度，唯「一佛乘」得滅度

西晉‧竺法護譯《正法華經》	後秦‧鳩摩羅什譯《妙法蓮華經》	隋‧闍那崛多、達磨笈多共譯《添品妙法蓮華經》
⑴(釋迦佛)又告比丘：吾等「十六」為「沙彌」時，在彼(大通眾慧)佛世講說經法，眾生聽受，一一菩薩開化(開示教化)無量諸江河沙億百千姟，發「無上正真道」者，今得成就為「菩薩道」。	⑴諸比丘！我(釋迦佛)等為(十六)「沙彌」時，各各教化無量百千萬億恒河沙等眾生，從我聞法，為「阿耨多羅三藐三菩提」。	⑴諸比丘！我(釋迦佛)等為(十六)「沙彌」時，各各教化無量百千萬億恒河沙等眾生，從我聞法，為「阿耨多羅三藐三菩提」。
⑵住「聲聞地」者，漸當誘進(誘引策進)「無上大道」，稍稍當成最正覺。所以者何？如來之慧，難限難計，不可逮(到)及，為若此也。	⑵此諸眾生，于今有住「聲聞」地者，我常教化(彼等發)「阿耨多羅三藐三菩提」。是諸人等，應以是法「漸入」佛道。所以者何？如來智慧，難信難解。	⑵此諸眾生，于今有住「聲聞」地者，我常教化(彼等發)「阿耨多羅三藐三菩提」。是諸人等，應以是法「漸入」佛道。所以者何？如來智慧，難信難解。
⑶(釋迦佛)又告比丘：何所是乎？吾為「菩薩」時，開化(開示教化)無量億百千姟江河沙	⑶爾時(指往昔十六菩薩時)所(度)化無量恒河沙等眾生者，(即)汝等(今日)諸「比丘」(今靈山會上出	⑶爾時(指往昔十六菩薩時)所(度)化無量恒河沙等眾生者，(即)汝等(今日)諸「比丘」(今靈山會上出

等，聽聞諮受(諮問領受)，諸「通慧」(一切種智)者，當來末世(指今日此時在研讀聽聞《法華經》之吾等大眾)，或有發意(發心求學佛道)，學「弟子乘」，成為「聲聞」。

㊤後不肯聽受「菩薩」之教，不解「佛慧」、不行「菩薩」，一切志在(小乘)「無為之想」，謂(己已)當「滅度」。

㊄(釋迦佛)甫當(始終)往至「他佛世界」(而作佛)，(隨)順殊(願)異行。(聲聞人雖)生「異佛國」，當求道慧，志聽啓(悟領)受，爾(聲聞者)乃解知「如來之法」(「不定性」聲聞能迴小向大。「定性」聲聞則不能回心，則於「餘國」求學佛道，再得聞「一佛乘」妙法)，有一(一佛乘)「滅度」，無有「二乘」(大小乘)也，皆是如來「善權方便」，說「三乘」(聲聞乘、緣覺乘、菩薩乘)耳。

㊅「如來」正覺滅度之時(佛於涅槃前八年講《法華經》)，若有供養，以「清淨行」，信樂妙言，趣于「經典」，一心「定意」(禪定)為大禪思。當知爾時觀於如來，皆普合會「諸菩薩眾」、會諸「聲聞」，聽受此法(《正法華經》)，爾乃覩見世間「佛道」(一佛乘)，無「二滅度」(指大、小二種滅度)也。

㊆「如來」正覺，善「權說」耳，其樂「下劣」，「小乘」行者，則自亡失，遠乎「人種」，

度法會之大眾)，及我滅度後、末來世中「聲聞」弟子(指今日此時在研讀聽聞《法華經》之吾等大眾)是也。

㊤我(釋迦佛)滅度後，復有弟子，不聞是「經」(《法華經》)，不知不覺「菩薩」所行(六度萬行)，自於(小乘)所得功德，生「滅度想」，當入(小乘)「涅槃」。

㊄我(釋迦佛)於「餘國」(喻「應化土」)作佛，更有異名。是(聲聞)人雖生「滅度」之想，入於「涅槃」，而於彼土(仍)求「佛智慧」，(亦將)得聞是經(「不定性」聲聞能迴小向大。「定性」聲聞則不能回心，則於「餘國」求學佛道，再得聞「一佛乘」妙法)；唯以「(一)佛乘」而得滅度，更無「餘乘」(聲聞乘、緣覺乘、菩薩乘)，除諸如來「方便」說法(才會有三乘之法)。

㊅諸比丘！若如來自知「涅槃」時到(佛於涅槃前八年講《法華經》)，❶眾又清淨(喻眾生大乘根機已熟)、❷信解堅固、❸了達空法、❹深入禪定，便集諸「菩薩」及「聲聞」眾，為說是經(《法華經》)。世間無有「二乘」(大小乘)而得滅度，唯「一佛乘」得「滅度」耳。

㊆比丘當知！「如來」方便，深入眾生之性，知其志樂「小法」，深著「五欲」，為

度法會之大眾)，及我滅度後、末來世中「聲聞」弟子(指今日此時在研讀聽聞《法華經》之吾等大眾)是也。

㊤我(釋迦佛)滅度後，復有弟子，不聞是「經」(《法華經》)，不知不覺「菩薩」所行(六度萬行)，自於(小乘)所得功德，生「滅度想」，當入(小乘)「涅槃」。

㊄我(釋迦佛)於「餘國」(喻「應化土」)作佛，更有異名。是(聲聞)人雖生「滅度」之想，入於「涅槃」，而於彼土(仍)求「佛智慧」，(亦將)得聞是經(「不定性」聲聞能迴小向大。「定性」聲聞則不能回心，則於「餘國」求學佛道，再得聞「一佛乘」妙法)；唯以「(一)佛乘」而得滅度，更無「餘乘」(聲聞乘、緣覺乘、菩薩乘)，除諸如來「方便」說法(才會有三乘之法)。

㊅諸比丘！若如來自知「涅槃」時到(佛於涅槃前八年講《法華經》)，❶眾又清淨(喻眾生大乘根機已熟)、❷信解堅固、❸了達空法、❹深入禪定，便集諸「菩薩」及「聲聞」眾，為說是經(《法華經》)。世間無有「二乘」(大小乘)而得滅度，唯「一佛乘」得「滅度」耳。

㊆比丘當知！「如來」方便，深入眾生之性，知其志樂「小法」，深著「五欲」，為

不解人本，為「(五)欲」所縛。「如來」滅度時，若有聞說(權說之二乘法)，(則)歡喜信者，佛恩所護。	是等故，說於(小乘)「涅槃」。是人若聞，則便(容易)信受。	是等故，說於(小乘)「涅槃」。是人若聞，則便(容易)信受。

三－34 如來以「方便力」化作「大城」，令眾入城。既得止息，即滅「化城」，速當轉進「佛乘」寶地

西晉‧竺法護譯《正法華經》	後秦‧鳩摩羅什譯《妙法蓮華經》	隋‧闍那崛多、達磨笈多共譯《添品妙法蓮華經》
⑴假喻曠野(喻五道生死)「五百里」路，迥絕(曠遠隔絕)無人，亦無國君，有一(佛)「導師」，聰慧明達，方策(方法對策)密謀，隱(隱藏；私下)知(曉)遠近(路況之遠近)，將眾「賈人」(喻二乘者)，欲度懸(絕遠)迥(古同「迥」→遙遠)。	⑴譬如「五百由旬」險難惡道(喻五道生死)，曠絕(曠遠隔絕)無人、怖畏之處。若有多眾(喻二乘者)，欲過此道，至「珍寶」(喻佛乘)處。有一(佛)「導師」，聰慧明達(明理通達)，善知險道「通、塞」之相，將導(引)「眾人」(喻二乘者)欲過此難。	⑴譬如「五百由旬」險難惡道(喻五道生死)，曠絕(曠遠隔絕)無人、怖畏之處。若有多眾(喻二乘者)，欲過此道，至「珍寶」(喻佛乘)處。有一(佛)「導師」，聰慧明達(明理通達)，善知險道「通、塞」之相，將導(引)「眾人」(喻二乘者)欲過此難。
⑵(眾賈人)「疲怠」(疲憊懈息)不能自前，各思戀(向導師)曰：予等(原本)安處「聖(世)興(旺)」之土，本國平雅(平和而雅致)，(亦)有君長師父，今(何故)來遠涉，極不(堪)任(前)進，寧可共(歸)還，(以)免離苦難。(時佛)導師愍之，發(心)來求「寶」(喻佛乘)，(竟)「中路」而悔。	⑵所將(帶領)「人眾」(喻二乘者)，(於)「中路」(發心為始，至佛為終。於成佛之間而生退意名之)懈退(懈息退還)，白(佛)導師言：我等疲極，而復怖畏，不能復進；前路猶遠，今欲退還。(佛)「導師」多諸「方便」而作是念：此等可愍，云何捨「大珍寶」(喻佛乘)，而欲退還？	⑵所將(帶領)「人眾」(喻二乘者)，(於)「中路」(發心為始，至佛為終。於成佛之間而生退意名之)懈退(懈息退還)，白(佛)導師言：我等疲極，而復怖畏，不能復進；前路猶遠，今欲退還。(佛)「導師」多諸「方便」而作是念：此等可愍，云何捨「大珍寶」(喻佛乘)，而欲退還？
⑶(佛導師)設權「方便」於「大曠野」(喻五道生死)，度四千里，若八千里，以「神足力」(神通具足之力)，化作「大城」(喻二乘有學之「有餘涅槃」，無學之「無餘涅槃」)，告眾商人(喻二乘者)，無懷「廢退」(休廢退還)，「大國」已至，可住「休息」，隨意所欲，「飯	⑶作是念已，(佛導師)以方便力，於險道(喻五道生死)中，過「三百由旬」，化作一「城」(喻二乘有學之「有餘涅槃」，無學之「無餘涅槃」)，告眾人(喻二乘者)言：汝等勿怖，莫得退還。今此「大城」，可於「中止」(於此中安心止息)，隨意所作。若入是「城」，快得	⑶作是念已，(佛導師)以方便力，於險道(喻五道生死)中，過「三百由旬」，化作一「城」(喻二乘有學之「有餘涅槃」，無學之「無餘涅槃」)，告眾人(喻二乘者)言：汝等勿怖，莫得退還。今此「大城」，可於「中止」(於此中安心止息)，隨意所作。若入是「城」，快得

食」自恣，欲得「大寶」(喻佛乘)，於此索之。	安隱。若能前至「寶所」(喻佛乘)，亦可得去。	安隱。若能前至「寶所」(喻佛乘)，亦可得去。
㊃(釋迦佛)又告比丘：商人(喻二乘者)見城，人民興盛，快樂無極，怪未曾有，離苦獲安，喜用自慰，無復憂恐、饑乏之患，自謂「無為」，如得「滅度」。	㊃是時疲極之眾(喻二乘者)，心大歡喜，歎未曾有：我等今者，免斯惡道，快得安隱。於是眾人(喻二乘者)前入「化城」(喻二乘有學之「有餘涅槃」，無學之「無餘涅槃」)，生「已度想」、生「安隱想」。	㊃是時疲極之眾(喻二乘者)，心大歡喜，歎未曾有：我等今者，免斯惡道，快得安隱。於是眾人(喻二乘者)前入「化城」(喻二乘有學之「有餘涅槃」，無學之「無餘涅槃」)，生「已度想」、生「安隱想」。
㊄「停止」(停留止息)有日，隱(隱藏:私下)知(曉)欲(望)厭(饜→滿足)，(佛導師)即(隱)沒「化城」，令無「處所」，告眾賈(喻二乘者)曰：速當轉進，到「大寶地」，吾見汝等，行「疲」心懼，故「現」此「城」(喻二乘有學之「有餘涅槃」，無學之「無餘涅槃」)。	㊄爾時(佛)導師，知此人眾(喻二乘者)，既得「止息」(休止停息)，無復疲倦。即(消)滅「化城」，語眾人(喻二乘者)言：汝等去來，「寶處」(喻佛乘)在近。向者「大城」(喻二乘有學之「有餘涅槃」，無學之「無餘涅槃」)，我所化作，為「止息」(休止停息)耳。	㊄爾時(佛)導師，知此人眾(喻二乘者)，既得「止息」(休止停息)，無復疲倦。即(消)滅「化城」，語眾人(喻二乘者)言：汝等去來，「寶處」(喻佛乘)在近。向者「大城」(喻二乘有學之「有餘涅槃」，無學之「無餘涅槃」)，我所化作，為「止息」(休止停息)耳。

三－35 若眾生但只聞有「一佛乘」，便畏佛道長遠，不欲見佛。故如來以眾生根器而於「一佛乘」方便說「三乘」

西晉・竺法護譯《正法華經》	後秦・鳩摩羅什譯《妙法蓮華經》	隋・闍那崛多、達磨笈多共譯《添品妙法蓮華經》
㊀(釋迦佛)又告比丘：如來如是，為人等倫(類)，唱道經誼(同「義」)，覩見(眾生於五道)生死，長久艱難，(有)虛乏(空虛缺乏)之患，(故)現于「三乘」(聲聞乘、緣覺乘、菩薩乘)，禪定一心，使(眾生方便獲)得「滅度」。	㊀諸比丘！如來亦復如是，今為汝等作「大導師」，知諸生死煩惱，惡道險難長遠，應去應度(當去煩惱，應度生死)。	㊀諸比丘！如來亦復如是，今為汝等作「大導師」，知諸生死煩惱，惡道險難長遠，應去應度(當去煩惱，應度生死)。
㊁又佛從本(若只)說有「一(佛)乘」，(眾生)聞佛講法，(便)不受道慧，若患厭者，謂當「積行」，甚為「勤苦」。	㊁若眾生但(只)聞「一佛乘」者，則不欲見佛，(亦)不欲親近，便作是念：佛道長遠，久受勤苦，乃可得成。	㊁若眾生但(只)聞「一佛乘」者，則不欲見佛，(亦)不欲親近，便作是念：佛道長遠，久受勤苦，乃可得成。

參如來悉見其「心」所念、志疲懈(疲憊懈怠)想，為現「聲聞、緣覺」易得，猶如無導，化作「大城」(二乘有學之「有餘涅槃」，無學之「無餘涅槃」)，(令)人民饒裕(富饒豐裕)，商者(喻二乘者)晏息(宴樂和安居)。(佛導師)視(眾生)如厭(滿足)翫弄(觀賞；戲弄)，(便將化城)沒之不現，為眾商人(喻二乘者)說(此乃)幻化(之)城。

肆
❶其「導師」者，謂「如來」也。
❷大「曠野」者，謂「五道生死」。
❸眾「商賈」人，謂諸「學者」(有學、無學者)。
❹將行「求寶」，謂說道慧「菩薩行法」。
❺中路「厭(滿足)翫弄(觀賞；戲弄)」，不肯進者，謂佛難得，累劫積功，不可卒(忽然快速)成，誘以「聲聞、緣覺」易辦。
❻化作「城」者，謂「羅漢泥洹」(二乘有學之「有餘涅槃」，無學之「無餘涅槃」)。
❼「沒城」不現，謂臨「滅度」(喻欲令眾生得入「佛之滅度」，而不入小乘之二種涅槃)。

伍佛在前立，勸發「無上正真道意」。其「羅漢」事，限礙(限制阻礙)非真，不至「大道」，若至「他方」，與佛相見，得「不退轉」(「不定性」聲聞能迴小向大。「定性」聲聞則不能回心，則於「餘國」求學佛

參-1 佛知是心，怯弱下劣，以「方便力」，而於「中道」(未成佛道之中路間)，為「止息」(休止停息)故，說「二涅槃」(二乘有學之「有餘涅槃」，無學之「無餘涅槃」)。

參-1 佛知是心，怯弱下劣，以「方便力」，而於「中道」(未成佛道之中路間)，為「止息」(休止停息)故，說「二涅槃」(二乘有學之「有餘涅槃」，無學之「無餘涅槃」)。

道，再得聞「一佛乘」妙法)，無所從生，乃為「大寶」(喻一佛乘)究竟之事。		
㊽佛語諸比丘：如來說法，爾等聞之，謂悉備足，不知所作，尚未「成辦」。又「如來慧」，普見世間一切「人心」，示現「泥洹」，如來、至真、等正覺，「善權方便」說有「三乘」(聲聞乘、緣覺乘、菩薩乘)。	㊽若眾生住於「二地」(二乘有學之「有餘涅槃」，無學之「無餘涅槃」)，如來爾時即便為說：汝等所作「未辦」，汝所住地，(僅)近於「佛慧」，當觀察籌量(籌度思量)，所得(小乘)「涅槃」，非「真實」也。但是如來(隨汝根機而作)「方便」之力，(故)於「一佛乘」分別說「三」(聲聞乘、緣覺乘、菩薩乘)。	㊽若眾生住於「二地」(二乘有學之「有餘涅槃」，無學之「無餘涅槃」)，如來爾時即便為說：汝等所作「未辦」，汝所住地，(僅)近於「佛慧」，當觀察籌量(籌度思量)，所得(小乘)「涅槃」，非「真實」也。但是如來(隨汝根機而作)「方便」之力，(故)於「一佛乘」分別說「三」(聲聞乘、緣覺乘、菩薩乘)。
	㊾-2 如彼「導師」，為「止息」(休止停息)故，化作「大城」。既知「息」已，而告之言：「寶處」(一佛乘)在「近」，此「城」非實，我「化」作耳。	㊾-2 如彼「導師」，為「止息」(休止停息)故，化作「大城」。既知「息」已，而告之言：「寶處」(一佛乘)在「近」，此「城」非實，我「化」作耳。

三－36 世尊為「化城之喻」而說偈頌

西晉・竺法護譯《正法華經》	後秦・鳩摩羅什譯《妙法蓮華經》	隋・闍那崛多、達磨笈多共譯《添品妙法蓮華經》
爾時世尊欲重解誼(同「義」)說斯頌曰： 昔有<u>大通眾慧</u>導師， 適坐道場，於佛樹下。 其佛定處，具十中劫， 尚未得成，究竟道誼。 諸天龍神，阿須倫等， 普發精進，供養最勝。 雨諸天華，紛紛如降， 用散等覺，人中之導。 於虛空中，暢發雷震， 而以進貢，上尊大聖。	爾時世尊，欲重宣此義而說偈言： <u>大通智勝</u>佛，十劫坐道場， 佛法不現前，不得成佛道。 諸天神龍王、阿修羅眾等， 常雨於天華，以供養彼佛。 諸天擊天鼓，幷作眾伎樂， 香風吹萎華，更雨新好者。 過十小劫已，乃得成佛道， 諸天及世人，心皆懷踊躍。 彼佛十六子，皆與其眷屬， 千萬億圍繞，俱行至佛所，	爾時世尊，欲重宣此義而說偈言： <u>大通智勝</u>佛，十劫坐道場， 佛法不現前，不得成佛道。 諸天神龍王，阿脩羅眾等， 常雨於天花，以供養彼佛。 諸天擊天鼓，幷作眾伎樂， 香風吹萎花，更雨新好者。 過十小劫已，乃得成佛道； 諸天及世人，心皆懷踊躍。 彼佛十六子，皆與其眷屬， 千萬億圍繞，俱行至佛所，

最勝在彼，行甚勤苦，
所行久長，成無上道。
專精思惟，於十中劫，
乃成正覺，<u>大通衆慧</u>。
諸天人民，億百千姟，
一切衆生，歡喜踊躍。
彼佛本有，諸子十六，
皆順稟受，人中道化。
衆庶之類，億百千姟，
眷屬圍繞，造兩足尊。
前稽首禮，師長聖尊，
懇勸啟諫，願說經典。
勇猛師子，講未聞者，
飽滿我等，及世人民。
十六荒域，及此世界，
久遠空墟，大聖乃興。
梵天宮殿，豆火然大明，
現象瑞應，悉分別說。
東方世界，億百千姟，
五百國土，自然震動。
彼有大梵，自處其宮，
威神功德，巍巍最上。
於時覩見，此本瑞應，
尋即造詣，愍傷俗者。
則以天華，供散大仁，
皆用宮殿，奉上世尊。
鼓樂絃歌，讚佛功德，
勸諫正導，令轉法輪。
時人中尊，默然受之，
尋為如應，解說經法。
南方西方，北方世界，
上方下方，四隅境域，
億千姟衆，梵天悉來，
各獻所珍，以為供養。
又復下方，諸界梵天，
普亦如是，等無有異。
皆以宮殿，奉上大聖，
嗟歎如來，悉共勸助。

頭面禮佛足，而請轉法輪：
聖師子法雨，充我及一切。
世尊甚難值，久遠時一現，
為覺悟群生，震動於一切。
東方諸世界，五百萬億國，
梵宮殿光曜，昔所未曾有。
諸梵見此相，尋來至佛所，
散花以供養，幷奉上宮殿，
請佛轉法輪，以偈而讚歎。
佛知時未至，受請默然坐。
三方及四維、上下亦復爾，
散花奉宮殿，請佛轉法輪：
世尊甚難值，願以大慈悲，
廣開甘露門，轉無上法輪。
無量慧世尊，受彼衆人請，
為宣種種法：四諦十二緣，
無明至老死，皆從生緣有。
如是衆過患，汝等應當知。
宣暢是法時，六百萬億姟，
得盡諸苦際，皆成阿羅漢。
第二說法時，千萬恒沙衆，
於諸法不受，亦得阿羅漢。
從是後得道，其數無有量，
萬億劫算數，不能得其邊。
時十六王子，出家作沙彌，
皆共請彼佛，演說大乘法：
我等及營從，皆當成佛道，
願得如世尊、慧眼第一淨。
佛知童子心，宿世之所行，
以無量因緣、種種諸譬喻，
說六波羅蜜，及諸神通事，
分別真實法，菩薩所行道，
說是《法華經》，如恒河沙偈。
彼佛說經已，靜室入禪定，
一心一處坐，八萬四千劫。
是諸沙彌等，知佛禪未出，
為無量億衆，說佛無上慧。
各各坐法座，說是大乘經，

願轉法輪，光闡心目， 無數億劫，難得值遇， 惟垂示現，往古根力， 加哀開闡（開啓），甘露法門， 普等法眼，分別慧誼， 宣揚群典，若干品類。 時佛為說，遍示四諦， 一切具解，十二因緣。 為顯無黠，令得眼目， 講說生死，憂苦空患。 一切世間，悉從生有， 當知因是，致于終沒。 如來適說，是法欲竟， 若干種類，無央數人， 八十億姟，眾生之儔， 於時聽者，住聲聞乘， 何況餘方，立第一地。 彼時最勝，所說經法， 如江河沙，黎庶清淨， 都盧志于，聲聞之行。 導師聖眾，計數若茲， 一切共算，不能稱限。 眾等品類，一一如是， 皆悉若斯，立大上慧。 於時至尊，十六聖子， 等俱學者，齊共同心， 一切出家，咸為沙彌， 而悉分別，佛方等經。 吾等當成，世之明父， 汝黨如是，皆得上慧。 斯諸眾生，悉令如此。 又如世尊，為法之眼， 最勝至誠，見人心本。 幼少為童，常行平等， 而為眾生，說上尊道。 億百千姟，無底譬喻， 示現因緣，尋獲報應。 分別所興，諸通敏慧，	於佛宴寂後，宣揚助法化。 一一沙彌等，所度諸眾生， 有六百萬億，恒河沙等眾。 彼佛滅度後，是諸聞法者， 在在諸佛土，常與師俱生。 是十六沙彌，具足行佛道， 今現在十方，各得成正覺。 爾時聞法者，各在諸佛所， 其有住聲聞，漸教以佛道。 我在十六數，曾亦為汝說， 是故以方便，引汝趣佛慧。 以是本因緣，今說《法華經》， 令汝入佛道，慎勿懷驚懼。 譬如險惡道，迥絕多毒獸， 又復無水草，人所怖畏處。 無數千萬眾，欲過此險道， 其路甚曠遠，經五百由旬。 時有一導師，強識有智慧， 明了心決定，在險濟眾難。 眾人皆疲惓，而白導師言： 我等今頓乏，於此欲退還。 導師作是念：此輩甚可愍， 如何欲退還，而失大珍寶？ 尋時思方便，當設神通力， 化作大城郭，莊嚴諸舍宅， 周匝有園林，渠流及浴池， 重門高樓閣，男女皆充滿。 即作是化已，慰眾言勿懼： 汝等入此城，各可隨所樂。 諸人既入城，心皆大歡喜， 皆生安隱想，自謂已得度。 導師知息已，集眾而告言： 汝等當前進，此是化城耳。 我見汝疲極，中路欲退還， 故以方便力，權化作此城。 汝等勤精進，當共至寶所。 我亦復如是，為一切導師， 見諸求道者，中路而懈廢，	於佛宴寂後，宣揚助法化。 一一沙彌等，所度諸眾生， 有六百萬億，恒河沙等眾。 彼佛滅度後，是諸聞法者， 在在諸佛土，常與師俱生。 是十六沙彌，具足行佛道， 今現在十方，各得成正覺。 爾時聞法者，各在諸佛所， 其有住聲聞，漸教以佛道。 我在十六數，曾亦為汝說， 是故以方便，引汝趣佛慧； 以是本因緣，今說《法華經》， 令汝入佛道，慎勿懷驚懼。 譬如險惡道，迥絕多毒獸， 又復無水草，人所怖畏處。 無數千萬眾，欲過此險道， 其路甚曠遠，經五百由旬。 時有一導師，強識有智慧， 明了心決定，在險濟眾難。 眾人皆疲惓，而白導師言： 我等今頓乏，於此欲退還。 導師作是念：此輩甚可愍， 如何欲退還，而失大珍寶？ 尋時思方便，當設神通力， 化作大城郭，莊嚴諸舍宅， 周匝有園林，流渠及浴池， 重門高樓閣，男女皆充滿。 即作是化已，慰眾言勿懼： 汝等入此城，各可隨所樂。 諸人既入城，心皆大歡喜， 皆生安隱想，自謂已得度。 導師知已息，集眾而告言： 汝等當前進，此是化城耳！ 我見汝疲極，中道欲退還， 故以方便力，權化作此城； 汝今勤精進，當共至寶所。 我亦復如是，為一切導師， 見諸求道者，中路而懈廢，

如諸菩薩，所當造行。
於時大聖，為現真諦，
顯揚宣布，斯《正法華》。
普雨講說，大方等經，
若干千頌，不可思念。
無能限量，如江河沙，
於時適說，斯之經典。
則入靜室，三昧等觀，
八十四萬，劫中澹然。
世雄(喻佛)尊師，定意(禪定)如斯
時諸沙彌，觀瞻大聖，
在於靜室，而不出遊，
開化人民，無數億千。
覺了禪定，清淨無漏，
第一始設，於大法座，
宣揚說此，仁賢經典，
於安住教，流布佛化。
如是比像，所造弘廣，
於江河沙，不可稱限，
億百千數，皆聽啓受，
安住之子，一一開導，
算諸黎庶，無能限量。
於時最勝，滅度之後，
悉得覲于，四十億佛。
彼諸學士，適聞斯名，
便即供養，兩足之尊。
有四事行，離垢為貴，
悉得佛道，現在十方。
斯十六童，皆是佛子，
普在八方，敷弘道誼。
於彼所說，及聽受者，
是諸聲聞，悉佛弟子。
步步各各，若干色像，
今當親近，發大道意。
吾身爾時，寤不覺者，
皆令一切，咸得聽受。
爾諸賢者，號聲聞子，
善權方便，示諸人道。

不能度生死，煩惱諸險道。
故以方便力，為息說涅槃。
言：汝等苦滅，所作皆已辦。
既知到涅槃，皆得阿羅漢，
爾乃集大眾，為說真實法。
諸佛方便力，分別說三乘，
唯有「一佛乘」，息處故說二。
今為汝說實，汝所得非滅，
為佛一切智，當發大精進。
汝證一切智，十力等佛法，
具三十二相，乃是真實滅。
諸佛之導師，為息說涅槃，
既知是息已，引入於佛慧。

不能度生死，煩惱諸險道；
故以方便力，為息說涅槃，
言：汝等苦滅，所作皆已辦。
既知到涅槃，皆得阿羅漢；
爾乃集大眾，為說真實法。
諸佛方便力，分別說三乘，
唯有「一佛乘」，息處故說二。
今為汝說實，汝所得非滅，
為佛一切智，當發大精進，
汝證一切智，十力等佛法，
具三十二相，乃是真實滅。
諸佛之導師，為息說涅槃，
既知是息已，引入於佛慧。

吾前世時，報應如斯， 應所說法，是其因緣。 假使不忍，修尊佛道， 比丘當知，魔所嬈因。 隨其本性，兇弊縱恣， 志不奉行，不樂空慧。 無數百世，渴不值水， 又當愚騃，常處恐懼。 無數丈夫，百千之眾， 發跡而行，欲度曠野。 又覩曠野，殊迥艱難， 其里計數，五百踰旬。 有一大人，賢聖明哲， 導師開化，心無所畏。 為彼賈人，導示徑路， 曠野懸邈，多有艱恐。 無數億人，創礙(悲傷惶恐)羸憊 各對導師，而自訴訟。 吾等疲弊，不能進前， 徒類(徒眾)今日，欲退還歸。 導師聰明，為方便父， 諄諄宣喻，誘誨委曲， 矜憐閡塞，欲棄寶退， 壞敗本計，中路規還。 吾今寧可，設神足力， 化造立作，廣大城郭， 嚴莊若干，億千人民， 而立房室，令微妙好。 又當復化，大江流河， 苑園浴池，華實滋茂， 臺館殿宇，牆垣綺嬻， 男女若干，巨億百千。 誘恤勉勵，使不恐懼， 各自僥慶，歡喜悅豫。 今日得至，於此大城， 入市所娛，所欲之具。 心懷忻然，如得滅度， 爾等及吾，諸難以除。		

以親親故，歡悅所安，
今日一切，恣所施為，
從己所樂，周遍觀採。
與卿同心，故鄭重說，
悉來聚集，聽聞所說。
吾以神足，化作大城。
吾時觀察，枯燥荊棘，
每懼仁等，創楚悔還。
即設善權，化現眾諸，
且宜精志，順路進前。
佛告比丘，吾亦如是，
見無央數，億千眾生，
患厭勤苦，周旋迷惑，
以方便教，而開導之。
故佛念斯，如是利誼，
厭於佛道，不得滅度。
一切道父，而覺了之，
賢等事辦，今得羅漢。
故勸助立，住斯德報，
偶察諸賢，得至羅漢。
汝等一切，皆棄眾苦，
一切眾會，乃演斯法。
諸佛大聖，善權方便，
講說佛教，大仙救護。
其乘有一，未曾有二。
休息爾等，故分別說。
由是教化，此諸比丘，
當興精進，第一英妙。
諸仁當志，一切敏慧，
菩薩典法，無有滅度。
我常發求，成諸通慧，
得達十方，最勝之法。
顏貌殊妙，相三十二，
當得佛道，乃應滅度。
諸大導師，說法如是，
且令休息，自謂滅度。
適得休息，言獲無為，
緣是之故，暢諸通慧。

第四卷

〈五百弟子受記品第八〉

四－1 富樓那聞「佛智慧方便、授聲聞當成佛道、宿世因緣、諸佛大自在神力」，得未曾有，歡喜踊躍

西晉・竺法護譯《正法華經》	後秦・鳩摩羅什譯《妙法蓮華經》	隋・闍那崛多、達磨笈多共譯《添品妙法蓮華經》
〈授五百弟子決品第八〉	〈五百弟子受記品第八〉	〈五百弟子受記品第八〉
壹於是賢者邠 耨文陀尼子，	壹爾時富樓那彌多羅尼子，	壹爾時富樓那彌多羅尼子，
❶聞佛世尊敷闡(教演闡敷)「善權示現方便」。	❶從佛聞是「智慧方便」(指前「化城喻品」所說「化城」方便智慧)，隨宜(隨眾機宜)說法。	❶從佛聞是「智慧方便」(指前「化城喻品」所說「化城」方便智慧)，隨宜(隨眾機宜)說法。
❷授「聲聞」決，當成佛道。	❷又聞授諸大弟子(指前文中舍利弗、摩訶迦葉、須菩提、大迦栴延、大目犍連五人得授)「阿耨多羅三藐三菩提」記。	❷又聞授諸大弟子(指前文中舍利弗、摩訶迦葉、須菩提、大迦栴延、大目犍連五人得授)「阿耨多羅三藐三菩提」記。
❸追省(追想;回憶)往古(宿世)，所興立行。	❸復聞「宿世因緣」(指前品「化城品」舉昔十六王子複講《法華經》因緣)之事，	❸復聞「宿世因緣」(指前品「化城品」舉昔十六王子複講《法華經》因緣)之事，
❹又瞻如來諸佛境界。	❹復聞諸佛有「大自在神通」之力(指諸佛有大智慧，為「一佛乘」而方便說「三乘」，神力無礙，一切通達)。	❹復聞諸佛有「大自在神通」之力(指諸佛有大智慧，為「一佛乘」而方便說「三乘」，神力無礙，一切通達)。
貳得未曾有，歡喜踊躍，無衣食想、支(肢)體解(解脫)懌ㄧ(喜悅;快樂)，不能自勝，於大正法，或悲或喜，(富樓那)即從坐起，稽首佛足。	貳得未曾有(①聞諸佛智慧方便②聞聲聞得授成佛③聞諸佛有大自在力)，心淨踊躍。(富樓那)即從座起，到於佛前，頭面禮足。	貳得未曾有(①聞諸佛智慧方便②聞聲聞得授成佛③聞諸佛有大自在力)，心淨踊躍。(富樓那)即從座起，到於佛前，頭面禮足。
參-1(富樓那)尋(不久;隨即)發心言：甚難及也。世尊！未曾有也。安住！如來、至真、	參(富樓那)却住一面，瞻仰尊顏，目不暫捨，而作是念：世尊甚奇特，所為希有！隨	參(富樓那)却住一面，瞻仰尊顏，目不暫捨，而作是念：世尊甚奇特，所為希有！隨

等正覺所設方謀甚深甚深，非口所宣，此諸世界有若干品，以無數權，隨現慧誼(同「義」)，順化(訓導教化→「順」通「訓」)群生，分別了法，為此眾人說，其本原，方便度脫。	順世間若干種性(種器根性)，以方便「知見」而為說法，拔出眾生(之)處處貪著。	順世間若干種性(種器根性)，以方便「知見」而為說法，拔出眾生(之)處處貪著。
㊂世尊聖慧，悉知(富樓那)我等「行跡」志性之所歸趣，乃復舉喻，說「古世事」，及「始發意」。 ㊂-2 時滿願子(富樓那)，稽首佛足，却住一面，歸命世尊，瞻戴(瞻仰戴望)光顏，目未曾眴(眨眼)。	㊃(富樓那)我等於佛功德，言不能宣，唯佛世尊，能知我等深心本願(求佛深心之本來大願)。	㊃(富樓那)我等於佛功德，言不能宣，唯佛世尊，能知我等深心本願(求佛深心之本來大願)。

〈妙法蓮華經、添品妙法蓮華經--缺文〉

四－2 佛以「導師領眾，入海取寶」作譬喻

西晉・竺法護譯 《正法華經》	後秦・鳩摩羅什譯 《妙法蓮華經》	隋・闍那崛多、達磨笈多共譯 《添品妙法蓮華經》
㊀佛言：善哉！誠如所云。如來通見一切「本際」(過去；根本究竟之邊際)，推其深淺(宿)因行(為)授與(法教)，如(開)示「聲聞」，(彼)卑下小乘，婬怒垢除，令得休息，乃導(以)「菩薩」無極(pāramitā 波羅蜜)之慧。 ㊁猶如昔者，有一導師「行慈」，多哀憐愍貧厄，衣食不充，求乞無獲，窮無「資賄」(財貨)，乃為擊鼓，普令國境，誰欲「入海」採「珍寶」者？		

㊂人民皆（聚）會，復循令言：誰不愛身？（誰）不嫪𡡉（愛惜；留戀）父母？（誰）不顧妻子者？（誰）當共入海採求珍寶？人民聞令，退還者多。

㊃又諸「貧乞」（為貧行乞者），欲規（劃）採寶，（但）無衣覆體，（亦）無資自濟，前却（進退）猶豫，不能自決。「導師」知之，悉召告曰：設欲入海，相給衣糧，不使空乏（以上喻佛為眾生根器而講法）。諸貧歡喜，即奉教命，一時上船。

㊄（諸貧乞）望風舉帆（喻學習「權智」善巧方便法），遊入大海（「海」喻生死），不逢「大魚」，不觸「山崖」，「弊鬼、羅剎」（魚、山、鬼剎，喻「空、無想、無願」）亦不敢嬈𡡉（擾），（終）得至「龍宮」，便（欲）從龍王求「如意寶」（喻獲如來無極法身）。俗人貧厄，不自諧（辦妥）活，願見（龍王）「惠施」，以救遠近。龍王即與，隨所僥𡡉（意外獲取，幸免）願（望），若欲得者，悉令來取。導師還令（令彼取寶），（但）行「取者」少，「不取」者多。所以者何？（諸貧乞因）心懷「恐怯」，（畏）到龍王所，懼沒（死）不（能）還。

㊅於時「導師」，告諸賈人，各恣（聽任；任憑）所欲。賈人悉（僅）採「金銀、琉璃、水精、虎珀、車𤦲、馬碯」，各取「滿船」（以上喻二乘者得「七覺支」），導師嚴勅，還「閻浮利」（南贍部

洲)。

㊆眾人從命,歸到本土,家室(家眷)親里,飲食、伎樂、車馬、乘從,悉來「迎逆」(迎接➜以上喻十方人皆來領取法意),共相娛樂,七日七夜,乃歸家居,各各相問,得何等寶?少智「貧乞」(為貧行乞者),但(只)得「七寶」,「導師」慧侶(以智慧作為伴侶),(故能)獲「如意珠」。

㊇(導)師昇高樓,手執「(如意)寶珠」,周向四方、四隅、上下,斯珠之德(➜以上喻得佛道後,普潤眾生),令雨「七寶」,尋(隨即)如所言,則雨「七寶」,普遍其國,無所不滿。其餘「慧侶」(以智慧作為伴侶之菩薩大士),分布諸國(以上喻諸智慧大士皆分至他國度眾),四出周行,亦雨「七寶」(以上喻各諧他方而成正覺)。

㊈少智「貧士」(窮人),乃更呼嗟(歎息):我俱(一起)入海,恨不值此(指獲「如意珠」➜喻唯有一佛乘,別無他乘)。導師告曰:吾勅令卿(窮人),卿不往取。今何所望?眾人棄「(原先拿的七)寶」,更相合會,共還「採(如意珠)寶」。(再)詣海龍王,求「如意珠」(➜以上喻聞「菩薩道」而發大心,終得無生法忍),即悉得之,還「閻浮利」(南贍部洲),亦雨「七寶」。

四－3 諸聲聞有「一佛乘」，別無二道，更發無上正真道意，後當成佛

西晉‧竺法護譯 《正法華經》	後秦‧鳩摩羅什譯 《妙法蓮華經》	隋‧闍那崛多、達磨笈多共譯 《添品妙法蓮華經》
⑰佛言：發「無上正真道意」，欲度一切(眾生)，譬如「導師」，(與眾同)行入大海。 ⑱ ❶愍諸「貧匱」(貧窮匱乏者)，令入海者，謂：(如來)為一切講說「經道」。 ❷望風舉帆，入大海者，謂：學「權智」(善巧方便之智)。 ❸海三難者，謂「空、無想、無願」，「海」謂：「生死」。 ❹得「如意珠」，謂：獲如來「無極法身」。 ❺眾又隨從，取「如意珠」，謂：聞「菩薩道」而發「大意」，得「無從生」(無生無滅)。 ❻貧劣下人，採取七寶，各自滿船，謂：得「七覺意」(七覺支)。 ❼還歸鄉里，「家室」(家眷)迎者，謂：「十方人」來受「(佛)道(法)教」。 ❽昇樓執珠，向八方上下，謂：得「佛道」。 ❾度脫十方，謂：諸「慧士」等，分至諸國。 ❿雨～「七寶」者，謂：各詣「他方」，成最正覺。 ⓫眾貧(人)悔還，相命(再)入海，謂：諸「聲聞」，聞有「一(佛)乘」，(別)無二道也。爾乃更發「無上正真道意」，後當成佛，各有名號。		

㊂於是頌曰：
比丘當聽，解喻說之，
如有導師，愍傷國人，
多貧匱乏，常苦汲汲，
擊鼓巡令，誰欲入海？
衆人集會，更告之曰，
不惜身命，不嫐父母，
不顧妻子，當共入海。
海中有難，無得變悔。
時諸貧乞，亦欲有意，
恐不自致，沈吟不決。
導師寬恕，給其衣食，
時入大海，各求七寶。
於是導師，詣龍王宮，
幷告所領，求如意珠。
等侶受教，獲如意珠，
還歸鄉里，大小悉迎。
於時導師，昇高樓上，
向於八方，遍雨珍寶。
朋黨分行，在於異國，
亦雨七寶，莫不蒙恩。
採七寶者，乃自悔恨，
俱行入海，怨不值是。
導師告曰，前相勅令，
自不肯取，是若等過，
何所怨責。即還入海，
求如意珠，尋則得之，
發意菩薩，得正真道。
畏厭生死，便隨聲聞，
奉行空事，無想無願，
得度三界，至泥洹門。
見佛世尊，降魔官屬，
至於無上，正真之道。
開化一切，出萬億音，
十方群生，莫不受教。
天龍鬼神，皆來稽首，
發菩薩意，至無從生。

或為聲聞，斷三垢毒， 覩見十方，無所罣礙。 諸羅漢等，乃自咎悔， 俱行學道，何為得斯？ 坐起行步，懷惱自責， 如來然後，現于三乘， 善權方便，隨順誘導， 道無有二，況乃三乎！ 諸聲聞等，爾乃踊躍， 其心爁_燢(閃耀)如，雲除日出。 佛皆授決，當至大道， 國土處所，各有名號。		

四 - 4 富樓那於過去、現在皆是「說法第一」，具足菩薩神通之力。本是菩薩，隱「實」揚「權」，示現「聲聞相」

西晉·竺法護譯 《正法華經》	後秦·鳩摩羅什譯 《妙法蓮華經》	隋·闍那崛多、達磨笈多共譯 《添品妙法蓮華經》
⑤佛告諸比丘：寧見「聲聞」滿願子(富樓那)乎！於比丘眾，為法「都講」(開講佛經時，一人唱經，一人解釋。唱經者稱「都講」，解釋經典者稱「法師」)，光揚諮嗟_褎(讚歎)諸佛之德，敷陳(敷演鋪陳敍)正典，精進勸助(勸發獎助)，聞佛說法，諷受奉宣，散示未聞，而無懈廢，闡弘誼(同「義」)趣，解暢「槃結」(相互勾結)，應答四部，不以厭惓，顯諸梵行，悉令歡喜。	⑤爾時佛告諸比丘：汝等見是富樓那彌多羅尼子不？我常稱其於「說法」人中，最為第一，亦常歎其種種功德，精勤護持，助宣我法，能於四眾，示教(開示教誨)利喜(利益令喜)，具足解釋佛之「正法」，而大饒益(於)同梵行者(同聞佛法，修梵行者)。	⑤爾時佛告諸比丘：汝等見是富樓那彌多羅尼子不？我常稱其於「說法」人中，最為第一，亦常歎其種種功德，精勤護持，助宣我法，能於四眾，示教(開示教誨)利喜(利益令喜)，具足解釋佛之「正法」，而大饒益(於)同梵行者(同聞佛法，修梵行者)。
⑥捨除如來，菩薩大士，辯才質疑，未曾有如滿願子(富樓那)者。	⑥自捨如來(除了如來之外)，無能盡其(富樓那)言論之辯。	⑥自捨如來(除了如來之外)，無能盡其(富樓那)言論之辯。
⑦於比丘眾，所取云何？其滿願子(富樓那)，豈獨為吾作	⑦汝等勿謂富樓那，但(只)能護持，助宣我法。	⑦汝等勿謂富樓那，但(只)能護持，助宣我法。

「聲聞乘」而受「法典」也，勿造斯觀(勿作此觀想)。		
㊕(富樓那)曾已歷侍「九十億」佛，從諸世尊，啟(悟領)受正要，所在眾會，常為法講。	㊕(富樓那)亦於過去「九十億」諸佛所，護持助宣佛之「正法」，於彼「說法」人中，亦最第一。	㊕(富樓那)亦於過去九十億諸佛所，護持助宣佛之「正法」，於彼「說法」人中，亦最第一。
㊄(富樓那)宣散經誼(同「義」)，分別「空慧」，志無所著。若說經時，無有猶豫，靡不通達，未常弊礙，普恒盡心。(具)諸佛世尊、菩薩神通，畢其形壽，令修「梵行」。於「聲聞」眾，信意想之。	㊄(富樓那)又於諸佛所說「空(般若)法」，明了通達，得「四無礙智」(❶法無礙智❷義無礙智❸詞無礙智❹樂說無礙智)，常能審諦「清淨說法」，無有疑惑，具足「菩薩」神通之力。隨其壽命，常修「梵行」，彼佛世人(於彼諸佛所之世間人)，咸皆謂之實是「聲聞」(富樓那本是菩薩，隱實揚權，示現聲聞相)。	㊄(富樓那)又於諸佛所說「空(般若)法」，明了通達，得「四無礙智」(❶法無礙智❷義無礙智❸詞無礙智❹樂說無礙智)，常能審諦「清淨說法」，無有疑惑，具足「菩薩」神通之力。隨其壽命，常修「梵行」，彼佛世人(於彼諸佛所之世間人)，咸皆謂之實是「聲聞」(富樓那本是菩薩，隱實揚權，示現聲聞相)。
㊅(富樓那)以斯「善權」，利益救濟，於無央數億百千姟群生之類，開化(開示教化)無量阿僧祇人，令發「無上正真道意」，其所遊至，皆為「黎庶」，顯暢大道，令得佛住。	㊅而富樓那以斯「方便」(示現聲聞相)，饒益無量百千眾生，又化無量阿僧祇人，令立「阿耨多羅三藐三菩提」。	㊅而富樓那以斯「方便」(示現聲聞相)，饒益無量百千眾生，又化無量阿僧祇人，令立「阿耨多羅三藐三菩提」。
㊆(富樓那)一切所修，常為己身，淨諸佛土，所行如應，開化(開示教化)眾生，於諸「正覺」，普現供侍。今於吾世，(富樓那)為尊法講，每受正典，論議難及。	㊆(富樓那)為(清)淨佛土故，常作佛事，教化眾生。諸比丘！富樓那亦於「(過去)七佛」，(於)說法人中，而得第一，今於我所說法人中，亦為第一。	㊆(富樓那)為(清)淨佛土故，常作佛事，教化眾生。諸比丘！富樓那亦於「(過去)七佛」，(於)說法人中，而得第一，今於我所說法人中，亦為第一。

四－5 富樓那於賢劫諸佛說法亦復第一。未來作佛，號法明如來，劫名寶明，國名善淨

西晉・竺法護譯	後秦・鳩摩羅什譯	隋・闍那崛多、達磨笈多共譯

《正法華經》	《妙法蓮華經》	《添品妙法蓮華經》
壹（富樓那於）賢劫之中，興顯千佛，又當供養將來世尊，亦皆為尊法之「都講」（開講佛經時，一人唱經，一人解釋。唱經者稱「都講」，解釋經典者稱「法師」），常為無量無極品類，光益訓誼（解釋文詞的意義），勸化一切無限「蒸民」（眾生），令發「無上正真道意」，具足滿進「菩薩」道行。	壹（富樓那）於賢劫中當來諸佛，說法人中，亦復第一，而皆護持，助宣佛法。亦於未來，「護持助宣」無量無邊諸佛之法，「教化饒益」無量眾生，令立「阿耨多羅三藐三菩提」。為（清）淨佛土故，常勤精進，教化眾生，漸漸具足「菩薩」之道。	壹（富樓那）於賢劫中當來諸佛，說法人中，亦復第一，而皆護持，助宣佛法。亦於未來，「護持助宣」無量無邊諸佛之法，「教化饒益」無量眾生，令立「阿耨多羅三藐三菩提」。為（清）淨佛土故，常勤精進，教化眾生，漸漸具足「菩薩」之道。
貳（富樓那）却無數劫，當成為佛，號法照曜如來、至真、等正覺、明行成為、善逝、世間解、無上士、道法御、天人師。當於此土，而為大聖。	貳（富樓那）過無量阿僧祇劫，當於此土，得「阿耨多羅三藐三菩提」，號曰法明如來、應供、正遍知、明行足、善逝、世間解、無上士、調御丈夫、天人師、佛、世尊。	貳（富樓那）過無量阿僧祇劫，當於此土，得「阿耨多羅三藐三菩提」，號曰法明如來、應供、正遍知、明行足、善逝、世間解、無上士、調御丈夫、天人師、佛、世尊。
參爾時（法明如來）江河沙等三千大千世界為一佛土，七寶為地，地平如掌，無有「山陵、丘墟、谿谷、荊棘、礫石」。重閣精舍，周匝普滿，而用七寶，猶如諸天宮殿麗妙（美妙），遙相瞻見，天上視世間，世間得見天上，「天人、世人」往來交接。	參其佛（法明如來）以恒河沙等三千大千世界，為一佛土，七寶為地，地平如掌，無有「山陵、谿澗、溝壑」，七寶臺觀（廟宇等高大之樓臺館閣），充滿其中，諸天「宮殿」，近處虛空，人天交接，兩得「相見」。	參其佛（法明如來）以恒河沙等三千大千世界，為一佛土，七寶為地，地平如掌，無有「山陵、谿澗、溝壑」，七寶臺觀（廟宇等高大之樓臺館閣），充滿其中，諸天「宮殿」，近處虛空，人天交接，兩得「相見」。
肆其土（法明如來國土）無有「九十六種」（外道）、「六十二見」憍慢（驕傲輕慢）羅網（法網）。一切「化生」，不由「女人」，淨修「梵行」，各有威德，以「大神足」飛行虛空，常志精進，所作「備具」，智慧普達，紫磨金容「三十二表」大人之相。	肆（法明如來國土）無諸「惡道」，亦無「女人」，一切眾生，皆以「化生」，無有「婬欲」。得大神通，身出「光明」，飛行自在，志念堅固，精進智慧，普皆金色，三十二相而自莊嚴。	肆（法明如來國土）無諸「惡道」，亦無「女人」，一切眾生，皆以「化生」，無有「婬欲」。得大神通，身出「光明」，飛行自在，志念堅固，精進智慧，普皆金色，三十二相而自莊嚴。
伍是時人民，常有二食：	伍其國眾生，常以二食：	伍其國眾生，常以二食：

西晉·竺法護譯《正法華經》	後秦·鳩摩羅什譯《妙法蓮華經》	隋·闍那崛多、達磨笈多共譯《添品妙法蓮華經》
一曰「法食」，二曰「樂禪悅豫（喜悅；愉快）」。是為二食。	一者「法喜食」，二者「禪悅食」。	一者「法喜食」，二者「禪悅食」。
㊅有無央數億百千姟諸菩薩眾，悉得「神通」，周旋分別，墳籍（典籍）誼（同「義」）理。	㊅有無量阿僧祇千萬億那由他諸「菩薩」眾，得「大神通、四無礙智（❶法無礙智❷義無礙智❸詞無礙智❹樂說無礙智）」，善能教化眾生之類。	㊅有無量阿僧祇千萬億那由他諸「菩薩」眾，得「大神通、四無礙智（❶法無礙智❷義無礙智❸詞無礙智❹樂說無礙智）」，善能教化眾生之類。
㊼（法明如來國土）其「聲聞」等，皆逮（到）聖行，行「八脫門」（❶內有色想觀外色解脫❷內無色相觀外諸色解脫❸淨解脫❹空無邊處解脫❺識無邊處解脫❻無所有處解脫❼非想非非想解脫❽滅受想解脫）威曜方便，名德奇雅，得（六）度無極（pāramitā 波羅蜜）。	㊼（法明如來國土）其「聲聞」眾，算數校計，所不能知，皆得具足「六通（❶神足通❷天耳通❸他心通❹宿命通❺天眼通❻漏盡智證通）、三明（❶宿命智證明❷生死智證明❸漏盡智證明）」及「八解脫」（❶內有色想觀外色解脫❷內無色相觀外諸色解脫❸淨解脫❹空無邊處解脫❺識無邊處解脫❻無所有處解脫❼非想非想處解脫❽滅受想解脫）。其佛國土有如是等無量功德莊嚴成就。	㊼（法明如來國土）其「聲聞」眾，算數校計，所不能知，皆得具足「六通（❶神足通❷天耳通❸他心通❹宿命通❺天眼通❻漏盡智證通）、三明（❶宿命智證明❷生死智證明❸漏盡智證明）」及「八解脫」（❶內有色想觀外色解脫❷內無色相觀外諸色解脫❸淨解脫❹空無邊處解脫❺識無邊處解脫❻無所有處解脫❼非想非想處解脫❽滅受想解脫）。其佛國土有如是等無量功德莊嚴成就。
㊶（法明如來國土）劫名寶明，世界曰善淨，佛壽無量劫。滅度之後，法住甚久，起七寶塔，遍是世界，十方諸佛皆共歌歎斯土功德。	㊶（法明如來國土）劫名寶明，國名善淨。其佛壽命無量阿僧祇劫，法住甚久。佛滅度後，起七寶塔，遍滿其國。	㊶（法明如來國土）劫名寶明，國名善淨。其佛壽命無量阿僧祇劫，法住甚久。佛滅度後，起七寶塔，遍滿其國。

四－6 世尊欲重宣此義，而說偈言

西晉·竺法護譯《正法華經》	後秦·鳩摩羅什譯《妙法蓮華經》	隋·闍那崛多、達磨笈多共譯《添品妙法蓮華經》
佛說如是，欲重解義，即而頌曰： 諸比丘聽，於此誼旨。 如吾所語，諸天世人， 行權方便，究竟善學， 若當遵崇，修佛道行。	爾時世尊，欲重宣此義，而說偈言： 諸比丘諦聽！佛子所行道， 善學方便故，不可得思議。 知眾樂小法，而畏於大智， 是故諸菩薩，作聲聞緣覺，	爾時世尊，欲重宣此義，而說偈言： 諸比丘諦聽！佛子所行道， 善學方便故，不可得思議。 知眾樂小法，而畏於大智， 是故諸菩薩，作聲聞緣覺，

此諸眾生，脆劣懈廢，
故當演說，微妙寂靜，
示現聲聞，緣覺之乘，
而常住立，菩薩大道。
善權方便，若干億千，
以用開化，無數菩薩，
斯聲聞眾。故復說言，
上尊佛道，甚為難獲。
億數群生，被蒙淳化，
已得修學，如是之行。
下劣懈廢，恣尚慢墮，
而當漸漬，皆成佛道。
身口及心，常遵所行，
如是聲聞，力勢薄少，
畏厭一切，終始之患，
而復嚴治，淨己佛土。
或復示現，己在愛欲，
怒害瞋恚，及闇癡冥。
覩諸眾生，迷惑邪見，
壞裂蠲除，疑網弊結。
吾聲聞眾，行亦如是，
應時隨宜，化此萌類(眾生)，
以權方便，發起一切，
悉為眾人，順而廣說。
告諸比丘，我聲聞備，
所行具足，於億千佛，
以欲救護。斯佛正法，
覺了禪思，而求於度，
所在自處。為尊弟子，
博聞多智，講法勇猛，
當悅眾生，心不厭倦，
而興佛事，建立于道，
獲大神通，安住普達，
具足導利，則是燈明。
察知眾生，常見根原，
為說經典，使至清淨。
誘導群萌，億百千姟，
分別宣示，尊上正法。

以無數方便，化諸眾生類。
自說是聲聞，去佛道甚遠，
度脫無量眾，皆悉得成就，
雖小欲懈怠，漸當令作佛。
內祕菩薩行，外現是聲聞，
少欲厭生死，實自淨佛土。
示眾有三毒，又現邪見相，
我弟子如是，方便度眾生。
若我具足說，種種現化事，
眾生聞是者，心則懷疑惑。
今此富樓那，於昔千億佛，
勤修所行道，宣護諸佛法。
為求無上慧，而於諸佛所，
現居弟子上，多聞有智慧。
所說無所畏，能令眾歡喜，
未曾有疲倦，而以助佛事。
已度大神通，具四無礙智，
知諸根利鈍，常說清淨法。
演暢如是義，教諸千億眾，
令住大乘法，而自淨佛土。
未來亦供養，無量無數佛，
護助宣正法，亦自淨佛土。
常以諸方便，說法無所畏，
度不可計眾，成就一切智。
供養諸如來，護持法寶藏，
其後得成佛，號名曰法明。
其國名善淨，七寶所合成，
劫名為寶明。菩薩眾甚多，
其數無量億，皆度大神通，
威德力具足，充滿其國土。
聲聞亦無數，三明八解脫，
得四無礙智，以是等為僧。
其國諸眾生，婬欲皆已斷，
純一變化生，具相莊嚴身。
法喜禪悅食，更無餘食想。
無有諸女人，亦無諸惡道。
富樓那比丘，功德悉成滿，
當得斯淨土，賢聖眾甚多。

以無數方便，化諸眾生類，
自說是聲聞，去佛道甚遠，
度脫無量眾，皆悉得成就，
雖小欲懈怠，漸當令作佛。
內祕菩薩行，外現是聲聞，
少欲厭生死，實自淨佛土。
示眾有三毒，又現邪見相，
我弟子如是，方便度眾生。
若我具足說，種種現化事，
眾生聞是者，心則懷疑惑。
今此富樓那，於昔千億佛，
勤修所行道，宣護諸佛法，
為求無上慧，而於諸佛所，
現居弟子上，多聞有智慧。
所說無所畏，能令眾歡喜，
未曾有疲倦，而以助佛事。
已度大神通，具四無礙慧，
知眾根利鈍，常說清淨法，
演暢如是義，教諸千億眾，
令住大乘法，而自淨佛土。
未來亦供養，無量無數佛，
護助宣正法，亦自淨佛土。
常以諸方便，說法無所畏，
度不可計眾，成就一切智。
供養諸如來，護持法寶藏，
其後得成佛，號名曰法明；
其國名善淨，七寶所合成；
劫名為寶明，菩薩眾甚多，
其數無有量，皆度大神通，
威德力具足，充滿其國土。
聲聞亦無數，三明八解脫，
得四無礙智，以是等為僧。
其國諸眾生，婬欲皆已斷，
純一變化生，具相莊嚴身，
法喜禪悅食，更無餘食想；
無有諸女人，亦無諸惡道。
富樓那比丘，功德悉成滿；
當得斯淨土，賢聖眾甚多，

處此大乘，無上正真， 自見國土，英妙清淨。 將來之世，億百千佛， 應時供侍，奉敬如是。 恒當將護，於尊正法， 又復嚴淨，己之佛土。 講說經典，億百千姟， 善權方便，常遵勇猛。 當復開化，無數眾生， 悉在道慧，無有諸漏。 彼每事敬，諸大聖雄， 常當執持，此佛尊法。 當得佛道，自在導師， 名法光曜，照聞十方。 其佛國土，最尊快樂， 七寶之地，普悉清淨。 時劫當名，為<u>寶之明</u>， 世界號曰，善<u>淨嚴飾</u>。 無數億千，諸菩薩眾， 如是等類，得大神通。 時佛世界，眾所嗟歎， 神通恢大，善妙清淨。 又諸聲聞，億千之數， 皆為大聖，賢猛之眾。 神足極上，行八脫門， 分別解散，靡不開達。 其佛國土，一切眾生， 皆行清淨，常修梵行， 具足辯慧，眾德無乏， 庶人賢興，盛殷甚多。 諸賢人等，人民繁熾， 但樂經典，餘無所慕。 其土亦無，女人之眾， 無有惡趣，勤苦之患。 紫磨金色，自然在身， 三十二相，而自莊嚴。 而佛國土，無衣食想， 在所欲得，當說於斯。	如是無量事，我今但略說。	如是無量事，我今但略說。

四－７ 佛授記憍陳如比丘於未來世成佛，號普明如來。餘一千二百諸阿羅漢，於未來世成佛，亦同名為普明如來

西晉・竺法護譯《正法華經》	後秦・鳩摩羅什譯《妙法蓮華經》	隋・闍那崛多、達磨笈多共譯《添品妙法蓮華經》
⑤爾時「千二百」由己行者，各心念言：怪未曾有，莫不喜踊。世尊加哀，餘皆得「(授)決」，必(悲)愍余等，使蒙其例。	⑤爾時「千二百」阿羅漢，心自在者，作是念：我等歡喜，得未曾有。若世尊各見「授記」如餘大弟子者，不亦快乎！	⑤爾時「千二百」阿羅漢，心自在者，作是念：我等歡喜，得未曾有。若世尊各見「授記」如餘大弟子者，不亦快乎！
⑥於是世尊，知諸「聲聞」心之所念，告賢者大迦葉：今應真眾「千二百」人。	⑥佛知此等心之所念，告摩訶迦葉：是「千二百」阿羅漢，我今當現前，次第與授「阿耨多羅三藐三菩提」記。	⑥佛知此等心之所念，告摩訶迦葉：是「千二百」阿羅漢，我今當現前，次第與授「阿耨多羅三藐三菩提」記。
⑦現在目下除阿難、羅云(羅睺羅)，又是「聲聞」知本際(Ājñāta-kauṇḍinya 阿若憍陳如)等，當供養六十二億佛，過斯數已，五百弟子皆當作佛，號普光如來、至真、等正覺、明行成為、善逝、世間解、無上士、道法御、天人師、為佛、眾祐。	⑦於此眾中，我大弟子憍陳如(Ājñāta-kauṇḍinya 阿若憍陳如)比丘，當供養六萬二千億佛，然後得成為佛，號曰普明如來、應供、正遍知、明行足、善逝、世間解、無上士、調御丈夫、天人師、佛、世尊。	⑦於此眾中，我大弟子憍陳如(Ājñāta-kauṇḍinya 阿若憍陳如)比丘，當供養六萬二千億佛，然後得成為佛，號曰普明如來、應供、正遍知、明行足、善逝、世間解、無上士、調御丈夫、天人師、佛、世尊。
⑧優為迦葉、像迦葉、江迦葉、海迦葉、黑曜、優陀、阿難律、離越、劫賓兔、薄拘盧、淳兔善等，五百羅漢，皆當逮(到)成「無上正真道為最正覺」，悉同一號。	⑧其五百阿羅漢：優樓頻螺迦葉、伽耶迦葉、那提迦葉、迦留陀夷、優陀夷、阿㝹樓馱、離婆多、劫賓那、薄拘羅、周陀莎伽陀(周利槃陀伽)等，皆當得「阿耨多羅三藐三菩提」，盡同一號，名曰普明。	⑧其五百阿羅漢：優樓頻螺迦葉、伽耶迦葉、那提迦葉、迦留陀夷、優陀夷、阿㝹樓馱、離婆多、劫賓那、薄拘羅、周陀莎伽陀(周利槃陀伽)等，皆當得「阿耨多羅三藐三菩提」，盡同一號，名曰普明。

四－8 世尊欲重宣此義，而說偈言

西晉・竺法護譯《正法華經》	後秦・鳩摩羅什譯《妙法蓮華經》	隋・闍那崛多、達磨笈多共譯《添品妙法蓮華經》
於是世尊而歎頌曰：	爾時世尊，欲重宣此義，而說偈言：	爾時世尊，欲重宣此義，而說偈言：
佛尊弟子，姓曰本際（Ājñāta-kauṇḍinya 阿若憍陳如），當成如來，世之導師。	憍陳如比丘，當見無量佛，過阿僧祇劫，乃成等正覺。	憍陳如比丘，當見無量佛，過阿僧祇劫，乃成等正覺；
將來之世，無央數劫，當化眾庶，無數億千，得為最勝，號曰普光。	常放大光明，具足諸神通，名聞遍十方，一切之所敬，常說無上道，故號為普明。	常放大光明，具足諸神通，名聞遍十方，一切之所敬。常說無上道，故號為普明；
彼佛國土，名曰清淨。當來之世，無央數劫，常見諸佛，不可計量。	其國土清淨，菩薩皆勇猛，咸昇妙樓閣，遊諸十方國，以無上供具，奉獻於諸佛。	其國土清淨，菩薩皆勇猛，咸昇妙樓閣，遊諸十方國，以無上供具，奉獻於諸佛，
光音神足，大力明父，音聲暢聞，十方世界。	作是供養已，心懷大歡喜，須臾還本國，有如是神力。	作是供養已，心懷大歡喜，須臾還本國，有如是神力。
億千眾生，周匝圍繞，唯但講說，尊上佛道。	佛壽六萬劫，正法住倍壽，像法復倍是，法滅天人憂。	佛壽六萬劫，正法住倍壽，像法復倍是，法滅天人憂。
諸菩薩等，常修正行，所乘端嚴，尊妙宮殿。	其五百比丘，次第當作佛，同號曰普明，轉次而授記。	其五百比丘，次第當作佛，同號曰普明，轉次而授記。
所遊行處，無所想念，得聽受法，於兩足尊。	我滅度之後，某甲當作佛，其所化世間，亦如我今日。	我滅度之後，某甲當作佛，其所化世間，亦如我今日，
常往周旋，他方佛國，諸佛大聖，如是比像。	國土之嚴淨，及諸神通力，菩薩聲聞眾，正法及像法，壽命劫多少，皆如上所說。	國土之嚴淨，及諸神通力，菩薩聲聞眾，正法及像法，壽命劫多少，皆如上所說。
已復供養，廣普至尊，心中欣然，多所悅可。	迦葉汝已知，五百自在者，餘諸聲聞眾，亦當復如是。	迦葉汝已知，五百自在者，餘諸聲聞眾，亦當復如是，
其諸國土，皆一等類，眾大聖雄，無有異名。	其不在此會，汝當為宣說。	其不在此會，汝當為宣說。
人中之上，悉號普光，如是儔類，精進力行。		
安住之壽，極長難限，劫數具足，六萬二千。		
滅度之後，正法當住，聖所遺典，存劫三倍。		
又以像法，當復住立，過於正法，轉復三倍。		
假使正法，滅盡之後，男女眾多，遭大苦患。		
是諸最勝，大聖倫等，		

名號普光，大士之上。 具足當為，五百導師， 各各悉等，皆成佛道。 其名普聞，十方佛土， 神足大力，及其境界， 正法功德，正類如是。 悉當遵修，宣此雅典， 一切所得，皆當若茲， 現於天上，及在世間。 如我往古，施于清淨， 廣普光明，人中之上。 所建立行，悉耐從已， 各已受決，多所愍哀。 無央數事，成一平等， 如佛今者，於世正真。 尊故興發，為迦葉說， 卿當念持，五百佛名。 諸聲聞眾，及餘一切， 是故弟子，猶得自在。		

四－9 得佛授記之五百「阿羅漢」悔過自責：自謂已得「究竟滅度」，得少為足。已有「無價寶珠」繫其衣裏，而竟不覺知

西晉‧竺法護譯 《正法華經》	後秦‧鳩摩羅什譯 《妙法蓮華經》	隋‧闍那崛多、達磨笈多共譯 《添品妙法蓮華經》
㊀爾時五百「無著」(阿羅漢)，目見耳聞如來「授決」，歡喜踊躍，往詣佛所，自投于地，稽首作禮，悔過自責：鄙(我)之徒等(徒眾)，每憶前者，自謂「已得泥洹滅度」，無有巧便，不能識練，了別「正歸」，棄背「明哲」，(心)志疲厭想，今乃得逮(到)「如來之慧」，當成「正覺」。	㊀爾時「五百」阿羅漢於佛前得「受記」已，歡喜踊躍，即從座起，到於佛前，頭面禮足，悔過自責：世尊！我等常作是念，自謂(證四果就)「已得究竟滅度」，今乃知之，如「無智」(愚人)者。所以者何？我等應得「如來智慧」，而便自以(聲聞)「小智」為足。	㊀爾時「五百」阿羅漢於佛前得「授記」已，歡喜踊躍，即從座起，到於佛前，頭面禮足，悔過自責：世尊！我等常作是念，自謂(證四果就)「已得究竟滅度」，今乃知之，如「無智」(愚人)者。所以者何？我等應得「如來智慧」，而便自以(聲聞)「小智」為足。
㊁唯然世尊，譬如「士夫」，	㊁世尊！譬如有人，至「親	㊁世尊！譬如有人，至「親

入「慈室藏」(喻佛)，以「明月珠」置於「結」中，醉酒臥寐，不自唯省，寤忘「明珠」，不知所在。起之他國，無有資用，饑乏求食，計窮(已再無辦法可想)無獲，思設方計(方略計策)，(需)周旋往反，乃得供饍，(而致)心懷「悅豫」(喜悅;愉快)。(此士夫)於時乃念，(於)前「寢室」藏「明珠」繫(於)結，將無墮彼?馳還求索，尋(不久;隨即)即往見「慈室長者」(喻佛)。	友」家(喻佛)，醉酒(喻昏迷於五欲)而臥。是時親友(喻佛)，(因有)官事當行(喻至他方弘法)，(便)以「無價寶珠」(喻佛性種子)繫其(醉人)衣裏，與之(彼醉人)而去。其人「醉臥」，都不覺知。起已遊行，到於他國。為「衣食」故，勤力求索，甚大艱難；若「少有所得」(喻證小乘果)，便以為足。	友」家(喻佛)，醉酒(喻昏迷於五欲)而臥。是時親友(喻佛)，(因有)官事當行(喻至他方弘法)，(便)以「無價寶珠」(喻佛性種子)繫其(醉人)衣裏，與之(彼醉人)而去。其人「醉臥」，都不覺知。起已遊行，到於他國。為「衣食」故，勤力求索，甚大艱難；若「少有所得」(喻證小乘果)，便以為足。
(參)「慈室長者」(喻佛)而謂之曰：卿何以故，而自勞煩?行求飯食，思想不(停)息。子(你)欲知乎?爾時吾身(指慈室長者)嚴整衣服，遊行採(採取)毅(嚴正)，敬利所誼(同「義」)。行至於此，見明月珠繫于子(你)結(衣結)，今珠在(你身)體，豈不省耶?以何因緣，來至吾計，設何方便，而盡力行。	(參)於後「親友」(喻今靈山釋迦佛)，會遇見之(醉酒後之丈夫)，而作是言:咄哉，丈夫!何為「衣食」乃至如是。我昔欲令汝得安樂，五欲自恣，(曾)於某年日月，以「無價寶珠」(喻佛性種子)繫汝衣裏。	(參)於後「親友」(喻今靈山釋迦佛)，會遇見之(醉酒後之丈夫)，而作是言:咄哉，丈夫!何為「衣食」乃至如是。我昔欲令汝得安樂，五欲自恣，(曾)於某年日月，以「無價寶珠」(喻佛性種子)繫汝衣裏。
(肆)(慈室長者說:)子今求「財寶」所以難致者，以不自察「可否」之事，且便疾(急)去，(你應)以「明珠」寶，持詣「大龍」，而貿易之，由得諸寶，所有之藏，恣意所施。	(肆)今故現在，而汝不知。勤苦憂惱，以求自活，甚為癡也。汝今可以此「寶」(喻佛性種子)，貿易(生意買賣)所須，常可如意，無所乏短(乏少短缺)。	(肆)今故現在，而汝不知。勤苦憂惱，以求自活，甚為癡也。汝今可以此「寶」(喻佛性種子)，貿易(生意買賣)所須，常可如意，無所乏短(乏少短缺)。
(伍)昔者世尊，本始造行，為菩薩時，發諸通惠(慧)，我等不解，亦不覺了，於今悉住「羅漢」之地，而(自)謂「滅度」。處嶮(陰阻艱難)難業，常如虛乏，今日如此，乃能志願於諸「通慧」(一切種智)，當以斯	(伍)佛亦如是(如彼親人將「無價寶珠」繫於醉人身上)，(佛昔於因地)為菩薩時，教化我等，令發一切「智」心。而尋(隨即)廢忘，不知不覺。既得「阿羅漢道」，自謂「滅度」，資生(賴以為生之具)艱難，得少為足。「一切智」願，猶	(伍)佛亦如是(如彼親人將「無價寶珠」繫於醉人身上)，(佛昔於因地)為菩薩時，教化我等，令發一切「智」心。而尋(隨即)廢忘，不知不覺。既得「阿羅漢道」，自謂「滅度」，資生(賴以為生之具)艱難，得少為足。「一切智」願，猶

法，開化(開示教化)餘人，以「如來慧」分別道意。	在不失。(昔發大心求「一切智」之願猶在，至今不失)	在不失。(昔發大心求「一切智」之願猶在，至今不失)
(陸)比丘爾等，勿以此誼(同「義」)謂「泥洹」也。卿諸賢者，又當親殖「眾德」之本。昔者如來以「權方便」開導若(你)等，今亦如是「重說」經法，若(你)之徒類(徒眾)，(竟)自取(小乘)滅度。	(陸)今者世尊覺悟我等，作如是言：諸比丘！汝等所得(小乘涅槃)，非「究竟滅」。我久令汝等種「佛」(之)善根，以方便故，示「(小乘)涅槃相」，而汝謂為「實得滅度」。	(陸)今者世尊覺悟我等，作如是言：諸比丘！汝等所得(小乘涅槃)，非「究竟滅」。我久令汝等種「佛」(之)善根，以方便故，示「(小乘)涅槃相」，而汝謂為「實得滅度」。
(柒)今者世尊，授以「無上正真道」決。	(柒)世尊！我今乃知(自身)實是「菩薩」，得受「阿耨多羅三藐三菩提」記(指得受「應化身」成佛之記)。以是因緣，甚大歡喜，得未曾有。	(柒)世尊！我今乃知(自身)實是「菩薩」，得受「阿耨多羅三藐三菩提」記(指得受「應化身」成佛之記)。以是因緣，甚大歡喜，得未曾有。

四－10 阿若憍陳如等，欲重宣此義，而說偈言

西晉‧竺法護譯《正法華經》	後秦‧鳩摩羅什譯《妙法蓮華經》	隋‧闍那崛多、達磨笈多共譯《添品妙法蓮華經》
於是五百聲聞知本際(Ājñāta-kauṇḍinya 阿若憍陳如)等，而歡頌曰： 我等聞斯，乃知前失， 已得受決，是上佛道。 稽首世尊，無量明日， 唯愍講斯，所演光耀。 猶如愚冥，不能分別， 所以一一，而獲滅度。 今日歡然，安住所化， 志願廣普，諸通慧事。 如有一子，行來求索， 即時遊入，于「慈室堂」(喻佛)。 於彼覩見，多財富者， 於時富士，廣設飲食。 其人一寐，而不飲食，	爾時阿若憍陳如等，欲重宣此義，而說偈言： 我等聞無上，安隱授記聲， 歡喜未曾有，禮無量智佛。 今於世尊前，自悔諸過咎， 於無量佛寶，得少涅槃分， 如無智愚人，便自以為足。 譬如貧窮人，往至親友家， 其家甚大富，具設諸餚饍， 以無價寶珠，繫著內衣裏， 默與而捨去，時臥不覺知。 是人既已起，遊行詣他國， 求衣食自濟，資生甚艱難， 得少便為足，更不願好者。 不覺內衣裏，有無價寶珠。 與珠之親友，後見此貧人，	爾時阿若憍陳如等，欲重宣此義，而說偈言： 我等聞無上，安隱授記聲， 歡喜未曾有，禮無量智佛。 今於世尊前，自悔諸過咎， 於無量佛寶，得少涅槃分， 如無智愚人，便自以為足。 譬如貧窮人，往至親友家， 其家甚大富，具設諸餚饍， 以無價寶珠，繫著內衣裏， 默與而捨去，時臥不覺知。 是人既已起，遊行詣他國， 求衣食自濟，資生甚艱難， 得少便為足，更不願好者。 不覺內衣裏，有無價寶珠。 與珠之親友，後見此貧人，

明月珠寶,而繫在結。 因此臥寐,從寐而起, 坐慈藏室,而歡喜悅。 彼愚騃_兀子,而越利誼, 尋時起去,遠行入城, 求服飲食,甚不能獲, 行索供饍,財自繫活, 從人得食,謂獲無為。 明珠約結,而自念言, 今此珍寶,為在不乎? 續在佩身,求不知處。 故復覩見,「慈室長者」_(喻佛), 所可施與,丈夫之事。 即為示說,善哉快言, 暢現妙寶,教化令度。 其人適見,第一安隱, 蒙寶之恩,獲致於斯。 有無極財,藏滿豐盈, 又以五欲,而自娛樂。 如是世尊,說譬若茲, 吾等前世,俱發志願。 非是如來,之所興為, 於往古時,長夜精進。 世尊我等,下劣心弊, 不能覺了,如來教化。 心無志願,不肯進前, 而以泥洹,歡喜自慶。 如佛聖教,所覺開度, 如是計之,無得滅度。 人中之上,愍發慧誼, 乃為滅度,第一無為。 此結明珠,離垢上珍, 今日我等,所聞無限。 因從化導,普顯怡懌, 各各逮_(到)得,別授殊決。	苦切責之已,示以所繫珠。 貧人見此珠,其心大歡喜, 富有諸財物,五欲而自恣。 我等亦如是,世尊於長夜, 常愍見教化,令種無上願。 我等無智故,不覺亦不知, 得少涅槃分,自足不求餘。 今佛覺悟我,言非實滅度, 得佛無上慧,爾乃為真滅。 我今從佛聞,授記莊嚴事, 及轉次受決,身心遍歡喜。	苦切責之已,示以所繫珠。 貧人見此珠,其心大歡喜, 富有諸財物,五欲而自恣。 我等亦如是,世尊於長夜, 常愍見教化,令種無上願; 我等無智故,不覺亦不知, 得少涅槃分,自足不求餘。 今佛覺悟我,言非實滅度, 得佛無上慧,爾乃為真滅; 我今從佛聞,授記莊嚴事, 及轉次受決,身心遍歡喜。

〈授學、無學人記品第九〉

四－11 阿難、羅睺羅及聲聞「二千人」亦求佛授記。佛授記阿難於來世為山海慧自在通王如來，國名常立勝幡，劫名妙音遍滿

西晉・竺法護譯《正法華經》	後秦・鳩摩羅什譯《妙法蓮華經》	隋・闍那崛多、達磨笈多共譯《添品妙法蓮華經》
〈授阿難、羅云決品第九〉	〈授學、無學人記品第九〉	〈授學、無學人記品第九〉
㊀於是賢者阿難自念言：我寧可蒙「受決」(於)例(外)乎？心念此已，發願「乙密」(詳細；周密；全部)，即從坐起，稽首佛足。賢者羅云(Rāhula)，復前自投世尊足下，俱共白言：唯為我等，演甘露味，大聖是父，靡不明徹，無歸得歸、無救得救、無護得護，於諸「天、阿須倫」，興立莊嚴，若干種變。阿難、羅云(Rāhula)則是佛子，亦是侍者，持聖法藏。惟願世尊，孚(《一切經音義》云：「又作趮，芳務反；疾也」)令我等，所願具足，授「無上正真」。	㊀爾時阿難、羅睺羅(Rāhula)而作是念：我等每自思惟：「設得受記，不亦快乎。」即從座起，到於佛前，頭面禮足，俱白佛言：世尊！我等於此(授記中)，亦應有分，唯有如來，我等(眾人)所(依)歸。又我等為一切世間「天、人、阿修羅」所見(之善)知識。阿難常為侍者，護持法藏；羅睺羅(Rāhula)是佛之子，若佛見授「阿耨多羅三藐三菩提」記者，我願既滿，眾望亦足。	㊀爾時阿難、羅睺羅(Rāhula)而作是念：我等每自思惟：「設得授記，不亦快乎。」即從座起，到於佛前，頭面禮足，俱白佛言：世尊！我等於此(授記中)，亦應有分，唯有如來，我等(眾人)所(依)歸。又我等為一切世間「天、人、阿脩羅」所見(之善)知識。阿難常為侍者，護持法藏；羅睺羅(Rāhula)是佛之子，若佛見授「阿耨多羅三藐三菩提」記者，我願既滿，眾望亦足。
㊁又餘「聲聞」，合「二千人」，與「塵勞」俱，皆從坐起，偏袒右肩，一心叉手(即「金剛合掌」，即合掌交叉兩手之指頭)，瞻戴(瞻仰戴望)尊顏，我等逮(及；到)見。	㊁爾時「(有)學、無學」聲聞弟子「二千人」，皆從座起，偏袒右肩，到於佛前，一心合掌，瞻仰世尊，如阿難、羅睺羅(Rāhula)所願，住立一面。	㊁爾時「(有)學、無學」聲聞弟子「二千人」，皆從座起，偏袒右肩，到於佛前，一心合掌，瞻仰世尊，如阿難、羅睺羅(Rāhula)所願，住立一面。
㊂佛告阿難：汝於來世，當得作佛，號海持覺娛樂神通如來、至真、等正覺、明行成為、善逝、世間解、無上士、道法御、天人師、為佛、眾祐，先當供養「六十二億」佛，恭順奉侍，執持「正	㊂爾時佛告阿難：汝於來世當得作佛，號山海慧自在通王如來、應供、正遍知、明行足、善逝、世間解、無上士、調御丈夫、天人師、佛、世尊。當供養「六十二億」諸佛，護持法藏，然後得「阿	㊂爾時佛告阿難：汝於來世當得作佛，號山海慧自在通王如來、應供、正遍知、明行足、善逝、世間解、無上士、調御丈夫、天人師、佛、世尊。當供養「六十二億」諸佛，護持法藏，然後得「阿

法」，將護經典，然後究竟成「最正覺」。	耨多羅三藐三菩提」。	耨多羅三藐三菩提」。
㊍於是開化（開示教化）「二十」百千江河沙等天人，使發「無上正真道意」。其佛國土，清淨無瑕，地紺（深青而含赤的顏色）琉璃，豎諸幢幡，自然莊嚴世界平正，無「沙礫、石、山陵、谿谷」，地皆柔軟，如天綩綖（地褥；舞筵；舞蹈時鋪地用的席子或地毯；珍妙的地衣毛錦），劫名柔和，無有雷震。	㊍教化「二十」千萬億恒河沙諸「菩薩」等，令成「阿耨多羅三藐三菩提」。國名常立勝幡，其土清淨，琉璃為地。劫名妙音遍滿。	㊍教化「二十」千萬億恒河沙諸「菩薩」等，令成「阿耨多羅三藐三菩提」。國名常立勝幡，其土清淨，琉璃為地。劫名妙音遍滿。
㊎時（海持覺娛樂神通）佛壽命，不可計數億百千姟，無可為喻，難得崖底，諸弟子眾受「道教」者，不可計會，億百千姟，無能限量。	㊎其（山海慧自在通王）佛壽命，無量千萬億阿僧祇劫，若人於千萬億無量阿僧祇劫中算數校計，不能得知。	㊎其（山海慧自在通王）佛壽命，無量千萬億阿僧祇劫，若人於千萬億無量阿僧祇劫中算數校計，不能得知。
	㊏「正法」住世，倍於壽命，「像法」住世，復倍「正法」。	㊏「正法」住世，倍於壽命，「像法」住世，復倍「正法」。
㊐阿難成佛為大聖時，所以名曰海持覺娛樂神通，其土人民，多神變周旋。	㊐阿難！是山海慧自在通王佛，為十方無量千萬億恒河沙等諸佛如來，所共讚歎，稱其功德。	㊐阿難！是山海慧自在通王佛，為十方無量千萬億恒河沙等諸佛如來，所共讚歎，稱其功德。
㊑如來（海持覺娛樂神通如來）滅度後，法住過倍，「像法」存立，復倍「正法」。十方無量江河沙等億百千佛，悉當歎頌彼佛功德。		

四－12 爾時世尊欲重宣此義，而說偈言

西晉・竺法護譯《正法華經》	後秦・鳩摩羅什譯《妙法蓮華經》	隋・闍那崛多、達磨笈多共譯《添品妙法蓮華經》

於時世尊，而讚歎頌曰：	爾時世尊，欲重宣此義，而說偈言：	爾時世尊，欲重宣此義，而說偈言：
今佛頒宣，諸比丘衆， 仁者阿難，總持吾法， 於當來世，成為最勝， 供養諸佛，六十二億， 名曰海持覺乘神通。 於此博聞，彼成大道， 其土清淨，顯現微妙， 自然峙立，無數幢幡。 諸菩薩衆，如江河沙， 皆是如來，之所建發。 悉如最勝，無極神足， 其德名聞，流遍十方。 欲計壽命，無量難限， 教化世間，多所愍傷。 假使其佛，滅度之後， 正法當住，過倍其數。 像法存立，轉復過倍， 最勝宣發，教化若茲。 又此衆生，如江河沙， 興報應心，立以佛道。	我今僧中說，阿難持法者， 當供養諸佛，然後成正覺， 號曰山海慧自在通王佛。 其國土清淨，名常立勝幡， 教化諸菩薩，其數如恒沙。 佛有大威德，名聞滿十方， 壽命無有量，以愍衆生故， 正法倍壽命，像法復倍是， 如恒河沙等、無數諸衆生， 於此佛法中，種佛道因緣。	我今僧中說，阿難持法者， 當供養諸佛，然後成正覺； 號曰山海慧自在通王佛； 其國土清淨，名常立勝幡， 教化諸菩薩，其數如恒沙； 佛有大威德，名聞滿十方， 壽命無有量，以愍衆生故， 正法倍壽命，像法復倍是； 如恒河沙等，無數諸衆生， 於此佛法中，種佛道因緣。

四－13 釋迦佛與阿難於空王佛所，同發「阿耨菩提心」。阿難樂「多聞」，釋迦佛勤「精進」，故先於阿難成佛

西晉・竺法護譯《正法華經》	後秦・鳩摩羅什譯《妙法蓮華經》	隋・闍那崛多、達磨笈多共譯《添品妙法蓮華經》
⑤爾時「新發意」(nava-yāna-saṃprasthita 新發菩提心而入佛道，相當於五十二位中之「十信位」)八萬菩薩，各自念言：怪未曾聞，古來未有，吾等焉用「菩薩誼」(同「義」)為？諸「聲聞」類，頑嚚ㄧ(同「頑罵」→愚妄奸詐)之儔彡(同類)，乃復「授決」，當獲大道。何因若茲？	⑤爾時會中「新發意菩薩」(nava-yāna-saṃprasthita 新發菩提心而入佛道，相當於五十二位中之「十信位」)八千人，咸作是念：我等尚不聞諸「大菩薩」，得如是「(授)記」，有何因緣而諸「聲聞」得如是「決」？	⑤爾時會中「新發意菩薩」(nava-yāna-saṃprasthita 新發菩提心而入佛道，相當於五十二位中之「十信位」)八千人，咸作是念：我等尚不聞諸「大菩薩」，得如是「(授)記」，有何因緣而諸「聲聞」得如是「決」？

㈦世尊即知其心所念，便告之曰：諸「族姓子」(善男子)及比丘聽：佛法平等。「族姓子」(善男子)！(阿難)這發「無上正真道意」，前於超空如來、至真、等正覺所，而現在(阿難)「博聽」眾經，常修精進，來至吾所，欲建懃懃。由是緣故，(亦)速得「無上正真道成最正覺」。	㈦爾時世尊知諸「菩薩」心之所念，而告之曰：諸善男子！我(釋迦牟尼佛)與阿難等，於空王佛所，同時發「阿耨多羅三藐三菩提心」。阿難常樂「多聞」，我常勤「精進」，是故我已得成「阿耨多羅三藐三菩提」。	㈦爾時世尊知諸「菩薩」心之所念，而告之曰：諸善男子！我(釋迦牟尼佛)與阿難等，於空王佛所，同時發「阿耨多羅三藐三菩提心」。阿難常樂「多聞」，我常勤「精進」，是故我已得成「阿耨多羅三藐三菩提」。
㈢仁賢阿難，為佛世尊，奉持法藏，修菩薩行，出家之緣，意履(行)雅(善)願，以諸「族姓子」(善男子)，用(授記法)相託付(予阿難)。	㈢而阿難護持我法，亦護將來「諸佛法藏」，教化成就諸「菩薩」眾，其本願如是，故獲斯「(授)記」。	㈢而阿難護持我法，亦護將來「諸佛法藏」，教化成就諸「菩薩」眾，其本願如是，故獲斯「(授)記」。
㈣爾時阿難自親從佛，聞已無量「空無」之誼(同「義」)，當得成佛，授「國土」決，聞本行願，歡喜「悅豫」(喜悅:愉快)，尋(不久;隨即)即憶念無央數億百千之姟「諸正覺典」。又觀本行所履之跡(之)前後劫數。	㈣阿難面於佛前，自聞「授記」及「國土莊嚴」，所願具足，心大歡喜，得未曾有。即時憶念過去無量千萬億「諸佛法藏」，通達無礙，如今所聞，亦識本願。	㈣阿難面於佛前，自聞「授記」及「國土莊嚴」，所願具足，心大歡喜，得未曾有。即時憶念過去無量千萬億「諸佛法藏」，通達無礙，如今所聞，亦識本願。
㈤即歎頌曰： 我本聞有，無量諸佛， 悉念為余，說經典時。 諸有滅度，最勝大聖， 余皆憶識，如所聞說。 得立佛道，心不懷疑， 如是比者，善權方便。 而為安住，立侍者地， 以大道故，奉持正法。	㈤爾時阿難而說偈言： 世尊甚希有，令我念過去， 無量諸佛法，如今日所聞。 我今無復疑，安住於佛道， 方便為侍者，護持諸佛法。	㈤爾時阿難而說偈言： 世尊甚希有，令我念過去， 無量諸佛法，如今日所聞； 我今無復疑，安住於佛道， 方便為侍者，護持諸佛法。

四－14 佛為羅睺羅授記成佛為蹈七寶華如來，亦如阿難未來成佛之山海慧自在通王如來無異

西晉‧竺法護譯《正法華經》	後秦‧鳩摩羅什譯《妙法蓮華經》	隋‧闍那崛多、達磨笈多共譯《添品妙法蓮華經》
⚛於是世尊告賢者羅云（Rāhula）：羅云思之，汝當來世當得作佛，號度七寶蓮華如來、至真、等正覺、明行成為、善逝、世間解、無上士、道法御、天人師、為佛、眾祐，則當供事如十世界塵數如來，當為諸佛現作「尊子」，亦復如今，為吾息也。	⚛爾時佛告羅睺羅（Rāhula）：汝於來世，當得作佛，號蹈七寶華如來、應供、正遍知、明行足、善逝、世間解、無上士、調御丈夫、天人師、佛、世尊。當供養十世界微塵等數諸佛如來，常為諸佛而作「長子」，猶如今也。	⚛爾時佛告羅睺羅（Rāhula）：汝於來世，當得作佛，號蹈七寶華如來、應供、正遍知、明行足、善逝、世間解、無上士、調御丈夫、天人師、佛、世尊。當供養十世界微塵等數諸佛如來，常為諸佛而作「長子」，猶如今也。
⚝其度七寶蓮華如來，國土、壽命、教化眾生、所有莊嚴，亦如（阿難將來成佛之）海持覺娛樂神通，世界清淨，羅云當為其佛「尊子」，過是已後，當得「無上正真道成最正覺」。	⚝是蹈七寶華佛，國土莊嚴，壽命劫數，所化弟子，正法、像法，亦如（阿難將來成佛之）山海慧自在通王如來無異，亦為此佛而作「長子」。過是已後，當得「阿耨多羅三藐三菩提」。	⚝是蹈七寶華佛，國土莊嚴，壽命劫數，所化弟子，正法、像法，亦如（阿難將來成佛之）山海慧自在通王如來無異，亦為此佛而作「長子」。過是已後，當得「阿耨多羅三藐三菩提」。
⚞時佛頌曰： 羅云是我，尊上長子， 幼少精童，柔和殊妙。 斯佛之子，當得大道， 常以法施，多所悅喜。 無數億佛，所見哀念， 欲得算計，無能限量。 普為最勝，諸佛之子， 當成大道，眾比丘像。 又此羅云，所行溫雅， 興立殊願，奉吾正戒。 諮嗟宣揚，世雄（喻佛）導師， 言我今是，如來之子。 諸德無量，億姟之數， 設有思念，莫能限量。	⚞爾時世尊，欲重宣此義，而說偈言： 我為太子時，羅睺為長子， 我今成佛道，受法為法子。 於未來世中，見無量億佛， 皆為其長子，一心求佛道。 羅睺羅密行，唯我能知之， 現為我長子，以示諸眾生。 無量億千萬，功德不可數， 安住於佛法，以求無上道。	⚞爾時世尊，欲重宣此義，而說偈言： 我為太子時，羅睺為長子； 我今成佛道，受法為法子， 於未來世中，見無量億佛， 皆為其長子，一心求佛道。 羅睺羅密行，惟我能知之， 現為我長子，以示諸眾生， 無量億千萬，功德不可數， 安住於佛法，以求無上道。

其<u>羅云</u>者，佛之長子， 今所通履，住佛道故。		

四－15 世尊授「二千聲聞」未來成佛皆同名為<u>寶相</u>如來，國土莊嚴，聲聞、菩薩，正法、像法，皆悉同等

西晉・竺法護譯 《正法華經》	後秦・鳩摩羅什譯 《妙法蓮華經》	隋・闍那崛多、達磨笈多共譯 《添品妙法蓮華經》
㊀爾時<u>阿難</u>、<u>羅云</u>(Rāhula)，俱白佛言：今我等見「二千聲聞」學弟子戒，心懷忻_{喜悅；愉快貌}然，瞻戴_{瞻仰戴望}尊顏，道法正典不可思議，願及是時。	㊀爾時世尊見「(有)學、無學」二千人，其意柔軟，寂然清淨，一心觀佛。	㊀爾時世尊見「(有)學、無學」二千人，其意柔軟，寂然清淨，一心觀佛。
㊁佛告<u>阿難</u>、<u>羅云</u>(Rāhula)：寧見「二千聲聞」學弟子法戒者乎？<u>阿難</u>白佛言：唯然見之。	㊁佛告<u>阿難</u>：汝見是「(有)學、無學」二千人不？唯然，已見。	㊁佛告<u>阿難</u>：汝見是「(有)學、無學」二千人不？唯然，已見。
㊂佛告阿難：斯黨同行等學「大乘」，當供養「五百」世界塵數如來，執持「正典」，然於後世一時同集，布於十方各各異土，逮_{及；到}成「無上正真道為最正覺」，號<u>寶英</u>如來、至真、等正覺、明行成為、善逝、世間解、無上士、道法御、天人師、為佛、眾祐。	㊂<u>阿難</u>！是諸人_(二千聲聞)等，當供養「五十」世界微塵數諸佛如來，恭敬尊重，護持法藏。末後同時於十方國各得成佛，皆同一號，名曰<u>寶相</u>如來、應供、正遍知、明行足、善逝、世間解、無上士、調御丈夫、天人師、佛、世尊。	㊂<u>阿難</u>！是諸人_(二千聲聞)等，當供養「五十」世界微塵數諸佛如來，恭敬尊重，護持法藏。末後同時於十方國各得成佛，皆同一號，名曰<u>寶相</u>如來、應供、正遍知、明行足、善逝、世間解、無上士、調御丈夫、天人師、佛、世尊。
㊃_(寶英如來)其壽一劫，覺慧_(正覺智慧)平等，諸「聲聞」同，多少無差，諸「菩薩」眾，亦復如是。_(寶英如來)滅度之後，「正法」住立，數亦無異。	㊃_(寶相如來)壽命一劫，國土莊嚴，「聲聞、菩薩」，「正法、像法」，皆悉同等。	㊃_(寶相如來)壽命一劫，國土莊嚴，「聲聞、菩薩」，「正法、像法」，皆悉同等。

㊄時佛頌曰：	㊄爾時世尊，欲重宣此義，而說偈言：	㊄爾時世尊，欲重宣此義，而說偈言：
此諸聲聞，二千朋黨， 今悉住立，於世尊前。 斯等聖智，佛皆授決， 將來之世，便當成佛。 而顯示現，無量譬喻， 覩見諸佛，悉當供養。 便當逮獲，無上尊道， 住於道行，猶得自在。 其名行異，遊處十方， 悉當忍辱，須臾不變。 當復獨處，坐叢樹下， 當得佛道，成就慧誼。 皆當成覺，號同一等， 名曰寶英，流聞世界。 其佛國土，平等殊特， 諸聲聞衆，等亦如是。 神足光明，皆遍世間， 周流一切，十方國土。 分別經法，有所依猗， 正法存立，等無有異。	是二千聲聞，今於我前住， 悉皆與授記，未來當成佛。 所供養諸佛，如上說塵數， 護持其法藏，後當成正覺。 各於十方國，悉同一名號， 俱時坐道場，以證無上慧， 皆名為寶相。國土及弟子， 正法與像法，悉等無有異。 咸以諸神通，度十方衆生， 名聞普周遍，漸入於涅槃。	是二千聲聞，今於我前住， 悉皆與授記，未來當成佛。 所供養諸佛，如上說塵數， 護持其法藏，後當成正覺。 各於十方國，悉同一名號， 俱時坐道場，以證無上慧， 皆名為寶相。國土及弟子， 正法與像法，悉等無有異。 咸以諸神通，度十方衆生， 名聞普周遍，漸入於涅槃。
㊅於是諸「學」，聞佛「授決」，歡喜踊躍，不能自勝，以頌讚佛：	㊅爾時「(有)學、無學」二千人，聞佛「授記」，歡喜踊躍、而說偈言：	㊅爾時「(有)學、無學」二千人，聞佛「授記」，歡喜踊躍，而說偈言：
聞佛授我決，世光見飽滿， 如甘露見灌，已獲無極安。	世尊慧燈明，我聞授記音， 心歡喜充滿，如甘露見灌。	世尊慧燈明，我聞授記音， 心歡喜充滿，如甘露見灌。

〈妙法蓮華經、添品妙法蓮華經--缺文〉

〈法師品第十〉

四－16 欲至「正覺」，免三塗苦，當學受持《法華經》。昔日寶蓋轉輪聖王與「千子」眷屬俱同供養藥王如來

西晉・竺法護譯《正法華經》	後秦・鳩摩羅什譯《妙法蓮華經》	隋・闍那崛多、達磨笈多共譯《添品妙法蓮華經》
〈藥王如來品第十〉 壹(釋迦)佛告諸比丘：道法「一(佛乘)」等，無有「二乘」，謂「無上正真道」。往古來今，無有兩正，猶如眾流，四瀆夕(古代長江、黃河、淮河、濟水的合稱)歸海，合為「一味」，如日所照，靡不周遍，未曾增減。 貳若「族姓子」(善男子)！欲至「正覺」，解(脫)無「三塗(苦)」(及無)去來今者，當學受持《正法花經》，分別「空慧」，無「六度」想，不以「花香、伎樂」供養為供養也；當了「三(解)脫」，至「三達智(三事通達無礙之智明，❶宿命智證明❷生死智證明❸漏盡智證明)」無極(pāramitā 波羅蜜)之慧，乃為供養。 參所以者何？乃昔久遠劫難稱限，爾時有佛，號藥王如來、至真、等正覺、明行成為、善逝、世間解、無上士、道法御、天人師、為佛、眾祐，世界名大淨，劫曰淨除。藥王如來，壽「二十中劫」，諸「聲聞眾」三十六億，「菩薩大士」有十二億。	〈法師品第十〉	〈法師品第十〉

㊉時**轉輪王**，名曰**寶蓋**，「**典主**」(掌管；統理)四域，王有「千子」，端政(同「正」)勇猛，有七寶「聖臣」，降伏怨敵。其王(寶蓋轉輪聖王)供養**藥王**如來，具足「五中劫」，與眷屬俱，一切施安，奉敬**藥王**。

㊄過「五劫」(五中劫)已，(寶蓋轉輪聖王)告其千子：吾已供侍(供養侍奉)如來(藥王如來)，若等亦當順遵「前緒」(前人之事業)。於時千子聞父王教，復以「五劫」供養**藥王**如來，進以「上妙」(精妙最好的供養)，不違所安(所應予之安樂；喜好)。

四－17 寶蓋轉輪聖王之善蓋太子，請問藥王如來何謂「法之供養」

西晉・竺法護譯《正法華經》	後秦・鳩摩羅什譯《妙法蓮華經》	隋・闍那崛多、達磨笈多共譯《添品妙法蓮華經》
①(於一千太子中)彼一太子名曰**善蓋**，閑居獨處，靜然思念：我等今者供養(藥王)如來，寧有殊特(殊絕奇特之法)，(能)超(越)彼者乎？ ②承(藥王)佛威神，(時)虛空有天(神)，而語之(善蓋太子)曰：今「族姓子」(善男子)，豈欲知耶？有「法供養」，(乃)最尊無極。 ③ (善蓋太子)又問曰：何謂法之供養？ 天(神)曰：爾當往問**藥王**如		

來，普當為若(你)分別說之。

㊣善蓋即起，(往)詣藥王如來所，稽首于地，白藥王如來曰：「法之供養」，(即指)奉順典者，為何謂乎？

㊄世尊(藥王如來)告(善蓋太子)曰：
❶「法之供養」者，順(從)若如來所說「經典」，深妙優奧(優雅奧絕)，開化(開示教化)一切世間人民，難受難見。
❷出家捨利(名利)，志求菩薩諸篋篽(藏物之箱)之藏。(於修行)曠邈(遠間幽遠)處中，(應)以「總持」印而印之。
❸精進力行(竭力實踐)，不退轉輪。
❹現於六度「無極」(pāramitā 波羅蜜)之慧，慇懃攬攝(攬執攝持)。
❺佛之「道品」(三十七道品；通往涅槃之種種品類道法)、「不起法忍」(無生法忍)，開入(開啟悟入)正典。
❻於諸群生，設大慈哀，降伏魔兵，離諸法見。
❼覺了演暢「十二因緣」。
❽無我、無人、非壽、非命，志「空、無願、無想」之法。
❾不由眾行，處于道場，而轉法輪。
❿勸諸「天、龍、揵沓和」等，莫不樂仰，開闡法藏。
⓫護諸賢聖，宣揚顯布諸菩薩行。
⓬究竟眾苦，無我、非身，

群生違禁，立以所便。

❸眾魔、異道、墮顛倒見、貪猗(貪著)「有為」，常懷怖懅(羞愧；懼怕)。

❹而為諮嗟ᵇˢ(讚歎)諸佛之德，使滅「生死」，慰除所患，而見安隱「無為」之事，去來今佛，所歎如是。

❺而「割判」(辨別；判斷)了(解)，微妙色像，「總持」崖底(《一切經音義・卷十六》云：崖底→《說文》山高邊也)，諸法「法忍」，開道(開宣講道)宣布，闡發諸器，權便所義，將養正法。是為「法之供養」。

㈥
①設於諸經，志在「法忍」，敷陳典籍，而順反復。
②演訓其要，無諸邪見，無所從生，不起「法忍」。
③無我、無人，入諸因緣。無瞋、不諍，無所訟訴。無我、無壽，循執句義，而無識著，慧無放逸。
④將御心識，住無所住，識理指趣，因導非義，洮汰通流。
⑤諸所猗法，不造見人，恃怙ᵍˣ(如父母般的依靠)真諦。
⑥如法所歸，無著、無入，斷諸「猗著」，滅諸無黠ᵗ(聰慧)，生老病死，悉為除屏(障)。
⑦觀「十二緣」而不可盡，覩諸住(正)見，不隨「顛倒」。是為「族姓子」(善男子)「法之供養」。

西晉・竺法護譯《正法華經》	後秦・鳩摩羅什譯《妙法蓮華經》	隋・闍那崛多、達磨笈多共譯《添品妙法蓮華經》
㈦(寶蓋轉輪聖王之)王子善蓋，從藥王佛聞「法供養」，應時逮(及；到)得「柔順法忍」(anulomikī-dharma-kṣānti，隨順真理，賴一己之思考而得悟。係三賢位者，伏其業惑，令六塵無性不生，故稱「柔順忍」)，即脫身衣，以覆(藥王)佛上，白世尊(藥王如來)曰： ㈧唯(藥王如來)加聖恩，建立我志，如來滅後，(我善蓋)願護「正法」，興法供養，降魔怨敵，將迎後法。 ㈨時(藥王)佛知(善蓋之)心，然其(將於)末世，當護「法城」。		

崖底➜辛嶋靜志《正法華經詞典》頁 521 解作：limit, bound。指「限制，約束」。

四－18 寶蓋轉輪聖王即寶熖如來，其王「千子」即「賢劫」中千佛，始於拘樓秦如來，終於欣樂如來。太子善蓋即今釋迦牟尼佛

西晉・竺法護譯《正法華經》	後秦・鳩摩羅什譯《妙法蓮華經》	隋・闍那崛多、達磨笈多共譯《添品妙法蓮華經》
㈠(釋迦)佛告比丘：(寶蓋轉輪聖王之)王子善蓋，因(藥王)佛現在，以家之信，「出家」為道，常精進學，興諸德本，不久(善蓋修行)成就，立「五神通」，「總持、辯才」，無能斷截。(藥王)佛滅度後，(善蓋之)「神通、總持、(十)力、(四)無所畏」，即皆具足。 ㈡於「十中劫」，藥王如來所說經法，為轉法輪。善蓋比丘護「正法」故，於一世中化千億人，悉發「無上正真道		

意」而不退轉，十四載人立「聲聞、緣覺」地，不可計人，得生天上。

（參）（釋迦佛告諸）比丘！欲知時（轉輪聖）王寶蓋，豈將異乎？今現在佛寶燧如來、至真、等正覺是。其王「千子」，此「賢劫」中「千佛」興者是，抱樓秦如來為始，最後成者名曰欣樂。太子善蓋，今我（釋迦佛）身是。

（肆）是故當知，一切所供，無過「法養」（指「法供養」），去來今佛，皆從是出。若「族姓子（善男子）、族姓女（善女人）」，欲得供養十方諸佛，即當受持《正法花經》，持諷誦讀，宣示一切，分別「一（佛）乘」，無有「三乘道」（聲聞乘、緣覺乘、菩薩乘）。

（伍）時佛頌曰：
假使有一，欲解大法，
開化一切，皆至正覺。
當孚 受持，斯《法華經》，
宣示遠近，諸未聞者。
譬如泉流，皆歸于海，
合為一味，無有若干。
聲聞緣覺，及菩薩道，
一切皆歸，無上正真。
譬如日月，照於天下，
百穀藥木，及諸荊棘。
斯典如是，以無極慧，
照耀三界，皆入一義。
曩昔如來，名曰藥王，
時有聖王，名曰寶蓋。

五劫供養，彼藥王佛，
一切施安，無所乏少。
告諸千子，使供養佛。
千子受教，踊躍等心。
供養如來，亦俱五劫，
飲食床臥，幡蓋伎樂。
善蓋太子，閑居自惟，
寧有供養，踰於此乎？
空中天言：法供養勝。
即自問言：何謂法養？
天便告曰：當行問佛。
太子即問，佛為具說，
難解之句，深妙法藏，
空無想願，乃入正慧。
大慈大悲，降伏眾魔，
六十二見，自然為除。
無常苦空，非身之事，
無我無人，無壽無命。
順至將持，不起法忍，
轉不退輪，法法相照。
十二因緣，展轉相生，
已解本無，無有終始。
於是善蓋，得柔順忍，
佛滅度後，守護法城。
精進不懈，得五神通，
總持辯才，開化一切。
時千億人，皆立大道，
十四載人，聲聞緣覺，
無央數人，得生天上，
以故歎稱，法供為最。
假使有人，欲供養者，
當受持此《正法華經》。
分別如來，善權方便，
無有「二乘」(小乘、大乘)，
皆歸「一(佛乘)道」。

四－19 若於佛前聞《法華經》一偈一句，乃至一念隨喜者，是人

前世已供養十萬億佛，而生此人間。佛亦為此人授記

西晉・竺法護譯《正法華經》	後秦・鳩摩羅什譯《妙法蓮華經》	隋・闍那崛多、達磨笈多共譯《添品妙法蓮華經》
㊀爾時世尊告「八萬」菩薩：因藥王「開士」(菩薩)緣，諸菩薩等，寧察斯四部眾，無央數億「天、龍、鬼神、阿須倫、迦留羅、真陀羅、揵沓惒、摩休勒、人與非人」，「比丘、比丘尼、清信士、清信女」，「聲聞、緣覺、菩薩」，現在目覩，欲聞如來說斯經典。	㊀爾時世尊因藥王菩薩，告「八萬」大士：藥王！汝見是大眾中，無量諸「天、龍王、夜叉、乾闥婆、阿修羅、迦樓羅、緊那羅、摩睺羅伽、人與非人」，及「比丘、比丘尼、優婆塞、優婆夷」。(欲)求「聲聞」者、(欲)求「辟支佛」者、(欲)求「佛道」者。	㊀爾時世尊因藥王菩薩，告「八萬」大士：藥王！汝見是大眾中，無量諸「天、龍王、夜叉、乾闥婆、阿修羅、迦樓羅、緊那羅、摩睺羅伽、人與非人」，及「比丘、比丘尼、優婆塞、優婆夷」。(欲)求「聲聞」者、(欲)求「辟支佛」者、(欲)求「佛道」者。
㊁一切眾會，聞(《法華經》)一頌、一偈，一發意頃，歡喜「勸助」(勸發獎助)，佛皆「授」斯四部(指上文的「四部眾弟子」)之「決」，當得「無上正真道意」。	㊁如是等類，咸於佛前，聞《妙法華經》一偈、一句，乃至一念「隨喜」者，我皆與「授記」，當得「阿耨多羅三藐三菩提」。	㊁如是等類，咸於佛前，聞《妙法華經》一偈、一句，乃至一念「隨喜」者，我皆與「授記」，當得「阿耨多羅三藐三菩提」。
㊂佛告藥王：假使(釋迦)如來滅度之後，聞斯經典(《法華經》)一頌、四句，發意之頃，(或)代「勸助」(勸發獎助)者，(釋迦)佛皆(為彼)「授決」，當得「無上正真之道」。	㊂佛告藥王：又(釋迦)如來滅度之後，若有人聞《妙法華經》，乃至一偈、一句，一念「隨喜」者，我(釋迦佛)亦與授「阿耨多羅三藐三菩提」記。	㊂佛告藥王：又(釋迦)如來滅度之後，若有人聞《妙法華經》，乃至一偈、一句，一念「隨喜」者，我(釋迦佛)亦與授「阿耨多羅三藐三菩提」記。
㊃(此人)前(世)已奉侍「億百千佛」，從「億百千佛」，發意「立願」，是等儔類(同輩的人)，愍傷(悲愍傷憐)眾人，故來(轉)生(此間)耳。		
㊄從是經典(《法華經》)，受持「一頌」，諷誦、書寫，載於「竹帛」，銘(銘記)著(於)心懷，念而不忘，若(如同)聽頌音(佛宣講《法華經》偈頌法音)，恭敬	㊄若復有人，❶受持、❷讀❸誦、❹解說、❺書寫《妙法華經》，乃至「一偈」，(能)於此經卷(《法華經》)，敬視「如佛」。(並能以)種種供養，華香、瓔	㊄若復有人，❶受持、❷讀❸誦、❹解說、❺書寫《妙法華經》，乃至「一偈」，(能)於此經卷(《法華經》)，敬視「如佛」。(並能以)種種供養，華香、瓔

察之，方如(此經文爲)「如來」聖尊上句。若以「華香、繒綵(彩色繒帛)、幢幡」，發意「供養」是經卷(《法華經》)者，叉手(即「金剛合掌」，即合掌交叉兩手之指頭)向之，稽首作禮，則當謂之(《法華經》爲)世間「自歸」(歸依)。	珞、末香、塗香、燒香，繒蓋、幢幡、衣服、伎樂，乃至合掌恭敬(於此《法華經》)。 藥王！當知是諸人等(指修學《法華經》者)，(前世)已曾供養「十萬億佛」，於諸佛所，成就大願，愍衆生故，(轉)生此人間。	珞、末香、塗香、燒香，繒蓋、幢幡、衣服、伎樂，乃至合掌恭敬(於此《法華經》)。 藥王！當知是諸人等(指修學《法華經》者)，(前世)已曾供養「十萬億佛」，於諸佛所，成就大願，愍衆生故，(轉)生此人間。

法師：
(1)梵語作dharma-bhāṇaka。**指通曉「佛法」，又能「引導眾生修行」之人**。又作「**說法師、大法師**」。
(2)廣義之「法師」，通指「佛陀」及其「弟子」；**狹義則專指一般通曉「經」或「律」之「行者」**，可稱其為「經師」或「律師」。
(3)據北本《大般涅槃經‧卷十八》載，「佛菩薩」及其「大弟子」等，皆知深妙之法，又知眾生根機之利鈍而為之「演說」，故稱為「大法師」。
(4)就「法師」之類別而論，據《法華經‧卷四‧法師品》，及《法華經‧卷六‧法師功德品》載，依「法師」之「專長」及其「弘法」之差異性可分為❶受持、❷讀經、❸誦經、❹解說、❺書寫等五種，此稱為「五種法師」。
(5)然後世則演成❶書寫、❷供養、❸施他、❹聽、❺披讀、❻受持、❼正開演、❽說、❾誦、❿思修等「十種法師」。
(以上資料據《佛光大辭典》再略作修訂)

《勝天王般若波羅蜜經‧付囑品十六》
(1)**爾時，世尊告阿難言：汝可受持此「般若」波羅蜜修多羅。**
(2)**爾時，阿難即從坐起，偏袒右肩右膝著地，合掌向佛頭面作禮，白佛言：世尊！云何受持？**
(3)**佛告阿難言：受持此修多羅，有十種法。何等為十？**
　　一者「書寫」。
　　二者「供養」。
　　三者「流通」。
　　四者「諦聽」。
　　五者「自讀」。
　　六者「憶持」。
　　七者「廣說」。
　　八者「口誦」。
　　九者「思惟」。
　　十者「修行」。

> (4)阿難！此十種法，能受持此修多羅。
> (5)阿難！譬如大地，一切樹林花藥皆依而生；一切善法，皆依「般若」波羅蜜生。
> (6)阿難！譬如轉輪聖王，若在世間，七寶常現；「般若」波羅蜜，亦復如是。
> (7)此修多羅，若在世間，則三寶種常不斷絕。
>
> (參見《勝天王般若波羅蜜經》卷7〈16 付囑品〉。CBETA, T08, no. 231, p. 725, a)

四－20 於《法華經》乃至一句，受持讀誦、解說書寫，未來世當得作佛。能為一人說《法華經》乃至一句，是人為如來所遣，行如來事

西晉·竺法護譯《正法華經》	後秦·鳩摩羅什譯《妙法蓮華經》	隋·闍那崛多、達磨笈多共譯《添品妙法蓮華經》
⓵又告藥王：若「族姓子(善男子)、族姓女(善女人)」，假使能持「一頌」，「勸助」(勸發獎助)歡喜，聞經卷(《法華經》)名。若得「聞名」，則當覺是，將來世尊，展轉相謂(此)「族姓子(善男子)、族姓女(善女人)」，來世便為「如來、至真、等正覺」。	⓵藥王！若有人問：何等眾生，於未來世當得作佛？應示：是諸人等，於未來世必得作佛。	⓵藥王！若有人問：何等眾生，於未來世當得作佛？應示：是諸人等，於未來世必得作佛。
⓶⓷所以者何？其受是經(《法華經》)，「持、讀、誦、寫」，「觀、聽、供養」，「幡華、繒綵(彩色繒帛)、雜香、芬(芳)薰(香草;蕙草)」，則當謂斯(此)「族姓子、女」(善男子、善女人)成「無上正真道」。得滅度已，若(同)觀↑(見)如來，則(能)普慇傷(悲恐傷憐)，諸天世人，(亦能)從其所願，而得自恣(不受約束)，常生人間，欲演斯經(《法華經》)。	⓶何以故？若善男子、善女人，於《法華經》，乃至一句，受持、讀誦、解說、書寫，種種供養經卷，華香、瓔珞、末香、塗香、燒香、繒蓋、幢幡、衣服、伎樂，合掌恭敬；是人(則為)一切世間所應「瞻奉」，應以「如來供養」(般)而供養之(指修學《法華經》者)。	⓶何以故？若善男子、善女人，於《法華經》，乃至一句，受持、讀誦、解說、書寫，種種供養經卷，華香、瓔珞、末香、塗香、燒香、繒蓋、幢幡、衣服、伎樂，合掌恭敬；是人(則為)一切世間所應「瞻奉」，應以「如來供養」(般)而供養之(指修學《法華經》者)。
	⓷當知此人是「大菩薩」，成就「阿耨多羅三藐三菩提」，哀愍眾生，願(轉)生此(世)間，廣演分別《妙法華經》。何況盡能「受持」、種種「供養」(《法華經》)者？	⓷當知此人是「大菩薩」，成就「阿耨多羅三藐三菩提」，哀愍眾生，願(轉)生此(世)間，廣演分別《妙法花經》。何況盡能「受持」、種種「供養」(《法華經》)者？

㈣其人(指修學《法華經》者)本已造「微妙行」，因所作(清淨善)行，則當(轉)生於「嚴淨佛土」，(但卻)常自觀(因)緣，欲(轉生娑婆惡世為眾生)講法故。當知斯黨(類)，(皆因)愍傷(悲愍傷憐)群生。	㈣藥王！當知是人(指修學《法華經》者)，自捨「清淨業報」(本當轉生於「清淨佛土」，因大悲願力而捨彼「清淨業報」，改轉生於惡世)，於我(釋迦佛)滅度後，(因)愍眾生故，(改轉)生於惡世，廣演此經(《法華經》)。	㈣藥王！當知是人(指修學《法華經》者)，自捨「清淨業報」(本當轉生於「清淨佛土」，因大悲願力而捨彼「清淨業報」，改轉生於惡世)，於我(釋迦佛)滅度後，愍眾生故，(轉)生於惡世，廣演此經(《法華經》)。
㈤(釋迦)佛滅度故，(修學《法華經》者)故來(轉)生此，則有反復(來回往返)，(為)如來「所使」。其「族姓子」(善男子)，則謂彼人(乃)行「如來事」，(為)世尊(之)所遣。其有講說如來所宣斯(之)「法訓」(指《法華經》)者，若復不暢(不能通暢明達)，其身續(承繼)蒙(蒙昧無知)。	㈤若是善男子、善女人，我(釋迦佛)滅度後，能竊(私下)為一人說《法華經》，乃至一句；當知是人則如來(所)使，如來所遣，行如來事。何況於大眾中「廣為人說」(此《法華經》)？	㈤若是善男子、善女人，我(釋迦佛)滅度後，能竊(私下)為一人說《法華經》，乃至一句；當知是人則如來(所)使，如來所遣，行如來事。何況於大眾中「廣為人說」(此《法華經》)？
㈥假使有人，志姓(性)殃嶮(凶惡狠毒奸險)，常懷毒害，發意之頃(一念之間)，為其人說「不可」(缺點；過錯；不對；不符合)之事，其殃難測。若「一劫」中，誹謗「如來」(之罪)，(則與)毀「斯人」者，罪(同)等無異。是(修學《法華經》者)皆悉為如「世尊」種(如來種性)。若「族姓子」(善男子)講斯典(《法華經》)時，有「小童子」受是經卷，(或)「白衣、沙門」(受是經卷)。若(有人)以言語「惡事」向之(修學《法華經》者)，(以)所「不可(缺點；過錯)」意，加於其人，使(其人)聞「惡言」，至誠虛妄，宣揚「怨聲」；則在殃罪，(此)猶如(以)「害意」向於如來。	㈥藥王！若有惡人，以「不善心」，於「一劫」中，現於佛前，常毀罵佛，其罪尚輕；若人以一「惡言」，毀呰「在家、出家」讀誦《法華經》者，其罪甚重。	㈥藥王！若有惡人，以「不善心」，於「一劫」中，現於佛前，常毀罵佛，其罪尚輕；若人以一「惡言」，毀呰「在家、出家」讀誦《法華經》者，其罪甚重。
㈦「族姓子、女」(善男子、善女	㈦藥王！其有「讀誦」《法	㈦藥王！其有「讀誦」《法

人),受斯經典(《法華經》),持諷誦讀,而不遊行(行走佈道),不為人說,當獲釁𣏾咎𣏾(過失;罪過)。若(有)受持經(《法華經》),(吾等)當以「衣被、甘饌、飯食、香華、燈火、琦珍殊妙」供養奉散(此人)。斯「族姓子」(善男子)、斯「族姓女」(善女人),則為「大寶」,當為「作禮」(於此修學《法華經》者)。	華經》者,當知是人,以「佛」莊嚴而自莊嚴,則為如來「肩」所荷擔(修學《法華經》者將代佛廣度眾生,亦為荷負諸佛如來之大重擔者)。其所至方(指修學《法華經》者所至之方土),(吾等)應隨向禮(應至心隨其所在之方而作禮),一心合掌,恭敬供養,尊重讚歎,華香、瓔珞,末香、塗香、燒香,繒蓋、幢幡,衣服、餚饌,作諸伎樂。(以)人中上供(人間「上妙之供」),而供養之(指修學《法華經》者),應持「天寶」,而以散之,天上「寶聚」(寶物積聚),應以奉獻(於修學《法華經》者)。	華經》者,當知是人,以「佛」莊嚴而自莊嚴,則為如來「肩」所荷擔(修學《法華經》者將代佛廣度眾生,亦為荷負諸佛如來之大重擔者)。其所至方(指修學《法華經》者所至之方土),(吾等)應隨向禮(應至心隨其所在之方而作禮),一心合掌,恭敬供養,尊重讚歎,華香、瓔珞,末香、塗香、燒香,繒蓋、幢幡,衣服、餚饌,作諸伎樂。(以)人中上供(人間「上妙之供」),而供養之(指修學《法華經》者),應持「天寶」,而以散之,天上「寶聚」(寶物積聚),應以奉獻(於修學《法華經》者)。
㉘所以者何?(吾等大眾)乃能一反(回;次)聞斯經典(《法華經》)。若有聽者,以所供養,志願「無上正真道」故。	㉘所以者何?是人(若)歡喜說法(《法華經》),(吾等大眾)須臾聞之(此大法),即得究竟「阿耨多羅三藐三菩提」故。	㉘所以者何?是人(若)歡喜說法(《法華經》),(吾等大眾)須臾聞之(此大法),即得究竟「阿耨多羅三藐三菩提」故。

四－21 爾時世尊,欲重宣此義,而說偈言

西晉·竺法護譯《正法華經》	後秦·鳩摩羅什譯《妙法蓮華經》	隋·闍那崛多、達摩笈多共譯《添品妙法蓮華經》
時佛頌曰: 若欲住佛道,志慕己功德, 當供養彼人,持斯經典者。 若樂諸通慧,恣意有所說, 則當受斯典,幷供養侍者。 說此經法者,愍傷於眾生, 世吼之所遣,來化群生類。 假使持是典,所生常精進, 強勇而自來,矜哀於眾庶。 自在所欲生,最後於末世, 從彼得覲遇,斯經為尊上。 所當供奉養,諸天人香華,	爾時世尊,欲重宣此義,而說偈言: 若欲住佛道,成就自然智, 常當勤供養受持《法華》者。 其有欲疾得,一切種智慧, 當受持是經,幷供養持者。 若有能受持《妙法華經》者 當知佛所使,愍念諸眾生。 諸有能受持《妙法華經》者 捨於清淨土,愍眾故生此。 當知如是人,自在所欲生, 能於此惡世,廣說無上法。	爾時世尊,欲重宣此義,而說偈言: 若欲住佛道,成就自然智, 常當勤供養受持《法花》者。 其有欲疾得,一切種智慧, 當受持是經,並供養持者。 若有能受持《妙法華經》者 當知佛所使,愍念諸眾生。 諸有能受持《妙法華經》者 捨於清淨土,愍眾故生此。 當知如是人,自在所欲生, 能於此惡世,廣說無上法。

衣服諸覆蓋，常供給法師。
恭敬彼人，常當如佛，
尋叉手禮，自然聖道。
若最後時，逢值斯經，
佛滅度已，受持經卷。
常當供養，如奉最勝，
飯食之屬，諸味具饍，
房室床臥，衣被億數，
一反(回；次)聞之，崇進如是，
如來則授，其人之決。
佛遣彼士，來在人間，
若有最勝，值遇斯典。
設使聞者，書寫執持，
於今佛在，見於目前。
誹謗如來，具足一劫，
心中懷恨，面色改常，
其人即獲，無數殃釁。
設有受持，是經卷者，
而分別說，為他人解。
若有誹謗，此等倫者，
其罪過彼，不可計數。
假使有人，面現讚佛，
而又十指，具足一劫。
清淨志求，斯尊佛道，
億百千姟，諂嗟讚頌。
稱詠法師，發心悅豫，
其人獲福，不可限量。
用宣譽是，明智者德，
彼士獲福，復超於斯。
而有人來，供養學者，
若於十八，億千諸劫，
其人供進，珍饌眾味，
諸天香華，細柔精妙，
計劫之數，十八千億，
和聲悅顏，崎嶇以獻。
若有一反(回；次)，聞是經者，
得諸利慶，無極難比。

應以天華香，及天寶衣服，
天上妙寶聚，供養說法者。
吾滅後惡世，能持是經者，
當合掌禮敬，如供養世尊。
上饌眾甘美，及種種衣服，
供養是佛子，冀得須臾聞。
若能於後世，受持是經者，
我遣在人中，行於如來事。
若於一劫中，常懷不善心，
作色而罵佛，獲無量重罪。
其有讀誦持是《法華經》者，
須臾加惡言，其罪復過彼。
有人求佛道，而於一劫中，
合掌在我前，以無數偈讚。
由是讚佛故，得無量功德，
歎美持經者，其福復過彼。
於八十億劫，以最妙色聲，
及與香味觸，供養持經者。
如是供養已，若得須臾聞，
則應自欣慶，我今獲大利。
藥王！今告汝我所說諸經，
而於此經中，《法華》最第一

應以天華香，及天寶衣服，
天上妙寶聚，供養說法者。
吾滅後惡世，能持是經者；
當合掌禮敬，如供養世尊。
上饌眾甘美，及種種衣服；
供養是佛子，冀得須臾聞。
若能於後世，受持是經者；
我遣在人中，行於如來事。
若於一劫中，常懷不善心，
作色而罵佛，獲無量重罪。
其有讀誦持是《法華經》者
須臾加惡言，其罪復過彼。
有人求佛道，而於一劫中，
合掌在我前，以無數偈讚，
由是讚佛故，得無量功德，
歎美持經者，其福復過彼。
於八十億劫，以最妙色聲，
及與香味觸，供養持經者；
如是供養已，若得須臾聞，
則應自欣慶，我今獲大利。
藥王！今告汝我所說諸經，
而於此經中，《法華》最第一

四－22《法華經》最為難信難解，是諸佛祕要之藏，不可分布，「妄授」與人。此經即是「如來全身舍利」

西晉・竺法護譯《正法華經》	後秦・鳩摩羅什譯《妙法蓮華經》	隋・闍那崛多、達磨笈多共譯《添品妙法蓮華經》
壹佛告藥王菩薩：吾每散(散布流通)告，前後所宣「經品」無量，甫當(從始自終)說者「經號」(經品名稱)甚多，(可)比擬世間一切諸法，今此典頌(《法華經》)，(聲)名祚祚(賜福;流傳)顯(揚)綽綽(多)，最尊第一。普天率土(國境城域之內)，(多)所不信樂。	壹爾時佛復告藥王菩薩摩訶薩：我所說經典無量千萬億，已說、今說、當說，而於其中，此《法華經》最為難信、難解。	壹爾時佛復告藥王菩薩摩訶薩：我所說經典，無量千萬億，已說、今說、當說，而於其中，此《法華經》最為難信、難解。
貳如來正覺，(乃)無所毀敗(毀滅敗壞)，於內「燕居」(安禪;坐禪;寂然安息)。(若能)密從「法師」(能通曉佛法，又能引導眾生修行佛法者)受斯典(《法華經》)者，則(能)為如來「威力」所護，(亦如「如來」一般而)無能破壞，(此)乃前世時曾得聞之(《法華經》)。如來(今)現在，(已)有聞斯典(《法華經》)，多有誹謗，何況(於)如來「滅度」之後。(此經)難得值遇，(就算你)所欲志願(聞經此)，而(常)見覆蓋(掩飾;遮蓋)。(吾)觀(察)「族姓子、女」(善男子、善女人)，(皆)為如此也(指受學《法華經》乃世間最難之事)。	貳藥王！此經(《法華經》)是諸佛「祕要之藏」，不可(不可輕易)分布，「妄授」與人(恐生譏謗)。諸佛世尊之所「守護」，從昔已來，未曾「顯說」(若「妄授」此經，則「增上慢者」退席。若「直接顯說」此經，則窮子怖父而逃逝)。而此經者，如來(今仍)現在，(人多不信此經)猶多(遭)怨嫉(怨恨嫉妒)，況(如來)滅度後？	貳藥王！此經(《法華經》)是諸佛「祕要之藏」，不可(不可輕易)分布，「妄授」與人(恐生譏謗)。諸佛世尊之所「守護」，從昔已來，未曾「顯說」(若「妄授」此經，則「增上慢者」退席。若「直接顯說」此經，則窮子怖父而逃逝)。如此經者，如來(今仍)現在，(人多不信此經)猶多(遭)怨嫉(怨恨嫉妒)，況(如來)滅度後？
參他方世界(及)現在「如來」，(皆)悉覩見之(此事)。在所(皆能)存立，己身還聞(此經)，(此人具)諸「❶信力」也，「❷善本力、❸志願力」。(此人能處)在「如來室」，(平)等頓(停頓;住宿)一處，斯(修學《法華經》者)之倫黨(同	參藥王！當知「如來」滅後，其能「書持、讀誦、供養、為他人說(《法華經》)」者。如來則為以「(忍辱)衣」覆之，又為「他方、現在」諸佛之所護念。是人有「❶大信力」，及「❷志願力」、諸「❸善根力」。當	參藥王！當知「如來」滅後，其能「書持、讀誦、供養、為他人說(《法華經》)」者。如來則為以「(忍辱)衣」覆之，又為「他方、現在」諸佛之所護念。是人有「❶大信力」，及「❷志願力」、諸「❸善根力」。當

西晉‧竺法護譯《正法華經》	後秦‧鳩摩羅什譯《妙法蓮華經》	隋‧闍那崛多、達磨笈多共譯《添品妙法蓮華經》
葦之類），（功）德如是也。（修學《法華經》者能）求（得）如來「大悲功德水」，（能）志存佛掌（喻得佛手摩頂），是乃前世「願行」所致。（於）佛滅度後，若有信此「正法典」（《法華經》）者，（能）「受持書寫、供養、奉順、為他人說」，（功）德乃若斯（此）。	知是人與如來「共宿」（一切如來悉皆「棲宿」於「究竟一乘寂滅道場」，能與如來同安住於「法華功德海藏」），則為如來手（喻權智）摩其頭（喻權理）。	知是人與如來「共宿」（一切如來悉皆「棲宿」於「究竟一乘寂滅道場」，能與如來同安住於「法華功德海藏」），則為如來手（喻權智）摩其頭（喻權理）。
㉔佛告藥王菩薩：若有能說斯「經訓」（《法華經》）者，書寫、見者，則於其人起「佛神寺」（寶塔），以「大寶」立，高廣長大，不當復著「佛舍利」也。所以者何？（此《法華經》）則為全著「如來舍利」。	㉔藥王！在在處處，若說、若讀、若誦、若書，若經卷（《法華經》）所住處，皆應起「七寶塔」（參五－38及六－26），極令高廣嚴飾，不須復安「舍利」。所以者何？此（《法華經》）中已有「如來全身」。	㉔藥王！在在處處，若說、若讀、若誦、若書，若經卷（《法華經》）所住處，皆應起「七寶塔」（參五－38及六－26），極令高廣嚴飾，不須復安「舍利」。所以者何？此（《法華經》）中已有「如來全身」。
㉕其有說此經法（《法華經》）之處，諷誦、歌詠、書寫，書寫已竟，竹帛經卷，當供養事，如佛塔寺，歸命作禮，一切「香華、雜香、芬（芳）薰（香草：蕙草）」，琴瑟、箜篌、幢蓋、繒幡。若有眾生欲得佛寺，稽首作禮者，當親近「斯經」（《法華經》）無上道教。	㉕此塔，應以一切「華香、瓔珞，繒蓋、幢幡，伎樂、歌頌」，供養恭敬，尊重讚歎。若有人得見此塔（《法華經》塔），禮拜、供養，當知是等，皆近「阿耨多羅三藐三菩提」。	㉕此塔，應以一切「華香、瓔珞，繒蓋、幢幡，伎樂、歌頌」，供養恭敬，尊重讚歎。若有人得見此塔（《法華經》塔），禮拜、供養，當知是等，皆近「阿耨多羅三藐三菩提」。

四－23 能受持讀誦《法華經》者，乃能善行「菩薩」道，得近「無上正等菩提」

西晉‧竺法護譯《正法華經》	後秦‧鳩摩羅什譯《妙法蓮華經》	隋‧闍那崛多、達磨笈多共譯《添品妙法蓮華經》
㉖又告藥王：多有菩薩「出家」為道，及凡「白衣」行「菩薩」法，不能得致如是像經（《法華經》），及「見、讀誦、書寫、供養」。	㉖藥王！多有人「在家、出家」行「菩薩」道，若不能得「見、聞、讀誦、書持、供養」是《法華經》者，當知是人未（未能）善行「菩薩道」。	㉖藥王！多有人「在家、出家」行「菩薩」道，若不能得「見、聞、讀誦、書持、供養」是《法華經》者，當知是人未（未能）善行「菩薩道」。

㊌其有菩薩(指出家或白衣)，行「菩薩」行，曉了「權宜」(方便善巧)，假使得聞是佛景(大)摸㕧(法式:規範)，菩薩所行，共(修)行(此)法者。聽者信樂，來入其中，(理)解(通)達分明，即(授)受(種種)供養，於一(修行法)座上，應近「無上正真之道」。若有見者，如是「士夫」，入於斯誼(同「義」)，(功)德不可計。	㊌若有得聞是經典(《法華經》)者，乃能善行「菩薩」之道。其有眾生求「佛道」者，若見、若聞是《法華經》，聞已，「信解、受持」者，當知是人得近「阿耨多羅三藐三菩提」。	㊌若有得聞是經典(《法華經》)者，乃能善行「菩薩」之道。其有眾生求「佛道」者，若見、若聞是《法華經》，聞已，「信解、受持」者，當知是人得近「阿耨多羅三藐三菩提」。
㊂佛告藥王：譬如男子，渴極求水，捨於平地，穿鑿高原，日日興功，但見「燥土」。積有時節，其泉玄(黑)邃(深)，而不得水。復於異時，掘土甚多，乃見泥水，濁不可飲，當奈之何？其人不憪，稍進得水，於時男子，覩本「瑞應」(祥瑞感應)，釋除狐疑，無復猶豫。吾興(建立)功夫(修行功夫)，積有日月，今者乃能值得「水」耳。	㊂藥王！譬如有人，渴乏須水，於彼高原，穿鑿求之，猶見「乾土」，知水尚遠；施功不已，轉見「濕土」，逐漸至泥，其心決定，知水必近。	㊂藥王！譬如有人，渴乏須水，於彼高原，穿鑿求之，猶見「乾土」，知水尚遠；施功不已，轉見「濕土」，逐漸至泥，其心決定，知水必近。
㊃如是藥王！設有菩薩聞是經典(《法華經》)，而不「受持、諷誦、學」者，去於「無上正真之道」，為甚遠矣。(《法華經》)是景(大)摸㕧(法式:規範)者，(是)諸菩薩業。假使聞此《正法華經》，「諷誦、精修」，「懷抱」(心懷意識)在心，而奉行之，爾乃疾(速)成「最正覺」矣。	㊃菩薩亦復如是，若「未聞、未解」、未能「修習」是《法華經》者，當知是人去「阿耨多羅三藐三菩提」尚遠；若得「聞、解、思惟、修習」(《法華經》)，必知得近「阿耨多羅三藐三菩提」。	㊃菩薩亦復如是，若「未聞、未解」、未能「修習」是《法華經》者，當知是人去「阿耨多羅三藐三菩提」尚遠；若得「聞、解、思惟、修習」(《法華經》)，必知得近「阿耨多羅三藐三菩提」。
㊄佛語藥王：一切菩薩，其有不肯受諷行者，不能得	㊄所以者何？一切菩薩「阿耨多羅三藐三菩提」，皆屬此	㊄所以者何？一切菩薩「阿耨多羅三藐三菩提」，皆屬此

至「無上正真道最正覺」也。所以者何？吾前已說，班宣(頌布宣諭)此言，假使有人不樂斯經(《法華經》)，則為「違遠」(違背遠離)於諸如來。此經典者(《法華經》)，(為)道法之首，(為)眾慧之元，(為)成就菩薩(之典)。	經(《法華經》))，此經開「方便門」(講說三乘)，示「真實相」(只有一佛乘)。是《法華經》藏，深固(深隱堅固)幽遠，無人能到，今佛(為)教化成就「菩薩」而為開示。	經(《法華經》))，此經開「方便門」(講說三乘)，示「真實相」(只有一佛乘)。是《法華經》藏，深固(深隱堅固)幽遠，無人能到，今佛(為)教化成就「菩薩」而為開示。
㈥若有「菩薩」，聞此經典(《法華經》)，恐怖、畏懅(出)(焦急；懼怕)，而不愛樂，則當知之「新學」(nava-yāna-saṃprasthita 新發菩提心而入佛道，相當於五十二位中之「十信位」)乘者。若「不恐怖」，則是「久修菩薩」之行。若「聲聞」遇是經法，或恐、或怖、心懷畏懅出(焦急；懼怕)，為憍慢(驕傲輕慢)恣(放縱；放肆)。	㈥藥王！若有「菩薩」聞是《法華經》，驚疑、怖畏，當知是為「新發意菩薩」(nava-yāna-saṃprasthita 新發菩提心而入佛道，相當於五十二位中之「十信位」)；若「聲聞」人，聞是經(《法華經》)驚疑、怖畏，當知是為「增上慢者」。	㈥藥王！若有「菩薩」聞是《法華經》，驚疑、怖畏，當知是為「新發意菩薩」(nava-yāna-saṃprasthita 新發菩提心而入佛道，相當於五十二位中之「十信位」)；若「聲聞」人，聞是經(《法華經》)驚疑、怖畏，當知是為「增上慢者」。

後晉‧可洪撰《新集藏經音義隨函錄‧卷二》云：
景摸ㄛ→ 上居影反，大也，明也。下莫胡反，法也，規也。
  (參見《新集藏經音義隨函錄(第1卷-第12卷)》卷2。詳 CBETA, K34, no. 1257, p. 691, c)

四－24 應入「如來室」、著「如來衣」、坐「如來座」，為四眾廣說《法華經》。佛將遣「化人」及護法眾，聽其說法

西晉‧竺法護譯《正法華經》	後秦‧鳩摩羅什譯《妙法蓮華經》	隋‧闍那崛多、達磨笈多共譯《添品妙法蓮華經》
㊀佛語藥王：(釋迦)如來滅度之後，若有「菩薩」及「大士」等，欲以是經(《法華經》)為「四部」說，(應)著「如來衣」、坐於世尊「師子之座」，然後爾乃為「四部」眾宣傳此經(《法華經》)。	㊀藥王！若有善男子、善女人，(於釋迦)如來滅後，欲為「四眾」說是《法華經》者，云何應說？是善男子、善女人，(應)入「如來室」，著「如來衣」。(應)坐「如來座」，爾乃應為四眾，廣說斯經(《法華經》)。	㊀藥王！若有善男子、善女人，(於釋迦)如來滅後，欲為「四眾」說是《法華經》者，云何應說？是善男子、善女人，(應)入「如來室」，著「如來衣」。(應)坐「如來座」，爾乃應為四眾，廣說斯經(《法華經》)。
㊁	㊁ ❶「如來室」者，一切眾生中「大慈悲心」是。	㊁ ❶「如來室」者，一切眾生中「大慈悲心」是。

❷何謂「著衣」於如來被服？謂：人「忍辱柔和安雅(安隱詳雅)」，是則名為「如來被服(穿著)」。其「族姓子(善男子)」，當修此衣。	❷「如來衣」者，「柔和忍辱」心是。	❷「如來衣」者，「柔和忍辱」心是。
❸何謂世尊「師子之座」？解一切法皆悉「空寂」，處無「想、願」(以上指「空、無相、無願」三解脫門)，是為世尊「師子之座」。	❸「如來座」者，「一切法空」是。	❸「如來座」者，「一切法空」是。
㊢又「族姓子(善男子)」！當作是住(指安住於如來「室、衣、座」)，所坐若茲，以此經法(《法華經》)為「比丘、比丘尼、清信士女、天、龍、鬼神」廣分別說，其心踊躍，不懷怯弱，志於大道，開道(開宣講道)「四輩(四眾弟子)」。	㊢(善男子、善女人)安住是中(指安住於如來「室、衣、座」)，然後以不「懈怠心」，為諸菩薩及四眾廣說是《法華經》。	㊢(善男子、善女人)安住是中(指安住於如來「室、衣、座」)，然後以不「懈怠心」，為諸菩薩及四眾廣說是《法華經》。
㊥其「族姓子(善男子)」！(我釋迦佛)若復處於「他方世界」，(將)化作「化人(喻佛之分身)」及與「眷屬」，(及化作)「比丘、比丘尼、清信士、清信女」。(若有人)頒宣(頒布宣諭)此法(《法華經》)，設使有聞而不樂者，吾(釋迦佛能生)起令(彼)樂(此法)，必使愛喜。	㊥藥王！我(釋迦佛)於餘國，遣「化人」為其(眾)集聽法眾，亦遣化(現變出)「比丘、比丘尼、優婆塞、優婆夷」，聽其說法。是諸「化人」，聞(汝講)法信受，隨順不逆。	㊥藥王！我(釋迦佛)於餘國，遣「化人」為其(眾)集聽法眾，亦遣化(現變出)「比丘、比丘尼、優婆塞、優婆夷」，聽其說法。是諸「化人」，聞(汝講)法信受，隨順不逆。
㊦若在「閑居壙野」之中，有「天、龍、神、揵沓惒、阿須倫、迦留羅、真陀羅、摩休勒」，吾(我釋迦佛)遣「化人(喻佛之分身)」為(彼天龍八部等人廣)說經法(《法華經》)。(我)雖復迥(古同「迥」→遙遠)在「異方剎土」，普當自現，令(彼天龍八部)眾人(皆	㊦若(有)說(此)法者，在空閑處，我時廣遣「天、龍、鬼神、乾闥婆、阿修羅」等，聽其說法。我雖在「異國」，(能)時時令「說法者」，(皆能)得見「我身」。	㊦若(有)說(此)法者，在空閑處，我時廣遣「天、龍、鬼神、乾闥婆、阿修羅」等，聽其說法。我雖在「異國」，(能)時時令「說法者」，(皆能)得見「我身」。

能)見。 （陸若(有)受此典（《法華經》），不識「句義」，失其次緒(次序；頭緒)，(我釋迦佛將)使諷(誦修)學者，蒙其「威神」，令(通)達義(理)次(法度)。	（陸若(有修學)於此經(《法華經》)，忘失「句逗」，我(釋迦佛)還為說，令得具足。	（陸若(有修學)於此經(《法華經》)，忘失「句逗」，我還為說，令得具足。

四－25 爾時世尊，欲重宣此義，而說偈言

西晉·竺法護譯 《正法華經》	後秦·鳩摩羅什譯 《妙法蓮華經》	隋·闍那崛多、達磨笈多共譯 《添品妙法蓮華經》
爾時世尊，即說偈曰： 皆相棄怯亂，而當聽此經， 是法難得遇，信者亦難值。 如人欲求水，穿掘於高原， 數數積功夫，但覩燥乾土。 彼觀自思惟，其水為甚遠， 所掘深乃爾，續見乾燥土。 然後轉漸覩，濕土稍稍現， 爾乃心決疑，今已得近水。 其不聞是經，不數修行者， 其人離道遠，去佛慧若此。 斯經深巍巍，決諸聲聞事， 還聞此經王，聽之思惟義， 則得近大道，智者成聖慧， 猶如見濕土，爾乃知得水。 當入於佛室，被服如來衣， 則處吾聖座，明者乃說此。 慈心入吾室，忍柔和被服， 解空師子座，而說無所畏。 設刀瓦石打，為人見罵詈， 故為說此法，吾悉忍斯音。 遊在億千土，吾身當堅固， 無思議姟劫，為象生分別。 佛滅度之後，為象去怨結，	爾時世尊，欲重宣此義，而說偈言： 欲捨諸懈怠，應當聽此經， 是經難得聞，信受者亦難。 如人渴須水，穿鑿於高原， 猶見乾燥土，知去水尚遠； 漸見濕土泥，決定知近水。 藥王汝當知！如是諸人等， 不聞《法華經》，去佛智甚遠 若聞是深經，決了聲聞法。 是諸經之王，聞已諦思惟， 當知此人等，近於佛智慧。 若人說此經，應入如來室， 著於如來衣，而坐如來座， 處眾無所畏，廣為分別說。 大慈悲為室，柔和忍辱衣， 諸法空為座，處此為說法。 若說此經時，有人惡口罵， 加刀杖瓦石，念佛故應忍。 我千萬億土，現淨堅固身， 於無量億劫，為眾生說法。 若我滅度後，能說此經者， 我遣化四眾，比丘比丘尼， 及清信士女，供養於法師， 引導諸眾生，集之令聽法。	爾時世尊，欲重宣此義，而說偈言： 欲捨諸懈怠，應當聽是經， 此經難得聞，信受者亦難。 如人渴須水，穿鑿於高原， 猶見乾燥土，知去水尚遠； 漸見濕土泥，決定知近水。 藥王汝當知，如是諸人等， 不聞《法華經》，去佛智甚遠 若聞是深經，決了聲聞法， 是諸經之王，聞已諦思惟， 當知此人等，近於佛智慧。 若人說此經，應入如來室， 著於如來衣，而坐如來座， 處眾無所畏，廣為分別說； 大慈悲為室，柔和忍辱衣， 諸法空為座，處此為說法。 若說此經時，有人惡口罵， 加刀杖瓦石，念佛故應忍。 我千萬億土，現淨堅固身， 於無量億劫，為眾生說法； 若我滅度後，能說此經者， 我遣化四眾，比丘比丘尼， 及清信士女，供養於法師， 引導諸眾生，集之令聽法。

多遣諸化人，而說此經典。 比丘比丘尼，清信士女等， 當供養此輩，及諸來會者。 石打杖撾[註]罵，懷結而惡口， 若有設此兇，化人悉呵教。 假使獨自行，而諷誦翫習， 不被無惡聲，質直遊閑居。 其人在彼行，晝夜一己身， 吾遣與共俱，為伴說此典。 其人辯才，無所罣礙， 多能明了，隨順之法。 可悅人民，億百千姟， 猶如佛聖，之所建立。 假使有人，不依此法， 則為名曰，諸菩薩逆。 學者遊行，及有所坐， 得見諸佛，如江河沙。	若人欲加惡，刀杖及瓦石， 則遣變化人，為之作衛護。 若說法之人，獨在空閑處， 寂寞無人聲，讀誦此經典， 我爾時為現，清淨光明身。 若忘失章句，為說令通利。 若人具是德，或為四眾說， 空處讀誦經，皆得見我身。 若人在空閑，我遣天龍王， 夜叉鬼神等，為作聽法眾。 是人樂說法，分別無罣礙， 諸佛護念故，能令大眾喜。 若親近法師，速得菩薩道， 隨順是師學，得見恒沙佛。	若人欲加惡，刀杖及瓦石， 則遣變化人，為之作衛護。 若說法之人，獨在空閑處， 寂寞無人聲，讀誦此經典； 我爾時為現，清淨光明身， 若忘失章句，為說令通利； 若人具是德，或為四眾說， 空處讀誦經，皆得見我身。 若人在空閑，我遣天龍王， 夜叉鬼神等，為作聽法眾。 是人樂說法，分別無罣礙， 諸佛護念故，能令大眾喜。 若親近法師，速得菩薩道， 隨順是師學，得見恒沙佛。

〈見寶塔品第十一〉

四－26 有「七寶塔」從地踊出，種種寶物而莊嚴之。塔中自然發聲讚歎世尊為護念眾生而說《教菩薩法 佛所護念 妙法華經》

西晉・竺法護譯《正法華經》	後秦・鳩摩羅什譯《妙法蓮華經》	隋・闍那崛多、達磨笈多共譯《添品妙法蓮華經》
〈七寶塔品第十一〉	〈見寶塔品第十一〉	〈見寶塔品第十一〉
⑧爾時佛前，「七寶之塔」從地踊出，二萬里適現繞佛，超在虛空，自然而立。	⑧爾時佛前有「七寶塔」，高五百由旬，縱廣二百五十「由旬」，從地踊出，住在空中。	⑧爾時佛前有「七寶塔」，高五百由旬，縱廣二百五十「由旬」，從地踊出，住在空中。
⑨其塔殊好，色若千變，五種之華，而雨其上，紛紛如雪。莊嚴校飾，塔寺講堂，以無數寶，因共合成，百千欄楯，窗_牖（窗戶）牖_牖軒戶，不可稱計。懸眾幡蓋，垂寶瓔珞，諸明月珠，羅列虛空，猶如眾星。香鑪寶瓶，滿中名香，栴檀芬馨，一切普勳，三千大千佛之國土。	⑨（以）種種寶物而「莊校」（莊嚴校飾）之（七寶塔），五千欄楯，龕_{弓丹}室（龕穴寶室）千萬，無數幢幡以為嚴飾（莊嚴盛飾），垂寶「瓔珞、寶鈴」，萬億，而懸其上。（七寶塔之）四面皆出「多摩羅跋」（tamālapatra，東土所稱之藿香或霍香。《一切經音義》云：「性無垢賢」）栴檀之香，充遍世界。	⑨（以）種種寶物而「莊校」（莊嚴校飾）之（七寶塔），五千欄楯，龕_{弓丹}室（龕穴寶室）千萬，無數幢幡以為嚴飾（莊嚴盛飾），垂寶「瓔珞、寶鈴」，萬億，而懸其上。（七寶塔之）四面皆出「多摩羅跋」（tamālapatra，東土所稱之藿香或霍香。《一切經音義》云：「性無垢賢」）栴檀之香，充遍世界。
⑩金銀、琉璃、水精、珊瑚、虎魄、車渠、馬瑙，以為寶蓋，其蓋高顯，至「第一天」（四天王宮）。	⑩其諸幡蓋，以金、銀、琉璃、車渠、馬腦、真珠、玫瑰、七寶合成，高至「四天王宮」。	⑩其諸幡蓋，以金、銀、琉璃、硨磲、馬瑙、真珠、玫瑰、七寶合成，高至「四天王宮」。
⑪「忉利」諸天，及「四天王」，皆散意華，供養「七寶塔」。	⑪「三十三天」（Trāyastriṃśat-deva 欲界忉利天）雨↲天曼陀羅華，供養「（七）寶塔」。餘諸「天、龍、夜叉、乾闥婆、阿修羅、迦樓羅、緊那羅、摩睺羅伽、人非人」等，千萬億眾，以一切「華香、瓔珞、幡蓋、伎樂」，供養「寶塔」，恭敬、尊重、讚歎。	⑪「三十三天」（Trāyastriṃśat-deva 欲界忉利天）雨↲天曼陀羅華，供養「（七）寶塔」。餘諸「天、龍、夜叉、乾闥婆、阿修羅、迦樓羅、緊那羅、摩睺羅伽、人非人」等，千萬億眾，以一切「華香、瓔珞、幡蓋、伎樂」，供養「寶塔」，恭敬、尊重、讚歎。

㊄其「塔寺」中，自然發聲，歎言：善哉！善哉！世尊安住！審如所言，(世尊)道德玄妙，超絕無侶，(智)慧平等(第一)，猶如虛空，實無有異。	㊄爾時(七)寶塔中，出大音聲歎言：善哉！善哉！釋迦牟尼世尊！能以平等大慧，「教菩薩法 佛所護念 妙法華經」，為大眾說。如是，如是！釋迦牟尼世尊！如所說者，皆是真實。	㊄爾時(七)寶塔中，出大音聲歎言：善哉！善哉！釋迦牟尼世尊！能以平等大慧，「教菩薩法 佛所護念 妙法華經」，為大眾說。如是，如是！釋迦牟尼世尊！如所說者，皆是真實。
㊅時四部眾，見「七寶塔」，在於虛空，高大微妙，巍巍無量，光燿煒曄(同「煒燁」→美盛)，靡所不照，頒宣(頒布宣諭)善哉！歡喜踊躍，又手(即「金剛合掌」，即合掌交又兩手之指頭)而立，瞻戴(瞻仰戴望)無厭(滿足)。	㊅爾時四眾，見「大寶塔」住在空中，又聞塔中所出「音聲」，皆得法喜，怪未曾有，從座而起，恭敬合掌，却住一面。	㊅爾時四眾，見「大寶塔」住在空中，又聞塔中所出「音聲」，皆得法喜，怪未曾有，從座而起，恭敬合掌，却住一面。

四－27 大樂說菩薩問釋迦佛「寶塔」從地踊出之因緣，即十方國土有說《法華經》處，多寶如來之「寶塔」將踊現其前

西晉·竺法護譯《正法華經》	後秦·鳩摩羅什譯《妙法蓮華經》	隋·闍那崛多、達磨笈多共譯《添品妙法蓮華經》
㊀時有菩薩，名曰大辯，見諸天人，心懷猶豫，乍悲乍喜，欲得知此，何所「瑞應」(祥瑞感應)？故前問(釋迦)佛：唯然世尊，今者何故，「七寶塔寺」現大聖前，高廣無極，莫不見者，而「寶塔寺」自然「出聲」，讚曰「善哉」！何所感動，而有此瑞？	㊀爾時有菩薩摩訶薩，名大樂說，知一切世間「天、人、阿修羅」等心之所疑，而白(釋迦)佛言：世尊！以何因緣，有此「(七)寶塔」從地踊出，又於其中發是「音聲」？	㊀爾時有菩薩摩訶薩，名大樂說，知一切世間「天、人、阿修羅」等心之所疑，而白(釋迦)佛言：世尊！以何因緣，有此「(七)寶塔」從地踊出，又於其中發是「音聲」？
㊁世尊則告大辯菩薩：此「寶塔寺」有「(多寶)如來身」，完具一定，而無缺減。「東方」去此不可計會諸佛世界，有佛號名多寶如來，國曰寶淨。	㊁爾時佛告大樂說菩薩：此(七)寶塔中有「(多寶)如來全身」，乃往過去「東方」無量千萬億阿僧祇世界，國名寶淨，彼中有佛，號曰多寶。	㊁爾時佛告大樂說菩薩：此(七)寶塔中有「(多寶)如來全身」，乃往過去「東方」無量千萬億阿僧祇世界，國名寶淨，彼中有佛，號曰多寶。

㊌(多寶如來)本行道時,而自發願:吾會當以此《正法華經》當自修成,使諸「菩薩」皆得聽聞(《法華經》),然後乃坐於佛樹下,還成「無上正真之道」。其(多寶)佛所念,果如所言,為諸十方,講說經法,開化(開示教化)一切,皆令得道。	㊌其(多寶)佛行「菩薩」道時,作大誓願:若我成佛、滅度之後,於十方國土有說《法華經》處,我之塔廟,為「聽」是經故,踊現其前,為作證明,讚言「善哉!」	㊌其(多寶)佛本行「菩薩」道時,作大誓願:若我成佛、滅度之後,於十方國土有說《法華經》處,我之塔廟,為「聽」是經故,踊現其前,為作證明,讚言「善哉!」
㊍於時其(多寶)佛,臨欲「滅度」,普告「諸天、世間人民」及「諸比丘」:吾(多寶如來)滅度後,(若有欲)奉如來(全)身,全取其體,一等(完全相等相同)完具,興「大塔寺」。若見「塔」者,悉得其所,功德難限。	㊍彼(多寶)佛成道已,臨「滅度」時,於天人大眾中,告諸比丘:我(多寶如來)滅度後,欲供養我全身者,應起「一大塔」。	㊍彼(多寶)佛成道已,臨滅度時,於天人大眾中,告諸比丘:我(多寶如來)滅度後,欲供養我全身者,應起「一大塔」。
㊎于時其(多寶)佛,建立如是無極「聖化」(神聖變化願力):(若有)十方世界,其有講說此《法華經》,吾(之)「七寶塔」,(將)踊現(於)諸佛所說經處,其「舍利身」(皆)在(此)「七寶塔」,讚言「善哉!」	㊎其(多寶)佛以「神通願力」,十方世界,在在處處,若有說《法華經》者,彼之「寶塔」皆踊出其前,「全身」在於塔中,讚言:「善哉!善哉!」	㊎其(多寶)佛以「神通願力」,十方世界,在在處處,若有說《法華經》者,彼之「寶塔」皆踊出其前,「全身」在於塔中,讚言:「善哉!善哉!」
㊏ (詳見後面四-28-㊎)	㊏大樂說(菩薩)!今多寶如來塔,聞說《法華經》故,從地踊出,讚言:「善哉!善哉!」	㊏大樂說(菩薩)!今多寶如來塔,聞說《法華經》故,從地踊出,讚言:「善哉!善哉!」

〈妙法蓮華經、添品妙法蓮華經--缺文〉

四-28「七寶塔」於過去佛土,未曾出現。今見釋迦如來,精進不懈,行權方便,故來示現以致敬意

西晉‧竺法護譯	後秦‧鳩摩羅什譯	隋‧闍那崛多、達磨笈多共譯	失譯人(西晉錄)

《正法華經》	《妙法蓮華經》	《添品妙法蓮華經》	《薩曇分陀利經》
			�✗聞如是：佛在羅閱(Rāja-gṛha)祇耆闍崛山(Gṛdhra-kūṭa)中，與大比丘眾，四萬二千人俱。三慢陀颰陀(Samantabhadra 普賢)、文殊師利菩薩等，八萬四千人。彌勒菩薩等，「拔陀劫」(bhadrakalpa 賢劫。三劫之現在「住劫」)中千人。釋王(Śakra Devānām-indra 帝釋天，忉利三十三天之天主)等，與忉利諸天(Trāyastriṃśa 共有三十三天)不可復計。梵王(Mahābrahmā-deva 色界初禪天之第三天。大梵天王；梵天；梵王)，與諸梵不可復計。阿闍世王(Ajātaśatru)，與閻浮提(Jambu-dvīpa)人王，眾多不可復計。 ✗佛在四輩弟子，比丘、比丘尼、優婆塞、優婆夷中，說《薩曇分陀利》(漢言法華)，佛說無央數偈。 ✗是時，七寶「浮圖」(塔)，涌從地出，上至梵天。「浮圖」(塔)中央，有七寶大講堂，懸幢幡華蓋，名香清潔。姝好講堂中有「金床」，床上有「坐佛」，

字抱休羅蘭（漢言大寶），歎釋迦文佛言：善哉！善哉！我（大寶佛即多寶佛）般泥洹已來，過恒邊沙劫、恒邊沙佛剎，止於空中。恒邊沙佛以過去，我（多寶佛）歷爾所劫，初不還彼剎。

壹佛告大辯（菩薩）：是「七寶塔」在于「東方」，而處於下，去是無量「江河沙」佛土，在於「虛空」，未曾出現。

貳（多寶佛）今見能仁（釋迦）如來正覺，本行學道，為「菩薩」時，用眾生故，不惜身命，精進不懈，行「權方便」，「布施、持戒、忍辱、精進、一心、智慧」。求頭與頭、求眼與眼、求鼻與鼻、求耳與耳。（如）「手足、支體、妻子、侍從、七寶、車乘、象馬、衣裘、國邑、墟聚（村落）」，（皆能）恣人所求，無所愛惜，（最終）自致得佛。

貳（多寶佛）我見釋迦文佛，精進求佛道，用人民故，布施無厭足。不惜手、不惜眼、不惜頭、不惜妻子象馬車乘、不惜珍寶，無有貪愛心。

參（多寶佛）今故來現（出），致敬能仁（釋迦佛），欲令能仁（釋迦）佛，坐我所有「師子金床」，講《正法華》

參我（多寶佛）故來出，欲供養釋迦文佛幷度諸下劣，願釋迦文佛，坐我金床，更說《薩曇分陀利經》。

開化(開示教化)一切，使蒙其恩。 ㊵能仁(釋迦)如來尋(隨即)如(多寶佛)所勸，則升講堂「師子之座」，分別敷演《正法華經》，而說頌曰： 設聞多寶佛， 知其名號者， 未曾畏終始， 不復遭苦患。 若聞藥王師， 假記名號者， 眾病自然愈， 尋則識宿命。 一切所供養， 奉法為最上， 分別空無慧， 自致得佛道。 宣暢《法華經》， 以示諸不及， 解本無「三乘」， 順一無上真。 ㊄佛告大辯(菩薩)：今者多寶如來、至真，在斯(此)「塔寺」，遙聞(釋迦佛)說此《正法華》典，是以踊出，讚言「善哉！」		㊵於是釋迦文佛，上講堂，就於金床而坐，便說《薩曇分陀利經》，復說無央數偈言： 聞樂寶佛， 知名字者， 不畏生死， 不復勤苦； 聞藥王佛， 知字名者， 可得愈病， 自識宿命。 (下接至四—_34_)

《眾經目錄》

《薩曇分陀利經》一卷(是《法華經》「寶塔品」少分，及「提婆達多品」)。

  (參見《眾經目錄》卷1。詳 CBETA, T55, no. 2146, p. 120, a)

《開元釋教錄・卷二》

《薩曇分陀利經》一卷(舊錄云《薩芸芬陀利經》,亦直云《分陀利經》,是《法華經》「寶塔、天授」二品,各少分異譯)。

(參見《開元釋教錄》卷 2。詳 CBETA, T55, no. 2154, p. 501, c)

《開元釋教錄‧卷十九》

《薩曇分陀利經》一卷(舊錄云《薩芸芬陀利經》,亦直云《分陀利經》三紙)。

(參見《開元釋教錄》卷 19。詳 CBETA, T55, no. 2154, p. 682, b)

《貞元新定釋教目錄‧卷四》

《薩曇分陀利經》一卷(舊錄云《薩芸芬陀利經》,亦直云《分陀利經》,見《法華經》「寶塔、天授」二品,各小分異譯)。

(參見《貞元新定釋教目錄》卷 4。詳 CBETA, T55, no. 2157, p. 798, c)

《貞元新定釋教目錄‧卷二十一》

《薩曇分陀利經》一卷(是異出《法華》「寶塔、天授」二品各少分。僧祐錄云「安公錄中失譯,今附西晉錄,拾遺編入」)。

(參見《貞元新定釋教目錄》卷 21。詳 CBETA, T55, no. 2157, p. 921, b)

《法華經知音‧卷一》

(1)「見寶塔品」一品,藏中別名云《薩曇分陀利經》,今為開合「華、梵」,俾見經題「蓮華」,是用經文「優曇鉢華」為義。

(2)「薩」謂「妙法」(祥邁師云:梵語「薩達摩」,此云「妙法」,亦云「正法」。蓋「薩」字中,含攝二義,故晉譯「正法」,秦譯「妙法」)。

(3)「曇」即「優曇」,瑞應義。特省其文耳。

(4)「分陀利」云「白蓮華」(此開釋也)。

(5)合釋應云《妙法瑞應蓮華經》,以彼「薩曇分陀利」,證此「妙法蓮華」,開合相符,妙得佛心,可為古今定衡矣。

(參見《法華經知音》卷 1。詳 CBETA, X31, no. 608, p. 341, a // Z 1:49, p. 216, a // R49, p. 431, a)

唐‧慧琳撰《一切經音義‧卷二十八》

《薩曇分陀利經》

✳ 三曼陀颰陀(曼音,未盤反,經作「慢」,誤也。颰,音「盤沫反」,梵語,唐云普賢是也)。

✳ 薩曇分陀利(梵語訛略也,正梵語云「薩達摩奔拏里迦」,唐云「妙法白蓮花」,姚秦‧羅什譯為《妙法蓮花經》,略去白字也)。

✳ 枹休羅蘭(梵語,佛名也。正梵云「鉢羅」二合,步多囉「怛㲲」二合引,野。唐云「多寶」)。

✳ 無央數(約薑反,王注《楚辭》云「央盡也」。《說文》從大在口之內,大人也。一曰「久矣」。經從「革」作「鞅」,非也。冂音,癸營反)。

✳ 樞鼓(上陟瓜反,《考聲》云「樞擊」也。《聲類》云「樞搥」也。古今正字,從木過聲,或作筊。下音「古」,從豈從攴,象鼓旗手擊之也。豈音註文,音支從半竹。經從文,非字也)。

✳ 衒身(玄絹反。《考聲》云:衒,自誇誕也,亦行賣也。《說文》作衙,重重行,而且賣也。從「行」從「言」,或從「玄」作「衒」,古作「眩」,從「目」)。

✳ 汲水(金立反,鄭注《考工記》云「汲引也」。《說文》亦「引水」也,從水及聲也)。

✳ 閉三惡道(上「必計反」,《廣雅》云「閉塞」也。《說文》「閉闔門也」。從門,才聲。俗從下作「閇」,經從「午」作「閉」,非也)。

❋般若拘（古譯梵語也。正梵云「鉢囉」二合，「吉孃」二合，拘。唐云智積菩薩名也）。

(參見《一切經音義》卷 28。詳 CBETA, T54, no. 2128, p. 496, a)

四－29 釋迦佛於十方世界說法之「分身」，須盡還集於一處後，多寶如來乃現於世

西晉・竺法護譯《正法華經》	後秦・鳩摩羅什譯《妙法蓮華經》	隋・闍那崛多、達磨笈多共譯《添品妙法蓮華經》
㊥大辯菩薩復白（釋迦）佛言：唯然世尊，今我等類諸來會者，欲得覲見多寶佛形，願垂恩慈，加以威神，使諸來者，各得其所，開發大道。	㊥是時大樂說菩薩，以如來神力故，白（釋迦）佛言：世尊！我等願欲見此「（多寶）佛身」。	㊥是時大樂說菩薩，以如來神力故，白（釋迦）佛言：世尊！我等願欲見此「（多寶）佛身」。
㊦佛告大辯菩薩：多寶如來本亦自誓：我之塔寺，所至方面，「聽」此經典（《法華經》），設諸如來及四部眾，欲覲「吾身（多寶如來）」，隨其十方之所「欲願」，皆當「得見」（多寶如來），咸共供養於此「化像」。	㊦佛告大樂說菩薩摩訶薩：是多寶佛，有深重願：若我「寶塔」，為聽《法華經》故，出於諸佛前時，其有欲以「我（多寶佛）身」（而）示（現於）四眾者。彼（釋迦）佛分身（之）諸佛，在於十方世界說法，（當）盡還「集一處」（喻攝多歸一），然後「我（多寶如來）身」乃出現耳。	㊦佛告大樂說菩薩摩訶薩：是多寶佛，有深重願：若我「寶塔」，為聽《法華經》故，出於諸佛前時，其有欲以「我（多寶佛）身」（而）示（現於）四眾者。彼（釋迦）佛分身（之）諸佛，在於十方世界說法，（當）盡還「集一處」（喻攝多歸一），然後「我（多寶如來）身」乃出現耳。
㊤大辯（菩薩）！欲知我（釋迦佛）身，亦當感是十方諸佛，一切世界所化（分身釋迦）如來，講說法者，皆令詣此（集合於此）。	㊤大樂說（菩薩）！我（釋迦佛）分身（之）諸佛，在於十方世界說法者，今應當「集」。	㊤大樂說（菩薩）！我（釋迦佛）分身（之）諸佛，在於十方世界說法者，今應當「集」。
㊣爾時大辯菩薩復白（釋迦）佛言：唯然世尊，垂加大恩，普現一切十方國土「諸佛聖德」。	㊣大樂說（菩薩）白（釋迦）佛言：世尊！我等亦願欲見世尊（之）「分身」諸佛，禮拜供養。	㊣大樂說（菩薩）白（釋迦）佛言：世尊！我等亦願欲見世尊（之）「分身」諸佛，禮拜供養。
㊄（釋迦）佛默然（允）可，即時演放「眉間」眾毛微妙光明，普照十方各各「五百」江河沙等，億百千數諸佛國土，一	㊄爾時（釋迦）佛放「白毫」一光，即見「東方」五百萬億「那由他」恒河沙等國土諸佛。彼諸國土，皆以「頗梨」為地，「寶	㊄爾時（釋迦）佛放「白毫」一光，即見「東方」五百萬億「那由他」恒河沙等國土諸佛。彼諸國土，皆以「頗梨」為地，「寶

西晉·竺法護譯《正法華經》	後秦·鳩摩羅什譯《妙法蓮華經》	隋·闍那崛多、達磨笈多共譯《添品妙法蓮華經》
切(釋迦分身之)世尊各各普現，止其國土，坐於樹下，奇妙莊嚴「師子之座」，與無央數百千菩薩，在(七)寶「交露」(交錯的珠串所組成的帷幔，狀若露珠)，布好座具，珍琦殊異，懸繒幡蓋，垂於四面諸佛座上。	樹、寶衣」以為莊嚴，無數千萬億菩薩充滿其中，遍張「寶幔、寶網」羅上(羅覆其上)。	樹、寶衣」以為莊嚴，無數千萬億菩薩充滿其中，遍張「寶幔、寶網」羅上(羅覆其上)。
陸(彼釋迦分身之諸佛)為諸眾生講說經法，音聲柔和，靡不解達，百千「菩薩」，啓(悟領)受所聞。東西南北、四隅上下，無數百千億姟，難量「江河沙」等諸佛世界，皆亦如是，靡不見者。	陸彼國(之釋迦分身)諸佛，以「大妙音」而說諸法，及見無量千萬億「菩薩」，遍滿諸國，為眾說法。南西北方、四維上下，白毫相光，所照之處，亦復如是。	陸彼國(之釋迦分身)諸佛，以「大妙音」而說諸法，及見無量千萬億「菩薩」，遍滿諸國，為眾說法。南西北方、四維上下，白毫相光，所照之處，亦復如是。

四－30 由釋迦佛「分身」之十方諸佛，皆往詣娑婆釋迦佛所，并供養多寶如來寶塔。時娑婆世界即變清淨莊嚴

西晉·竺法護譯《正法華經》	後秦·鳩摩羅什譯《妙法蓮華經》	隋·闍那崛多、達磨笈多共譯《添品妙法蓮華經》
壹時(釋迦分身之)「十方佛」各各自告諸「菩薩」等：諸族姓子(善男子)！汝輩當往詣忍世界(娑婆世界)見能仁(釋迦)佛如來、至真，并當瞻戴(瞻仰戴望)多寶世尊形像塔寺。	壹爾時十方(釋迦分身之)諸佛，各告眾「菩薩」言：善男子！我今應往娑婆世界釋迦牟尼佛所，并供養多寶如來寶塔。	壹爾時十方(釋迦分身之)諸佛，各告眾「菩薩」言：善男子！我今應往娑婆世界釋迦牟尼佛所，并供養多寶如來寶塔。
貳彼時於此忍界(娑婆世界)所有功勳善德，殊雅威神，自然而現，「七寶」諸樹，周匝而生，其地悉變為紺(深青而含赤的顏色)琉璃，以「紫磨金」而為長繩，連綿莊飾，八交路道，其地平正，除諸「郡國、縣邑、村落、大海、江河、川流、泉源」，皆不復現，但	貳時娑婆世界即變「清淨」，琉璃為地，寶樹莊嚴，黃金為繩，以界八道，無諸「聚落、村營、城邑、大海、江河、山川、林藪」。燒「大寶香」，「曼陀羅華」遍布其地，以寶「網、幔」，羅覆(彌覆)其上，懸諸「寶鈴」。	貳時娑婆世界即變「清淨」，琉璃為地，寶樹莊嚴，黃金為繩，以界八道，無諸「聚落、村營、城邑、大海、江河、山川、林藪」。燒「大寶香」，「曼陀羅華」遍布其地，以寶「網、幔」，羅覆(彌覆)其上，懸諸「寶鈴」。

見自然諸天「香鑪」，燒衆名香，普雨天華。		
(參)於此(娑婆)佛土，應時移徙ㄒ(遷移)諸「天、人民」，在(置於)他佛國(他方國土)。時諸衆會(獨留此會聽法之大眾)，現在七寶諸「交露」(交錯的珠串所組成的帷幔，狀若露珠)帳，諸交露帳，莊嚴殊妙，不可稱量，遍此佛土。	(參)唯留此會衆(獨留此會聽法之大眾)，「移」諸「天、人」置於「他土」(他方國土)。	(參)唯留此會衆(獨留此會聽法之大眾)，「移」諸「天、人」置於「他土」(他方國土)。
(肆)時彼十方一切(釋迦分身之)諸佛，各有「侍者」，亦復皆來詣此忍界(娑婆世界)，各各至於衆寶樹下。此諸寶樹高二萬二千里，枝葉華實，各各茂盛，斯寶樹下，有師子床，高二萬里，皆以奇寶，衆珍為座。	(肆)是時，(釋迦分身之)諸佛各將一「大菩薩」以為「侍者」，至娑婆世界，各到寶樹下。一一寶樹，高五百由旬，「枝葉、華菓」次第莊嚴，諸寶樹下，皆有「師子之座」，高五由旬，亦以「大寶」而校飾之。爾時(釋迦分身之)諸佛，各於此座，結「加趺」坐。	(肆)是時，(釋迦分身之)諸佛各將一「大菩薩」以為「侍者」，至娑婆世界，各到寶樹下。一一寶樹，高五百由旬，「枝葉、華菓」次第莊嚴，諸寶樹下，皆有「師子之座」，高五由旬，亦以「大寶」而挍飾之。爾時(釋迦分身之)諸佛，各於此座，結「加趺」坐。
(五)(釋迦分身之諸佛)如來(於此)座上，如是「比」(周遍；等同；相連接)像，於此三千大千世界，但見「諸佛」靡不周遍，非是(莫非皆是)釋迦文如來、至真、等正覺之所「變現」也？各從十方「諸佛剎土」而來到此，顯示大道無極之德。	(五)如是展轉，遍滿三千大千世界，而於釋迦牟尼佛一方「所分之身」，猶故未盡。	(五)如是展轉，遍滿三千大千世界，而於釋迦牟尼佛一方「所分之身」，猶故未盡。

四－31 釋迦佛欲容受自己所「分身」之十方諸佛，復於八方，各更變「二百萬億」那由他國，皆令清淨

西晉・竺法護譯《正法華經》	後秦・鳩摩羅什譯《妙法蓮華經》	隋・闍那崛多、達磨笈多共譯《添品妙法蓮華經》
(壹)爾時世尊釋迦文尼，變(現)諸如來所化(現)形像，在於	(壹)時釋迦牟尼佛，欲容受所「分身」(之)諸佛故，(故於)「八	(壹)時釋迦牟尼佛，欲容受所「分身」(之)諸佛故，(故於)「八

「八方」，各「二萬億」所有國土，皆無「地獄、餓鬼、畜生」，移徙工(邊移)諸「天」及「阿須倫」，在於(置於)他方諸佛世界。(獨留此會聽法之大眾)

㈡

❶令「二萬億」諸佛國土，地紺竿(深青而含赤的顏色)琉璃，皆以「七寶」變成樹木，其諸寶樹，高二萬二千里，枝葉華實，各各茂盛，諸「師子座」，高二萬里，此諸佛土，而皆平正。

❷無有「河海、眾流、泉源」，亦無「諸山」，「目隣、大目隣、須彌山王、鐵圍、大鐵圍」。

❸一一佛土，其地「平等」，「七寶」合成，各各莊嚴，諸(七)寶「交露」(交錯的珠串所組成的帷幔，狀若露珠)，快樂難量，遍布諸華。燒眾「名香」。諸寶樹下，各有如來「坐師子床」。

㈢如是「比類」(對照比類；比照舊例)，復更別有「二萬世界」能仁(釋迦)如來，各為諸方而特「莊嚴」，顯現清淨，皆為諸佛作其「處所」，此諸佛土。
❶亦無「地獄、餓鬼、畜生」，「諸龍、鬼神」及「阿須倫」，亦復移徙工(邊移)諸「天、人民」，在(置於)他佛土。(獨留此會聽法之大眾)

方」，各更變「二百萬億」那由他國，皆令「清淨」，無有「地獄、餓鬼、畜生」及「阿修羅」，又移諸「天、人」置於「他土」。(獨留此會聽法之大眾)

㈡所化之國(所變化出之「二百萬億」那由他國)，
❶亦以「琉璃」為地，「寶樹」莊嚴，樹高五百由旬，「枝葉、華菓」，次第嚴飾，樹下皆有(七)寶「師子座」，高五由旬，種種諸寶，以為莊校。

❷亦無「大海、江河」，及「目真隣陀山、摩訶目真隣陀山、鐵圍山、大鐵圍山、須彌山」等諸山王，通為「一佛國土」。

❸寶地平正，(七)寶「交露」(交錯的珠串所組成的帷幔，狀若露珠)幔，遍覆其上；懸諸幡蓋，燒「大寶香」，諸天寶華，遍布其地。

㈢釋迦牟尼佛為(自己分身之)諸佛，當來(將來此而)坐故，復於八方，各更變「二百萬億」那由他國，皆令清淨。

❶無有「地獄、餓鬼、畜生」及「阿修羅」，又移諸「天、人」置於他土。(獨留此會聽法之大眾)

方」，各更變「二百萬億」那由他國，皆令「清淨」，無有「地獄、餓鬼、畜生」及「阿修羅」，又移諸「天、人」置於「他土」。(獨留此會聽法之大眾)

㈡所化之國(所變化出之「二百萬億」那由他國)，
❶亦以「琉璃」為地，「寶樹」莊嚴，樹高五百由旬，「枝葉、華果」，次第嚴飾，樹下皆有(七)寶「師子座」，高五由旬，種種諸寶，以為莊嚴。

❷亦無「大海、江河」，及「目真隣陀山、摩訶目真隣陀山、鐵圍山、大鐵圍山、須彌山」等諸山王，通為「一佛國土」。

❸寶地平正，(七)寶「交露」(交錯的珠串所組成的帷幔，狀若露珠)幔，遍覆其上；懸諸幡蓋，燒「大寶香」，諸天寶華，遍布其地。

㈢釋迦牟尼佛為(自己分身之)諸佛，當來(將來此而)坐故，復於八方，各更變「二百萬億」那由他國，皆令清淨。

❶無有「地獄、餓鬼、畜生」及「阿脩羅」，又移諸「天、人」置於他土。(獨留此會聽法之大眾)

❷此諸(所變化出之)佛土,地紺^{ㄍㄢ}(深青而含赤的顏色)琉璃,以「紫磨金」而為寶繩,連綿諸樹,八重交道。又彼諸樹,高大妙好,亦復如前,「師子之床」莊嚴交飾。

❹其地平正。

❸無有「山河、江海」之事,「香華」眾寶,珍琦「交露」(交錯的珠串所組成的帷幔,狀若露珠),垂「明月珠」,亦復如前。行來進止,道徑由路,等無「差特」(差異殊特)。

㊃爾時釋迦文佛所(變)化「如來」,在於「東方」恒沙等剎,班宣(頒布宣諭)道教,皆復來至(娑婆世界)。

㊄十方世界,各「三千億」諸佛(釋迦佛之分身)正覺,皆來詣此,(諸分身)如來悉坐於「師子寶床」。(釋迦佛之分身)各取「寶華」授(予)「諸侍者」(並告之曰):諸族姓子(善男子)!汝等(諸侍者)往詣<u>耆闍</u>^{ㄕㄜ}崛山(Gṛdhra-kūṭa)能仁(釋迦)佛所,致吾名字:

---

❷所化之國(所變化出之「二百萬億」那由他國),亦以「琉璃」為地,寶樹莊嚴,樹高「五百由旬」,「枝葉、華菓」,次第莊嚴,樹下皆有(七)寶「師子座」,高五由旬,亦以「大寶」而校飾之。

❸亦無「大海、江河」,及目真隣陀山、摩訶目真隣陀山、鐵圍山、大鐵圍山、須彌山」等諸山王,通為「一佛國土」。

❹寶地平正,(七)寶「交露」(交錯的珠串所組成的帷幔,狀若露珠)幔,遍覆其上;懸諸幡蓋,燒「大寶香」,諸天寶華,遍布其地。

㊃爾時東方釋迦牟尼佛「所分之身」,百千萬億「那由他」恒河沙等國土中諸佛,各各說法,來集於此;如是次第,十方諸佛(釋迦佛之分身)皆悉來集,坐於「八方」。

㊄爾時一一方,「四百萬億」那由他國土,諸佛如來,遍滿其中。是時諸佛(釋迦佛之分身),各在「寶樹」下,坐「師子座」,皆遣「侍者」,「問訊」<u>釋迦牟尼佛</u>。(諸侍者)各齎^{ㄐㄧ}「寶華」滿掬(兩手相合捧物),(釋迦佛之分身)而告之言:善男子!汝(指諸侍者)往詣<u>耆闍</u>^{ㄕㄜ}崛山(Gṛdhra-kūṭa)釋迦牟尼佛所,如我辭曰:

(請問釋迦佛)少病、少惱,氣力

---

❷所化之國(所變化出之「二百萬億」那由他國),亦以「琉璃」為地,寶樹莊嚴,樹高「五百由旬」,「枝葉、花果」,次第莊嚴,樹下皆有(七)寶「師子座」,高五由旬,亦以「大寶」而校飾之。

❸亦無「大海、江河」,及目真隣陀山、摩訶目真隣陀山、鐵圍山、大鐵圍山、須彌山」等諸山王,通為「一佛國土」。

❹寶地平正,(七)寶「交露」(交錯的珠串所組成的帷幔,狀若露珠)幔,遍覆其上;懸諸幡蓋,燒「大寶香」,諸天寶華,遍布其地。

㊃爾時東方釋迦牟尼佛「所分之身」,百千萬億「那由他」恒河沙等國土中諸佛,各各說法,來集於此;如是次第,十方諸佛(釋迦佛之分身)皆悉來集,坐於「八方」。

㊄爾時一一方,「四百萬億」那由他國土,諸佛如來,遍滿其中。是時諸佛(釋迦佛之分身),各在「寶樹」下,坐「師子座」,皆遣「侍者」,「問訊」<u>釋迦牟尼佛</u>。(頒布宣諭)各齎^{ㄐㄧ}「寶華」滿掬(兩手相合捧物),(釋迦佛之分身)而告之言:善男子!汝(指諸侍者)往詣<u>耆闍</u>^{ㄕㄜ}崛山(Gṛdhra-kūṭa)釋迦牟尼佛所,如我辭曰:

(請問釋迦佛)少病、少惱,氣力

敬問無量，聖體康強？力勢如常？所遊安耶？	安樂，及(娑婆世界之)「菩薩、聲聞」眾，悉安隱不？	安樂，及(娑婆世界之)「菩薩、聲聞」眾，悉安隱不？
⑥(諸侍者並)以此眾華，供散彼(釋迦)佛，及諸菩薩眾弟子上，宣我所言，多所開化(開示教化)。	⑥(諸侍者並)以此「寶華」散(釋迦)佛供養，而作是言：「彼某甲佛(雖爲釋迦佛之所分身，而一一佛皆各有名號，故云「某甲」)，與欲(同)開此寶塔。」諸佛(所)遣(之)使(者)，亦復如是。	⑥(諸侍者並)以此「寶華」散(釋迦)佛供養，而作是言：「彼某甲佛(雖爲釋迦佛之所分身，而一一佛皆各有名號，故云「某甲」)，與欲(同)開此寶塔。」諸佛(所)遣(之)使(者)，亦復如是。

四－32 釋迦佛開啟「七寶塔戶」。眾會皆見多寶如來於寶塔中，坐師子座，全身不散，如入禪定。釋迦佛以神通力，接諸大眾駐於「虛空」

西晉‧竺法護譯《正法華經》	後秦‧鳩摩羅什譯《妙法蓮華經》	隋‧闍那崛多、達磨笈多共譯《添品妙法蓮華經》
㊀於是釋迦文如來、至真，見(自己)諸所化(佛)，各各坐於「師子之座」，及諸「侍者」皆來集會，齎華供養，即從坐起，住於「虛空」，四部之眾，悉亦各起，叉手(即「金剛合掌」，即合掌交叉兩手之指頭)而立。	㊀爾時釋迦牟尼佛，見(自己)所「分身」(諸)佛，悉已來「集」，各各坐於「師子之座」，皆聞(分身之)諸佛，與欲(一)同開「(七)寶塔」。(釋迦佛)即從座起，住「虛空」中(因塔高，故需起身住立虛空)。一切四眾，(見佛離坐，處於虛空)起立合掌，一心觀佛。	㊀爾時釋迦牟尼佛，見(自己)所「分身」(諸)佛，悉已來「集」，各各坐於「師子之座」，皆聞(分身之)諸佛，與欲(一)同開「(七)寶塔」。(釋迦佛)即從座起，住「虛空」中(因塔高，故需起身住立虛空)。一切四眾，起立合掌，一心觀佛。
㊁佛以「手指」，開「七寶寺」講堂之戶，亘然(周遍；窮盡)通徹，晃若日出，譬如開於「大國城門」，而以「管籥」(鎖匙)，去其「關軸」(機械裝置上的轉軸)，內外無礙。釋迦文佛以手「兩指」，開「七寶寺」講堂之戶，現其威德，不可稱限，亦復若茲。	㊁於是釋迦牟尼佛，以「右指」(喻佛之「權智」)開「七寶塔」戶，出大音聲，如却(除去)「關鑰」(同「關籥」→鎖匙)，開大城門。	㊁於是釋迦牟尼佛，以「右指」(喻佛之「權智」)開「七寶塔」戶，出大音聲，如却(除去)「關鬮」(「籥」之異體字)，開大城門。
㊂(釋迦)如來這開「七寶」寺戶，(時)多寶如來、至真、等正覺，「身」即現矣，坐「師子	㊂即時一切眾會，皆見多寶如來於「寶塔」中，坐「師子座」，「全身」不散，如入禪	㊂即時一切眾會，皆見多寶如來於「寶塔」中，坐「師子座」，「全身」不散，如入禪

床」，肌色如故，亦不枯燥，威光端正，相好如畫も。	定。	定。
㈣(多寶佛)口重宣言：善哉！善哉！釋迦文佛！說此經典，何其快乎！吾以欲聞此經法故，故自出現。	㈣又聞其(多寶佛)言：善哉！善哉！釋迦牟尼佛！快說是《法華經》，我為聽是經故，而來至此。	㈣又聞其(多寶佛)言：善哉！善哉！釋迦牟尼佛！快說是《法華經》，我為聽是經故，而來至此。
㈤時四部眾，見多寶如來、至真、等正覺，聞(多寶佛)其「滅度」去世以來，不可稱計，億百千劫，聽(多寶佛)言：「善哉！」(大眾)甚大驚怪，初未曾有。即以天華，供養散於釋迦文佛、(與)多寶如來。	㈤爾時四眾等，見過去無量千萬億劫(已)滅度(多寶)佛，(竟開口)說如是言，歎未曾有，以天寶華聚，散多寶佛及釋迦牟尼佛上。	㈤爾時四眾等，見過去無量千萬億劫(已)滅度(多寶)佛，(竟開口)說如是言，歎未曾有，以天寶華聚，散多寶佛及釋迦牟尼佛上。
㈥時多寶佛則以「半座」與釋迦文，「七寶」寺中有聲出曰：釋迦文佛！願坐此床。釋迦文佛輒如其言，時「二如來」共同一處，在於虛空，七寶「交露」(交錯的珠串所組成的帷幔，狀若露珠)，坐「師子床」。	㈥爾時多寶佛，於寶塔中分「半座」與釋迦牟尼佛，而作是言：釋迦牟尼佛！可就此座。即時釋迦牟尼佛入其塔中，坐其「半座」，結「加趺坐」。	㈥爾時多寶佛，於寶塔中分「半座」與釋迦牟尼佛，而作是言：釋迦牟尼佛！可就此座。即時釋迦牟尼佛入其塔中，坐其「半座」，結「加趺坐」。
㈦時四部眾，各心念言：諸佛至真，道德高遠，而不可逮(及;到)，巍巍難量，不可稱限，惟願如來，垂意見念，加威「神恩」，令我等輩，俱處「虛空」。	㈦爾時，大眾見「二如來」在「七寶塔」中，「師子座」上，結「加趺坐」，各作是念：佛座高遠(雖欲親近而不可得)，唯願如來，以「神通力」，令我等輩，俱處「虛空」。	㈦爾時，大眾見「二如來」在「七寶塔」中，「師子座」上，結「加趺坐」，各作是念：佛座高遠(雖欲親近而不可得)，唯願如來，以「神通力」，令我等輩，俱處「虛空」。
㈧佛知所念，現「神足力」(神通具足之力)，使四部眾，自然超上，處於「虛空」。	㈧即時釋迦牟尼佛，以「神通力」，接諸大眾，皆在「虛空」。	㈧即時釋迦牟尼佛，以「神通力」，接諸大眾，皆在「虛空」。

四－33 今說《法華經》正是時候，如來以此經作為付囑

西晉・竺法護譯《正法華經》	後秦・鳩摩羅什譯《妙法蓮華經》	隋・闍那崛多、達磨笈多共譯《添品妙法蓮華經》
⑤時釋迦文佛告四部眾諸比丘等：於此忍界(娑婆世界)，誰能「堪任」(堪承任受)說是經典(《法華經》)？今是其時，亦是大節(重要的節日)，如來(今)現在，若(如來)滅度後，當(可)受此法(《法華經》)，(而)持諷讀誦。	⑤(釋迦佛)以「大音聲」普告四眾：誰能於此娑婆國土，廣說《妙法華經》？今正是時。	⑤(釋迦佛)以「大音聲」普告四眾：誰能於此娑婆國土，廣說《妙法華經》？今正是時。
⑥今(釋迦)如來身，幸欲「滅度」，比丘當捨如來所(應)供養、供事之誼(同「義」)，(轉而)「奉順、恭敬」於此「經典」(《法華經》)。	⑥(釋迦)如來不久，當入「涅槃」，佛欲以此《妙法華經》付囑有在。	⑥(釋迦)如來不久，當入「涅槃」，佛欲以此《妙法華經》付囑有在。
⑦於時說頌曰： 無極大聖，來至於斯， 導師因現，琦妙塔寺。 比丘欲知，聽法故舉， 何人省是，不興精進。 滅度以來，無央數劫， 今日乃能，欲聽經典。 以故發來，因緣宣教， 得度無極，法之善利。 於往故世，自興此誓， 導師所願，正由此道。 滅度以來，久遠乃爾， 於今復見，十方世界。 自在去此，悠悠極迥逈， 億百千數，如江河沙。 因經典故，而發詣此， 滅度聖將，而自現矣。 各各由在，於諸國土， 一切志樂，聲聞之行。 皆欲將護，於正法故， 何緣當令，經典久存？	⑦爾時世尊，欲重宣此義，而說偈言： 聖主世尊，雖久滅度， 在寶塔中，尚為法來。 諸人云何，不勤為法？ 此佛滅度，無央數劫， 處處聽法，以難遇故。 彼佛本願，我滅度後， 在在所往，常為聽法。 又我分身，無量諸佛， 如恒沙等，來欲聽法。 及見滅度，多寶如來， 各捨妙土，及弟子眾、 天人龍神、諸供養事， 令法久住，故來至此。 為坐諸佛，以神通力， 移無量眾，令國清淨。 諸佛各各，詣寶樹下， 如清淨池，蓮華莊嚴。 其寶樹下，諸師子座， 佛坐其上，光明嚴飾， 如夜闇中，燃大炬火。	⑦爾時世尊，欲重宣此義，而說偈言： 聖主世尊，雖久滅度， 在寶塔中，尚為法來； 諸人云何，不勤為法？ 此佛滅度，無央數劫， 處處聽法，以難遇故； 彼佛本願：我滅度後， 在在所往，常為聽法； 又我分身，無量諸佛， 如恒沙等，來欲聽法。 及見滅度，多寶如來， 各捨妙土，及弟子眾； 天人龍神，諸供養事， 令法久住，故來至此； 為坐諸佛，以神通力， 移無量眾，令國清淨。 諸佛各各，詣寶樹下， 如清涼池，蓮花莊嚴； 其寶樹下，諸師子座， 佛坐其上，光明嚴飾， 如夜闇中，然大炬火。

因由依附，諸佛之道， 在無央數，諸佛世界， 取合眾生，來至於斯， 修治嚴淨，神足之力。 各各自說，如是廣誼， 何因得說，於茲法眼？ 諸佛住此，不可稱計， 在於樹下，而處道場。 其身真諦，巍巍億姟， 諸導師眾，坐師子床。 清淨常正，明顯如日， 若如火光，除於陰冥。 柔軟美香，薰於十方， 供養達至，愍傷世者。 其有度脫，一切眾生， 恩德流布，常通於此。 吾滅度之後，其持此經典， 速逮得受決，目見世導師。 佛滅度之後，其多寶仁賢， 聞見師子座，塔寺所在處。 我身次在是，億千來至此， 最勝子所由，堪說斯經典。 若聞此法，能受究竟， 則為奉事，歸命我身， 幷及多寶，如來之尊， 奉順現在，十方諸佛。 復及今來，諸導師眾， 莊校聖體，殊妙難量， 悉為供養，具足無限， 用尊修受，此經典故。 以曾見吾，聞所講說， 亦復更覲，寺中世尊， 幷餘無數，諸導師眾， 從百千億，國土至此。 慧命族姓子，愍傷於眾生， 此處難可值，諸導師所樂。 諸無數經卷，猶如江河沙， 佛雖說彼經，不足為奇特。	身出妙香，遍十方國， 眾生蒙薰，喜不自勝。 譬如大風，吹小樹枝。 以是方便，令法久住。 告諸大眾：我滅度後， 誰能護持、讀說斯經？ 今於佛前，自說誓言。 其多寶佛，雖久滅度 以大誓願，而師子吼。 多寶如來，及與我身， 所集化佛，當知此意。 諸佛子等，誰能護法， 當發大願，令得久住。 其有能護，此經法者， 則為供養，我及多寶。 此多寶佛，處於寶塔， 常遊十方。為是經故， 亦復供養，諸來化佛， 莊嚴光飾、諸世界者。 若說此經，則為見我、 多寶如來，及諸化佛。 諸善男子！各諦思惟， 此為難事，宜發大願。 諸餘經典，數如恒沙， 雖說此等，未足為難。 若接須彌，擲置他方， 無數佛土，亦未為難。 若以足指，動大千界， 遠擲他國，亦未為難。 若立有頂，為眾演說， 無量餘經，亦未為難。 若佛滅後，於惡世中， 能說此經，是則為難。 假使有人，手把虛空， 而以遊行，亦未為難。 於我滅後，若自書持， 若使人書，是則為難。 若以大地，置足甲上，	身出妙香，遍十方國， 眾生蒙熏，喜不自勝。 譬如大風，吹小樹枝； 以是方便，令法久住。 告諸大眾：我滅度後； 誰能護持，讀說此經？ 今於佛前，自說誓言。 其多寶佛，雖久滅度 以大誓願，而師子吼； 多寶如來，及與我身， 所集化佛，當知此意。 諸佛子等！誰能護法， 當發大願，令得久住； 其有能護，此經法者， 則為供養，我及多寶。 此多寶佛，處於寶塔， 常遊十方，為是經故； 亦復供養，諸來化佛， 莊嚴光飾，諸世界者。 若說此經，則為見我， 多寶如來，及諸化佛。 諸善男子！各諦思惟， 此為難事，宜發大願； 諸餘經典，數如恒沙， 雖說此等，未足為難； 若接須彌，擲置他方， 無數佛土，亦未為難； 若以足指，動大千界， 遠擲他國，亦未為難； 若立有頂，為眾演說， 無量餘經，亦未為難。 若佛滅後，於惡世中， 能說此經，是則為難。 假使有人，手把虛空， 而以遊行，亦未為難； 於我滅後，若自書持， 若使人書，是則為難。 若以大地，置足甲上，

其度須彌山，則以手舉持，
跳著億千國，不足以為難。
設有分別說，奇句述百千，
聞億千佛國，不足以為難。
若住極上界，為天人講法，
宣暢無量經，不足以為奇。
佛滅度之後，末世能堪受，
班宣此經典，爾乃為殊特。
若以一手捲，捉盡於虛空，
至於無所至，不足以為難。
我滅度之後，若歸如是像，
來世書此經，爾乃為奇特。
設取十方地，舉著於爪上，
擎行恣所遊，升置于梵天。
此者不為遠，精進無奇異，
不如於來世，須臾讀此經。
假使劫燒時，人踐火中行，
及擔草不燒，不足以為奇。
我滅度之後，若持此經典，
為一人說者，爾乃為殊特。
假使有受持，八萬諸法藏，
頒宣如所說，以示億千人。
比丘於彼世，開化諸聲聞，
住於神通者，不足為奇異。
若持此經典，信喜而愛樂，
數數諮稱者，爾乃為殊異。
若無數億千，興立無著塔（佛塔）
六通極大聖，猶如恒邊沙。
佛滅度之後，設持此經典，
其人得功報，過是難限量。
百千諸世界，說法不可計，
今我亦宣暢，佛慧所分別。
計是經典者，一切經中尊，
其奉持此典，則侍諸佛身。
族姓子講說，現在如來前，
後世持是經，賢聖乃堪任。
須臾持此經，則為奉敬佛，
一切諸導師，是經難值遇。

昇於梵天，亦未為難。
佛滅度後，於惡世中，
暫讀此經，是則為難。
假使劫燒，擔負乾草，
入中不燒，亦未為難。
我滅度後，若持此經、
為一人說，是則為難。
若持八萬，四千法藏，
十二部經，為人演說，
令諸聽者，得六神通，
雖能如是，亦未為難。
於我滅後，聽受此經，
問其義趣，是則為難。
若人說法，令千萬億，
無量無數，恒沙眾生，
得阿羅漢，具六神通，
雖有是益，亦未為難。
於我滅後，若能奉持，
如斯經典，是則為難。
我為佛道，於無量土，
從始至今，廣說諸經，
而於其中，此經第一。
若有能持，則持佛身。
諸善男子！於我滅後，
誰能受持、讀誦此經，
今於佛前、自說誓言。
此經難持，若暫持者，
我則歡喜，諸佛亦然。
如是之人，諸佛所歎。
是則勇猛，是則精進，
是名持戒，行頭陀者，
則為疾得，無上佛道。
能於來世，讀持此經，
是真佛子，住淳善地。
佛滅度後，能解其義，
是諸天人，世間之眼。
於恐畏世，能須臾說，
一切天人，皆應供養。

昇於梵天，亦未為難；
佛滅度後，於惡世中，
暫讀此經，是則為難。
假使劫燒，擔負乾草，
入中不燒，亦未為難；
我滅度後，若持此經，
為一人說，是則為難。
若持八萬，四千法藏，
十二部經，為人演說，
令諸聽者，得六神通，
雖能如是，亦未為難；
於我滅後，聽受此經，
問其義趣，是則為難。
若人說法，令千萬億，
無量無數，恒沙眾生，
得阿羅漢，具六神通，
雖有是益，亦未為難；
於我滅後，若能奉持，
如斯經典，是則為難。
我為佛道，於無量土，
從始至今，廣說諸經；
而於其中，此經第一，
若有能持，則持佛身。
諸善男子！於我滅後，
誰能受持，讀誦此經；
今於佛前，自說誓言。
此經難持，若暫持者，
我則歡喜，諸佛亦然。
如是之人，諸佛所歎；
是則勇猛，是則精進，
是名持戒，行頭陀者，
則為疾得，無上佛道。
能於來世，讀持此經，
是真佛子，住純善地。
佛滅度後，能解其義，
是諸天人，世間之眼，
於恐畏世，能須臾說；
一切天人，皆應供養。

一切十方佛，為現所諮嗟， 勇猛有威神，神通為以達。 名德遠流布，諸佛所愛樂， 用持此經故，逮得寂定地。 導師滅度後，則為天世人， 顯示作眼目，宣布此經故。 於當來之世，須臾說此典， 其一切眾生，稽首禮明者。		

〈提婆達多品第十二〉

✳關於《法華經・提婆達多品》在經典「成立史」中一直是爭論不斷的議題。

有兩類說法：

第一類是認為《法華經》各品是「先後」成立。

第二類認為《法華經》各品是「同時」成立。

✳未詳譯人與年代的「單行本」《薩曇分陀利經》，已有相當於〈提婆達多品〉的完整內容。又竺法護於西晉武帝太康七年（公元 286 年）譯出的《正法華經・七寶塔品》中；也已包含相當於後來獨立的〈提婆達多品〉內容。

✳〈提婆達多品〉中的提婆達多被釋迦佛授記未來成佛及「龍女成佛」等內容早已見於西晉・竺法護譯的《正法華經・七寶塔品》之末，但並不是像鳩摩羅什譯本將它獨立成為「一品」。

✳獨立的〈提婆達多品〉「名稱」並未見於現存的「梵、藏」《法華經》諸本，僅見於鳩摩羅什漢譯的《妙法蓮華經》中。

✳在現存所有《法華經》的梵本及各種不同語文譯本，只有題為鳩摩羅什所譯《妙法蓮華經》「二十八品」的譯本有獨立成品的〈提婆達多品〉。而其他梵本及各種語文譯本，皆是「寶塔踊現、提婆達多得佛授記、龍女作佛」等三項情節而共名為〈寶塔品〉。

✳據文獻考證，鳩摩羅什原譯只有「二十七品」，並無「獨立」之〈提婆達多品〉；現存題為鳩摩羅什譯的「二十八品」譯本，實經陳代真諦將流通「單行」之〈提婆達多品〉併入鳩摩羅什譯本，再重整合併而成，自此方有題為鳩摩羅什所譯的「二十八品」本的《妙法蓮華經》流通於世。

✳在《法華經・方便品》中，從「絕對平等」性上來說「一佛乘」的思想，這包含了所有一切眾生。所以《法華經》不但提到「聲聞」可被授記成佛，「一闡提、女性」亦可成佛。

✳在《法華經》「一佛乘」思想的提倡下，回應了初期佛教對於「一闡提不能成佛、女身有五礙」等觀點帶來「人人皆可成佛」更圓滿的理論。

《大方廣佛華嚴經・卷五十八・離世間品》

菩薩摩訶薩了達自身，及以眾生，本來「寂滅」。

(參見《大方廣佛華嚴經》卷 58〈38 離世間品〉。詳 CBETA, T10, no. 279, p. 308, b)

《大方廣佛華嚴經・卷二十五・十迴向品》

了知名相皆分別，明解諸法悉無我。如眾生性本「寂滅」，如是了知一切法。

(參見《大方廣佛華嚴經》卷 25〈25 十迴向品〉。詳 CBETA, T10, no. 279, p. 135, b)

《大寶積經・卷八十七》

文殊師利言：天子！若聞一切眾生本來「寂滅」，不生驚怖，是名菩薩具足莊嚴。

(參見《大寶積經》卷 87。詳 CBETA, T11, no. 310, p. 498, a)

《大乘理趣六波羅蜜多經》

一切眾生本清淨，三世如來同演說。其性垢淨本無二，「眾生」與「佛」無差別，
空遍十方無分別，心性平等亦復然。

(參見《大乘理趣六波羅蜜多經》卷 1〈1 歸依三寶品〉。詳 CBETA, T08, no. 261, p. 868, a)

四－34 佛於過去無量劫求《法華經》，無有懈倦，不惜軀命。若有宣說是經者，將終身供給走使

西晉·竺法護譯《正法華經》	後秦·鳩摩羅什譯《妙法蓮華經》	隋·闍那崛多·達磨笈多共譯《添品妙法蓮華經》	失譯人（西晉錄）《薩曇分陀利經》
〈梵志品第二十八〉	〈提婆達多品第十二〉	內容仍屬〈見寶塔品第十一〉	（上接自 四－28）
⑤時能仁(釋迦)佛告諸眾會：吾往無數，難稱限劫，求《法華經》未曾懈(鬆懈)倦氣(疲倦)。時作國王(即釋迦佛)，遵修大法，「六度」無極(pāramitā 波羅蜜)，布施「金銀、水精、琉璃、琥珀、珊瑚、珠玉、車渠、馬磟、頭目、肌肉、手足、支體、妻子、男女、象馬、車乘」，不惜軀命，時人壽長，不可計會。	⑤爾時(釋迦)佛告諸菩薩及天人四眾：吾於過去無量劫中，求《法華經》，無有懈(鬆懈)倦氣(疲倦)。於多劫中常作「國王」(即釋迦佛)，發願求於無上菩提，心不退轉。為欲滿足「六波羅蜜」，勤行「布施」，心無悋惜，象馬、七珍、國城、妻子，奴婢、僕從，頭目、髓腦，身肉、手足，不惜軀命。時世人民，壽命無量。	⑤爾時(釋迦)佛告諸菩薩及天、人四眾：吾於過去無量劫中，求《法華經》無有懈(鬆懈)倦氣(疲倦)。於多劫中常作「國王」(即釋迦佛)，發願求於無上菩提，心不退轉。為欲滿足「六波羅蜜」，勤行「布施」，心無悋惜，象馬、七珍、國城、妻子，奴婢、僕從，頭目、髓腦、身肉、手足，不惜軀命。時世人民，壽命無量。	⑤於是釋迦文佛說：無央數阿僧祇劫，復說無央數阿僧祇劫，我行菩薩道時，(為)求索《薩曇分陀利經》，布施與人，在所求索，「飯食、衣被、七寶、妻子」，初無「愛戀心」。
⑥吾用法故，捐棄「國位」，委正(付以政柄)「太子」，行求「大典」(重要的典籍)，擊鼓振鐸多(搖鈴)，宣令(傳達帝王命令)華裔(中原和邊遠地區→喻全國人民)：(若)有能為吾演「大典」者，吾當為僕，供給「走使」(使喚；差遣；僕役)。	⑥為於法故，捐捨「國位」，委政(付以政柄)「太子」，擊鼓宣令(傳達帝王命令)，四方求法：誰能為我「說大乘」者，吾當終身供給「走使」(使喚；差遣；僕役)。	⑥為於法故，捐捨「國位」，委政(付以政柄)「太子」，擊鼓宣令(傳達帝王命令)，四方求法：誰能為我「說大乘」者，吾當終身供給「走使」(使喚；差遣；僕役)。	⑥我為有國王時，是世極長壽，我便立「太子」為王，棄國事。撾き(敲打)鼓搖鈴，自衒き(叫賣)身言：誰欲持(執)我作「奴者」？我(欲)求索《薩曇分陀利經》，我欲行(種種)供養。
⑦時有梵志(即提婆達多)，而報之(即釋迦佛)曰：	⑦時有仙人(即提婆達多)，來白王(即釋迦佛)言：	⑦時有仙人(即提婆達多)，來白王(即釋迦佛)言：	⑦時有一婆羅門(即提婆達多)語我(即釋迦佛)言：

我有大典（重要的典籍）《正法華經》，若（有人）能為（之）僕（役），吾當慧報（以此「大法智慧」作回報；恩惠之報）。	我有大乘，名《妙法華經》。若不違（背）我，（我）當為宣說。	我有大乘，名《妙法華》。若不違（背）我，（我）當為演說。	（你可）與我作奴來！我有《薩曇分陀利經》。
㊉佛告比丘：吾聞其（仙人）言，歡喜從命，奉侍梵志（即提婆達多），給所當得「水漿、飲食」，「掃灑、應對、趨走、採果、儲畜、資糧」，未曾懈廢，奉侍千歲，使無僥（希求；貪求）渴（乏渴）。（不要讓他的希求有所乏渴）	㊉王聞仙言，歡喜踊躍，即隨仙人（即提婆達多），供給所須，「採菓、汲水、拾薪、設食」，乃至以「身」而為床座，身心無倦，于時奉事。經於千歲，為於法故，精勤給侍，令無所乏。	㊉王聞其（仙人）言，歡喜踊躍，即隨仙人（即提婆達多），供給所須，「採果、汲水、拾薪、設食」，乃至以「身」而為床座，身心無倦，于時奉事。經於千歲，為於法故，精勤給使，令無所乏。	㊉我便隨婆羅門（即提婆達多）去，一心作奴，「汲水、掃地、採花菓、飲食」（於）婆羅門，千歲不懈息。

四－35 爾時世尊，欲重宣此義，而説偈言

西晉‧竺法護譯《正法華經》	後秦‧鳩摩羅什譯《妙法蓮華經》	隋‧闍那崛多、達磨笈多共譯《添品妙法蓮華經》	失譯人（西晉錄）《薩曇分陀利經》
佛時頌曰： 擊鼓振鐸，宣令遠近，欲求大典，《正法華經》。若見賜者，吾當為僕，趨走役使，給所當得。甘心樂聞，不敢疲倦，所當供養，不惜身力。趣欲聞受，《正法華經》，願及十方，不適為已。其王精進，未曾休懈，衣食供命，不求甘奇。愍念眾生，諸未度者，尋時即獲，《正法華經》。	爾時世尊，欲重宣此義，而說偈言： 我念過去劫，為求大法故雖作世國王，不貪五欲樂搥鍾告四方，誰有大法者若為我解說，身當為奴僕時有阿私仙，來白於大王我有微妙法，世間所希有若能修行者，吾當為汝說時王聞仙言，心生大喜悅即便隨仙人，供給於所須採薪及菓蓏，隨時恭敬與情存妙法故，身心無懈倦普為諸眾生，勤求於大法亦不為己身，及以五欲樂故為大國王，勤求獲此法	爾時世尊，欲重宣此義，而說偈言： 我念過去劫，為求大法故雖作世國王，不貪五欲樂搥鍾告四方：誰有大法者若為我解說，身當為奴僕爾時有仙人，來白大王言我有微妙法，世間所希有若能修行者，吾當為汝說時王聞仙言，心生大歡喜即便隨仙人，供給於所欲採薪及果蓏，隨時恭敬與情存妙法故，身心無懈倦普為諸眾生，勤求於大法亦不為己身，及以五欲樂故為大國王，勤求獲此法	佛於是說偈言： 搥鼓搖鈴願，自衒言誰欲持我作奴者，我欲行供養奴心善意行。

	逮致得成佛，今故為汝說	逮致得成佛，今故為汝說	

四－36 求《法華經》之「國王」即釋迦佛，為佛說經之「仙人」即提婆達多。提婆達多於未來世成佛為天王如來

西晉・竺法護譯《正法華經》	後秦・鳩摩羅什譯《妙法蓮華經》	隋・闍那崛多、達磨笈多共譯《添品妙法蓮華經》	失譯人（西晉錄）《薩曇分陀利經》
壹佛告諸比丘：時國王，則吾身(釋迦佛)也。梵志者，調達(Devadatta)是。	壹佛告諸比丘：爾時王者，則我身(釋迦佛)是。時仙人者，今提婆達多(Devadatta)是。	壹佛告諸比丘：爾時王者，則我身(釋迦佛)是。時仙人者，今提婆達多(Devadatta)是。	壹佛言：是時王者，我身(釋迦佛)是也。時婆羅門者，調達(Devadatta)是。
貳今吾具足「六度」無極(pāramitā 波羅蜜)大慈大悲，成四等心、三十二相、八十種好紫磨金色，「十種力、四無所畏、四事不護、十八不共」，威神尊重，度脫十方，皆由調達(Devadatta)恩德之力。	貳由提婆達多「善知識」故，令我具足六波羅蜜，慈、悲、喜、捨，三十二相，八十種好，紫磨金色，「十力、四無所畏、四攝法、十八不共神通道力」。成等正覺，廣度眾生，皆因提婆達多(Devadatta)「善知識」故。	貳由提婆達多「善知識」故，令我具足六波羅蜜，慈、悲、喜、捨，三十二相，八十種好，紫磨金色，「十力、四無所畏、四攝法、十八不共神通道力」。成等正覺，廣度眾生，皆因提婆達多(Devadatta)「善知識」故。	貳誰「恩」令我得滿「六波羅蜜」者、「三十二相、八十種好」？皆是調達(之)「福恩」。調達是我善師，善師恩令我得滿「六波羅蜜、三十二相、八十種好」。威神尊貴度脫十方，一切皆是調達(之)恩。
參調達(Devadatta)却後(過後)無央數劫，當得作佛，號曰天王如來、至真、等正覺、明行成為、善逝、世間解、無上士、道法御、天人師、為佛、眾祐，世界名天衢。	參(佛)告諸四眾：提婆達多(Devadatta)却後(過後)過無量劫，當得成佛，號曰天王如來、應供、正遍知、明行足、善逝、世間解、無上士、調御丈夫、天人師、佛、世尊。世界名天道。	參(佛)告諸四眾：提婆達多(Devadatta)却後(過後)過無量劫，當得成佛，號曰天王如來、應供、正遍知、明行足、善逝、世間解、無上士、調御丈夫、天人師、佛、世尊。世界名天道。	參調達(Devadatta)却後(過後)阿僧祇劫，當得作佛，號名提和羅耶(deva-rāja 漢言天王佛)。當得「十種力、三十二相、八十種好」。天王佛國，名提和越(漢言天地國)。
肆時天王佛廣說經法，如：	肆時天王佛住世「二十中劫」，廣為眾	肆時天王佛住世「二十中劫」，廣為眾	肆天王佛當為人民說法，盡劫不懈止。

	生說於妙法：	生說於妙法：	
❶「江河沙」眾生，得「無著證」(阿羅漢果)。	❶恒河沙眾生，得「阿羅漢果」。	❶恒河沙眾生，得「阿羅漢果」。	❶第一說法，當度恒邊沙人得「羅漢道」。
❷無數不可計人，志在「緣覺」。	❷無量眾生發「緣覺」心。	❷無量眾生發「緣覺」心。	❷恒邊沙人「辟支佛道」。
❸如「江河沙」無量「蒸民」，皆發「無上正真道意」，至「不退轉」。	❸恒河沙眾生發「無上道心」，得「無生忍」，至「不退轉」。	❸恒河沙眾生發「無上道心」，得「無生忍」，至「不退轉」。	❸恒邊沙人發「阿耨多羅三藐三菩提心」。
其佛當壽「二十中劫」。			
㈤(天王佛)滅度之後，「正法」當住「二十中劫」。不散「身骨」(舍利)，合全舍利，起「七寶塔」，高六十里，周八十里。普天下人，悉往供養，香華伎樂，歌頌功德，繞塔作禮。	㈤時天王佛般涅槃後，「正法」住世「二十中劫」。全身舍利，起「七寶塔」，高六十由句，縱廣四十由句，諸天人民，悉以「雜華、末香、燒香、塗香、衣服、瓔珞、幢幡、寶蓋、伎樂、歌頌、禮拜、供養」七寶妙塔。	㈤時天王佛般涅槃後，「正法」住世「二十中劫」，全身舍利，起「七寶塔」，高六十由句，縱廣四十由句，諸天人民，悉以「雜華、塗香、末香、燒香、衣服、瓔珞、幢幡、寶蓋、伎樂、歌頌、禮拜、供養」七寶妙塔。	㈤爾時，天王佛壽「二十劫」，乃般泥洹後，法住「二十劫」。天王佛般泥洹後，不散舍利，起作一「七寶塔」，廣六十里，長八十里，一切閻浮人，悉往供養「佛舍利」。
❶不可計人，得「無著證」(阿羅漢果)。	❶無量眾生得「阿羅漢果」。	❶無量眾生得「阿羅漢」。	❶是時無央數人得「羅漢道」。
❷無央數人，志「緣覺乘」。	❷無量眾生悟「辟支佛」。	❷無量眾生悟「辟支佛」。	❷無央數人發「辟支佛心」。
❸不可思議無量天人，發「無上正真道意」，志「不退轉」。	❸不可思議眾生發「菩提心」，至「不退轉」。	❸不可思議眾生發「菩提心」，至「不退轉」。	❸無央數人發「阿耨多羅三藐三菩提心」。
㈥若族姓子(善男子)、族姓女(善女人)，逮(及;到)得聞是《正法華經》，心中燋(閃耀)然，而無狐疑，杜塞(杜	㈥佛告諸比丘：未來世中，若有善男子、善女人，聞《妙法華經‧提婆達多品》，淨心信敬，不生	㈥佛告諸比丘：未來世中，若有善男子、善女人，聞此《妙法蓮華經》品，聞已淨心信敬，不生疑惑	㈥善男子！善女人！聞是《法華》之經，信不誹謗，除滅「過去、當來」罪，閉「三惡道門」(指地獄、餓

絕堵塞)「三趣」(指地獄、餓鬼、畜生),不墮「地獄、餓鬼、畜生」(三惡趣),便當得生十方佛前,諮受(諮問領受)正法。若在天上,世間豪貴;若在佛前,「自然」化生,七寶「蓮華」。	疑惑者,不墮「地獄、餓鬼、畜生」,生十方佛前,所生之處,常聞此經。若生「人天」中,受勝妙樂;若在佛前,「蓮華」化生。	者,不墮「地獄、餓鬼、畜生」,生十方佛前,所生之處,常聞此經。若生「天人」中,受勝妙樂;若在佛前,「蓮華」化生。	鬼、畜生),開「三善道門」(指「天、人、阿修羅」等三善趣)。(若)生「天上」(則)常第一;(若)生「人中」(則)常第一;(若)生「十方佛」前,(則)自然七寶「蓮華」中化生。

四-37 文殊菩薩從大海之「龍宮」踊出,所度化眾生,皆具菩薩行。文殊菩薩亦於龍宮講《法華經》

西晉・竺法護譯《正法華經》	後秦・鳩摩羅什譯《妙法蓮華經》	隋・闍那崛多、達磨笈多共譯《添品妙法蓮華經》	失譯人(西晉錄)《薩曇分陀利經》
⑤於時下方多寶世尊(處)所從(來之)菩薩,號曰智積,自啟其(多寶)佛:當還本土。(昔為證《法華經》,故多寶佛涌現寶塔。今已開經,故智積菩薩請多寶佛還本土)	⑤於時下方多寶世尊(處)所從(來之)菩薩,名曰智積,白多寶佛:當還本土。(昔為證《法華經》,故多寶佛涌現寶塔。今已開經,故智積菩薩請多寶佛還本土)	⑤於時下方多寶世尊(處)所從(來之)菩薩,名曰智積,白多寶佛:當還本土。(昔為證《法華經》,故多寶佛涌現寶塔。今已開經,故智積菩薩請多寶佛還本土)	⑤於是(從)下方(多寶)佛所從(來之)菩薩,名般若拘(智積),自白其(多寶)佛:早還本土。(昔為證《法華經》,故多寶佛涌現寶塔。今已開經,故智積菩薩請多寶佛還本土)
⑥時能仁(釋迦)佛告智積(菩薩)曰:吾有菩薩,名溥首童真(文殊菩薩),且待斯須(須臾;片刻),可與相見,宜敘闊別(久別),諮講(諮詢講演)經典,乃(再)還本土。	⑥釋迦牟尼佛告智積(菩薩)曰:善男子!且待須臾。此有菩薩,名文殊師利,可與相見,論說妙法,可還本土。	⑥釋迦牟尼佛告智積(菩薩)曰:善男子!且待須臾。此有菩薩,名文殊師利,可與相見,論說妙義,可還本土。	⑥釋迦文佛謂:般若拘(智積)!我有菩薩,字文殊師利,可與相見,乃(再)還本土。
⑦於是溥首(文殊)坐七寶蓮華,有千葉,大如車輪,與「諸菩薩」,俱坐蓮華,從「龍王宮」,踊出大海。	⑦爾時文殊師利,坐千葉蓮華,大如車輪,(與文殊菩薩)俱來(之諸)菩薩,亦坐寶蓮華,從於「大海」娑竭羅(Sāgara)龍宮,自然	⑦爾時文殊師利,坐千葉蓮華,大如車輪,(與文殊菩薩)俱來(之諸)菩薩,亦坐寶蓮華,從於「大海」娑竭羅(Sāgara)龍宮,自然	⑦即時,文殊師利,從沙曷(同「娑竭」Sāgara」)龍王池中涌出,坐大蓮華,華如車輪,其華千葉,從諸菩薩其數甚多。

	踊出，住虛空中，詣靈鷲山(Gṛdhra-kūṭa)。	踊出，住虛空中，詣靈鷲山(Gṛdhra-kūṭa)。	
肆溥首童真(文殊菩薩)，皆退下華(從蓮華臺上退下)，禮「二佛」(釋迦佛、多寶佛)已。(文殊菩薩)與智積菩薩，對相問訊。	肆(文殊菩薩)從「蓮華」下，至於佛所，頭面敬禮「二世尊」(釋迦佛、多寶佛)足。修敬已畢，(文殊菩薩)往智積(菩薩)所，共相慰問，却坐一面。	肆(文殊菩薩)從「蓮華」下，至於佛所，頭面敬禮「二世尊」(釋迦佛、多寶佛)足。修敬已畢，(文殊菩薩)往智積(菩薩)所，共相慰問，却坐一面。	肆文殊師利下大蓮華，為二佛(釋迦佛、多寶佛)作禮，還與般若拘(智積)菩薩相問訊。
伍智積菩薩問溥首(文殊菩薩)曰：所詣「海淵」，化度幾何？	伍智積菩薩問文殊師利：仁往「龍宮」，所化眾生，其數幾何？	伍智積菩薩問文殊師利：仁者！往詣「龍宮」，所化眾生，其數幾何？	伍般若拘(智積)問文殊：所入池中，度云何數多少？
陸(文殊菩薩)答曰：其數無量，不可稱限，非口所宣，非心所計，如今不久，自當有應(證)。	陸文殊師利言：其數無量，不可稱計，非口所宣，非心所測，且待須臾，自當有證。	陸文殊師利言：其數無量，不可稱計，非口所宣，非心所測，且待須臾，自當有證。	陸文殊答曰：其數甚多，無能計者；若當口說，非心所信，自當有證。
柒(文殊菩薩)所說未竟，尋(隨即)有蓮華，從「海」踊出，在虛空中，無數「菩薩」皆坐其上。	柒(文殊菩薩)所言未竟，無數「菩薩」，坐寶蓮華，從「海」踊出，詣靈鷲山(Gṛdhra-kūṭa)，住在虛空。	柒(文殊菩薩)所言未竟，無數「菩薩」，坐寶蓮華，從「海」踊出，詣靈鷲山(Gṛdhra-kūṭa)，住在虛空。	柒其池即時涌華，從下而出，盡是池中一切所散。
❶此皆溥首(文殊菩薩)在海之所「(度)化」，悉發「大意」，其志「無上正真道」者，(今)普在空中，(宣)講「大乘」事。	❶此諸菩薩，皆是文殊師利之所「化度」，具「菩薩」行，皆共論說「六波羅蜜」。	❶此諸菩薩，皆是文殊師利之所化度，具菩薩道行，皆共論說「六波羅蜜」。	❶(此諸菩薩)本發「菩薩心」者，其華在空中，但(宣)說「摩訶衍」(大乘)事。
❷(此諸菩薩)本發「聲聞」意者，(亦)在於虛空，(宣)說「弟子」(聲	❷(此諸菩薩)本(是)「聲聞」人，在虛空中(則宣)說「聲聞」行。	❷(此諸菩薩)本(是)「聲聞」人，在虛空中(宣)說「聲聞」行。	❷(此諸菩薩)本發「聲聞」者，其華在空中，但(宣)說「斷生死

聞)行，(今則亦令彼)解知「大乘」。	今(則)皆修行「大乘空義」。(度化「小機」轉爲修行「大乘空義」，此皆文殊菩薩在「龍宮」度化眾生之明證)	今(則)皆修行「大乘空義」。(度化「小機」轉爲修行「大乘空義」，此皆文殊菩薩在「龍宮」度化眾生之明證)	事」。
㊳溥首(文殊菩薩)前謂智積(菩薩)曰：在海所化，其現若茲。智積菩薩，以頌問曰：	㊳文殊師利謂智積(菩薩)曰：(我)於海教化，其事如是。爾時智積菩薩，以偈讚曰：	㊳文殊師利謂智積(菩薩)曰：(我)於海所化，其事如此。爾時智積菩薩，以偈讚曰：	㊳文殊師利見華如是，以偈答般若抱(智積)菩薩言：以仁者之意，自分別其數。
至仁(文殊菩薩)慧無量，化海眾寶數，唯為露聖旨，分別說其意。	大智(文殊菩薩)德勇健，化度無量眾，今此諸大會，及我(智積菩薩)皆已見。(文殊菩薩)演暢實相義，開闡「一乘法」，廣導諸眾生，令速成菩提。	大智(文殊菩薩)德勇健，化度無量眾，今此諸大會，及我(智積菩薩)皆已見。(文殊菩薩)演暢實相義，開闡「一乘法」，廣度諸群生，令速成菩提。	
			㊴般若抱(智積)菩薩復問文殊師利：說何等法？所度乃爾？
㊵溥首(文殊菩薩)答曰：在於海中，惟但敷演《正法華經》。	㊵文殊師利言：我於海中，唯常宣說《妙法蓮華經》。	㊵文殊師利言：我於海中，唯常宣說《妙法蓮華經》。	㊵文殊答曰：於是池中，但說《薩曇分陀利》。

四－38 娑竭羅龍王之八歲女，聰明智慧，與眾超異，發大道意，志願弘廣，能速得成佛

西晉·竺法護譯《正法華經》	後秦·鳩摩羅什譯《妙法蓮華經》	隋·闍那崛多、達磨笈多共譯《添品妙法蓮華經》	失譯人(西晉錄)《薩曇分陀利經》
⓵智積(菩薩)又問(文殊菩薩)：其法甚深，尊妙(尊貴奧妙)難及，能有尋時(不久；片刻)「得佛	⓵智積(菩薩)問文殊師利言：此經甚深微妙，諸經中寶，世所希有。頗有眾生，勤	⓵智積(菩薩)問文殊師利言：此經甚深微妙，諸經中寶，世所希有。頗有眾生，勤	⓵般若抱(智積)復問(文殊菩薩)：其法甚尊，無能及者，為有(修此法)便可(速)得佛(果)者

西晉·竺法護譯《正法華經》	後秦·鳩摩羅什譯《妙法蓮華經》	隋·闍那崛多、達摩笈多共譯《添品妙法蓮華經》	失譯人(西晉錄)《薩曇分陀利經》
者」乎?	加精進,修行此經,速得佛不?	加精進,修行此經,速得佛不?	不?
㈤溥首(文殊菩薩)答曰:龍王有女,厥(其)年八歲。	㈤文殊師利言:有娑竭羅(Sāgara)「龍王女」,年始八歲。	㈤文殊師利言:有娑竭羅(Sāgara)「龍王女」,年始八歲。	㈤文殊答曰:沙曷(Sāgara)龍王,有女年八歲。
❶聰明智慧。	❶智慧利根,善知眾生「諸根」行業。	❶智慧利根,善知眾生「諸根」行業。	❶智慧甚大。
❷與眾超異。	❷得「陀羅尼」,諸佛所說甚深「祕藏」,悉能受持。	❷得「陀羅尼」,諸佛所說甚深「祕藏」,悉能受持。	
❸發「大道」意。	❸深入「禪定」,了達諸法,於刹那頃,發「菩提心」,得「不退轉」,「辯才」無礙。	❸深入「禪定」,了達諸法,於刹那頃,發「菩提心」,得「不退轉」,「辯才」無礙。	
❹志願弘廣。	❹慈念眾生,猶如赤子,功德具足,心念口演(心之所念,口能演說其義),微妙廣大。	❹慈念眾生,猶如赤子,功德具足,心念口演(心之所念,口能演說其義),微妙廣大。	❹意願不輕。
❺性行(本性與行爲)「和雅」(溫和文雅),而不倉卒(匆忙急迫),便可成佛。	❺慈悲「仁讓」(仁愛謙讓),志意「和雅」(溫和文雅),能至「菩提」。	❺慈悲「仁讓」(仁愛謙讓),志意「和雅」(溫和文雅),能至「菩提」。	❺便可得佛。

四－39 智積菩薩不信「八歲龍女」能成佛,龍女以偈讚曰

西晉·竺法護譯《正法華經》	後秦·鳩摩羅什譯《妙法蓮華經》	隋·闍那崛多、達摩笈多共譯《添品妙法蓮華經》	失譯人(西晉錄)《薩曇分陀利經》
㈤智積(菩薩)又問:我覩能仁(釋迦佛),是仁大師,本求佛道,為菩薩時,積功累德,精進不懈。	㈤智積菩薩言:我見釋迦如來,於無量劫,難行苦行,積功累德,求菩提道,未曾止息。	㈤智積菩薩言:我見釋迦如來,於無量劫,難行苦行,積功累德,求菩提道,未曾止息。	㈤般若拘(智積)菩薩謂文殊師利言:我見仁者之師(釋迦佛),求佛勤苦,積累功德。

⑳歷劫難計，乃得佛道。(我)不信此女，便成「正覺」。	⑳觀三千大千世界，乃至無有如「芥子」許；非是菩薩「捨身命處」；為眾生故，然後乃得成「菩提道」。(我)不信此女於「須臾頃」，便成「正覺」。	⑳觀三千大千世界，乃至無有如「芥子」許；非是菩薩「捨身命處」；為眾生故，然後乃得成「菩提道」。(我)不信此女於「須臾頃」，便成「正覺」。	⑳劫數甚多，(故我)不信此(龍)女，便可得佛。
㉑言語未竟，(龍)女忽然現，稽首作禮，繞佛三匝，却住讚曰：	㉑言論未訖，時龍王女忽現於前，頭面禮敬，却住一面，以偈讚曰：	㉑言論未訖，時龍王女忽現於前，頭面禮敬，却住一面，以偈讚曰：	㉑池中有(龍)女，即時涌出，遶佛三匝，叉手而白佛言：
(佛之)功祚殊妙達， 現相三十二， 諸天所敬侍， 神龍皆戴仰。 一切眾生類， 莫不宗奉(於佛)者， 今我(龍女)欲成佛， 說法救群生。	(佛)深達罪福相， 遍照於十方， 微妙淨法身， 具相三十二， 以八十種好， (佛)用莊嚴法身。 天人所戴仰， 龍神咸恭敬， 一切眾生類， 無不宗奉(於佛)者。 又聞成菩提， 唯佛當證知， 我(龍女)闡大乘教， 度脫苦眾生。	(佛)深達罪福相， 遍照於十方， 微妙淨法身， 具相三十二， 以八十種好， (佛)用莊嚴法身。 天人所戴仰， 龍神咸恭敬， 一切眾生類， 無不宗奉(於佛)者。 有聞成菩提， 唯佛當證知； 我(龍女)闡大乘教， 度脫苦眾生。	佛相好端正，功德巍巍，為諸天所奉，為一切「龍、鬼神、人民、薩和薩(sattva 有情眾生;菩薩)」所敬，所說法甚尊，今我(龍女)立願，便欲得佛。

四－40 舍利弗以「女身」有五障而疑龍女成佛。龍女忽現成男，往「南方」無垢世界，成等正覺

西晉・竺法護譯 《正法華經》	後秦・鳩摩羅什譯 《妙法蓮華經》	隋・闍那崛多、達磨笈多共譯 《添品妙法蓮華經》	失譯人(西晉錄) 《薩曇分陀利經》
❶時舍利弗即謂(龍)女言：汝雖「發意」，有「無極」(pāramitā	❶時舍利弗語龍女言：汝謂不久，得「無上道」，是事難信。所	❶爾時舍利弗語龍王女言：汝謂不久，得「無上道」，是事難	❶舍利弗即謂(龍)女：(汝)雖發是願，佛(位亦)不可得。又汝(為)

波羅蜜)慧，佛(果亦)不可得。又如「女身」，(雖)累劫精進，功積顯著，(仍)尚不得佛(位)。 (貳)所以者何？以「女人身」，末階(未能達到的階級)五位： 一曰：天帝。 二曰：梵天。 三曰：天魔。 四曰：轉輪聖王。 五曰：大士(對佛的尊稱之一)。 (參)其(龍)女即以一「如意珠」，價當是世時，孚(《一切經音義》云：「又作𤓰，芳務反，疾也」)供上佛。佛輒(則)受之。 (肆)(龍)女謂舍利弗及智積(菩薩)曰：吾以此珠，供上世尊，佛授(接受)疾不？ 答曰：俱疾。 女曰：今我取「無上正真道成最正覺」，速疾於斯。	以者何？「女身」垢穢，非是「法器」，云何能得「無上菩提」？ (貳)佛道懸曠(高遠開闊)，經無量劫，勤苦積行，具修諸(六)度，然後乃成(佛)。又「女人身」，猶有「五障」： 一者、不得作「梵天王」。 二者、帝釋。 三者、魔王。 四者、轉輪聖王。 五者、佛身。 云何「女身」，(能)速得「成佛」？ (參)爾時龍女有一「寶珠」，價直三千大千世界，持以上(供)佛。佛即受之。 (肆)龍女謂智積菩薩、尊者舍利弗言：我獻寶珠，世尊納受，是事疾不？ 答言：甚疾。 女言：以汝神力，觀我成佛，復速於此。	信。所以者何？「女身」垢穢，非是「法器」，云何能得「無上菩提」？ (貳)佛道玄曠(高遠開闊)，經無量劫，勤苦積行，具修諸(六)度，然後乃成(佛)。又「女人身」，猶有「五障」： 一者、不得作「梵天王」。 二者、不得作「帝釋」。 三者、魔王。 四者、轉輪聖王。 五者、佛身。 云何「女身」，(能)速得「成佛」？ (參)爾時龍王女有一「寶珠」，價直三千大千世界，持以上(供)佛。佛即受之。 (肆)龍女謂智積菩薩、尊者舍利弗言：我獻此寶珠，世尊納受，是事疾不？ 答言：甚疾。 女言：以汝神通力，觀我成佛，復速於此。	女(身)，(雖)行積功累，(諸)行(猶)未(相)應(於)菩薩。 (參)(龍)女自持一「摩尼珠」，其價當一大國，女疾(快速)過(供養轉移)與佛。佛亦疾受。 (肆)(龍)女謂舍利弗及般若抱(智積)菩薩：我與佛珠為遲疾(快慢)？ 答曰：甚疾！ (龍)女復言：佛受我珠為遲疾(快慢)？ 答曰：甚疾！

			(龍)女言：我與佛珠為遲，佛受我珠復遲。我今取佛(果)疾(快速)。
㈤於斯(龍女)變成「男子」菩薩，尋(片刻)即「成佛」，相三十二、眾好具足，國土、名號，眾會皆見，怪未曾有。(沒有往「南方」無垢世界成佛之經文)	㈤當時眾會，皆見「龍女」，忽然之間，變成「男子」，具「菩薩行」，即往「南方」無垢世界，坐寶蓮華，成「等正覺」，三十二相、八十種好，(並)普為十方一切眾生，演說妙法。	㈤當時眾會，皆見「龍女」，忽然之間，變成「男子」，具「菩薩行」，即往「南方」無垢世界，坐寶蓮華，成「等正覺」，三十二相、八十種好，(並)普為十方一切眾生，演說妙法。	㈤於是，即時(龍)女身變為「菩薩」，眾會皆驚，即變為「佛身」，「三十二相、八十種好」皆具足。國土、弟子，如佛所為。(沒有往「南方」無垢世界成佛之經文)
㈥(有)無央數「人、天龍、鬼神」，(因見龍女成佛而)皆發「無上正真道意」。	㈥爾時娑婆世界「菩薩、聲聞、天龍八部、人」與「非人」，皆遙見彼「龍女成佛」，(亦遙見龍女而)普為時會「人、天」說法，(此娑婆世界大眾見此事而)心大歡喜，悉遙敬禮。	㈥爾時娑婆世界「菩薩、聲聞、天龍八部、人」與「非人」，皆遙見彼「龍女成佛」，(亦遙見龍女佛)普為時會「人、天」說法，(此娑婆世界大眾見此事而)心大歡喜，悉遙敬禮。	㈥一切「眾會、天龍、鬼神、無央數人」，(因龍女成佛而)皆發「無上正真道意」。
㈦(時有)三千世界，(因龍女成佛而)六反震動。	㈦(有)無量眾生，聞(彼龍女佛講)法解悟，(皆)得「不退轉」；(有)無量眾生，得受道記。(時彼)無垢世界，(因龍女成佛而)六反震動。	㈦(有)無量眾生，聞(彼龍女講)法解悟，(皆)得「不退轉」；(有)無量眾生，得授道記。(時彼)無垢世界，(因龍女成佛而)六反震動。	㈦(時有)三千大千國土，六反震動。
㈧(時有)三萬「道迹」(初果須陀洹)，得「不退轉」，皆當逮(到)成「無上正真道」。	㈧(於此)娑婆世界，(亦有)「三千眾生」住「不退地」，「三千眾生」發「菩提心」，而得「受記」。(因三千眾生見彼龍女成佛，而發大道心，遂亦蒙彼龍女	㈧(於此)娑婆世界，(亦有)「三千眾生」住「不退地」，「三千眾生」發「菩提心」，而得「授記」。(因三千眾生見彼龍女成佛，而發大道心，遂亦蒙彼龍女	㈧(時有)三萬「須陀洹」，得「阿惟越致」(avinivartanīya 不退轉)。

	佛而得授記)	佛而得授記)	
㈨(時)舍利弗、智積菩薩，(見此龍女成佛事後而)「默然」無言。	㈨(時)智積菩薩，及舍利弗，一切眾會，(因見此龍女成佛事後而)「默然」信受。	㈨(時)智積菩薩，及舍利弗，一切大會，(因見此龍女成佛事後而)「默然」信受。	

女子五障：

❶不得作「梵天王」：「梵天」於因中修持「善戒」，得獲「勝報」而為「天王」。若女人則身器「欲染」，故不得作「梵天王」。

❷不得作「帝釋」：「帝釋」勇猛少欲，修持「善戒」，獲報為「天主」。若女人「雜惡多欲」，故不得作「帝釋」。

❸不得作「魔王」：魔王於「因位」亦「十善」具足，尊敬「三寶」，孝奉「雙親」，獲報生於「欲界」之「他化自在天」而作「魔王」。若女人「輕慢嫉妒」，不順「正行」，故不得作「魔王」。

❹不得作「轉輪聖王」：「轉輪聖王」於「因中」亦行「十善道」，慈愍眾生，獲報作「輪王」。若女人無有「慈愍、淨行」，則不得作「轉輪聖王」。

❺不得「作佛」：如來行「菩薩道」，愍念一切，心無染著，乃得成佛。若女人之「身口意」業，受「情欲」纏縛，則不得「作佛」。

(以上資料據《佛光大辭典》再略作修訂)

西晉・聶承遠譯《佛說超日明三昧經・卷二》

(1)於是有長者女名曰慧施，與五百「女人」俱來詣佛所……聞佛說斯「超日明定」，喜踊無量，前白佛言：我今「女身」，願發無上正真道意，欲轉「女像」，疾成「正覺」，度脫十方。

(2)有一比丘名曰上度，謂慧施曰：不可「女身」得成「佛道」也，所以者何？女有「三事隔、五事礙」。何謂三？

(3)少(小時)制(受制；受限)「父母」。

出嫁制(受制；受限)「夫」，不得自由。

長大(中老年時)難「子」(為不孝兒孫所責難、障難)，是謂三。

(4)何謂五礙？

一曰：女人不得作(天)帝釋。所以者何？勇猛「少欲」，乃得為男。(女人)雜惡「多態」故，為女人不得作「天帝釋」。

二曰：不得作「梵天」。所以者何？奉「清淨行」，無有「垢穢」，修「四等心」，若遵「四禪」，乃昇「梵天」。(女人)「婬恣」無節故，為女人不得作「梵天」。

三曰：不得作「魔天」。所以者何？「十善」具足，尊敬「三寶」，孝(順)事(奉)「二親」，謙順(謙遜恭順)「長老」，乃得「魔天」。(女人)「輕慢」不順，毀(謗)疾(傷害)「正教」故，為女人不得作「魔天」。

四曰：不得作「轉輪聖王」。所以者何？行「菩薩道」，慈愍群萌(眾生)，奉養「三尊、先聖」(先世聖人)、「師父」，乃得(作)「轉輪(聖)王」，主四天下，教化人民，普行「十善」，遵崇「道德」，為「法王」教。(女人)「匿態」(隱藏虛假之惡態)有「八十四」，無有「清淨行」故，為女人不得作「聖帝」(轉輪聖王)。

五曰：女人不得「作佛」。所以者何？行「菩薩心」，愍念一切，大慈大悲，被「大乘鎧」，消「五陰」、化「六衰」(謂「色聲香味觸法」六塵能衰損「善法」)、廣「六度」，了深「慧行」。空、

無「相、願」，越「三脫門」。解無「我、人」、「無壽、無命」。曉了「本無」，不起「法忍」。分別一切「如幻、如化、如夢、如影、芭蕉、聚沫、野馬、電燿、水中之月」。「五處」(五道眾生)本無，無「三趣」(三惡道)想，乃得成佛。而(女人)著「色欲」，淖 情(沉溺情欲)「匿態」(隱藏虛假之惡態)，「身口意」異(違異;違背)故，為女人不得「作佛」得。

(5)此「五事」者，皆有本末，(是爲五礙)。

(參見《佛說超日明三昧經》卷 2。詳 CBETA, T15, no. 638, p. 541, a)

《中阿含經・卷二十八》

(1)阿難！當知女人不得行「五事」，若女人作❶「如來」・無所著・等正覺，及「❷轉輪王、❸天帝釋、❹魔王、❺大梵天」者，終無是處。

(2)當知男子得行「五事」，若男子作❶「如來」・無所著・等正覺，及「❷轉輪王、❸天帝釋、❹魔王、❺大梵天」者，必有是處。

(參見《中阿含經》卷 28〈5 林品〉。詳 CBETA, T01, no. 26, p. 607, b)

《大智度論・卷二》

復次，女人有五礙：

不得作「❶轉輪王、❷釋天王、❸魔天王、❹梵天王、❺佛」，以是故不說。

(參見《大智度論》卷 2〈1 序品〉。詳 CBETA, T25, no. 1509, p. 72, b28)

《小品般若波羅蜜經・卷七》

(1)佛告阿難：是恒伽提婆女人，當於來世「星宿劫」中，而得成佛，號曰金花。今「轉女身」，得為「男子」，生阿閦佛土。

(2)於彼佛所，常修梵行。命終之後，從一佛土，至一佛土，常修梵行，乃至得阿耨多羅三藐三菩提，不離諸佛。

(參見《小品般若波羅蜜經》卷 7〈18 伽提婆品〉。詳 CBETA, T08, no. 227, p. 568, b)

北涼・天竺曇無讖（385~433）譯《大方等大集經・卷二十一・授記品第八》

(1)時有魔王名莊嚴華，現「七寶首」而為「女像」，身佩種種微妙瓔珞，作如是言：今我至心於諸佛前立「大誓願」，願於「賢劫」娑婆世界，以此「女身」常施眾生「香華、甘果」而調伏之，以是因緣，令其成就阿耨多羅三藐三菩提……

(2)爾時慧幢如來，讚莊嚴華：善哉！善哉！善男子！如汝所願，當令汝果，汝既果已，當得利益無量眾生，爾時「魔王」即以「女身」說此「陀羅尼」…

(3)爾時一切十方諸佛無量菩薩，梵釋四王，阿修羅……人非人等，同聲讚言：善哉！善哉！善男子！汝能以是「女人之身」，護持如來無上正法調伏眾生，修行具足六波羅蜜，演說無量諸佛功德……

(4)時莊嚴華白釋迦如來言：世尊！如來滅後，我當於此護持「如來」無上正法，及受法者，唯願如來憐愍我故，授我「阿耨多羅三藐三菩提」記。

(5)佛言：善男子！汝得「阿耨多羅三藐三菩提」時，世界名法行，佛名功德意……

(6)爾時會中有一菩薩，名曰吉意(女菩薩)，白娑婆世界十方諸佛言：世尊！……我說是事，令莊嚴華增長成就精進力勢。如來滅後，我當與彼共護佛法。唯願世尊，於此大眾，與我授記。

(7)爾時一切十方諸佛讚言：善哉！善哉！釋迦如來當授汝記……汝於當來蓮華世界，得成為佛，號曰善見……寶天、四天下天，乃至「六萬七千神天」，亦復如是，皆是菩薩現受「女像」，為調伏眾生，是等「女天」悉得「授記」，當成阿耨多羅三藐三菩提。

(8)所以現為「女像」教化，為令眾生「轉女身」故。若轉「男身」得「女身」易，若轉「女身」為「男」則難。

(9)是故以此「女身」教化是等「六萬七千諸女」得「授記」已。

(參見《大方等大集經》卷 21〈8 授記品〉。詳 CBETA, T13, no. 397, p. 149, b)

《大智度論‧卷七十五》

(1)如是大眾，聞說「淨國土行」，何以但「一女人」取「淨國土願」？

(2)答曰：多有發「淨國土願」者，但不發言；女人性「輕躁、好勝」，世世「習氣」故發言。

(3)復次，有人言：「大人」有「得道分」，餘人無分；佛法不然，隨眾生「業因緣」。譬如「良藥」療治諸病，不擇貴賤；雖復女人「淺智」，而「先世」業因緣，應得「授記」，心生欲說，故佛聽自說……

(4)問曰：是女「福德」應久，轉女人身，何以方於阿閦佛國，乃轉「女身」？

(5)答曰：世間「五欲」難斷，女人著「欲情」多故，雖世世行諸「福德」，不能得男子身；今得「授記」，諸「煩惱」折薄，是故於阿閦佛國，方得「男子身」。

(6)有人言：此女「宿世」以人多「輕女人」故，(故)願(以)「女身」(而得)受記。

(7)如是等因緣，(故彼)不(需)「轉女身」而(即可)得「受記」。

(參見《大智度論》卷 75〈59 恒伽提婆品〉。詳 CBETA, T25, no. 1509, p. 591, c)

〈勸持品第十三〉

四－*41* 藥王菩薩、大樂說菩薩、二萬菩薩、五百阿羅漢得授記者、有學無學八千人得授記者。皆發誓願，將修持演說此經典

西晉‧竺法護譯《正法華經》	後秦‧鳩摩羅什譯《妙法蓮華經》	隋‧闍那崛多、達磨笈多共譯《添品妙法蓮華經》
〈勸說品第十二〉	〈勸持品第十三〉	〈勸持品第十二〉
⑤爾時有菩薩，名曰藥王，復有菩薩，名曰大辯，與「二萬菩薩」俱，於世尊前面自啟白：惟願大聖，自安宣教，勿以為慮。	⑤爾時藥王菩薩摩訶薩，及大樂說菩薩摩訶薩，與「二萬菩薩」眷屬俱，皆於佛前，作是誓言：唯願世尊，不以為慮。	⑤爾時藥王菩薩摩訶薩，及大樂說菩薩摩訶薩，與「二萬菩薩」眷屬俱，皆於佛前，作是誓言：唯願世尊，不以為慮。
⑤如來、至真，滅度之後，我等當共「分布」(分別流布)此經(《法華經》)，講說示人。假使有人，儱悷(不成大器)戾(殘暴乖戾)自用，(心)性不修(養)調(教)，薄德無福，心懷自大，著供養利，不(具)備善本(善根)，離於解脫，難可成就。我等(於)世尊(前)，(當)興「忍辱力」，在於彼世(五濁惡世)，受此經典(《法華經》)，「書、持、誦、說、供養、奉事」，懷佩(懷執佩帶)在身，(如來)除(去)於(給予;賜予)吾我「班宣」(頒布宣諭)斯經(《法華經》)，(能)報「安住」(於三界之)恩。(下面經文云：娑婆世界，如火如毒，迷惑三界，不能令人自安)	⑤我等於佛滅後，當「奉持、讀誦、說此」經典(《法華經》)。後惡世眾生，「善根」轉少，多「增上慢」，貪利供養，增「不善根」，遠離「解脫」。雖難可教化。我等當起「大忍(辱)力」，「讀誦」此經(《法華經》)，「(修)持、(演)說、書寫」、種種「供養」，不惜身命。	⑤我等於佛滅後，當「奉持、讀誦、說此」經典(《法華經》)。後惡世眾生，「善根」轉少，多「增上慢」，貪利供養，增「不善根」，遠離「解脫」。雖難可教化。我等當起「大忍(辱)力」，「讀誦」此經(《法華經》)，「(修)持、(演)說、書寫」、種種「供養」，不惜身命。
⑤爾時會中「五百」比丘「(有)學、不學」者，前白佛言：唯然世尊！吾等堪任(堪承任受)宣布此經(《法華經》)。又復大聖，他方世界(之)「如來、聲聞」，諸「(有)學、不學」，佛悉「授決」，當成「無上正真之道」，	⑤爾時眾中，「五百」阿羅漢得「受記」者，白佛言：世尊！我等亦自「誓願」，於異國土，廣說此經(《法華經》)。	⑤爾時眾中，「五百」阿羅漢得「授記」者，白佛言：世尊！我等亦自「誓願」，於異國土，廣說此經(《法華經》)。

一切叉手(即「金剛合掌」，即合掌交叉兩手之指頭)，而禮世尊。		
㊣「八千」比丘，復白佛言：大聖自安，勿以為慮。(若佛)滅度之後，(吾等)當廣解說，傳此經道(《法華經》)，亦當宣布(於)他方世界。所以者何？此忍世界(娑婆世界)，人多憍慢(驕傲輕慢)，本德薄少，心常懷亂，如火毒(如火如毒)然，迷惑三界，不能自安。	㊣復有「(有)學、無學」八千人，得「受記」者，從座而起，合掌向佛，作是誓言：世尊！我等亦當於「他國土」，廣說此經(《法華經》)。所以者何？是娑婆國中，人多弊惡(卑弊邪惡)，懷「增上慢」，功德淺薄，瞋濁(闇恚污濁)諂曲(諂諛逢迎)，心不實故。	㊣復有「(有)學、無學」八千人，得「授記」者，從座而起，合掌向佛，作是誓言：世尊！我等亦當於「他國土」，廣說此經(《法華經》)。所以者何？是娑婆國中，人多弊惡(卑弊邪惡)，懷「增上慢」，功德淺薄，瞋濁(闇恚污濁)諂曲(諂諛逢迎)，心不實故。

四－42 佛陀之姨母摩訶波闍波提未來成佛，名一切眾生喜見如來。耶輸陀羅未來成佛，名具足千萬光相如來

西晉・竺法護譯《正法華經》	後秦・鳩摩羅什譯《妙法蓮華經》	隋・闍那崛多、達磨笈多共譯《添品妙法蓮華經》
㊀爾時大敬達(Mahāprajāpatī)比丘尼，與「六千」比丘尼俱，瞻戴(瞻仰戴望)尊顏，不以為厭(滿足)，啟白佛言：道德至尊，巍巍無量，超絕虛空，無能及者。	㊀爾時佛姨母摩訶波闍波提(Mahāprajāpatī)比丘尼，與「(有)學、無學」比丘尼「六千人」俱，從座而起，一心合掌，瞻仰尊顏，目不暫捨。	㊀爾時佛姨母摩訶波闍波提(Mahāprajāpatī)比丘尼，與「(有)學、無學」比丘尼「六千人」俱，從座而起，一心合掌，瞻仰尊顏，目不暫捨。
㊁佛即告曰：汝輩瞿曇彌(Gautamī佛陀之姨母摩訶波闍波提)，勿懷悒→悒→(憂鬱；愁悶)，而為愁慼(憂慮；感傷)，悲顏觀佛，恨言如來而不「班宣」(頒布宣諭)，獨不見蒙(如來)授(汝)「無上至真正覺」之決？	㊁於時世尊告憍曇彌(Gautamī佛陀之姨母摩訶波闍波提)：何故「憂色」(憂愁色容)，而視如來？汝心將無謂我不說汝名；(而)授「阿耨多羅三藐三菩提記」耶？	㊁於時世尊告憍曇彌(Gautamī佛陀之姨母摩訶波闍波提)：何故「憂色」(憂愁色容)，而視如來？汝心將無謂我不說汝名；(汝)授「阿耨多羅三藐三菩提記」耶？
㊂(此法會之)一切眾會等共「和同」(和睦同心)，爾(時如來)乃演布(演說頒布)，「授」眾人「決」，當(同)至「無上正真之道」，皆	㊂憍曇彌(Gautamī)！我先總說一切「聲聞」，皆已「授記」。今汝(憍曇彌)欲知「(授)記」者，(汝於)將來之世，當於「六	㊂憍曇彌(Gautamī)！我先總說一切「聲聞」，皆已「授記」。今汝(憍曇彌)欲知「(授)記」者，(汝於)將來之世，當於「六

「一(平)等味」，味無有異。從是已往，汝(瞿曇彌)當遭值(遇到)「三萬八千億」諸佛之眾，供養奉事，(汝)當為「菩薩」，常為「(大)法師」，(及)此(有)學、不學」六千比丘尼，(皆)為諸眾生(之)「菩薩法師」。

㉃(汝瞿曇彌)次第具足「菩薩行」已，當成為佛，號曰一切眾生咸敬如來、至真、等正覺。(汝瞿曇彌)成佛以後，開化(開示教化)人民，各各展轉(展轉依次而)共相「授決」，當成為佛，度脫(眾生)無數，不可計人(計算人數)。

㊄於是羅云(Rāhula)母比丘尼及(同)持名聞(Yaśodharā 耶輸陀羅)，各心念言：今佛世尊，而不愍念(我名)，獨見遺棄？

㊅於是大聖告名聞(Yaśodharā 耶輸陀羅)比丘尼：今我「班宣」(頒布宣諭)告語(告訴)遠近(遠近為「偏義複詞」，只有「遠」義，「近」為無義的陪襯字。after a long time)，(汝耶輸陀羅)當於「十萬億」佛修道，常為「(大)法師」，奉「菩薩行」，所遵具足，(汝耶輸陀羅)當得作佛，號具足百千光幢幡如來、至真、等正覺、明行成為、善逝、世間解、無上士、道法御、天人師、為佛、眾祐，其世界名仁賢。爾時其佛，光明威神無數百

萬八千億」諸佛法中，為「大法師」，及六千「(有)學、無學」比丘尼，(皆)俱為「法師」。

㊤汝(憍曇彌)如是漸漸具「菩薩道」，當得作佛，號一切眾生喜見如來、應供、正遍知、明行足、善逝、世間解、無上士、調御丈夫、天人師、佛、世尊。憍曇彌(Gautamī)！是一切眾生喜見佛，及(有)「六千」菩薩，轉次(展轉依次而獲)「授記」，(亦)得「阿耨多羅三藐三菩提」。

㊄爾時羅睺羅(Rāhula)母耶輸陀羅(Yaśodharā)比丘尼作是念：世尊於「授記」中，獨不說我名？

㊅佛告耶輸陀羅(Yaśodharā)：汝於來世百千萬億諸佛法中，修「菩薩行」，為「大法師」，漸具「佛道」。(汝耶輸陀羅)於善國中，當得作佛，號具足千萬光相如來、應供、正遍知、明行足、善逝、世間解、無上士、調御丈夫、天人師、佛、世尊。佛壽無量阿僧祇劫。

萬八千億」諸佛法中，為「大法師」，及六千「(有)學、無學」比丘尼，(皆)俱為「法師」。

㊤如是漸漸具「菩薩道」，當得作佛，號一切眾生喜見如來、應供、正遍知、明行足、善逝、世間解、無上士、調御丈夫、天人師、佛、世尊。憍曇彌(Gautamī)！是一切眾生喜見佛，及(有)「六千」菩薩，轉次(展轉依次而獲)「授記」，(亦)得「阿耨多羅三藐三菩提」。

㊄爾時羅睺羅(Rāhula)母耶輸陀羅(Yaśodharā)比丘尼作是念：世尊於「授記」中，獨不說我名？

㊅佛告耶輸陀羅(Yaśodharā)：汝於來世百千萬億諸佛法中，修「菩薩行」，為「大法師」，漸具「佛道」。(汝耶輸陀羅)於善國中，當得作佛，號具足千萬光相如來、應供、正遍知、明行足、善逝、世間解、無上士、調御丈夫、天人師、佛、世尊。佛壽無量阿僧祇劫。

千,壽不可限。		
㈦ 時 大 敬 達₍多₎(Mahāprajāpatī) 及 羅云(Rāhula)母比丘尼(Yaśodharā 耶輸陀羅)等,得未曾有,驚喜「悅豫」(喜悅:愉快),即說是偈,而嗟歎₍讚₎(讚歎)佛:	㈦爾時摩訶波闍波提(Mahāprajāpatī)比丘尼及耶輸陀羅(Yaśodharā)比丘尼,幷其眷屬,皆大歡喜,得未曾有,即於佛前,而說偈言:	㈦爾時摩訶波闍波提(Mahāprajāpatī)比丘尼及耶輸陀羅(Yaśodharā)比丘尼,幷其眷屬,皆大歡喜,得未曾有,即於佛前,而說偈言:
世尊所開示,為眾之導師,開化於世界,幷及於天人。天人所奉事,今者見慰撫,以為人導師,充滿悅我意。	世尊導師,安隱天人,我等聞記,心安具足。	世尊導師,安隱天人,我等聞記,心安具足。
㈧比丘尼(指摩訶波闍波提及耶輸陀羅)說此頌已,白世尊曰:唯然大聖!我等信樂是佛法訓,堪任(堪承任受)誦讀(是《法華經》),又及(及:到)餘人(之)「他方世界」(而廣宣此經典)。	㈧諸比丘尼(指摩訶波闍波提及耶輸陀羅)說是偈已,白佛言:世尊!我等亦能於「他方國土」,廣宣此經(《法華經》)。	㈧諸比丘尼(指摩訶波闍波提及耶輸陀羅)說是偈已,白佛言:世尊!我等亦能於「他方國土」,廣宣此經。

四－43 「八十萬億」那由他菩薩,能於十方世界中,令眾生書寫、受持、諷誦此《法華經》,願世尊能遙見「守護」

西晉・竺法護譯《正法華經》	後秦・鳩摩羅什譯《妙法蓮華經》	隋・闍那崛多、達磨笈多共譯《添品妙法蓮華經》
❶於時世尊,顧眄(回視)「八十億」姟百千(菩薩),逮(到)諸「總持(陀羅尼)」開士(菩薩),(已)講「不退轉法輪」。	❶爾時世尊,(回)視「八十萬億」那由他諸菩薩摩訶薩,是諸(八十萬億那由他)菩薩,皆是「阿惟越致」(avinivartanīya 不退轉),(已)轉「不退法輪」,(已)得諸「陀羅尼」。	❶爾時世尊,(回)視「八十萬億」那由他諸菩薩摩訶薩,是諸(八十萬億那由他)菩薩,皆是「阿韡跋致」(avinivartanīya 不退轉),(已)轉「不退法輪」,(已)得諸「陀羅尼」。
❷時諸(八十億姟百千)菩薩,見佛(以佛眼)照臨(照射;照察;光臨),尋(隨即)叉手(即「金剛合掌」,即合掌交叉兩手之指頭)啟白:唯願大	❷(八十萬億那由他菩薩)即從座起,至於佛前,一心合掌,而作是念:若世尊告勅(詔告敕令)我等,(應修)持(演)說此經(《法	❷(八十萬億那由他菩薩)即從座起,至於佛前,一心合掌,而作是念:若世尊告勅(詔告敕令)我等,(應修)持(演)說此經(《法

聖,以斯「經典」（《法華經》），付授（囑付傳授）我等,講說宣布。(今吾)得此經卷,(應)專(心思)惟「佛德」。	華經）者,當如佛(之)教(誨),廣宣斯法。復作是念:佛今「默然」,不見告勅(詔告教令),我當云何?	華經）者,當如佛(之)教(誨),廣宣斯法。復作是念:佛今「默然」,不見告勅(詔告教令),我當云何?
⑧(時八十億姟百千)諸「族姓子」(善男子)欣仰(欣喜仰慕)世尊,(便)俯察(俯首察看)己身(於)「前世」所行「平等」之願。(我等八十億姟百千菩薩)則於佛前,而(作)師子吼:如來滅度後,若此經法(《法華經》),在於十方,我等(令彼眾生)「書寫、受持、諷誦」,思惟其誼(同「義」),分別布(道正)路,顯化(顯現教化)餘人,亦令如斯,承佛聖旨。我之「朋黨」(同類的人相互集結成黨派),(雖)處殊異(國)土,(祈)大聖(如來)加恩,將接(引救護)我等,使得(吾等願力皆能)成立。	⑧時諸(八十萬億那由他)菩薩,敬順佛意,并欲自滿「(宿世)本願」,便於佛前,作「師子吼」,而發誓言:世尊!我等(八十萬億那由他菩薩)於如來滅後,周旋往返十方世界,能令眾生「書寫」此經(《法華經》),「受持、讀誦」,「解說」其義,如法修行,正憶念,(此)皆是「佛之威力」。唯願世尊,在於他方,(能)遙見「守護」。	⑧時諸(八十萬億那由他)菩薩,敬順佛意,并欲自滿「(宿世)本願」,便於佛前,作「師子吼」,而發誓言:世尊!我等(八十萬億那由他菩薩)於如來滅後,周旋往返十方世界,能令眾生「書寫」此經(《法華經》),「受持、讀誦」,「解說」其義,如法修行,正憶念,(此)皆是「佛之威力」。唯願世尊,在於他方,(能)遙見「守護」。

四－44 時諸菩薩,俱同發聲,而說偈言

西晉·竺法護譯《正法華經》	後秦·鳩摩羅什譯《妙法蓮華經》	隋·闍那崛多、達磨笈多共譯《添品妙法蓮華經》
爾時諸菩薩大士同心等意,佛前而說頌曰: 唯然世尊,默然安聖, 佛滅度後,光闡影訓。 然後末世,恐有患難, 當普班宣,分別說之。 若撾捶罵詈,以石打擲者, 大聖往來世,鄙(我)當忍此愚。 語言難可了,諛諂癡憍慢, 然後處山巖,無獲謂有得。 無便於智巖,當何以報答, 獨行順心志,懷惡為無忍。	即時諸菩薩,俱同發聲,而說偈言: 唯願不為慮,於佛滅度後, 恐怖惡世中,我等當廣說。 有諸無智人,惡口罵詈等, 及加刀杖者,我等皆當忍。 惡世中比丘,邪智心諂曲, 未得謂為得,我慢心充滿。 或有阿練若,納衣在空閑, 自謂行真道,輕賤人間者。 貪著利養故,與白衣說法, 為世所恭敬,如六通羅漢。	即時諸菩薩,俱同發聲,而說偈言: 唯願不為慮,於佛滅度後, 恐怖惡世中,我等當廣說。 有諸無智人,惡口罵詈等, 及加刀杖者,我等皆當忍。 惡世中比丘,邪智心諂曲, 未得謂為得,我慢心充滿; 或有阿練若,納衣在空閑, 自謂行真道,輕賤人間者; 貪著利養故,與白衣說法, 為世所恭敬,如六通羅漢,

在居貪惡聲，當為說經法， 所講言決除，猶若此六通。 殂 暴秉毒心，處寂行斯想， 入燕而獨住，不慕罵詈對。 是我等無忍，猗著於利養， 則是外道人，所說為已施。 於經自精進，猶以供養利， 於眾會中說，宣吾等名譽。 若至國王宮，大臣及寮屬， 幷梵志「長者」，若餘比丘所， 謗毀說我惡，所行如邪道， 吾當悉忍此，當奉侍大聖。 爾時離憂慼，若使能忍辱， 以斯佛所說，悉當呵教之。 劫亂比丘諍，殂 暴大恐懼， 悉罵詈我等，諸比丘如鬼。 在世行恭敬，皆令忍苦患， 以順柔軟性，故當說此經。 吾等不貪身，亦不惜壽命， 當堪奉持此，志願於佛道。 世尊具知之，如殂 惡比丘， 然後來末世，當分別開解。 顏色常不悅，數數犯不當， 遊行不以時，衣服多不政。 假使今世雄(喻佛)，滅度後末世 在眾會勇猛，分別說是經。 若行求入城，儻有所慕索， 所在當施與，佛知不令墮。 用愛樂世原，興修仁善心， 少欲行節限，逮善寂滅度。 一切世光曜，十方悉來會， 我當言至誠，悉見心不虛。	是人懷惡心，常念世俗事， 假名阿練若，好出我等過， 而作如是言：此諸比丘等， 為貪利養故，說外道論議； 自作此經典，誑惑世間人， 為求名聞故，分別於是經。 常在大眾中，欲毀我等故， 向國王大臣，婆羅門居士， 及餘比丘眾，誹謗說我惡， 謂是邪見人，說外道論議。 我等敬佛故，悉忍是諸惡。 為斯所輕言，汝等皆是佛， 如此輕慢言，皆當忍受之。 濁劫惡世中，多有諸恐怖， 惡鬼入其身，罵詈毀辱我。 我等敬信佛，當著忍辱鎧， 為說是經故，忍此諸難事。 我不愛身命，但惜無上道， 我等於來世，護持佛所囑， 世尊自當知。濁世惡比丘， 不知佛方便，隨宜所說法， 惡口而顰蹙，數數見擯出 遠離於塔寺。如是等眾惡， 念佛告勅故，皆當忍是事。 諸聚落城邑，其有求法者， 我皆到其所，說佛所囑法。 我是世尊使，處眾無所畏， 我當善說法，願佛安隱住。 我於世尊前，諸來十方佛， 發如是誓言，佛自知我心。	是人懷惡心，常念世俗事， 假名阿練若，好出我等過， 而作如是言：此諸比丘等， 為貪利養故，說外道論義， 自作此經典，誑惑世間人。 為求名聞故，分別於是經， 常在大眾中，欲毀我等故， 向國王大臣，婆羅門居士， 及餘比丘眾，誹謗說我惡， 謂是邪見人，說外道論義。 我等敬佛故，悉忍是諸惡； 為斯所輕言，汝等皆是佛， 如此輕慢言，皆當忍受之。 濁劫惡世中，多有諸恐怖， 惡鬼入其身，罵詈毀辱我， 我等敬信佛，當著忍辱鎧。 為說是經故，忍此諸難事， 我不愛身命，但惜無上道； 我等於來世，護持佛所囑。 世尊自當知，濁世惡比丘， 不知佛方便，隨宜所說法， 惡口而顰蹙，數數見擯出 遠離於塔寺，如是等眾惡， 念佛告勅故，皆當忍是事。 諸聚落城邑，其有求法者， 我皆到其所，說佛所囑法。 我是世尊使，處眾無所畏， 我當善說法，願佛安隱住。 我於世尊前，諸來十方佛， 發如是誓言，佛悉知我心。

第五卷

〈安樂行品第十四〉

五－1 若有菩薩於後惡世，欲說是《法華經》者，當安住「四法」：❶「身」安樂行❷「口」安樂行❸「意」安樂行❹「誓願」安樂行

西晉・竺法護譯《正法華經》	後秦・鳩摩羅什譯《妙法蓮華經》	隋・闍那崛多、達磨笈多共譯《添品妙法蓮華經》
〈安行品第十三〉	〈安樂行品第十四〉	〈安樂行品第十三〉
㊀於是溥首大士(文殊菩薩)白佛：唯大聖，此諸菩薩(前文發誓修持演說《法華經》者)，恭敬世尊，(故)所當勸(勉之)悅(令得喜悅)，(此諸菩薩，一切眾生皆)難及(比得上)難及。	㊀爾時文殊師利法王子菩薩摩訶薩白佛言：世尊！是諸菩薩(前文發誓修持演說《法華經》者)，甚為難有，敬順佛故，發大誓願，於後惡世，「護持、讀說」是《法華經》。	㊀爾時文殊師利法王子菩薩摩訶薩白佛言：世尊！是諸菩薩(前文發誓修持演說《法華經》者)，甚為難有，敬順佛故，發大誓願，於後惡世，「護持、讀誦」是《法華經》。
㊁何時應當為一切衆，說斯經典(《法華經》)？	㊁世尊！菩薩摩訶薩，於後「惡世」，云何能說是經(《法華經》)？	㊁世尊！菩薩摩訶薩，於後「惡世」，云何能說是經(《法華經》)？
㊂佛語溥首(文殊菩薩)曰：菩薩先處「二法」，乃應講經，一曰「威儀」(應實踐履行之法)，二曰「禮節」(遠離惡友，親近善知識)。	㊂佛告文殊師利：若菩薩摩訶薩，於後「惡世」，欲說是經(《法華經》)，當安住「四法」。	㊂佛告文殊師利：若菩薩摩訶薩，於後「惡世」，欲說是經(《法華經》)，當安住「四法」。
	一者、安住(於)「菩薩行處(修學菩薩道者，終日應實踐履行之法)」，及「親近處(遠離惡友，親近善知識)」，(方)能為衆生「演說是經」(修行有法，親近善知識，則始能爲他人演說是經)。	一者、安住(於)「菩薩行處(修學菩薩道者，終日應實踐履行之法)、親近處(遠離惡友，親近善知識)」，(方)能為衆生「演說是經」(修行有法，親近善知識，則始能爲他人演說是經)。

安住「四法」：
一、教「行處」，及「親近處」，名「身」安樂行。
二、誡「口過」，令「善說法」，名「口」安樂行。
三、淨「心業」，離「貪瞋癡」，名「意」安樂行。

四、起「慈悲」，誓「度一切」，名「誓願」安樂行。

（以上資料據《佛光大辭典》再略作修訂）

四安樂行：

(1)安樂，梵語 sukha-vihāra。指四種可令獲得「安樂」之行法。據《法華經·卷四·安樂行品》及《法華文句·卷八》下等載，菩薩於惡世末法，弘揚《法華經》時，應安住於四種法，稱為四安樂行。即：

❶**身安樂行**：謂身若遠離豪勢、邪人邪法、凶險嬉戲、旃陀羅、二乘眾、欲想、不男之人、危害之處、譏嫌之事、畜養年少弟子沙彌等十事，則可常好坐禪，修攝其心，故稱身安樂行。

❷**口安樂行**：謂口若遠離說過、輕慢、歎毀、怨嫌四事，則可得安樂，修攝其心，故稱口安樂行。

❸**意安樂行**：謂意若遠離嫉諂、輕罵、惱亂、諍競四事，而為眾生平等說法，則可得常好安樂，修攝其心，故稱意安樂行。

❹**誓願安樂行**：謂於《法華經》不聞不問、不知不覺、不信不解之眾生，生起慈悲心，而立誓自己若證得正覺時，必以神通力、智慧力導引之，使之入於法華實道中，發此誓願而常好修攝自行，故稱誓願安樂行。四安樂行之名稱有多種，然一般多用上述法華文句卷八下所舉之身、口、意、誓願等四安樂行之立名。

(2)此外，慧思之《法華經》「安樂行」義中，將上述「四安樂行」依次稱為：

❶「**正慧離著**」安樂行。

❷「**無輕讚毀**」安樂行（又作「轉諸聲聞令得佛智安樂行」）。

❸「**無惱平等**」安樂行（又作「敬善知識安樂行」）。

❹「**慈悲接引**」安樂行（又作「夢中具足成就神通智慧佛道涅槃安樂行」）。

(3)《大明三藏法數·卷十四》，則依「華嚴宗」澄觀大師之說，舉出另外的「四安樂行」：

❶**畢竟空行**。

❷**身口無過行**。

❸**心無嫉妒行**。

❹**大慈悲行**。

(4)若就「四安樂行」之「行體」而言，道生之《法華經疏·卷下》，以「四行」之體依次為：

❶**心栖於理**。❷**身口無過**。❸**離嫉妒**。❹**慈悲**。

(5)法雲大師以其為❶**智慧**。❷**說法**。❸**離過**。❹**慈悲心**。

(6)智顗大師則以「**止、觀、慈悲**」三者為四行之通體。

(7)吉藏大師雖僅以「正觀」為四行之通體，然因「四行」力用之不同，而有四種之別，即：

「**觀實相之義**」為第一行。

「**正觀離過**」為第二、第三行。

「**正觀空寂**」（能拔苦與樂）為第四行。

（以上資料據《佛光大辭典》再略作修訂）

五－2 欲安住於「菩薩行處」者，應心地柔和善順，不卒暴、不驚佈，

能觀諸法「如實相」。如是便成就「第一」身安樂行者

西晉·竺法護譯《正法華經》	後秦·鳩摩羅什譯《妙法蓮華經》	隋·闍那崛多、達磨笈多共譯《添品妙法蓮華經》
何謂菩薩解知「威儀」？(應實踐履行之法) ❶假使持心，「忍辱」調柔，將(守)護其意(念)，(若有所)畏(便)不(能)自立，其(心)志如地(般的忍辱不動)。 ❷不見有人(喻無人、無眾生)。不見有人，而行法者(喻無人、無法、無能所)。觀「自然相」，諸法「本無」，此諸法者，眾行之「式」(法度；准則)，亦「無想念」，是謂「威儀」(應實踐履行之法)。	文殊師利！云何名「菩薩摩訶薩行處」？(應實踐履行之法) ❶若菩薩摩訶薩，住「忍辱地」，柔和善順(善良和順)，而不「卒暴」(倉卒暴躁)，心亦「不驚」(喻若聞妙法，亦勿驚疑)。 ❷又復於法「無所行」(應無所行而行→勿以為有法可得可行)，而觀諸法「如實相」，亦「不行、不分別」(若於諸法能不著相、無所行、亦無分別，應無所住而生其心，則可得「菩薩行處」之「安樂」也)，是名「菩薩摩訶薩行處」。	文殊師利！云何名「菩薩摩訶薩行處」？(應實踐履行之法) ❶若菩薩摩訶薩，住「忍辱地」，柔和善順(善良和順)，而不「卒暴」(倉卒暴躁)，心亦「不驚」(喻若聞妙法，亦勿驚疑)。 ❷又復於法「無所行」(應無所行而行→勿以為有法可得可行)，而觀諸法「如實相」，亦「不行、不分別」(若於諸法能不著相、無所行、亦無分別，應無所住而生其心，則可得「菩薩行處」之「安樂」也)，是名「菩薩摩訶薩行處」。

《大集大虛空藏菩薩所問經·卷七》

不「輕躁」，以心如地。

　　(參見《大集大虛空藏菩薩所問經》卷 7。詳 CBETA, T13, no. 404, p. 640, b)

《佛說末羅王經·卷一》

我心如地，無所不受，是為「忍辱力」。

　　(參見《佛說末羅王經》卷 1。詳 CBETA, T14, no. 517, p. 791, b)

《出曜經·卷十八》

「忍」心如地也。

　　(參見《出曜經》卷 18〈18 水品〉。詳 CBETA, T04, no. 212, p. 708, b)

《最勝問菩薩十住除垢斷結經·卷八》

心如地界，「忍」而不動。

　　(參見《最勝問菩薩十住除垢斷結經》卷 8〈22 等慈品〉。詳 CBETA, T10, no. 309, p. 1023, c)

《大寶積經·卷一一八》

如來為說「總持」言教，「慈心」如地。

　　(參見《大寶積經》卷 118。詳 CBETA, T11, no. 310, p. 672, a)

《大方廣佛華嚴經·卷四十三》

菩薩心如地，饒益一切眾。

　　(參見《大方廣佛華嚴經》卷 43〈33 離世間品〉。詳 CBETA, T09, no. 278, p. 670, a)

五－3 欲安住於「菩薩親近處」者，應常好坐禪，在於閑處，修攝其

心。如是便成就「第一」身安樂行者之「第一親近處」

西晉・竺法護譯《正法華經》	後秦・鳩摩羅什譯《妙法蓮華經》	隋・闍那崛多、達磨笈多共譯《添品妙法蓮華經》
(底下內容「出家、在家」皆可遵守)	(底下內容「出家、在家」皆可遵守)	(底下內容「出家、在家」皆可遵守)
壹何謂「禮節」？(遠離惡友,親近善知識)	壹云何名菩薩摩訶薩「親近處」？(遠離惡友,親近善知識)	壹云何名菩薩摩訶薩「親近處」？(遠離惡友,親近善知識)
❶設令菩薩,不與「王者、太子、大臣、吏民」從事(追隨;奉事)。	❶菩薩摩訶薩,不親近「國王、王子、大臣、官長」。	❶菩薩摩訶薩,不親近「國王、王子、大臣、官長」。
❷不與「外道、異學」交(交通;交流)啓(通;開通)。	❷不親近諸「外道、梵志、尼揵子(Nirgrantha-putra 印度古六師外道之一)」等。	❷不親近諸「外道、梵志、尼乾子(Nirgrantha-putra 印度古六師外道之一)」等。
❸不(崇)尚「世典」,讚(歎演)敘音「韶」(虞舜時樂名),(種種)合偶(匹配成雙;和合嫁娶)習俗,不貪、不學。	❸及造「世俗文筆」、「讚詠外書」,及「路伽耶陀」(Lokāyata 順世外道)、「逆路伽耶陀」(Vāmalokayāta 行左道之順世外道)者。	❸及造「世俗文筆」、「讚詠外書」,及「路伽耶陀」(Lokāyata 順世外道)、「逆路伽耶陀」(Vāmalokayāta 行左道之順世外道)者。
❺不與「屠殺、魚獵(捕魚打獵)、弋射(射鳥)、鷄鶩(鷄和鴨)、羅網(捕捉鳥獸的器具)」賊害(殘害)從事(追隨;奉事)。	❹亦不親近諸有「兇(險)戲」、「相扠」(推搡;拳擊)、相撲(互相撲打),及「那羅」(力士之拗力戲)等種種「變現」之戲(世間諸戲劇,面首變諸異相,令人心神蕩漾)。	❹亦不親近諸有「兇(險)戲」、「相扠」(推搡;拳擊)、相撲(互相撲打),及「那羅」(力士之拗力戲)等種種「變現」之戲(世間諸戲劇,面首變諸異相,令人心神蕩漾)。
❹不與「歌樂」、「遊戲」眾會同處。	❺又不親近「旃陀羅」(caṇḍāla 印度最下級種族,專事獄卒、販賣、屠宰、漁獵等職),及畜「猪、羊、鷄、狗」,「畋獵(打獵)、漁捕」,諸「惡律儀」。	❺又不親近「旃陀羅」(caṇḍāla 印度最下級種族,專事獄卒、販賣、屠宰、漁獵等職),及畜「猪、羊、鷄、狗」,「畋獵(打獵)、漁捕」,諸「惡律儀」。
	貳如是人等(如上種種諸惡人輩),或時(發心欲)來(聽法)者,則為說法,無所悕望(對彼「聽法者」不可有所希求之心)。	貳如是人等(如上種種諸惡人輩),或時(發心欲)來(聽法)者,則為說法,無所悕望(對彼「聽法者」不可有所希求之心)。
參不與(求)「聲聞」(之)「比丘、比丘尼、清信士、清信女」從事(追隨;奉事),亦不「親近」、(亦不)「行禮、問訊」。	參又不親近求「(小乘)聲聞」(之)「比丘、比丘尼、優婆塞、優婆夷」(以上爲行持小乘之「四眾」弟子),亦不「問訊」(道既不同,故不	參又不親近求「(小乘)聲聞」(之)「比丘、比丘尼、優婆塞、優婆夷」(以上爲行持小乘之「四眾」弟子),亦不「問訊」(道既不同,故不

	須相問訊)。	須相問訊)。
㊉肆不共(與小乘行者)「止頓」(停留),(亦)不與(此類)「同志」經行、燒香、散華、然燈」。除其往至「講經會」時,唯與「講會」而共「從事」(參與同做)。縱(對彼小乘者)有所說(法),(對彼應)亦「無所著」(即對彼無有希求之心),是為「禮節」。	㊉肆若於房(房院)中,若「經行」(行道)處,若在講堂中,不共「住止」(不必與小乘者,同一「居留」或「住處」)。(如是小乘者)或時(發心自來)來者,(可)「隨宜」(隨眾機宜)說法,無所悕求(對彼「聽法者」不可有所希求之心)。	㊉肆若於房(房院)中,若「經行」(行道)處,若在講堂中,不共「住止」(不必與小乘者,同一「居留」或「住處」)。(如是小乘者)或時(發心自來)來者,(可)「隨宜」(隨眾機宜)說法,無所悕求(對彼「聽法者」不可有所希求之心)。
(底下內容應以「出家戒律」爲主)	(底下內容應以「出家戒律」爲主)	(底下內容應以「出家戒律」爲主)
㊄又語溥首(文殊菩薩):	㊄文殊師利!	㊄文殊師利!
①菩薩大士,不嫪(愛惜;留戀)「家居、宗室、親屬」,不慇懃思見「內人(❶本家族的人。❷宮中女官。❸宮中的女伎。❹指官僚貴族家的女伎。❺古代泛指妻妾。❻用以稱自己的妻子。)、(婦)女弱(小)」,(甚至爲彼)獨說經法。	①又菩薩摩訶薩不應於「女人身」,取(著)能生「欲想相」(生心取著,起情欲想、情欲相),而為說法,亦不樂見(彼女人)。	①又菩薩摩訶薩不應於「女人身」,取(著)能生「欲想相」(生心取著,起情欲想、情欲相),而為說法,亦不樂見(彼女人)。
②亦不「頻數」(多次;頻繁)詣(造訪;前往)群從(堂兄弟及諸子侄)「幼童」男女。	②若入他家,不與「小女、處女、寡女」等共語。(「小女」即年幼者。「處女」即是在室未婚之大童女。「寡女」即喪夫守寡之者。若常與此三種女共語,恐涉譏嫌,甚轉爲誘引,亦恐生罪過)	②若入他家,不與「小女、處女、寡女」等共語。(「小女」即年幼者。「處女」即是在室之大童女也。「寡女」即喪夫守寡之者。若常與此三種女共語,恐涉譏嫌,甚轉爲誘引,亦恐生重過)
③(亦不)及「餘異人」(或指五種不男之人?)而說「軟語」(柔和之言語,能悅人心性,稱爲柔軟語),所不當(爲彼)講(法),不為(彼說)「定意」(禪定)。自賴(自我得受益)說經,不與(彼同)「住、立」,亦不(與彼)「同願」。亦不與一「比丘尼」,「獨入」房室,除念「如來」;精進為行。	③亦復不近五種「不男之人」以為「親厚」(關係親密),不「獨入他家」。若有「因緣」,須「獨入」時,但「一心念佛」。	③亦復不近五種「不男之人」以為「親厚」(關係親密),不「獨入他家」。若有「因緣」,須「獨入」時,但「一心念佛」。
④縱(使須)為「女人」,有「說經」(因)緣,不於是中,(生)污染「法味」,不令(與女人有親密之)受取(接受取著,如紅包禮物供養品	④若(有因緣須)為女人說法,不露「齒笑」,不現「胸臆」(《一切經音義》云:「胷臆」……《說文》胷膺也。案「膺」即「臆」也。或作「匈」	④若(有因緣須)為女人說法,不露「齒笑」,不現「胸臆」(《一切經音義》云:「胷臆」……《說文》胷膺也。案「膺」即「臆」也。或作「匈」

等)，而廣(宣)誼(同「義」)理。	亦通……《說文》「臆」亦「智骨」也……經從「月」，誤也)，乃至為法(乃至正念，真心為法時)，(亦)猶不(當)「親厚」(關係親密)，況復「餘(不善諸)事」。	亦通……《說文》「臆」亦「智骨」也……經從「月」，誤也)，乃至為法(乃至正念，真心為法時)，(亦)猶不(當)「親厚」(關係親密)，況復「餘(不善諸)事」。
⑤不與「沙彌、比丘尼、童子、童女」，共在一處。	⑤不樂(ㄒㄩ)畜(ㄒㄩ)「年少弟子(彼多諸輕躁)、沙彌(沙彌幼小，未稟具戒)、小兒(小兒憍懾，亦非受道器)」，亦不樂(ㄒㄩ)與(彼等)同師(同為師父)。	⑤不樂(ㄒㄩ)畜(ㄒㄩ)「年少弟子(彼多諸輕躁)、沙彌(沙彌幼小，未稟具戒)、小兒(小兒憍懾，亦非受道器)」，亦不樂(ㄒㄩ)與(彼等)同師(同為師父)。
(陸)常好「燕坐」(安禪；坐禪；寂然安息)，綢(ㄔㄡ)繆(ㄇㄡ)(緊密；連綿不斷)好習，辟(幽僻)屏(掩蔽)閑居，是為「禮節」(遠離惡友，親近善知識)。	(陸)常好坐禪，在於「閑處」(空曠閑靜之處)，修攝其心。	(陸)常好坐禪，在於「閑處」(空曠閑靜之處)，修攝其心。
	(柒)文殊師利！是名(最)初(第一之)「親近處」。(遠離惡友，親近善知識)	(柒)文殊師利！是名(最)初(第一之)「親近處」。(遠離惡友，親近善知識)

惡律儀(不律儀、惡戒)：

(1)為自活命，或為得利益而立誓行「屠殺」等業者所得之「無表業」(即於身中恒轉相續，具有「防非止惡」，或與之相反的「障妨善德」之功能)。

(2)據《俱舍論‧卷十四》載，「惡律儀」為智者所訶厭，故名「惡行」，能障清淨之戒律，故名「惡戒」。

(3)《大般涅槃經‧卷二十七》說「惡律儀」有十六種，即：

❶為利飼養羔羊，肥已轉賣。

❷為利買羊屠殺。

❸為利飼養豬豚，肥已轉賣。

❹為利買豬屠殺。

❺為利飼養牛犢，肥已轉賣。

❻為利買牛屠殺。

❼為利養雞令肥，並予轉賣。

❽為利買雞屠殺。

❾釣魚。

❿獵師。

⓫劫奪。

⓬魁膾 (魁，為師之意；膾，為切肉之意。即指殺人者)。

⓭網捕飛鳥。

⓮兩舌。

⓯獄卒。

⓰咒龍（以咒術繫縛蝦蛇等，供人觀賞戲樂，求物以自活）。

(4)又《大方便佛報恩經・卷六》中則舉出「屠兒、魁膾、養豬、養雞、捕魚、獵師、網鳥、捕蟒、咒龍、獄吏、作賊、王家常差捕賊」等「十二」種之「惡律儀」。

（以上資料據《佛光大辭典》再略作修訂）

五種不能男

pañca paṇḍakāḥ，指五種「男根不全」之人，又作「五種不男、五種黃門」。

據《十誦律・卷二十一》所舉，即：

❶生不能男(jāti-paṇḍaka)：又作「生不男、生黃門」。即天生沒有生殖器官，故亦不能婬者。

❷半月不能男(pakṣa-paṇḍaka)：又作「半不男、半月黃門」。即半月能行婬事，半月不能行婬者。

❸妒不能男(īrṣyā-paṇḍaka)：又作「妒不男、妒黃門」。即見他人行婬時，才會生起「婬心」，「男根」才會生起者。

❹精不能男(āsaktaprādurbhāvī-paṇḍaka)：又作「變不男、變黃門、抱生黃門、觸抱黃門」，即行婬時，「男根」突然變化萎縮，類似「陽痿」的情形。

❺病不能男(āpat-paṇḍaka)：又作「犍不男、犍黃門、形殘黃門」。即因「朽爛」而截去「男根」者。或出生後才截去「男根」者。

（以上資料據《佛光大辭典》再略作修訂）

《俱舍論・卷十五》則分「黃門」為「扇搋」(ṣaṇḍha)、「半擇迦」(paṇḍaka)二類。

「扇搋」即完全「無男根」者，有「本性扇搋、損壞扇搋」之別。

「半擇迦」為「有男根」，但性功能卻不完整、不完全，故名「半擇迦」，分「嫉妒、半月、灌灑」等三種。其中：

❶「本性扇搋」相當「生不男」。

❷「損壞扇搋」相當「病不男」。

❸「嫉妒半擇迦」相當「妒不男」。

❹「半月半擇迦」相當「半月不男」。

❺「灌灑半擇迦」相當「精不男」。

（以上資料據《佛光大辭典》再略作修訂）

五－4 欲安住於「菩薩親近處」者，應觀一切「法空、如實相、不顛倒」。如是便成就「第一」身安樂行者之「第二親近處」

西晉・竺法護譯《正法華經》	後秦・鳩摩羅什譯《妙法蓮華經》	隋・闍那崛多、達磨笈多共譯《添品妙法蓮華經》
㊥又語溥首(文殊)：菩薩大士，觀一切法皆為「空無」，如(有)所「住、立」，已墮「顛倒」。所立「正諦」，常住(於)「如法」。專(心)秉(執持)身心，不動、不搖，不退、不轉，蠲捨「滅盡」(喻不貪著於「滅受想	㊥復次，菩薩摩訶薩觀一切「法空、如實相、不顛倒、不動、不退、不轉，如虛空，無「所有性」，一切語言「道斷」。(言語道斷、心行處滅)	㊥復次，菩薩摩訶薩觀一切「法空、如實相、不顛倒、不動、不退、不轉，如虛空，無「所有性」，一切語言「道斷」。(言語道斷、心行處滅)

定」，此定爲佛及俱解脫之阿羅漢遠離「定障」所得)。 ⓪(觀一切法皆)「不生、不有」，無有「自然」(亦即諸法非「自然生」，皆「眾因緣」而生起)，無爲、無數、無所可有，逮(到)「無所有」。除諸「言辭」(言語道斷、心行處滅)，不住「無爲」、無「想、不想」，得伏「諸想」。 ⓪假使菩薩，乙密(詳細；周密；全部)「觀察」斯一切法，欵欵(誠懇；忠實)修此，所當行者，常住「威儀(應實踐履行之法)、禮節」二事。	⓪(觀一切法皆)「不生、不出、不起、無名、無相」，實無所有，「無量、無邊、無礙、無障」，但以(眾)「因緣」(而)有，(皆)從「顛倒」生。 ⓪故說常樂「觀」如是「法相」，是名菩薩摩訶薩「第二」親近處。	⓪(觀一切法皆)「不生、不出、不起、無名、無相」，實無所有，「無量、無邊、無礙、無障」，但以(眾)「因緣」(而)有，(皆)從「顛倒」生。 ⓪故說常樂「觀」如是「法相」，是名菩薩摩訶薩「第二」親近處。

五-5 爾時世尊，欲重宣此義，而說偈言

西晉・竺法護譯 《正法華經》	後秦・鳩摩羅什譯 《妙法蓮華經》	隋・闍那崛多、達磨笈多共譯 《添品妙法蓮華經》
世尊重解現此誼(同「義」)，而歎頌曰： 若菩薩好樂，說此經典者， 於後當來世，勇猛無怯劣， 順「威儀、禮節」，善明清白行 國王及太子，大臣寮屬吏， 外道若異學，屠獵惡害品， 抑制交啓習，不與通往返。 比丘放羅漢，除立於法律， 不與自大俱，復遠犯禁者， 比丘比丘尼，調譺諉諂話談 捨離清信女，不與無益言。 現在欲獲法，常當止息非， 好住滅度地，是謂爲威儀。 假使不肯往，諮問於道法， 爲斯持法說，不怯無所著。	爾時世尊，欲重宣此義，而說偈言： 若有菩薩，於後惡世， 無怖畏心，欲說是經， 應入「行處」，及「親近處」。 常離國王，及國王子、 大臣官長，兇險戲者， 及旃陀羅、外道梵志。 亦不親近，增上慢人， 貪著小乘，三藏學者， 破戒比丘，名字羅漢， 及比丘尼，好戲笑者， 深著五欲，求現滅度， 諸優婆夷，皆勿親近。 若是人等，以好心來， 到菩薩所，爲聞佛道。	爾時世尊，欲重宣此義，而說偈言： 若有菩薩，於後惡世， 無怖畏心，欲說是經； 應入「行處」，及「親近處」。 常離國王，及國王子， 大臣官長，兇險戲者； 及旃陀羅，外道梵志； 亦不親近，增上慢人， 貪著小乘，三藏學者， 破戒比丘，名字羅漢， 及比丘尼，好戲笑者； 深著五欲，求現滅度， 諸優婆夷，皆勿親近。 若是人等，以好心來， 到菩薩所，爲聞佛道；

眾生有癩病，若親屬宗室， 母人諸細色，悉當捨離去， 不與是等俱，而積殖德本。 當棄販賣業，諸慢不恭敬， 棄捐諸住立，不為己身害， 若干種蟲蚤，不習食噉肉， 蠲捨諸非法，憙瞋恚恨者， 所行乃如是。亦不與談語， 不與強顏俱，及餘自用性， 作行如是者，皆當屏除之。 明者設有緣，為女人說經， 而不獨遊行，不住於調戲。 設入出聚落，數數行求食， 將一比丘伴，常志念於佛。 佛故先示現，此威儀禮節， 其奉持斯典，則當勤行之。 上中下劣人，若不行法者， 無無常供養，一切皆至誠。 丈夫無想念，堅固行勇猛， 不知一切法，亦不見「滅盡」。 一切諸菩薩，是謂為威儀， 如常行禮節，且當聽察之。 斯當講說，無為之法， 一切不興，亦無所生。 建志常立，觀採空誼， 此為明者，所行禮節。 有所念者，悉顛倒想， 以無為有，用虛作實。 雖有所起，諸法無生， 因想蹉踮，而生諸有。 心常專一，善修三昧， 建立於行，若須彌頂。 所住如此，普觀諸法， 是一切法，猶如虛空。 譬若虛無，等無堅固， 不念取勝，無所棄捐。 諸法所處，無有常名， 是為明者，所行禮節。	菩薩則以，無所畏心， 不懷悕望，而為說法。 寡女、處女，及諸「不男」， 皆勿親近，以為「親厚」。 亦莫親近，屠兒、魁膾， 畋獵、漁捕，為利殺害， 販肉自活，衒賣「女色」， 如是之人，皆勿親近。 「兇險、相撲」，種種嬉戲， 諸婬女等，盡勿親近。 莫獨「屏處」，為女說法， 若說法時，無得「戲笑」。 入里乞食，將(帶領)一「比丘」， 若無「比丘」，一心念佛。 是則名為「行處、(親)近處」， 以此二處，能「安樂」說(法)。 又復不行「上、中、下」法， (菩薩➔上法。緣覺➔中法。聲聞➔下法) 有為、無為，「實、不實」法， 亦不分別，是男是女。 不得諸法，不知、不見， 是則名為「菩薩行處」。 一切諸法，「空」無所有， 無有「常住」，亦無「起、滅」， 是名智者，所「親近處」。 顛倒分別，諸法有無， 是「實、非實」，是「生、非生」。 在於閑處，修攝其心， 安住不動，如須彌山。 觀一切法，皆「無所有」， 猶如虛空，無有堅固。 不生不出，不動不退， 常住一相，是名「(親)近處」。 若有比丘，於我滅後， 入是「行處」及「親近處」， 說斯經時，無有怯弱。 菩薩有時，入於靜室， 以正憶念，隨義觀法。	菩薩則以，無所畏心， 不懷悕望，而為說法。 寡女、處女，及諸「不男」， 皆勿親近，以為「親厚」。 亦莫親近，屠兒、魁膾， 田獵、漁捕，為利殺害， 販肉自活，衒賣「女色」， 如是之人，皆勿親近。 「兇險、相撲」，種種嬉戲， 諸婬女等，盡勿親近。 莫獨「屏處」，為女說法， 若說法時，無得「戲笑」。 入里乞食，將(帶領)一「比丘」， 若無「比丘」，一心念佛。 是則名為「行處、(親)近處」， 以此二處，能「安樂」說(法)。 又復不行「上、中、下」法， (菩薩➔上法。緣覺➔中法。聲聞➔下法) 有為、無為，「實、不實」法， 亦不分別，是男是女。 不得諸法，不知、不見， 是則名為「菩薩行處」。 一切諸法，「空」無所有， 無有「常住」，亦無「起、滅」， 是名智者，所「親近處」。 顛倒分別，諸法有無， 是「實、非實」，是「生、非生」。 在於閑處，修攝其心， 安住不動，如須彌山。 觀一切法，皆「無所有」， 猶如虛空，無有堅固。 不生不出，不動不退， 常住一相，是名「(親)近處」。 若有比丘，於我滅後， 入是「行處」及「親近處」， 說斯經時，無有怯弱。 菩薩有時，入於靜室， 以正憶念，隨義觀法；

我滅度後，若有比丘， 敢能守護，如是法則。 無所怯軟，心不起想， 為無數人，說此經典。 其明哲者，所念以時， 若入屋室，所行若茲， 觀察諸法，一切普淨， 宴然說誼，而不動搖。 國主帝王，及與太子， 欲聽聞法，皆供養之。 幷餘「長者」，及諸梵志， 立諸眷屬，皆無所欲。	從禪定起，為諸國王、 王子臣民、婆羅門等， 開化演暢，說斯經典， 其心安隱，無有怯弱。 <u>文殊師利</u>！ 是名菩薩，安住(最)初(安樂)法 能於後世說《法華經》。	從禪定起，為諸國王， 王子臣民，婆羅門等， 開化演暢，說斯經典， 其心安隱，無有怯弱。 <u>文殊師利</u>！ 是名菩薩，安住(最)初(安樂)法 能於後世說《法華經》。

五－6 不樂說「人、經典」過失，不說他人「好惡、長短」。有所質難疑問，但以「大乘」而為解說。如是便成就「第二」口安樂行者

西晉·竺法護譯 《正法華經》	後秦·鳩摩羅什譯 《妙法蓮華經》	隋·闍那崛多、達磨笈多共譯 《添品妙法蓮華經》
⑤又語溥 首(文殊)：如來「滅度」之後，欲說此經(《法華經》)，(應)住于「安隱」(安樂行)，(若)已立「安隱」(安樂行)，(則口業)不懷「諛 諂」(奉承諂媚)，(亦)無「眩惑」(昏眩迷惑)心，乃說經法。(將此經)藏厭(滿)身懷(執)，或載(於)「竹帛」，為他人說，亦不「多辭」(多餘的言辭；與法義無關之語)，亦無所生(種種「口業」之過失)。	⑤又，<u>文殊師利</u>！如來滅後，於末法中，欲說是經(《法華經》)，應住「安樂行」。若「口」宣說、若讀經時，不樂說「人」及「經典」過(失)。(此為「第二」口安樂行→誡「口過」，令善說法)	⑤又，<u>文殊師利</u>！如來滅後，於末法中，欲說是經(《法華經》)，應住「安樂行」。若「口」宣說、若讀經時，不樂說「人」及「經典」過(失)。(此為「第二」口安樂行→誡「口過」，令善說法)
⑥亦不輕慢諸「餘比丘」(於其他經典說法之比丘)，為「法師」者。(對彼餘法師)亦不「歌歎」(歌頌贊歎)，亦不「毀呰」(毀謗；非議)。	⑥亦不輕慢諸「餘法師」(於其他經典說法之法師)，不說他人「好惡、長短」。	⑥亦不輕慢諸「餘法師」(於其他經典說法之法師)，不說他人「好惡、長短」。
⑦(若有)異心(不同發心之)比	⑦於「聲聞」人，亦不「稱	⑦於「聲聞」人，亦不「稱

丘，為(小乘)「聲聞」者，未曾「舉名」(指名道姓)，說其瑕穢(過失；惡行)；亦不「誹謗」，亦不(以)「仇怨」意相待之。	名」(指名道姓)，說其「過惡」；亦不稱名，「讚歎」其美(「毀、讚」二俱不可，恐壞「真心平等」法。毀之生「諍鬥」，互不能安。讚之生「貪愛」，易令彼人永執於「聲聞小乘法」。故佛雙止之)。又亦不生「怨嫌」(怨恨嫌隙)之心。善修如是「安樂心」故。(若能攝修如是「口業」，則令「心」易得安樂)	名」(指名道姓)，說其「過惡」；亦不稱名，「讚歎」其美(「毀、讚」二俱不可，恐壞「真心平等」法。毀之生「諍鬥」，互不能安。讚之生「貪愛」，易令彼人永執於「聲聞小乘法」。故佛雙止之)。又亦不生「怨嫌」(怨恨嫌隙)之心。善修如是「安樂心」故。(若能攝修如是「口業」，則令「心」易得安樂)
㉃未曾「毀呰」(毀謗；非議)居家(在家)行者，(在家者雖)無所「(大)志願」。(應)不建彼(諸惡)行，亦無所(惡)想。行來(行住往來皆)安住(於「口業」中)，而立誼(同「義」)要。(若)往來周旋，若(及)詣「法會」，(應)自護己身(之「口業」)，(諸)行(皆)無有(所)失，而說經法。		
㉄若有(人)請問(法義)，心無所猗(偏倚；偏袒)，(皆勸)離「聲聞乘」，(無論)有所「發遣」(研討；處理)，(終究願令小乘者能)覺了「佛慧」。	㉄諸有聽者，不逆其意(應觀機逗教，不違其機)，有所「難問」(質難疑問)，不以「小乘」法答，但以「大乘」而為解說，令得「一切種智」。	㉄諸有聽者，不逆其意(應觀機逗教，不違其機)，有所「難問」(質難疑問)，不以「小乘」法答，但以「大乘」而為解說，令得「一切種智」。

五－7 爾時世尊，欲重宣此義，而說偈言

西晉‧竺法護譯《正法華經》	後秦‧鳩摩羅什譯《妙法蓮華經》	隋‧闍那崛多、達磨笈多共譯《添品妙法蓮華經》
佛時頌曰：	爾時世尊，欲重宣此義，而說偈言：	爾時世尊，欲重宣此義，而說偈言：
智者常安，住於佛道，先隱定坐，爾乃說經。若當敷座，務令柔軟，若干種具，所置綺燦。體常懈，著，淨潔被服，於七七日，而習經行。	菩薩常樂，安隱說法，於清淨地，而施床座。以油塗身，澡浴塵穢，著新淨衣，內外俱淨，安處法座，隨問為說。若有比丘，及比丘尼，	菩薩常樂，安隱說法；於清淨地，而施床座，以油塗身，澡浴塵穢；著新淨衣，內外俱淨；安處法座，隨問為說。若有比丘，及比丘尼，

猶如黑雲，在於虛空， 合集積累，弘雅功德。 所處之座，具足篋藏， 床足堅固，平坦顯赫。 無數坐具，氎毛 蓐綩綖， 儼然正首，尊其視瞻。 安詳升據，高廣法座， 而普等心，為一切人。 國主帝王，太子大臣， 及諸比丘，比丘尼眾， 清信高士，及清信女， 應所樂聞，為講無量。 明智無限，次第剖判， 為演種種，微妙之誼。 追逐侍後，請求問誼， 斯叡哲者，復為解說。 而入神足，柔順之忍， 其有聽聞，悉得佛道。 斯智慧士，皆為一切， 進却棄除，懈怠疲厭。 常以慈心，為眾說法， 未曾起于，勞廢(疲勞廢退)之想 晝夜歌誦，詠尊法訓， 分別演說，億千姟喻。 普能勸悅，諸會者心， 無敢生念，欲危害者。 若得供養，飲食之具， 床臥所安，衣服被枕， 病瘦醫藥，而無僥冀， 不從眾人，有所請求。 除其瞻勞(看護；操勞)，住廟精舍 欲令眾庶，悉解佛道。 若一切人，來聽經法， 我乃嘉豫，如獲大安。 佛滅度後，若有比丘， 宣揚經法，無所悕望， 無所妨廢，不遭苦患， 常察精進，離於疾病。	諸優婆塞，及優婆夷， 國王王子、群臣士民， 以微妙義，和顏為說。 若有難問，隨義而答， 因緣譬喻，敷演分別。 以是方便，皆使發心， 漸漸增益，入於佛道。 除嬾惰意，及懈怠想， 離諸憂惱，慈心說法。 晝夜常說，無上道教， 以諸因緣、無量譬喻， 開示眾生，咸令歡喜。 衣服臥具，飲食醫藥， 而於其中，無所悕望。 但一心念，說法因緣， 願成佛道，令眾亦爾。 是則大利，安樂供養。 我滅度後，若有比丘， 能演說斯《妙法華經》。 心無嫉恚，諸惱障礙， 亦無憂愁，及罵詈者， 又無怖畏，加刀杖等， 亦無擯出，安住忍故。 智者如是，善修其心， 能住安樂，如我上說。 其人功德，千萬億劫， 算數譬喻，說不能盡。	諸優婆塞，及優婆夷， 國王王子，群臣士民， 以微妙義，和顏為說； 若有難問，隨義而答， 因緣譬喻，敷演分別； 以是方便，皆使發心， 漸漸增益，入於佛道。 除嬾惰意，及懈怠想， 離諸憂惱，慈心說法； 晝夜常說，無上道教。 以諸因緣，無量譬喻， 開示眾生，咸令歡喜。 衣服臥具，飲食醫藥， 而於其中，無所希望。 但一心念，說法因緣， 願成佛道，令眾亦爾。 是則大利，安樂供養。 我滅度後，若有比丘， 能演說斯《妙法華經》， 心無嫉恚，諸惱障礙， 亦無憂愁，及罵詈者； 又無怖畏，加刀杖等， 亦無擯出，安住忍故。 智者如是，善修其心， 能住安樂，如我上說。 其人功德，千億萬劫， 算數譬喻，說不能盡。

無能為彼，造恐怖事， 不被杖痛，無誹謗想， 身無疲厭，不有所患， 其人住忍，得力如是。 其明智者，所處安隱， 有所存立，如佛言詔。 若已諮嗟，億百功德， 一切稱譽，不能究竟。		

五－8 無懷「嫉妬、諂誑」之心，勿輕罵「學佛道」者，求其長短。於一切眾生，平等說法。如是便成就「第三」意安樂行者

西晉‧竺法護譯 《正法華經》	後秦‧鳩摩羅什譯 《妙法蓮華經》	隋‧闍那崛多、達磨笈多共譯 《添品妙法蓮華經》
⑴又語溥首(文殊)：如來滅度後，若有菩薩，於是經卷(《法華經》)，懷疑不了(不甚了解)，若(於此經所)說教化，(聽)聞(後而心)「不堅固」、(心)性「不調和」。見餘菩薩「求大乘」者，(竟)為造虛妄，而誹謗之(指求大乘之菩薩眾)。	⑴又文殊師利菩薩摩訶薩！於後末世，法欲滅時，「受持、讀誦」斯經典(《法華經》)者，無懷「嫉妬、諂誑(諂佞欺誑)」之心，亦勿輕罵「(修)學佛道者」，求其「長短」。(此為「第三」意安樂行→淨「心業」，離貪瞋癡)	⑴又文殊師利！菩薩摩訶薩，於後末世，法欲滅時，「受持、讀誦」斯經典者，無懷「嫉妬、諂誑(奉承欺誑)」之心，亦勿輕罵「(修)學佛道者」，求其「長短」。(此為「第三」意安樂行→淨「心業」，離貪瞋癡)
⑵(若)見(修學)「❶聲聞、❷緣覺」。(於)「比丘、比丘尼、清信士、清信女」(中)，若值(遇)「❸菩薩」(發心修學者)。心(便)為「躊躇(徘徊不進；猶豫)」，不即往見(彼三乘之行者)。	⑵若(見)「比丘、比丘尼、優婆塞、優婆夷」。 ❶求「聲聞」者。 ❷求「辟支佛」者。 ❸求「菩薩道」者。 無得惱(亂)之(指修學此三乘之行者)，令其疑悔(疑惑掉悔)，(甚至)語其人(指三乘之行者)言：	⑵若(見)「比丘、比丘尼、優婆塞、優婆夷」。 ❶求「聲聞」者。 ❷求「辟支佛」者。 ❸求「菩薩道」者。 無得惱(亂)之(指修學此三乘之行者)，令其疑悔(疑惑掉悔)，(甚至)語其人(指三乘之行者)言：
⑶(因)其族姓子(指修學三乘之善男子)則遠(離)「無上正真之道」，而不得近「佛天中天」所在行處。	⑶汝等「去道」甚遠，終不能得「一切種智」。所以者何？汝(指修此三乘之行者)是「放逸」之人，於道「懈怠」故。	⑶汝等「去道」甚遠，終不能得「一切種智」。所以者何？汝(指修此三乘之行者)是「放逸」之人，於道「懈怠」故。

肆假使(修學三乘者)究竟不蒙「福力」、不成「最正覺」；菩薩行(此)「三乘」(聲聞乘、緣覺乘、菩薩乘)，猶如「師子」在於林樹，若有「猶豫」，自然(會)遠離(樹林)。(真修行之菩薩者能)不樂於「所樂」(喻貪愛)，亦不「不樂」(喻憎惡)。		
伍	伍又亦不應「戲論」諸法，(而)有所「諍競」(競爭；爭論)。	伍又亦不應「戲論」諸法，(而)有所「諍競」(競爭；爭論)。
❶若於眾生，(應)修行「慈力」。	❶當於一切「眾生」，起「大悲想」。	❶當於一切「眾生」，起「大悲想」。
❷至於「如來」，(應)興「大父想」。	❷於諸「如來」，起「慈父想」。	❷於諸「如來」，起「慈父想」。
❸見諸「菩薩」，(應)念如「世尊」。	❸於諸「菩薩」，起「大師想」。	❸於諸「菩薩」，起「大師想」。
❹及諸(修行菩薩)處家，(雖)未離「塵穢」，(亦應)寬弘(胸懷寬闊)等(尊)敬，(具)禮節恭肅(恭敬嚴肅)。(應清)淨諸法誼(同「義」)，(一切皆)無疑(應)無結(垢)，嚴(肅莊重)「一切法」，謹慎「安諦」(安詳審慎)。	❹於十方諸「大菩薩」，常應「深心」恭敬禮拜。	❹於十方諸「大菩薩」，常應「深心」恭敬禮拜。
陸(於一切眾生)欽順(敬順)平等，不(執)著經法。(若有眾生於此經)極有所樂，(為彼講法時)亦「無所至」(即不為彼「多說」)。所在晝夜(皆)「敬護」斯典(《法華經》)。	陸於一切眾生，(以)平等(心)而為)說法，以「順(平等心)法」故，(故說法)不多不少，乃至(若為)「深愛法者」(講法)，亦不為(彼)「多說」。	陸於一切眾生，(以)平等(心)而為)說法，以「順(平等心)法」故，(故說法)不多不少，乃至(若為)「深愛法者」(講法)，亦不為(彼)「多說」。
柒溥首(文殊)！是為「(第)三法」之行。菩薩(如此)觀時，然後乃說(《法華經》)，(可)造「安隱行」，(則)不被「煩惱」，亦不(被)嬈(擾)害。	柒文殊師利！是菩薩摩訶薩，於後末世，法欲滅時，有成就是「第三」安樂行者。	柒文殊師利！是菩薩摩訶薩，於後末世，法欲滅時，有成就是「第三」安樂行者。
捌(若能成就「第三」安樂行，則)說	捌(若能成就「第三」安樂行者)，說	捌(若能成就「第三」安樂行者)，說

是經法(《法華經》)者,與同(道修)學者,(平)等心道友,若講、若聞、信樂斯典(《法華經》),誦持、書寫,(或)載之「竹帛」,供養奉事,德不可量,說以「安住」(於第三「意業」中)。	是法(《法華經》)時,(則)無(有他緣)能(作)惱亂,得好(良善)同學(同道修學),共讀誦是經(《法華經》),亦(感召獲)得大眾而來「聽受」(聽信領受)。聽已能持,持已能誦,誦已能說,說已「能書」、若(或)「使人書」,(能)供養經卷(《法華經》),恭敬、尊重、讚歎。	是法(《法華經》)時,(則)無(有他緣)能(作)惱亂,得好(良善)同學(同道修學),共讀誦是經(《法華經》),亦(感召獲)得大眾而來「聽受」(聽信領受)。聽已能持,持已能誦,誦已能說,說已「能書」、若(或)「使人書」,(能)供養經卷(《法華經》),恭敬、尊重、讚歎。

五－9 爾時世尊,欲重宣此義,而說偈言

西晉・竺法護譯《正法華經》	後秦・鳩摩羅什譯《妙法蓮華經》	隋・闍那崛多、達磨笈多共譯《添品妙法蓮華經》
則乃頌曰: 若有嫉妒,懷難億數, 其法師慈,當遠憎惡。 有明智者,不造貪著, 若欲讀斯「正典」摸𣏗(法;規)者 未曾誹謗,說人之惡, 亦不墮非,諸「疑、邪見」。 心常爒然,無有沈吟, 以愍傷故,得了此定。 安住之子,亦能忍辱, 其人常屏,貢高自大。 數數講誦,佛之典誥, 未曾以此,持作懈倦。 其有菩薩,在十方者, 愍傷眾生,於世興行。 順造恭敬,學聖慧者, 皆當念之,是我世尊。 思念諸佛,兩足之上, 視諸菩薩,如想父母。 設有求道,無有情欲, 棄捐吾我,自大之想。 假使聽省,如是像法, 其明士等,當自慎護。 所行安隱,常得調定,	爾時世尊,欲重宣此義,而說偈言: 若欲說是經,當捨嫉恚慢、諂誑邪偽心,常修質直行。 不輕蔑於人,亦不戲論法,不令他疑悔,云汝「不得佛」。 是佛子說法,常柔和能忍,慈悲於一切,不生懈怠心。 十方大菩薩,愍眾故行道,應生恭敬心,是則我大師。 於諸佛世尊,生無上父想,破於憍慢心,說法無障礙。 第三法如是,智者應守護,一心安樂行,無量眾所敬。	爾時世尊,欲重宣此義,而說偈言: 若欲說是經,當捨嫉恚慢、諂誑邪偽心,常修質直行。 不輕蔑於人,亦不戲論法,不令他疑悔,云汝「不得佛」。 是佛子說法,常柔和能忍;慈悲於一切,不生懈怠心。 十方大菩薩,愍眾故行道,應生恭敬心,是則我大師。 於諸佛世尊,生無上父想,破於憍慢心,說法無障礙。 第三法如是,智者應守護;一心安樂行,無量眾所敬。

將御佛道，救億眾生。		

五－10 於「在家、出家」人中生「大慈心」，於「非菩薩人」中生「大悲心」。如是便成就「第四」誓願安樂行者

西晉・竺法護譯《正法華經》	後秦・鳩摩羅什譯《妙法蓮華經》	隋・闍那崛多、達磨笈多共譯《添品妙法蓮華經》
⑤又語溥首(文殊)：如來滅度後，若(有)菩薩大士，奉行斯典(《法華經》)，常以時節(時時刻刻)。其是比丘，當行「慈愍」。 ❶向諸「白衣」。 ❷「出家」寂志(śramaṇa 沙門那，出家者之總稱)。 ❸一切「群生」。	⑤又，文殊師利！菩薩摩訶薩，於後末世，法欲滅時，有持是《法華經》者，於「在家、出家」人中，(應)生「大慈心」，於「非菩薩人」(指不修菩薩大行者)中，(當)生「大悲心」。應作是念：如是(不信大乘)之人，則為「大(過)失」。(此為「第四」誓願安樂行→起「慈悲」，誓度一切)	⑤又，文殊師利！菩薩摩訶薩，於後末世，法欲滅時，有持是《法華經》者，於「在家、出家」人中，(應)生「大慈心」，於「非菩薩人」(指不修菩薩大行者)中，(當)生「大悲心」。應作是念：如是(不信大乘)之人，則為「大(過)失」。(此為「第四」誓願安樂行→起「慈悲」，誓度一切)
⑥(諸)行「菩薩道」者，常念「過去世」行「大乘」者，(如來曾)「善權」方便，演「真諦」誼(同「義」)。若(有)聽聞(此經法)者，(而)不知不了、不悅不信、不省(省察：省悟)、不綜(整理：聚合)。(我等)反(應)自欺說：我當逮(到)得「無上正真道成最正覺」，(能得)威神足力(威德神通具足之力)，而欲得飛(空)。(能令彼等眾生皆得信受此大乘經法)	⑥如來方便，「隨宜」(隨眾機宜)說法，(若有人仍)不聞不知、不覺不問、不信不解。其人雖「不問、不信、不解」是經。我(應發願未來)得「阿耨多羅三藐三菩提」時，隨在何地，(將)以「神通力、智慧力」引(度)之，令(彼皆)得「住是(大乘經)法」中。	⑥如來方便，「隨宜」(隨眾機宜)說法，(若有人仍)不聞不知、不覺不問、不信不解。其人雖「不問、不信、不解」是經。我(應發願未來)得「阿耨多羅三藐三菩提」時，隨在何地，(將)以「神通力、智慧力」引(度)之，令(彼皆)得「住是(大乘經)法」中。
⑦溥首(文殊)當知，吾見斯等，(於)佛滅度後，菩薩(若能具)有「四(種安樂)」事」說法而不「謭怒」。何等為四(四種功德感應)？ ❶(常)為諸「比丘、比丘尼、清信士、清信女」所見奉敬。	⑦文殊師利！是菩薩摩訶薩，於如來滅後，(若)有成就此「第四法」者，(則於)說是法(《法華經》)時，(將)無有過失。(可得四種功德感應)常為： ❶「比丘、比丘尼、優婆塞、優婆夷」(等所尊重讚歎)。	⑦文殊師利！是菩薩摩訶薩，於如來滅後，(若)有成就此「第四法」者，(則於)說是法(《法華經》)時，(將)無有過失。(可得四種功德感應)常為： ❶「比丘、比丘尼、優婆塞、優婆夷」(等所尊重讚歎)。

❷(常為諸)「帝王、太子、大臣、群寮、郡國人民」所見供養。	❷「國王、王子、大臣、人民」(等所尊重讚歎)。	❷「國王、王子、大臣、人民」(等所尊重讚歎)。
❸(常為諸)「長者、梵志」皆共承順(遵奉順從)。	❸「婆羅門、居士」等,供養恭敬、尊重讚歎。	❸「婆羅門、居士」等,供養恭敬、尊重讚歎。
❹虛空「神明」、無數「天子」,聽(汝)所說經(《法華經》),「天、龍、鬼神」侍衛其後,皆營護(營救保護)之。是為四。	❹虛空「諸天」,為聽法(《法華經》)故,亦常「隨侍」。	❹虛空「諸天」,為聽法(《法華經》)故,亦常「隨侍」。
❹若(此修學《法華經》者)入「縣邑」,還歸「室宇」(房舍)。(於)晝夜(有人)悉來「諮問」經法(《法華經》),若為(彼人)「解說」,分別(義理之)所歸,(能令聽者)莫不歡喜。所以者何?	❹(修學《法華經》者)若在「聚落、城邑、空閑、(山)林」中,有人來欲「難 問」(質難疑問法義)者。(則)諸天(神將於)晝夜,常為法故,而衛護之;(並)能令「聽者」,皆得歡喜。所以者何?	❹(修學《法華經》者)若在「聚落、城邑、空閑、(山)林」中,有人來欲「難 問」(質難疑問法義)者。(則)諸天(神將於)晝夜,常為法故,而衛護之;(並)能令「聽者」,皆得歡喜。所以者何?
❺溥首(文殊)欲知,(此)皆佛所「建立」,加(持)此經(《法華經》)恩(威),「去、來、今」佛,盡從斯(此經典而)生,(故)亦護是典(《法華經》)。	❺此經(《法華經》)是一切「過去、末來、現在」諸佛「神力」所護故。	❺此經(《法華經》)是一切「過去、末來、現在」諸佛「神力」所護故。
❻若於忍界(娑婆世界)聞《正法華品》,服(信)「(法華)名」、聽「(法華)聲」者,甚難值遇。	❻文殊師利!是《法華經》於無量國中,乃至「名字」,不可得聞,何況「得見、受持、讀誦」?	❻文殊師利!是《法華經》於無量國中,乃至「名字」,不可得聞,何況「得見、受持、讀誦」?

五-11 《法華經》能令眾生至「一切智」,是諸如來「第一之說」,於諸說中「最為甚深」,為諸佛如來「祕密之藏」

西晉‧竺法護譯《正法華經》	後秦‧鳩摩羅什譯《妙法蓮華經》	隋‧闍那崛多、達磨笈多共譯《添品妙法蓮華經》
❶溥首(文殊)!譬有大力「轉輪聖王」,威德「弘茂」(宏	❶文殊師利!譬如強力「轉輪聖王」,欲以「威勢」,降伏	❶文殊師利!譬如強力「轉輪聖王」,欲以「威勢」,降伏

偉豐茂」，(他國皆)順化(順從歸化)所領(命)。諸餘敵國，(若有)末「率伏」(相率而歸服)者，(亦)不敢(對轉輪國王有所)「闚覦」(竊視求取)。若「轉輪王」興舉(興起舉動)軍兵，當有所討(伐)。(若有)不賓(不臣服；不歸順)之臣，欲距(古同「拒」→抗拒)大邦(大國)，(就算有)雄猛將士，(能)奮武(用武)剋捷(克敵制勝)，莫不(對此轉輪國王)稽顙(屈膝下拜)。(對作戰有功者)王用歡(欣喜)悅，斷功(判斷功名)定賞(定奪獎賞)，封城「食邑」(古代君主賜予臣下作爲世祿的封地)，賜之「土田、七寶珍奇、象馬車乘、男女奴婢」。	諸國。而諸「小王」，不順(從轉輪聖國王)其命，時「轉輪王」(則)起種種兵，而往「討罰」(征討罰罪)。王見兵眾，(作)戰有功者，即大歡喜，隨功賞賜，或與「田宅、聚落、城邑」。或與「衣服、嚴身之具」。或與種種珍寶：「金、銀、琉璃、車渠、馬腦、珊瑚、虎珀」，「象馬、車乘、奴婢、人民」。	諸國。而諸「小王」，不順其命，時「轉輪王」起種種兵，而往「討伐」(征伐；征討)。王見兵眾，(作)戰有功者，即大歡喜，隨功賞賜，或與「田宅、聚落、城邑」。或與「衣服、嚴身之具」，或與種種珍寶：「金、銀、琉璃、車渠、馬瑙、珊瑚、琥珀」，「象馬、車乘、奴婢、人民」。
(貳)(若論)元首効績(功效績勞)，(功)勳「殊特」者，(轉輪國)王(則)解髻中「明珠」賜之(作戰有功者)。所以者何？臣當(護)國強(城)，(如此)華裔(中原和邊遠地區→喻全國人民)乃康(強)。	(貳)唯(轉輪國王)髻中「明珠」(喻一佛乘)，不以與之(作戰有功者)。所以者何？獨王頂上有此「一珠」，若(輕率)以與之，(國)王諸眷屬(喻三乘根機者，自謂己無分)，(若輕率賜之)必大驚怪。	(貳)唯(轉輪國王)髻中「明珠」(喻一佛乘)，不以與之(作戰有功者)。所以者何？獨王頂上有此「一珠」，若(輕率)以與之，(國)王諸眷屬(喻三乘根機者，自謂己無分)，(若輕率賜之)必大驚怪。
(參)「如來」正覺，亦復如是，(如來)為大法王，(具)「無極」(pāramitā 波羅蜜)道諦，(能)自伏其心，以「法」教化，以「德」消害(諸障)，以「慧」戰鬥，(能)降(伏)諸法王無數之眾。(如來有)無量經典，百千要誼(同「義」)，咸(都)施(于)群生，(如來皆)無所「祕蔽」(祕密隱藏之蔽)。	(參)文殊師利！如來亦復如是，以「禪定、智慧力」得「法國土」(「出世法」及「無生國土」)，王奉(統一)於「三界」，而諸魔王(五陰魔、煩惱魔、死魔、天魔)不肯「順伏」。如來(之)「賢聖諸將」與之(諸魔)共戰(喻佛之眾弟子於生死中與諸魔相戰)。其有功者，(如來)心亦歡喜，(故)於四眾中為說諸經，令其(眾弟子)心悅，賜以「(四)禪(四)定、(八)解脫、無漏(智慧)、(五)根(五)力、諸法之財(喻「三十七品」爲出世解脫之財)」，又復賜與(方便)「涅槃之城」，(先安	(參)文殊師利！如來亦復如是，以「禪定、智慧力」得「法國土」(「出世法」及「無生國土」)，王奉(統一)於「三界」，而諸魔王(五陰魔、煩惱魔、死魔、天魔)不肯「順伏」。如來(之)「賢聖諸將」與之(諸魔)共戰(喻佛之眾弟子於生死中與諸魔相戰)。其有功者，(如來)心亦歡喜，(故)於四眾中為說諸經，令其(眾弟子)心悅，賜以「(四)禪(四)定、(八)解脫、無漏(智慧)、(五)根(五)力、諸法之財(喻「三十七品」爲出世解脫之財)」，又復賜與(方便)「涅槃之城」，(先安

	慰)言(汝已)得「(出世)滅度」，(誘)引導其心，令皆歡喜，(此時)而(獨)不為說是《法華經》。	慰)言(汝已)得「(出世)滅度」，(誘)引導其心，令皆歡喜，(此時)而(獨)不為說是《法華經》。
	(肆)文殊師利！如「轉輪王」，見諸兵衆，有大功者，心甚歡喜，以此「難信之珠」，久在髻中，不妄與人，而今與之(靈山法會大眾)。	(肆)文殊師利！如「轉輪王」，見諸兵衆，有大功者，心甚歡喜，以此「難信之珠」，久在髻中，不妄與人，而今與之(靈山法會大眾)。
(伍)(如來)詔ㄓㄠˋ(教導;告誡眾生)平等(法)城，(若眾生)其見「身魔」(五陰魔)，(則)能與(諸)魔(作)戰。(應)以「賢聖法」，攻(克)「婬怒癡」。降魔官屬(官吏下屬;眷屬)，盡(除)「三界」患，(以)至於「滅度」。(待)所作「剋捷」(克敵制勝)；則(為)大勇猛，於後(世已)無(滅)壞，亦無有(真)實。(無論生死或涅槃皆)因由諸虛(妄心識)，(而)致斯世間，如處「色像」一切(之)因緣。	(伍)如來亦復如是，於三界中為「大法王」，以「法」教化一切衆生。見(修學大小乘之)「賢聖軍」，與「五陰魔、煩惱魔、死魔」共戰，有大功勳。(彼賢聖軍若能)滅「三毒」、出「三界」、破「魔網」。爾時如來，亦大歡喜(始為眾生講「一佛乘」之大法)。	(伍)如來亦復如是，於三界中為「大法王」，以「法」教化一切衆生。見(修學大小乘之)「賢聖軍」，與「五陰魔、煩惱魔、死魔」共戰，有大功勳。(彼賢聖軍若能)滅「三毒」、出「三界」、破「魔網」。爾時如來，亦大歡喜(始為眾生講「一佛乘」之大法)。
(陸)普諸世界，(從)古今以來，無有信此《正法華經》，(故如來)未曾暢說(暢達演說)。(如來今之)所以(為眾宣)說者，由(於如來具)諸「通慧」(一切種智)，(行)「大慈」所致。	(陸)此《法華經》，能令衆生至「一切智」。(但)一切世間，多(所)怨(惡)難(以)信(受)，(如來)先(之前)所未說(因眾生根器難信受)，而今(始)說之。	(陸)此《法華經》，能令衆生至「一切智」。(但)一切世間，多(所)怨(惡)難(以)信(受)，(如來)先(之前)所未說(因眾生根器難信受)，而今(始)說之。
(柒)如大聖帝(王)，(此)髻中「明珠」，以為(猶如)世尊(之)「第一法要」，緣是趣行(「明珠」為一切眾生所趣之行之最大法要)。如來使(眾生)聞「深妙之典」，(從)往古來今，(於)諸行「班宣」(頒布宣諭)，斯經(《法華經》)為最。(此經能)消除一切「(眾)緣(生)起」之	(柒)文殊師利！此《法華經》是諸如來「第一之說」，於諸說中「最為甚深」，(於)末後(方)賜與(眾生)，如彼「強力之王」(轉輪聖王)，久護「明珠」，今乃與之。	(柒)文殊師利！此《法華經》是諸如來「第一之說」，於諸說中「最為甚深」，(於)末後(方)賜與(眾生)，如彼「強力之王」(轉輪聖王)，久護「明珠」，今乃與之。

患。猶如聖帝(聖君帝王),珍重愛護髻中(之)「明珠」,久乃解出,以賜「元功」(功臣)。		
㊼如來如是夙夜(朝夕日夜)「寶護」(珍愛保護)最妙無瑕(之《法華經》),從是來久,(此經)立(於)「諸法頂」。今日(如來垂)加哀(憐),乃(為眾生)演散(演說散播)耳。	㊼文殊師利!此《法華經》,(是)諸佛如來「祕密之藏」,於諸經中「最在其上」。(應)長夜守護,(眾生根器機緣不同,故)不妄宣說;始於今日,乃與汝等,而敷演(敷陳演述)之。	㊼文殊師利!此《法華經》,(是)諸佛如來「祕密之藏」,於諸經中「最在其上」。(應)長夜守護,(眾生根器機緣不同,故)不妄宣說;始於今日,乃與汝等,而敷演(敷陳演述)之。

五－12 爾時世尊,欲重宣此義,而說偈言

西晉・竺法護譯《正法華經》	後秦・鳩摩羅什譯《妙法蓮華經》	隋・闍那崛多、達磨笈多共譯《添品妙法蓮華經》
世尊欲重顯現要誼(同「義」),而歎頌曰: 今如來現,慈心之力, 常愍眾生,群萌之界。 安住諮嗟,最尊經卷, 故分別說,如斯典誥。 最後世時,志菩薩法, 若使出學,及居家者, 若聞此經,慈心戰慄, 一切普現,不得誹謗。 吾本初始,得佛道時, 如今如來,現在之時。 設能逮聞,於是尊經, 則便建立,億權方便。 猶如勢強,轉輪聖帝, 戰鬥降伏,外異國王。 得賜象馬,車乘篋藏, 又加封邑,城郭郡土。 或有得賜,手足寶釧, 微妙之色,紫磨金珍, 真珠夜光,車𤩖碧玉, 種種殊別,奇財妙異,	爾時世尊,欲重宣此義,而說偈言: 常行忍辱,哀愍一切, 乃能演說,佛所讚經。 後末世時,持此經者, 於家出家,及非菩薩, 應生慈悲,斯等不聞, 不信是經,則為大失。 我得佛道,以諸方便, 為說此法,令住其中。 譬如強力,轉輪之王, 兵戰有功,賞賜諸物, 象馬車乘,嚴身之具, 及諸田宅,聚落城邑, 或與衣服,種種珍寶, 奴婢財物,歡喜賜與。 如有勇健,能為難事, 王解髻中,明珠賜之。 如來亦爾,為諸法王, 忍辱大力,智慧寶藏, 以大慈悲,如法化世, 見一切人、受諸苦惱,	爾時世尊,欲重宣此義,而說偈言: 常行忍辱,哀愍一切; 乃能演說,佛所讚經。 後末世時,持此經者, 於家出家,及非菩薩, 應生慈悲,斯等不聞, 不信是經,則為大失。 我得佛道,以諸方便, 為說此法,令住其中。 譬如強力,轉輪之王, 兵戰有功,賞賜諸物, 象馬車乘,嚴身之具; 及諸田宅,聚落城邑, 或與衣服,種種珍寶, 奴婢財物,歡喜賜與。 如有勇健,能為難事, 王解髻中,明珠與之。 如來亦爾,為諸法王, 忍辱大力,智慧寶藏, 以大慈悲,如法化世, 見一切人,受諸苦惱,

若干諸物，各用賜之，
使一切眾，踊躍驚喜。
覩所立功，怪未曾有，
最後解髻，明月寶施。
佛亦如是，今為法王，
忍辱之力，無極慧音。
常行慈愍，興發哀護，
以法等化，一切世間。
覩諸眾庶，憂惱之患，
講說經法，億千之數。
曉知眾生，所應方便，
今日眾生，以為盡原。
於時法王，無極大聖，
分別經卷，億百千姟，
以知黎庶，志力猛慧，
便說此經，如髻明珠。
最後世時，正典所處，
一切諸法，皆無及者。
欽仰是經，未曾輕講，
識練幽微，慧明者聞。
吾以演現，如是像法，
佛滅度後，當恃怙之。
其有志求，斯尊道者，
普當受決，如佛所言。
彼人未曾，有疵瑕欲，
無有疾病，眾患之難，
則於末後，將來之世，
便即逮成，無上真慧。
殊勝差特，普當具足，
諸四部眾，亦復順遇。
若有聞者，除身諸漏，
怪其無為，悉叉手歸，
己身景曜，所照光光，
其奉行是，所獲若此。
得成正覺，而轉法輪，
則覩弘摸（法；規），及見最勝
夢中聞見，百福德相，
紫磨金色。佛所說經，

欲求解脫，與諸魔戰。
為是眾生，說種種法，
以大方便，說此諸經。
既知眾生，得其力已，
末後乃為，說是《法華》。
如王解髻，明珠與之。
此經為尊，眾經中上，
我常守護，不妄開示，
今正是時，為汝等說。
我滅度後，求佛道者，
欲得安隱，演說斯經，
應當親近，如是四法。
讀是經者，常無憂惱，
又無病痛，顏色鮮白，
不生貧窮、卑賤醜陋。
眾生樂見，如慕賢聖，
天諸童子，以為給使。
刀杖不加，毒不能害，
若人惡罵，口則閉塞。
遊行無畏，如師子王，
智慧光明，如日之照。
若於夢中，但見妙事。
見諸如來，坐師子座，
諸比丘眾，圍繞說法。
又見龍神、阿修羅等，
數如恒沙，恭敬合掌，
自見其身，而為說法。
又見諸佛，身相金色，
放無量光，照於一切，
以梵音聲，演說諸法。
佛為四眾，說無上法，
見身處中，合掌讚佛，
聞法歡喜，而為供養。
得陀羅尼，證不退智。
佛知其心，深入佛道，
即為授記，成最正覺：
汝善男子！當於來世，
得無量智，佛之大道。

欲求解脫，與諸魔戰，
為是眾生，說種種法；
以大方便，說此諸經；
既知眾生，得其力已，
末後乃為，說是《法華》；
如王解髻，明珠與之。
此經為尊，眾經中上，
我常守護，不妄開示，
今正是時，為汝等說。
我滅度後，求佛道者，
欲得安隱，演說斯經，
應當親近，如是四法。
讀是經者，常無憂惱，
又無病痛，顏色鮮白；
不生貧窮，卑賤醜陋，
眾生樂見，如慕賢聖；
天諸童子，以為給使。
刀杖不加，毒不能害；
若人惡罵，口則閉塞。
遊行無畏，如師子王。
智慧光明，如日之照；
若於夢中，但見妙事，
見諸如來，坐師子座；
諸比丘眾，圍遶說法；
又見龍神、阿脩羅等，
數如恒沙，恭敬合掌，
自見其身，而為說法；
又見諸佛，身相金色，
放無量光，照於一切；
以梵音聲，演說諸法。
佛為四眾，說無上法，
見身處中，合掌讚佛，
聞法歡喜，而為供養；
得陀羅尼，證不退智。
佛知其心，深入佛道，
即為授記，成最正覺。
汝善男子！當於來世，
得無量智，佛之大道，

設得聞已，為衆會說， 及諸親族，皆悉具足。 又復所護，一切除棄， 若使臥寤，所見如是。 悉捨遠離，而行出家， 皆得往至，於佛道場。 便即處於，師子之座， 是為求道，所獲利誼。 所謂七寶，悉歸於斯， 修此則奉，最勝如來。 已得佛道，存立惠施， 即轉法輪，無有諸漏。 為諸四輩，而說經法， 不可思議，億千劫數。 分別講說，無漏之法， 教化無數，億姟衆生。 夢中所見，如斯色像， 滅度因緣，悉無生死。 溥首當知，常志道者， 多所教化，不可限量。 最後末世，求斯尊法， 分別廣說，安住所演。	國土嚴淨，廣大無比。 亦有四衆，合掌聽法。 又見自身，在山林中， 修習善法，證諸實相， 深入禪定，見十方佛。 諸佛身金色，百福相莊嚴， 聞法為人說，常有是好夢。 又夢作國王，捨宮殿眷屬， 及上妙五欲，行詣於道場。 在菩提樹下，而處師子座， 求道過七日，得諸佛之智。 成無上道已，起而轉法輪， 為四衆說法，經千萬億劫， 說無漏妙法，度無量衆生。 後當入涅槃，如烟盡燈滅。 若後惡世中，說是第一法， 是人得大利，如上諸功德。	國土嚴淨，廣大無比； 亦有四衆，合掌聽法。 又見自身，在山林中， 修習善法，證諸實相， 深入禪定，見十方佛。 諸佛身金色，百福相莊嚴， 聞法為人說，常有是好夢。 又夢作國王，捨宮殿眷屬， 及上妙五欲，行詣於道場； 在菩提樹下，而處師子座， 求道過七日，得諸佛之智。 成無上道已，起而轉法輪， 為四衆說法，經千萬億劫， 說無漏妙法，度無量衆生； 後當入涅槃，如烟盡燈滅， 若後惡世中，說是第一法， 是人得大利，如上諸功德。

〈從地踊出品第十五〉

五－13 娑婆世界有「六萬」恒河沙菩薩，一一菩薩各有「六萬」恒河沙眷屬，從地踊出，皆「護持、讀誦、廣說」《法華經》

西晉・竺法護譯《正法華經》	後秦・鳩摩羅什譯《妙法蓮華經》	隋・闍那崛多、達磨笈多共譯《添品妙法蓮華經》
〈菩薩從地踊出品第十四〉	〈從地踊出品第十五〉	〈從地踊出品第十四〉
⓵於是他方世界「八江河沙」等菩薩大士，各異(不同)形服(身形服飾)，來詣佛所，稽首于地，長跪叉手(即「金剛合掌」，即合掌交叉兩手之指頭)，白世尊曰：鄙(我)之徒類(徒眾)，來造(到)忍界(娑婆世界)，欲聞斯典(《法華經》)，受持諷寫，精進供養，奉行如法。惟願大聖，垂心(垂愛關心)於我，(能於)如來滅度後，以《正法華經》加哀見付(囑於我等大眾)。	⓵爾時他方國土，諸來菩薩摩訶薩，過「八恒河沙」數，於大眾中起立，合掌作禮，而白佛言：世尊！若聽(許)我等，於(釋迦)佛滅後，在此娑婆世界，(吾等將)懃加精進，「護持、讀誦、書寫、供養」是經典(《法華經》)者，當於此(娑婆)土，而廣說之(《法華經》)。	⓵爾時他方國土，諸來菩薩摩訶薩，過「八恒河沙」數，於大眾中起，合掌作禮，而白佛言：世尊！若聽(許)我等，於(釋迦)佛滅後，在此娑婆世界，(吾等將)勤加精進，「護持、讀誦、書寫、供養」是經典(《法華經》)者，當於此(娑婆)土，而廣說之(《法華經》)。
⓶世尊告曰：止！族姓子(善男子)！仁等(「八江河沙」等菩薩大士)，無乃建發(建立發願)是計。今此忍界(娑婆世界)自有「八江河沙」等大士，一一大士各有眷屬，如「六十億」江河沙等菩薩大士，(於我釋迦佛)後末世時，皆當受持(《法華經》)，分布班宣(頒布宣諭)。	⓶爾時佛告諸菩薩摩訶薩眾：止！善男子！不須汝等護持此經(《法華經》)。所以者何？我娑婆世界，自有「六萬」恒河沙等菩薩摩訶薩，一一菩薩，各有「六萬」恒河沙眷屬，是諸人等，能於我(釋迦佛)滅後，「護持、讀誦、廣說」此經(《法華經》)。	⓶爾時佛告諸菩薩摩訶薩眾：止！善男子！不須汝等護持此經(《法華經》)。所以者何？我娑婆世界，自有「六萬」恒河沙等菩薩摩訶薩，一一菩薩，各有「六萬」恒河沙眷屬，是諸人等，能於我(釋迦佛)滅後，「護持、讀誦、廣說」此經(《法華經》)。
⓷時此(釋迦)佛(之娑婆)界，(有)周普(周遍普及)無數，億百千姟諸菩薩眾，自然雲集。顏貌(容顏貌相)殊妙，紫磨金色，三十二相，嚴莊(嚴肅莊重)其身，在於(娑婆世界)「地下」，攝護(攝受擁護)「(娑婆)土界」人民道行，(諸菩薩皆)倚斯忍界(娑婆世	⓷(釋迦)佛說是時，娑婆世界三千大千國土，地皆「震裂」，而於其中，有無量千萬億菩薩摩訶薩，同時「踊出」。是諸菩薩，身皆金色，三十二相，無量光明，先(之前)盡在此娑婆世界之「下」、(並於)此界「虛空」中住。	⓷(釋迦)佛說是時，娑婆世界三千大千國土，地皆「震裂」，而於其中，有無量千萬億菩薩摩訶薩，同時「踊出」。是諸菩薩，身皆金色，三十二相，無量光明，先(之前)盡在此娑婆世界之「下」、(並於)此界「虛空」中住。

界)。		
㊕（彼諸菩薩）聞（釋迦）佛顯揚《法華》音聲，從「地」踊出，一一菩薩，與「六十億」江河沙等諸菩薩俱，「營從」（營衛隨從）相隨，（皆同）一心（亦同）一行，無有差別。或「半」江河沙百千菩薩來者，或「四十分」江河沙，或「五十分」江河沙，或「百分」江河沙，或「五百分」江河沙，或「千分」江河沙，或「百千分」，或「億百千分」江河沙等菩薩，各各「朋黨」（同類的人相互集結成黨派）相隨（而）來。	㊕是諸菩薩，聞釋迦牟尼佛所說音聲，從「下」發來。一一菩薩，皆是大眾唱導之首，各將「六萬」恒河沙眷屬；況將「五萬、四萬、三萬、二萬、一萬」恒河沙等眷屬者；況復乃至「一恒河沙、半恒河沙、四分之一」，乃至「千萬億」那由他分之一。	㊕是諸菩薩，聞釋迦牟尼佛所說音聲，從「下」發來。一一菩薩，皆是大眾唱導之首，各將「六萬」恒河沙眷屬；況將「五萬、四萬、三萬、二萬、一萬」恒河沙等眷屬者；況復乃至「一恒河沙、半恒河沙、四分之一」，乃至「千萬億」那由他分之一。
㊄ ❶或復無央數億百千菩薩眷屬而來至者，或有「二百人」同行修「菩薩道」，或有「百千」，各有眷屬。 ❹或有「千」眷屬，或「五百」眷屬，或「四百」眷屬，或「三百」眷屬，或「二百」眷屬，或「百」眷屬，或「五十」眷屬，或「四十」眷屬，或「三十」眷屬，或「二十」眷屬，或「十」眷屬。 ❺或「五」眷屬，或「四」眷屬，或「三」眷屬，或「二」眷屬，或「一」眷屬。 ❻或「獨」而至，不可稱限。（從下而來之菩薩眾，其所帶之眷屬，或多或少，或有「獨住」樂於寂靜而不畜眾者）	㊄ ❶況復「千萬億」那由他眷屬。 ❷況復「億萬」眷屬。 ❸況復「千萬、百萬」，乃至「一萬」。 ❹況復「一千、一百」，乃至「一十」。 ❺況復將「五、四、三、二、一」弟子者。 ❻況復「單」己，樂「遠離行」。（從下而來之菩薩眾，其所帶之眷屬，或多或少，或有「獨住」樂於寂靜而不畜眾者）	㊄ ❶況復「千萬億」那由他眷屬。 ❷況復「億萬」眷屬。 ❸況復「千萬、百萬」，乃至「一萬」。 ❹況復「一千、一百」，乃至「一十」。 ❺況復將「五、四、三、二、一」弟子者。 ❻況復「單」己，樂「遠離行」。（從下而來之菩薩眾，其所帶之眷屬，或多或少，或有「獨住」樂於寂靜而不畜眾者）
其數難喻，（皆）從「地」踊出。	如是「等比」（同輩之菩薩大眾），無	如是「等比」（同輩之菩薩大眾），無

量無邊,算數譬喻所不能知。	量無邊,算數譬喻所不能知。

五－14 無量千萬億菩薩從「地」踊出,向多寶佛、釋迦佛二世尊「讚歎」,長達「五十小劫」。佛以神力故,令諸大眾謂如「半日」。

西晉‧竺法護譯 《正法華經》	後秦‧鳩摩羅什譯 《妙法蓮華經》	隋‧闍那崛多、達磨笈多共譯 《添品妙法蓮華經》
⑱或從「上、下」,或「四方」來,至忍世界(婆婆世界),悉住空中,見于滅度多寶世尊、能仁(釋迦佛)大聖,(皆)各處(於)七寶樹下,坐師子床。(諸從地踊出之菩薩)尋(隨即)稽首禮二如來、至真、等正覺,右繞三匝,却住一面。或有菩薩,以若干「品」(varga 篇;章),(及)奇妙之誼(同「義」),諮嗟〔(讚歎)二尊(多寶佛、釋迦佛),讚詠諸佛。	⑱是諸菩薩,從「地」出已,各詣虛空(之)「七寶妙塔」,多寶如來(因多寶佛塔此時仍住立於虛空)、(及)釋迦牟尼佛所。到已,向「二世尊」頭面禮足,及至諸寶樹下「師子座」上佛(之處)所,亦皆作禮。右繞三匝,合掌恭敬,以諸菩薩種種「讚法」而以「讚歎」,住在一面,欣(喜)樂(悅)瞻仰於「二世尊」(多寶佛、釋迦佛)。	⑱是諸菩薩,從「地」出已,各詣虛空(之)「七寶妙塔」,多寶如來(因多寶佛塔此時仍住立於虛空)、(及)釋迦牟尼佛所。到已,向「二世尊」頭面禮足,及至諸寶樹下「師子座」上佛(之處)所,亦皆作禮。右繞三匝,合掌恭敬,以諸菩薩種種「讚法」而以「讚歎」,住在一面,欣(喜)樂(悅)瞻仰於「二世尊」(多寶佛、釋迦佛)。
⑲(從地踊出之菩薩)從(最初)始已來,假使具足「五十中劫」,(亦)不能「究暢」(究竟圓滿的讚詠)能仁(釋迦佛)世尊(能)為(精)勤「苦行」(之德),(諸同樣)與(與➜讚揚)佛(之)別來(各別而來菩薩眾),亦復如是(讚揚佛德)。	⑲是諸菩薩摩訶薩,(自)從(最初)「(從地)踊出」,以諸菩薩種種「讚法」而讚於(二尊)佛,如是時間,經「五十小劫」。	⑲是諸菩薩摩訶薩,(自)從(最初)「(從地)踊出」,以諸菩薩種種「讚法」而讚於(二尊)佛,如是時間,經「五十小劫」。
⑳(時)四部眾會,(與釋迦佛一樣平)等無差(別)特(異),亦復「默然」(的接受「從地踊出諸菩薩」之「讚詠」)。	⑳是時釋迦牟尼佛「默然」而坐(受諸菩薩之讚歎),及諸四眾,亦皆默然「五十小劫」。佛「神力」故,令諸大眾,謂如「半日」。	⑳是時釋迦牟尼佛「默然」而坐(受諸菩薩之讚歎),及諸四眾,亦皆默然「五十小劫」。佛「神力」故,令諸大眾,謂如「半日」。

五－25有<u>上行</u>、<u>無邊行</u>、<u>淨行</u>、<u>安立行</u>等四位上首菩薩，問訊世尊。亦令眾生皆能得聞《法華經》，入於「佛慧」

西晉·竺法護譯 《正法華經》	後秦·鳩摩羅什譯 《妙法蓮華經》	隋·闍那崛多、達磨笈多共譯 《添品妙法蓮華經》
壹爾時世尊，即如(其原本之)「色像」(而)現其「神足」(神通具足)，令四部眾，悉得普見(從他方來之諸菩薩眾)。(如來)又使(四部眾能)念知此忍世界(娑婆世界)，(有)諸菩薩眾於「虛空」中，(彼菩薩眾)各各攝護(攝受擁護)百千佛土(亦包括擁護我們這個娑婆世界)，諸菩薩眾，皆(遍)滿具足(於)百千佛土。	壹爾時四眾，亦以「佛神力」故，見諸菩薩，遍滿無量百千萬億「國土虛空」。	壹爾時四眾，亦以「佛神力」故，見諸菩薩，遍滿無量百千萬億「國土虛空」。
貳又此大眾，有四菩薩以為元首，其名曰： ❶種種行菩薩。 ❷無量行菩薩。 ❸清淨行菩薩。 ❹建立行菩薩。 是為四。於無限無量塵數雲集，大會菩薩之上最也。	貳是菩薩眾中，有四導師： 一名：<u>上行</u>。 二名：<u>無邊行</u>。 三名：淨行。 四名：<u>安立行</u>。 是四菩薩，於其眾中，最為「上首」(首位)唱導之師。	貳是菩薩眾中，有四導師： 一名：<u>上行</u>。 二名：<u>無邊行</u>。 三名：淨行。 四名：<u>安立行</u>。 是四菩薩，於其眾中，最為「上首」(首位)唱導之師。
參於是四菩薩大士，各與大眾不可思議，部部(每一部)住立，於世尊前叉手(即「金剛合掌」，即合掌交叉兩手之指頭)白曰：大聖體尊，起居康強？蠲除眾疾，所行安耶？群生各各善順「(戒)律行」？處于清涼無「眾患」乎？此類(眾生)將無興(生起惡業而)「墜嶮谷」？	參(此四菩薩)在大眾前，各共合掌，觀<u>釋迦牟尼佛</u>，而問訊言：世尊！少病？少惱？安樂行不？(娑婆世界之)所應度者，(接)受教(導)易不？不令世尊生疲勞耶？	參(此四菩薩)在大眾前，各共合掌，觀<u>釋迦牟尼佛</u>，而問訊言：世尊！少病？少惱？安樂行不？(娑婆世界之)所應度者，(接)受教(導)易不？不令世尊生疲勞耶？
肆時四菩薩大士(種種行菩薩、無量行菩薩、清淨行菩薩、建立行菩薩)，以偈讚曰：	肆爾時四大菩薩(上行、無邊行、淨行、安立行)而說偈言：	肆爾時四大菩薩(上行、無邊行、淨行、安立行)而說偈言：

世雄(喻佛)闡光曜,所行康強耶
救脫現在者,衆行無患難。
衆生善因室,決受諦清淨,
得無起疲厭,寧受世(獅子)吼命

㊄爾時世尊告衆大會諸菩
薩曰:諸族姓子(善男子),佛所
行「安」,無疾無患,衆庶(衆生)
各各悉受「律行」,善學道教,
不敢興(生起)厭(滿足),欲至「嚴
淨」(莊嚴清淨佛國)。

㊅所以者何?斯之「品類」
(指從地踊出諸菩薩),乃於往古(宿
世),(於)諸(如來)平等(正)覺(之
所),各各(已)作(修善)行。是諸
「聲聞」,信樂吾(釋迦佛)教,(皆)
入于「佛慧」。又各各異(不同),
(亦有)「三乘」(聲聞乘、緣覺乘、菩薩
乘)學者,(或只)住「聲聞乘」
(者)。我悉(令彼)立志,(度)入「佛
大慧」。

㊆時諸菩薩而歎頌曰:

善哉快世尊,我等悉勸助,
乃令衆生一,善化微妙律。
欲得聞大聖,教命詢深要,
聽之歡喜信,乃入法供養。

㊇於是世尊,讚大會(四位爲
首之)菩薩曰:善哉!善哉!諸
族姓子(善男子),誠如所云。如
來所詔(教導;告誡衆生),各隨
「權宜」(善巧方便),(而)不違本

世尊安樂,少病少惱,
教化衆生,得無疲倦。
又諸衆生,受化易不?
不令世尊,生疲勞耶?

㊄爾時世尊,於菩薩大衆
中,而作是言:如是!如是!
諸善男子!如來安樂,少
病、少惱;(娑婆世界之)諸衆生
等,易可化度,無有疲勞。

㊅所以者何?是諸衆生,
世世已來,常受我(釋迦佛)化
(度),亦於「過去諸佛」,供養
尊重,種諸善根。此諸衆生,
始見我(釋迦佛)身,聞我所說,
即皆信受,入「如來慧」(指《華
嚴經》之「四十一位法身大士」,聞法信解,
入佛智慧);除先修習學「小乘」
者(唯除最先不解《華嚴》大教,而先習小
乘者)。如是之人(指習小乘鈍根之
人),我今亦令得聞是經(《法華
經》),入於「佛慧」。

㊆爾時諸大菩薩,而說偈
言:

善哉善哉!大雄世尊!
諸衆生等,易可化度。
能問諸佛,甚深智慧,
聞已信行,我等隨喜。

㊇於時世尊讚歎「上首」諸
(四)大菩薩:善哉!善哉!善
男子!汝等能於如來發「隨喜
心」。

世尊安樂,少病少惱,
教化衆生,得無疲倦。
又諸衆生,受化易不?
不令世尊,生疲勞耶?

㊄爾時世尊,於菩薩大衆
中,而作是言:如是!如是!
諸善男子!如來安樂,少
病、少惱;(娑婆世界之)諸衆生
等,易可化度,無有疲勞。

㊅所以者何?是諸衆生,
世世已來,常受我(釋迦佛)化
(度),亦於「過去諸佛」,供養
尊重,種諸善根。此諸衆生,
始見我(釋迦佛)身,聞我所說,
即皆信受,入「如來慧」(指《華
嚴經》之「四十一位法身大士」,聞法信解,
入佛智慧);除先修習學「小乘」
者(唯除最先不解《華嚴》大教,而先習小
乘者)。如是之人(指習小乘鈍根之
人),我今亦令得聞是經(《法華
經》),入於「佛慧」。

㊆爾時諸大菩薩,而說偈
言:

善哉善哉!大雄世尊!
諸衆生等,易可化度。
能問諸佛,甚深智慧,
聞已信行,我等隨喜。

㊇於時世尊讚歎「上首」諸
(四)大菩薩:善哉!善哉!善
男子!汝等能於如來發「隨喜
心」。

旨。(欲令眾生皆入「一佛乘」之最終本旨)		

五－16 彌勒及「八千」恒河沙菩薩眾，欲問諸菩薩「從地踊出」之因緣

西晉·竺法護譯《正法華經》	後秦·鳩摩羅什譯《妙法蓮華經》	隋·闍那崛多、達磨笈多共譯《添品妙法蓮華經》
電時彌勒大士，及餘「八億」恒沙菩薩，俱舉聲而歎頌曰： 從古以來，未曾見聞， 乃有爾所，菩薩之眾， 從地踊出，住世尊前， 供奉歸命。是等儔類， 從何來乎？	電爾時彌勒菩薩，及「八千」恒河沙諸菩薩眾，皆作是念：我等從昔已來，不見、不聞如是「大菩薩」摩訶薩眾，從「地」踊出；(及)住(於)世尊前，合掌、供養，問訊如來。	電爾時彌勒菩薩，及「八千」恒河沙諸菩薩眾，皆作是念：我等從昔已來，不見、不聞如是「大菩薩」摩訶薩眾，從「地」踊出；(及)住(於)世尊前，合掌、供養，問訊如來。
貳彌勒(菩薩)即知「八億」恒沙菩薩「心之所念」，尋時(隨即)又手(即「金剛合掌」，即合掌交叉兩手之指頭)，以頌問曰：	貳時彌勒菩薩摩訶薩，知「八千」恒河沙諸菩薩等「心之所念」，幷欲自(解)決所疑，合掌向佛，以偈問曰：	貳時彌勒菩薩摩訶薩，知「八千」恒河沙諸菩薩等「心之所念」，幷欲自(解)決所疑，合掌向佛，以偈問言：
無央數百千，於算巨億載， 不可稱限量，未曾見菩薩， 來詣兩足尊，曷因是何等？ 大通所從來，其像巨億長， 一切志強勇，猛雄為大聖， 端正可欽敬，今為所從來？ 世尊一一見，慧雅諸菩薩， 眷屬無央數，猶如江河沙， 其數超江河，具足度佛法， 諸菩薩眷屬，皆建正覺道。 如是群英倫，集會禮大聖， 具足滿六十，百千江河沙， 其數過於彼，眷屬無思想。 五百江河沙，或四或三百， 或二百江河，諸營從如是。 其限復殊此，或五或復十，	無量千萬億，大眾諸菩薩， 昔所未曾見，願兩足尊說， 是從何所來，以何因緣集？ 巨身大神通，智慧叵思議， 其志念堅固，有大忍辱力， 眾生所樂見，為從何所來？ 一一諸菩薩，所將諸眷屬， 其數無有量，如恒河沙等。 或有大菩薩，將六萬恒沙， 如是諸大眾，一心求佛道。 是諸大師等，六萬恒河沙， 俱來供養佛，及護持是經。 將五萬恒沙，其數過於是。 四萬及三萬、二萬至一萬， 一千一百等，乃至一恒沙、 半及三四分，億萬分之一，	無量千萬億，大眾諸菩薩， 昔所未曾見；願兩足尊說， 是從何所來？以何因緣集？ 巨身大神通，智慧叵思議， 其志甚堅固，有大忍辱力， 眾生所樂見，為從何所來？ 一一諸菩薩，所將諸眷屬， 其數無有量，如恒河沙等； 或有大菩薩，將六萬恒沙， 如是諸大眾，一心求佛道， 是諸大師等，六萬恒河沙， 俱來供養佛，及護持是經。 將五萬恒沙，其數過於是， 四萬及三萬，二萬至一萬， 一千一百等，乃至一恒沙， 半及三四分，億萬分之一；

一一諸眷屬，世尊大聖子，
斯眾緣何來，至于導師所？
或四三或二，或一江河沙，
恒沙數各來，伴侶悉善學，
甚多不可限，除住空中者，
於億百千劫，不可卒合聚。
半江或三分，或十或二十，
具足眾立行，明哲眾菩薩，
俱住於空中，其限不可量，
現別無彼此，億劫行清淨。
又無量異部，眷屬不可議，
億億復超億，或有半億者，
或十或二十，五四三或二，
諸雄從眷屬，無能籌量者。
身各自修行，寂寞樂等遵，
恬怕如虛空，別來者無限。
猶如江河劫，莫能有計者，
在精舍寂室，各從其方來。
一切天神聖，皆用尊故至，
諸菩薩雄猛，何從忽見此？
誰為彼說經？誰立於佛道？
為顯何佛教？建立何佛行？
細微各可敬，普從四方來，
因明目神足，大慧忽然現。
於羸曠(疲困)世界，能仁令充備
仁賢諸菩薩，倫黨自然至。
從生出已來，未見如斯變，
願說其國土，大聖哀盡名。
十方所從來，各懷十八法，
吾未曾得見，如斯等菩薩。
我為最勝子，未曾見聞此，
今斯若干眾，能仁願說行。
菩薩無數千，百姟難可限，
諸億千無量，本為何所處？
諸菩薩勇猛，志性不可量，
如是之等類，大雄願說之。

千萬那由他，萬億諸弟子，
乃至於半億，其數復過上。
百萬至一萬，一千及一百，
五十與一十，乃至三二一，
單己無眷屬，樂於獨處者，
俱來至佛所，其數轉過上。
如是諸大眾，若人行籌數，
過於恒沙劫，猶不能盡知。
是諸大威德，精進菩薩眾，
誰為其說法，教化而成就？
從誰初發心？稱揚何佛法？
受持行誰經？修習何佛道？
如是諸菩薩，神通大智力，
四方地震裂，皆從中踊出。
世尊我昔來，未曾見是事，
願說其所從，國土之名號。
我常遊諸國，未曾見是眾，
我於此眾中，乃不識一人，
忽然從地出，願說其因緣。
今此之大會，無量百千億，
是諸菩薩等，皆欲知此事。
是諸菩薩眾，本末之因緣，
無量德世尊，唯願決眾疑。

千萬那由他，萬億諸弟子，
乃至於半億，其數復過上，
百萬至一萬，一千及一百，
五十與一十，乃至三二一，
單己無眷屬，樂於獨處者，
俱來至佛所，其數轉過上，
如是諸大眾，若人行籌數，
過於恒沙劫，猶不能盡知。
是諸大威德，精進菩薩眾，
誰為其說法，教化而成就？
從誰初發心？稱揚何佛法？
受持行誰經？修習何佛道？
如是諸菩薩，神通大智力，
四方地震裂，皆從中踊出。
世尊我昔來，未曾見是事，
願說其所從，國土之名號？
我常遊諸國，未曾見是眾，
我於此眾中，乃不識一人，
忽然從地出，願說其因緣？
今此之大會，無量百千億，
是諸菩薩等，皆欲知此事；
是諸菩薩眾，本末之因緣，
無量德世尊，唯願決眾疑。

五-17 「分身」<u>釋迦佛</u>所帶的「侍者」，亦欲問諸菩薩「從地踊出」之因緣

西晉・竺法護譯《正法華經》	後秦・鳩摩羅什譯《妙法蓮華經》	隋・闍那崛多、達磨笈多共譯《添品妙法蓮華經》
㊀爾時「他方世界」(「分身」之<u>釋迦佛</u>)無央數億百千姟諸如來、至真、等正覺，普從十方，詣<u>能仁</u>(<u>釋迦</u>)如來勸說法者，各各坐于「七寶樹」下，師子之床。	㊀爾時<u>釋迦牟尼</u>(之)「分身」諸佛(指前「見寶塔品」文中<u>釋迦</u>佛於十方世界說法之「分身」)，從無量千萬億他方國土來者，在於「八方」諸寶樹下，師子座上，結「加趺坐」。	㊀爾時<u>釋迦牟尼</u>佛「分身」諸佛(指前「見寶塔品」文中<u>釋迦</u>佛於十方世界說法之「分身」)，從無量千萬億他方國土來者，在於「八方」諸寶樹下，師子座上，結「加趺坐」。
㊁是諸如來「侍者」(指「分身」<u>釋迦</u>佛所帶的侍者)，各各見諸菩薩，無量大會，部部變化，從「地」踊出，各各住立，自問其佛(各自問自己所之佛)：此諸菩薩大士之等，從何所來，不可計量，無有邊際？	㊁其佛「侍者」(指「分身」<u>釋迦</u>佛所帶的侍者)，各各見是菩薩大眾，於三千大千世界四方，從「地」踊出，住於「虛空」。各白其佛言(各自問自己所師之佛)：世尊！此諸無量無邊阿僧祇菩薩大眾，從何所來？	㊁其佛「侍者」(指「分身」<u>釋迦</u>佛所帶的侍者)，各各見是菩薩大眾，於三千大千世界四方，從「地」踊出，住於「虛空」。各白其佛言(各自問自己所師之佛)：世尊！此諸無量無邊阿僧祇菩薩大眾，從何所來？
㊂時彼諸佛，各各告其「侍者」(指「分身」<u>釋迦</u>佛所帶的侍者)曰：諸族姓子(善男子)！且待須臾，有菩薩名<u>彌勒</u>，為<u>能仁</u>(<u>釋迦</u>)如來所授決，當逮(到)「無上正真道成最正覺」，(<u>彌勒</u>亦曾)自問<u>能仁</u>(<u>釋迦</u>佛)，如爾所(疑)怪，佛(將)為一一(逐一：一個一個地；完全)分別誼歸(義理之所歸處)，(汝等)悉靜一心，而俱聽之。	㊂爾時諸佛，各告「侍者」(指「分身」<u>釋迦</u>佛所帶的侍者)：諸善男子！且待須臾，有菩薩摩訶薩，名曰<u>彌勒</u>，<u>釋迦牟尼</u>佛之所「授記」，次後作佛，(前文)以問(過)斯(此)事，佛今答之(佛準備於今回答<u>彌勒</u>，汝即可順便得知答案)，汝(指「分身」<u>釋迦</u>佛所帶的侍者)等自當，因是得聞。	㊂爾時諸佛，各告「侍者」(指「分身」<u>釋迦</u>佛所帶的侍者)：諸善男子！且待須臾，有菩薩摩訶薩，名曰<u>彌勒</u>，<u>釋迦牟尼</u>佛之所「授記」，次後作佛，(前文)已問(過)斯(此)事，佛今答之(佛準備於今回答<u>彌勒</u>，汝即可順便得知答案)，汝(指「分身」<u>釋迦</u>佛所帶的侍者)等自當，因是得聞。

五-18 如來今欲顯發宣示：❶諸佛智慧。❷諸佛自在神通之力。❸諸佛師子奮迅之力。❹諸佛威猛大勢之力

西晉・<u>竺法護</u>譯《正法華經》	後秦・<u>鳩摩羅什</u>譯《妙法蓮華經》	隋・<u>闍那崛多</u>、<u>達磨笈多</u>共譯《添品妙法蓮華經》
㊀爾時佛告<u>彌勒</u>大士：善哉！<u>阿逸</u>(<u>彌勒菩薩</u>)！仁者所問	㊀爾時<u>釋迦牟尼</u>佛告<u>彌勒</u>菩薩：善哉！善哉！<u>阿逸多</u>	㊀爾時<u>釋迦牟尼</u>佛告<u>彌勒</u>菩薩：善哉！善哉！<u>阿逸多</u>

（指諸菩薩能「從地踊出」之因緣），極大微妙，優奧（優雅奧絕）難量。且聽！且聽！今吾說之。一切菩薩及諸會者，普當「堅固」，強猛力勢於「無上意」。當知如來：

❶（智）慧（知）見無底（限）。
❷諸大聖（所）立（之）「境界」無量。
❸（佛之）「禪定、智慧」，（及）所樂（之禪定智慧）「自恣」（喜悅），（其境界皆）莫能宣暢，而「剖判」（辨別；判斷）說。

❹（佛以）方便興化（興起教化、度化之事），（亦）不可限量。

㊋時佛頌曰：

諸族姓子，皆聽佛道，
今吾所說，慧柔和悅。
若明達者，以為美香，
如來之慧，不可思議。
皆當強意，普存堅固，
各建立志，一心平等。
大聖難值，愍哀世間，
今當聽受，未曾有法。
佛當建立，仁者諸黨，
一切無得，生狐疑心。
導師所詔，令無有異，
其慧平等，安隱無特。
安住所療，法甚深奧，
非心所思，不可限量。
今當講說，無極因緣，
普共聽之，義何所趣。

（彌勒菩薩）！乃能問佛如是「大事」（指諸菩薩能「從地踊出」之因緣）。汝等當共「一心」，被（ㄆㄧ）「精進鎧」，發「堅固意」，如來今欲顯發（彰顯闡發）宣示：

❶諸佛智慧。
❷諸佛自在神通之力。

❸諸佛師子奮迅之力。（獅子奮起之時，諸根開張，身毛皆豎，其勢迅速勇猛，此喻佛之「大威神力」。蓋佛「奮迅」其「大悲法界」之身，豎其「悲毛」，復現「應機」之威力，可令眾佛子增長百千諸「三昧海」及「陀羅尼海」）
❹諸佛威猛大勢之力。

㊋爾時世尊，欲重宣此義，而說偈言：

當精進一心，我欲說此事，
勿得有疑悔，佛智叵（ㄆㄛ）思議。
汝今出信力，住於忍善中，
昔所未聞法，今皆當得聞。
我今安慰汝，勿得懷疑懼，
佛無不實語，智慧不可量。
所得第一法，甚深叵（ㄆㄛ）分別，
如是今當說，汝等一心聽。

（彌勒菩薩）！乃能問佛如是「大事」（指諸菩薩能「從地踊出」之因緣）。汝等當共「一心」，被（ㄆㄧ）「精進鎧」，發「堅固意」，如來今欲顯發（彰顯闡發）宣示：

❶諸佛智慧。
❷諸佛自在神通之力。

❸諸佛師子奮迅之力。（獅子奮起之時，諸根開張，身毛皆豎，其勢迅速勇猛，此喻佛之「大威神力」。蓋佛「奮迅」其「大悲法界」之身，豎其「悲毛」，復現「應機」之威力，可令眾佛子增長百千諸「三昧海」及「陀羅尼海」）
❹諸佛威猛大勢之力。

㊋爾時世尊，欲重宣此義，而說偈言：

當精進一心，我欲說此事，
勿得有疑悔，佛智叵（ㄆㄛ）思議。
汝今出信力，住於忍善中，
昔所未聞法，今皆當得聞。
我今安慰汝，勿得懷疑懼，
佛無不實語，智慧不可量，
所得第一法，甚深叵（ㄆㄛ）分別；
如是今當說，汝等一心聽。

五－19「從地踊出」之諸菩薩，皆由<u>釋迦</u>佛所教化。彼等菩薩常樂於「諸佛之法」，一心精進，求無上慧

西晉·竺法護譯《正法華經》	後秦·鳩摩羅什譯《妙法蓮華經》	隋·闍那崛多、達磨笈多共譯《添品妙法蓮華經》
⑤世尊歎已，告<u>彌勒</u>(菩薩)曰：(吾將)班宣(頒布宣諭於)一切(大眾)。	⑤爾時世尊，說此偈已，告<u>彌勒</u>菩薩：我今於此大眾，宣告汝等。	⑤爾時世尊，說此偈已，告<u>彌勒</u>菩薩：我今於此大眾，宣告汝等。
⑥<u>阿逸</u>(彌勒菩薩)！欲知此諸菩薩「大士」，眾會無量不可思議，各各從「地」而踊出者，昔所「不見」，皆集忍界(娑婆世界)。吾(釋迦佛)始逮(到)「無上正真道成最正覺」時，(已)勸(勉眾生)悅(令得喜悅)斯等(→指從地踊出諸菩薩)，立「不退轉」，使成「大道」，教授「化立」(度化眾生使立志於佛道)。	⑥<u>阿逸多</u>(彌勒菩薩)！是諸大菩薩摩訶薩，無量無數阿僧祇，從「地」踊出，汝等昔所「未見者」，我(釋迦佛)於是娑婆世界得「阿耨多羅三藐三菩提」已，教化示導(開示教導)是諸「菩薩」，調伏其心，令發道意。	⑥<u>阿逸多</u>(彌勒菩薩)！是諸大菩薩摩訶薩，無量無數阿僧祇，從「地」踊出，汝等昔所「未見者」，我(釋迦佛)於是娑婆世界得「阿耨多羅三藐三菩提」已，教化示導(開示教導)是諸「菩薩」，調伏其心，令發道意。
⑦族姓(善男子)！開士(菩薩)大士之眾(→指從地踊出之諸菩薩)，(原)處于(娑婆世界之)「下方」，而於其中，(釋迦佛對諸菩薩皆)有所救護(救助保護)。(彼皆已能)讚經、諷誦，思惟「禪定」，專(心)察(觀照)其歸(義理之所歸處)，欣然「悅豫」(喜悅;愉快)，樂☉「無為」行。	⑦此諸菩薩，皆於是娑婆世界之「下」，(今於)此(娑婆世界)「虛空」中住，(此諸菩薩)於諸經典，(皆能)讀誦、通利(通暢;無阻礙;無有忘失)、思惟分別、正憶念。	⑦此諸菩薩，皆於是娑婆世界之「下」，(今於)此(娑婆世界)「虛空」中住，(此諸菩薩)於諸經典，(皆能)讀誦、通利(通暢;無阻礙;無有忘失)、思惟分別、正憶念。
⑧諸「族姓子」(善男子→指從地踊出之諸菩薩)，(皆)志于「恬怕」(清淨淡泊)，不存遠近「天上、人間」(心不依附於遠處之「天上」、近處之「人間」二處，應專心於求解脫之佛道)。常應專修(專心求解脫之佛道)，轉於「法輪」，(修)無為(法)、(修)無會(法)。	⑧<u>阿逸多</u>(彌勒菩薩)！是諸「善男子」(指從地踊出之諸菩薩)等，不樂在眾多有「所說」(因多言無益也)；常樂「靜處」，勤行「精進」，未曾休息；亦不依止「人、天」而住(心不依附於「人間、天上」二處，應專心求解脫之佛道)。	⑧<u>阿逸多</u>(彌勒菩薩)！是諸「善男子」(指從地踊出之諸菩薩)等，不樂在眾多有「所說」(因多言無益也)；常樂「靜處」，勤行「精進」，未曾休息；亦不依止「人、天」而住(心不依附於「人間、天上」二處，應專心求解脫之佛道)。

| ⑤（從地踊出之諸菩薩）好（甚）深「神通」（般若神通具足之力），（以）「法樂」為樂，（且）志願「精進」，求于「佛慧」。 | ⑤（從地踊出之諸菩薩）常樂「深智」，無有障礙，亦常樂於「諸佛之法」，一心精進，求「無上慧」。 | ⑤（從地踊出之諸菩薩）常樂「深智」，無有障礙，亦常樂於「諸佛之法」，一心精進，求「無上慧」。 |

五－20 爾時世尊，欲重宣此義，而說偈言

西晉・竺法護譯《正法華經》	後秦・鳩摩羅什譯《妙法蓮華經》	隋・闍那崛多、達磨笈多共譯《添品妙法蓮華經》
於時世尊而歎頌曰： 今此無數，諸菩薩眾， 不可思議，無能限量， 造行億數，不可限劫， 殖積神足，博聞智慧。 吾悉勸誘，於大聖道， 今佛一切，皆授其決。 斯諸菩薩，悉佛眾子， 皆為住止，於吾國土。 悉捨棄離，諸所習地， 一切皆處，閑居得度。 斯諸佛子，所行無為， 精修學習，奉遵上道。 斯聰哲者，在于下方， 今日故來，攝護國土。 晝夜精進，無有逸慢， 積累德行，分別佛道， 常行勤修，立於慧力， 一切意堅，而無限量， 志常勇猛，思惟法典， 普悉是吾，達清淨子。 吾初逮成，為佛道時， 在於城中，若樹無著， 則便講演，無上法輪， 勸立其志，於尊佛道。 今佛所說，至誠無漏，	爾時世尊，欲重宣此義，而說偈言： 阿逸汝當知！是諸大菩薩， 從無數劫來，修習佛智慧， 悉是我所化，令發大道心。 此等是我子，依止是世界， 常行頭陀事，志樂於靜處， 捨大眾憒閙，不樂多所說。 如是諸子等，學習我道法， 晝夜常精進，為求佛道故， 在娑婆世界，下方空中住。 志念力堅固，常勤求智慧， 說種種妙法，其心無所畏。 我於伽耶城，菩提樹下坐， 得成最正覺，轉無上法輪， 爾乃教化之，令初發道心， 今皆住不退，悉當得成佛。 我今說實語，汝等一心信， 我從久遠來，教化是等眾。	爾時世尊，欲重宣此義，而說偈言： 阿逸汝當知！是諸大菩薩， 從無數劫來，修習佛智慧， 悉是我所化，令發大道心。 此等是我子，依止是世界， 常行頭陀事，志樂於靜處， 捨大眾憒閙，不樂多所說。 如是諸子等，學習我道法， 晝夜常精進，為求佛道故， 在娑婆世界，下方空中住， 志念力堅固，常勤求智慧， 說種種妙法，其心無所畏。 我於伽耶城，菩提樹下坐， 得成最正覺，轉無上法輪， 爾乃教化之，令初發道心， 今皆住不退，悉當得成佛。 我今說實語，汝等一心信， 我從久遠來，教化是等眾。

聞佛歎詠，皆當信之。 開化發起，此諸群英， 從久曩來，立尊正道。		

五－21 彌勒菩薩請佛宣説，云何世尊能於「四十年」時間，而教化無量無邊阿僧祇諸大菩薩

西晉・竺法護譯 《正法華經》	後秦・鳩摩羅什譯 《妙法蓮華經》	隋・闍那崛多、達磨笈多共譯 《添品妙法蓮華經》
壹爾時彌勒大士，聞佛說彼菩薩之眾，億百千姟，數難計會，心用愕ㄜ(驚訝)如(為「形容詞」之後綴語，猶「然」義)，怪未曾有。	壹爾時，彌勒菩薩摩訶薩及無數諸菩薩等，心生疑惑，怪未曾有，而作是念：	壹爾時，彌勒菩薩摩訶薩及無數諸菩薩等，心生疑惑，怪未曾有，而作是念：
	貳云何世尊於「少時間」(謂佛成道四十餘年)，(能)教化如是無量無邊阿僧祇「諸大菩薩」(大眾懷疑「從地涌出」諸大菩薩並非佛之度化?)，令住「阿耨多羅三藐三菩提」？	貳云何世尊於「少時間」(謂佛成道四十餘年)，(能)教化如是無量無邊阿僧祇「諸大菩薩」(大眾懷疑「從地涌出」諸大菩薩並非佛之度化?)，令住「阿耨多羅三藐三菩提」？
參(彌勒菩薩)白世尊曰：云何大聖，處迦維羅衛(Kapila-vastu佛陀出生處)釋氏(釋迦氏族)王宮(淨飯王宮殿)，為「太子」時，委國重位，(及)眾女之娛。(能)出適(往)「道場」，坐于樹下，得「無上正真道成最正覺」，從來近近，甫(才)「四十年」。	參(彌勒菩薩)即白佛言：世尊！如來為「太子」時，出於釋(釋迦氏族)宮(淨飯王宮殿)，(前)去(菩提)伽耶(Buddha-gayā)城不遠(之處)，坐於道場，得成「阿耨多羅三藐三菩提」。從是已來，始過「四十餘年」(佛19歲逾城出家，6年苦行，5年遊歷，30歲成道。說《法華》時72歲，故云始過四十餘年)。	參(彌勒菩薩)即白佛言：世尊！如來為「太子」時，出於釋(釋迦氏族)宮(淨飯王宮殿)，(前)去(菩提)伽耶(Buddha-gayā)城不遠(之處)，坐於道場，得成「阿耨多羅三藐三菩提」。從是已來，始過「四十餘年」(佛19歲逾城出家，6年苦行，5年遊歷，30歲成道。說《法華》時72歲，故云始過四十餘年)。
肆而(世尊)所教化，所度(眾生)無量，乃復(令眾生)爰(及;到)發(生)「諸佛境界」。(如來於眾生)多所勸益(勸勉利益)，(如來)所建「權慧」(善權方便智慧)，而不可議。	肆世尊！云何於此「少時」(四十年很少的時間內)，大作佛事，以佛「勢力」、以佛「功德」，教化如是無量「大菩薩眾」，當成「阿耨多羅三藐三菩提」？	肆世尊！云何於此「少時」(四十年很少的時間內)，大作佛事，以佛「勢力」、以佛「功德」，教化如是無量「大菩薩眾」，當成「阿耨多羅三藐三菩提」？

(伍)今是(從地踊出之)菩薩大會之眾，悉皆(為)「如來」之所開導，(其)部黨(徒黨隨眾)部黨(徒黨隨眾)，眾多無量。(皆已)久修「梵行」，殖眾德本，(曾)供養無數百千諸佛。假使欲計(算)，(自從彼等)成就已來，劫數(亦)無限。	(伍)世尊！此大菩薩眾，假使有人，於千萬億劫，數不能盡，不得其邊。斯等(指「從地涌出」諸大菩薩)久遠已來，(已)於無量無邊諸佛所，殖諸善根，成就「菩薩道」，常修「梵行」。	(伍)世尊！此大菩薩眾，假使有人，於千萬億劫，數不能盡，不得其邊。斯等(指「從地涌出」諸大菩薩)久遠已來，(已)於無量無邊諸佛所，殖諸善根，成就「菩薩道」，常修「梵行」。
(陸)彌勒(菩薩)又啓：欲引微喻(少許的譬喻)，譬如士夫，年二十五(此喻佛陀為眾生之父，因服「返老還童藥」，故雖老而少)，首髮(頭髮)美黑，姿體(相貌；身材)「鮮澤」(鮮明而有光澤)，被服「璨麗」(明亮鮮麗)，端嚴(端莊嚴謹)殊妙(特殊絕妙)，(卻)常懷恐懼，見「百歲子」(此喻「兒子」，因不服「返老還童藥」，故雖少而老；云「百歲子」)。	(陸)世尊！如此之事，世所難信。譬如有人(此喻「佛陀」，為眾生之父，因服「返老還童藥」，故雖老而少)，色美「髮黑」，年「二十五」，指(著)「百歲人」(此喻「兒子」，因不服「返老還童藥」，故雖少而老，所以竺法護譯本云「百歲子」)言： (你)是我(兒)子。	(陸)世尊！如此之事，世所難信。譬如有人(此喻「佛陀」，為眾生之父，因服「返老還童藥」，故雖老而少)，色美「髮黑」，年「二十五」，指(著)「百歲人」(此喻「兒子」，因不服「返老還童藥」，故雖少而老，所以竺法護譯本云「百歲子」)言： (你)是我(兒)子。
其父謂言： 族姓子(善男子)！來！爾則我子。		
其「百歲子」(雖少而老)，謂「二十五歲人」(故雖老而少)： 是我之父！	其「百歲人」(兒子雖少而老，故竺法護譯本云「百歲子」)，亦指「年少」(喻佛陀雖老而少)言： (你)是我父(親)，生育我等。 是事難信。(關於此種「父少」而「子老」之事，舉世皆不信也)	其「百歲人」(兒子雖少而老，故竺法護譯本云「百歲子」)，亦指「年少」(喻佛陀雖老而少)言： (你)是我父(親)，生育我等。 是事難信。(關於此種「父少」而「子老」之事，舉世皆不信也)
父則察知，口自說言： 是我之子！		
如是世尊！世俗之人，所不信者，而令得信。		

五－22 為免除「新發意」菩薩，及未來世諸善男子聞「世尊能於四十年教化無量菩薩事」；因生疑慮而起「破法罪業」因緣

西晉·竺法護譯《正法華經》	後秦·鳩摩羅什譯《妙法蓮華經》	隋·闍那崛多、達磨笈多共譯《添品妙法蓮華經》
㊀佛亦如是，成佛未久(指四十餘年而已)，今有若干億百千數(從地踊出之菩薩眾)，(皆已)久修「梵行」，長夜「遵倚」(遵循倚重於修行)，在於「道慧」。(彼已)勸進現在無量之眾，曉了「坐定」(入座修習禪定)，起立方便。(皆已)成「大神通」，聰明智慧，住于「佛地」。(皆已久)習佛慧誼(同「義」)，(彼等)於世希有，(皆已)建(立)「大聖力」。	㊀佛亦如是，得道已來，其實未久(指四十餘年而已)，而此(從地踊出之)大眾諸菩薩等，(皆)已於無量千萬億劫，為(修學)「佛道」故，懃行精進，善「入、出、住」(於)無量百千萬億三昧。(已)得「大神通」，久修「梵行」，(已)善能次第習諸「善法」，(且)巧於問答。(已為)人中之寶，(於)一切世間(中)，(已為)甚為希有(之眾)。	㊀佛亦如是，得道已來，其實未久(指四十餘年而已)，而此(從地踊出之)大眾諸菩薩等，(皆)已於無量千萬億劫，為(修學)「佛道」故，懃行精進，善「入、出、住」(於)無量百千萬億三昧。(已)得「大神通」，久修「梵行」，(已)善能次第集諸「善法」，(且)巧於問答。(已為)人中之寶，(於)一切世間(中)，(已為)甚為希有(之眾)。
㊁世尊(早於)往古(宿世)，亦復教化于斯品類(從地踊出之諸菩薩)，誘導(彼等)建立於「菩薩地」，(然後)當成「無上正真之道致諸正覺」，悉行方便，所作已辦。	㊁今日世尊方云：(於菩提伽耶)得「佛道」時，(最)初(度眾生)令「發心」，教化示導(開示教導)，令(彼皆)向「阿耨多羅三藐三菩提」。世尊得佛未久(四十餘年)，乃能作此大功德事。	㊁今日世尊方云：(於菩提伽耶)得「佛道」時，(最)初(度眾生)令「發心」，教化示導(開示教導)，令(彼皆)向「阿耨多羅三藐三菩提」。世尊得佛未久(四十餘年)，乃能作此大功德事。
㊂今我以受，信誓(如來之)「誠諦」(真誠諦語)。(如來能)探暢(探究通暢)既往(過去)，斷析(斷定分析)此誼(同「義」)，其唯如來(能完全通達)。(然)「新學菩薩」(nava-yāna-saṃprasthita 新發菩提心而入佛道，相當於五十二位中之「十信位」)，心懷猶豫，所不及知，(甚至於)如來滅後，聞是「經典」(《法華經》)，終不信也。(新學菩薩)以有猶豫，不遵此法，亦不「勸樂」(歡樂法喜)，(故)當獲「罪釁下」(罪行；過惡)。	㊂我等雖復信佛「隨宜」(隨眾機宜)所說。佛所出言，未曾虛妄。佛所知者，皆悉通達。然諸「新發意菩薩」(nava-yāna-saṃprasthita 新發菩提心而入佛道，相當於五十二位中之「十信位」)，於佛滅後，若聞是語，或不「信受」，而起「破法罪業」因緣。	㊂我等雖復信佛「隨宜」(隨眾機宜)所說。佛所出言，未曾虛妄。佛所知者，皆悉通達。然諸「新發意菩薩」(nava-yāna-saṃprasthita 新發菩提心而入佛道，相當於五十二位中之「十信位」)，於佛滅後，若聞是語，或不「信受」，而起「破法罪業」因緣。
㊃善哉！世尊！現說此誼	㊃唯然，世尊！願為解	㊃唯然，世尊！願為解

| (同「義」)，其有「狐疑」於斯典者，(祈)當來末世，(有)諸學「大乘」(者)，設使聞(此法)者，(皆能)令不(生起)「沈吟」(猶豫深思)。 | 說，除我等「疑」，及未來世諸善男子，聞此事已，亦不生「疑」。 | 說，除我等「疑」，及未來世諸善男子，聞此事已，亦不生「疑」。 |

五－23 **爾時彌勒菩薩，欲重宣此義，而說偈言**

西晉‧竺法護譯《正法華經》	後秦‧鳩摩羅什譯《妙法蓮華經》	隋‧闍那崛多、達磨笈多共譯《添品妙法蓮華經》
於是彌勒大士，於世尊前歎斯頌曰：	爾時彌勒菩薩，欲重宣此義，而說偈言：	爾時彌勒菩薩，欲重宣此義，而說偈言：
譬如有人，現生老子。能仁至聖，棄國捐王，生於城中，而得佛道。導師近爾，布屬尠少，今此諸樂，不退轉子，無數億劫，行救大眾，神足之力，住不可動。學智慧強，靡所不入，今來至斯，在所開通。如水蓮華，悉無所著，威神尊重，志超於世。住立恭肅，一切叉手，諸菩薩眾，如是色像。為如之何，誰當信此？惟願大聖，加哀示現，剖判分別，如審諦誼。譬如有人，而為士夫，年既幼少，髮美且黑，其人年歲，二十有五。而能產生，百歲之**男**，養育澡洗，隨時衣食，是我等父，而為最勝。一切世間，無有信者，幼稚年少，而生斯子。如是世尊，我等無失。	佛昔從釋種，出家近伽耶，坐於菩提樹，爾來尚未久。此諸佛子等，其數不可量，久已行佛道，住於神通力，善學菩薩道，不染世間法，如蓮華在水，從地而踊出，皆起恭敬心，住於世尊前。是事難思議，云何而可信？佛得道甚近，所成就甚多，願為除眾疑，如實分別說。譬如少壯人，年始二十五，示人百歲**子**，髮白而面皺，是等我所生；子亦說是父。父少而子老，舉世所不信。世尊亦如是，得道來甚近。是諸菩薩等，志固無怯弱，從無量劫來，而行菩薩道，巧於難問答，其心無所畏，忍辱心決定，端正有威德，十方佛所讚。善能分別說，不樂在人眾，常好在禪定，為求佛道故，於下空中住。我等從佛聞，於此事無疑，願佛為未來，演說令開解。若有於此經，生疑不信者，	爾時彌勒菩薩，欲重宣此義，而說偈言：佛昔從釋種，出家近伽耶，坐於菩提樹，爾來尚未久；此諸佛子等，其數不可量，久已行佛道，住神通智力，善學菩薩道，不染世間法；如蓮華在水，從地而踊出，皆起恭敬心，住於世尊前；是事難思議，云何而可信？佛得道甚近，所成就甚多，願為除眾疑，如實分別說。譬如少壯人，年始二十五，示人百歲**子**，髮白而面皺，是等我所生，子亦說是父，父少而子老，舉世所不信。世尊亦如是，得道來甚近，是諸菩薩等，志固無怯弱，從無量劫來，而行菩薩道，巧於難問答，其心無所畏，忍辱心決定，端正有威德，十方佛所讚，善能分別說，不樂在人眾，常好在禪定，為求佛道故，於下空中住。我等從佛聞，於此事無疑，願佛為未來，演說令開解。若有於此經，生疑不信者，

無數菩薩，如來集會， 心強智慧，又無所畏， 無數億劫。所學審諦， 志懷明哲，其目通達， 威神巍巍。顯現端正， 而勇意猛，曉了法律， 為雄導師。所見諮嗟， 而竄山巖，靜行無為， 如虛空界，悉無所著。 禪定精進，為安住子， 而心志求，於此佛道。 而何所人，當信此言？ 若於導師，滅度之後， 吾等於此，而無狐疑。 佛前目覩，則聞菩薩。 於是之處，初學罔然， 將無菩薩，歸於惡道。 云何勸發，化斯等倫？ 惟願世尊，觀縷解決。	即當墮惡道。願今為解說， 是無量菩薩，云何於少時， 教化令發心，而住不退地？	即當墮惡道，願今為解說， 是無量菩薩，云何於少時， 教化令發心，而住不退地？

〈如來壽量品第十六〉

五－24 菩薩「四請」世尊，祈說如來「祕密神通」之力。世尊於無量無邊劫，實已成佛。即使「不退轉地」菩薩，亦不能知其邊際

西晉・竺法護譯 《正法華經》	後秦・鳩摩羅什譯 《妙法蓮華經》	隋・闍那崛多、達磨笈多共譯 《添品妙法蓮華經》
〈如來現壽品第十五〉	〈如來壽量品第十六〉	〈如來壽量品第十五〉
圖爾時世尊，普告菩薩大眾，「三」舉聲(發聲)詔壽(教導;告誡眾生)：	圖爾時，佛告諸菩薩及一切大眾：(法深微妙，眾生難解，故佛三令，愈令眾生深信)	圖爾時，佛告諸菩薩及一切大眾：(法深微妙，眾生難解，故佛三令，愈令眾生深信)
諸族姓子(善男子)！悉當信佛「誠諦」(真實;真諦)至教，勿得猶豫。	❶諸善男子！汝等當信解如來「誠諦」(真實;真諦)之語。 ❷復告大眾：汝等當信解如來「誠諦」(真實;真諦)之語。 ❸又復告諸大眾：汝等當信解如來「誠諦」(真實;真諦)之語。	❶諸善男子！汝等當信解如來「誠諦」(真實;真諦)之語。 ❷復告大眾：汝等當信解如來「誠諦」(真實;真諦)之語。 ❸又復告諸大眾：汝等當信解如來「誠諦」(真實;真諦)之語。
貳時會菩薩、彌勒大士，具餘之眾，咸皆又手(即「金剛合掌」，即合掌交叉兩手之指頭)，白世尊曰：惟願大聖，分別說之，我等悉信如來所詔。諸菩薩白佛，而亦至「三」。	貳是時菩薩大眾，彌勒(菩薩)為首，合掌白佛言：世尊！唯願說之，我等當信受佛語。如是「三白」(請佛說法)已，復言(此為第四次至誠心極)：唯願說之，我等當信受佛語。	貳是時菩薩大眾，彌勒(菩薩)為首，合掌白佛言：世尊！惟願說之，我等當信受佛語。如是「三白」(請佛說法)已，復言(此為第四次至誠心極)：惟願說之，我等當信受佛語。
參於是世尊，見諸菩薩「三稱」勸助(勸發獎助)，欲令佛說。佛告諸菩薩曰：諦聽諦聽！善思念之。(諸菩薩)僉然(都;皆)曰：受教佛言。	參爾時世尊知諸菩薩「三請」不止(三次請求不止，而又第四次請佛)，而告之言：汝等諦聽，如來「祕密神通」之力。	參爾時世尊知諸菩薩「三請」不止(三次請求不止，而又第四次請佛)，而告之言：汝等諦聽，如來「祕密神通」之力。
肆族姓子(善男子)！如來建立(有)如是「色像」無極之力，諸「天、龍、神、阿須倫、世間人」，各自知之。(皆)各自念言：	肆一切世間「天、人」及「阿修羅」，皆謂：	肆一切世間「天、人」及「阿修羅」，皆謂：
能仁(釋迦佛)世尊，從釋氏(釋迦氏族)土，棄國捐王，行至江	今釋迦牟尼佛，出釋氏(釋迦氏族)宮(淨飯王宮殿)，(前)去(菩提)伽耶(Buddha-gayā)城不遠(之處)，坐於道場，得「阿耨多羅三藐三菩提」。	今釋迦牟尼佛，出釋氏(釋迦氏族)宮(淨飯王宮殿)，(前)去(菩提)伽耶(Buddha-gayā)城不遠(之處)，坐於道場，得「阿耨多羅三藐三菩提」。

邊，就于道場，坐於樹下，逮(及)得「無上正真道成最正覺」。		
㈤又吾(釋迦佛)在昔，從無數億百千「那術」(nayuta那由他)姟劫以來，已成「至真等正覺」矣。	㈤然，善男子！我(釋迦佛)「實成佛」已來，無量無邊，百千萬億「那由他」劫。	㈤然，善男子！我(釋迦佛)「實成佛」已來，無量無邊，百千萬億「那由他」劫。
㈥譬有無數「五百千億」佛世界，所有土地，滿其中塵，若有士夫，舉取「一塵」，過于東方不可計會億百千姟諸佛國土，乃著「一塵」。如是次取，越爾所國土，復著「一塵」。如斯「比類」(對照比類;比照舊例)，取無數「五百千億」佛界所有土地一切之塵，一一取布，著諸佛國，悉令「塵盡」。於諸「族姓子」(善男子)！意中云何？有能「計數」此諸佛國(數量)，思惟籌算(籌謀計算)，寧知者乎？	㈥譬如「五百千萬億」那由他阿僧祇，三千大千世界，假使有人(將諸世界皆)末(研成粉末;抹)為「微塵」，過於東方「五百千萬億」那由他「阿僧祇國」，乃下「一塵」，如是東行，盡是「微塵」。諸善男子！於意云何？是諸世界(數量)，可得「思惟、校計(計算)」知其數不？	㈥譬如「五百千萬億」那由他阿僧祇，三千大千世界，假使有人(將諸世界皆)末(研成粉末;抹)為「微塵」，過於東方「五百千萬億」那由他「阿僧祇國」，乃下「一塵」，如是東行，盡是「微塵」。諸善男子！於意云何？是諸世界(數量)，可得「思惟、校計(計算)」知其數不？
㈦彌勒、大會諸菩薩眾，悉白佛言：無能計者。天中天(世尊)！所以者何？諸佛世界，甚多無量，不可思議，非「心」所及。假使一切「聲聞、緣覺」，處「賢聖慧」，不能「思惟」知其數者，唯有「世尊」大聖之慧，乃能知耳，餘無能及。正使我等「不退轉」(avinivartanīya)地諸菩薩，尚不能知；此諸佛世界(數量)，不可限量，難得邊際。	㈦彌勒菩薩等俱白佛言：世尊！是諸世界，無量無邊，非「算數」所知，亦非「心力」所及；一切「聲聞、辟支佛」，以「無漏智」，不能「思惟」知其限數。我等住「阿惟越致」(avinivartanīya不退轉)地，於是事中，亦所不(通)達。世尊！如是諸世界(數量)，無量無邊。	㈦彌勒菩薩等俱白佛言：世尊！是諸世界，無量無邊，非「算數」所知，亦非「心力」所及；一切「聲聞、辟支佛」，以「無漏智」，不能「思惟」知其限數。我等住「阿惟越致」(avinivartanīya不退轉)地，於是事中，亦所不(通)達。世尊！如是諸世界(數量)，無量無邊。

五－25 世尊於過去「久遠成佛」以來，常在此娑婆、及餘處無量國土導利眾生。今說於菩提樹下得成正覺，此為方便「權化」度眾之說

西晉・竺法護譯《正法華經》	後秦・鳩摩羅什譯《妙法蓮華經》	隋・闍那崛多、達磨笈多共譯《添品妙法蓮華經》
⑤於時世尊告大眾曰：今吾宣布，詔諸「族姓子」（善男子），如彼「士夫」，取無數「五百千億」佛界中「塵」，舉「一塵」，過于「東方」不可計會億百千姟諸佛國土，乃（點）著「一塵」。如是次取，越爾所國土，復（點）著「一塵」。如斯「比類」（對照比類；比照舊例），取無央數「五百千億」佛界所有土地一切之「塵」，一一取布，（點）著諸佛國，悉令「塵」盡。	⑤爾時佛告大菩薩眾：諸善男子！今當分明「宣語」汝等。是諸世界（之數量），若（點）著「微塵」，及「不（點）著者」，盡以為「塵」，一塵一劫。（指將往東行所有的「世界」皆抹為「微塵」，並以「一微塵」為「一劫」。）	⑤爾時佛告大菩薩眾：諸善男子！今當分明「宣語」汝等。是諸世界（之數量），若（點）著「微塵」，及「不（點）著者」，盡以為「塵」，一塵一劫。（指將往東行所有的「世界」皆抹為「微塵」，並以「一微塵」為「一劫」。）
⑥吾（釋迦）逮（到）「無上正真道成最正覺」已來，其劫之限，過於爾所塵數之劫。	⑥我（釋迦）「成佛已來」，復過於此百千萬億「那由他」阿僧祇劫。	⑥我（釋迦）「成佛已來」，復過於此百千萬億「那由他」阿僧祇劫。
⑦諸「族姓子」（善男子）等，「見」吾（釋迦佛）於此忍界（娑婆世界）講法，復在「他方」億百千姟諸佛世界而「示現」，皆悉稱吾為「如來、至真、等正覺」。	⑦自從是來，我（釋迦佛）常在此娑婆世界說法教化，亦於「餘處」百千萬億「那由他」阿僧祇國，「導（引）利（益）」眾生。	⑦自從是來，我（釋迦佛）常在此娑婆世界說法教化，亦於「餘處」百千萬億「那由他」阿僧祇國，「導（引）利（益）」眾生。
⑧錠光如來（即燃燈佛），（曾）以諸伴黨（同伴；同類）若干之數，而（同）現「滅度」。諸「族姓子」（善男子）！吾（釋迦佛）以「善權」方便，演說經典，現無央數（之）種種「瑞應」（包括佛亦「入涅槃」之事）。	⑧諸善男子！於是「中間」，我說燃燈佛等（謂「四阿僧祇十萬劫」前，釋尊之前身曾為善慧婆羅門，從然燈佛授「當來成佛」之記別。此皆屬「中間」事），又復言其（燃燈佛）入於「涅槃」，如是皆以「方便分別」（之法教）。	⑧諸善男子！於是「中間」，我說然燈佛等（謂「四阿僧祇十萬劫」前，釋尊之前身曾為善慧婆羅門，從然燈佛授「當來成佛」之記別。此皆屬「中間」事），又復言其（燃燈佛）入於「涅槃」，如是皆以「方便分別」（之法教）。
⑨又如來悉知一切「群萌」（眾生），往來進止，諸原根本。	⑨諸善男子！若有眾生，來至我所，我以「佛眼」，觀	⑨諸善男子！若有眾生，來至我所，我以「佛眼」，觀

(如來)悉觀其心，而隨「示現」，各為(不同之「應化身」種種)「名號」。(佛其實)亦「不滅度」，而(方便)說(佛有)「泥洹」，(乃)「順」諸眾生，(若眾生根器為)瑕穢、善惡，則為解演若干種法。	其信(指「信進念定慧」五善根)等「諸根」利鈍，隨所應度，處處自說「名字不同」(佛陀不同的「化身名號」)、(及因)年紀大小(根器)，亦復現(方便)言，(佛)當(已)「入涅槃」，又以種種方便說「微妙法」，能令眾生發「歡喜心」。	其信(指「信進念定慧」五善根)等「諸根」利鈍，隨所應度，處處自說「名字不同」(佛陀不同的「化身名號」)、(及因)年紀大小(根器)，亦復現(方便)言，(佛)當(已)「入涅槃」，又以種種方便說「微妙法」，能令眾生發「歡喜心」。
㈥諸「族姓子」(善男子)！(如來)見(眾生)無數品「心性」各異，所行(所修)不同。(眾生)德本(道德根本)「淺薄」，多所「壞破」(毀壞破散)，而不信樂(大乘法)，故(我)為(此類眾生)說言，(而)告諸比丘：	㈥諸善男子！如來見諸眾生，樂於「小法」、「德薄」垢重者，為是人說：	㈥諸善男子！如來見諸眾生，樂於「小法」、「德薄」垢重者，為是人說：
㈦(我)這(世)度(化)終始(因緣)，方(於)今(世)出家，(方)成平等(正)覺，從來未久(才四十餘年)，甫乃(方才；剛剛)逮(及；到)得「無上正真道成最正覺」。	㈦我(乃從年)少「出家」，(今世方)得「阿耨多羅三藐三菩提」。	㈦我(乃從年)少「出家」，(今世方)得「阿耨多羅三藐三菩提」。
㈧又如來「成佛已來」，甚久，故佛(曾就眾生根器而)說言：(吾)得佛(乃)未久。所以者何？欲(度)化眾生故。	㈧然(釋迦)我「實成佛」已來，久遠若斯，但以「方便」，教化眾生，令入佛道，作如是說。	㈧然(釋迦)我「實成佛」已來，久遠若斯，但以「方便」，教化眾生，令入佛道，作如是說。

本生經：

「巴利文」經藏中「小部」之《本生經》（巴利名 Jātaka），通稱「本生經佛傳」，乃說明釋尊之「因行」及「前半生」事蹟，共分成「**遠因緣**」（巴利文 Dūre-nidāna）、「**不遠因緣**」（巴利文 Avidūre-nidāna）、「**近因緣**」（巴利文 Santike-nidāna）三章：

❶**遠因緣**：謂於「四阿僧祇十萬劫」前，釋尊之前身曾為善慧婆羅門（巴利文 Sumedha-brahmaṇa），從然燈佛（巴利文 Dīpaṃkara-buddha）而得授「當來成佛」之記別。

❷**不遠因緣**：先有世間「莊嚴天」（巴利文 Lokabyūhā）預告「佛陀」將出現，復因諸天之懇請，始有釋尊之托胎降生，乃至出家、成道等。

❸**近因緣**：記「佛陀」成道後七七日之「自受法樂」，因「梵天」勸請，而初轉法輪，乃至「諸大弟子歸佛、建立祇園精舍」等，皆有詳細記載。此因緣故事在「巴利文獻」中，為最有組織之「佛傳」，與「梵文」及「漢譯」本諸佛傳相較，此《本生經》是修飾最少者。全篇以「長行」為主，其間插入二百九十八頌之偈。

(以上資料據《佛光大辭典》再略作修訂)

《梵網經・卷二》
吾今來此世界「八千返」，為此娑婆世界坐「金剛花光王座」。
(參見《梵網經》卷 2。詳 CBETA, T24, no. 1484, p. 1003, c)

劉宋・求那跋陀羅譯 (Guṇabhadra)	元魏・菩提流支譯 (Bodhiruci)	唐・實叉難陀與復禮等譯(Śikṣānanda)	民國・談錫永重譯
四卷	十卷	七卷	十品
公元 443 年譯畢	公元 513 年譯畢	公元 700 年譯畢	公元 2005 年譯畢
《楞伽阿跋多羅寶經》	《入楞伽經》	《大乘入楞伽經》	《入楞伽經梵本新譯》
如是大慧！「我」於此娑呵世界有三阿僧祇百千名號。愚夫悉聞各說「我」名，而不解我「如來」異名。大慧！	大慧！「我」亦如是，(我)於娑婆世界中(有)三阿僧祇百千名號。凡夫(雖聞)雖說，而不知是「如來」異名。大慧！	大慧！「我」亦如是，(我)於此娑婆世界有三阿僧祇百千名號。諸凡愚人雖聞雖說，而不知是「如來」異名。其中：	大慧！說「我」者，亦如是，以「我」於娑婆世界中聞凡愚說，有三阿僧祇百千「名字」，彼以此等「名字」說「我」，而不知此皆「如來」異名。大慧！
①或有眾生知我「如來」者。	①或有眾生知「如來」者。	①或有知「如來者。	①有說我為「如來」，
②有知「一切智」者。	②有知「自在」者。	②知「無師」(Svayaṁbhū)者。	②有說為「自在者」(Svayaṁbhū)、
③有知「佛」者。	③有知「一切智」者。	③知「導師」(Nāyaka)者。	③為「導師」(Nāyaka)、
④有知「救世」者。	④有知「救世間」者。	④知「勝導」(Vināyaka)者。	④為「出離師」(Vināyaka)、
⑤有知「自覺」者。	⑤有知「為導」者。	⑤知「普導」(Pariṇāyaka)者。	⑤為「普導師」(Parināyaka)、
⑥有知「導師」者。	⑥有知「為將」者。	⑥知是「佛」者。	⑥為「佛」(Buddha)、
⑦有知「廣導」者。	⑦有知「為勝」者。	⑦知「牛王」(Vṛṣabha)者。	⑦為「仙人」(Ṛṣi)、
⑧有知「一切導」者。	⑧有知「為妙」者。	⑧知「梵王」者。	⑧為「牛王」(Vṛṣabha)、
⑨有知「仙人」者。	⑨有知「世尊」者。	⑨知「毗紐」(Viṣṇu)者。	⑨為「梵天」(Brahmaṇa)、
⑩有知「梵」者。	⑩有知「佛」者。	⑩知「自在」(Īśvara)者。	⑩為「毘紐天」(Viṣuṇu)、
⑪有知「毗紐」者。	⑪有知「牛王」者。	⑪知是「勝」(Pradhāna)者。	⑪為「自在天」(Īśvara)、
⑫有知「自在」者。	⑫有知「師子」者。	⑫知「迦毗羅」(Kapila)者。	⑫為「勝因」(Pradhānā)、
⑬有知「勝」者。	⑬有知「仙人」者。	⑬知「真實邊」者。	⑬為「迦毘羅仙」(Kapila 黃頭仙)、
⑭有知「迦毗羅」者。	⑭有知「梵」者。	⑭知「無盡」者。	⑭為「真實邊」(Bhūtānta)、
⑮有知「真實邊」者。	⑮有知「那羅延」者。		⑮為「兆相」(Ariṣṭa)、
⑯有知「月」者。	⑯有知「勝」者。		⑯為「第二十二」(Nemin
⑰有知「日」者。	⑰有知「迦毗羅」者。		
⑱有知「王」者。	⑱有知「究竟」者。		
⑲有知「無生」者。	⑲有知「阿利吒(Ariṣṭa 知無盡者)、尼彌		
⑳有知「無滅」者。			

㉑有知「空」者。 ㉒有知「如如」者。 ㉓有知「諦」者。 ㉔有知「實際」者。 ㉕有知「法性」者。 ㉖有知「涅槃」者。 ㉗有知「常」者。 ㉘有知「平等」者。 ㉙有知「不二」者。 ㉚有知「無相」者。 ㉛有知「解脫」者。 ㉜有知「道」者。 ㉝有知「意生」者。	(Nemin→utsarpiṇī(上昇週期)的第二十二 arhat(羅漢)之名)者。 ⑳有知「月」者。 ㉑有知「日」者。 ㉒有知「娑樓那」者。 ㉓有知「毗那娑」者。 ㉔有知「帝釋」者。 ㉕有知「力」者。 ㉖有知「海」者。 ㉗有知「不生」者。 ㉘有知「不滅」者。 ㉙有知「空」者。 ㉚有知「真如」者。 ㉛有知「實際」者。 ㉜有知「涅槃」者。 ㉝有知「法界」者。 ㉞有知「法性」者。 ㉟有知「常」者。 ㊱有知「平等」者。 ㊲有知「不二」者。 ㊳有知「無相」者。 ㊴有知「緣」者。 ㊵有知「佛體」者。 ㊶有知「因」者。 ㊷有知「解脫」者。 ㊸有知「道」者。 ㊹有知「實諦」者。 ㊺有知「一切智」者。 ㊻有知「意生身」者。	⑮知「瑞相」者。 ⑯知「如風」者。 ⑰知「如火」者。 ⑱知「俱毗羅」者。 ⑲知「如月」者。 ⑳知「如日」者。 ㉑知「如王」者。 ㉒知「如仙」者。 ㉓知「戌迦」(śuka)者。 ㉔知「因陀羅」者。 ㉕知「明星」者。 ㉖知「大力」者。 ㉗知「如水」者。 ㉘知「無滅」者。 ㉙知「無生」者。 ㉚知「性空」者。 ㉛知「真如」者。 ㉜知是「諦」(Satyatā)者。 ㉝知「實性」者。 ㉞知「實際」者。 ㉟知「法界」者。 ㊱知「涅槃」者。 ㊲知「常住」者。 ㊳知「平等」者。 ㊴知「無二」者。 ㊵知「無相」者。 ㊶知「寂滅」者。 ㊷知「具相」者。 ㊸知「因緣」者。 ㊹知「佛性」者。 ㊺知「教導」者。 ㊻知「解脫」者。 ㊼知「道路」者。 ㊽知「一切智」者。 ㊾知「最勝」者。 ㊿知「意成身」者。	印度大史詩《羅摩傳》之主角)、 ⑰為「月」、 ⑱為「日」、 ⑲為「羅摩」(Rāma)、 ⑳為「廣博仙人」(Vyāsa)、 ㉑為「鸚鵡」(Śuka)、 ㉒為「因陀羅」(Indra)、 ㉓為「阿修羅王」(Balin)、 ㉔為「水天」(Varuṇa)。 有等如是以知我。復有認「我」; ㉕為「無生無滅」者、 ㉖為「空性」、 ㉗為「如如」、 ㉘為「諦」、 ㉙為「實性」、 ㉚為「實際」、 ㉛為「法界」、 ㉜為「涅槃」、 ㉝為「常」、 ㉞為「平等」、 ㉟為「無二」、 ㊱為「無染」、 ㊲為「無相」、 ㊳為「因緣」、 ㊴為「佛因法」、 ㊵為「解脫」、 ㊶為「道諦」、 ㊷為「一切智」、 ㊸為「勝利」、 ㊹為「意成身」。

大慧！如是等三阿僧祇百千名號，「不增、不減」。此及餘世界皆悉知我，如水中月「不出、不入」。 (以上參見《楞伽阿跋多羅寶經》卷 4〈一切佛語心品〉。詳 CBETA, T16, no. 670, p. 506, b)	大慧！如是等種種名號如來應正遍知。於娑婆世界及餘世界中，三阿僧祇百千名號「不增、不減」，眾生皆知，如水中月「不入、不出」。 (以上參見《入楞伽經》卷 6〈7 法身品〉。詳 CBETA, T16, no. 671, p. 551, b)	如是等滿足三阿僧祇百千名號，「不增、不減」。於此及餘諸世界中，有能知我，如水中月「不入、不出」。 (以上參見《大乘入楞伽經》卷 5〈3 無常品〉。詳 CBETA, T16, no. 672, p. 615, c)	大慧！如是等具足三阿僧祇百千名號，「不多、不少」。於此世間及餘世間，人知我如知「水中月」，非在其「內」，亦非在其「外」。

劉宋・求那跋陀羅譯 （Guṇabhadra）	元魏・菩提流支譯 （Bodhiruci）	唐・實叉難陀與復禮等譯（Śikṣānanda）	民國・談錫永重譯
四卷	十卷	七卷	十品
公元 443 年譯畢	公元 513 年譯畢	公元 700 年譯畢	公元 2005 年譯畢
《楞伽阿跋多羅寶經》	《入楞伽經》	《大乘入楞伽經》	《入楞伽經梵本新譯》
㊥佛告大慧：我說「如來藏」不同外道所說之「我」。大慧！有時說：	㊥佛告聖者大慧菩薩言：大慧！我說「如來藏」（為）「常」（常住不變），不同外道所有「神我」。大慧！我說「如來藏」；	㊥佛言：大慧！我說「如來藏」不同外道所說之「我」。大慧！如來應正等覺，以；	㊥世尊答言：非是！大慧！我之「如來藏」不同外道所說「我」。諸如來所教者，為「句義」(padārtha)中之「如來藏」。大慧！是為：
①「空」。 ②「無相」。 ③「無願」。 ④「如實際」。 ⑤「法性」。 ⑥「法身」。 ⑦「涅槃」。 ⑧「離自性」。（無自性） ⑨「不生不滅」。 ⑩「本來寂靜」。 ⑪「自性涅槃」。	①「空」。 ④「實際」。 ⑦「涅槃」。 ⑨「不生不滅」。 ②「無相」。 ③「無願」。	①「性空」。 ④「實際」。 ⑦「涅槃」。 ⑨「不生」。 ②「無相」。 ③「無願」。	①空性、 ④實際、 ⑦涅槃、 ⑨無生、 ②無相、 ③無願。
如是等「句」，說「如來藏」已。	等「文辭章句」，說名「如來藏」。	等諸「句義」，說「如來藏」。	云何如來應正等覺特說「如來藏」法門耶？

㊉如來應供等正覺為斷愚夫畏「無我」句故,說「離妄想、無所有境界」(之)「如來藏」門。	㊉大慧!如來應正遍知為諸一切愚癡凡夫,聞說「無我」,生於驚怖,是故我說有「如來藏」。而「如來藏」(乃)「無所分別、寂靜無相」,說名「如來藏」。	㊉為令愚夫離「無我」怖,說「無分別、無影像處」(無相境界)(之)「如來藏」門。	㊉實欲令凡愚於聞「無我」教法時,離諸怖畏,且令彼能認知「無分別」及「無相境界」(之如來藏門)。
㊂大慧!未來現在菩薩摩訶薩,不應作「我見計著」(計量執著)。(以上參見《楞伽阿跋多羅寶經》卷2〈一切佛語心品〉。詳 CBETA, T16, no. 670, p. 489, b)	㊂大慧!未來現在諸菩薩等,不應執著「有我之相」。(以上參見《入楞伽經》卷3〈3 集一切佛法品〉。詳 CBETA, T16, no. 671, p. 529, c)	㊂未來現在諸菩薩摩訶薩,不應於此「執著於我」。(以上參見《大乘入楞伽經》卷2〈2 集一切法品〉。詳 CBETA, T16, no. 672, p. 599, b)	㊂大慧!我願現在未來諸菩薩,不對此理念「執為自我」。

五－26 佛乃「不生不滅」,故非實有「滅度」。但以方便教化眾生而言「已滅度」,欲令大眾有「難遭之想」而廣種善根

西晉・竺法護譯《正法華經》	後秦・鳩摩羅什譯《妙法蓮華經》	隋・闍那崛多、達磨笈多共譯《添品妙法蓮華經》
㊀諸可說經,皆已「度脫」,所可講詔(講說昭告),(如來)自現其身,為一切故,建示「所行」,皆為「天人」喜造「罪福」,以故「如來」諸所講演,皆實「至誠」,非是「虛妄」。	㊀諸善男子!如來所演經典,皆為「度脫」眾生,❶或說「己身」(說自本身在昔因地之法)。❷或說「他身」(說其餘人身在昔因地之法)。❸或示「己身」(以自身宿世之果報開示於人)。❹或示「他身」(以他身宿世之果報開示於人)。❺或示「己事」。❻或示「他事」。諸所言說,皆實不虛。	㊀諸善男子!如來所演經典,皆為「度脫」眾生,❶或說「己身」(說自本身在昔因地之法)。❷或說「他身」(說其餘人身在昔因地之法)。❸或示「己身」(以自身宿世之果報開示於人)。❹或示「他身」(以他身宿世之果報開示於人)。❺或示「己事」。❻或示「他事」。諸所言說,皆實不虛。
㊁如來皆見一切「三界」,隨其「化現」,亦無所行。①亦復「不生」,亦不「周旋」。	㊁所以者何?如來「如實」知見「三界」之相:①無有「生、死」、若退(退轉)、	㊁所以者何?如來「如實」知見「三界」之相:①無有「生、死」、若退(退轉)、

②亦不「滅度」，不「實」、不「有」。

③亦不「本無」，不知、不爾。

④亦無「虛、實」。

⑤亦不「三界」，如來所行，不見「三處」（三界）。

⑥如來普觀一切諸法，在於「某處」，（亦）不失諸法。

（如來）一切所說，「至誠」不虛。

（參）眾生（種種）「苦惱」，不可稱限，「行」（有）若干種，「志性」各異。「思想、諸念」（亦）各各差別。（佛）欲令眾生，殖眾德本，故為分別說「若干法」。又如來所當作（諸佛事）者，皆悉作之。

（肆）（釋迦佛雖示）現這（世方）得佛，（實際佛）成「平等覺」已來，（甚）大久（遠），壽命無量，（且）常住「不滅度」。

（伍）又「如來」不必（從）「初始」所說，（亦不必認為「如來」於）前「過去世」時，行「菩薩法」（而）以為成就；壽命（有）限也。又如來（其實）「得佛已來」，復倍前喻「億百千姟」，然後乃（為方便教化眾生而）於「泥洹」而「般泥洹」。

（陸）所以者何？（佛乃）為眾生故而「教化」之，故而「示現」（涅槃），（佛之）行來（已）久遠。

❶為「無德」類、

❷（為遠）離於「福祚」（福祿：福分）、

若出（解脫）。

②亦無「在世」及「滅度」者。

③非實、非虛。

④非「如」（一相）、非「異」（相）。

⑤不如「三界」（而）見於「三界」（喻不如「三界之人」見三界「有」；亦不如「二乘之人」見三界「空」。「空有」不二，方名「如實相」）。

如斯之事，如來明見，無有錯謬。

（參）以諸眾生有種種「（根）性」、種種「（樂）欲」、種種「（心）行」、種種「憶想分別」故，欲令（眾生）生諸「善根」，（故佛）以若干「因緣、譬喻、言辭」，種種說法。（如來）所作佛事，未曾暫廢。

（肆）如是我（釋迦佛）「成佛已來」，甚大久遠，壽命無量阿僧祇劫，（且）常住不滅。

（伍）諸善男子！我本（宿世）行「菩薩道」，所成壽命，今猶未盡，復倍上數（上面的數字）。然今非實「滅度」（喻今靈山法會，如來亦非實滅度也），而（如來乃）便唱言：「（我）當取滅度。」如來以是方便（指示「生」唱「滅」方式），教化眾生。

（陸）所以者何？若佛「久住」於世，（則）

❶「薄德」之人、

❷不種「善根」、

❸「貧窮」下賤、

若出（解脫）。

②亦無「在世」及「滅度」者。

③非實、非虛。

④非「如」（一相）、非「異」（相）。

⑤不如「三界」（而）見於「三界」（喻不如「三界之人」見三界「有」；亦不如「二乘之人」見三界「空」。「空有」不二，方名「如實相」）。

如斯之事，如來明見，無有錯謬。

（參）以諸眾生有種種「（根）性」、種種「（樂）欲」、種種「（心）行」、種種「憶想分別」故，欲令（眾生）生諸「善根」，（故佛）以若干「因緣、譬喻、言辭」，種種說法。（如來）所作佛事，未曾暫廢。

（肆）如是我（釋迦佛）「成佛已來」，甚大久遠，壽命無量阿僧祇劫，（且）常住不滅。

（伍）諸善男子！我本（宿世）行「菩薩道」，所成壽命，今猶未盡，復倍上數（上面的數字）。然今非實「滅度」（喻今靈山法會，如來亦非實滅度也），而（如來乃）便唱言：「（我）當取滅度。」如來以是方便（指示「生」唱「滅」方式），教化眾生。

（陸）所以者何？若佛「久住」於世，（則）

❶「薄德」之人、

❷不種「善根」、

❸「貧窮」下賤、

❸為「貧窶」(貧乏;貧窮者)行、 ❹(為)著於「愛欲」(者)、 ❺(為)纏「諸見網」而自覆蓋(者)。 ❻(為)驅馳不定(者)。	❹貪著「五欲」、 ❺入於「憶想、(虛)妄(知)見(愛)網」中。	❹貪著「五欲」、 ❺入於「憶想、(虛)妄(知)見(愛)網」中。
㈦如來故為(彼)現發(為)忨忬(苟且偷安者),(能)「疾獲」(快速獲得)之想,(令)不起「懈怠」(而能得)「難得」之慮。	㈦若(眾生)見如來「常在不滅」,(則)便起「憍恣」(驕傲放縱)而懷「厭怠」(厭倦怠慢),不能生「難遭之想、恭敬之心」。是故如來以「方便說」。	㈦若(眾生)見如來「常在不滅」,(則)便起「憍恣」(驕傲放縱)而懷「厭怠」(厭倦怠慢),不能生「難遭之想、恭敬之心」。是故如來以「方便說」。
㈧如來(以)「善權」(方便法),告諸比丘,(須)「勤苦」作行,乃得(成)佛道,(此乃)誠諦不虛。以諸眾生(須)從無央數億百千姟,乃(得)見如來。以其(眾生)忽(同「匆」)忽,所作不當故,恇(畏怯;恐懼)汲(急)恇汲,無「寧息」故(喻眾生於五道匆匆來回輪轉,永無寧息)。(應須)言法(乃)「難值」、如來(乃)難「遇聞見」。是已(令眾生)怪之,(否則)難及興(起)「難遭想」。(佛以慈)悲喜(捨)「孜孜」(勤勉眾生,令不解怠),(令眾生)知佛「希有」,便多「發意」,樂在「閒居」,而行「精進」。這(難)不見佛,而懷「渴仰」,(待)見如來已,歡喜稽首,造眾德本。	㈧比丘當知!諸佛出世,難可「值遇」。所以者何?諸「薄德」人,過無量百千萬億劫,或有「見佛」,或「不見」(佛)者。以此事故,我作是言:諸比丘!如來難可「得見」!斯眾生等,聞如是語,必當生於「難遭之想」,心懷「戀慕」(留戀愛慕),渴仰於佛,便種善根。	㈧比丘當知!諸佛出世,難可「值遇」。所以者何?諸「薄德」人,過無量百千萬億劫,或有「見佛」,或「不見」(佛)者。以此事故,我作是言:諸比丘!如來難可「得見」!斯眾生等,聞如是語,必當生於「難遭之想」,心懷「戀慕」(留戀愛慕),渴仰於佛,便種善根。
㈨其(如來實)「不滅度」者,(但方便)教令(而現示)「滅度」,(此乃為)開化(開示教化)「黎庶」(眾生)。	㈨是故如來雖不「實滅」,而言「滅度」。(如來為方便度眾,故於「無生無滅」中示現「生滅」。於「無滅度」中示現「滅度」)	㈨是故如來雖不「實滅」,而言「滅度」。(如來為方便度眾,故於「無生無滅」中示現「生滅」。於「無滅度」中示現「滅度」)
㈩緣是如來出現(此是如來出現於世之因緣),(如來所)說經而宣斯言,(皆)誠諦不虛。	㈩又,善男子!諸佛如來,法皆如是,為度眾生(而方便現),皆實不虛。	㈩又,善男子!諸佛如來,法皆如是,為度眾生(而方便現),皆實不虛。

《大方等大集經‧卷第三十一》

(1)四方無量諸佛菩薩悉集其土。佛說法時，諸菩薩眾悉入「禪定」，既入定已，身放光明，如一燈炬，至億日光。

(2)善男子！若欲「護法」，可從「定」起，詣「娑婆世界」。

(3)善男子！彼佛世界所有眾生；

❶煩惱堅牢，繫縛深重。

❷其形醜穢，多起憍慢。

❸惡口兩舌，遠離實語。

❹其實愚癡，現(假裝示現)「智慧相」。

❺多起慳貪，現(假裝示現)「捨離相」。

❻多有諂曲，現(假裝示現)「質直(樸實正直)相」。

❼心多濁亂，現(假裝示現)「清淨相」。

❽多有嫉妒，現(假裝示現)「柔軟相」。

❾樂ㄌㄜˋ 離(間)別人，現(假裝示現)「和合相」。

❿多起邪見，現(假裝示現)「正見相」。

⓫彼國(娑婆世界)眾人，隨(追隨；聽從)女人語。

⓬以隨語故，斷絕善根，增三惡道。

(參見《大方等大集經》卷 31〈2 四方菩薩集品〉。詳 CBETA, T13, no. 397, p. 216, b)

《十住斷結經‧卷第八》

(1)時彼菩薩，前白佛言：彼「忍剎土」(堪忍世界)釋迦文佛。以何教化？云何說法？復以何道訓誨眾生？以何「權智」周旋往來？

(2)佛告諸菩薩：彼剎(堪忍世界)眾生「剛強難化」，互相「是非」，各自謂「尊」。是以如來以「苦切之教」，引入「道撿」(撿即「法度」或「攝持」也，「道撿」亦作「聲聞正位」解)。猶如龍象及諸惡獸，懩ㄧㄤˇ 悷ㄌㄧˋ 不調。加之捶杖，令知苦痛。然後調良，任王所乘。彼土眾生亦復如是。

(3)以若干「言教」而度脫之，或以「苦音說、苦音響」。習(修習)盡道(盡速成道)者，亦復如是。

(4)時彼菩薩歎未曾有：善哉！善哉！世尊！彼佛如來執勤勞行，甚為難有。能於「五鼎」沸世(五濁惡世)，教化眾生，演布大道。寂然滅盡，歸於「無為」也。

(參見《最勝問菩薩十住除垢斷結經》卷 8〈23 法界品〉。詳 CBETA, T10, no. 309, p. 1031, b)

《文殊師利佛土嚴淨經‧卷上》

(1)十方諸佛各遣菩薩，神智無量微妙明達，各從菩薩百億之眾，皆現「神變」，來入「忍界」(娑婆世界)，見能仁佛(釋迦佛)，供侍拜謁，稽首佛足，各自陳曰⋯⋯

(2)汝曹(你們)何為詣「忍世界」(娑婆世界)？忍土(娑婆世界)「五逆剛強」弊惡，貪嫉婬妒，罵詈呪ㄗㄨˇ 咀，心多瞋毒，轉相傷害，麁ㄘㄨ 獷ㄍㄨㄤˇ(粗暴野蠻)懩ㄧㄤˇ 悷ㄌㄧˋ(剛強難屈伏也)，佛ㄓ 張(詆騙)難化(難以教化)，勿至「忍界」(娑婆世界)，自染「勞穢」⋯⋯

(參見《文殊師利佛土嚴淨經》卷 1。詳 CBETA, T11, no. 318, p. 893, a)

五－27 良醫之子誤飲毒藥，「不失本心」者服藥，病盡除癒。「喪失本心」者，竟謂藥不美而不服

西晉・竺法護譯《正法華經》	後秦・鳩摩羅什譯《妙法蓮華經》	隋・闍那崛多、達磨笈多共譯《添品妙法蓮華經》
(壹)譬如「士夫」，而為「醫術」，聰明智慧，工巧(技藝高明難及)、曉練(通曉熟練)「方藥」(醫方和藥物；醫術)，知病輕重，藥所應療。(彼父醫者)多有「兒子」，若十至百，其醫遠行，諸子皆在，不解誼(同「義」)理、不(分)別「醫藥」、不識「毒草」，被病(疾病纏身)困篤(病重；病危)，皆服「毒藥」，毒藥發作，悶(煩憂；憤懣)憒ㄎ(鬱結)反覆。	(壹)譬如「良醫」(喻佛如醫王)，智慧聰達(聰明通達)，明練(明曉熟練)「方藥」(醫方和藥物；醫術)，善治眾病。其人(良醫者)多諸「子息」(喻佛教化五道眾生)，若十、二十，乃至百數(喻十法界)。(良醫)以有事緣，遠至餘國(喻佛至他國弘法)。諸子於後(喻眾生因佛於此滅度，而至他國弘法)，飲他「毒藥」(喻飲三界之貪瞋癡「三毒」)，藥發悶亂(氣悶煩亂)，宛轉(喻溺於五道而輪轉)于地。	(壹)譬如「良醫」(喻佛如醫王)，智慧聰達(聰明通達)，明練(明曉熟練)「方藥」(醫方和藥物；醫術)，善治眾病。其人(良醫者)多諸「子息」(喻佛教化五道眾生)，若十、二十，乃至百數(喻十法界)。(良醫)以有事緣，遠至餘國(喻佛至他國弘法)。諸子於後(喻眾生因佛於此滅度，而至他國弘法)，飲他「毒藥」(喻飲三界之貪瞋癡「三毒」)，藥發悶亂(氣悶煩亂)，宛轉(喻溺於五道而輪轉)于地。
(貳)父從遠來，子在城中，(已)腦發(腦中發出)「邪想」。父見諸子，被病(疾病纏身)起想。(子)這見父來，悉皆喜悅白(父醫)言：父來！安隱甚善，我等自為(私自做主)食(服食)，任信「他言」而服「毒藥」。惟願(父醫)大人救濟我命！	(貳)是時其父，還來歸家(喻眾生機緣成熟，佛再現於世)，諸子飲毒，或失「本心」、或(仍有「本心」而)不失者，遙見其父，皆大歡喜(子見父歡，父見子喜)，拜跪(向父)問訊：善安隱歸。我等愚癡，誤服毒藥，願見救療，更賜壽命。	(貳)是時其父，還來歸家(喻眾生機緣成熟，佛再現於世)，諸子飲毒，或失「本心」、或(仍有「本心」而)不失者，遙見其父，皆大歡喜(子見父歡，父見子喜)，拜跪(向父)問訊：善安隱歸。我等愚癡，誤服毒藥，願見救療，更賜壽命。
(參)時父見子，遭「苦惱」患，婉轉在地，尋(隨即)勅「從人」(隨從；僕從)持「大藥」來。藥色甚好，味美且香，「和合」眾藥，與諸兒子，而告之曰：速服「上藥」，甘香「芬馥」(香氣濃郁)。假使諸子(能)時(時)服此藥，其毒消滅，病得瘳ㄔ(病癒)除，身體安隱，氣力康強。	(參)父見子等「苦惱」如是，依諸「經方」(中醫稱呼漢代以前的方劑)，求好「藥草」，「色、香」美味，皆悉具足，擣ㄉㄠ篩ㄕ(篩子，將物於篩內再搖動，使精粗分離為丸)和合，與子令服，而作是言：此大良藥，「色、香」美味，皆悉具足，汝等可服，速除「苦惱」，無復眾患。	(參)父見子等「苦惱」如是，依諸「經方」(中醫稱呼漢代以前的方劑)，求好「藥草」，「色、香」美味，皆悉具足，擣ㄉㄠ簁ㄕ(篩子，將物置於篩內再搖動，使精粗分離為丸)和合，與子令服，而作是言：此大良藥，「色、香」美味，皆悉具足，汝等可服，速除「苦惱」，無復眾患。
(肆)諸子(若有)不隨「顛倒、懭ㄎㄨㄤ恨ㄏㄣ」(剛強難屈伏也)想者，(則)見藥「嗅香」，(便)嘗知其味，尋(不久；隨即)便服之，病即得	(肆)其諸子中，「不失」(本有大乘之心)心者，見此「良藥」，「色、香」俱好，即便服之，病盡除愈(喻眾生發「無上道心」，故得至「不退	(肆)其諸子中，「不失」(本有大乘之心)心者，見此「良藥」，「色、香」俱好，即便服之，病盡除愈(喻眾生發「無上道心」，故得至「不退

愈，「毒藥」消滅。	轉」地）。	轉」地）。
（五）（若其餘諸）子性「悷_々（剛強難屈伏也）」者，（則）不肯服之，（雖欲將）毒藥除者，（亦）皆白父母：（惡）與我等藥，病悉廖_々（病癒）愈，而（能）蒙安隱。（然）其（具）「邪想」者，（終究）不肯服也，（彼）得見藥色，不憙「香味」。	（五）餘「失心」者（喻墮入六十二邪見者），見其父來，雖亦歡喜問訊，求索治病，然與其藥，而不肯「服」。所以者何？毒氣深入，（已）失「本心」故，於此「好色香藥」而（竟）謂「不美」。	（五）餘「失心」者（喻墮入六十二邪見者），見其父來，雖亦歡喜問訊，求索治病，然與其藥，而不肯「服」。所以者何？毒氣深入，（已）失「本心」故，於此「好色香藥」而（竟）謂「不美」。

五 － 28 良醫廣設方便，謂己「死時」已至，令子無復「怙恃」而懷悲感，彼心遂醒悟，即取藥服之，毒病皆癒

西晉‧竺法護譯《正法華經》	後秦‧鳩摩羅什譯《妙法蓮華經》	隋‧闍那崛多、達摩笈多共譯《添品妙法蓮華經》
（壹）父醫念言：今我此子，「愚冥」（愚蠢冥昧）不解，志性「顛倒」，不肯服藥，病不除愈，或恐死亡。寧可（寧願）以「權」（方便之法），飲_々（給人喝）諸子藥。	（壹）父作是念：此子可愍，為毒所中，心皆「顛倒」。雖見我喜，求索「救療」（救治醫療）；如是「好藥」而不肯服。我今當設「方便」，令服此藥。	（壹）父作是念：此子可愍，為毒所中，心皆「顛倒」。雖見我喜，求索「救療」（救治醫療）；如是「好藥」而不肯服。我今當設「方便」，令服此藥。
（貳）（彼父醫）則設「方便」，欲令（諸子）速服，便告諸子：今我年老，羸_々（衰病；瘦弱）穢（腐爛）無力，如是「當死」，汝輩孛_々（《一切經音義》云：「又作起_々，芳務反，疾也」）起（好轉起來）；若吾命盡，可以此藥，多所「療治」，（有關）「服藥」節度（規則），汝等當學。假使厭（離）病（苦），欲得安隱，宜服「斯藥」。	（貳）即作是言：汝等當知！我今「衰老」，死時」已至（喻即將入滅），是「好良藥」，今留在此，汝可取（而）服（食），勿憂不差_々（病癒）。	（貳）即作是言：汝等當知！我今「衰老」，死時」已至（喻即將入滅），是「好良藥」，今留在此，汝可取（而）服（食），勿憂不差_々（病癒）。
（參）（父醫）教諸子已，（後便）捨（離往）詣「他國」，猶如「終沒」（同「終歿」→壽終）。	（參）（父醫）作是教已，復至他國，（後）遣使（喻菩薩）還告：汝父已死（指已入滅度）。	（參）（父醫）作是教已，復至他國，（後）遣使（喻菩薩）還告：汝父已死（指已入滅度）。
（肆）諸子聞父「潛_々（隱藏）逝	（肆）是時諸子，聞父背（見背→死	（肆）是時諸子，聞父背（見背→

(世)發哀,啼哭悲哀,不能自勝:我等之父,智慧聰明,(吾今)憍(古同「傲」)不服藥,今者(父醫已)薨(死亡)殪(絕滅)。	亡喪(已入滅度),心大憂惱,而作是念:若父在者,慈愍我等,能見「救護」,今者(父醫)捨(棄)我,(竟)遠喪(於)他國。	死亡喪(已入滅度),心大憂惱,而作是念:若父在者,慈愍我等,能見「救護」,今者(父醫)捨(棄)我,(竟)遠喪(於)他國。
㊄兄弟「孤露」(指喪父,喪母,或父母雙亡),思慕(追思仰慕)愍懃,乃自剋責(嚴格責備),(由於己心)存「不順教」,甫(開始;才)便遵崇父之「餘業」(留傳下來的基業、功業),諦觀「眾藥」形色香味,自當攻療(治療),不可輕戲(輕忽戲謔),尋(不久;隨即)便「服藥」,深(重)自(我)消息(休養生息),病即除愈。	㊄自惟「孤露」(指喪父,喪母,或父母雙亡),無復「恃(母親)、怙(父親)」,(故因此而)常懷「悲感」,心遂「醒悟」,乃知此藥「色味」香美,即取服之,「毒病」皆愈。	㊄自惟「孤露」(指喪父,喪母,或父母雙亡),無復「恃(母親)、怙(父親)」,(故因此而)常懷「悲感」,心遂「醒悟」,乃知此藥「色味」香美,即取服之,「毒病」皆愈。
㊅時父見子,「服藥」病愈,便復「還現」。	㊅其父聞子,悉已得「差」(病癒),尋(不久;隨即)便來歸,咸使(諸子重)見之(父醫)。	㊅其父聞子,悉已得「差」(病癒),尋(不久;隨即)便來歸,咸使(諸子重)見之(父醫)。
㊆佛語諸「族姓子」(善男子):如是醫者(乃)「善權」方便,令子病愈,寧可誹謗彼醫所處(之事),為「不審」(不慎重;不周密;未審察)乎?	㊆諸善男子!於意云何?頗有人能說此「良醫」虛妄罪不?(良醫方便「假言」自己已死而救其子。有人能說良醫不應做如此「虛妄罪業」之事嗎?)	㊆諸善男子!於意云何?頗有人能說此「良醫」虛妄罪不?(良醫方便「假言」自己已死而救其子。有人能說良醫不應做如此「虛妄罪業」之事嗎?)
㊇諸菩薩白佛言:不也。世尊!不也。安住!	㊇不也,世尊!	㊇不也,世尊!

五－29 佛以「方便智慧」力而言「自己已滅度」,此並非是「虛妄過失」之義

西晉・竺法護譯《正法華經》	後秦・鳩摩羅什譯《妙法蓮華經》	隋・闍那崛多、達磨笈多共譯《添品妙法蓮華經》
震-1	震-1	震-1
佛言:吾從無數不可計限億百千劫,發「無上正真道意」,	佛言:我亦如是,成佛已來、無量無邊百千萬億「那由他」	佛言:我亦如是,成佛已來、無量無邊百千萬億「那由他」

勲苦無量，每行「(善)權(方)便」，「示現」教化，發起(開發啓示)群生。	阿僧祇劫，為衆生故；	阿僧祇劫，為衆生故；
(壹)-2 見下方經文	(壹)-2 以方便力，言「當滅度」，亦無有能如法說我「虛妄過(失)」者。	(壹)-2 以方便力，言「當滅度」，亦無有能如法說我「虛妄過(失)」者。
(貳)其「父醫」者，謂：「如來」也。諸「兒子」者，謂：「五道生死(輪迴)人」也。		
(參)父「他行」，而不在者，謂：如來「未出於世」。諸子「入城」服「毒藥」婉轉者，謂：在「三界」三毒(貪瞋癡)所縛，婉轉(溺於)「五道」，不能「自濟」(自我救度)。		
(肆)父聞「來還」，謂：佛如來行「大悲哀」，見「三界人」，或流(轉於)「五趣」，不能自(我)出(離)。故(佛重示)現(於)世間，(而)廣說經法，開化(開示教化)「黎庶」(眾生)。		
(伍)(諸子)服藥「病愈」，謂：發「無上正真道意」，立「不退轉」，(獲)無所從生(即「無生法忍」)。或得「聲聞、緣覺」乘，(但)不至「究竟」。視藥形色「香味」，不肯服者：謂「六十二見」諸墮邪者。		
(陸)見父「年老」，留「藥」教子，捨之(而)去者：謂諸「黎庶」疑(佛所傳)受(之)「道教」，故		

(佛示)現「滅度」，(而)留諸「經法」以教後世。 ⊛「四輩」(四眾弟子)弟子「諷誦、學問」(學習和詢問)，思(惟)佛功德，發「大道意」。或得「羅漢」，或得「緣覺」。佛見(四眾弟子)如是(用功修道)，復還(現)出世，一切眾生皆是「吾子」。 ⊛-2 諸「族姓子」(善男子)！如來行「權」(善權方便)，非徒(不但;不僅)「虛妄」。		

《父子合集經·卷三》

牟尼最勝尊，視眾生如子。

(參見《父子合集經》卷3〈4 阿修羅王授記品〉。詳 CBETA, T11, no. 320, p. 927, a)

《大般涅槃經·卷三十八》

佛具一味大慈心，悲念眾生如子想。
眾生不知佛能救，故謗如來及法僧。

(參見《大般涅槃經》卷38〈12 迦葉菩薩品〉。詳 CBETA, T12, no. 374, p. 590, b)

《大智度論·卷七十三》

菩薩視眾生如子，常欲教化。

(參見《大智度論》卷73〈55 阿毘跋致品〉。詳 CBETA, T25, no. 1509, p. 571, c)

五－30 爾時世尊，欲重宣此義，而說偈言

西晉·竺法護譯 《正法華經》	後秦·鳩摩羅什譯 《妙法蓮華經》	隋·闍那崛多、達磨笈多共譯 《添品妙法蓮華經》
於是世尊，欲重解誼(同「義」)顯揚其事，而歎頌曰：	爾時世尊，欲重宣此義，而說偈言：	爾時世尊，欲重宣此義，而說偈言：
不可思議，億百千劫， 欲得限量，莫能知數。 得佛已來，至尊大道， 常講說經，未曾休懈， 勸助發起，無數菩薩，	自我得佛來，所經諸劫數， 無量百千萬，億載阿僧祇， 常說法教化，無數億眾生， 令入於佛道。爾來無量劫， 為度眾生故，方便現涅槃，	自我得佛來，所經諸劫數， 無量百千萬，億載阿僧祇， 常說法教化，無數億眾生， 令入於佛道，爾來無量劫， 為度眾生故，方便現涅槃，

皆建立之，於佛道慧。
無數億劫，開道眾生，
億千姟數，不可思議，
而為示現，立于滅度，
以教化誼，導利眾生。
用權方便，而現滅度，
故為眾人，演斯法典。
吾已自立，一切黎庶，
分別群萌，於彼之誼。
其心顛倒，而不覺了，
欲立是等，佛宣暢說。
設見於佛，滅度之後，
以若干物，而用供養，
又覩吾沒，愁悒憂慼，
若復見佛，歡喜踊躍。
假使質直，說至誠言，
眾生之類，朽棄身體，
然後如來，合集眾音，
能自示現，顯大佛道。
而於後世，分別此語，
吾在于斯，不為滅度。
比丘欲知，佛權方便，
數數堪忍，現壽於世，
及與異人，眷屬圍繞，
因而宣揚，於尊佛道。
諸賢得聞，佛出世間，
又復導師，餘國滅度，
觀察眾生，愁憂懊惱，
倉卒不見，其身相好。
望想飢虛，欲得見佛，
然後乃為，分別經典。
不可思議，億百千劫，
吾常建立，如此像誼。
佛來至於，靈鷲之山，
自然床座，無量姟數。
設使眾生，見是世界，
水火災變，劫燒天地。
當斯之時，吾此佛土，

而實不滅度，常住此說法。
我常住於此，以諸神通力，
令顛倒眾生，雖近而不見。
眾見我滅度，廣供養舍利，
咸皆懷戀慕，而生渴仰心。
眾生既信伏，質直意柔軟，
一心欲見佛，不自惜身命。
時我及眾僧，俱出靈鷲山，
我時語眾生：常在此不滅，
以方便力故，現有滅不滅。
餘國有眾生，恭敬信樂者，
我復於彼中，為說無上法。
汝等不聞此，但謂我滅度。
我見諸眾生，沒在於苦惱，
故不為現身，令其生渴仰，
因其心戀慕，乃出為說法。
神通力如是，於阿僧祇劫，
常在靈鷲山，及餘諸住處。
眾生見劫盡，大火所燒時，
我此土安隱，天人常充滿。
園林諸堂閣，種種寶莊嚴，
寶樹多花菓，眾生所遊樂。
諸天擊天鼓，常作眾伎樂，
雨曼陀羅花，散佛及大眾。
我淨土不毀，而眾見燒盡，
憂怖諸苦惱，如是悉充滿。
是諸罪眾生，以惡業因緣，
過阿僧祇劫，不聞三寶名。
諸有修功德，柔和質直者，
則皆見我身，在此而說法。
或時為此眾，說佛壽無量，
久乃見佛者，為說佛難值。
我智力如是，慧光照無量，
壽命無數劫，久修業所得。
汝等有智者，勿於此生疑，
當斷令永盡，佛語實不虛。
如醫善方便，為治狂子故，
實在而言死，無能說虛妄。

而實不滅度，常住此說法。
我常住於此，以諸神通力，
令顛倒眾生，雖近而不見。
眾見我滅度，廣供養舍利，
咸皆懷戀慕，而生渴仰心。
眾生既信伏，質直意柔軟，
一心欲見佛，不自惜身命。
時我及眾僧，俱出靈鷲山，
我時語眾生，常在此不滅，
以方便力故，現有滅不滅；
餘國有眾生，恭敬信樂者，
我復於彼中，為說無上法，
汝等不聞此，但謂我滅度。
我見諸眾生，沒在於苦惱，
故不為現身，令其生渴仰；
因其心戀慕，乃出為說法，
神通力如是，於阿僧祇劫
常在靈鷲山，及餘諸住處；
眾生見劫盡，大火所燒時，
我此土安隱，天人常充滿，
園林諸堂閣，種種寶莊嚴，
寶樹多花果，眾生所遊樂；
諸天擊天鼓，常作眾伎樂，
雨曼陀羅華，散佛及大眾。
我淨土不毀，而眾見燒盡，
憂怖諸苦惱，如是悉充滿。
是諸罪眾生，以惡業因緣，
過阿僧祇劫，不聞三寶名；
諸有修功德，柔和質直者，
則皆見我身，在此而說法；
或時為此眾，說佛壽無量；
久乃見佛者，為說佛難值。
我智力如是，慧光照無量，
壽命無數劫，久修業所得。
汝等有智者，勿於此生疑，
當斷令永盡，佛語實不虛。
如醫善方便，為治狂子故，
實在而言死，無能說虛妄；

具足微妙，柔軟安雅， 歌舞戲笑，無量安隱， 講堂精舍，樓閣室宅， 校飾莊嚴，皆以七寶， 藥草樹木，華實茂好， 自然雨華，心華眾色， 以散於佛，及弟子上。 諸人皆坐，館室雷震， 或復好樂，發道意者。 吾之國土，建立常然， 餘人有見，劫如燒盡。 覩其世界，火甚可異， 本以權便，示現斯變。 如來諮嗟，無央數億， 佛之法尊，其為若茲。 眾生品類，不肯聽聞， 然而憙造，殃釁□ 之罪。 假使人民，柔軟中和， 其時佛興，出于人間。 已見世尊，經法所詔， 則為顯揚，清淨誼理。 佛來為人，分別誡誨， 說斯所造，往返之事。 假使如來，久久而現， 然後乃為，講是經典。 吾智慧力，聖達光明， 如是所見，不為薄少。 前世所行，無量劫數， 慈心之品，平坦無求。 智慧明者，無得狐疑， 棄捐猶豫，勿懷結滯。 所當列露(列舉表露)，未曾班宣 佛今散告，無復餘誼。 如醫所建，善權方便， 開闡分別，示子方術。 現衰老死，其身續存， 神變音聲，不終不始。 受諸等友，而自由用，	我亦為世父，救諸苦患者， 為凡夫顛倒，實在而言滅。 以常見我故，而生憍恣心， 放逸著五欲，墮於惡道中。 我常知眾生，行道不行道， 隨所應可度，為說種種法。 每自作是意，以何令眾生， 得入無上慧，速成就佛身。	我亦為世父，救諸苦患者， 為凡夫顛倒，實在而言滅。 以常見我故，而生憍恣心， 放逸著五欲，墮於惡道中； 我常知眾生，行道不行道， 隨應所可度，為說種種法。 每自作是意，以何令眾生， 得入無上道，速成就佛身？

世吼療治，眾生之病。 開導癡騃，令離愚冥， 而現泥洹，亦不滅度。 何故懃懃，欲得現已， 人常闇弊，使意信樂， 以放逸故，墜墮三處， 其心踊躍，欲令覺了。 如來所詔，常以知時， 為其眾生，而行智慧。 以何方便，而受道法？ 何因令獲，從佛經教？		

《大般若波羅蜜多經‧卷第五百六十九》

(1)爾時眾中，有一天子名曰光德，即從座起，偏覆左肩，右膝著地，合掌向佛白言：世尊！諸佛菩薩應居「淨土」，云何世尊出現於此「穢惡」充滿「堪忍世界」？

(2)佛告光德：天子當知！諸佛如來所居之處，皆無「雜穢」即是淨土。

(3)於是如來以神通力，令此三千大千世界，地平如掌，琉璃所成，無諸「山陵、堆阜、荊棘」，處處皆有「寶聚、香花、軟草、泉池、八功德水、七寶階陛、花果草木」，咸說：「菩薩不退法輪」，無諸「異生、聲聞、獨覺」。雖有菩薩從十方來，不聞餘聲，唯常聞說甚深「般若」波羅蜜多……

(4)爾時，光德見斯事已踊躍歡喜，讚歎佛言：甚奇！世尊！希有！善逝！如來所說，真實不虛，諸佛如來所居之處，皆無「雜穢」，即是「淨土」。如佛所說，其義無二，有情「薄福」，見「淨」為「穢」。

(參見《大般若波羅蜜多經(第 401 卷-第 600 卷)》卷 569〈6 法性品〉。詳 CBETA, T07, no. 220, p. 942, a)

《勝天王般若波羅蜜經‧卷第三》

(1)爾時，眾中有一天子，名曰光德，即從坐起，偏袒右肩，右膝著地，合掌向佛，頭面作禮，白佛言：世尊！諸佛菩薩應遊「淨土」，「娑婆世界」是不清淨，云何世尊出現此土？

(2)爾時，佛告光德天子：諸佛如來所居之處無有「穢土」。

(3)於是世尊，即以「神力」現此三千大千世界，地平如掌，琉璃所成，無諸山陵、堆阜、荊棘，處處「寶聚」，香華軟草，流泉浴池，八功德水，七寶階砌，樹木華果，咸說：「菩薩不退法輪」。

(4)無有凡夫，唯見十方諸「大菩薩」。不聞餘音，唯聞「般若」波羅蜜聲。處處蓮華，大如車輪，青紅赤白，一一華中皆有菩薩結「跏趺坐」。

(5)即見如來於大眾中，為諸菩薩說甚深法，無量百千釋梵護世前後圍遶，供養恭敬尊重讚歎：希有世尊！希有世尊！所說無虛，真實不二。如世尊說，諸佛住處，實無「穢土」，眾生「薄福」，而見「不淨」。

(參見《勝天王般若波羅蜜經》卷 3〈5 法性品〉。詳 CBETA, T08, no. 231, p. 706, a)

《大般涅槃經‧卷二十四》

(1)佛言：善男子……若使世界「不淨」充滿，諸佛世尊於中出者，無有是處。

(2)善男子！汝今莫謂諸佛出於「不淨」世界，當知是心「不善狹劣」。

(3)汝今當知！我(釋迦佛)實不出「閻浮提界」。

(4)譬如有人說言：此界(娑婆世界)「獨有日月」，他方世界「無有日月」，如是之言，無有義理。若有菩薩發如是言：此佛世界「穢惡不淨」，他方佛土「清淨嚴麗」，亦復如是。

(5)善男子！西方去此「娑婆世界」，度「三十二」恒河沙等諸佛國土，彼有世界名曰「無勝」。彼土何故名曰「無勝」？其土所有「嚴麗」之，事皆悉平等，無有差別，猶如西方「安樂世界」，亦如東方「滿月世界」。

(6)我於彼土「出現」於世，為化眾生故，於「此界閻浮提」中現「轉法輪」，非但我身獨於此中現「轉法輪」，一切諸佛亦於此中而「轉法輪」。

(7)以是義故，諸佛世尊非不修行如是「十事」。

(8)善男子！慈氏菩薩以誓願故，當來之世令「此世界」清淨莊嚴。

(9)以是義故，一切諸佛所有世界「無不嚴淨」。

（參見《大般涅槃經》卷 24〈10 光明遍照高貴德王菩薩品〉。詳 CBETA, T12, no. 374, p. 509, a）

《大般涅槃經・卷第三十二》

(1)善男子！譬如良醫，知病說藥，病者不服，非醫咎也。

(2)善男子！如有施主，以其所有，施一切人，有不受者，非施主咎。

(3)善男子！譬如日出，幽冥皆明，盲瞽之人，不見道路，非日過也。

(4)善男子！如恒河水，能除渴乏，渴者不飲，非水咎也。

(5)善男子！譬如大地，普生果實，平等無二，農夫不種，非地過也。

(6)善男子！如來普為一切眾生廣開分別十二部經，眾生不受，非如來咎。

(7)善男子！若修道者，即得阿耨多羅三藐三菩提。

(8)善男子！汝言眾生悉有「佛性」，應得阿耨多羅三藐三菩提如磁石者。善哉！善哉！以有「佛性」因緣力故，得阿耨多羅三藐三菩提。若言不須修聖道者，是義不然。

(9)善男子！譬如有人，行於曠野，渴乏遇井，其井幽深，雖不見水，當知必有。是人方便求覓罐ㄍㄨㄢˋ(圓形容器)綆ㄍㄥˇ(汲水器上的繩索)汲取則見。

(10)「佛性」亦爾，一切眾生雖復有之，要須修習「無漏聖道」然後得見。

（參見《大般涅槃經》卷 32〈11 師子吼菩薩品〉。詳 CBETA, T12, no. 374, p. 555, b）

〈分別功德品第十七〉

五－31 世尊說「如來壽量品」經文時，「六百八十萬億」河沙眾生得「無生法忍」。無量菩薩亦得「聞持陀羅尼門、樂說無礙辯才、旋陀羅尼」

西晉・竺法護譯《正法華經》	後秦・鳩摩羅什譯《妙法蓮華經》	隋・闍那崛多、達磨笈多共譯《添品妙法蓮華經》
〈御福事品第十六〉	〈分別功德品第十七〉	〈分別功德品第十六〉
⓵世尊說是「如來壽限」(指「如來壽量品」經文)時，則無央數不可思議眾生，皆獲利誼(同「義」)，「解脫」至道。	⓵爾時大會，聞佛說「壽命劫數長遠」如是(指「如來壽量品」經文)，無量無邊阿僧祇眾生，得大饒益。	⓵爾時大會，聞佛說「壽命劫數長遠」如是(指「如來壽量品」經文)，無量無邊阿僧祇眾生，得大饒益。
⓶爾時世尊告彌勒大士：阿逸(彌勒菩薩)！欲知今佛說此「如來壽限經典」(指「如來壽量品」經文)之時，六十八億「那術」(nayuta 那由他)百千江河沙等諸菩薩，逮(到)「不起法忍」(無生法忍)。	⓶於時世尊告彌勒菩薩摩訶薩：阿逸多(彌勒菩薩)！我說是「如來壽命長遠」(指「如來壽量品」經文)時，「六百八十萬億」那由他恒河沙眾生，得「無生法忍」。	⓶於時世尊告彌勒菩薩摩訶薩：阿逸多(彌勒菩薩)！我說是「如來壽命長遠」(指「如來壽量品」經文)時，「六百八十萬億」那由他恒河沙眾生，得「無生法忍」。
⓷	⓷	⓷
❶「二千」江河沙菩薩大士，皆得「總持」。	❶復有「千倍」菩薩摩訶薩，得「聞持」(隨所聞法，悉能受持)陀羅尼」門。	❶復有「千倍」菩薩摩訶薩，得「聞持」(隨所聞法，悉能受持)陀羅尼」門。
❷如「一佛世界」塵數菩薩大士，逮(及;到)得「無礙辯才總持」。	❷復有「一世界」微塵數菩薩摩訶薩，得「樂說」(諸法之)無礙辯才」。	❷復有「一世界」微塵數菩薩摩訶薩，得「樂說」(諸法之)無礙辯才」。
❸復有如「千佛世界」塵數億百千姟菩薩，得「不退轉總持」。	❸復有「一世界」微塵數菩薩摩訶薩，得「百千萬億」無量「旋」(轉)陀羅尼」。(《正法華經》於「普賢菩薩勸發品第二十八」將「旋」陀羅尼譯為「迴轉」陀羅尼→七－31)	❸復有「一世界」微塵數菩薩摩訶薩，得「百千萬億」無量「旋」(轉)陀羅尼」。
⓸	⓸	⓸
❶復有如「(大)千佛世界」(1千個「中千世界」→即10億個「小世界」)塵數菩薩大士，聞是經	❶復有「三千大千世界」微塵數菩薩摩訶薩，能轉「不退法輪」。	❶復有「三千大千世界」微塵數菩薩摩訶薩，能轉「不退法輪」。

典，轉「不退轉法輪」。 ❷復有如「中千佛世界」(1千個「小千世界」→即100萬個「小世界」)塵數菩薩，逮(及;到)得無垢大聖分別，而轉法輪。 ❸復有如佛「小千世界」(1千個「小世界」)塵數菩薩，聞斯經典，逮(及;到)得「八生住」(指二地菩薩，漸次修行至「妙覺」需經過八個階位，故此名為「八生」)，當成「無上正真道」。	❷復有「二千中國土」(指「中千世界」→1千個「小世界」名「小千世界」。1千個「小千世界」名「中千世界」。故羅什譯「中千世界」為「2千中世界」)微塵數菩薩摩訶薩，能轉「清淨法輪」。 ❸復有「小千國土」微塵數菩薩摩訶薩，「八生」(指二地菩薩，漸次修行至「妙覺」需經過八個階位，故此名為「八生」)當得「阿耨多羅三藐三菩提」。	❷復有「二千中國土」(指「中千世界」→1千個「小世界」名「小千世界」。1千個「小千世界」名「中千世界」。故羅什譯「中千世界」為「2千中世界」)微塵數菩薩摩訶薩，能轉「清淨法輪」。 ❸復有「小千國土」微塵數菩薩摩訶薩，「八生」(指二地菩薩，漸次修行至「妙覺」需經過八個階位，故此名為「八生」)當得「阿耨多羅三藐三菩提」。
(五)	(五) ❶復有四(個)「四天下」微塵數菩薩摩訶薩，「四生」(指八地菩薩，過四生已，便得佛菩提)當得「阿耨多羅三藐三菩提」。 ❷復有三(個)「四天下」微塵數菩薩摩訶薩，「三生」(指九地菩薩，過三生已，便得佛菩提)當得「阿耨多羅三藐三菩提」。 ❸復有二(個)「四天下」微塵數菩薩摩訶薩，「二生」(指十地菩薩，過二生已，便得佛菩提)當得「阿耨多羅三藐三菩提」。	(五) ❶復有四(個)「四天下」微塵數菩薩摩訶薩，「四生」(指八地菩薩，過四生已，便得佛菩提)當得「阿耨多羅三藐三菩提」。 ❷復有三(個)「四天下」微塵數菩薩摩訶薩，「三生」(指九地菩薩，過三生已，便得佛菩提)當得「阿耨多羅三藐三菩提」。 ❸復有二(個)「四天下」微塵數菩薩摩訶薩，「二生」(指十地菩薩，過二生已，便得佛菩提)當得「阿耨多羅三藐三菩提」。
復有如「四天下」塵數菩薩大士，聞斯法已，得「一生補處」，當成「正覺」。	❹復有一(個)「四天下」微塵數菩薩摩訶薩，「一生」(指等覺菩薩，一生過已，便得佛菩提)當得「阿耨多羅三藐三菩提」。	❹復有一(個)「四天下」微塵數菩薩摩訶薩，「一生」(指等覺菩薩，一生過已，便得佛菩提)當得「阿耨多羅三藐三菩提」。
(陸)復有如「八佛世界」塵數黎庶，聞是經典，悉發「無上正真之道」。	(陸)復有「八(佛)世界」微塵數眾生，皆發「阿耨多羅三藐三菩提心」。	(陸)復有「八(佛)世界」微塵數眾生，皆發「阿耨多羅三藐三菩提心」。
(柒)佛這說斯諸菩薩大士，尋(不久;隨即)則建立(古代立國君、	(柒)佛說是諸菩薩摩訶薩，得「大法利」時，於虛空中，	(柒)佛說是諸菩薩摩訶薩，得「大法利」時，於虛空中，

皇后、太子，均可稱「建立」→此指「立無上正覺位」）。應時虛空，雨⌣諸「天華、意華」及「大意華」，紛紛如雪，以散無數百千世界億百千姟諸佛世尊，故來(報答)垂恩(佛之垂恩)。(諸天華亦散於)坐(在)「師子床」七寶樹下，及能仁(釋迦佛)大聖上，其(有)無央數不可稱限，諸滅度佛，幷多寶佛身。(時)地即大動，及雨一切諸菩薩上。	雨⌣「曼陀羅華、摩訶曼陀羅華」，以散無量百千萬億眾寶樹下、「師子座」上(之)諸佛，幷散「七寶塔」中，「師子座」上(之)釋迦牟尼佛，及久滅度(之)多寶如來，亦散一切諸「大菩薩」及「四部眾」。	雨⌣「曼陀羅華、摩訶曼陀羅華」，以散無量百千萬億眾寶樹下、「師子座」上(之)諸佛，幷散「七寶塔」中，「師子座」上(之)釋迦牟尼佛，及久滅度(之)多寶如來，亦散一切諸「大菩薩」及「四部眾」。
㊙ ❶又雨⌣ 四種「栴檀、雜香、蜜香(沈水香)、一切諸香」，從虛空墮。虛空之中，發「大雷音」，深「柔軟音」，自然妙響。 ❷千萬「瓔珞」若干琦ㄑ珍(奇異珍寶)，明月珠寶、如意之珠，諸珠「瓔珞」，皆於空中垂下如幡，無數「香爐」在於空中，自然「香出」。復有無數百千「寶蓋」，自然來至，一一「寶蓋」，各各普覆一一佛上。	㊙ ❶又雨⌣ 細末「栴檀、沈水」香等。於虛空中，天鼓自鳴，妙聲深遠。 ❷又雨⌣ 千種「天衣」，垂「諸瓔珞、真珠瓔珞、摩尼珠瓔珞、如意珠瓔珞」，遍於「九方」(此喻「六凡」及「三聖」皆同莊嚴佛果)。眾寶香爐，燒「無價香」，自然周至，供養大會一一佛上。	㊙ ❶又雨⌣ 細末「栴檀、沈水」香等。於虛空中，天鼓自鳴，妙聲深遠。 ❷又雨⌣ 千種「天衣」，垂「諸瓔珞、真珠瓔珞、摩尼珠瓔珞、如意珠瓔珞」，遍於「九方」(此喻「六凡」及「三聖」皆同莊嚴佛果)。眾寶香爐，燒「無價香」，自然周至，供養大會一一佛上。
㊨上至「梵天」，諸菩薩眾在於空中，「執蓋」而侍「億百千姟」諸如來左右。	㊨有諸菩薩，執持「幡蓋」，次第而上，至于「梵天」。是諸菩薩，以妙音聲，歌無量頌，讚歎諸佛。	㊨有諸菩薩，執持「幡蓋」，次第而上，至于「梵天」。是諸菩薩，以妙音聲，歌無量頌，讚歎諸佛。

三陀羅尼：
相當於「天台宗」所説之「空、假、中」三觀。
❶旋陀羅尼：「旋」為「旋轉」之義。凡夫執著「有相」，故須令其「旋轉」差別之「假相」，以入於「平等之空」；此即「從假入空」之「空持」。→是「緣起」，但亦不離「性空」。
❷百千萬億陀羅尼：旋轉「平等之空」，而入於「百千萬億法」差別之假相(現象界)；此即「從空入假」之「假持」。→是「性空」，亦無礙於「緣起」。
❸法音方便陀羅尼：以上記「空、假」二持為「方便」，而入於「絕待之中道」；此即中道第一義諦之「中持」。

（以上資料據《佛光大辭典》再略作修訂）

後秦・鳩摩羅什譯《摩訶般若波羅蜜經》卷 10〈38 法施品〉

憍尸迦(Kauśika 忉利天之主;帝釋天)！置閻浮提中眾生。復置「四天下國土」中眾生、「小千國土」中眾生、「二千中國土」中眾生、「三千大千國土」中眾生。

（參見《摩訶般若波羅蜜經》卷 10〈38 法施品〉。詳 CBETA, T08, no. 223, p. 294, b）

元魏・菩提流支譯《深密解脫經》卷 3〈9 聖者彌勒菩薩問品〉

彼百千、彼百千「閻浮提」。彼百千、彼百千萬，名為「一千世界」(➔即1千個「小世界」)。
彼「一千世界」百倍。彼百倍、千倍。彼千倍、百千倍，名為「二千中世界」(➔即100 萬個「小世界」)。
彼「二千中世界」百倍、千倍、百千倍，名為「三千大千世界」(➔即10 億個「小世界」)。

（參見《深密解脫經》卷 3〈9 聖者彌勒菩薩問品〉。詳 CBETA, T16, no. 675, p. 676, c）

龍樹菩薩造。鳩摩羅什譯《大智度論》卷 7〈1 序品〉

「初千小」(最初1千個「小世界」名「小千世界」➔即1千個「小世界」)。
「二千中」(1千個「小千世界」則名為「中千世界」➔即100 萬個「小世界」)。
第三名「大千」(1千個「中千世界」名為「大千世界」➔即10 億個「小世界」)。
千千重數，故名「大千」。

（參見《大智度論》卷 7〈1 序品〉。詳 CBETA, T25, no. 1509, p. 113, c）

五－32 彌勒菩薩從座而起，偏袒右肩，合掌向佛，而説偈言

西晉・竺法護譯《正法華經》	後秦・鳩摩羅什譯《妙法蓮華經》	隋・闍那崛多、達磨笈多共譯《添品妙法蓮華經》
於是彌勒(菩薩)而讚頌曰：	爾時彌勒菩薩，從座而起，偏袒右肩，合掌向佛，而說偈言：	爾時彌勒菩薩，從座而起，偏袒右肩，合掌向佛，而說偈言：
安住令聞，未曾有法， 本來未嘗，見此明光。 廣大極遠，不可限量， 如向所觀，無能思議。 今日我已，所聞經典， 面觀安住，現分別說。 建立眾生，億百千數， 大聖導師，於世殊特， 不退轉輪，住於佛道。 或有得立，執攬微密(精微周密)， 或有得處，無限之誼， 億百千數，總持之要。 欲有限量，及思惟者，	佛說希有法，昔所未曾聞， 世尊有大力，壽命不可量。 無數諸佛子，聞世尊分別， 說得法利者，歡喜充遍身。 或住不退地，或得陀羅尼， 或無礙樂說，萬億旋總持。 或有大千界，微塵數菩薩， 各各皆能轉，不退之法輪。 復有中千界，微塵數菩薩， 各各皆能轉，清淨之法輪。 復有小千界，微塵數菩薩， 餘各八生在，當得成佛道。 復有四三二，如此四天下，	佛說希有法，昔所未曾聞； 世尊有大力，壽命不可量。 無數諸佛子，聞世尊分別， 說得法利者，歡喜充遍身。 或住不退地，或得陀羅尼， 或無礙樂說，萬億旋總持。 或有大千界，微塵數菩薩， 各各皆能轉，不退之法輪。 復有中千界，微塵數菩薩， 各各皆能轉，清淨之法輪。 復有小千界，微塵數菩薩， 餘各八生在，當得成佛道。 復有四三二，如此四天下，

有所建立，并越度生。 或有二住，及八住者， 當得佛道，所度無量。 或有學者，超越千四， 或有至三，或於二住。 緣從導師，聞是經典， 當得佛道，顯第一誼。 或有建立，一生補處， 成諸通慧，遊於諸有， 聽省於斯，大聖所說， 有成果證，無有諸漏。 猶如八佛，國土諸塵， 其欲數者，限量如此。 若有黎庶，億數聽經， 聞是皆發，殊勝道意。 無極大仙，造德若斯， 分別演說，立真諦地。 無量諸身，不得稱限， 譬如虛空，無有邊際。 諸天所雨，無數億華， 不可計量。天子億千， 帝釋梵天，如江河沙， 其來至此。無數億千， 雜香妙香，供養安住， 蜜香(沈水香)上香，而已散佛， 專己作行。猶如飛鳥， 普來供散，安住如來。 上虛空中，自然雷震， 柔軟音聲，暢深妙法。 億百千天，俱共歌頌， 明月珠寶，自然下降。 自然諸香，而為芬薰， 七寶寶瓶，億百千姟， 羅列虛空，如鴈飛行， 供養大聖，威神之尊。 諸蓋億姟，不可限量， 廣大周匝，七寶嚴飾。 聰明智慧，諸菩薩執，	微塵諸菩薩，隨數生成佛。 或一四天下，微塵數菩薩， 餘有一生在，當成一切智。 如是等眾生，聞佛壽長遠， 得無量無漏，清淨之果報。 復有八世界，微塵數眾生， 聞佛說壽命，皆發無上心。 世尊說無量，不可思議法， 多有所饒益，如虛空無邊。 雨天曼陀羅、摩訶曼陀羅， 釋梵如恒沙，無數佛土來， 雨栴檀沈水，繽紛而亂墜， 如鳥飛空下，供散於諸佛。 天鼓虛空中，自然出妙聲， 天衣千萬種，旋轉而來下。 眾寶妙香爐，燒無價之香， 自然悉周遍、供養諸世尊。 其大菩薩眾，執七寶幡蓋， 高妙萬億種，次第至梵天， 一一諸佛前，寶幢懸勝幡， 亦以千萬偈、歌詠諸如來。 如是種種事，昔所未曾有， 聞佛壽無量，一切皆歡喜。 佛名聞十方，廣饒益眾生， 一切具善根，以助無上心。	微塵諸菩薩，隨數生成佛。 或一四天下，微塵數菩薩， 餘有一生在，當成一切智。 如是等眾生，聞佛壽長遠， 得無量無漏，清淨之果報。 復有八世界，微塵數眾生， 聞佛說壽命，皆發無上心。 世尊說無量，不可思議法， 多有所饒益，如虛空無邊。 雨天曼陀羅、摩訶曼陀羅； 釋梵如恒沙，無數佛土來， 雨栴檀沈水，繽紛而亂墜， 如鳥飛空下，供散於諸佛。 天鼓虛空中，自然出妙聲， 天衣千萬種，旋轉而來下。 眾寶妙香爐，燒無價之香， 自然悉周遍，供養諸世尊。 其大菩薩眾，執七寶幡蓋， 高妙萬億種，次第至梵天， 一一諸佛前，寶幢懸勝幡， 亦以千萬偈，歌詠諸如來。 如是種種事，昔所未曾有， 聞佛壽無量，一切皆歡喜。 佛名聞十方，廣饒益眾生， 一切具善根，以助無上心。

| 身形高長，上至梵天，
微妙姝好，威光巍巍，
幢幡綺麗，供養上佛。
詻嗟眾聖，億千讚誦，
心懷踊躍，敬安住名。
所在向方，尊未曾有，
見若干種，諸異導師，
而普示現，壽命之限，
今此眾生，悉觀喜悅。
其誼廣普，至于十方，
導師音聲，靡不達至。
飽滿眾生，億百千數，
曉了道意，具足莊嚴。 | | |

五－33 若聞「如來壽量品」經文功德，乃至生一念「信解」，所得功德無有限量，亦勝於「八十萬億」那由他劫，行「五波羅蜜」功德

西晉・竺法護譯 《正法華經》	後秦・鳩摩羅什譯 《妙法蓮華經》	隋・闍那崛多、達摩笈多共譯 《添品妙法蓮華經》
⓪爾時世尊告彌勒(菩薩)曰：其聞「如來所現壽命所說經法」(指「如來壽量品」經文)，發意頃，生「快心」(滿足;暢快;法喜)篤信者，所得功德不可稱量。	⓪爾時佛告彌勒菩薩摩訶薩：阿逸多(彌勒菩薩)！其有眾生，聞「佛壽命長遠」(指「如來壽量品」經文)如是，乃至能生一念「信解」，所得功德，無有限量。	⓪爾時佛告彌勒菩薩摩訶薩：阿逸多(彌勒菩薩)！其有眾生，聞「佛壽命長遠」(指「如來壽量品」經文)如是，乃至能生一念「信解」，所得功德，無有限量。
⓪譬如「族姓子(善男子)、族姓女(善女人)」，欲得「無上正真道」，奉行「布施、持戒、忍辱、精進、一心(禪定)」五度「無極」(pāramitā 波羅蜜)，(共修持)八億百千劫；不如「族姓子(善男子)、族姓女(善女人)」，聞斯「如來壽命之限」(指「如來壽量品」經文)，發意之頃，歡喜信樂，而不「狐疑」，(無論)若干種行(門)，(皆能)歸一道(「如來壽量品」	⓪若有「善男子、善女人」，為「阿耨多羅三藐三菩提」故，於「八十萬億」那由他劫，行「五」波羅蜜：「檀(布施)」波羅蜜、「尸羅(持戒)」波羅蜜、「羼提(忍辱)」波羅蜜、「毘梨耶(精進)」波羅蜜、「禪」波羅蜜，除「般若」波羅蜜，以是功德(指「八十萬億」那由他劫，行「五波羅蜜」的功德)，比前功德(指聽聞「如來壽量品」經文功德)，「百分、千分、百	⓪若有「善男子、善女人」，為「阿耨多羅三藐三菩提」故，於「八十萬億」那由他劫，行「五」波羅蜜：「檀(布施)」波羅蜜、「尸羅(持戒)」波羅蜜、「羼提(忍辱)」波羅蜜、「毘梨耶(精進)」波羅蜜、「禪」波羅蜜，除「般若」波羅蜜，以是功德(指「八十萬億」那由他劫，行「五波羅蜜」的功德)，比前功德(指聽聞「如來壽量品」經文功德)，「百分、千分、百

（經文）者。欲知功德（指聽聞「如來壽量品」經文功德），勝于「八億百千劫」行五度「無極」（pāramitā 波羅蜜），百倍、千倍、萬倍、億億倍、巨億萬倍，福不可譬，無以為喻。	千萬億分」，不及其一，乃至「算數譬喻」所不能知。	千萬億分」，不及其一，乃至「算數譬喻」所不能知。
㊌佛言：阿逸（彌勒菩薩）！「族姓子（善男子）、族姓女（善女人）」聞斯經法（指「如來壽量品」經法），一發意頃，「歡喜」信者，則為堅住「無上正真道成最正覺」。	㊌若「善男子、善女人」，有如是「功德」，（指「如來壽量品」經法功德），（仍會）於「阿耨多羅三藐三菩提」退者，無有是處。	㊌若「善男子、善女人」，有如是「功德」，（指「如來壽量品」經法功德），（仍會）於「阿耨多羅三藐三菩提」退者，無有是處。

五－34 爾時世尊，欲重宣此義，而説偈言

西晉‧竺法護譯《正法華經》	後秦‧鳩摩羅什譯《妙法蓮華經》	隋‧闍那崛多、達磨笈多共譯《添品妙法蓮華經》
佛時頌曰：	爾時世尊，欲重宣此義，而說偈言：	爾時世尊，欲重宣此義，而說偈言：
若一切遵修，行五度無極，志慕求斯慧，意存佛上道。設於億千劫，具足八前劫，而布施諸佛，數數及聲聞，供養諸緣覺，菩薩億千姟，奉進諸飲食，衣服床臥具，楊蓆及屋室，皆以栴檀香，園觀平等足，為施經行處。如是布施已，若干種無數，於億百劫中，用求尊佛道。又復護禁戒，信喜稽首佛，明立無所犯，猶得佛慧故。復次順忍辱，住於調定地，志尊無所限，忍無數罵詈。設覩卒暴者，住（存立）慢而自大，志能忍彼等，以求佛道故。	若人求佛慧，於八十萬億，那由他劫數，行五波羅蜜。於是諸劫中，布施供養佛，及緣覺弟子，幷諸菩薩眾，珍異之飲食、上服與臥具，栴檀立精舍，以園林莊嚴。如是等布施，種種皆微妙，盡此諸劫數，以迴向佛道。若復持禁戒，清淨無缺漏，求於無上道，諸佛之所歎。若復行忍辱，住於調柔地，設眾惡來加，其心不傾動。諸有得法者，懷於增上慢，為此所輕惱，如是亦能忍。若復勤精進，志念常堅固，於無量億劫，一心不懈息。	若人求佛慧，於八十萬億，那由他劫數，行五波羅蜜，於是諸劫中，布施供養佛，及緣覺弟子，幷諸菩薩眾，珍異之飲食、上服與臥具，栴檀立精舍，以園林莊嚴；如是等布施，種種皆微妙，盡此諸劫數，以迴向佛道。若復持禁戒，清淨無缺漏，求於無上道，諸佛之所歎。若復行忍辱，住於調柔地，設眾惡來加，其心不傾動；諸有得法者，懷於增上慢，為此所輕惱，如是亦能忍。若復勤精進，志念常堅固，於無量億劫，一心不懈怠。

常慇懃精進，寬弘心堅固， 意念餘思想，遊至億佛土。 若處於閑居，欲棄于睡眠， 其人億劫行，常習于經行。 欲比無等倫，億千劫禪定， 加復八千億，而行專一心。 志願上佛道，欲得諸通慧， 具足定無極，一切禪寂然。 諸所造福德，合會而聚集， 億百千劫中，如前所諮嗟。 若男子女人，其聞「佛壽」限， 一時歡喜信，此德為最上。 當棄捐猶豫，諸著思想事， 信樂大法誼，其福為若斯。 若菩薩求道，尊奉(遵行)億劫載 是聞不為聞，聽「佛壽」無量。 當已頂稽首，如是像類人， 然後將來世，度脫億數人。 如能仁世尊，釋師子大人， 坐於佛樹下，而演師子吼。 吾今所以來，眾生所供敬， 處於佛道場，說壽亦當然。 志性悉具足，其人博聞持， 所說諦化人，則無有狐疑。	又於無數劫，住於空閑處， 若坐若經行，除睡常攝心。 以是因緣故，能生諸禪定， 八十億萬劫、安住心不亂。 持此一心福，願求無上道， 我得一切智，盡諸禪定際。 是人於百千，萬億劫數中， 行此諸功德，如上之所說。 有善男女等，聞我說「壽命」， 乃至一念信，其福過於彼。 若人悉無有，一切諸疑悔， 深心須臾信，其福為如此。 其有諸菩薩，無量劫行道， 聞我說「壽命」，是則能信受。 如是諸人等，頂受此經典， 願我於未來，長壽度眾生。 如今日世尊、諸釋中之王， 道場師子吼，說法無所畏。 我等未來世，一切所尊敬， 坐於道場時，說壽亦如是。 若有深心者，清淨而質直， 多聞能總持，隨義解佛語， 如是諸人等，於此無有疑。	又於無數劫，住於空閑處， 若坐若經行，除睡常攝心； 以是因緣故，能生諸禪定， 八十億萬劫，安住心不亂。 持此一心福，願求無上道， 我得一切智，盡諸禪定際。 是人於百千，萬億劫數中， 行此諸功德，如上之所說。 有善男女等，聞我說「壽命」， 乃至一念信，其福過於彼。 若人悉無有，一切諸疑悔， 深心須臾信，其福為如此。 其有諸菩薩，無量劫行道， 聞我說「壽命」，是則能信受； 如是諸人等，頂受此經典， 願我於未來，長壽度眾生。 如今日世尊，諸釋中之王， 道場師子吼，說法無所畏。 我等未來世，一切所尊敬， 坐於道場時，說壽亦如是。 若有深心者，清淨而質直， 多聞能總持，隨義解佛語； 如是之人等，於此無有疑。

五－35 若聞「如來壽量品」經文者，深心信解，則為見佛常在耆闍崛山，共「大菩薩、諸聲聞眾」，圍繞說法

西晉·竺法護譯 《正法華經》	後秦·鳩摩羅什譯 《妙法蓮華經》	隋·闍那崛多、達磨笈多共譯 《添品妙法蓮華經》
⑩佛復告阿逸(彌勒菩薩)：其有聞說「如來壽經」(指「如來壽量品」經文)者，入(此經)中受持，分別曉了，其得「福德」不可稱限。即過於彼若干億劫，奉(行)五度「無極」(pāramitā 波羅蜜)，上至于「佛慧」，所當示	⑩又，阿逸多(彌勒菩薩)！若有聞「佛壽命長遠」(指「如來壽量品」經文)，解其「言趣」(語言義趣)，是人所得功德，無有限量，能(生)起如來「無上之慧」。	⑩又，阿逸多(彌勒菩薩)！若有聞「佛壽命長遠」(指「如來壽量品」經文)，解其「言趣」(語言義趣)，是人所得功德，無有限量，能(生)起如來「無上之慧」。

現，所當奉行。

（貳）復次，其聞是經（《法華經》），即持「書寫」已，載於「竹帛」，供養奉事，「散華、燒香、搗香、雜香、繒綵（彩色繒帛）、幢幡、麻油、燈香、油燈、醍醐燈」，其福過彼，甚多無數，當致「如來慧見」之事，猶如阿逸（彌勒菩薩）。

（參）彼「族姓子」（善男子），設得聞斯「如來壽限經」（指「如來壽量品」經文），其心「質直」（樸實正直），歡喜信者，以是情性（本性），當觀此相，即當知之，以（而得）見如來在靈鷲山（Gṛdhra-kūṭa）說是經時，與諸「菩薩眷屬」，圍繞「聲聞」之眾。

（肆）於斯佛土（娑婆世界），（在）三千大千世界之中，（能見）平等忍辱，地為紺（深青而含赤的顏色）琉璃，紫磨金色，八種交道，七寶行樹，若干種億「屋宅居室」，諸「菩薩眾」，於其中止。

（伍）阿逸（彌勒菩薩）！欲知彼（修學此經品者）其人心，（是否）常而「質直」（樸實正直）？（是否）安悅信者？（只要）以是（「質直」之）色像（便能）知其「相行」，（彼人定）曾見「佛會」（佛陀講法之大會）。又如來尊，（亦）悉見彼人心（之）所信樂。

（貳）何況「廣聞」是經（《法華經》）、若教人「聞」，若「自持」、若「教人持」，若「自書」、若「教人書」，若以「華香、瓔珞、幢幡、繒蓋、香油、酥燈」，供養經卷（《法華經》），是人功德，無量無邊，能生「一切種智」。

（參）阿逸多（彌勒菩薩）！若善男子、善女人，聞我說「壽命長遠」（指「如來壽量品」經文），深心信解，則為見佛常在耆闍崛山（Gṛdhra-kūṭa），共「大菩薩、諸聲聞眾」，圍繞說法。

（肆）又見此娑婆世界，其地「琉璃」，坦然平正，「閻浮檀金」，以界「八道」，寶樹行列，諸臺「樓觀」（樓殿類之高大建築物），皆悉「寶」成，其「菩薩眾」，咸處其中。

（伍）若有能如是「觀」者，當知是為「深信解相」。

（貳）何況「廣聞」是經（《法華經》）、若教人「聞」，若「自持」、若「教人持」，若「自書」、若「教人書」，若以「華香、瓔珞、幢幡、繒蓋、香油、酥燈」，供養經卷（《法華經》），是人功德，無量無邊，能生「一切種智」。

（參）阿逸多（彌勒菩薩）！若善男子、善女人，聞我說「壽命長遠」（指「如來壽量品」經文），深心信解，則為見佛常在耆闍崛山（Gṛdhra-kūṭa），共「大菩薩、諸聲聞眾」，圍遶說法。

（肆）又見此娑婆世界，其地「琉璃」，坦然平正，「閻浮檀金」，以界「八道」，寶樹行列，諸臺「樓觀」（樓殿類之高大建築物），皆悉「寶」成，其「菩薩眾」，咸處其中。

（伍）若有能如是「觀」者，當知是為「深信解相」。

五－36 若聞是經而不毀呰，起「隨喜」心，當知已為「深信解相」，何況「讀誦、受持」之者，斯人則為「頂戴如來」

西晉・竺法護譯《正法華經》	後秦・鳩摩羅什譯《妙法蓮華經》	隋・闍那崛多、達磨笈多共譯《添品妙法蓮華經》
⓵如來滅度後「族姓子、女」(善男子、善女人)，聞此經卷(《法華經》)，亦不誹謗，歡樂受持，則為如來所見(而)「擁護」。	⓵又復如來滅後，若聞是經(《法華經》)，而不毀呰(毀謗；非議)，(能生)起「隨喜」心，當知已為「深信解相」，何況「讀誦、受持」之者，斯人則為「頂戴如來」。	⓵又復如來滅後，若聞是經(《法華經》)，而不毀呰(毀謗；非議)，(能生)起「隨喜」心，當知已為「深信解相」，何況「讀誦、受持」之者，斯人則為「頂戴如來」。
⓶其「族姓子」(善男子)，超(越)於興起(興建)，為佛塔廟，起於建立「精舍講堂」、超(越)於瞻視「比丘疾病」，而給「醫藥供養」之具。	⓶阿逸多(彌勒菩薩)！是「善男子、善女人」，不須為我復起(釋迦舍利之)「塔寺」，及作「僧坊」，(及)以「四事」供養眾僧。(有是《法華經》處，則為「佛全身舍利塔」，所以不須更造「佛舍利塔」也。詳四－22)	⓶阿逸多(彌勒菩薩)！是「善男子、善女人」，不須為我復起(釋迦舍利之)「塔寺」，及作「僧坊」，(及)以「四事」供養眾僧。(有是《法華經》處，則為「佛全身舍利塔」，所以不須更造「佛舍利塔」也。詳四－22)
⓷所以者何？是等「族姓子」(善男子)，(修學《法華經》者)以(己)為「具足」(種種功德)，(己)興立「塔廟」，(己)起「七寶寺」，上至「梵天」，(己)悉為供養「一切舍利」。(《法華經》即是「法身」，亦即「佛舍利」)	⓷所以者何？是「善男子、善女人」，「受持、讀誦」是「經典」(《法華經》)者，為已「起塔」、(己)造立「僧坊」、(己)供養「眾僧」。	⓷所以者何？是「善男子、善女人」，「受持、讀誦」是「經典」(《法華經》)者，為已「起塔」、(己)造立「僧坊」、(己)供養「眾僧」。
⓸其佛「塔寺」，周迴(周圍迴繞)無限，普盡地際，懸眾寶鈴，無上之藏諸「舍利」廟。供養「華香、雜香、搗香」，「寶蓋、幢幡、伎樂、歌頌」，若干種香，「天上、世間」所有珍琦ㄑ(奇異珍寶)，「天華、天香」及「天伎樂」，空中雷震，暢發「洪音」，「鍾磬、大鼓、箜篌」樂器、簫成「琴瑟、鐃ㄑ(一種打擊樂器，形製與鈸相似)鐃」若干，	⓸(修學《法華經》者)則(如同)為以「佛舍利」，(而)起「七寶塔」，高廣漸小(指精細微妙，非指大小的「小」)，至于「梵天」，懸諸「幡蓋」及眾「寶鈴」，「華香、瓔珞，末香、塗香、燒香，眾鼓、伎樂」，「簫、笛、箜篌」種種舞戲，以「妙音聲」，歌唄讚頌，則為(己)於無量千萬億劫，作是「供養」已。	⓸(修學《法華經》者)則(如同)為以「佛舍利」，(而)起「七寶塔」，高廣漸小(指精細微妙，非指大小的「小」)，至于「梵天」，懸諸「幡蓋」及眾「寶鈴」，「華香、瓔珞，末香、塗香、燒香，眾鼓、伎樂」，「簫、笛、箜篌」種種舞戲，以「妙音聲」，歌唄讚頌，則為已於無量千萬億劫，作是「供養」已。

柔軟哀聲，歌舞節奏，調合「剋諧」(協同合諧)，無數億百千劫「供養奉侍」，諸(六)度「無極」(pāramitā 波羅蜜)，皆悉充備。	(前文四－19云：若於佛前聞《法華經》一偈一句，乃至一念隨喜者，是人前世已供養十萬億佛，而生此人間。佛亦為此人授記)	(前文四－19云：若於佛前聞《法華經》一偈一句，乃至一念隨喜者，是人前世已供養十萬億佛，而生此人間。佛亦為此人授記)

五－37 若有能「受持」此經，若「自書」、若「教人書」，功德如同已起立「僧坊、堂閣」，做種種供養於佛及諸比丘僧的功德

西晉・竺法護譯《正法華經》	後秦・鳩摩羅什譯《妙法蓮華經》	隋・闍那崛多、達磨笈多共譯《添品妙法蓮華經》
❶佛滅度後，其有得聞此經典(《法華經》)者，持、讀、書寫，若「分別」(解)說，福勝無量。(能)修慈愍哀，(能)廣普受持。(其功德則如同於)講堂精舍，(將)「床榻」錦繡敷具(坐具)，令比丘眾，「頓止」(停留止息)其中。(諸)園觀華實，(有)明月珠寶。(諸比丘之)經行諸坐，飲食供養，病給「醫藥」，一切(皆能)施安(布施於彼而令皆得安穩)，悉令(諸比丘獲)具足。 ❷其(講堂精舍之)床榻腳，(有)若干種寶，微妙顯好，上至「梵天」，幡蓋校飾，(為)勸助(勸發獎助)福故，(只要)稍稍轉具(展轉具足)，而(便能)滅除(諸)罪，靡不粲麗。(能令諸比丘)五體(四肢及頭)精進，而在(此)「閑居」，積累功德，無數巨億「百千劫中」，稱揚其名，一切莊嚴，威神巍巍，皆悉彌普。(以上喻能修學《法華經》者之功德，就如同以種種「僧坊、堂閣」供養於佛及諸比丘僧的功德)	❶阿逸多(彌勒菩薩)！若我滅後，聞是經典(《法華經》)，有能「受持」，若「自書」、若「教人書」，(其功德)則(如同)為起立「僧坊」(僧房)，以「赤栴檀」作諸「殿堂」，三十有二，高八「多羅樹」，高廣嚴好。(有)百千比丘於其中止，「園林、浴池、經行、禪窟(修禪者所住之嚴窟，即禪僧之住居。後轉指「禪宗寺院」)，「衣服、飲食、床褥、湯藥」，一切樂具，充滿其中。 ❷如是(以種種)「僧坊」(僧房)、堂閣(殿堂樓閣)」，若干百千萬億，其數無量；以此現前(種種僧坊、堂閣)「供養」於我，及「比丘僧」。(以上喻能修學《法華經》者之功德，就如同以種種「僧坊、堂閣」供養於佛及諸比丘僧的功德)	❶阿逸多(彌勒菩薩)！若我滅後，聞是經典(《法華經》)，有能「受持」，若「自書」、若「教人書」，(其功德)則(如同)為起立「僧坊」(僧房)，以「赤栴檀」作諸「殿堂」，三十有二，高八「多羅樹」，高廣嚴好。(有)百千比丘於其中止，「園林、浴池、經行、禪窟(修禪者所住之嚴窟，即禪僧之住居。後轉指「禪宗寺院」)，「衣服、飲食、床褥、湯藥」，一切樂具，充滿其中。 ❷如是(以種種)「僧坊」(僧房)、堂閣(殿堂樓閣)」，若干百千萬億，其數無量；以此現前(種種僧坊、堂閣)「供養」於我，及「比丘僧」。(以上喻能修學《法華經》者之功德，就如同以種種「僧坊、堂閣」供養於佛及諸比丘僧的功德)

〈正法華經--缺文〉

五－38 能持是經，兼行「布施、持戒、忍辱、精進、一心、智慧」，及造「僧坊、堂閣」，做種種供養，其德最勝，無量無邊

西晉・竺法護譯《正法華經》	後秦・鳩摩羅什譯《妙法蓮華經》	隋・闍那崛多、達磨笈多共譯《添品妙法蓮華經》
	⓵是故我說：如來滅後，若有「受持、讀誦、為他人說」，若「自書」、若「教人書」，「供養」經卷（《法華經》）。不須復起（釋迦舍利之）「塔寺」，及造「僧坊」、供養「眾僧」。（一心修學《法華經》，依經而行持，即是最大之「法供養」。受持《法華經》處即如同為「釋迦全身舍利之塔寺」。讀誦《法華經》處即如同建立「僧坊」供養眾僧之功德）	⓵是故我說：如來滅後，若有「受持、讀誦、為他人說」，若「自書」、若「教人書」，「供養」經卷（《法華經》）。不須復起（釋迦舍利之）「塔寺」，及造「僧坊」、供養「眾僧」。（一心修學《法華經》，依經而行持，即是最大之「法供養」。受持《法華經》處即如同為「釋迦全身舍利之塔寺」。讀誦《法華經》處即如同建立「僧坊」供養眾僧之功德）
	⓶況復有人能「持」是經（《法華經》），兼行「布施、持戒、忍辱、精進、一心（禪定）、智慧」，其德最勝，無量無邊。	⓶況復有人能「持」是經（《法華經》），兼行「布施、持戒、忍辱、精進、一心（禪定）、智慧」，其德最勝，無量無邊。
	⓷譬如虛空，東西南北、四維上下，無量無邊；是人功德，亦復如是，無量無邊，疾至「一切種智」。	⓷譬如虛空，東西南北、四維上下，無量無邊；是人功德，亦復如是，無量無邊，疾至「一切種智」。
	⓸若人「讀誦、受持」是經（《法華經》），為「他人說」，若「自書」、若「教人書」，復（亦）能「起塔」，及造「僧坊」、供養讚歎「聲聞」眾僧。亦以百千萬億「讚歎之法」，讚歎「菩薩」功德，又為他人，種種「因緣」，隨義解說此《法華經》。	⓸若人「讀誦、受持」是經（《法華經》），為「他人說」，若「自書」、若「教人書」，復（亦）能「起塔」，及造「僧坊」、供養讚歎「聲聞」眾僧。亦以百千萬億「讚歎之法」，讚歎「菩薩」功德，又為他人，種種「因緣」，隨義解說此《法華經》。
	⓹復能清淨「持戒」，與「柔和者」而共同止，忍辱「無	⓹復能清淨「持戒」，與「柔和者」而共同止，忍辱「無

	瞋」，志念「堅固」，常貴「坐禪」，得諸「深定」，精進勇猛，攝諸「善法」，利根智慧，善答「問難」。	瞋」，志念「堅固」，常貴「坐禪」，得諸「深定」，精進勇猛，攝諸「善法」，利根智慧，善答「問難」。
	㈥阿逸多(彌勒菩薩)！若我滅後，諸「善男子、善女人」，「受持、讀誦」是經典(《法華經》)者，復有如是諸善功德，當知是人已「趣道場」，近「阿耨多羅三藐三菩提」，坐道樹下。	㈥阿逸多(彌勒菩薩)！若我滅後，諸「善男子、善女人」，「受持、讀誦」是經典(《法華經》)者，復有如是諸善功德，當知是人已「趣道場」，近「阿耨多羅三藐三菩提」，坐道樹下。
	㈦阿逸多(彌勒菩薩)！是「善男子、善女人」，若「坐」、若「立」、若「行、處」，此中便應起「塔」(有是《法華經》所在之處即為「有佛」，故亦應起「塔」供養，但不必一定要安放「佛舍利」也。詳四－22及六－26)，一切「天人」皆應供養，如佛之「塔」。	㈨阿逸多(彌勒菩薩)！是「善男子」，若「坐」、若「立」、若「經行」處，是中便應起「塔」(有是《法華經》所在之處即為「有佛」，故亦應起「塔」供養，但不必一定要安放「佛舍利」也。詳四－22及六－26)，一切「天人」皆應供養，如佛之「塔」。

五－39 爾時世尊，欲重宣此義，而說偈言

西晉‧竺法護譯《正法華經》	後秦‧鳩摩羅什譯《妙法蓮華經》	隋‧闍那崛多、達磨笈多共譯《添品妙法蓮華經》
於是世尊，而歎頌曰：	爾時世尊，欲重宣此義，而說偈言：	爾時世尊，欲重宣此義，而說偈言：
若起七寶寺，上至于梵天， 華香及伎樂，幡蓋悉供養。 諸床臥之具，飲食細供饌， 病瘦給醫藥，寶床若干品， 入微妙莊嚴，上至于梵天， 普校飾佛土，勸助兼備足。 五事勸閑居，咸興變億數， 一切人所樂，微妙施最勝。	若我滅度後，能奉持此經， 斯人福無量，如上之所說， 是則為具足，一切諸供養。 以舍利起塔，七寶而莊嚴， 表剎甚高廣，漸小至梵天， 寶鈴千萬億，風動出妙音。 又於無量劫，而供養此塔， 華香諸瓔珞，天衣眾伎樂，	若我滅度後，能奉持此經； 斯人福無量，如上之所說。 是則為具足，一切諸供養， 以舍利起塔，七寶而莊嚴， 表剎甚高廣，漸小至梵天， 寶鈴千萬億，風動出妙聲。 又於無量劫，而供養此塔， 華香諸瓔珞，天衣眾伎樂，

供事悉具足，鮮潔華幢幡， 以此為衣服，數數如雷震， 眾伎柔軟悲，以供養舍利。 香油為然燈，分布圍周匝， 其有持此經，於亂講說法， 以為具足辯，斯若干供養。 無數億屋室，皆以栴檀作， 講堂三十二，極高無有極， 悉敷諸座具，隨所欲飲食， 如是億百千，供珍妙餚饌， 園觀及經行，華布遍其地， 覆蓋具無量，采畫若干像， 用供養眾僧，其持是經法， 目前辦斯已。如來滅度後， 若讀誦寫經，歡喜如信樂， 其得福無量，超餘福之上。 其有人書寫，淨潔令安諦， 當供養經卷，華香普芬薰， 常當然燈火，香油為錠（膏燈） 鐐（火炬） 所生輒歡喜，數上思夷華。 其人奉經卷，供養當如是， 得福甚眾多，其限不可量。 譬如虛空界，其限不可得， 十方之無量，其福比如是。 何況能復加，常施於安隱， 奉戒行禪思，而在「燕坐」行， 無瞋不惡口，恭敬立思惟。 比丘尼常當，謙恪不自大， 智慧如明月，問智者不恐， 次第順分別，意懷愍得佛。 假使如是像，持殊勝經者， 其人功德品，不可得限量。 設使人見此，如是像法師， 當持此經卷，奉敬加供養。 假使有人，以天華香， 用天寶蓋，而以覆陰。 當以首頂，禮其人足，	燃香油酥燈，周匝常照明。 惡世法末時，能持是經者， 則為已如上，具足諸供養。 若能持此經，則如佛現在， 以牛頭栴檀，起僧坊供養。 堂有三十二，高八多羅樹， 上饌妙衣服，床臥皆具足， 百千眾住處，園林諸浴池， 經行及禪窟，種種皆嚴好。 若有信解心，受持讀誦書， 若復教人書，及供養經卷， 散華香末香，以須曼瞻蔔、 阿提目多伽，薰油常燃之。 如是供養者，得無量功德， 如虛空無邊，其福亦如是。 況復持此經，兼布施持戒， 忍辱樂禪定，不瞋不惡口， 恭敬於塔廟，謙下諸比丘， 遠離自高心，常思惟智慧， 有問難不瞋，隨順為解說， 若能行是行，功德不可量。 若見此法師，成就如是德， 應以天華散，天衣覆其身， 頭面接足禮，生心如佛想。 又應作是念：不久詣道樹， 得無漏無為，廣利諸人天。 其所住止處，經行若坐臥， 乃至說一偈，是中應起塔， 莊嚴令妙好，種種以供養。 佛子住此地，則是佛受用， 常在於其中，經行及坐臥。	然香油穌燈，周匝常照明； 惡世法末時，能持是經者， 則為已如上，具足諸供養。 若能持此經，則如佛現在， 以牛頭栴檀，起僧坊供養， 堂有三十二，高八多羅樹， 上饌妙衣服，床臥皆具足， 百千眾住處，園林諸流池， 經行及禪窟，種種皆嚴好； 若有信解心，受持讀誦書， 若復教人書，及供養經卷； 散華香末香，以須曼瞻蔔， 阿提目多伽，薰油常然之； 如是供養者，得無量功德， 如虛空無邊，其福亦如是。 況復持此經，兼布施持戒， 忍辱樂禪定，不瞋不惡口； 恭敬於塔廟，謙下諸比丘， 遠離自高心，常思惟智慧； 有問難不瞋，隨順為解說， 若能行是行，功德不可量。 若見此法師，成就如是德， 應以天華散，天衣覆其身， 頭面接足禮，生心如佛想。 又應作是念，不久詣道樹， 得無漏無為，廣利諸人天。 其所住止處，經行若坐臥， 乃至說一偈，是中應起塔， 莊嚴令妙好，種種以供養； 佛子住此地，則是佛受用， 常在於其中，經行及坐臥。

常想念之，如來最勝。
爾時見者，作是思惟，
而當求索，樹王之下。
當覺成佛，所在供養，
為饒利益，諸天世間。
假使住立，若處安坐，
所在經行，其德如是。
臥在床榻，若著衣服，
而常講演，斯如來經。
於時士夫，於此經卷，
興若干種，顯諦微妙。
世尊導師，所說至誠，
以無數珍，而供養者。
如吾所歎，所有土地，
則為佛身，於彼經行。
佛聖於中，如坐座上，
覺了所在，遊居之處。

第六卷

〈隨喜功德品第十八〉

六－1 若能為「父母、宗親、善友、知識」，隨力「演說」此經，能「隨喜」轉教他人，如是展轉至「第五十人」之功德因緣

西晉‧竺法護譯《正法華經》	後秦‧鳩摩羅什譯《妙法蓮華經》	隋‧闍那崛多、達磨笈多共譯《添品妙法蓮華經》
〈勸助品第十七〉	〈隨喜功德品第十八〉	〈隨喜功德品第十八〉
⚀爾時彌勒大士白佛言：其有聞是所說經典（《法華經》），得何「福祐」（福德護佑）？以偈頌曰：	⚀爾時，彌勒菩薩摩訶薩白佛言：世尊！若有「善男子、善女人」，聞是《法華經》「隨喜」者，得幾所福？	⚀爾時，彌勒菩薩摩訶薩白佛言：世尊！若有「善男子、善女人」，聞是《法華經》「隨喜」者，得幾所福？
大雄若滅度，其有聞是經，省之即勸助，為得何福祐？	而說偈言：世尊滅度後，其有聞是經，若能隨喜者，為得幾所福？	而說偈言：世尊滅度後，其有聞是經，若能隨喜者，為得幾所福？
⚁於是世尊告彌勒（菩薩）曰：如來「滅度」後，其有聞是所說經（《法華經》）者。若「比丘、比丘尼、清信士、清信女」，「男子、女人、大小眷屬」，聞已「勸助」（勸發獎助），於（大）眾（法）會中，宣（揚）轉（勸）為人說（此《法華經》）。若在「屋宅」、若在「露處」、若在「閑居」、郡國、縣邑，所當作為。如（其）所聞經（《法華經》），如（其）所受得（法義），（應）住（執持）彼力勢（能力權勢），（而）為人解說（此《法華經》）。若（以及）為「父母、宗室（同宗族之人）」歎（歎歌）詠（此《法華經》）。	⚁爾時，佛告彌勒菩薩摩訶薩：阿逸多（彌勒菩薩）！如來滅後，若「比丘、比丘尼、優婆塞、優婆夷」，及「餘智者」，若長若幼，聞是經（《法華經》）「隨喜」已。從「法會」出，至於「餘處」，若在「僧坊」，若「空閑地」、若「城邑、巷陌（街巷）、聚落、田里（鄉間）」。如其所聞，為「父母、宗親（同宗的親屬）、善友、知識」，隨力「演說」（此《法華經》）。	⚁爾時，佛告彌勒菩薩摩訶薩：阿逸多（彌勒菩薩）！如來滅後，若「比丘、比丘尼、優婆塞、優婆夷」，及「餘智者」，若長若幼，聞是經（《法華經》）「隨喜」已。從「法會」出，至於「餘處」，若在「僧坊」，若「空閑地」、若「城邑、巷陌（街巷）、聚落、田里（鄉間）」。如其所聞，為「父母、宗親（同宗的親屬）、善友、知識」，隨力「演說」（此《法華經》）。
⚂（彼諸人等）聞「大士」（之）言，	⚂是諸人等，聞（《法華經》	⚂是諸人等，聞（《法華經》

亦「讀」代喜_(隨喜)，所可聞知，_(而廣爲)展轉相傳。_(雖)不見_(最原先之)「法師」威容色貌，若_(只要有)「轉_(教習)學」者，代之_(法師)「勸助」_(勸發獎助)。以是因緣，所興_(起)方便，_(能)使五道人_(眾生)，有「五蓋」_(❶貪欲蓋❷瞋恚蓋❸惛眠蓋❹掉舉惡ℓ作蓋❺疑蓋)者，_(皆能互)通_(此《法華》經義而)得相見。_(大家皆)各以所聞_(之《法華經》而)「轉相勸化」，_(能)聽我所說「勸助」_(勸發獎助)之福，_(及)所聞「法師」_(修學《法華經》者稱「法師」)」_(之)經法功德。	已「隨喜」，復行「轉教」_(他人)；餘人聞已，亦隨喜「轉教」。如是展轉，至「第五十」。阿逸多_(彌勒菩薩)！其「第五十」_(之)「善男子、善女人」，_(其)「隨喜」_(《法華經》之)功德，我今說之，汝當善聽。	已「隨喜」，復行「轉教」_(他人)；餘人聞已，亦隨喜「轉教」。如是展轉，至「第五十」。阿逸多_(彌勒菩薩)！其「第五十」_(之)「善男子、善女人」，_(其)「隨喜」_(《法華經》之)功德，我今說之，汝當善聽。
㈣「族姓子、女」_(善男子、善女人)，無所_(無所不遍及於)「千載」_(千億萬載中)，_(所有)四域天下_(之)「六趣」群生，_(亦)未盡_(不能窮盡)「羅網」_(網羅遍布)。_(諸如)「有色、無色」，「有想、無想」，「不有想、不無想」，「有足、無足、兩足、四足、多足」，諸「天、人民」。_(於這其中)或有「一人」，欲求功德，_(皆可)隨此眾生_(之)「所欲樂喜」，已_(以)所愛重_(之物)，_(以)極上微妙「供養之具」，_(遍)滿「閻浮利」_(皆給予之)。	㈣若「四百萬億」阿僧祇世界，「六趣、四生」眾生，「卵生、胎生、濕生、化生」，若「有形、無形」，「有想、無想」，「非有想、非無想」，「無足、二足、四足、多足」，如是等在「眾生數」者，有人求福，隨其所欲_(之)「娛樂之具」，皆給與之。	㈣若「四百萬億」阿僧祇世界，「六趣、四生」眾生，「卵生、胎生、濕生、化生」，若「有形、無形」，「有想、無想」，「非有想、非無想」，「無足、二足、四足、多足」，如是等在「眾生數」者，有人求福，隨其所欲_(之)「娛樂之具」，皆給與之。
㈤_(此大施主)為一一人，廣大「布施」，隨其所欲，「屋宅、金銀、水精、琉璃、珊瑚、虎魄、車栗、馬瑙、象馬、車牛」眾寶合成，無央數歲，恣所求索，應意_(應滿其心意)備足，_(及種種)供養飲食，_(皆)無所乏少。	㈤_(此大施主爲)一一眾生，與滿閻浮提「金、銀、琉璃、車栗、馬腦、珊瑚、虎珀」，諸妙珍寶，及「象馬、車乘」，「七寶」所成「宮殿、樓閣」等。	㈤_(此大施主爲)一一眾生，與滿閻浮提「金、銀、琉璃、車栗、馬瑙、珊瑚、虎珀」，諸妙珍寶，及「象馬、車乘」，「七寶」所成「宮殿、樓閣」等。

⑥（此大施主）中自念言：（如此被布施之眾生）年朽力弊，心用「疲殆」（疲乏殆盡），豈可（教）化入如來「法、律」？以佛所詔，用誨眾生？	⑥是「大施主」，如是布施，滿「八十」年已，而作是念：我已施眾生（種種）「娛樂之具」，隨意所欲。然此（被布施之）眾生，皆已衰老，年過八十，髮白面皺，將死不久，我當以「佛法」而訓導之。	⑥是大施主，如是布施，滿「八十」年已，而作是念：我已施眾生（種種）「娛樂之具」，隨意所欲。然此（被布施之）眾生，皆已衰老，年過八十，髮白面皺，將死不久，我當以「佛法」而訓導之。
⑦（此大施主）尋（不久；隨即）如所念，以（戒）律檢（約束；考察）「（是）非」，導之「典教」，「黎庶」一時俱履（實踐）「道跡」（初果須陀洹）、往來（二果斯陀洹）、不還（阿那含果）、無著（阿羅漢果）得證，「諸漏」以盡，「禪定」具足，威神巍巍，得「八解門」（❶內有色想觀外色解脫❷內無色相觀外諸色解脫❸淨解脫❹空無邊解脫❺識無邊解脫❻無所有處解脫❼非想非非想處解脫❽滅受想解脫），一心不亂。於阿逸（彌勒菩薩）意云何？彼時「士夫」（即大施主）所建「福施」，有能「思惟」限量者乎？	⑦（此大施主）即集此眾生，宣布（宣講演布）法化，示教（開示教誨）利喜（利益生喜），一時皆得「須陀洹道、斯陀含道、阿那含道、阿羅漢道」，盡諸「有漏」，於「深禪定」，皆得「自在」，具「八解脫」（❶內有色想觀外色解脫❷內無色相觀外諸色解脫❸淨解脫❹空無邊處解脫❺識無邊處解脫❻無所有處解脫❼非想非非想處解脫❽滅受想解脫）。於汝意云何？是「大施主」所得功德，寧為多不？	⑦（此大施主）即集此眾生，宣布（宣講演布）法化，示教（開示教誨）利喜（利益生喜），一時皆得「須陀洹道、斯陀含道、阿那含道、阿羅漢道」，盡諸「有漏」，於「深禪定」，皆得「自在」，具「八解脫」（❶內有色想觀外色解脫❷內無色相觀外諸色解脫❸淨解脫❹空無邊處解脫❺識無邊處解脫❻無所有處解脫❼非想非非想處解脫❽滅受想解脫）。於汝意云何？是「大施主」所得功德，寧為多不？
⑧彌勒（菩薩）答曰：甚多！不可貲『計（計量；計算），乃能安慰無量眾生，供足（供應滿足）所（匱）乏，加復「立志」於「無著證」（阿羅漢）。	⑧彌勒（菩薩）白佛言：世尊！是人（大施主）功德甚多，無量無邊。若是「施主」，但施眾生「一切樂具」，功德無量；何況令得「阿羅漢果」？	⑧彌勒（菩薩）白佛言：世尊！是人（大施主）功德甚多，無量無邊。若是「施主」，但施眾生「一切樂具」，功德無量；何況令得「阿羅漢果」？

五蓋：

(1)梵語 pañca āvaraṇāni。蓋是「覆蓋」之意，謂覆蓋心性，令善法不生之五種煩惱。即：

❶貪欲蓋(rāga-āvaraṇa)：執著貪愛五欲之境，無有厭足，而蓋覆心性。

❷瞋恚蓋(pratigha-āvaraṇa)：於違情之境上懷忿怒，亦能蓋覆心性。

❸惛眠蓋(睡眠蓋、惛沈睡眠蓋 styāna-middha-āvaraṇa)：「惛沈」與「睡眠」，皆使心性無法積極活動。「惛沈」與「睡眠」可合為一蓋之原因，依《大毘婆沙論‧卷四十八》所解，「惛沈」及「睡眠」同以「瞢²憒(日暗)、不樂、頻欠、食不平性、心羸劣性」為所食(為資糧)，同以「光

明」之想為對治之法，俱令心性「沈昧」為其作用。即二者之所食、對治、作用皆相同。

❹掉舉惡ㄨ 作蓋(掉戲蓋、調戲蓋、掉悔蓋 auddhatya-kaukṛtya-āvaraṇa)：「掉」指心躁動不安；「悔」於所作之事心懷憂惱；此二者皆為使心「不安靜」之煩惱，能障聖道，故稱「蓋」。

「掉舉」與「惡作」可合為一蓋之原因，依《大毘婆沙論・卷四十八》所說，係因二者之「所食、能治、事用」相同，即「掉舉、惡ㄨ作(悔)」皆以「四法」(親里尋、國土尋、不死尋、念昔種種戲笑歡娛承奉等)為所食，均以「奢摩他」(止惡)為對治之法，故皆有令心不能「寂靜」之事用。

❺疑蓋(vicikitsā-āvaraṇa)：於「法」猶豫而無決斷，因而蓋覆心性。

(以上資料據《佛光大辭典》再略作修訂)

六-2 「大施主」布施「財寶」與「法義」與眾生，令彼皆得「阿羅漢果、八解脫」，此功德仍不及「第五十人」聞《法華經》「一偈」而生的「隨喜」功德

西晉・竺法護譯《正法華經》	後秦・鳩摩羅什譯《妙法蓮華經》	隋・闍那崛多、達磨笈多共譯《添品妙法蓮華經》
⾣佛告阿逸(彌勒菩薩)：今故語仁，宣布(於)四遠(四方邊遠之地)。如彼「士夫」(即大施主)，興大「布施」，供給無數「四域」群生(眾生)，(皆令彼等)立「無著證」(阿羅漢果)。	⾣佛告彌勒(菩薩)：我今分明語汝，是人以「一切樂具」，(布)施於「四百萬億」阿僧祇世界(之)「六趣」眾生，又令(彼等皆)得「阿羅漢果」。	⾣佛告彌勒(菩薩)：我今分明語汝，是人以「一切樂具」，(布)施於「四百萬億」阿僧祇世界(之)「六趣」眾生，又令(彼等皆)得「阿羅漢果」。
⾩佛言：其聞是經(《法華經》)「一句、一偈」，「勸助」(勸發獎助)代喜(隨喜)，福過彼人(即大施主)所「布施」(之)上。(於《法華經》)「一句、一頌」勸助(勸發獎助)功德，不可稱限，「百倍、千倍、萬倍、億倍、巨億萬倍」，億百千劫，不可計量，無以為喻。	⾩(此大施主)所得功德，不如是「第五十人」聞《法華經》(之)「一偈」(而生)隨喜功德，「百分、千分、百千萬億分」，不及其一，乃至「算數譬喻」，所不能知。	⾩(此大施主)所得功德，不如是「第五十人」聞《法華經》(之)「一偈」(而生)隨喜功德，「百分、千分、百千萬億分」，不及其一，乃至「算數譬喻」，所不能知。
⾪何況「目見」於此經典(《法華經》)，「耳聽」代喜(隨喜)，(功)德難計會。	⾪阿逸多(彌勒菩薩)！如是「第五十人」展轉聞《法華經》隨喜功德，尚無量無邊阿僧祇，何況最初於(法)會中，聞(《法華經》)而「隨喜」者，其福復勝，無量無邊阿僧祇，不可得比。	⾪阿逸多(彌勒菩薩)！如是「第五十人」展轉聞《法華經》隨喜功德，尚無量無邊阿僧祇，何況最初於(法)會中，聞(《法華經》)而「隨喜」者，其福復勝，無量無邊阿僧祇，不可得比。

㊤假使有人，欲聞斯經(《法華經》)，若入「精舍」，所至到處，若入「縣邑」。若「住」、若「坐」，一時得聞此經法(《法華經》)者。若再「反(復聽)聞」，所在「專精」，(能於)現在「生處」，所獲「福祐」，常得自然「無數珍寶」。(亦能獲)「宮殿、精舍、床榻、坐具」，「象馬、車乘」安雅(安隱詳雅)無量。	㊤又，阿逸多(彌勒菩薩)！若人為是經(《法華經》)故，往詣「僧坊」，若「坐」、若「立」，須臾聽受(此《法華經》)。緣是「功德」，「轉身」(捨此身後轉生)所生，得好上妙「象馬」車乘、「珍寶」輦輿，及乘「天宮」。	㊤又，阿逸多(彌勒菩薩)！若人為是經(《法華經》)故，往詣「僧坊」，若「坐」、若「立」，須臾聽受(此《法華經》)。緣是「功德」，「轉身」(捨此身後轉生)所生，得好上妙「象馬」車乘、「珍寶」輦輿，及乘「天宮」。
㊄(若能於)說經(《法華經》)進止(進退行止；舉止；行動)，若(或)住、若(或)坐，「息心天王」(vaiśravaṇa 北方毘沙門天王→śravaṇa 息心；沙門。參七－6之「息意天王」)就(依隨)擁護之，(令此人)不遭罪患。(帝)釋、(大)梵(天)、四天，(將)翼佐(輔佐)「營衛」(營衛隨從)，(來生可得)「轉輪聖王」(及)近(佛菩薩之)「師子座」。	㊄若復有人於講(《法華經》)法處「坐」，更有人來，勸令「坐聽」。若「分座」，令坐，是人「功德」，轉身(捨此身後轉生)得「帝釋」坐處(所坐之處)，若(得)「梵王」坐處(所坐之處)，若(得)「轉輪聖王」所坐之處。	㊄若復有人於講(《法華經》)法處「坐」，更有人來，勸令「坐聽」。若「分座」，令坐，是人「功德」，轉身(捨此身後轉生)得「帝釋」坐處(所坐之處)，若(得)「梵王」坐處(所坐之處)，若(得)「轉輪聖王」所坐之處。
㊅設「族姓子」(善男子)唱言：有經名《正法華》，真可奉敬，宜共(來)聽受，更相(來)請命(請求指示；願意聽命)。若(就像在)辭(解說)「泥雨」(如泥濘雨水般的黏合)，設(假使想將「泥雨」鬆)懈(亦)不行(不能成功)。	㊅阿逸多(彌勒菩薩)！若復有人，語餘人言：有經名《法華》，可共往聽。	㊅阿逸多(彌勒菩薩)！若復有人，語餘人言：有經名《法華》，可共往聽。
㊆若得斯須(片刻)暫聽聞(《法華經》)者，則(可得)解(脫)「罪福」(及)善惡報應，便得「德本」。(勸人聽聞《法華經》者)當獲「總持」(陀羅尼)，(而)與諸「菩薩」，世世「相隨」。	㊆(彼等眾人)即受其教，乃至「須臾」間聞(《法華經》)。是人(勸人聽聞《法華經》)功德，「轉身」(捨此身後轉生)得與「陀羅尼、菩薩」共生「一處」。	㊆(彼等眾人)即受其教，乃至「須臾」間聞(《法華經》)。是人(勸人聽聞《法華經》)功德，「轉身」(捨此身後轉生)得與「陀羅尼、菩薩」共生「一處」。

六－3 若有勸人須臾聽聞《法華經》者，是人功德「六根」具足，「不禿、不跛」，色如桃花，人所愛敬。世世所生，見佛聞法，信受教誨

西晉・竺法護譯《正法華經》	後秦・鳩摩羅什譯《妙法蓮華經》	隋・闍那崛多、達磨笈多共譯《添品妙法蓮華經》
⑴(若有勸人須臾聽聞《法華經》者，是人功德)在在所生，聰明「智慧」，億百千世，(身)體常「香潔」，不墮「惡趣」，不與「賊害」。「兵刃」共會，無有「邪心」，面色光潤，生「賢善家」。見者「歡喜」，無「憎惡」者，「不盲、不聾」。	⑴(若有勸人須臾聽聞《法華經》者，是人功德)利根(具有易於悟解之根器)、智慧，百千萬世，終不「瘖瘂」，口氣「不臭」，舌常無病，口亦無病，齒「不垢黑、不黃、不踈」，亦不「缺落」，不差、不曲。脣不「下垂」、亦不「褰(緊縮)縮」，「不麁澀、不瘡胗」(病人皮膚上所起的很多的小疙瘩)，亦不「缺壞」，亦不「喎斜」，「不厚」、「不大」，亦不「黧黑」，無諸「可惡」(令人厭惡)。	⑴(若有勸人須臾聽聞《法華經》者，是人功德)利根(具有易於悟解之根器)、智慧，百千萬世，終不「瘖瘂」，口氣「不臭」，舌常無病，口亦無病，齒「不垢黑、不黃、不踈」，亦不「缺落」，不差、不曲。脣不「下垂」、亦不「褰(緊縮)縮」，「不麁澀、不瘡胗」(病人皮膚上所起的很多的小疙瘩)，亦不「缺壞」，亦不「喎斜」，「不厚」、「不大」，亦不「黧黑」，無諸「可惡」(令人厭惡)。
⑵鼻不「偏戾(彎曲)」，亦不「塞齆(鼻病)」，「不瘖(啞巴)、不瘂(不能說話；發音困難，聲音低沉而不圓潤)」，「不禿、不跛、不病(同「癃」字→駝背。若讀「癃」音，則為「頸腫大」的病，即「頸部淋巴結核」義)、不癖(中醫指兩脅間的積塊)」，「不愚癡、不短、不長」，「不柔、不剛、不白、不黑」，面不「痿黃」。	⑵鼻不「匾(扁)㔸(薄也)」，亦不「曲戾(彎曲)」，面色「不黑」，亦不「狹長」，亦不「窊(下凹)曲」，無有一切「不可喜相」。	⑵鼻不「腼(肌肉發達處；鼻肉頭)胅(腫)」，亦不「曲戾(彎曲)」，面色「不黑」，亦不「狹長」，亦不「窊(下凹)曲」，無有一切「不可熹相」。
	⑶「脣、舌、牙齒」，悉皆嚴好，鼻修「高直」，面貌「圓滿」，「眉高」而長，額廣平正。	⑶「脣、舌、牙齒」，悉皆嚴好，鼻修「高直」，面貌「圓滿」，「眉高」而長，額廣平正。
⑷身體完具，姿顏「端正」，色如「桃花」，人所「愛敬」，心性仁賢，口言辯慧(辯才而聰明)，疾逮(及；到)「禪定」如來法教，欲覲(見)諸佛，如願「即見」世尊正覺，當學此經(《法	⑷人相具足，世世所生，見佛聞法，信受教誨。	⑷人相具足，世世所生，見佛聞法，信受教誨。

㊄佛語阿逸(彌勒菩薩)：且觀其德，若有一人，一反(回；次)聞(《法華經》)名，「勸助」(勸發獎助)代喜(隨喜)，乃獲此福。何況有人，專精「聽受」，供養思惟，而復具足為人說(《法華經》)者！	㊄阿逸多(彌勒菩薩)！汝且觀是，勸於「一人」令往聽(《法華經》)法，「功德」(尚且)如此，何況一心「聽說、讀誦」，而於大眾為人「分別」、如說「修行」？	㊄阿逸多(彌勒菩薩)！汝且觀是，勸於「一人」令往聽(《法華經》)法，「功德」(尚且)如此，何況一心「聽說、讀誦」，而於大眾為人「分別」、如說「修行」？

明·蕅益 智旭《法華經會義·卷六》云：

阿逸多(彌勒菩薩)！若復有人，語ㄩ餘人言：有經名《法華》，可共往聽。(彼等眾人)即受其教，乃至「須臾」間聞(《法華經》)。是人(勸人聽聞《法華經》)功德，

❶「轉身」(捨此身後轉生)得與「陀羅尼、菩薩」共生「一處」。

❷利根。

❸智慧。

❹百千萬世，終不「瘖瘂」。

❺口氣「不臭」。

❻舌常無病。

❼口亦無病。

❽❾齒不垢黑。

❿(齒)不黃。

⓫(齒)不疎。

⓬(齒)亦不「缺落」。

⓭(齒)不差。

⓮(齒)不曲。

⓯脣不「下垂」。

⓰(脣)亦不「褰ㄑㄧㄢ(緊縮)縮」。

⓱(脣)不麁澀。

⓲(脣)不瘡胗ㄓㄣ(病人皮膚上所起的很多的小疙瘩)。

⓳⓴(脣)亦不「缺壞」。

㉑㉒(脣)亦不「喎ㄨㄞ斜」。

㉓(脣)不厚。

㉔(脣)不大。

㉕(脣)亦不「黧黑」。

㉖(脣)無諸「可惡」(令人厭惡)。

㉗鼻不「匾(扁)虒ㄊ一(薄也)」。

㉘(鼻)亦不「曲戾ㄌˋ(彎曲)」。

㉙面色「不黑」。

㉚㉛(面色)亦不「狹長」。

㉜㉝(面色)亦不「窊ㄨ(下凹)曲」。

㉞(面色)無有一切「不可喜相」。

㉟㊱㊲㊳「脣、舌、牙齒」，悉皆嚴好。

㊴㊵㊶鼻修「高直」。

㊷面貌「圓滿」。

㊸㊹「眉高」而長。

㊺㊻㊼額廣平正。

㊽人相具足。

㊾世世所生，見佛聞法。

㊿信受教誨。

(參見《法華經會義》卷6。詳 CBETA, X32, no. 616, p. 179, b // Z 1:50, p. 353, a // R50, p. 705, a)

六－4 爾時世尊，欲重宣此義，而說偈言

西晉·竺法護譯《正法華經》	後秦·鳩摩羅什譯《妙法蓮華經》	隋·闍那崛多、達摩笈多共譯《添品妙法蓮華經》
爾時世尊，而歎頌曰：	爾時世尊，欲重宣此義，而說偈言：	爾時世尊，欲重宣此義，而說偈言：
最後若有，值是經卷， 假使逮得，一頌之說， 聽采其誼，心喜勸助， 其人功德，不可限量。 設令有人，獨能施與， 常給眾生，億千姟數， 如佛向者，所現譬喻， 令無數劫，皆得飽滿。 於時丈夫，覩面色變， 頭白齒落，年老朽毫。 斯群生類，將無終沒， 我欲教化，使入道法。 其人最後，以法教喻， 為分別演，無為之地。 一切五道，猶如芭蕉， 速令逮及，於滅度事。 一切眾庶，皆聽受經，	若人於法會，得聞是經典， 乃至於一偈，隨喜為他說， 如是展轉教，至于第五十， 最後人獲福，今當分別之。 如有大施主，供給無量眾， 具滿八十歲，隨意之所欲。 見彼衰老相，髮白而面皺， 齒踈形枯竭，念其死不久， 我今應當教，令得於道果。 即為方便說，涅槃真實法， 世皆不牢固，如水沫泡焰， 汝等咸應當，疾生厭離心。 諸人聞是法，皆得阿羅漢， 具足六神通，三明八解脫。 最後第五十，聞一偈隨喜， 是人福勝彼，不可為譬喻。 如是展轉聞，其福尚無量，	若人於法會，得聞是經典， 乃至於一偈，隨喜為他說； 如是展轉教，至于第五十， 最後人獲福，今當分別之。 如有大施主，供給無量眾， 具滿八十歲，隨意之所欲。 見彼衰老相，髮白而面皺， 齒踈形枯竭，念其死不久。 我今應當教，令得於道果； 即為方便說，涅槃真實法。 世皆不牢固，如水沫泡焰， 汝等咸應當，疾生厭離心。 諸人聞是法，皆得阿羅漢， 具足六神通，三明八解脫。 最後第五十，聞一偈隨喜， 是人福勝彼，不可為譬喻。 如是展轉聞，其福尚無量，

而從士夫，親近諮請， 制伏其心，皆使無漏， 一時之頃，得無著證。 若聞一偈，代是勸助， 所得功德，出彼無量。 各各所施，一一分別， 一頌之德，難計難限。 倉卒得聞，講一頌者， 莫能限量，動無崖底。 其人得福，無數如是， 何況現在，面自啓受。 假使有人，來至眾會， 一反_(回;次)聞經，歡喜踊躍， 從億百千，諸姟劫數， 是法難值，亦難曉了。 若今有人，還及彼土， 須臾得聞，於斯經卷， 且當聽是，所獲果報， 在在所由，無有大病。 世世所生，舌無有患， 牙齒堅固，未曾嘽落。 初不殀害，除諸危殆， 及邪反戾，父母賢良。 所立巧便，壽命常長， 未曾生盲，目亦不冥。 鼻耳姝好，無有缺減， 脣口雅妙，面常鮮潔。 常為眾人，所見愛敬， 口氣芬馥，無有臭穢。 形體常香，如青蓮華， 其薰流布，無所不周。 若居堂室，行至精舍， 所到之處，有聽斯經。 須臾之間，還知聞者， 熙怡喜踊，在邊啓受。 其人儀體，獲致安隱， 殊妙車馬，則用躬迎。 若復乘于，賢善象車，	何況於法會，初聞隨喜者。 若有勸一人將引聽《法華》， 言此經深妙，千萬劫難遇， 即受教往聽，乃至須臾聞， 斯人之福報，今當分別說。 世世無口患，齒不踈黃黑， 脣不厚褰缺，無有可惡相。 舌不乾黑短，鼻高修且直， 額廣而平正，面目悉端嚴， 為人所喜見，口氣無臭穢， 優鉢華之香、常從其口出。 若故詣僧坊欲聽《法華經》， 須臾聞歡喜，今當說其福。 後生天人中，得妙象馬車， 珍寶之輦輿，及乘天宮殿。 若於講法處，勸人坐聽經， 是福因緣得，釋梵轉輪座。 何況一心聽，解說其義趣， 如說而修行，其福不可量。	何況於法會，初聞隨喜者。 若有勸一人將引聽《法華》， 言此經深妙，千萬劫難遇。 即受教往聽，乃至須臾聞， 斯人之福報，今當分別說。 世世無口患，齒不踈黃黑； 脣不厚褰缺，無有可惡相。 舌不乾黑短，鼻高脩且直； 額廣而平正，面目悉端嚴。 為人所憙見，口氣無臭穢， 優鉢華之香，常從其口出。 若故詣僧坊欲聽《法華經》， 須臾聞歡喜，今當說其福。 後生天人中，得妙象馬車， 珍寶之輦輿，及乘天宮殿。 若於講法處，勸人坐聽經， 是福因緣得，釋梵轉輪座。 何況一心聽，解說其義趣， 如說而修行，其福不可限。

所在遊得，若干種寶。 常復獲逮，上妙瓔珞， 數百千人，悉共發意。 住造其所，所說法果， 則為講斯，清淨教誨。 清淨法故，所建鮮明， 得為天帝，梵天床座。 速疾逮致，轉輪聖王， 長處眾會，敷演經誼(同「義」)。		

〈法師功德品第十九〉

六－5 若「讀誦、解說、書寫」《法華經》，能得「一千二百」或「八百」六根功德。能於「清淨肉眼」見三千大千世界所有「善惡業因緣、果報生處」

西晉・竺法護譯《正法華經》	後秦・鳩摩羅什譯《妙法蓮華經》	隋・闍那崛多、達磨笈多共譯《添品妙法蓮華經》
〈歎法師品第十八〉	〈法師功德品第十九〉	〈法師功德品第十八〉
壹爾時世尊，告常應時(常精進)菩薩大士：若「族姓子(善男子)、族姓女(善女人)」，「受」是經典(《法華經》)，「持、讀、書寫」，	壹爾時佛告常精進菩薩摩訶薩：若善男子、善女人，受持是《法華經》，若「讀」、若「誦」、若「解說」、若「書寫」，	壹爾時佛告常精進菩薩摩訶薩：若善男子、善女人，受持是《法華經》，若「讀」、若「誦」、若「解說」、若「書寫」，
❶當得「十眼」功德之本，「八百」名稱(聲名稱譽→功德)。	❶是人當得「八百」眼功德。	❶是人當得「八百」眼功德。
❷千二百「耳根」。	❷「千二百」耳功德。	❷「千二百」耳功德。
❸千二百「鼻根」。(後文有說鼻根是「八百功德」)	❸「八百」鼻功德。	❸「八百」鼻功德。
❹千二百「舌根」。	❹「千二百」舌功德。	❹「千二百」舌功德。
❺千二百「身行」。(後文有說身根是「八百功德」)	❺「八百」身功德。	❺「八百」身功德。
❻千二百「意淨」。是為無數百千品德(品目功德)，則能嚴淨「六根」功祚(福)。	❻「千二百」意功德。以是功德，莊嚴「六根」，皆令清淨。	❻「千二百」意功德。以是功德，莊嚴「六根」，皆令清淨。
貳彼人若令「眼根」清淨，而以「肉眼」覩諸所有，滿「三千大千世界」，諸味「石蜜」(用甘蔗煉成的糖)、叢樹，下至「無可大地獄」(阿鼻地獄)中，上至「三十三天」(Trāyastriṃśat-deva欲界忉利天)，一切(皆能)普見，悉能攝取(攝受護取)，故曰「肉眼」。若有「眾庶」(眾生)生其中者(指生於三千大千世界中之所有眾生)，(此人)皆悉「見」之，咸曉了知(彼等眾生)「罪福」(之)所趣(向)。	貳是「善男子、善女人」，(於)父母所生「清淨肉眼」，(能)見於「三千大千世界」，內外所有「山林、河海」，下至「阿鼻地獄」，上至「有頂」(指「色界」之「色究竟天」，或「無色界」之「非想非非想處天」)，亦見其中「一切眾生」，及(其)「(善惡)業因緣、(善惡)果報生處」，悉見、悉知。	貳是「善男子、善女人」，(於)父母所生「清淨肉眼」，(能)見於「三千大千世界」，內外所有「山林、河海」，下至「阿鼻地獄」，上至「有頂」(指「色界」之「色究竟天」，或「無色界」之「非想非非想處天」)，亦見其中「一切眾生」，及(其)「(善惡)業因緣、(善惡)果報生處」，悉見、悉知。

天台智者大師說《妙法蓮華經文句・卷十・釋法師功德品》

父母所生，雖稱「肉眼」，具五眼用。

見大千內外，「天眼」用。

見一切眾生，及「業因緣」，「法眼」用。

其目甚清淨，「慧眼」用。

一時悉見大千內外，見業見淨，又圓伏「法界」上惑，「佛眼」用⋯⋯

見「人、天」是二眼(肉眼、天眼)。

見「二乘」是「慧眼」。

見「菩薩」，是「法眼」。

見「佛」，即「佛眼」。

　　(參見《妙法蓮華經文句》卷10〈釋法師功德品〉。詳 CBETA, T34, no. 1718, p. 140, a)

《楞嚴經・卷八》

「禁戒」(saṃvara)成就，則於世間永無「相生(婬業所起)、相殺(殺業所起)」之業；偷劫不行(盜業所起)，無相負累，亦於世間不還宿債。

是清淨人修三摩地，父母肉身(於父母所生之現世肉身中)，不須「天眼」，自然觀見十方世界(似天眼通)，覩佛聞法(似天耳通)，親奉聖旨(似他心通)，得「大神通」遊十方界(似神足通)，「宿命」清淨(似宿命通)，得無艱險。

是則名為「第二增進修行漸次」。

　　(參見《大佛頂如來密因修證了義諸菩薩萬行首楞嚴經》卷8。詳 CBETA, T19, no. 945, p. 141, c)

《大方廣佛華嚴經・卷五十七》〈38 離世間品〉

佛子！菩薩摩訶薩有十種眼。所謂：

❶肉眼，見一切色故。

❷天眼，見一切眾生心故。

❸慧眼，見一切眾生諸根境界故。

❹法眼，見一切法如實相故。

❺佛眼，見如來十力故。

❻智眼，知見諸法故。

❼光明眼，見佛光明故。

❽出生死眼，見涅槃故。

❾無礙眼，所見無障故。

❿一切智眼，見普門法界故。

是為十。若諸菩薩安住此法，則得如來無上大智慧眼。

　　(參見《大方廣佛華嚴經》卷57〈38 離世間品〉。詳 CBETA, T10, no. 279, p. 302, c)

《楞嚴經・卷四》

阿難！云何名為「眾生世界」？

「世」(有情根身世界)為「遷流」(有過去、現在、未來，遷流不止也)，

「界」(處所也)為「方位」(空間的方位)。

汝今當知①東、②西、③南、④北，⑤東南、⑥西南，⑦東北、⑧西北，⑨上、⑩下為「界」；

❶**過去**、❷**未來**、❸**現在為「世」**；
「方位」有「十」，
「流數」有「三」(過去、現在、未來)。

一切眾生「織妄」(交相組織，虛妄而成)**相成，身中貿**(易也)**遷**(遷流也)，**「世、界」相涉**(三世涉於十界中，或十界涉於三世中)。

＊第一疊➜3世4方 or 4方3世，則為12方也

而此「界」性，設雖「十方」，定位可明，世間祇目(名稱也)**東、西、南、北，「上、下」無位**(四方的上與下沒有固定位子，所以無位也)，**「中」**(中間之位)**無定方。**
四數(東西南北)**必明**(明確指出)，**與「世」**(三世也)**相涉，三四、四三，宛轉「十二」**(六根對六塵亦為十二也)。

＊第二疊➜每1方各有10世，則12方X10世，為120世也

十世
(1)即「過去、現在、未來」之三世，各有「三世」，而成「九世」，此「九世」容融而成一世，合之共為「十世」。
(2)《華嚴經問答‧卷上》就一人之相續而說「十世」，如「過去」為畜生，「現在」為人，「未來」作佛。
(3)過去世之三世：❶過去之過去，自當體是畜生。❷過去之現在，即其畜生是現在之人。❸過去之未來，即其畜生是未來佛。
(4)現在世之三世：❶現在之過去，即現在人是過去之畜生。❷現在之現在，即是人自為當時之人。❸現在之未來，即現在人是未來佛。
(5)未來世之三世：❶未來之未來，即其未來佛自為當時之佛。❷未來之現在，即其佛是現在之人。❸未來之過去，即其佛是過去之畜生。
(6)如此「九世法」即是「一念」，故為「第十世」。總計之，共有「十世」。

＊第三疊➜每1世各具10法界，則120世X10法界，為1200世也

流變三疊，一(➜指3世及4方)、**十**(十進位➜指第一疊12方)**百**(百進位➜指第二疊120世)、**千**(千進位➜指第三疊1200世)，**總括「始」**(第一疊為始)、**終**(第三疊為終)」，**六根之中，各各功德有「千二百」**(即1200也)。

阿難！汝復於中，克定優劣。
如「眼」觀見，
「後」暗(完全不能看)，
「前」明，
「前方」全明，
「後方」全暗(完全不能看)，
左右旁觀，
三分之二(即指眼睛只能看2/3的範圍)。
統論所作，功德不全。
三分言「功」(功德也)，

一分(指後方完全不能看)無「德」(功德也)。
當知「眼」唯「八百」功德。(1200 x 2/3=800)

如「耳」周聽「十方」(十方所發出的聲音)無遺，
「動」(當聲音一動時)若邇ㄣ (近也)遙(遠也)，
「靜」無邊際(當聲音靜止時，聞性的能力更是無邊際的)。
當知「耳根」圓滿「一千二百」功德。

如「鼻」嗅聞，通「出、入」息，
有出有入，而闕(少也)「中交」(指中間交接之際。鼻根在「出、入息」的中間稍停時，如憋氣時，此時鼻根便沒有功能可顯示)，
驗於鼻根，三分闕一，
當知「鼻」惟「八百」功德。(1200 x 2/3=800)

如「舌」宣揚，盡諸「世間、出世間智」(可宣揚表達所有世間或出世間的種種智慧理論)，
「言」(言語)有「方分」(方域的分別或限制)，
「理」無窮盡，
當知「舌根」圓滿「一千二百」功德。

如「身」覺觸，識於「違(不舒適)、順(舒適)」，「合」(與外物觸合時)時能「覺」(感覺)，「離」(離開外物時)中「不知」(感覺即消失，沒有違與順之覺，屬暫時的「無知、不知」也)，
離「一」(一分功德)合「雙」(雙分功德)。
驗於身根，三分闕一，
當知「身」唯「八百」功德。(1200 x 2/3=800)

如「意」(第六意根)默(口不言而心意能自知也)容(包谷)十方三世一切「世間、出世間法」，
惟「聖」與「凡」，無不包容(無論聖人與凡人，沒有不被意根所包容的)，盡其涯際(無論是什麼地方空間、什麼時候，都能被意根所包容)，
當知「意根」圓滿「一千二百」功德。
　(以上經文參見《大佛頂如來密因修證了義諸菩薩萬行首楞嚴經》卷4。詳 CBETA, T19, no. 945, p. 122, c)

《佛說處處經》

(1)舍利弗白佛言：彈指之間，人意(人的意念)有「六十生死」。
(2)佛言：有九百六十生死復不多。要有三意，有「善意」、有「惡意」、有「欲意」。
　❶善意(善的意念)有三百二十。
　❷惡意(惡的意念)有三百二十。
　❸欲意(欲的意念)有三百二十。
(3)彈指之間，三意(「善、惡、欲」三種意念)并行，合為九百六十生死。除「善意」三百二十，餘有六百四十(皆屬)生死意。
　(參見《佛說處處經》卷1。詳CBETA, T17, no. 730, p. 525, a)

《大寶積經・卷八十三》

爾時世尊告電得菩薩摩訶薩言：……
是諸「貪行」二萬一千……
如是「瞋行」二萬一千……

如是「癡行」二萬一千及彼諸行八萬四千……

電得！此「等分行」（謂貪瞋癡三心，一齊而起）二萬一千，及彼諸行八萬四千。

菩薩觀察悉皆明了。

(參見《大寶積經》卷 83。詳 CBETA, T11, no. 310, p. 483, a20)

《集一切福德三昧經‧卷三》

天子答言：那羅延！菩薩應學八萬四千行。何等八萬四千行？謂：

二萬一千是「貪欲行」。

二萬一千是「瞋恚行」。

二萬一千是「愚癡行」。

二萬一千是「等分行」（謂貪瞋癡三心，一齊而起）。

菩薩悉應入是諸行行，於「貪欲」斷，離「貪欲行」、於「瞋恚」斷，離「瞋恚行」、於「愚癡」斷，離「愚癡行」、於「等分」斷，離「等分行」。

菩薩行一切眾生行，不染眾生行、現行一切諸眾生行，為化眾生故，是名菩薩行菩提行。

(參見《集一切福德三昧經》卷 3。詳 CBETA, T12, no. 382, p. 1000, b)

《大方等大集經‧卷十五》

善男子！云何菩薩善「分別行相」者……知一切眾生「心行所趣」，總說一一眾生，有八萬四千諸行，皆能了知。所謂：

「貪欲行」二萬一千。

「瞋恚行」二萬一千。

「愚癡行」二萬一千。

「等分行」（謂貪瞋癡三心，一齊而起）二萬一千。

是為八萬四千諸行，一一眾生皆有是行，若廣說者則有無量行，一一行相門中，知有八萬四千諸根。

(參見《大方等大集經》卷 15。詳 CBETA, T13, no. 397, p. 102, b)

《大方等大集經‧卷二十九》

「欲行者」二萬一千行。

「恚行者」二萬一千行。

「癡行者」二萬一千行。

「等分行者」（謂貪瞋癡三心，一齊而起）二萬一千行。

觀如是眾生「八萬四千」心之所行，如實而知，隨其所應而為說法。

舍利弗！是名菩薩「法無礙智」，而不可盡。

(參見《大方等大集經》卷 29。詳 CBETA, T13, no. 397, p. 204, b)

《阿差末菩薩經‧卷五》

或「欲」二萬一千。

其「瞋恚行」亦二萬一千。

其「愚癡行」亦二萬一千。

其「等分行」（謂貪瞋癡三心，一齊而起）亦二萬一千。

若能解了於此諸行八萬四千，便能隨時而開化之，無有損耗。

(參見《阿差末菩薩經》卷 5。詳 CBETA, T13, no. 403, p. 603, a)

《自在王菩薩經·卷二》

「婬欲」多者,分別有二萬一千。佛知有八萬四千根,如來因此諸根皆能樂說,菩薩次能樂說。
「瞋恚」多者,分別有二萬一千。佛知有八萬四千根,如來因此諸根皆能樂說,菩薩次能樂說。
「愚癡」多者,分別有二萬一千。佛知有八萬四千根,如來因此諸根皆能樂說,菩薩次能樂說。
「雜分」者(謂貪瞋癡三心,一齊而起),分別有二萬一千。佛知有八萬四千根,如來因此諸根皆能樂說,
菩薩次能樂說。自在王!是名「樂說無礙智」。

(參見《自在王菩薩經》卷 2。詳 CBETA, T13, no. 420, p. 931, b)

《修行道地經·卷一》

(1)修行道者,當復觀身「五陰」之本。「色、痛(受)、想、行、識」,是謂五陰也。

(2)譬如有城若干家居,「東、西、南、北」合乃為「城」。色(色陰)亦如是,亦不(並非)一色(只有單單
指一種色陰)為色陰也;痛(受)、想、行、識」亦復如此。非但(並非)一識(只有單單指一種識陰)名為「識
陰」(按照《持世經》的說法,「識陰」或名為「心」(第八識),或名為「意」(第七識),或名為「識」(第六識))。

(3)彼有「十入」(指十種色入),或「色」觀「法」,是為「色陰」也。
「八百痛樂」名之「痛陰」(受陰)。
「想、行、識」陰,(亦)各有「八百」,乃名為「陰」。

(4)解「五陰」本,亦當如斯。

(5)於是頌曰:
「色、痛(受)、想、行、識」,五陰之所起。
譬如有大城,若干家名「色」。
非「一色」(一種色陰)為色,凡有「十色」入。
「痛樂」(受陰)有「八百」,「想、行、識」亦爾。
慧人解此法,「若干」乃名「陰」,分別知「非一」,行者之所念。

(參見《修行道地經》卷 1〈2 五陰本品〉。詳 CBETA, T15, no. 606, p. 183, a)

《大智度論·卷二十五》

(1)隨一切眾生根(根器)樂說:
若好信者為說「信根」。
好精進者為說「精進根」。
好懃念者為說「念根」。
好攝心者為說「定根」。
好智慧者為說「慧根」。
如五根等,一切善根亦如是。

(2)復次,二萬一千「婬欲人根」,為是根(婬欲人根)故,佛說「八萬四千」治法根,隨是諸根,樂
說治法次第。

(3)菩薩樂說二萬一千「瞋恚人根」,為是根(瞋恚人根)故,佛說「八萬四千」治法根,隨是諸根,
樂說治法次第。

(4)菩薩樂說二萬一千「愚癡人根」,為是根(愚癡人根)故,佛說八萬四千治法根,隨是諸根,樂說
治法次第。

(5)菩薩樂說二萬一千「等分人根」(謂貪瞋癡三心,一齊而起),為是根(等分人根)故,佛說八萬四千治法
根,隨是諸根,樂說治法次第。

(6)菩薩樂說,是名「樂說無礙智」。

(參見《大智度論》卷 25〈1 序品〉。詳 CBETA, T25, no. 1509, p. 247, a)

六－6 爾時世尊，欲重宣此義，而說偈言

西晉・竺法護譯《正法華經》	後秦・鳩摩羅什譯《妙法蓮華經》	隋・闍那崛多、達磨笈多共譯《添品妙法蓮華經》
於時世尊，而歎頌曰：	爾時世尊，欲重宣此義，而說偈言：	爾時世尊，欲重宣此義，而說偈言：
其執此經卷，勇猛處眾會，所說不怯弱，旦聽斯名德。八百諸名稱，清淨目明朗，若已離諸垢，其目所覺普。彼則以肉眼，而從父母生，覩諸佛世界，普見超神仙。諸山須彌山，又覩于鐵圍，幷諸陵丘阜，而復察大海。默正住一處，普瞻靡不達，下至無可獄，肉眼為若此。尚未獲天眼，亦不曉了知，肉眼之境界，根且覺輕便。	若於大眾中，以無所畏心、說是《法華經》，汝聽其功德。是人得八百、功德殊勝眼，以是莊嚴故，其目甚清淨。父母所生眼，悉見三千界，內外彌樓山，須彌及鐵圍，幷諸餘山林、大海江河水，下至阿鼻獄，上至有頂處，其中諸眾生，一切皆悉見。雖未得天眼，肉眼力如是。	若於大眾中，以無所畏心，說是《法華經》，汝聽其功德。是人得八百，功德殊勝眼；以是莊嚴故，其目甚清淨。父母所生眼，悉見三千界，內外彌樓山，須彌及鐵圍，幷諸餘山林，大海江河水，下至阿鼻獄，上至有頂處，其中諸眾生，一切皆悉見；雖未得天眼，肉眼力如是。

六－7 若人「受持讀誦、解說書寫」此經，得「千二百」耳功德。能以「清淨肉耳」聞三千大千世界所有諸聲，皆悉聞知

西晉・竺法護譯《正法華經》	後秦・鳩摩羅什譯《妙法蓮華經》	隋・闍那崛多、達磨笈多共譯《添品妙法蓮華經》
⓵佛復告常應時（常精進）菩薩：若「族姓子（善男子）、族姓女（善女人）」，說是經典（《法華經》），若為異類「聲聞乘」說者，則便逮（及；到）得「千二百耳」名稱（聲名稱譽→功德）。 ⓶聞「三千大千」世界周匝，下至「無可大地獄」（阿鼻地獄），上至「三十三天」（Trāyastriṃśat-deva 欲界忉利天），超外神仙。所謂聞者：	⓵復次，常精進（菩薩）！若「善男子、善女人」，「受持」此經（《法華經》），若「讀」、若「誦」、若「解說」、若「書寫」，得「千二百耳」功德。 ⓶以是「清淨耳」，聞「三千大千世界」，下至「阿鼻地獄」，上至「有頂」（指「色界」之「色究竟天」，或「無色界」之「非想非非想處天」），其中「內、外」種種「語言」音聲：	⓵復次，常精進（菩薩）！若「善男子、善女人」，「受持」此經（《法華經》），若「讀」、若「誦」、若「解說」、若「書寫」，得「千二百耳」功德。 ⓶以是「清淨耳」，聞「三千大千世界」，下至「阿鼻地獄」，上至「有頂」（指「色界」之「色究竟天」，或「無色界」之「非想非非想處天」），其中「內、外」種種「語言」音聲：

❶象聲、馬聲、牛聲。
❷伎樂聲、車聲。
❸啼哭聲、愁歎聲。
❹鼓聲、鍾聲。
❺歌聲、舞聲、戲笑聲。
❻男聲、女聲。
❼幼僮聲、僮女聲。
❽風聲、奇妙聲。
❾正法聲、非法聲。
❿樂聲、苦聲。
⓫力聲、志性聲。
⓬柔聲、麤聲。
⓭天聲、龍聲。鬼神、揵沓和、阿須倫、迦留羅、真陀羅、摩休勒聲。
⓮火聲、水聲、地中聲。
⓯比丘聲。
⓰聲聞聲。
⓱菩薩聲、如來聲。

㊣「三千大千世界」，所有「音聲」，內外通徹，一切清淨，以「肉耳根」，悉聞眾生「所說聲」，尚未得「天耳」，而悉「普聞」、曉了萌類(眾生)「諸聲」。亦不思惟(不必透過「思惟」的能力)，(而能)觀察「黎庶」本末所(之所)由。

㊣又耳悉聞，亦不求索一切音聲，又而「順聞」，巍巍如是。常應時(常精進)菩薩大士！(修學《法華經》者雖)未得「天耳」，而耳所聽，乃如斯也。

❶象聲、馬聲、牛聲、車聲。
❷啼哭聲、愁歎聲。
❸螺聲、鼓聲。鍾聲、鈴聲。
❹笑聲、語聲。
❺男聲、女聲。
❻童子聲、童女聲。
❼法聲、非法聲。
❽苦聲、樂聲。
❾凡夫聲、聖人聲。
❿喜聲、不喜聲。
⓫天聲、龍聲、夜叉聲、乾闥婆聲、阿修羅聲、迦樓羅聲、緊那羅聲、摩睺羅伽聲。
⓬火聲、水聲、風聲。
⓭地獄聲、畜生聲、餓鬼聲。
⓮比丘聲、比丘尼聲。
⓯聲聞聲、辟支佛聲。
⓰菩薩聲、佛聲。

㊣以要言之，「三千大千世界」中，一切「內、外」所有「諸聲」，雖未得「天耳」，以「父母」所生「清淨常耳」(指「尋常人」所共有之「耳」)，皆悉「聞知」，如是分別種種「音聲」，而不壞「耳根」。

❶欲聞法義即可得聞，隨意自在，故「耳根」不壞。
❷凡人耳根取著聲塵，耳根則壞。今由《法

❶象聲、馬聲、牛聲、車聲。
❷啼哭聲、愁歎聲。
❸螺聲、鼓聲。鍾聲、鈴聲。
❹笑聲、語聲。
❺男聲、女聲。
❻童子聲、童女聲。
❼法聲、非法聲。
❽苦聲、樂聲。
❾凡夫聲、聖人聲。
❿喜聲、不喜聲。
⓫天聲、龍聲、夜叉聲、乾闥婆聲、阿修羅聲、迦樓羅聲、緊那羅聲、摩睺羅伽聲。
⓬火聲、水聲、風聲。
⓭地獄聲、畜生聲、餓鬼聲。
⓮比丘聲、比丘尼聲。
⓯聲聞聲、辟支佛聲。
⓰菩薩聲、佛聲。

㊣以要言之，「三千大千世界」中，一切「內、外」所有「諸聲」，雖未得「天耳」，以「父母」所生「清淨常耳」(指「尋常人」所共有之「耳」)，皆悉「聞知」，如是分別種種「音聲」，而不壞「耳根」。

| | 華經》力，能識一切聲塵，但耳根亦「不壞」。
❸「耳根」能分別種種法義，但於「耳根」自性中，仍無壞、無雜，動靜皆自在，此乃耳之「實相」，亦「不壞」耳根也。
❹凡人聞諸聲，而不能分別，是「壞」義。今能聞三千大小之音，善惡之聲，如在耳邊，分別不錯，不致混亂，是「不壞」義。
❺《佛說羅摩伽經》云：爾時善財童子白言：大聖！我今已見一切諸佛「神通遊戲」清淨境界，亦聞諸佛說法音聲，了了分明，「不壞」耳根，受持不忘，正念思惟。不失句義，次第分別，為人演說示教利喜。 | |

天台智者大師說《妙法蓮華經文句・卷十・釋法師功德品》

聞「六道」，即「肉、天」二耳。
聞「二乘」，即「慧耳」。
聞「菩薩」，即「法耳」。
聞「佛」，即「佛耳」。
又父母所生「肉耳」。
能聞內外，即「天耳」。
聽之不著，即「慧耳」。
「不謬」，即「法耳」。
一時互聞，即「佛耳」。

(參見《妙法蓮華經文句》卷 10〈釋法師功德品〉。詳 CBETA, T34, no. 1718, p. 140, a)

六－8 爾時世尊，欲重宣此義，而說偈言

西晉・竺法護譯 《正法華經》	後秦・鳩摩羅什譯 《妙法蓮華經》	隋・闍那崛多、達磨笈多共譯 《添品妙法蓮華經》
佛說此已欲重解誼(同「義」)，從後頌曰：	爾時世尊，欲重宣此義，而說偈言：	爾時世尊，欲重宣此義，而說偈言：
鮮潔總攝，若干品類， 清淨之耳，千有二百。 於是世界，以是聽省， 聞其音聲，無有遺餘。 有六情者，則而聽聞， 車牛諸乘，象馬音聲， 拍手擊鼓，悲好音聲， 鐃鈸稍拂，亦復如是。 伎樂柔和，其音殊好， 雖在於彼，無所染著。 聞無數人，諸可講說，	父母所生耳，清淨無濁穢， 以此常耳聞，三千世界聲。 象馬車牛聲，鍾鈴螺鼓聲， 琴瑟箜篌聲，簫笛之音聲， 清淨好歌聲，聽之而不著， 無數種人聲，聞悉能解了。 又聞諸天聲，微妙之歌音， 及聞男女聲，童子童女聲。 山川嶮谷中，迦陵頻伽聲， 命命等諸鳥，悉聞其音聲。 地獄眾苦痛，種種楚毒聲，	父母所生耳，清淨無濁穢， 以此常耳聞，三千世界聲， 象馬車牛聲，鍾鈴螺鼓聲， 琴瑟箜篌聲，簫笛之音聲， 清淨好歌聲，聽之而不著； 無數種人聲，聞悉能解了； 又聞諸天聲，微妙之歌音； 及聞男女聲，童子童女聲， 山川險谷中，迦陵頻伽聲， 命命等諸鳥，悉聞其音聲。 地獄眾苦痛，種種楚毒聲，

彼人等倫，所喜分別。 皆聞諸天，天耳所聽， 常而降伏，甘美柔和。 男子女人，諸啼哭聲， 童男童女，所可作為， 哀鸞之音，及赤嘴鵡， 鶬鶊鴛鴦，及與鸚鵡， 其有捿持，於山林者， 悉得聽聞，斯類音聲。 地獄之中，勤苦毒痛， 悲哀嚾呼，所酷苦響， 思想飯食，所至求索， 興作發起，所出音聲。 諸阿須倫，居在於海， 諸響暢逸，而各各異。 於時法師，停住於此， 有語言者，尋則普聞。 畜生餓鬼，勞飢渴聲， 各各講說，或鳴或吼。 彼時法師，默如立斯， 則得聽聞，若干音聲。 其梵天上，所居諸天， 光音天上，善究竟天， 及餘奇特，各各異聲， 法師普得，悉聞此響。 在安住世，而出捨家， 諸比丘眾，諷誦所行， 分別現說，他人志性， 法師悉聞，是等說經。 諸菩薩眾，處斯境界， 所可諷誦，為他人說， 可集結誼，以為經典， 悉得普聞，若干種音。 其佛世尊，為人御法， 而為眾生，說無數經， 獨在樹下，悉得聽聞。 因其菩薩，能持此經， 一切三千，是佛國土，	餓鬼飢渴逼，求索飲食聲， 諸阿修羅等，居在大海邊， 自共語言時，出于大音聲。 如是說法者，安住於此間， 遙聞是眾聲，而不壞耳根。 十方世界中，禽獸鳴相呼， 其說法之人，於此悉聞之。 其諸梵天上，光音及遍淨， 乃至有頂天，言語之音聲， 法師住於此，悉皆得聞之。 一切比丘眾，及諸比丘尼， 若讀誦經典，若為他人說， 法師住於此，悉皆得聞之。 復有諸菩薩，讀誦於經法， 若為他人說，撰集解其義， 如是諸音聲，悉皆得聞之。 諸佛大聖尊，教化眾生者， 於諸大會中，演說微妙法， *持此《法華》者，悉皆得聞之* *三千大千界，內外諸音聲，* *下至阿鼻獄，上至有頂天，* *皆聞其音聲，而不壞耳根，* *其耳聰利故，悉能分別知。* *持是《法花》者，雖未得天耳* *但用所生耳，功德已如是。*	餓鬼飢渴逼，求索飲食聲， 諸阿修羅等，居在大海邊， 自共言語時，出於大音聲； 如是說法者，安住於此間， 遙聞是眾聲，而不壞耳根； 十方世界中，禽獸鳴相呼， 其說法之人，於此悉聞之。 其諸梵天上，光音及遍淨， 乃至有頂天，言語之音聲， 法師住於此，悉皆得聞之。 一切比丘眾，及諸比丘尼， 若讀誦經典，若為他人說， 法師住於此，悉皆得聞之。 復有諸菩薩，讀誦於經法， 若為他人說，撰集解其義， 如是諸音聲，悉皆得聞之。 諸佛大聖尊，教化眾生者， 於諸大會中，演說微妙法， *持此《法華》者，悉皆得聞之* *三千大千界，內外諸音聲，* *下至阿鼻獄，上至有頂天，* *皆聞其音聲，而不壞耳根；* *其耳聰利故，悉能分別知，* *持是《法華》者，雖未得天耳* *但用所生耳，功德已如是。*

無數眾生，音聲暢逸， 若在室中，或復處外， 所言麁細，悉普聆z 摻4 。 悉聞一切，群萌音響， 於諸音聲，亦無所著。 處處悉知，他人表裏， 其耳清淨，聽徹如是。 斯人常末，得天耳光， 適覩因緣，尋能即聽。 於時法師，功德如是， 學斯經卷，名稱若茲。		

六－9若人「受持讀誦、解說書寫」此經，得「八百」鼻功德。能以「清淨鼻根」聞三千大千世界所有諸香，皆悉聞知

西晉‧竺法護譯 《正法華經》	後秦‧鳩摩羅什譯 《妙法蓮華經》	隋‧闍那崛多、達磨笈多共譯 《添品妙法蓮華經》
電佛復告常應時(常精進)菩薩：若「族姓子(善男子)、族姓女(善女人)」，有「持」是經卷(《法華經》)，分別說者，若復「諷讀」，書著「竹帛」，得「八百功德」，諸根堅固，「鼻根」清淨。	電復次，常精進(菩薩)！若「善男子、善女人」，「受持」是經(《法華經》)，若「讀」、若「誦」、若「解說」、若「書寫」，成就「八百鼻」功德。	電復次，常精進(菩薩)！若「善男子、善女人」，「受持」是經(《法華經》)，若「讀」、若「誦」、若「解說」、若「書寫」，成就「八百鼻」功德。
贰以是「鼻根」，三千大千世界所有諸香，皆得普聞。	贰以是清淨「鼻根」，聞於「三千大千世界」，「上、下、內、外」種種諸香：	贰以是清淨「鼻根」，聞於「三千大千世界」，「上、下、內、外」種種諸香：
❶柔軟香。	❶須曼那華香。	❶須曼那華香。
❷須曼香。	❷闍提華香。	❷闍提華香。
❸生香。	❸末利華香。	❸末利華香。
❹傅 節鬚香。	❹瞻蔔華香。	❹瞻蔔華香。
❺思夷華香。	❺波羅羅華香。	❺波羅羅華香。
❻青蓮、紅蓮、黃蓮、白蓮，若干樹木果實「薰陸香」。	❻赤蓮華香。	❻赤蓮華香。
❼蘇合香。	❼青蓮華香。	❼青蓮華香。
❽華香。	❽白蓮華香。	❽白蓮華香。
	❾華樹香。	❾華樹香。

❾栴檀香。	❿菓樹香。	❿果樹香。
❿木櫁香。	⓫栴檀香。	⓫栴檀香。
⓫青木櫁香。	⓬沈水香。	⓬沈水香。
⓬種種衆香，	⓭多摩羅跋香。	⓭多摩羅跋香。
⓭百千殊品處處生者，諸質朴香。	⓮多伽羅香。	⓮多伽羅香。
⓮人所嗅香。	⓯及千萬種「和香」，若「末」、若「丸」、若「塗香」。	⓯及千萬種「和香」，若「末」、若「丸」、若「塗香」。
⓯男子、女人、童男、童女香，皆自聞，御己身之香。		
	持是經(《法華經》)者，(雖)於此間住，悉能分別。	持是經(《法華經》)者，(雖)於此間住，悉能分別。
(參)	(參)又復別知「衆生」之香，	(參)又復別知「衆生」之香，
❶象馬六畜，飛禽走狩(通「獸」)香。	❶象香、馬香、牛羊等香。	❶象香、馬香、牛羊等香。
❷諸樹木香。	❷男香、女香。	❷男香、女香。
❸諸樹木間，含血品類香。	❸童子香、童女香。	❸童子香、童女香。
❹諸妖魅香。	及❹草木叢林香。	及❹草木叢林香。
❺至誠香。	若近、若遠，所有諸香，悉皆得聞，(能)分別不(差)錯。	若近、若遠，所有諸香，悉皆得聞，(能)分別不(差)錯。
❻天上香。		
❼比陀(kovidara 俱毘陀羅；欲界三十三天歡喜園中的香樹)美香。		
❽晝度樹(pārijāta 忉利天宮之樹名；圓生樹；晝度樹)香。		
(肆)	(肆)持是經(《法華經》)者，雖住於此(娑婆世界)，亦聞天上「諸天之香」。	(肆)持是經(《法華經》)者，雖住於此(娑婆世界)，亦聞天上「諸天之香」。
❶意香。	❶波利質多羅(香)。	❶波利質多羅(香)。
❷大意香。	❷拘鞞陀羅樹香。	❷拘鞞陀羅樹香。
❸柔軟香。	及❸曼陀羅華香。	及❸曼陀羅華香。
❹諸天香。	❹摩訶曼陀羅華香。	❹摩訶曼陀羅華香。
❺天宮香。	❺曼殊沙華香。	❺曼殊沙華香。
	❻摩訶曼殊沙華香。	❻摩訶曼殊沙華香。
	❼栴檀(香)。	❼栴檀(香)。
	❽沈水(香)。	❽沈水(香)。
	❾種種「末香」。	❾種種「末香」。
	❿諸「雜華香」。	❿諸「雜華香」。
	如是等「天香」，「和合」所出	如是等「天香」，「和合」所出

之香，無不聞知。

㈤又(能)聞：
❶諸「天身」香。
❷「釋提桓因」，在勝殿上，五欲娛樂，嬉戲時香。
❸若在「妙法堂」上，為「忉利」諸天說法時香。
❹若於諸園，遊戲時香。
及❺餘天等男女身香。
皆悉遙聞。

㈥如是展轉，乃至「梵世」，上至「有頂」(指「色界」之「色究竟天」，或「無色界」之「非想非非想處天」)諸天身香，亦皆聞之。
❶并聞「諸天」所燒之香。及
❷聲聞香。
❸辟支佛香。
❹菩薩香。
❺諸佛身香。
亦皆遙聞，知其所在。

㈦雖「聞」此香，然於「鼻根」不壞、不錯(聞而「不著」，是故「不壞」。悉能清楚分別其所聞之香，是故「不錯亂」)。若欲分別(諸香)，為他人說，(皆能)憶念不謬ぅ(謬誤)。

之香，無不聞知。

㈤又(能)聞：
❶諸「天身」香。
❷「釋提桓因」，在勝殿上，五欲娛樂，嬉戲時香。
❸若在「妙法堂」上，為「忉利」諸天說法時香。
❹若於諸園，遊戲時香。
及❺餘天等男女身香。
皆悉遙聞。

㈥如是展轉，乃至「梵世」，上至「有頂」(指「色界」之「色究竟天」，或「無色界」之「非想非非想處天」)諸天身香，亦皆聞之。
❶并聞「諸天」所燒之香。及
❷聲聞香。
❸辟支佛香。
❹菩薩香。
❺諸佛身香。
亦皆遙聞，知其所在。

㈦雖「聞」此香，然於「鼻根」不壞、不錯(聞而「不著」，是故「不壞」。悉能清楚分別其所聞之香，是故「不錯亂」)。若欲分別(諸香)，為他人說，(皆能)憶念不謬ぅ(謬誤)。

㈤
❶「帝釋身」香。
❷知所生處，於講堂上「鼓樂」弦歌(之香)。
❸所當修設諸大法則，為「忉利天」諸天說法(之香)。
❹從地踊出自然生者(之香)。
❺歌戲利誼(同「義」)「天玉女」香，童男、童女香。

㈥以是因緣，假生「梵天」諸天子等，諸「大天人、大梵身」香，其香各各從「身」流出。
❶諸天「雜香」無數百千，其名各異。
「❷聲聞、❸緣覺、❹菩薩大士、❺如來」遊居，所開化(開示教化)香。

㈦其「法師」(能通曉能解說《法華經》，又能引導眾生修行《法華經》者)者，於此間(娑婆世界)住，(諸天)所(離)去殊遠，(此修學《法華》者)不到其前，亦不(接)近(其)邊，(亦)不往就「嗅」，(皆)悉(能遙)聞彼香。(此修學《法華》者，對諸香能)不(貪)愛、不(妄)求，亦不思(慮貪)念，亦不乍(短暫貪嗜其)香(氣)，而(能自然)嗅知(其香)「氣」。(此人)以「一心」住，在於(大)眾(之)會，悉(能)分別(為眾生)說如是「諸香」，心亦「不(貪)著」，(亦能)無所慕求。

天台智者大師說《妙法蓮華經文句・卷十・釋法師功德品》

父母所生，即「肉鼻」。
大千內外，即「天鼻」。
不染不著，即「慧鼻」。
分別不謬，即「法鼻」。
一時互用，即「佛鼻」。
　(參見《妙法蓮華經文句》卷10〈釋法師功德品〉。詳 CBETA, T34, no. 1718, p. 140, b)

六-10 爾時世尊，欲重宣此義，而說偈言

西晉・竺法護譯《正法華經》	後秦・鳩摩羅什譯《妙法蓮華經》	隋・闍那崛多、達磨笈多共譯《添品妙法蓮華經》
於是世尊，而歎頌曰：	爾時世尊，欲重宣此義，而說偈言：	爾時世尊，欲重宣此義，而說偈言：
其人鼻根，清淨如是， 若干種香，所聞甚多。 於是世界，一切所有， 諸所可生，香香甚好。 又有諸形，華殖之香， 栴檀諸香，種種異品。 其諸香實，各各異類， 微妙好薰，眾木檻香， 男子女人，童子女類， 其心頓處，各各異品。 人間所生，諸香參差， 在在茲殖，青蒼雜遝。 又知大國，轉輪聖王， 所據柔仁，自由力強。 於彼所有，難縷字名， 眾眾異香，皆分別之。 財物珍寶，若干甚多， 藏去著之，於何所地， 有玉女寶，及餘珍異， 時彼菩薩，悉曉了香。 是等體著，所有瓔珞， 珠環莊嚴，衣被端正， 或時在座，若復床臥， 以香塗身，菩薩悉知。 歌戲娛樂，一切神足， 明哲智者，鼻力悉聞。	是人鼻清淨，於此世界中， 若香若臭物，種種悉聞知。 須曼那闍提、多摩羅栴檀、 沈水及桂香，種種華菓香， 及知眾生香，男子女人香， 說法者遠住，聞香知所在。 大勢轉輪王，小轉輪及子， 群臣諸宮人，聞香知所在。 身所著珍寶，及地中寶藏， 轉輪王寶女，聞香知所在。 諸人嚴身具，衣服及瓔珞， 種種所塗香，聞香知其身。 諸天若行坐、遊戲及神變， 持是《法華》者，聞香悉能知 諸樹華菓實，及酥油香氣， 持經者住此，悉知其所在。 諸山深嶮處，栴檀樹花敷， 眾生在中者，聞香皆能知。 鐵圍山大海，地中諸眾生， 持經者聞香，悉知其所在。 阿修羅男女，及其諸眷屬， 鬥諍遊戲時，聞香皆能知。 曠野險隘處，師子象虎狼， 野牛水牛等，聞香知所在。 若有懷妊者，未辯其男女， 無根及非人，聞香悉能知。	是人鼻清淨，於此世界中， 若香若臭物，種種悉聞知。 須曼那闍提、多摩羅栴檀、 沈水及桂香，種種華果香， 及知眾生香，男子女人香， 說法者遠住，聞香知所在。 大勢轉輪王，小轉輪及子， 群臣諸宮人，聞香知所在。 身所著珍寶，及地中寶藏， 轉輪王寶女，聞香知所在。 諸人嚴身具，衣服及瓔珞， 種種所塗香，聞則知其身。 諸天若行坐、遊戲及神變， 持是《法華》者，聞香悉能知 諸樹華果實，及穌油香氣， 持經者住此，悉知其所在。 諸山深險處，栴檀樹華敷， 眾生在中者，聞香皆能知。 鐵圍山大海、地中諸眾生， 持經者聞香，悉知其所在。 阿脩羅男女，及其諸眷屬； 鬥諍遊戲時，聞香皆能知。 曠野險隘處，師子象虎狼， 野牛水牛等，聞香知所在。 若有懷妊者，未辯其男女， 無根及非人，聞香悉能知。

若有奉持，此經善訓，	以聞香力故，知其初懷妊，	以聞香力故，知其初懷妊，
以快妙香，及麻油香，	成就不成就，安樂產福子。	成就不成就，安樂產福子。
若干種類，及華實香，	以聞香力故，知男女所念，	以聞香力故，知男女所念，
所在安住，又嗅悉知。	染欲癡恚心，亦知修善者。	染欲癡恚心，亦知修善者。
其於某處，有此眾香，	地中眾伏藏，金銀諸珍寶，	地中眾伏藏，金銀諸珍寶，
悉能分別，若干種香。	銅器之所盛，聞香悉能知。	銅器之所盛，聞香悉能知。
而於山巖，中間所有，	種種諸瓔珞，無能識其價，	種種諸瓔珞，無能識其價，
無央數種，栴檀華香。	聞香知貴賤，出處及所在。	聞香知貴賤、出處及所在。
又復人民，諸所有香，	天上諸華等，曼陀曼殊沙、	天上諸華等，曼陀曼殊沙、
居止于彼，一切了知。	波利質多樹，聞香悉能知。	波利質多樹，聞香悉能知。
若轉輪王，所可愛喜，	天上諸宮殿，上中下差別，	天上諸宮殿，上中下差別，
或有潛（隱藏）處，在于海中。	眾寶花莊嚴，聞香悉能知。	眾寶華莊嚴，聞香悉能知。
若於地內，所生蟲蛾，	天園林勝殿，諸觀妙法堂，	天園林勝殿、諸觀妙法堂，
明者皆練，此輩眾香。	在中而娛樂，聞香悉能知。	在中而娛樂，聞香悉能知。
知阿須倫，妃后子女，	諸天若聽法，或受五欲時，	諸天若聽法，或受五欲時，
幷及臣民，皆分別識。	來往行坐臥，聞香悉能知。	來往行坐臥，聞香悉能知。
阿須倫王，歌舞戲笑，	天女所著衣，好華香莊嚴，	天女所著衣，好華香莊嚴，
其鼻悉嗅，如是果報。	周旋遊戲時，聞香悉能知。	周旋遊戲時，聞香悉能知。
若於曠野，四繳道中，	如是展轉上，乃至於梵世，	如是展轉上，乃至於梵天，
多有師子，虎狼龍象，	入禪出禪者，聞香悉能知。	入禪出禪者，聞香悉能知。
水牛眷屬，諸所種類，	光音遍淨天，乃至于有頂，	光音遍淨天，乃至於有頂，
特牛牸牛，悉能知之。	初生及退沒，聞香悉能知。	初生及退沒，聞香悉能知。
若有女人，隨其喜樂，	諸比丘眾等，於法常精進，	諸比丘眾等，於法常精進，
假使童子，及童女眾，	若坐若經行，及讀誦經法，	若坐若經行，及讀誦經法，
若有懷軀，身體疲極，	或在林樹下，專精而坐禪，	或在林樹下，專精而坐禪，
以香分別，腹中男女。	持經者聞香，悉知其所在。	持經者聞香，悉知其所在。
復自識知，身所從來，	菩薩志堅固，坐禪若讀誦，	菩薩志堅固，坐禪若讀經，
又亦曉了，誼法科律。	或為人說法，聞香悉能知。	或為人說法，聞香悉能知。
採覩其人，安隱苦樂，	在在方世尊，一切所恭敬，	在在方世尊，一切所恭敬，
童男力勢，福應所獲。	愍眾而說法，聞香悉能知。	愍眾而說法，聞香悉能知。
男子所願，眾多悉知，	眾生在佛前，聞經皆歡喜，	眾生在佛前，聞經皆歡喜，
而覩嗅別，諸所願香。	如法而修行，聞香悉能知。	如法而修行，聞香悉能知。
已自可意，如是無盡，	雖未得菩薩，無漏法生鼻，	雖未得菩薩，無漏法生鼻，
又復嗅別，身寂然香。	而是持經者，先得此鼻相。	而是持經者，先得此鼻相。
其自處在，地中諸藏，		
財物珍寶，金銀雜色，		
柔軟珊瑚，形如紫金，		
所止頓處，悉嗅知之。		

諸貫瓔珞，明月珠寶， 世間載有，人所不及， 用鼻悉嗅，知其好醜， 行來進止，別其善惡。 諸天在上，虛空之中， 意華諸華，柔軟音華。 眾會之中，所有諸華， 以鼻勢力，住此悉聞。 其諸天人，所有宮殿， 上妙下極，及中間宮， 種種之品，如斯色像， 於是住立，鼻力嗅之。 又復分別，遊觀之園， 諸天之法，眾明寂然， 亦復曉了，尊妙宮殿， 諸天子等，所遊戲處。 於是建立，悉嗅天香， 以香分別，諸天子黨， 住於何法，興何等行， 所在遊居，悉聞其香。 諸天玉女，所畜華果， 諸寶瓔珞，周旋娛樂， 於時菩薩，悉識其香。 三十二天，至第一天， 諸天大梵，所遊宮殿， 彼以鼻嗅，悉能知之。 住已不住，皆能曉了， 諸所遠近，無不開達。 終沒若生，前世宿命， 以鼻嗅之，知斯本末。 其有菩薩，持是經卷， 若有比丘，順安住教， 常修精進，靜住經行， 若已至誠，諷誦解說， 其彼菩薩，皆悉知之。 亦別聲聞，最勝之子， 常在樹下，一身獨處， 其明哲者，承嗅悉覩，		

有某比丘，處於某處， 悉能分別，所在之處。 其有菩薩，意堅禪定， 常自娛樂，諷誦講說， 復為他人，講演解法。 於時菩薩，以香覺了， 安住大人，遊所在方， 慜哀行慈，分別說法， 在其座中，弟子圍遶， 以香識了，法王所在。 假使眾生，得聞經法， 以得稟受，心懷踊躍。 時菩薩住，於此悉見， 安住眾會，一切所在， 菩薩力勢，如是色像， 尚未逮得，天人之鼻， 自然得是，本之瑞應， 諸天之鼻，無有諸漏。		

天台智者大師說《妙法蓮華經文句‧卷十‧釋法師功德品》
此章明(六根)互用者。
鼻知好惡、別貴賤，覩天宮莊嚴等，則鼻有「眼用」。
讀經說法，聞香能知，鼻有「耳用」。
諸樹花果實，及蘇油「香氣」，鼻有「舌用」。
入禪、出禪，禪有「八觸」故，「五欲」嬉戲亦是「觸法」，鼻有「身用」。
染欲癡恚心，亦知修善者，鼻有「意用」。
「鼻根」自在，勝用若茲。例五根亦如是，舌根章亦如是。
  (參見《妙法蓮華經文句》卷 10〈釋法師功德品〉。詳 CBETA, T34, no. 1718, p. 140, b)

六－11 若人「受持讀誦、解說書寫」此經，得「千二百」舌功德。飲食皆變成上味，如天甘露。講授法要，皆令眾等歡喜快樂

西晉‧竺法護譯 《正法華經》	後秦‧鳩摩羅什譯 《妙法蓮華經》	隋‧闍那崛多、達磨笈多共譯 《添品妙法蓮華經》
⑤佛復告「族姓子」(善男子)：其有「持」是經典(《法華經》)，「讀誦、書寫」，當獲奇異「舌根千二百」功德。	⑤復次，常精進(善薩)！若「善男子、善女人」，「受持」是經(《法華經》)，若「讀」、若「誦」、若「解說」、若「書寫」，得「千二百舌」功德。	⑤復次，常精進(菩薩)！若「善男子、善女人」，「受持」是經(《法華經》)，若「讀」、若「誦」、若「解說」、若「書寫」，得「千二百舌」功德。

㈡(修學《法華經》所獲之)「舌根」具足,(能)分別諸味,若得甘美,變為天上自然飲食,設服「酢ㄘㄨˋ、澀、醶、苦」化成「天饌」,噉(《一切經音義》云:「益也,潤也。經文從口作噉,《說文》噉:「㗖」也」)味無量。	㈡若「好」、若「醜」,若「美、不美」,及諸「苦、澀」物,在其「舌根」,皆變成「上味」,如「天甘露」,無不美者。	㈡若「好」、若「醜」,若「美、不美」,及諸「苦、澀」物,在其「舌根」,皆變成「上味」,如「天甘露」,無不美者。
㈢(修學《法華經》所獲之「舌」功德)若入眾會,講授法要,蒸庶(眾生)欣載(欣悅擁戴),欽仰(欽敬仰慕)典則(典章法則)。若入(有)諍怒(處),(仍具)德音柔軟,談誼(同「義」)辯慧,清白知節(度),(及)慈愍通徹(通曉明白),(能令)眾人歡和(歡欣和樂),(而)感(法)味餘響,(眾人)其從(所聽)聞經(義),(皆獲)言論美妙。	㈢若以「舌根」,於大眾中有所演說,出「深妙聲」,能入其心,皆令歡喜快樂。	㈢若以「舌根」,於大眾中有所演說,出「深妙聲」,能入其心,皆令歡喜快樂。
㈣(修學《法華經》者將獲)天人往造(前去拜訪),「(帝)釋、(大)梵(天)、四王、清淨天身、諸天玉女」,思(念)僥ㄐㄧㄠˇ(希求)往見(此修學《法華經》者)。 ❶天子、龍神妃后。 ❷阿須倫、阿須倫妃后。 ❸迦留羅、迦留羅妃后。 ❹真陀羅、真陀羅妃。 ❺摩休勒、摩休勒妃。 ❻揵沓惒、揵沓惒妃。 ❼閱叉(yakṣa 藥叉)鬼神婦女。 ❽比耶「反足」(《一切經音義》云:鬼名也……注云「一手一腳」反卷曲也。 東方《朔神異經》云:西荒中有獸焉,其狀如鹿,人面有牙,猴手熊足,縱目橫鼻,反踵銳力,很𣇈。惡名曰「惡物」,此即鬼類也)鬼神婦女。	㈣又諸「天子、天女」,「(帝)釋、(大)梵(天)」諸天,聞是「深妙音聲」,有所演說,言論次第,皆悉來聽(此修學《法華經》者)。及 ❶諸龍、龍女。 ❷夜叉、夜叉女。 ❸乾闥婆、乾闥婆女。 ❹阿修羅、阿修羅女。 ❺迦樓羅、迦樓羅女。 ❻緊那羅、緊那羅女。 ❼摩睺羅伽、摩睺羅伽女。	㈣又諸「天子、天女」,「(帝)釋、(大)梵(天)」諸天,聞是「深妙音聲」,有所演說,言論次第,皆悉來聽(此修學《法華經》者)。及 ❶諸龍、龍女。 ❷夜叉、夜叉女。 ❸乾闥婆、乾闥婆女。 ❹阿修羅、阿修羅女。 ❺迦樓羅、迦樓羅女。 ❻緊那羅、緊那羅女。 ❼摩睺羅伽、摩睺羅伽女。

㈤(彼等大眾)悉欲往觀(聽法)，稽首作禮，聽受「經戒」，問訊誼(同「義」)歸(義理之所歸處)。

㈥「比丘、比丘尼、清信士、清信女」。「國王、太子、大臣、群僚(百官)」。「大力豪勢、轉輪聖帝，尊重巍巍，七寶具足。「太子、眷屬、玉女、朵女」，又「異梵志、君子、居士」。州城郡國，縣邑「營從」(營衛隨從)，悉欲往觀(聽法)。思盡形壽，稽首歸命，供養奉侍(此修學《法華經》者)，(並)聽受(此《法華》)經法。

㈦(此修學《法華經》者)言誨(言語教誨)和淑(溫和美好)，猶如世尊「如來」(之)所(讚)歎，(為如來之)面見思察。(此人將)逮(及；到)佛明慧，(通)深妙之(法)要，曉了如此，自然而(遍)聞(法要)。又(此人亦能)知世尊「所向方面」，(及世尊所)坐說法時。

㈤(彼等大眾)為「聽法」故，皆來親近，恭敬供養。

㈥及「比丘、比丘尼，優婆塞、優婆夷」。「國王、王子、群臣、眷屬」。「小轉輪王、大轉輪王、七寶千子、內外眷屬」，乘其「宮殿」(喻車舉√)，俱來聽法，以是(此修學《法華經》之)「菩薩」善說法故。「婆羅門、居士、國內人民」，盡其「形壽」，隨侍供養(此修學《法華經》者)。

㈦又諸「聲聞、辟支佛、菩薩、諸佛」，常樂見之(此修學《法華經》者)。是人(此修學《法華經》者)所在(之)方面，諸佛皆「向其處」說法，悉(令此人皆)能受持「一切佛法」，又(令此人)能(說)出於「深妙法音」。

㈤(彼等大眾)為「聽法」故，皆來親近，恭敬供養。

㈥及「比丘、比丘尼，優婆塞、優婆夷」。「國王、王子、群臣、眷屬」。「小轉輪王、大轉輪王、七寶千子、內外眷屬」，乘其「宮殿」(喻車舉√)，俱來聽法，以是(此修學《法華經》之)「菩薩」善說法故。「婆羅門、居士、國內人民」，盡其「形壽」，隨侍供養(此修學《法華經》者)。

㈦又諸「聲聞、辟支佛、菩薩、諸佛」，常樂見之(此修學《法華經》者)。是人(此修學《法華經》者)所在(之)方面，諸佛皆「向其處」說法，悉(令此人皆)能受持「一切佛法」，又(令此人)能(說)出於「深妙法音」。

天台智者大師說《妙法蓮華經文句‧卷十‧釋法師功德品》
父母所生即是「肉舌」，能作十法界語，約此即是「五舌義」明矣。
能作「十法界語」，即➡「天舌」。
「不壞」，即➡「慧舌」。
「不謬」，即➡「法舌」。
一時「互用」，即➡「佛舌」。
(參見《妙法蓮華經文句》卷 10〈釋法師功德品〉。詳 CBETA, T34, no. 1718, p. 140, b)

前經文**四－20**云：
(1)若善男子、善女人，於《法華經》，乃至一句，受持、讀誦、解說、書寫，種種供養經卷，華香、瓔珞、末香、塗香、燒香、繒蓋、幢幡、衣服、伎樂，合掌恭敬；是人(則為)一切世間所應「瞻奉」，應以「如來供養」(般)而供養之(指修學《法華經》者)……
(2)能竊(私下)為一人說《法華經》，乃至一句；當知是人則如來(所)使，如來所遣，行如來事。何況於大眾中「廣為人說」(此《法華經》)？……
(3)藥王！其有「讀誦」《法華經》者，當知是人，以「佛」莊嚴而自莊嚴，則為如來「肩」所

荷擔(修學《法華經》者將代佛廣度眾生,亦爲荷負諸佛如來之大重擔者)。其所至方(指修學《法華經》者所至之方土),(吾等)應隨向禮(應至心隨其所在之方而作禮),一心合掌,恭敬供養,尊重讚歎,華香、瓔珞,末香、塗香、燒香,繒蓋、幢幡,衣服、餚饌,作諸伎樂。

(4)(應以)人中上供(人間「上妙之供」),而供養之(指修學《法華經》者),應持「天寶」而以散之,天上「寶聚」(實物積聚),應以奉獻(於修學《法華經》者)。

(5)所以者何?是人(若)歡喜說法(《法華經》),(吾等大眾)須臾聞之(此大法),即得究竟「阿耨多羅三藐三菩提」故。

前經文四-24云:

(1)若(有)說(此)法者,在空閑處,我時廣遣「天、龍、鬼神、乾闥婆、阿修羅」等,聽其說法。我雖在「異國」,(能)時時令「說法者」,(皆能)得見「我身」。

(2)若(有修學)於此經(《法華經》),忘失「句逗」,我(釋迦佛)還爲說,令得具足。

✱宋・釋道生

(1)鉅鹿人,幼從竺法汰出家。初入廬山,幽棲七年,時誦《法華經》。嘗以入道之要,慧解(智慧穎悟)爲本,於是鑽仰羣經,不憚(不害怕)疲苦。

(2)往關中稟承羅什(鳩摩羅什),辨問超卓,咸稱神悟。後入虎丘山講經,至「闡提」(不具信心、斷成佛善根的人)皆有佛性,頑石皆爲點頭。又在半塘,誦《法華經》。

(3)有一童子從師出家,亦誦《法華》,無何童子命終,因瘞ㄟ(埋物祭地)於林。一夕聞誦經聲,鄉人異之,啟視乃獲「一舌」,生「青蓮華」,因是起塔,後葺ㄑ(修建房屋)成寺(即今半塘寺)。
(參見《法華經持驗記》卷1。詳 CBETA, X78, no. 1541, p. 67, a // Z 2B:7, p. 453, c // R134, p. 906, a)

✱梁・吳興尼道蹟

(1)號總持,得法於菩提達摩,遁居(隱居)湖州 弁嶺峰。晝夜誦《法華經》,誦滿「萬部」,不出山者,凡二十年。後歸寂,「塔」全身於「結廬」之所。

(2)大同元年,塔內忽有「青蓮華」一朵,道俗(出家之人與世俗之人)異之,啟視,見「華」從舌根生。州郡錄奏,敕建法華寺。
(參見《法華經持驗記》卷1。詳 CBETA, X78, no. 1541, p. 69, c // Z 2B:7, p. 456, a // R134, p. 911, a)

✱北魏・釋志湛

(1)齊州人,住泰山北邃谷(幽深的山谷)中銜草寺。省事(明白事理)寡言,人鳥不亂,讀誦《法華》,人不測其「素業」(清白之操守)。

(2)將終時,神僧誌公謂梁武曰:「北方銜草寺須陀洹果聖僧,今日滅度」。師果於是日,無疾而化,兩手各舒「一指」,有梵僧云:「斯初果也」。

(3)還葬此山,後發視之,惟「舌」不壞,建塔表信。
(參見《法華經持驗記》卷1。詳 CBETA, X78, no. 1541, p. 70, c // Z 2B:7, p. 457, b // R134, p. 913, b)

✱北齊・并州看山掘地得舌

(1)至武成世,并州東山人掘「土」,見一物,狀如「兩唇」,其中有「舌」,「鮮紅赤色」。以事聞奏,帝問諸道人,無能知者。

(2)師奏曰:「此持《法華》者,六根不壞報耳。誦滿千遍,其徵驗乎」。乃敕遷置淨所供養,集諸持《法華》者,圍遶誦經,請現瑞應。

(3)纔始發聲，「唇舌」一時鼓動，見者莫不毛豎。詔以「石函」（石製的匣子）緘^{ㄐㄧㄢ} 於山室。

（參見《法華經持驗記》卷 1。詳 CBETA, X78, no. 1541, p. 71, a // Z 2B:7, p. 457, b // R134, p. 913, b）

✠隋‧臨沂 王梵行

少瞽^{ㄍㄨˇ}（盲人），其母慈念，口授《法華經》。布衣蔬食，禪誦無缺，計誦經一萬七千部。後跏坐而逝，遺言「露尸」林野，久之「皮肉」既盡，惟「舌」不壞，色如「蓮華」。

（參見《法華經持驗記》卷 1。詳 CBETA, X78, no. 1541, p. 74, b // Z 2B:7, p. 460, d // R134, p. 920, b）

✠唐‧雍州 醴泉寺釋遺俗

(1)誦《法華》數千遍。貞觀中，因疾，告友人慧廓禪師曰：「某生平誦經，意希有驗，若生善道，當舌根不壞，可埋十年發視。若壞，知誦經無功。不壞，則為起一塔，令人信向（信任歸向）」。言訖而寂。

(2)後十年啟視，「舌」果不壞。慕道（向往修道）者如市，眾為起塔於甘谷崖。前後諸釋，以誦《法華》得「舌根」不壞者甚眾，茲不盡錄。

（參見《法華經持驗記》卷 1。詳 CBETA, X78, no. 1541, p. 76, a // Z 2B:7, p. 462, c // R134, p. 924, a）

✠唐‧悟真寺僧

(1)唐貞觀中，長安 悟真寺僧，夜如藍溪，忽聞有誦《法華經》者，其聲纖遠，月下四望，闃^{ㄑㄩˋ} 然無覩（沒有看到人），僧慘然有「懼色」。

(2)還寺白羣僧，明夕俱往聽之，乃聞「經聲」自「地中」發，遂以「標」表其所。翼日（次日）窮表下，得一「顱骨」，在積壤（堆積土壤）中，其骨「槁然」（枯乾的樣子），獨「唇吻」與「舌」，鮮而且潤，遂持歸。

(3)以「石函」置佛殿西軒下，自是每夕，常有誦《法華經》聲，出「石函」中。長安士女觀者千數。後為新羅僧竊函去。

（參見《法華經持驗記》卷 1。詳 CBETA, X78, no. 1541, p. 79, b // Z 2B:7, p. 465, d // R134, p. 930, b）

✠唐‧釋法信

(1)唐 河東練行尼名法信，常讀《法華》，特造淨室，訪工書寫此經，價酬數倍。極力莊嚴，一起一沐，然香更衣，七卷之功，八載乃就（完成）……

(2)又尼法潤，住丹陽三昧王寺。自少入道，精修禪慧，通誦蓮經，宵旦無歇，終後，「皮肉」俱盡，惟「心、舌」不朽。

（參見《法華經持驗記》卷 1。詳 CBETA, X78, no. 1541, p. 79, c // Z 2B:7, p. 466, a // R134, p. 931, a）

✠唐‧長安史阿誓

(1)唐 長安縣福水 南史村，有史阿誓者，生平誦《法華經》。名充令史，往還步涉（行走），未嘗乘騎，蓋依經云：哀憫一切故也。

(2)臨終有異香，人咸異之。後十年妻亡，發塚合葬，「舌」本如生。

（參見《法華經持驗記》卷 1。詳 CBETA, X78, no. 1541, p. 80, a // Z 2B:7, p. 466, c // R134, p. 932, a）

✠唐‧長安高表仁之孫

(1)常讀《法華》。龍朔三年正月，乘馬出順義門，有兩騎逐之，稱是「冥使」，特來追卿……後鬼怒，遙挽高髮擲下馬，家人輿還，至晚乃蘇。自云：「備見冥王」。

(2)王云：「汝何盜取僧果，復說三寶過」。高伏罪，無敢言。

(3)王云：「盜果之罪，合吞銕^{ㄊㄧㄝˇ}（同「鐵」）丸四百五十枚，四年受之乃盡，說過之罪，合耕其舌」。

因放還，言已復絕。口如吞物狀，通身皰_{ㄆㄠ} 赤，經日方醒。如是四年，吞丸報盡，忽復氣絕，神至王所，王命鬼使拔舌耕之。

(4)鬼拈鉤鑿，銛_{ㄒㄧㄢ} 利_(銳利)異常，終不能及，王乃簡案，知曾讀《法華》力，「舌」不可出，遂免罪放還。自後常于化度寺，行五悔法，以懺前愆。

(參見《法華經持驗記》卷1。詳 CBETA, X78, no. 1541, p. 80, b // Z 2B:7, p. 466, d // R134, p. 932, b)

🔆唐・京師人潘果

(1)年弱冠，任富平縣都水小吏。及歸家，與少年數人遊野外，見一羊食草，果與少年捉之歸，羊中路鳴喚。果懼主聞，拔其舌，殺食之。

(2)後一年，果舌漸消縮，陳牒解吏職，縣令鄭餘慶疑其詐，使開口驗之。見舌根僅如豆許不盡，問其故，取紙書以答之。

(3)縣令教寫《法華經》，為羊追福。果如言發心書寫，齋戒不怠。後一年「舌」漸得生，平復如故。又詣官陳牒，縣令用為里正。

(參見《法華經持驗記》卷1。詳 CBETA, X78, no. 1541, p. 80, b // Z 2B:7, p. 466, d // R134, p. 932, b)

🔆宋・釋知禮

(1)號法智，金姓，四明人，從寶雲通師，傳「天台」教觀。淳化間，道化大熾，學徒如林，力行《法華》、《般舟》三昧，期生「安養」_(極樂世界)。嘗結十同志修懺，三載期滿，將「焚身」以報《妙經》_(《妙法蓮華經》)……

(2)師終身修懺，三七期滿七遍。天台一宗，師為準的_(標準)，著《妙宗鈔》，大彰觀心觀佛之旨。天聖六年歲旦，建「光明懺」，至五日，召眾說法，驟稱佛號數百聲，結跏坐脫。

(3)露「龕」_(塔狀盛大體之器)二七，顏色如生，爪髮俱長，「舌相」不壞，如「蓮華」然。

(4)趙清獻公 忭，銘其塔，自龍樹傳北齊 文，文傳南嶽 思，思傳天台 顗，下迨_{ㄞˋ (達到)}法智，為台宗十七祖。

(參見《法華經持驗記》卷2。詳 CBETA, X78, no. 1541, p. 82, c // Z 2B:7, p. 469, a // R134, p. 937, a)

🔆宋・釋靈照

(1)東陽 盧氏。生而誓志空門，未踰月，通《法華》、《光明》二經，負笈_(遊學外地)教庠_{ㄒㄧㄤˊ (教導)}，精研天台三觀。晚止華亭 超果寺。元豐中，結諸善侶，為淨社，以效東林之風。

(2)嘗夢見彌陀三聖，師跪問：「一生誦經，祈生淨土，為果願否」。觀音指曰：「淨土不遠，有願即生，勿復疑之」。又於靜夜誦經，夢視普賢，因發心造菩薩像，誓誦《蓮經》_(《妙法蓮華經》)一萬部，以嚴_(莊嚴)淨報_(清淨報土，指阿彌陀佛之極樂淨土)。

(3)一日定中見有異相，遂累足_(兩足相疊)而逝。闍_{ㄕㄜ} 維_(火化)舌根不壞，舍利無數。

(參見《法華經持驗記》卷2。詳 CBETA, X78, no. 1541, p. 83, b // Z 2B:7, p. 470, a // R134, p. 939, a)

🔆隋・楊州 長樂寺釋智業

(1)釋智業，俗姓揚氏，少小出家，住揚州 長樂寺，精勤戒業，誦《法華經》，文句通利，猶若瀉瓶_(傳法無遺漏，如以此瓶之水傾瀉於他瓶)……

(2)于時_(當時)天下崩離百姓飢饉，居人_(居民)波迸_{ㄅㄥˋ (奔走：奔逃)}，米升萬錢。智業，時在別院，居一小屋，專誦不輟，遂餓死房中，無人收葬。此屋因復傾倒，智業屍骸，竟在其下。

(3)及義寧初，平定之後，其處忽生一莖蓮花，光色開敷_(開放：繁榮)，異常鮮麗，道俗驚嗟_{ㄐㄧㄝ (驚嘆)}，莫知其故。

(4)時寺僧有耆舊_(年高望重者)者，乃悟曰：「此地，曾有一僧，專誦《法華》，于時，既屬喪亂_(死亡禍亂)，於茲捨命，無人埋殯_(埋葬，殯葬)，骸骨在此，必是僧之靈也」，乃尋堀花根，果得骸

骨。

(5)其青蓮花，乃從髑ㄉ 髏ㄌ (頭骨)中舌根下生，舌如生存，都不爛壞。寺眾，乃將舌及華上堂，鳴鐘集眾，為轉《法華》，其舌聞經，猶能振動，道俗聞之，觀者如堵(圍者像牆一樣)，莫不嗟歎(吟嘆；嘆息)，咸發勝心矣。

(參見《弘贊法華傳》卷 7。詳 CBETA, T51, no. 2067, p. 34, c)

✠唐‧藍田山 楊難及

(1)有俗士揚難及者，本縣人也，幼而耿介(正直不阿，廉潔自持)，不雜凡遊(世俗游樂)，年將知命(懂得事物生滅變化都由天命決定的道理)，方祈妙典(佛教經典)，聞誠有道(有才藝或有道德的人)，遂師事(當老師侍奉)焉，誠乃授以《法華》。

(2)數月之間，悉得通利(通暢，無阻礙)，勵精酙ㄓ 習(振奮精神，致力鑽研)，曉夜(日夜)忘疲，雖涉(處置，處理)眾務，其聲不輟，於後，無疾奄ㄧ 然(忽然)而終。

(3)終後焚燒，髏ㄌ (骸骨)舌獨在，誠因收舉(收養)，藏之石函，置法華堂，時加供養。屢聞函內諷誦(朗讀；誦讀)之聲，振動石函，詞句明了，聞者敬悚ㄙ (恭敬)，知受持(領受在心，持久不忘)之力焉。

(參見《弘贊法華傳》卷 8。詳 CBETA, T51, no. 2067, p. 37, b)

✠唐‧雍州觀道士史(秦州權氏女附)

(1)史崇，長安 郊南人也，少屬道(道教)，早預黃巾，住玄都觀。後忽發心，誦《法華經》，日恒一遍私立佛像，六時禮懺，每為諸道所嫉。因茲返俗(還俗)彌精諷誦，後忽染患暴亡(暴病死亡；突然死亡)。

(2)時在盛夏，一無變壞，唯聞香氣，親里敬鑿龕(僧人的墓穴)，安堵(安居)側近(附近的人)，時時常聞妙香。後經年餘，筋肉都盡，唯舌形顏色，與常人不異。

(3)或有疑駭之者，乃火燒不變，斧斫ㄓ (用刀斧等砍或削)無損，遠近見聞，信倍恒百(百＝日)。

(參見《弘贊法華傳》卷 8。詳 CBETA, T51, no. 2067, p. 38, c)

✠古亡名二僧

(1)范陽 王侯寺僧，失其名，誦《法華經》為常業。初死，權殯隄(暫且埋在橋梁堤堰)下，後改葬，骸骨竝ㄅ (同「並」)朽ㄒ ，唯舌不壞。

(2)又雍州有僧亦誦《法華》，隱白鹿山，感一童子供給(供養)。及終(死後)，置屍巖(洞穴)下，餘骸竝ㄅ 枯(剩餘骨骸都乾枯)，其舌如故(出《三寶感通錄》)。

(參見《法華經顯應錄》卷 1。詳 CBETA, X78, no. 1540, p. 31, b // Z 2B:7, p. 417, d // R134, p. 834, b)

六－12 爾時世尊，欲重宣此義，而說偈言

西晉‧竺法護譯《正法華經》	後秦‧鳩摩羅什譯《妙法蓮華經》	隋‧闍那崛多、達磨笈多共譯《添品妙法蓮華經》
於是世尊，而歎頌曰：	爾時世尊，欲重宣此義，而說偈言：	爾時世尊，欲重宣此義，而說偈言：
其人舌根，則悉柔軟，分別諸味，簡練好醜，自然甘美，如天飲食，	是人舌根淨，終不受惡味，其有所食噉，悉皆成甘露。以深淨妙聲，於大眾說法，	是人舌根淨，終不受惡味，其有所食噉，悉皆成甘露。以深淨妙聲，於大眾說法，

若干種味，次第而生。 音聲殊妙，語言和雅， 聽受奇異，意歡喜悅， 在眾會者，莫不欽敬， 又當演出，深奧音響。 其有聽聞，所說經法， 覩察報應，清淨億千， 即生歡喜，曉了尊上， 供養經卷，不可計量。 諸天龍神，蚑阿須倫， 常懷欽敬，欲得見之， 謙肅恭遜，諮問經典， 其人名德，獲致如是。 於是世界，發意之頃， 皆以音聞，能遍告之。 其響柔軟，微妙殊特， 深邃ぁ儒雅，而有限節。 諸天豪尊，轉輪聖帝， 欲得供養，普往至所， 皇后玉女，悉俱叉手， 而常「元元」(誠摯懇切)，聽稟經典 諸所鬼神，善共宗重， 天揵沓惒，及諸營從， 「反足」女鬼，及諸男女， 普悉恭敬，皆造奉侍。 自在尊豪，梵天之王， 大神妙天，及諸天子， 天帝梵尊，天子枝黨， 無數玉女，悉詣其所。 世間有佛，聖明導師， 聲聞弟子，悉聽妙響。 見所在處，僉ぁ然護之， 察所講法，悉用欣然。	以諸因緣喻，引導眾生心， 聞者皆歡喜，設諸上供養。 諸天龍夜叉，及阿修羅等， 皆以恭敬心，而共來聽法。 是說法之人，若欲以妙音， 遍滿三千界，隨意即能至。 大小轉輪王，及千子眷屬， 合掌恭敬心，常來聽受法。 諸天龍夜叉、羅剎毘舍闍， 亦以歡喜心，常樂來供養。 梵天王魔王，自在大自在， 如是諸天眾，常來至其所。 諸佛及弟子，聞其說法音， 常念而守護，或時為現身。	以諸因緣喻，引導眾生心。 聞者皆歡喜，設諸上供養。 諸天龍夜叉，及阿修羅等， 皆以恭敬心，而共來聽法。 是說法之人，若欲以妙音， 遍滿三千界，隨意即能至。 大小轉輪王，及千子眷屬， 合掌恭敬心，常來聽受法。 諸天龍夜叉、羅剎毘舍闍， 亦以歡喜心，常樂來供養。 梵天王魔王，自在大自在， 如是諸天眾，常來至其所； 諸佛及弟子，聞其說法音， 常念而守護，或時為現身。

六－13 若人「受持讀誦、解說書寫」此經，得「八百」身功德。身如淨琉璃，一切眾生憙見。上至有頂天，下至地獄，乃至諸佛悉於身中現

西晉‧竺法護譯《正法華經》	後秦‧鳩摩羅什譯《妙法蓮華經》	隋‧闍那崛多、達磨笈多共譯《添品妙法蓮華經》
壹佛復告「族姓子」(善男子)：菩薩大士，若聞是經(《法華經》)，「(受)持、讀誦、(書)寫」者，逮(到)得身行「八百功德」。	壹復次，常精進(菩薩)！若「善男子、善女人」，「受持」是經(《法華經》)，若「讀」、若「誦」，若「解說」、若「書寫」，得「八百身」功德。	壹復次，常精進(菩薩)！若「善男子、善女人」，「受持」是經(《法華經》)，若「讀」、若「誦」，若「解說」、若「書寫」，得「八百身」功德。
貳肌色(肌膚顏色)澤光(鮮澤光亮)，猛勇(威猛勇敢)響(亮)氣(「氣」的古字➡聲氣)。猶如琉璃，(清)淨(殊)妙「無垢」。所當作為，人民欽效(欽仰效慕)，「容止」(儀容舉止)可宗(可靠)，進退(舉止行動)致益(獲得利益)，彼(清淨身)已無易(改易變更)。	貳得「清淨身」，如「淨琉璃」，眾生憙見，其「身淨」故。	貳得「清淨身」，如「淨琉璃」，眾生憙見，其「身淨」故。
參 ❶三千大千世界眾生，稽首為(彼作)禮。普佛國土，群萌(眾生)好醜，鮮色、惡色，生趣「善、惡」。(悉皆見之)	參 ❶三千大千世界「眾生」，「生時、死時」，「上下」(「色界、無色界」名「上生」，「欲界」名「下生」)、好醜(「人、天」名「好生」，「三塗」名「醜」)，生「善處、惡處」，悉於(清淨身)中現。	參 ❶三千大千世界「眾生」，「生時、死時」，「上下」(「色界、無色界」名「上生」，「欲界」名「下生」)、好醜(「人、天」名「好生」，「三塗」名「醜」)，生「善處、惡處」，悉於(清淨身)中現。
❷「鐵圍、大鐵圍」，「小山、大山」，人所居處。(悉皆見之)	❷及「鐵圍山、大鐵圍山、彌樓山、摩訶彌樓山」等諸山，及其中眾生，悉於(清淨身)中現。(此言於「一身」之中，能具三千大千世界種種色陰國土也)	❷及「鐵圍山、大鐵圍山、彌樓山、摩訶彌樓山」等諸山，及其中眾生，悉於(清淨身)中現。(此言於「一身」之中，能具三千大千世界種種色陰國土也)
❸下至「無可大地獄」(阿鼻地獄)中，上至「三十三天」(Trāyastriṃśat-deva 欲界忉利天)，自以(清淨身之)威德，普悉見之。	❸下至「阿鼻地獄」，上至「有頂」(指「色界」之「色究竟天」，或「無色界」之「非想非非想處天」)，所有及眾生，悉於(清淨身)中現。	❸下至「阿鼻地獄」，上至「有頂」(指「色界」之「色究竟天」，或「無色界」之「非想非非想處天」)，所有及眾生，悉於(清淨身)中現。
肆於此世界，「聲聞、緣覺、菩薩、如來」，所可遊居「講說經法」，以己「(清淨身)威光」，	肆若「聲聞、辟支佛、菩薩、諸佛」說法，皆於(清淨身)身中，現其「色像」。	肆若「聲聞、辟支佛、菩薩、諸佛」說法，皆於(清淨身)身中，現其「色像」。

都皆觀之。所以者何？(乃)「身行清淨」之所致也。		

一念三千：

✙「一心」具有「十法界」(地獄、餓鬼、畜生、修羅、人間、天上、聲聞、緣覺、菩薩、佛)。

✙「十法界」又「界界」相具，即一「地獄」界亦具其餘「九界」之性，其餘皆如此類推，所以「十法界」再 X 10，則是為「百界」。

✙每一「法界」具「十如是」(相、性、體、力、作、因、緣、果、報、本末究竟等)。故「百界」再 X 「十如是」，總共為「千如是」。

✙復 X 上「三世間」(國土、眾生、五陰)，是為「三千世間」，此即天台宗所說的「一念三千」學說。

✙吾人凡夫於當下「一念」之中皆具足「三千世間」之諸法性相。

天台智者大師說《妙法蓮華經文句・卷十・釋法師功德品》

世間所有，皆於「身中現」➔「肉身」用也。

上至「有頂」，於「身中現」➔「天身」用也。

「二乘」(於)「身中現」➔「慧身」用也。

「菩薩」於「身中現」➔「法身」用也。

「佛」於「身中現」➔「佛身」用也。

一時圓現，一時(六根)互用，一時無謬，一時無著。

(參見《妙法蓮華經文句》卷 10〈釋法師功德品〉。詳 CBETA, T34, no. 1718, p. 140, b)

天台智者大師疏，四明沙門道威注《妙法蓮華經入疏・卷第十一》

❶世間所有，皆於「身中現」，「肉身」用也。

❷上至「有頂」，於「身中現」，「天身」用也。

❸「二乘」於「身中現」，「慧身」用也。

❹「菩薩」於「身中現」，「法身」用也。

❺「佛」於「身中現」，「佛身」用也。

①一時「圓現」，一時互用，「中」也。

②一時「無謬」，「假」也。

③一時「無著」，「空」也。

(參見《法華經入疏》卷 11。詳 CBETA, X30, no. 600, p. 220, c // Z 1:47, p. 221, c // R47, p. 442, a)

《楞嚴經・卷三》

爾時阿難及諸大眾，蒙佛如來微妙開示。

身心蕩然，得無罣礙，是諸大眾各各自知「心遍十方」。見十方「空」(虛空世界)，如觀手中所持葉物。

一切世間諸所有物，皆即菩提「妙明」(勝妙明淨)元心(本元所具真心)。

「心精」(純精真心)遍圓，含裹十方。

反觀父母所生之身，猶彼十方虛空之中，吹一微塵，若存若亡。

如「湛」(湛然澄瑩)巨海，流一浮漚，起滅無從，了然自知，獲本妙心，常住不滅。

(參見《大佛頂如來密因修證了義諸菩薩萬行首楞嚴經》卷 3。詳 CBETA, T19, no. 945, p. 119, b)

《大方廣佛華嚴經‧卷二十二》

見於如來……其身無際，遍住一切眾生身中，令無量眾生皆大歡喜。

(參見《大方廣佛華嚴經》卷 22〈23 昇兜率天宮品〉。詳 CBETA, T10, no. 279, p. 118, b)

《大方廣佛華嚴經‧卷三十八》

善財住自善根普光照力，住諸如來所護念力……身心普現十方世界。

(參見《大方廣佛華嚴經》卷 38〈入不思議解脫境界普賢行願品〉。詳 CBETA, T10, no. 293, p. 839, a)

《神僧傳》

(1)佛圖澄者，西域人也，本姓白氏，少出家清真務學，誦經數百萬言，以永嘉四年來適洛陽，志弘大法，善念「神呪」，能役使「鬼物」，以「麻油」雜「臙ᵗ脂ᵘ」（「臙」同「胭」→一種用於化妝和國畫的紅色顏料）塗掌，千里外事，皆徹見掌中，如對面焉。亦能令「潔齋」者見，又(能)聽「鈴音」以言（講話），事無不效驗……

(2)勒大將郭黑略素奉法……召澄問曰：佛道有何靈驗？澄知勒不達深理，止可以「道術」為教，因(對勒大將)言曰：至(佛)道雖遠，亦可以「近事」為證。即取器「盛水」，燒香呪之，須臾生「青蓮華」，光色耀目，勒由此信伏……

(3)時有痼ᵏ疾(積久難治的病)，世莫能治者。澄為醫療，應時疾瘳ᵏ(病愈)……

(4)澄「左乳」旁先有一「孔」，圍四五寸，通徹「腹」內。有時「腸」從中出，或以絮ᵗ(棉花)「塞孔」。夜欲讀書，輒拔「絮」，則一室洞明。又齋(戒)日，輒至水邊，引「腸」洗之，還復內中。澄身長八尺，風姿甚美，妙解「深經」，旁通「世論」。

(參見《神僧傳》卷 1。詳 CBETA, T50, no. 2064, p. 953, c29-p. 954, a)

(1)佛圖澄（232～348）天竺人，或謂龜茲人，俗姓帛。具有「神通力、咒術、預言」等靈異能力。

(2)西晉‧懷帝永嘉四年（310）佛圖澄至洛陽，時年已達79，時值永嘉亂起，師不忍生靈塗炭，策杖入石勒軍中，為說佛法，並現神變。石勒大為信服，稍斂其燄，並允許漢人出家為僧。

(3)石勒死後，石虎繼位，尤加信重，奉為「大和尚」，凡事必先咨詢而後行。

(4)佛圖澄至中國38年間，建設寺院近「九百所」，受業之弟子幾達「一萬人」，追隨者常有「數百」，其中堪以代表晉代之「高僧」者，有道安、竺法首、竺法汰、竺法雅、僧朗、法和、法常、安令首尼等。

(5)永和四年十二月八日，佛圖澄示寂於鄴宮寺，世壽高達117歲。

(6)師雖無述作傳世，然「持律」嚴謹，一般推測，其對當時之「戒律」，應有相當之改革。又對中國佛教先覺者道安之指導，於佛教思想史而言，實具極大之意義。

(以上資料據《佛光大辭典》再略作修訂)

六－14 爾時世尊，欲重宣此義，而說偈言

西晉‧竺法護譯 《正法華經》	後秦‧鳩摩羅什譯 《妙法蓮華經》	隋‧闍那崛多、達磨笈多共譯 《添品妙法蓮華經》
於時世尊，而歎頌曰：	爾時世尊，欲重宣此義，而說偈言：	爾時世尊，欲重宣此義，而說偈言：

彼人己身，所行清淨， 譬如琉璃，而無瑕疵， 為一切人，所見愛敬。 其有持此，微妙經卷， 猶如明鏡，見其面像， 見世形類，亦復如是。 自覩本末，及見他人， 其身清淨，如須彌山， 於斯世界，所有眾生， 諸天人民，蛟阿須倫， 地獄餓鬼，及諸畜生， 悉見身體，及面顏容。 諸天所有，宮殿館室， 土山石山，及諸鐵圍， 雪山須彌，及諸大山， 悉得覩見。其所在處， 以大威聖，瞻見諸佛， 一切聲聞，及佛弟子。 若有菩薩，獨在屏處， 所說經法，悉能知之。 其身清淨，亦復如是， 悉覩見于，一切世間。 以俗之身，覺了如茲， 斯人尚未，獲成聖道。	若持《法花》者，其身甚清淨 如彼淨琉璃，眾生皆憙見。 又如淨明鏡，悉見諸色像， 菩薩於淨身，皆見世所有， 唯獨自明了，餘人所不見。 三千世界中，一切諸群萌， 天人阿修羅、地獄鬼畜生， 如是諸色像，皆於身中現。 諸天等宮殿，乃至於有頂， 鐵圍及彌樓、摩訶彌樓山， 諸大海水等，皆於身中現。 諸佛及聲聞，佛子菩薩等， 若獨若在眾，說法悉皆現。 雖未得無漏，法性之妙身， 以清淨常體，一切於中現。	若持《法華》者，其身甚清淨 如彼淨琉璃，眾生皆憙見。 又如淨明鏡，悉見諸色像， 菩薩於淨身，皆見世所有， 唯獨自明了，餘人所不見； 三千世界中，一切諸群萌， 天人阿修羅，地獄鬼畜生， 如是諸色像，皆於身中現。 諸天等宮殿，乃至於有頂， 鐵圍及彌樓，摩訶彌樓山， 諸大海水等，皆於身中現。 諸佛及聲聞，佛子菩薩等， 若獨若在眾，說法悉皆現。 雖未得無漏，法性之妙身， 以清淨常體，一切於中現。

六－15 若人「受持讀誦、解說書寫」此經，得「千二百」意功德。聞一偈一句，能通達無量無邊之義。諸所說法，皆與「實相」不相違背

西晉・竺法護譯 《正法華經》	後秦・鳩摩羅什譯 《妙法蓮華經》	隋・闍那崛多、達磨笈多共譯 《添品妙法蓮華經》
⑤佛復告「族姓子」(善男子)：菩薩大士，如來滅度後，若「持」斯經(《法華經》)，「諷讀、解說」，得「千二百意根」清淨(功)德。	⑤復次，常精進(菩薩)！若「善男子、善女人」，如來滅後，「受持」是經(《法華經》)，若「讀」、若「誦」、若「解說」、若「書寫」，得「千二百意」功德。	⑤復次，常精進(菩薩)！若「善男子、善女人」，如來滅後，「受持」是經(《法華經》)，若「讀」、若「誦」、若「解說」、若「書寫」，得「千二百意」功德。

（貳）其人則以清淨「意根」，靡不貫暢。聞「一頌」者，所究彌廣，多所（通）達了（解）。

（參）以弘（大）覺（悟）了（解），便能（於）「一（個）月」，（即可）講說經法。（或於）四（個）月、（或）一年，（即可）綜練（廣泛究習）所（經）歷（之講經內容），（而）憶念不忘。

（肆）凡（夫）俗（人）所（作所）為，販賣、賈作（做買賣），（種種世俗之）語言音聲。以「（正）法」皆（能如實）覩（見），（能對世間法而）次第分別，不失其緒（條理頭緒）。

（伍）三千大千世界諸「六趣生」，皆（能）知其心，所念善惡、如「（相）應、不（相）應」。（於）中（若有出家）為沙門，（其）「聖、非聖」者，（皆能）普見（而）「不應」（無所不相應）。

（陸）（此人）「意志」清淨，不復「思惟」，（能立即）自然分別，說法誼（同「義」）趣，（所有）言（說）皆「至誠」。（若）有（往）至講（說法會）者，皆亦（能）承（擔如來之）說，（能演說）如來所詔曃（教導；告誡眾生），一切（法義皆能）剖折ㄒ（古通「析」），（如同）往古（過去諸佛）最（殊）勝（之）經卷（一樣）。

（貳）以是清淨「意根」，乃至聞「一偈、一句」，通達「無量無邊」之義。

（參）解是義已，能演說「一句、一偈」，（或）至於一（個）月（即可登台講說經法）、（或）四（個）月，乃至一歲（即可登台講說經法）。諸所說法，隨其義趣，皆與「實相」不相違背。

（肆）若說「俗間經書」（有關世俗之文典）、「治世語言」（有關治理世間一切之言語）、「資生業」（有關資助營生之一切事業）等，皆順「正法」。（治世之言→亦懲惡勸善。資生之業→亦勸善禁諸惡。此諸「俗業」亦與佛「正法」相順應也）

（伍）三千大千世界「六趣」眾生，心之「所行」、心所「動作」、心所「戲論」（非理、無義的言論），皆悉知之。

（陸）（此人）雖未得「無漏智慧」，而其「意根」，清淨如此。是人有所「思惟、籌量、言說」，皆是「佛法」，無不「真實」，亦（皆）是（同於）先（過去）佛經中所說（之「諸法實相」及真實語）。

（貳）以是清淨「意根」，乃至聞「一偈、一句」，通達「無量無邊」之義。

（參）解是義已，能演說「一句、一偈」，（或）至於一（個）月（即可登台講說經法）、（或）四（個）月，乃至一歲（即可登台講說經法）。諸所說法，隨其義趣，皆與「實相」不相違背。

（肆）若說「俗間經書」（有關世俗之文典）、「治世語言」（有關治理世間一切之言語）、「資生業」（有關資助營生之一切事業）等，皆順「正法」。（治世之言→亦懲惡勸善。資生之業→亦勸善禁諸惡。此諸「俗業」亦與佛「正法」相順應也）

（伍）三千大千世界「六趣」眾生，心之「所行」、心所「動作」、心所「戲論」（非理、無義的言論），皆悉知之。

（陸）（此人）雖未得「無漏智慧」，而其「意根」，清淨如此。是人有所「思惟、籌量、言說」，皆是「佛法」，無不「真實」，亦（皆）是（同於）先（過去）佛經中所說（之「諸法實相」及真實語）。

天台智者大師說《妙法蓮華經文句・卷十・釋法師功德品》
世間「資生、產業」，皆順「正法」→「人意淨」。

天心所行，天所動作悉知➔「天意淨」。

「四月」即「四諦」，一歲即「十二月」，是「十二因緣」，(能)與「實相」不相違背，即➔「慧意淨」。

「一月」即「一乘」➔「菩薩意淨」。

有所「思量」，皆是先佛經中所說，➔即「佛意淨」。

一時圓明，一時圓互，一時無染，一時無謬，根用自在，能盈能縮，能等能淨。

(參見《妙法蓮華經文句》卷 10〈釋法師功德品〉。詳 CBETA, T34, no. 1718, p. 140, c)

六－16 爾時世尊，欲重宣此義，而說偈言

西晉·竺法護譯 《正法華經》	後秦·鳩摩羅什譯 《妙法蓮華經》	隋·闍那崛多、達磨笈多共譯 《添品妙法蓮華經》
於時世尊，而歎頌曰：	爾時世尊，欲重宣此義，而說偈言：	爾時世尊，欲重宣此義，而說偈言：
其人意根，清淨皦潔， 光徹鮮明，見心所念。 由是之故，曉若干品， 瑕穢卑賤，好惡中間。 若聞一頌，能奉持者， 解無央數，明哲誼理。 一月四月，若至一年， 所說善惡，不違至誠。 於斯世界，中間所苞， 若有群萌，種種品類， 諸天人民，及阿須倫， 枝神異類，及諸畜生， 六道之中，所有黎元， 是等思想，若干種念， 持是經者，各各異意， 一時之間，悉覩知之。 諸佛大聖，百福德相， 一切悉為，世間說法。 登時所講，普等聽聞， 所說清淨，即能受誦。 前世更歷，所學經卷， 長夜所講，當綜解之。 有常所演，經典之要， 得眾會中，無所畏憚。 其有持經，部分(分析；講解)光揚	是人意清淨，明利無穢濁， 以此妙意根，知上中下法， 乃至聞一偈，通達無量義， 次第如法說，(一)月四月至歲 是世界內外，一切諸眾生， 若天龍及人、夜叉鬼神等， 其在六趣中，所念若干種， 持《法花》之報，一時皆悉知 十方無數佛，百福莊嚴相， 為眾生說法，悉聞能受持。 思惟無量義，說法亦無量， 終始不忘錯，以持《法華》故。 悉知諸法相，隨義識次第， 達名字語言，如所知演說。 此人有所說，皆是先佛法， 以演此法故，於眾無所畏。 持《法花經》者，意根淨若斯， 雖未得無漏，先有如是相。 是人持此經，安住希有地， 為一切眾生，歡喜而愛敬。 能以千萬種，善巧之語言， 分別而說法，持《法花經》故。	是人意清淨，明利無穢濁， 以此妙意根，知上中下法， 乃至聞一偈，通達無量義， 次第如法說，(一)月四月至歲 是世界內外，一切諸眾生， 若天龍及人、夜叉鬼神等， 其在六趣中，所念若干種， 持《法華》之報，一時皆悉知 十方無數佛，百福莊嚴相， 為眾生說法，悉聞能受持， 思惟無量義，說法亦無量， 終始不忘錯，以持《法華》故。 悉知諸法相，隨義識次第， 達名字語言，如所知演說。 此人有所說，皆是先佛法， 以演此法故，於眾無所畏。 持《法華經》者，意根淨若斯； 雖未得無漏，先有如是相。 是人持此經，安住希有地， 為一切眾生，歡喜而愛敬。 能以千萬種，善巧之語言， 分別而說法，持《法華經》故。

卒未遭值，眾想之患。
枝黨群從，悉為賢良，
意根明達，亦復如是。
菩薩所住，未曾有地，
普為眾生，分別說經。
其能受持，安住正法，
巧便意宜，則知所應。

〈常不輕菩薩品第二十〉

六－17 持《法華經》所得功德，將得「六根清淨」之報，若有「惡口、罵詈、誹謗」持誦《法華經》者，將獲大罪報

西晉‧竺法護譯《正法華經》	後秦‧鳩摩羅什譯《妙法蓮華經》	隋‧闍那崛多、達磨笈多共譯《添品妙法蓮華經》
〈常被輕慢品第十九〉	〈常不輕菩薩品第二十〉	〈常不輕菩薩品第十九〉
壹於是佛告德大勢菩薩：是故當知，其有「比丘、比丘尼、清信士、清信女」，持斯經典(《法華經》)。假使四部「罵詈、誹謗」，出「麁獷(粗暴野蠻)」辭，(應)訶(斥而)制止之，(因彼)罪(過)「不可限」(無限也)。	壹爾時，佛告得大勢菩薩摩訶薩：汝今當知！若「比丘、比丘尼、優婆塞、優婆夷」，持《法華經》者，若有「惡口、罵詈、誹謗」(持誦《法華經》者)，(將)獲「大罪報」，如前所說(如前「譬喻品第三」二－13中說誹謗《法華經》者得諸罪報)。	壹爾時，佛告得大勢菩薩摩訶薩：汝今當知！若「比丘、比丘尼、優婆塞、優婆夷」，持《法華經》者，若有「惡口、罵詈、誹謗」(持誦《法華經》者)，(將)獲「大罪報」，如前所說(如前「譬喻品第三」二－13中說誹謗《法華經》者得諸罪報)。
貳設復有人，聞是經卷(《法華經》)，受持諷誦，為他人說，廣解其誼(同「義」)，獲上(等精)妙福(報)。如斯疇類(之類)，(將爲)佛所諮嗟(讚歎)，「眼、耳、鼻、口、身、意」清淨，而無(遮)蔽(障)礙。	貳(修持《法華經》者)其所得功德，如向所說(如前「法師功德品第十九」六－5中所說功德)，「眼、耳、鼻、舌、身、意」清淨。	貳(修持《法華經》者)其所得功德，如向所說(如前「法師功德品第十九」六－5中所說功德)，「眼、耳、鼻、舌、身、意」清淨。

六－18 昔有佛名威音王如來，為「天人、聲聞、辟支佛、菩薩」說相應之法。其滅度後，復有「二萬億佛」出世亦號威音王如來

西晉‧竺法護譯《正法華經》	後秦‧鳩摩羅什譯《妙法蓮華經》	隋‧闍那崛多、達磨笈多共譯《添品妙法蓮華經》
壹(佛)又告德大勢(菩薩)：乃去往古久遠世時，不可稱限廣遠無量不可議劫，有佛號寂趣音王如來、至真、等正覺、明行成為、善逝、世間解、無上士、道法御、天人師、為佛、眾祐，劫名離大財，世界曰大柱。	壹得大勢(菩薩)！乃往古昔，過無量無邊不可思議阿僧祇劫，有佛名威音王如來、應供、正遍知、明行足、善逝、世間解、無上士、調御丈夫、天人師、佛、世尊。劫名離衰，國名大成。	壹得大勢(菩薩)！乃往古昔，過無量無邊不可思議阿僧祇劫，有佛名威音王如來、應供、正遍知、明行足、善逝、世間解、無上士、調御丈夫、天人師、佛、世尊。劫名離衰，國名大成。

⑵佛語德大勢(菩薩)：寂趣音王如來， ❶普為「諸天」，自境界人，講經(教)化(開)導。 ❷與「聲聞乘」，演「四聖諦」，度「老病死」，使近「泥洹」。 ❸解「十二緣」所由從起。 ❹為諸「菩薩」，講「六度」無極(pāramitā 波羅蜜)，使至「無上正真之道」，現「如來慧」，所行常連(延續不斷)。	⑵其威音王佛，於彼世中， ❶為「天、人、阿修羅」說法。 ❷為「求聲聞」者，說應「四諦法」，度生老病死，究竟「涅槃」。 ❸為「求辟支佛」者，說應「十二因緣法」。 ❹為諸「菩薩」，因「阿耨多羅三藐三菩提」，說應「六波羅蜜法」，究竟「佛慧」。	⑵其威音王佛，於彼世中， ❶為「天、人、阿脩羅」說法。 ❷為「求聲聞」者，說應「四諦法」，度生老病死，究竟「涅槃」。 ❸為「求辟支佛」者，說應「十二因緣法」。 ❹為諸「菩薩」，因「阿耨多羅三藐三菩提」，說應「六波羅蜜法」，究竟「佛慧」。
⑶(寂趣音王)佛壽「四江河沙」億百千姟劫；佛滅度後，「正法」住立，如一「閻浮提」億百千姟塵數劫；其「像法」立，如「四天下」億百千姟塵數劫。	⑶得大勢(菩薩)！是威音王佛，壽「四十萬億」那由他恒河沙劫；「正法」住世劫數，如一「閻浮提」微塵；「像法」住世劫數，如「四天下」微塵。	⑶得大勢(菩薩)！是威音王佛，壽「四十萬億」那由他恒河沙劫；「正法」住世劫數，如一「閻浮提」微塵；「像法」住世劫數，如「四天下」微塵。
⑷(佛)又語德大勢(菩薩)：其(寂趣音王)佛滅度後，「像法」沒盡，次復有佛，續號寂趣音王。	⑷其(威音王)佛「饒益」眾生已，然後滅度。「正法、像法」滅盡之後，於此國土復有佛出，亦號威音王如來、應供、正遍知、明行足、善逝、世間解、無上士、調御丈夫、天人師、佛、世尊。	⑷其(威音王)佛「饒益」眾生已，然後滅度。「正法、像法」滅盡之後，於此國土復有佛出，亦號威音王如來、應供、正遍知、明行足、善逝、世間解、無上士、調御丈夫、天人師、佛、世尊。
⑸展轉相承「二十億千」如來、至真、等正覺、明行成為、善逝、世間解、無上士、道法御、天人師。	⑸如是次第，有「二萬億佛」，皆同一號(皆名威音王佛)。	⑸如是次第，有「二萬億佛」，皆同一號(皆名威音王佛)。

六－19 常不輕菩薩見四眾弟子，皆對彼禮拜讚歎言：我深敬汝等，不敢輕慢。所以者何？汝等皆行「菩薩道」，當得「作佛」

西晉‧竺法護譯《正法華經》	後秦‧鳩摩羅什譯《妙法蓮華經》	隋‧闍那崛多、達磨笈多共譯《添品妙法蓮華經》
⑤時此諸佛(寂趣音王佛)，次第滅度，「正法」沒已，「像法」次盡。彼世(有)比丘，「憍慢」(驕傲輕慢)「自大」，(僭踰)越(違)背(佛)法詔(教)。	⑤最初威音王如來既已滅度，「正法」滅後，於「像法」中(有)「增上慢」比丘，有「大勢力」。	⑤最初威音王如來既已滅度，「正法」滅後，於「像法」中(有)「增上慢」比丘，有「大勢力」。
⑥有一比丘，名曰常被輕慢，為「菩薩學」。何故名之常被輕慢？其「開士」(指常被輕慢比丘)見「比丘、比丘尼、清信士、清信女」，每謂之曰：	⑥爾時有一菩薩比丘，名常不輕。得大勢(菩薩)！以何因緣名常不輕？是(常不輕)比丘，凡有所見，若「比丘、比丘尼、優婆塞、優婆夷」，皆悉「禮拜」讚歎而作是言：	⑥爾時有一菩薩比丘，名常不輕。得大勢(菩薩)！以何因緣名常不輕？是(常不輕)比丘，凡有所見，若「比丘、比丘尼、優婆塞、優婆夷」，皆悉「禮拜」讚歎而作是言：
⑦(我對)諸賢無得「憍慢」(驕傲輕慢)自(大)高(勝)。所以者何？諸賢志趣(志向興趣)，當尚(志向；主要在於)「菩薩、如來、至真、等正覺」。以是方便，(這是我為何要如此謹)慎所緣(之)誼(同「義」)。	⑦我深敬汝等，不敢輕慢。所以者何？汝等皆行「菩薩道」，當得「作佛」。	⑦我深敬汝等，不敢輕慢。所以者何？汝等皆行「菩薩道」，當得「作佛」。
⑧(常被輕慢比丘)為諸(賢)比丘講「菩薩行」，(彼諸賢雖)不受所誨，不肯諷誦。(但常被輕慢比丘)遙見(彼)四部(四眾)，仍謂之曰：	⑧而是(常不輕)比丘，不(僅)專(於)讀誦經典，但(更)行(持)「禮拜」，乃至遠見四眾，亦復故往「禮拜」讚歎而作是言：	⑧而是(常不輕)比丘，不(僅)專(於)讀誦經典，但(更)行(持)「禮拜」，乃至遠見四眾，亦復故往「禮拜」讚歎而作是言：
⑨我身終不「輕慢」諸賢人，普當學「菩薩」高行，得至「如來、至真、等正覺」。	⑨我不敢「輕」於汝等，汝等「皆當作佛」。	⑨我不敢「輕」於汝等，汝等「皆當作佛」。
	此同**四－19**經文說的「一念隨喜」功德，經云：「若有人聞《妙法蓮華經》，乃至一偈、一句，一念隨喜者，我亦與授阿耨多羅三藐三菩提記」，亦即所謂的「一句法師」也。《法	

	華經》所詮唯是「佛之知見」，今常不輕比丘能圖信圓解，故見一切眾生皆具有「佛之知見」。	

六-20 常不輕比丘臨欲終時，聞威音王佛先所説《法華經》「二十千萬億偈」，即得「六根清淨」，得「大神通力、樂説辯力、大善寂力」

西晉・竺法護譯《正法華經》	後秦・鳩摩羅什譯《妙法蓮華經》	隋・闍那崛多、達磨笈多共譯《添品妙法蓮華經》
⓵佛語德大勢(菩薩)：爾時四部(四眾)，得聞此言，咸興「恚怒」，毀呰ㄗˇ罵詈ㄌㄧˋ：	⓵(時於)四眾之中，有生「瞋恚」、「心不淨」者，惡口罵詈ㄌ言：	⓵(時於)四眾之中，有生「瞋恚」、「心不淨」者，惡口罵詈ㄌ言：
⓶此一(常被輕慢)比丘，不問吾等、不見人心；反自「貢高」云「見人心」，(竟)授我等決，(説我等)當成「無上至真、等正覺」。(此乃)人所不欲「非常之事」，而(彼常被輕慢比丘竟)為人說(此事)。	⓶是無智(常不輕)比丘從何所來？自言(自言自語)：「我不輕汝」。而(竟)與我等授記，(説我等)當得作佛。我等不用(常不輕比丘)如是「虛妄授記」。	⓶是無智(常不輕)比丘從何所來？自言(自言自語)：「我不輕汝」。而(竟)與我等授記，(説我等)當得作佛。我等不用(常不輕比丘)如是「虛妄授記」。
⓷(佛)又語德大勢(菩薩)：若一(常被輕慢)比丘，行值大雨，蒙佛威神，如被「覆蓋」，身不漬ㄗ(浸泡)溺(水淹)。(常被輕慢比丘)雖見「罵詈」，心不恚恨，面色(亦)不變。	⓷如此經歷多年，(常不輕比丘)常被罵詈，(亦)不生「瞋恚」，(仍)常(對四眾弟子)作是言：「汝當作佛！」	⓷如此經歷多年，(常不輕比丘)常被罵詈，(亦)不生「瞋恚」，(仍)常(對四眾弟子)作是言：「汝當作佛！」
⓸若聞其(常被輕慢比丘)言，(則生)憎不喜者，(甚至)以「瓦石」擲(常被輕慢比丘)。(常被輕慢比丘)續遙舉聲(放聲)，而教之(彼等)曰：「勿行輕慢，(應)修忍辱心、發菩薩意」。	⓸(常不輕比丘)說是語時，眾人或以「杖木、瓦石」而打擲之(常不輕比丘)。(常不輕比丘)避走遠住，猶高聲唱言：我不敢輕於汝等，汝等皆當作佛。」	⓸(常不輕比丘)說是語時，眾人或以「杖木、瓦石」而打擲之(常不輕比丘)。(常不輕比丘)避走遠住，猶高聲唱言：「我不敢輕汝，汝等皆當作佛。」
⓹所以者何？爾時「比丘、比丘尼、清信士、清信女」，「貢	⓹以其(常不輕比丘)常作是語故，(彼)增上慢「比丘、比丘	⓹以其(常不輕比丘)常作是語故，(彼)增上慢「比丘、比丘

高」自大，數ㄕㄨㄛˋ 數ㄕㄨㄛˋ 聞見(此語)。大士(指常被輕慢比丘)教曰：「吾心常謙，不輕諸賢，雖見罵辱，心不增減。」彼等「四輩」(四眾弟子)因共名之(為)常被輕慢。

(陸)斯一「大士」(常被輕慢比丘)臨欲「壽終」，得聞寂趣音王如來講《正法華經》「二十頌本」深妙之誼(同「義」)億百千事。大士(常被輕慢菩薩)臨終，踊在「虛空」，唱揚大音，歎斯經典(《法華經》)而告之曰：

(柒)仁！當受(持)經(《法華經》)，亦當逮(到)得如前「淨眼」，「耳、鼻、口、身、意」亦清淨。(常被輕慢菩薩)已獲斯淨，更即增益「二十億」姟壽，逮(及；到)得「定意」(禪定)，復為眾人講是經典(《法華經》)。

(捌)前時四部(四眾)，聞其(常被輕慢比丘)所說，而毀呰ㄗˇ之，(故)名此「大士」為常被輕慢。(有)建「自大」者，見此「大士」(常被輕慢菩薩)❶微妙神力(身業淨)、❷辯才慧力(口業淨)、❸善權道力(意業淨)，皆來歸伏(歸順服從)，(尊)敬宗(仰)為友，聽聞經法。

(玖)是等輩類，餘不可計，(有)無數億人，(常被輕慢菩薩)便立(彼等令住於)「無上正真道意」。

尼、優婆塞、優婆夷」(便)號之為常不輕。

(陸)是(常不輕)比丘，臨欲終時，於虛空中，具聞威音王佛先所說《法華經》「二十千萬億偈」。

(柒)(常不輕比丘)悉能受持(《法華經》)，即得如上「眼根」清淨、「耳、鼻、舌、身、意」根清淨。(常不輕比丘)得是「六根」清淨已，更增壽命「二百萬億」那由他歲，廣為人說是《法華經》。

(捌)於時「增上慢」四眾，比丘、比丘尼、優婆塞、優婆夷」，輕賤是人(常不輕比丘)，為作不輕名者。(後)見其(常不輕比丘)得❶大神通力(身業淨)、❷樂說辯力(口業淨)、❸大善寂力(意業淨)，聞其所說，皆信伏(信服)隨從(跟隨)。

(玖)是(常不輕)菩薩復(教)化「千萬億眾」，令住「阿耨多羅三藐三菩提」。

尼、優婆塞、優婆夷」(便)號之為常不輕。

(陸)是(常不輕)比丘，臨欲終時，於虛空中，具聞威音王佛先所說《法華經》「二十千萬億偈」。

(柒)(常不輕比丘)悉能受持(《法華經》)，即得如上「眼根」清淨、「耳、鼻、舌、身、意」根清淨。(常不輕比丘)得是「六根」清淨已，更增壽命「二百萬億」那由他歲，廣為人說是《法華經》。

(捌)於時「增上慢」四眾，「比丘、比丘尼、優婆塞、優婆夷」，輕賤是人(常不輕比丘)，為作不輕名者。(後)見其(常不輕比丘)得❶大神通力(身業淨)、❷樂說辯力(口業淨)、❸大善寂力(意業淨)，聞其所說，皆信伏(信服)隨從(跟隨)。

(玖)是(常不輕)菩薩復(教)化「千萬億眾」，令住「阿耨多羅三藐三菩提」。

六－21 常不輕菩薩命終後，得值「二千億」同號日月燈明佛。常不輕即釋迦佛，因「受持、讀誦、解說」此經，疾得「阿耨多羅三藐三菩提」

西晉・竺法護譯《正法華經》	後秦・鳩摩羅什譯《妙法蓮華經》	隋・闍那崛多、達磨笈多共譯《添品妙法蓮華經》
壹時彼「大士」(常被輕慢菩薩)壽(終)沒(了)之後，便值(遇)「二十百千億」如來正真，此諸世尊，皆為(常被輕慢菩薩)講說《正法華經》。 貳(積功累德)稍稍進前(前進)，(常被輕慢菩薩)以是德本，復更值見「二十億百千」如來，皆同一號，號雷鳴音王。(常被輕慢菩薩)皆從(雷鳴音王佛)得聞如斯經典(《法華經》)。 參(常被輕慢菩薩)復更值遇「二十億百千」如來，皆復同號，名雷音王，亦復從(雷鳴音王佛)聞《正法華經》，受持諷誦，(並)為「四輩」(四眾弟子)說。 肆(常被輕慢菩薩)在所生處，常自然獲「眼淨、耳淨、鼻淨、口淨、身淨、意淨」。「視聽」洞徹，「鼻通、口辯」，身能「輕舉」(飛升)，「意」(能)覩眾生心。(能)普為「四輩」(四眾)演斯經典(《法華經》)，分別其誼(同「義」)。 伍佛語德大勢(菩薩)：常被輕慢大士(菩薩)，供養奉事若干億百千數如來已，復更值無數億百千如來，亦復從(彼諸如來)受《正法華經》，以是德本，自致「無上正真之道」，成最正覺。	壹(常不輕菩薩)命終之後，得值(遇)「二千億佛」，皆號日月燈明。(常不輕菩薩)於其法中(於日月燈明佛法之中)，(常為人宣)說是《法華經》。 參(常不輕菩薩)以是因緣，復值(遇)「二千億佛」，同號雲自在燈王，(並)於此諸佛法中，受持讀誦(《法華經》)。 肆(常不輕菩薩)為諸四眾，說此經典(《法華經》)故，得是常「眼」清淨，「耳、鼻、舌、身、意」諸根清淨。(常不輕菩薩)於四眾中說法，心「無所畏」。 伍得大勢(菩薩)！是常不輕菩薩摩訶薩，供養如是若干諸佛，「恭敬、尊重、讚歎」，種諸善根，於後復值(遇)千萬億佛，亦(能)於諸佛法中說是「經典」(《法華經》)，功德成就，當得作佛。	壹(常不輕菩薩)命終之後，得值(遇)「二千億佛」，皆號日月燈明。(常不輕菩薩)於其法中(於日月燈明佛法之中)，(常為人宣)說是《法華經》。 參(常不輕菩薩)以是因緣，復值(遇)「二千億佛」，同號雲自在燈王，(並)於此諸佛法中，受持讀誦(《法華經》)。 肆(常不輕菩薩)為諸四眾，說此經典(《法華經》)故，得是常「眼」清淨，「耳、鼻、舌、身、意」諸根清淨。(常不輕菩薩)於四眾中說法，心「無所畏」。 伍得大勢(菩薩)！是常不輕菩薩摩訶薩，供養如是若干諸佛，「恭敬、尊重、讚歎」，種諸善根，於後復值(遇)千萬億佛，亦(能)於諸佛法中說是「經典」(《法華經》)，功德成就，當得作佛。

㈥德大勢菩薩！欲知大士(菩薩)常被輕慢於寂趣音王如來之世為「四部人」(四眾)說經法者，不乎？則我(釋迦佛)身是也。	㈥得大勢(菩薩)！於意云何？爾時常不輕菩薩豈異人乎？則我(釋迦佛)身是。	㈥得大勢(菩薩)！於意云何？爾時常不輕菩薩豈異人乎？則我(釋迦佛)身是。
㈦假使爾時，(釋迦佛我)設不受是《正法華經》，不「持、諷誦、為人說」者，不能疾逮(到)「無上正真道」，成最正覺。	㈦若我(釋迦佛)於宿世不「受持、讀誦」此經(《法華經》)、為他人說者，不能疾得「阿耨多羅三藐三菩提」。	㈦若我(釋迦佛)於宿世不「受持、讀誦」此經(《法華經》)、為他人說者，不能疾得「阿耨多羅三藐三菩提」。
㈧(釋迦佛我)備(皆;盡)從過去諸佛世尊，聞此經典(《法華經》)，受持諷誦，廣為人說，致「最正覺」。	㈧(因)我(釋迦佛)於先(往昔)佛所，「受持、讀誦」此經(《法華經》)，(並)「為人說」故，(故)疾得「阿耨多羅三藐三菩提」。	㈧(因)我(釋迦佛)於先(往昔)佛所，「受持、讀誦」此經(《法華經》)，(並)「為人說」故，(故)疾得「阿耨多羅三藐三菩提」。

三時業、三報業、三決定業：

《俱舍論・卷十五》云：

❶順「現法」受業(順現業)：此生造作增長，於「此生」就現受「果報」。

❷順「次生」受業(順次業、順生業)：此生造作增長，於「第二生」即受「果報」。

❸順「後次」受業(順後業)：此生造作增長，於「隔二世」以上才受「果報」。

(以上資料據《佛光大辭典》再略作修訂)

修持《法華經》者：

❶現得六根清淨➔**現報**也。

❷值遇二千億日月燈明佛➔**生報**也。

❸值遇二千億雲自在燈王佛➔**後報**也。

六－22 昔日輕賤常不輕菩薩之「四眾」，即今此會中跋陀婆羅等之五百「菩薩」、師子月等之五百「比丘」、尼思佛等之五百「優婆塞」

西晉・竺法護譯 《正法華經》	後秦・鳩摩羅什譯 《妙法蓮華經》	隋・闍那崛多、達磨笈多共譯 《添品妙法蓮華經》
㊀爾時「比丘、比丘尼、清信士、清信女」，其(若有)一「大士」為說經言，我(當)行恭敬，		

不輕諸賢，仁等當逮(到)「如來正覺」道德之慧。		
㈡又諸「四部」(四眾)，「輕」彼大士(常被輕慢菩薩)，罵詈「形笑」(種種戲笑形貌)，不自改(過)者，於「二十億千劫」所生之處，常「不值佛、不聞法聲」。又萬劫中墮「無可大地獄」(阿鼻地獄)，拷掠(鞭打)燒炙，痛不可言。罪已畢竟，從「地獄」出。以彼「大士」(常被輕慢菩薩)教化之故，令(彼等皆)發「無上正真道意」，皆得「神通」，慧無罣礙，今悉現在。	㈡得大勢(菩薩)！彼時四眾，「比丘、比丘尼、優婆塞、優婆夷」，以瞋恚意，輕賤我(常不輕菩薩)故，(遭)「二百億劫」常「不值佛、不聞法、不見僧」，「千劫」於「阿鼻地獄」受大苦惱。畢是罪已，復遇常不輕菩薩，教化(彼等令發)「阿耨多羅三藐三菩提」。	㈡得大勢(菩薩)！彼時四眾，「比丘、比丘尼、優婆塞、優婆夷」，以瞋恚意，輕賤我(常不輕菩薩)故，(遭)「二百億劫」常「不值佛、不聞法、不見僧」，「千劫」於「阿鼻地獄」受大苦惱。畢是罪已，復遇常不輕菩薩，教化(彼等令發)「阿耨多羅三藐三菩提」。
㈢佛語德大勢(菩薩)：欲知爾時「四部」，毀呰，形笑(種種戲笑形貌)恚罵「大士」(常被輕慢菩薩)者不？今此會中颰陀和等(之)五百「菩薩」、師子月等(之)五百「比丘、比丘尼」、今在佛前五百「清信士」、五百「清信女」等。(彼等皆)皆「不退轉」，當成「無上正真之道」。	㈢得大勢(菩薩)！於汝意云何？爾時「四眾」，常「輕」是菩薩者，豈異人乎？今此會中跋陀婆羅(參—2)等(之)五百「菩薩」(此只舉菩薩，則已攝聲聞)、師子月等(之)五百「比丘」(此只舉比丘，則已攝比丘尼)、尼思佛等(之)五百「優婆塞」(此只舉優婆塞，則已攝婆夷)。皆於「阿耨多羅三藐三菩提」，(已得)不退轉者是。	㈢得大勢(菩薩)！於汝意云何？爾時「四眾」，常「輕」是菩薩者，豈異人乎？今此會中跋陀婆羅(參—2)等(之)五百「菩薩」(此只舉菩薩，則已攝聲聞)、師子月等(之)五百「比丘」(此只舉比丘，則已攝比丘尼)、尼思佛等(之)五百「優婆塞」(此只舉優婆塞，則已攝優婆夷)。皆於「阿耨多羅三藐三菩提」，(已得)不退轉者是。
㈣佛告德大勢(菩薩)：此《正法華經》，其誼(同「義」)廣大，威神無量，一切(語言皆)無慶(無法褒美)，諸「菩薩大士」所當(仰)欽(崇)尚。如來滅後，其受斯經(《法華經》)，「持、諷誦、讀」，得福如是，逮(到)成「無上正真道」。	㈣得大勢(菩薩)！當知是《法華經》，大饒益諸菩薩摩訶薩，能令至於「阿耨多羅三藐三菩提」。是故諸菩薩摩訶薩，於如來滅後，常應「受持、讀誦、解說、書寫」是經(《法華經》)。	㈣得大勢(菩薩)！當知是《法華經》，大饒益諸菩薩摩訶薩，能令至於「阿耨多羅三藐三菩提」。是故諸菩薩摩訶薩，於如來滅後，常應「受持、讀誦、解說、書寫」是經(《法華經》)。

六－23 爾時世尊，欲重宣此義，而說偈言

西晉·竺法護譯《正法華經》	後秦·鳩摩羅什譯《妙法蓮華經》	隋·闍那崛多、達磨笈多共譯《添品妙法蓮華經》
於是世尊，而歎頌曰：	爾時世尊，欲重宣此義，而說偈言：	爾時世尊，欲重宣此義，而說偈言：
今我識念，往古過事， 佛名寂趣音聲之王。 威神無量，天人所敬， 為諸眾生，人民講法。 其佛最勝，滅度之後， 然其正法，最末世時， 有一比丘，為菩薩行， 因時號名常被輕慢。 即時往至，於比丘眾， 及比丘尼，所覩顛倒， 但勸化之。志行佛道， 自宣我心，不懷憍恣， 罵詈輕毀，每見形笑， 彼時常為，使聞此言。 假使得聞，此經法時， 若復住立，設有所作。 時明慧者，臨欲壽終， 用分別說，此《正法華》， 尋時報應，增益壽命， 變現其身，而得自在。 處在虛空，講說經典， 教化一切，悉發道慧。 於時大士，壽終沒後， 逮見諸佛，億百千姟。 稍稍漸漸，開化入法， 為分別說，於斯經卷。 諸最勝子，得成為佛， 則我身是，能仁如來。 其諸比丘，口憙誹謗， 眾比丘尼，及清信士， 彼時所有，諸清信女， 被蒙開化，聞經解慧，	過去有佛，號威音王， 神智無量，將導一切， 天人龍神，所共供養。 是佛滅後，法欲盡時， 有一菩薩，名常不輕。 時諸四眾，計著於法， 不輕菩薩，往到其所， 而語之言：我不輕汝， 汝等行道，皆當作佛。 諸人聞已，輕毀罵詈； 不輕菩薩，(皆)能忍受之。 其罪畢已，臨命終時， 得聞此經，六根清淨。 神通力故，增益壽命， 復為諸人，廣說是經。 諸著法眾，皆蒙菩薩， 教化成就，令住佛道。 不輕命終，值(遇)無數佛， 說是經故，(便)得無量福， 漸具功德，疾成佛道。 彼時不輕，則我身是。 時四部眾，著法之者， 聞不輕言：汝當作佛。 以是因緣，值無數佛。 此會菩薩，五百之眾， 幷及四部，清信士女， 今於我前，聽法者是。 我於前世，勸是諸人， 聽受斯經，第一之法。 開示教人，令住涅槃， 世世受持，如是經典。 億億萬劫，至不可議，	過去有佛，號威音王； 神智無量，將導一切， 天人龍神，所共供養。 是佛滅後，法欲盡時， 有一菩薩，名常不輕。 時諸四眾，計著於法， 不輕菩薩，往到其所， 而語之言：我不輕汝， 汝等行道，皆當作佛。 諸人聞已，輕毀罵詈； 不輕菩薩，(皆)能忍受之； 其罪畢已，臨命終時， 得聞此經，六根清淨， 神通力故，增益壽命， 復為諸人，廣說是經。 諸著法眾，皆蒙菩薩， 教化成就，令住佛道。 不輕命終，值(遇)無數佛， 說是經故，(便)得無量福； 漸具功德，疾成佛道。 彼時不輕，則我身是。 時四部眾，著法之者， 聞不輕言：汝當作佛。 以是因緣，值無數佛。 此會菩薩，五百之眾， 幷及四部，清信士女， 今於我前，聽法者是。 我於前世，勸是諸人， 聽受斯經，第一之法； 開示教人，令住涅槃， 世世受持，如是經典。 億億萬劫，至不可議，

常當覩見，無數億佛， 則颺陀和，五百人是。 諸比丘眾，及比丘尼， 清信士女，今見佛前。 吾爾時悉，令聞尊法， 皆開化之，使得曉了。 於今佛身，滅度之後， 數數當受，奉斯經卷。 無數億億，而當思惟， 未曾得聞，如是之法。 假使有佛，億百千數， 希聞講說，如斯等經。 是故以聞，如是像典， 自在聖尊，稱讚經典。 我滅度後，若有說此， 頻數當忍，受《正法華》。	時乃得聞，是《法華經》。 億億萬劫，至不可議， 諸佛世尊、時說是經。 是故行者，於佛滅後， 聞如是經，勿生疑惑。 應當一心、廣說此經， 世世值佛，疾成佛道。	時乃得聞，是《法華經》。 億億萬劫，至不可議， 諸佛世尊，時說是經； 是故行者，於佛滅後， 聞如是經，勿生疑惑； 應當一心，廣說此經， 世世值佛，疾成佛道。

〈如來神力品第二十一〉

六－24 釋迦佛及分身諸佛皆一時「謦欬」，俱共「彈指」。是「二音聲」遍至十方諸佛世界，地皆六種震動

西晉‧竺法護譯《正法華經》	後秦‧鳩摩羅什譯《妙法蓮華經》	隋‧闍那崛多、達摩笈多共譯《添品妙法蓮華經》
〈如來神足行品第二十〉	〈如來神力品第二十一〉	〈如來神力品第二十〉
圓爾時于彼「三千世界」塵數億百千姟諸菩薩等，從「地」踊出者，一切皆悉住世尊前，僉尔(都)(皆)然叉手(即「金剛合掌」，即合掌交叉兩手之指頭)，白大聖曰：如來滅(度)後，(吾等將)布露(流布揭露)經典，(令)遍諸佛國，及世尊土「滅度」之處。於彼(世尊滅度)所在(之處)講說斯經(《法華經》)，(令眾)多所利益。若有「受持」此妙典要，「講、讀、書寫」，為人說者，德不可量。	圓爾時千世界「微塵」等菩薩摩訶薩，從「地」踊出者，皆於佛前，一心合掌，瞻仰尊顏，而白佛言：世尊！我等於佛滅(度)後，(於)世尊「分身」所在國土「滅度」之處，(我等)當廣說此經(《法華經》)。所以者何？我等亦自欲得是「真淨大法」，「受持、讀誦、解說、書寫」，而供養之。	圓爾時千世界「微塵」等菩薩摩訶薩，從「地」踊出者，皆於佛前，一心合掌，瞻仰尊顏，而白佛言：世尊！我等於佛滅(度)後，(於)世尊「分身」所在國土「滅度」之處，(我等)當廣說此經(《法華經》)。所以者何？我等亦自欲得是「真淨大法」，「受持、讀誦、解說、書寫」，而供養之。
貳於時溥首(文殊)處於忍界(娑婆世界)諸菩薩無數億百千姟，受「比丘、比丘尼、清信士、清信女」，諸「天、龍、神、揵沓惒、阿須倫、迦留羅、真陀羅、摩休勒」及「人非人」。如來皆為(彼等而作)「神足」(神通具足)變化，如來、至真、等正覺，為(彼等)現瑞應，(令眾皆)悉得「柔順」法忍，皆令(眾等能)書寫《正法華經》。	貳爾時世尊，於文殊師利等無量百千萬億、舊住娑婆世界菩薩摩訶薩，及諸「比丘、比丘尼、優婆塞、優婆夷」，「天、龍、夜叉、乾闥婆、阿修羅、迦樓羅、緊那羅、摩睺羅伽、人非人」等。(世尊於此)一切眾前，現「大神力」，出「廣長舌」，上至「梵世」，一切毛孔，放於無量無數色光，皆悉遍照十方世界。	貳爾時世尊，於文殊師利等無量百千萬億、舊住娑婆世界菩薩摩訶薩，及諸「比丘、比丘尼、優婆塞、優婆夷」，「天、龍、夜叉、乾闥婆、阿修羅、迦樓羅、緊那羅、摩睺羅伽、人非人」等。(世尊於此)一切眾前，現「大神力」，出「廣長舌」，上至「梵世」，一切毛孔，放於無量無數色光，皆悉遍照十方世界。
參化異世界「億百千數」諸菩薩等，各各坐于諸「寶樹」下，「師子座」上。	參眾寶樹下，師子座上諸佛，亦復如是，出「廣長舌」，放無量光。	參眾寶樹下，師子座上諸佛，亦復如是，出「廣長舌」，放無量光。
肆爾時能仁(釋迦佛)世尊，及	肆釋迦牟尼佛，及「寶樹」	肆釋迦牟尼佛，及「寶樹」

此一切「如來」正覺，現其「神足」(神通具足)，具足充滿，(於)百千歲中，(皆)有所興立。	下「諸佛」現「神力」時，滿百千歲，然後還(收)攝「舌相」。	下「諸佛」現「神力」時，滿百千歲，然後還(收)攝「舌相」。
(五)應時(於)百千歲中，「功德」自然，而大光明，滅除「陰雲」。(於)「彈指」(捻彈手指作聲)之頃，自然有「聲」，靡不通達，十方佛國，一切世界，六反震動。	(五)一時「謦ㄥ 欬ㄎㄞ」(同「謦咳」→咳嗽:喉中氣通:作聲警覺)，俱共「彈指」(捻彈手指作聲)。是「二音聲」(指釋迦佛及諸分身佛發出「謦欬、彈指」二種音聲)，遍至十方諸佛世界，地皆六種震動。	(五)一時「謦ㄥ 欬ㄎㄞ」(同「謦咳」→咳嗽:喉中氣通:作聲警覺)，俱共「彈指」(捻彈手指作聲)。是「二音聲」(指釋迦佛及諸分身佛發出「謦欬、彈指」二種音聲)，遍至十方諸佛世界，地皆六種震動。
(陸)諸「天、龍、神、阿須倫、迦留羅、真陀羅、摩休勒」，承佛威神，各隨所住，無央數千諸佛世界，普悉覩見斯忍佛土(娑婆世界)。	(陸)其中眾生，「天、龍、夜叉、乾闥婆、阿修羅、迦樓羅、緊那羅、摩睺羅伽、人非人」等，以佛神力故，皆見此娑婆世界，無量無邊百千萬億眾寶樹下，「師子座」上諸佛。	(陸)其中眾生，「天、龍、夜叉、乾闥婆、阿修羅、迦樓羅、緊那羅、摩睺羅伽、人非人」等，以佛神力故，皆見此娑婆世界，無量無邊百千萬億眾寶樹下，「師子座」上諸佛。

《一切經音義・卷十四》
謦欬→謦欬，通「咽喉氣」也。欬，「嗽」聲。

(參見《一切經音義》卷 14。詳 CBETA, T54, no. 2128, p. 390, c)

《一切經音義・卷三十五》
謦欬→喉中「氣通」也。

(參見《一切經音義》卷 35。詳 CBETA, T54, no. 2128, p. 543, b)

後晉・可洪撰《新集藏經音義隨函錄・卷五》
謦欬→「作聲」警覺也。

(參見《新集藏經音義隨函錄(第 1 卷-第 12 卷)》卷 5。詳 CBETA, K34, no. 1257, p. 783, c)

《中阿含經》卷 56〈3 晡利多品〉
(1)爾時，梵志羅摩家，眾多比丘集坐說法，佛住門外，待諸比丘說法訖竟。眾多比丘尋說法訖，默然而住。
(2)世尊知已，「謦欬」敲門，諸比丘聞，即往開門，世尊便入梵志羅摩家。

(參見《中阿含經》卷 56〈3 晡利多品〉。詳 CBETA, T01, no. 26, p. 775, c)

《中阿含經》卷 59〈4 例品〉
(1)拘薩羅王波斯匿即便下車，眷屬圍繞，步往至彼東向大屋，到已住外，「謦欬」敲戶。

(2)世尊聞已，即為開戶。

(參見《中阿含經》卷 59〈4 例品〉。詳 CBETA, T01, no. 26, p. 793, a)

《大寶積經》卷 58

是時如來復現威德「謦欬」之聲，其聲遍聞十方世界。

(參見《大寶積經》卷 58。詳 CBETA, T11, no. 310, p. 339, a)

《大寶積經》卷 58

(1)佛言：善男子！西方去此過八十四恒河沙等佛剎，有世界名娑婆。彼現有佛，號釋迦牟尼，為欲召集十方世界諸菩薩故，一切毛孔放此「光明」及「謦欬」聲。

(2)法上菩薩白佛言：世尊！我今欲往娑婆世界，禮覲供養釋迦如來及諸菩薩，并欲聽法。

(3)佛言：可往！今正是時。

(參見《大寶積經》卷 58。詳 CBETA, T11, no. 310, p. 339, a)

《大寶積經》卷 58

(1)爾時寶掌菩薩，見「大光明」，聞「謦欬」聲，詣彼佛所。白言：

(2)世尊！以何因緣而有此瑞？

(3)佛言：善男子！北方去此過九十六億那由他佛剎，有世界名娑婆，佛號釋迦牟尼，為欲演說佛剎功德莊嚴法門，集諸菩薩。令聞此法攝受功德，故現斯瑞。

(參見《大寶積經》卷 58。詳 CBETA, T11, no. 310, p. 339, b)

《大聖文殊師利菩薩佛剎功德莊嚴經》

爾時世尊放斯光已，作「謦欬」聲，警覺十方無量世界。是時東方去此世界，過八十四殑伽沙數諸佛剎土，有世界名普遍。

(參見《大聖文殊師利菩薩佛剎功德莊嚴經》卷 1。詳 CBETA, T11, no. 319, p. 904, c)

《大聖文殊師利菩薩佛剎功德莊嚴經》

(1)時法勇菩薩摩訶薩，見大光明、聞「謦欬」聲，即時往詣吉祥積王如來所，頭面禮足退住一面，白佛言：

(2)世尊！以何因緣於世間中有大光明及聞大「謦欬」聲？昔未曾有。

(3)時吉祥積王如來告言：善男子！西方去此過八十四殑伽沙數佛剎，有世界名娑訶，佛號釋迦牟尼如來‧應‧正等覺，今現住世。

(4)為欲召集十方世界俱胝那庾多諸菩薩故，而令聽法，一切毛孔放此「光明」及「謦欬」聲。

(參見《大聖文殊師利菩薩佛剎功德莊嚴經》卷 1。詳 CBETA, T11, no. 319, p. 905, a)

《大方等大集經》卷 1

爾時世尊，即從三昧安詳而起，「謦欬」之聲徹于十方，一切眾生悉得聞之。

(參見《大方等大集經》卷 1。詳 CBETA, T13, no. 397, p. 3, c)

《大方等大集經菩薩念佛三昧分》

聞佛世尊大師子王「謦欬」聲時，咸大驚愕，舉身毛豎。

(參見《大方等大集經菩薩念佛三昧分》卷 1〈1 序品〉。詳 CBETA, T13, no. 415, p. 831, a)

《佛說華手經》卷 1〈2 神力品〉

放光已，舉聲「謦欬」，其聲遍聞一切世界。

（參見《佛說華手經》卷 1〈2 神力品〉。詳 CBETA, T16, no. 657, p. 130, a）

《佛說象腋經》

爾時世尊從於「三昧」，安詳而起，發「謦欬」聲。爾時舍利弗聞於如來「謦欬」之聲，受歡喜樂，亦得悲心。

（參見《佛說象腋經》卷 1。詳 CBETA, T17, no. 814, p. 781, c）

《神僧傳・卷六・智勤》

(1)釋智勤，俗姓朱氏……精誠勇猛，事皆冥祐。初母患委，頓為念「觀音」，宅中「樹葉」之上皆現「化佛」，合家並見，母疾遂除……

(2)又至唐初，還歸鄧州，講《維摩》三論，十餘遍……每讀經時，恒見有「神」來聽，「初、中、後」夜，嘗聞「彈指、謦欬」之聲。

(3)至顯慶四年五月……曉夜經構使畢，人問何故如此忽速？答曰：「無常」之法，何可保耶？至十五日，寺中樹木枝葉「萎枯」，自然分析，禽鳥悲鳴，遍於寺內。僧各驚問，莫知所由？

(4)至十六日旦，忽見昔「聽經神」來禮拜，語云：莫禮！傍人無有見者。於是剃髮披衣，在繩床內。手執香爐，跏趺而坐，告諸弟子：汝可取《大品經》讀誦。

(5)至「往生品」訖，遂合掌坐而卒。停經數日，顏色如舊，恒有「異香」，聞於寺內，春秋七十四。

（參見《神僧傳》卷 6。詳 CBETA, T50, no. 2064, p. 988, c）

《淨土往生傳・慧光》

(1)釋慧光，俗姓楊，定州義豐人也。年十三，隨父入洛，見佛陀禪師，慕其有道，從受「三歸」，陀以光有異相，必能宣荷勝法，勉之從佛。

(2)光既從事佛道，刻己力學，日記數千言，加又鉤索淵致，若由宿悟，一時有所咨問，光必指引，泠然可聽……

(3)嘗著《四分律疏》及《華嚴》、《涅槃》、《十地》等疏，皆盡權實，齊之名賢……及其病，至于「大漸」，俄見「天眾」來現，光乃投誠稽顙，乞歸「安養」。未移瞬息，且見「淨土化佛」，與「化菩薩」充滿虛空。

(4)光曰：惟佛攝受，遂我本願。

(5)又謂弟子曰：化佛菩薩，不知其數，吾得裹衣後，隨願足矣，於是「彈指、謦欬」，言氣俱盡。

（參見《淨土往生傳》卷 1。詳 CBETA, T51, no. 2071, p. 113, a）

六－25「諸天」於虛空中唱言：有國名娑婆，中有釋迦佛，今為諸菩薩說「大乘經」，名《妙法蓮華 教菩薩法 佛所護念》

西晉・竺法護譯《正法華經》	後秦・鳩摩羅什譯《妙法蓮華經》	隋・闍那崛多、達磨笈多共譯《添品妙法蓮華經》
⑤又諸如來十方無數億百千姟，各各自坐諸「寶樹」下，「師子座」上，能仁(釋迦)如來、多寶世尊，於彼「七寶」	⑤(大眾)及見釋迦牟尼佛共多寶如來在「寶塔」中，坐「師子座」；又見無量無邊，「百千萬億」菩薩摩訶薩，及諸四	⑤(大眾)及見釋迦牟尼佛共多寶如來在「寶塔」中，坐「師子座」；又見無量無邊，「百千萬億」菩薩摩訶薩，及諸四

廟寺講堂,自然嚴淨「師子之座」,威(光照)曜顯赫。無數無限,不可計會,(有)億百千姟菩薩大士,及「四部眾」,見斯變化(指佛現「廣長舌相」及發出「彈指、謦欬」之聲),心中愕然(驚訝),驚喜無量,得未曾有。

(貳)則聞「空中」音聲,而歌頌曰:仁者!欲知過是「無限不可思議」億百千姟諸佛世界,有佛世界,名曰忍土(娑婆世界)。於彼有佛,號能仁(釋迦)如來,為諸菩薩大士,講《正法華經》方等(大乘)典詔,一切諸佛,普護斯經,用救「菩薩大士」。以故諸賢,心當「質直」(樸實正直)清淨,稽首歸命,勸讚奉侍,供養彼能仁(釋迦)正覺。

(參)於時眾生,聞空中自然之音,有佛世尊,號曰能仁(釋迦),這聞名稱,應時叉手(即「金剛合掌」,即合掌交叉兩手之指頭),以若干種「華香、衣服、幢幡、雜香」,舉手各散忍世界(娑婆世界),「瓔珞珠璣、諸貫真珠、如意寶珠」而供養之(釋迦佛)。

(肆)其「華香、幡蓋、瓔珞珠璣、明月寶珠」,自然來入於忍世界(娑婆世界),尋時(不久;片刻)合會為「寶華蓋」,在於虛空,悉覆諸佛及菩薩上。

眾,恭敬圍繞釋迦牟尼佛。既見是已,皆大歡喜,得未曾有。

(貳)即時「諸天」,於虛空中,高聲唱言:過此無量無邊百千萬億阿僧祇世界,有國名娑婆。是中有佛,名釋迦牟尼,今為諸菩薩摩訶薩說「大乘經」,名《妙法蓮華 教菩薩法 佛所護念》。汝等當深心隨喜,亦當禮拜供養釋迦牟尼佛。

(參)彼諸眾生,聞「虛空」中聲已,合掌向娑婆世界,作如是言:南無釋迦牟尼佛!南無釋迦牟尼佛!以種種「華香、瓔珞、幡蓋」,及諸「嚴身之具、珍寶妙物」,皆共遙散娑婆世界。

(肆)所散諸物,從「十方」來,譬如雲集,變成「寶帳」,遍覆此間諸佛之上。于時十方世界,通達無礙,如「一佛土」。

眾,恭敬圍繞釋迦牟尼佛。既見是已,皆大歡喜,得未曾有。

(貳)即時「諸天」,於虛空中,高聲唱言:過此無量無邊百千萬億阿僧祇世界,有國名娑婆。是中有佛,名釋迦牟尼,今為諸菩薩摩訶薩說「大乘經」,名《妙法蓮華 教菩薩法 佛所護念》。汝等當深心隨喜,亦當禮拜供養釋迦牟尼佛。

(參)彼諸眾生,聞「虛空」中聲已,合掌向娑婆世界,作如是言:南無釋迦牟尼佛!南無釋迦牟尼佛!以種種「華香、瓔珞、幡蓋」,及諸「嚴身之具、珍寶妙物」,皆共遙散娑婆世界。

(肆)所散諸物,從「十方」來,譬如雲集,變成「寶帳」,遍覆此間諸佛之上。于時十方世界,通達無礙,如「一佛土」。

六－26 若以「佛神力」說此經功德,猶不能盡。如來一切「所有之法、

自在神力、祕要之藏、甚深之事」，皆於此經，宣示顯說

西晉·竺法護譯 《正法華經》	後秦·鳩摩羅什譯 《妙法蓮華經》	隋·闍那崛多、達磨笈多共譯 《添品妙法蓮華經》
㊀時彼世尊告諸異行，及佛前住諸菩薩眾：「如來」正覺功德威神，不可思議。諸「族姓子」(善男子)，於無數億「那術」(nayuta 那由他)百千姟劫，說此經誼(同「義」)，不可究竟，雖無央數若干種經，所不能及、不可限盡，欲度彼岸，難得邊際。	㊀爾時，佛告上行(計有上行、無邊行、淨行、安立行四大菩薩爲上首)等菩薩大眾：諸佛神力如是，無量無邊、不可思議，若我以是「神力」，於無量無邊百千萬億阿僧祇劫，為囑累故，說此經(《法華經》)功德，猶不能盡。	㊀爾時，佛告上行(計有上行、無邊行、淨行、安立行四大菩薩爲上首)等菩薩大眾：諸佛神力如是，無量無邊、不可思議，若我以是「神力」，於無量無邊百千萬億阿僧祇劫，為囑累故，說此經(《法華經》)功德，猶不能盡。
㊁諸「族姓子」(善男子)，舉要言之，假令有人，欲了斯經(《法華經》)要， ❶悉(盡；全)佛威神。 ❷普諸佛法。 ❸諸世尊界。 ❹諸佛精進。 ❺諸佛閑居。 ❻諸佛妙力。 (皆開)示(出)現(於)是經(《法華經》)。	㊁以要言之， ❶如來一切「所有之法」。 ❷如來一切「自在神力」。 ❸如來一切「祕要之藏」。 ❹如來一切「甚深之事」。 皆於此經(《法華經》)，宣示顯說。	㊁以要言之， ❶如來一切「所有之法」。 ❷如來一切「自在神力」。 ❸如來一切「祕要之藏」。 ❹如來一切「甚深之事」。 皆於此經(《法華經》)，宣示顯說。
㊂故「族姓子」(善男子)，佛滅度後，當以慇懃，求此經典(《法華經》)，「受持、書寫、精進奉行、供養承事、為他人說」。設使有人，齎(攜帶)此經(《法華經》)行，「講、讚、書寫」，思惟奉宣，著於「竹帛」，若在「精舍、齋堂、室宅、大林、樹下」、若在「水邊」，當起「塔廟」。	㊂是故汝等，於如來滅後，應一心「受持、讀誦、解說、書寫、如說修行」。所在國土，若有「受持、讀誦、解說、書寫、如說修行」。若經卷(《法華經》)所住之處，若於「園中」、若於「林中」、若於「樹下」、若於「僧坊」、若「白衣舍」、若在「殿堂」、若「山谷、曠野」，是中皆應起「塔」供養。(詳四-22及五-38)	㊂是故汝等，於如來滅後，應一心「受持、讀誦、解說、書寫、如說修行」。所在國土，若有「受持、讀誦、解說、書寫、如說修行」。若經卷(《法華經》)所住之處，若於「園中」、若於「林中」、若於「樹下」、若於「僧坊」、若「白衣舍」、若在「殿堂」、若「山谷、曠野」，是中皆應起「塔」供養。(詳四-22及五-38)
㊃所以者何？(有《法華經》處)	㊃所以者何？當知是(《法華	㊃所以者何？當知是(《法華

| 則為「如來所處」之地，觀是道場，佛所坐樹，則當察之。一切「如來」正覺所遊，群聖世雄(佛陀尊稱)「轉法輪處」，十方諸佛在中「滅度」，(平)等無「差特」(差異殊特)。 | 經)處，即是「道場」，諸佛於此得「阿耨多羅三藐三菩提」，諸佛於此轉于「法輪」，諸佛於此而「般涅槃」。 | 經)處，即是「道場」，諸佛於此得「阿耨多羅三藐三菩提」，諸佛於此轉于「法輪」，諸佛於此而「般涅槃」。 |

六－27 爾時世尊，欲重宣此義，而說偈言

西晉・竺法護譯《正法華經》	後秦・鳩摩羅什譯《妙法蓮華經》	隋・闍那崛多、達摩笈多共譯《添品妙法蓮華經》
於斯世尊，而歎頌曰：	爾時世尊，欲重宣此義，而說偈言：	爾時世尊，欲重宣此義，而說偈言：
世愍哀法，不可思議， 而常建立，神通之慧， 亦復示現，普等明目， 眾生一切，悉得歡喜。 其舌神根，暢音梵天， 演奮光明，億百千姟。 諸群萌類(眾生)，覩見神足， 怪未曾有，皆入大道。 又聖導師，興一大光， (於)彈指之頃，宣洪音聲， 即時普告，一切佛土， 周遍十方，諸佛世界。 如此變化，及餘感動， 大聖所現，瑞應如是。 如來爾時，皆令歡喜， 佛滅度後，奉是經卷， 安住宣暢，功德之法， 無央數劫，不可思議。 持是經卷，福祚之限， 導師諮嗟，若干無量。 欲盡其限，不可邊崖， 猶如虛空，不可窮極。 名稱至德，無能思惟，	諸佛救世者，住於大神通， 為悅眾生故，現無量神力， 舌相至梵天，身放無數光， 為求佛道者，現此希有事。 諸佛謦欬聲，及彈指之聲， 周聞十方國，地皆六種動。 以佛滅度後，能持是經故， 諸佛皆歡喜，現無量神力。 囑累是經故，讚美受持者， 於無量劫中，猶故不能盡。 是人之功德，無邊無有窮， 如十方虛空，不可得邊際。 能持是經者，則為已見我， 亦見多寶佛，及諸分身者， 又見我今日，教化諸菩薩。 能持是經者，令我及分身， 滅度多寶佛，一切皆歡喜。 十方現在佛，并過去未來， 亦見亦供養，亦令得歡喜。 諸佛坐道場，所得祕要法， 能持是經者，不久亦當得。 能持是經者，於諸法之義， 名字及言辭，樂說無窮盡，	諸佛救世者，住於大神通， 為悅眾生故，現無量神力。 舌相至梵天，身放無數光， 為求佛道者，現此希有事。 諸佛謦欬聲，及彈指之聲， 周聞十方國，地皆六種動。 以佛滅度後，能持是經故， 諸佛皆歡喜，現無量神力， 囑累是經故，讚美受持者， 於無量劫中，猶故不能盡。 是人之功德，無邊無有窮， 如十方虛空，不可得邊際。 能持是經者，則為已見我， 亦見多寶佛，及諸分身者， 又見我今日，教化諸菩薩。 能持是經者，令我及分身， 滅度多寶佛，一切皆歡喜。 十方現在佛，并過去未來， 亦見亦供養，亦令得歡喜。 諸佛坐道場，所得祕要法， 能持是經者，不久亦當得。 能持是經者，於諸法之義， 名字及言辭，樂說無窮盡，

持是經者，淨德常然。 則為見佛，大聖導師， 及吾於世，滅度大通。 則此一切，諸菩薩眾， 并復覩此，四部之會， 其有值遇，斯經典者， 則為遭見，今日之會。 佛滅度後，亦復在此， 及彼十方，諸佛世界， 其有能持，此經卷者， 則為覩觀，諸過去佛， 及於十方，今現在佛。 目自面見，供養奉持， 悉當悅意，向人中上。 在於道場，所可思惟， 當速受持，於此經典， 自然辯才，無所罣礙。 設本種命，不能長者， 當分別曉，於斯經誼， 便當受持，於此世尊， 曉了諸經，次第所歸。 大聖世尊，滅度之後， 假使有人，至誠說者。 分別此經，議理所趣， 則講審諦，諸經卷誼。 其人光明，分別所覺， 譬如日月，普照遠近。 遊於天下，在所至到， 勸化發起，無數菩薩。 是故智慧，諸菩薩眾， 聞如是像，經無等倫。 我滅度後，奉此經典， 其人不疑，於佛大道。	如風於空中，一切無障礙。 於如來滅後，知佛所說經， 因緣及次第，隨義如實說， 如日月光明，能除諸幽冥。 斯人行世間，能滅眾生闇， 教無量菩薩，畢竟住一乘， 是故有智者，聞此功德利， 於我滅度後，應受持斯經， 是人於佛道，決定無有疑。	如風於空中，一切無障礙。 於如來滅後，如佛所說經， 因緣及次第，隨義如實說， 如日月光明，能除諸幽冥。 斯人行世間，能滅眾生闇， 教無量菩薩，畢竟住一乘； 是故有智者，聞此功德利， 於我滅度後，應受持斯經， 是人於佛道，決定無有疑。

〈囑累品第二十二〉

六－28 世尊付囑，應當一心流布此得「阿耨多羅三藐三菩提」之大法，能與眾生「佛之智慧、如來智慧、自然智慧」

底下內容依照鳩摩羅什之經文順序編排，故將竺法護《正法華經》及闍那崛多、達磨笈多《添品妙法蓮華經》之〈囑累品第二十七〉往前移至此節

西晉・竺法護譯《正法華經》	後秦・鳩摩羅什譯《妙法蓮華經》	隋・闍那崛多、達磨笈多共譯《添品妙法蓮華經》
〈囑累品第二十七〉	〈囑累品第二十二〉	〈囑累品第二十七〉
㊀於是世尊能仁（釋迦佛），從法座起，合諸菩薩，如其色像，示現「神足」（神通具足），都舉大會，著其右掌（指佛之「摩頂」動作），而讚歎曰：	㊀爾時，釋迦牟尼佛從「法座」起，現大神力，以右手「摩」無量菩薩摩訶薩「頂」，而作是言：	㊀爾時，釋迦牟尼佛從「法座」起，現大神力，以右手「摩」無量菩薩摩訶薩「頂」，而作是言：
㊁諸「族姓子」（善男子），佛從無數不可計會「億百千劫」，積累造行，乃成「無上正真之道」，得（六）度「無極」（pāramitā 到彼岸）。故取（著）「諸賢」，（而）安措（於）右掌，舉（右）手下之（指佛之「摩頂」動作），以為（護）念（賞）識。（汝等）當受斯經（《法華經》），持諷誦讀。當為眾會，分別說之，令諸群生，普得見聞。	㊁我於無量百千萬億阿僧祇劫，「修習」是難得「阿耨多羅三藐三菩提法」，今以付囑汝等。汝等應當「一心」流布此法（《法華經》），廣令增益。	㊁我於無量百千萬億阿僧祇劫，「修習」是難得「阿耨多羅三藐三菩提法」，今以付囑汝等。汝等應當「一心」流布此法（《法華經》），廣令增益。
	㊂如是（釋迦佛）「三摩」諸菩薩摩訶薩「頂」，而作是言：我於無量百千萬億阿僧祇劫，「修習」是難得「阿耨多羅三藐三菩提法」，今以付囑汝等。汝等當「受持、讀誦、廣宣」此法（《法華經》），令一切眾生普得聞知。	㊂如是（釋迦佛）「三摩」諸菩薩摩訶薩「頂」，而作是言：我於無量百千萬億阿僧祇劫，「修習」是難得「阿耨多羅三藐三菩提法」，今以付囑汝等。汝當「受持、讀誦、廣宣」此法（《法華經》），令一切眾生普得聞知。
㊃又「族姓子」（善男子），（如來）心「無所著」，勿（無）得（隱）祕（珍）	㊃所以者何？如來有「大慈悲」，無諸慳𠫤 恪ㄌㄧㄣˋ，亦無所	㊃所以者何？如來有「大慈悲」，無諸慳𠫤 恪ㄌㄧㄣˋ，亦無所

惜此《正法華經》。(如來)志無所畏,則施(予眾生)「❶佛慧、❷如來之慧、❸自在之慧」,則為無上、無極(之)「法施」。	畏。(如來)能與眾生「❶佛之智慧、❷如來智慧、❸自然智慧」。如來是一切眾生之「大施主」。	畏。(如來)能與眾生「❶佛之智慧、❷如來智慧、❸自然智慧」。如來是一切眾生之「大施主」。
㈤當學佛(之修)行,無得「矜惜」(珍重愛惜),慳嫉愛重。宜廣示現斯「如來慧」,當使通聞,(能)至於「不至」(眾生不能到之處,如「到彼岸」),(能)往所「不往」(眾生不能往之處,如「涅槃」),當勤聽受此要經典(《法華經》)。	㈤汝等亦應隨學「如來」之法,勿生慳悋 悋。於未來世,若有「善男子、善女人」,(能)信「如來智慧」者,當為演說此《法華經》,使得聞知,為令其人得「佛慧」故。	㈤汝等亦應隨學「如來」之法,勿生慳悋 悋。於未來世,若有「善男子、善女人」,(能)信「如來智慧」者,當為演說此《法華經》,使得聞知,為令其人得「佛慧」故。
㈥(若有眾生)其「不信」者,當令(彼能)「信樂」,當勸群生,入于尊(貴殊勝之)法。諸「族姓子」(善男子),(若)能如是(行)者,則知(已為)如來之所「建立」。	㈥若有眾生「不信受」者,當於「如來」餘深法中(指其餘方便教導的甚深法門),示教(開示教誨)利喜(利益生喜)。汝等若能如是,則為「已報諸佛之恩」。	㈥若有眾生「不信受」者,當於「如來」餘深法中(指其餘方便教導的甚深法門),示教(開示教誨)利喜(利益生喜)。汝等若能如是,則為「已報諸佛之恩」。

六－29 釋迦佛令從「十方世界」來之「分身諸佛」,各還本土。多寶佛亦歸還其「故塔」

底下內容依照鳩摩羅什之經文順序編排,故將竺法護《正法華經》及闍那崛多、達磨笈多《添品妙法蓮華經》之〈囑累品第二十七〉往前移至此節

西晉・竺法護譯《正法華經》	後秦・鳩摩羅什譯《妙法蓮華經》	隋・闍那崛多、達磨笈多共譯《添品妙法蓮華經》
㊀時諸菩薩,為能仁(釋迦佛)世尊所見諮嗟(讚歎),悉踊躍加敬,傾身側體,低頭叉手(即「金剛合掌」,即合掌交叉兩手之指頭),稽首自歸,向能仁(釋迦)佛同聲啓白:	㊀時諸菩薩摩訶薩,聞佛作是說已,皆大歡喜,遍滿其身,益加恭敬,「曲躬(彎腰恭順)、低頭」,合掌向佛,俱發聲言:	㊀時諸菩薩摩訶薩,聞佛作是說已,皆大歡喜,遍滿其身,益加恭敬,「曲躬(彎腰恭順)、低頭」,合掌向佛,俱發聲言:
㊁唯如世尊所勅,不敢違教,請奉行之,具足順從,如佛所宣,願勿為慮。	㊁如世尊勅,當具奉行。唯然,世尊!願不有慮。	㊁如世尊勅,當具奉行。唯然,世尊!願不有慮。

㊰諸菩薩「三啓」如是，所至到處，周旋十方，頒宣（頒布宣諭）聖旨。

㊷爾時能仁（釋迦佛）正覺，一切「派」發遣（送）（從）十方世界諸來（之）世尊，各隨「便宜」（方便），從其所安（之處）。時十方佛皆亦報曰：

㊄如來亦當「從宜所安」。諸「如來」正覺、多寶世尊，七寶講堂，佛之塔廟，即（恢）復「故處」。又諸如來皆從（其）所安（之處）。

㊅佛說是經時，十方無量「異佛世界」諸來大聖，坐佛樹下，處「師子座」，多寶如來，及「大士」等，諸餘學行，現佛前者，不可計會無數無量，幷從「地」中踊出菩薩（計有上行、無邊行、淨行、安立行四大菩薩為上首），諸大「聲聞、四部」之眾，諸「天、龍、神、阿須倫、揵沓惒、世間人民」，聞佛所說，莫不歡喜。

㊰諸菩薩摩訶薩眾，如是「三反」（次），俱發聲言：如世尊勅，當具奉行。唯然，世尊！願不有慮。

㊷爾時釋迦牟尼佛，令（從）十方（世界）來（之）「諸分身佛」，各還（返回其）本土，而作是言：

㊄諸（分身）佛各隨（其國土）所安（之處），多寶佛塔（亦）「還」可「如故」（跟原本一樣的貌相）。

㊅（佛）說是語時，十方無量「分身」諸佛，坐「寶樹」下，「師子座」上者，及多寶佛，幷上行（計有上行、無邊行、淨行、安立行四大菩薩為上首）等無邊阿僧祇菩薩大眾，舍利弗等「聲聞」四眾，及一切世間「天、人、阿修羅」等，聞佛所說，皆大歡喜。

㊰諸菩薩摩訶薩眾，如是「三反」（次），俱發聲言：如世尊勅，當具奉行。唯然，世尊！願不有慮。

㊷爾時釋迦牟尼佛，令（從）十方（世界）來（之）「諸分身佛」，各還（返回其）本土，而作是言：

㊄諸（分身）佛各隨（其國土）所安（之處），多寶佛塔（亦）「還」可「如故」（跟原本一樣的貌相）。

㊅（佛）說是語時，十方無量「分身」諸佛，坐「寶樹」下，「師子座」上者，及多寶佛，幷上行（計有上行、無邊行、淨行、安立行四大菩薩為上首）等無邊阿僧祇菩薩大眾，舍利弗等「聲聞」四眾，及一切世間「天、人、阿修羅」等，聞佛所說，皆大歡喜。

阿檀地（途置切）（一）

檀陀婆地（二）

檀陀婆帝（三）

檀陀鳩舍隸（四）

檀陀脩陀隸（五）

脩陀隸（六）

脩陀羅婆底（七）

佛馱波羶禰（八）

薩婆陀羅尼阿婆多尼（九）

薩婆婆沙阿婆多尼（十）

脩阿婆多尼（十一）

		僧伽婆履又尼(十二)
		僧伽涅伽陀尼(十三)
		阿僧衹(十四)
		僧伽婆伽地(十五)
		帝隸阿惰僧伽兜略(盧遮切)阿羅帝波羅帝(十六)
		薩婆僧伽三摩地伽蘭地(十七)
		薩婆達麽脩波利刹帝(十八)
		薩婆薩埵樓馱憍舍略阿㝹伽地(十九)
		辛阿毘吉利地帝(二十)

《藥王菩薩本事品第二十三》

六-30 宿王華菩薩問佛：藥王菩薩堪任無數「勤苦」之難、遊於娑婆世界之因緣

西晉・竺法護譯 《正法華經》	後秦・鳩摩羅什譯 《妙法蓮華經》	隋・闍那崛多、達磨笈多共譯 《添品妙法蓮華經》
〈藥王菩薩品第二十一〉	〈藥王菩薩本事品第二十三〉	〈藥王菩薩本事品第二十二〉
⑤於是宿王華菩薩前白佛言：藥王菩薩，以何等故，遊忍世界(娑婆世界)？堪任(堪承任受)無數勤苦之難？	⑤爾時宿王華菩薩白佛言：世尊！藥王菩薩云何遊於娑婆世界？世尊！是藥王菩薩，有若干百千萬億「那由他」難行「苦行」？	⑤爾時宿王華菩薩白佛言：世尊！藥王菩薩云何遊於娑婆世界？世尊！是藥王菩薩，有若干百千萬億「那由他」難行「苦行」？
⑥善哉天尊，願為十方諸「佛世界、菩薩、聲聞」雲集於斯，若有聞佛「班宣」(頒布宣諭)藥王初發道心「宿行功勳」，為今眾會，及後來世，普聞受持，追學究竟。	⑥善哉！世尊！願少解說。	⑥善哉！世尊！願少解說。
⑦「天、人、龍鬼、諸尊神王」，僉(皆)皆「悅豫」(喜悅;愉快)發「大道意」，自致「正覺」，(將)度脫一切。	⑦諸「天、龍、神、夜叉、乾闥婆、阿修羅、迦樓羅、緊那羅、摩睺羅伽、人非人」等。又「他國土」諸來菩薩，及此「聲聞」眾，聞皆歡喜。	⑦諸「天、龍、神、夜叉、乾闥婆、阿修羅、迦樓羅、緊那羅、摩睺羅伽、人非人」等。又「他國土」諸來菩薩，及此「聲聞」眾，聞皆歡喜。
⑧於時世尊，見宿王華(菩薩)發心至誠，為一切諸佛，讚曰：善哉！乃為將來諸菩薩施，勸進後學，令入道智。諦聽諦聽！善思念之。		
⑨唯然世尊，願樂欲聞。		

六-31 一切眾生憙見菩薩，樂習「苦行」，經行「不坐」，得「現一

切色身三昧」，於虛空中，以香華供養佛

西晉·竺法護譯《正法華經》	後秦·鳩摩羅什譯《妙法蓮華經》	隋·闍那崛多、達磨笈多共譯《添品妙法蓮華經》
⑬佛言：乃往過去江河沙劫，爾時有佛，號離垢日月光首如來、至真、等正覺，出現於世，其土壽命「四萬二千歲」，教化眾生，(周)濟度(化)危厄(危急困厄)。於時十方菩薩，大會有「八十億」，諸「聲聞」眾，「七十二」江河沙等。	⑬爾時佛告宿王華菩薩：乃往過去無量恒河沙劫，有佛號日月淨明德如來、應供、正遍知、明行足、善逝、世間解、無上士、調御丈夫、天人師、佛、世尊。其佛有「八十億」大菩薩摩訶薩，「七十二」恒河沙大「聲聞眾」，佛壽「四萬二千劫」，「菩薩」壽命亦(與佛平)等。	⑬爾時佛告宿王華菩薩：乃往過去無量恒河沙劫，有佛號日月淨明德如來、應供、正遍知、明行足、善逝、世間解、無上士、調御丈夫、天人師、佛、世尊。其佛有「八十億」大菩薩摩訶薩，「七十二」恒河沙大「聲聞眾」，佛壽「四萬二千劫」，「菩薩」壽命亦(與佛平)等。
⑭又其(離垢日月光首)佛土，而無「女人、三惡」之趣，無「阿須倫、八難」之患。其地平正，紺色(深青而含赤的顏色)琉璃色，眾寶校成，莊嚴清淨，生眾寶樹，周迴圍遶，珍琦「玫瑰」(同「交露」→交錯的珠串所組成的帷幔，狀若露珠)，周匝覆蓋，豎諸幢幡，寶瓶香爐，燒「眾名香」。	⑭彼國(日月淨明德如來佛土)無有「女人、地獄、餓鬼、畜生、阿修羅」等，及以「諸難」；地平如掌，琉璃所成，寶樹莊嚴，寶帳覆上，垂寶華幡，「寶瓶」香爐，周遍國界。	⑭彼國(日月淨明德如來佛土)無有「女人、地獄、餓鬼、畜生、阿修羅」等，及以「諸難」；地平如掌，琉璃所成，寶樹莊嚴，寶帳覆上，垂寶花幡，「寶瓶」香爐，周遍國界。
⑮一切樹下，設「寶床榻」，坐具嚴飾，不可稱載，諸「坐具」上，有「五千億」諸天之座，鼓諸音樂，歌佛功德，以為供養。	⑮七寶為臺，一樹一臺，其樹去臺，盡一箭道。此諸寶樹，皆有「菩薩、聲聞」而坐其下。諸寶臺上，各有百億諸天，作「天伎樂」，歌歎於佛，以為供養。	⑮七寶為臺，一樹一臺，其樹去臺，盡一箭道。此諸寶樹，皆有「菩薩、聲聞」而坐其下。諸寶臺上，各有百億諸天，作「天伎樂」，歌歎於佛，以為供養。
⑯於時其(離垢日月光首)佛，為諸「菩薩」(即眾生憙見菩薩)及「聲聞」眾，分別講說《正法華經》。	⑯爾時彼(日月淨明德)佛，為一切眾生憙見菩薩，及「眾菩薩、諸聲聞眾」，說《法華經》。	⑯爾時彼(日月淨明德)佛，為一切眾生憙見菩薩，及「眾菩薩、諸聲聞眾」，說《法華經》。
⑰時有菩薩，名眾生憙	⑰是一切眾生憙見菩薩，	⑰是一切眾生憙見菩薩，

西晉・竺法護譯《正法華經》	後秦・鳩摩羅什譯《妙法蓮華經》	隋・闍那崛多、達磨笈多共譯《添品妙法蓮華經》
見，聞佛敷演，散解義要，即奉佛法，遵習「苦行」，夙夜精進「萬二千歲」，經行「不坐」，竟「萬二千歲」，即便逮(到)得「普現三昧」。	樂習「苦行」，於日月淨明德佛法中，精進「經行」，一心求佛，滿萬二千歲已，得「現一切色身三昧」。	樂習「苦行」，於日月淨明德佛法中，精進「經行」，一心求佛，滿萬二千歲已，得「現一切色身三昧」。
(陸)逮(及;到)此定(指「普現三昧」)已，輒復思惟：吾以逮(及;到)是「普現三昧」，便能致此《正法華經》。因逮「定意」(禪定)，踊躍歡喜心，自念言：我當供養離垢日月光首如來、至真，奉《正法華經》。	(陸)得此(現一切色身)三昧已，心大歡喜，即作念言：我得「現一切色身三昧」，皆是得聞《法華經》力，我今當供養日月淨明德佛及《法華經》。	(陸)得此(現一切色身)三昧已，心大歡喜，即作念言：我得「現一切色身三昧」，皆是得聞《法華經》力，我今當供養日月淨明德佛及《法華經》。
(柒)(眾生憙見菩薩)即如其像，「三昧正受」，處在虛空，雨ㄩ心「天華」，雜香「栴檀」，用供養佛。應時所雨ㄩ「眾華雜香」，普熏十方諸佛世界，其聞香者，悉得「法忍」，眾生之類，(皆)和心(心境平和)相向。	(柒)(一切眾生憙見菩薩)即時入是「三昧」，於虛空中，雨ㄩ「曼陀羅華」、摩訶曼陀羅華」、細末堅黑「栴檀」，滿虛空中，如雲而下，又雨ㄩ海此岸「栴檀之香」(閻浮洲「北海」之此岸出最妙香，名「牛頭旃檀」)，此香「六銖」，價直娑婆世界，以供養佛。	(柒)(一切眾生憙見菩薩)即時入是「三昧」，於虛空中，雨ㄩ「曼陀羅華」、摩訶曼陀羅華」、細抹堅黑「栴檀」，滿虛空中，如雲而下，又雨ㄩ海此岸「栴檀之香」(閻浮洲「北海」之此岸出最妙香，名「牛頭旃檀」)，此香「六銖」，價直娑婆世界，以供養佛。

竺法護譯《賢劫經・卷八》

貢上「玫瑰 珞」妙好重閣。

玫珞＝校露【宋】【宮】。

玫珞＝交露【元】【明】。

　(參見《賢劫經》卷 8〈22 千佛發意品〉。詳 CBETA, T14, no. 425, p. 59, a)

後晉・可洪撰《新集藏經音義隨函錄・卷七》

玫露➜上古孝反，或云「交露」，或云「絞露」。

　(參見《新集藏經音義隨函錄(第 1 卷-第 12 卷)》卷 7。詳 CBETA, K34, no. 1257, p. 859, b)

六－32 一切眾生憙見菩薩服食「諸香」，以「香油」塗身，以神通力願而「燃身供佛」。諸佛同時讚言：是「真精進」，「真法」供養如來

西晉・竺法護譯《正法華經》	後秦・鳩摩羅什譯《妙法蓮華經》	隋・闍那崛多、達磨笈多共譯《添品妙法蓮華經》

壹衆生憙見菩薩，從「定意」(禪定)起，重自思惟：雖用「雜物」供養於佛，不能暢盡「至真之德」，以「身」供養，爾乃無上。	**壹**(一切衆生憙見菩薩)作是供養已，從三昧起，而自念言：我雖以「神力」供養於佛，不如「以身供養」。	**壹**(一切衆生憙見菩薩)作是供養已，從三昧起，而自念言：我雖以「神力」供養於佛，不如「以身供養」。
貳(衆生憙見菩薩)尋(隨即)如所念，斷絕「五穀」，專食「衆香」，「衆香」華汁，而以飲之。日使身中，內外皆「香」。如是「服香」，竟「十二年」。復和「衆香」，以塗其體，「香油」潤衣。	**貳**(一切衆生憙見菩薩)即服諸香，「栴檀(chandana)、薰陸(kunduru)、兜樓婆(蘇合 turuṣka)、畢力迦(śephālikā)、沈水(agaru)、膠(sarja-rasa 白膠香。楓香脂，娑羅樹之膠乳)」，又飲「瞻蔔」(campaka)諸「華香油」，滿「千二百歲」已，「香油」塗身。	**貳**(一切衆生憙見菩薩)即服諸香，「栴檀(chandana)、薰陸(kunduru)、兜樓婆(蘇合 turuṣka)、畢力迦(śephālikā)、沈水(agaru)、膠香(sarja-rasa 白膠香。楓香脂，娑羅樹之膠乳)」，又飲「瞻蔔」(campaka)諸「華香油」，滿「千二百歲」已，「香油」塗身。
參(衆生憙見菩薩)而立誓願：以「身」為燈，為一切故。即然(燃)其「身」，「供養」諸佛。以「精誠」故，其光遍照「八十」江河沙諸佛世界。	**參**(一切衆生憙見菩薩)於日月淨明德佛前，以「天寶衣」而自纏身，灌諸「香油」，以「神通力願」而自「然(燃)身」，光明遍照「八十億」恒河沙世界。	**參**(一切衆生憙見菩薩)於日月淨明德佛前，以「天寶衣」而自纏身，灌諸「香油」，以「神通力願」而自「然(燃)身」，光明遍照「八十億」恒河沙世界。
肆應時諸佛同聲讚曰：善哉！善哉！族姓子(善男子)！「精進」乃爾，世之「希有」，斯「真供養」如來經典。	**肆**其中諸佛同時讚言：善哉！善哉！善男子！是「真精進」，是名「真法」供養如來。	**肆**其中諸佛同時讚言：善哉！善哉！善男子！是「真精進」，是名「真法」供養如來。
伍乃為衆生，「忍苦」不勞，超踰「天人」一切所行，「國財、妻子」(之布)施所不及。	**伍**若以「華香、瓔珞、燒香、末香、塗香、天繒、幡蓋」及海此岸「栴檀之香」，如是等種種諸物供養，所不能及；假使「國城、妻子」布施，亦所不及。	**伍**若以「華香、瓔珞、燒香、抹香、塗香、天繒、幡蓋」及海此岸「栴檀之香」，如是等種種諸物供養，所不能及；假使「國城、妻子」布施，亦所不及。

沉香

(1)梵語 agaru, aguru, kālāguru, kṛṣṇāgaru。音譯為「阿伽嚧、阿迦嚕、阿伽樓、阿竭流、惡揭嚕」，意譯為「不動」。

(2)「沉香」為「沈水香」之略稱，又稱為「黑沈香、蜜香」。此香木學名 Aquilaria agallocha，材質甚重，為青白色。

(3)沉香由印度、波斯、暹羅、交趾及中國廣東南部、海南島等地均產之。

(4)當沉木「朽敗」或可以「伐採」時，由木的中心「木質」部分滲出「黑色的樹脂」，即是「沈香」。其香濃郁，木心「堅實」，入「水」必「沈」，故稱「沈水香」，可供「藥用」，治療「風水腫毒」。

(5)「沈香樹」之種類甚多，以 Alo-exylonagallochum 為最佳，產於中國者稱為 A. sinensis。

(6)據《增廣本草綱目‧卷三十四‧沈香條》載，由於產地、形色等因素之不同，「沈香」亦有各種名稱及等級，如稱「棧香、黃熟香、蝟刺香、雞骨香、海南沈、上沈香」等。或謂上有「黑色光澤」之「沈香」，稱為「伽羅」，係最上乘之香。

(以上資料據《佛光大辭典》再略作修訂)

唐‧道世撰《法苑珠林‧卷三十六》

(1)沈香……南州《異物志》曰：木香，出日南(國)。欲取當先斫壞樹。著地積久，外白朽爛。其心中堅者，置水則沈，名曰「沈香」。

(2)其次在心白之間，不甚堅精，置之水中，「不沈、不浮」，與水平者，名曰「棧香」。

(3)其最小麁白者，名曰「槃香」。

(參見《法苑珠林》卷 36。詳 CBETA, T53, no. 2122, p. 573, c)

宋‧法雲編《翻譯名義集‧卷三》

(1)阿伽嚧，或云「惡揭嚕」，此云「沈香」。《華嚴》云：阿那婆達多池邊，出「沈水香」，名「蓮華藏」。其「香」一圓，如「麻子」大。若以燒之，香氣普熏「閻浮提界」。

(2)《異物誌》云：出日南國，欲取，當先斫樹壞，著地積久，外朽爛，其心堅者，置水則沈，曰「沈香」。其次在心白之間，不甚精堅者，置之水中，不沈不浮，與水平者，名曰「棧香」。

(參見《翻譯名義集》卷 3。詳 CBETA, T54, no. 2131, p. 1105, a)

✖「沉香」屬於「香屬植物」(Aquilaria spp)，中文名稱為「瑞香科」(Thymelaceae)沉香屬。目前「沉香屬」植物只分佈在「東南亞」地區，如越南、印尼、馬來西亞、越南、泰國、老撾、中國的海南島等地。

✖沉香，真面貌其實就是一種「生了病的木頭」，「沉香」形成原因是由於本種的「樹幹」損傷後，被「真菌」侵入寄生，在「菌體」的作用下，使樹木的「薄壁細胞」貯存的「澱粉」產生一系列的變化，逐漸形成「香脂」，再經多年的「沈積」而得，木能生出香味。

✖「沉香」是由「木」而生，但「沉香」並不是「木」，所謂的「沉香木」也未必都可以生出「香味」。據現在的研究，「瑞香科沉香屬」的幾種樹木，如「馬來沉香樹、莞香樹、印度沉香樹」等都可以形成「沉香」。

✖「沉香木」剛開始不能稱為「沉香」，它必須先埋藏在「沼澤」之中，再經由「侵蝕」，木頭才會開始「腐朽」，然後被「真菌」給侵入寄生。木頭「薄壁細飽」內的「澱粉」在「菌體酶」的作用下，便開始形成「香脂」，稱「沉香樹脂」，再經過漫長的「沉澱」而成，故稱之為「沉香」。

✖「沉香」與「檀香」是不同的，「沉香」並不是一種「木材」，而是一類特殊的「香樹」所「結」出的「香」。「沉香」是混合了「油脂」(樹脂)成分和「木質」成分的「固態凝聚物」。

❶入水則沉者，名為「沈水香」。寬度大多不超過十厘米，長度也不超過幾十厘米。質優者，一般質地較「密」，甚至堅硬如「山石」。表面很不平整。顏色多泛出「黃色、褐色、綠色、

深綠色」或「黑色」。「油脂部」為「深色」,「木質部」為較淺的「黃白色」,混成各種紋理。含「油量」較高的「水沉香」往往顏色較深,而且「質地潤澤」,很容易點燃,燃燒時甚至能看到沸騰的「沉油」。

❷入水後,只能「半浮半沉」者,名為「棧香」(「棧」是指「竹木所編之物」),或叫做「箋香、弄水香」。

❸入水後,只能稍為漂浮於水面上的,名為「黃熟香」,或「牙香、葉子香、雞骨香、光香、水盤頭、速暫香」……等。

✳「水沉」會「結香」的原因,約有四類:

一、「熟結」:樹木死後,「樹根、樹幹」倒伏入地面,或沉入「泥土」,經風吹雨淋,經年累月,慢慢分解、收縮,而最終留下的以「油脂」成分為主的「凝聚物」。如《本草綱目》記:「其積年老木,長年其外皮俱朽,木心與枝節不壞,堅黑沈水者,即沉香也。

二、「生結」:樹木在活著的時候形成的「香結」。用刀斧斫砍樹幹後,蛇蟲動物會去囓蝕較深的「傷口」,接著「香樹」便會滲透出「樹脂」以作自我防護,從而會在「傷口」附近結成「香結」。

三、「脫落」:枝幹「朽落」之後,又結出的「香」。

四、「蟲漏」:由於「樹蟲、細菌」等對樹木的「蛀蝕」而形成的香。由於年數短的香樹「樹脂腺」不足,一般只有數十年以上的「香樹」才可能形成「沉香」,而且從「結香」到「成熟」又需要很多年。

✳沉香種類「結香」方式可劃分以下六種:

第一種:因年代及自然因素,木頭倒伏,經風吹雨淋後,剩餘不朽之材,稱為「死沉、倒架」。

第二種:木頭倒後,埋於「土」中,又受「微生物菌」的分解腐朽,剩餘未被腐化的部份則稱之「土沉」。

第三種:木頭倒伏後,埋於「沼澤」,經過「微生物菌」的分解,再從「沼澤」區中將它打撈起,此稱為「水沉」。

第四種:為「活體樹」,但經人工砍伐,置於地後,再經「白蟻」去蛀食,剩餘未被蛀食之部位則稱為「蟻沉、蟲漏」。

第五種:將已「結香」後的部份砍下來,但樹木仍然具有生命,稱為「活沉」。

第六種:為樹齡十年以下者,已稍具「香氣」,稱為「白木」。

《百喻經·卷二·入海取沈水喻》

(1)昔有長者子,入海取「沈水」,積有年載,方得「一車」,持來歸家。詣市賣之,以其貴故,卒無買者,經歷多日,不能得售。心生疲厭,以為苦惱,見人賣「炭」,時得速售,便生念言:

(2)「不如燒之(沉木)作炭,可得速售。」即燒(沉木)為「炭」,詣市賣之,不得「半車炭」之價直。

(3)世間「愚人」,亦復如是,無量方便,勤行精進,仰求佛果,以其「難得」,便生退心,不如發心(改)「求聲聞果」,(如此可)速斷生死(而)作「阿羅漢」。

(參見《百喻經》卷2。詳 CBETA, T04, no. 209, p. 546, c)

《蕤𤬚 呬ᆚ 耶經·卷二·奉請供養品》

(1)其燒香者,用「白檀」(香)、「沈水」(香)相和,供養「佛部」。

(2)用「尸利稗瑟多迦」(室唎吠瑟吒迦樹汁香)等諸「樹汁香」,供養「蓮華部」。

(3)用「黑沈水香」及「安悉香」,供養「金剛部」。

(參見《蕤呬耶經》卷2〈8 奉請供養品〉。詳 CBETA, T18, no. 897, p. 767, c)

《蘇悉地羯羅經・卷一・塗香藥品》
(1)或唯「沈水香」，和少「龍腦香」，以為塗香。佛部供養。
(2)或唯「白檀香」，和少「龍腦香」，以為塗香。蓮華部用。
(3)或唯「欝金香」，和少「龍腦香」，以為塗香。金剛部用。
(4)又「紫檀」以為塗香，通於一切「金剛」等用。
(參見《蘇悉地羯羅經》卷 1〈9 塗香藥品〉。詳 CBETA, T18, no. 893b, p. 640, c)

龍腦香：
(1)梵語 karpūra，巴利語 kappūra。音譯為「羯布羅、劫布羅」，又作「片腦」。為「樟腦」之一種。
(2)由「龍腦樹」採製而成，產於蘇門答臘、印度南方、東南半島及中國南方。
龍腦樹，學名為 Dryobalanops camphora，或 Shorea camphorifera。
(3)為常綠大喬木，高達四十至六十公尺。葉互生，呈卵圓形，先端尖。花白色，具芳香。由樹幹可採製結晶龍腦，供藥用，以其產量少，故價甚高，樹幹亦可作建材。
(以上資料據《佛光大辭典》再略作修訂)

《雜阿含經・卷三十一》
爾時，世尊告諸比丘……如是種種善法，皆依不放逸為本……譬如「黑沈水香」是「眾香」之上。如是種種善法，「不放逸」最為其上。
(參見《雜阿含經》卷 31。詳 CBETA, T02, no. 99, p. 221, c)

《虛空藏菩薩經》
(1)聞「虛空藏菩薩摩訶薩」名，至心願見。欲發露懺悔所犯罪故，於初夜後分，燒「堅黑沈水」及「多伽羅香」，至心合掌，稱「虛空藏菩薩摩訶薩」名。
(2)善男子！時「虛空藏菩薩摩訶薩」，隨其所應，現種種形，或現自身。
(參見《虛空藏菩薩經》卷 1。詳 CBETA, T13, no. 405, p. 652, c)

《佛說灌頂經・卷九》
(1)賢者阿難，又復告言：諸四輩弟子，若「疾厄」之日，當以「香泥」泥地。然十方「燈」，散「雜色華」。
(2)燒眾名香，「兜婁婆、畢力伽、沈水、膠香、婆香、安息香」等。燒是「香」時，亦能使「魔」隱藏不現，不復害人。即得「吉祥」，「萬病」除愈。
(參見《佛說灌頂經》卷 9。詳 CBETA, T21, no. 1331, p. 523, c)

《虛空藏菩薩問七佛陀羅尼咒經》
(1)若人欲求「見佛」者，淨持房舍，香泥塗地。安置佛像，懸繒幡蓋，香華供養。香湯浴身，著淨衣服，燒「沈水香」。
(2)在於像前胡跪，面正向東，其像面向西。誦呪「一千八遍」。誦訖，即於像前，頭向「東眠」。
(3)於其夢中，即得見佛。心裏所有「憶念」，爾時即見。或念其「命長短」，爾時即得自知。或念其身「有病無病」，爾時亦見。或有「怨家、鬥諍、勝負」，皆知如是等。
(參見《虛空藏菩薩問七佛陀羅尼咒經》卷 1。詳 CBETA, T21, no. 1333, p. 563, b)

《陀羅尼雜集・卷五》

(1)若有善男子、善女人，欲行此持者。斷「酒肉、五辛」，「齋潔」滿七日已。淨自洗浴，著新淨衣，起慈悲心。

(2)於像前，燒「沈水香」，若「栴檀、薰陸香」，誦一百八遍。

(3)一心專念「觀世音菩薩」三稱名，滿我所願。利根者，「觀世音菩薩」於其夢中。以所求如願必得。

(參見《陀羅尼雜集》卷 5。詳 CBETA, T21, no. 1336, p. 607, b)

六－33　一切眾生憙見菩薩焚身供養，火燃一千二百年，其身乃盡。命終轉生日月淨明德佛國土之國王家，復還供養日月淨明德佛

西晉・竺法護譯《正法華經》	後秦・鳩摩羅什譯《妙法蓮華經》	隋・闍那崛多、達磨笈多共譯《添品妙法蓮華經》
壹(燃身供佛於)供養之中，為尊為上，為最為長，為無(能與之)「疇匹」(匹敵)，以「身」施者，乃成「法施」。諸佛世尊，(讚)歎是德已，則便「默然」。	壹善男子！(燃身供佛)是名「第一之施」，於「諸施」中，最尊、最上，以「法供養」諸如來故。作是語已，而各「默然」。	壹善男子！(燃身供佛)是名「第一之施」，於「諸施」中，最尊、最上，以「法供養」諸如來故。作是語已，而各「嘿然」。
貳於時(眾生憙見)菩薩自然(燃)其身，(經)「千二百歲」火故不滅，用「一心」故，無有「苦患」。於是之後，火焰乃息，勤修「精進」，供養法故。	貳(一切眾生憙見菩薩)其身火燃「千二百歲」，過是已後，其身乃盡。	貳(一切眾生憙見菩薩)其身火然「千二百歲」，過是已後，其身乃盡。
參(眾生憙見菩薩)於是終沒。還生其世(指離垢日月光首佛之世)，更復值見離垢日月光首如來、至真之士，生離垢施國王(離垢日月光首佛國土之國王)宮內，自然「化生」，結「加趺」坐。	參一切眾生憙見菩薩作如是「法供養」已，命終之後，復生日月淨明德佛國中，於淨德王家(指日月淨明德佛國土之國王)，結「加趺坐」，忽然「化生」。	參一切眾生憙見菩薩作如是「法供養」已，命終之後，復生日月淨明德佛國中，於淨德王家(指日月淨明德佛國土之國王)，結「加趺坐」，忽然「化生」。
肆(眾生憙見菩薩)而為父母說此頌曰：	肆(一切眾生憙見菩薩)即為其父而說偈言：	肆(一切眾生憙見菩薩)即為其父而說偈言：
尊王識念我本行， 堅強勤修大精進， 所重愛身以用施， 建立住此逮(及；到)三昧。	大王今當知，我經行彼處， 即時得一切，現諸身三昧。 勲行大精進，捨所愛之身， 供養於世尊，為求無上慧。	大王今當知，我經行彼處， 即時得一切，現諸身三昧， 勤行大精進，捨所愛之身。
伍(眾生憙見菩薩)說此偈已，啟	伍(一切眾生憙見菩薩)說是偈	伍(一切眾生憙見菩薩)說是偈

其父母：	已，而白父言：	已，而白父言：
離垢日月光首如來、至真，今故現在，吾往昔時至心供養，因是逮(及；到)致了「一切音總持」法要。是《正法華》，(爲)無上經典，(諸)學中(之精)要者，經卷本有「八十」姟百千億「那術」(nayuta 那由他)姟偈，當一心思，何所造作，立佛像摸(法；規)，而常心中無「瞋恚、怒」。此《正法華》，菩薩所行，吾本「宿世」習若干「千億百千」姟偈，從彼「如來」而聞受之。離垢施王讚其子曰：善哉！善哉！當共俱往，躬身當覲，供養聖尊(指供養離垢日月光首佛)。	日月淨明德佛，今故現在。我先供養(日月淨明德)佛已，得解「一切衆生語言陀羅尼」，復聞是《法華經》「八百千萬億」那由他「甄迦羅」(kaṅkara 相當於「千萬億」。印度「五十二」之大數之「第十六」)、頻婆羅(bimbara 相當於「十兆」。印度「五十二」之大數之「第十八」)、阿閦婆(akṣobhya 印度「五十二」之大數之「第二十」)」等偈。大王！我今當還供養此(日月淨明德)佛。	日月淨明德佛，今故現在。我先供養(日月淨明德)佛已，得解「一切衆生語言陀羅尼」，復聞是《法華經》「八百千萬億」那由他「甄迦羅」(kaṅkara 相當於「千萬億」。印度「五十二」之大數之「第十六」)、頻婆羅(bimbara 相當於「十兆」。印度「五十二」之大數之「第十八」)、阿閦婆(akṣobhya 印度「五十二」之大數之「第二十」)」等偈。大王！我今當還供養此(日月淨明德)佛。
陸(衆生憙見菩薩)說此言已，與父王俱「踊」在空中，去地「七刃」，經行虛空，足不蹈地，其身「正坐」，七寶「交露」(同「交露」→交錯的珠串所組成的帷幔，狀若露珠)，珍琦帳中，往詣佛所，叉手(即「金剛合掌」，即合掌交叉兩手之指頭)禮(離垢日月光首)佛，以頌讚曰：	陸(一切衆生憙見菩薩)白已，即坐「七寶」之臺，上昇「虛空」，高「七多羅樹」(tala，爲高大之植物，極高者可達二十五公尺。故譬物體之高大，常謂「七多羅樹」，言其較多羅樹高出七倍)，往到佛所，頭面禮足，合十指爪，以偈讚(日月淨明德)佛：	陸(一切衆生憙見菩薩)白已，即坐「七寶」之臺，上昇「虛空」，高「七多羅樹」(tala，爲高大之植物，極高者可達二十五公尺。故譬物體之高大，常謂「七多羅樹」，言其較多羅樹高出七倍)，往到佛所，頭面禮足，合十指爪，以偈讚(日月淨明德)佛：
柒 人中之尊，顏姿離垢， 其光巍巍，照於十方。 吾本供養，聖尊無極， 今復自親，故來奉面。	柒 容顏甚奇妙，光明照十方， 我適曾供養，今復還親覲。	柒 容顏甚奇妙，光明照十方， 我適曾供養，今復還親覲。

六－34 日月淨明德佛臨欲涅槃，囑累「佛法」於一切眾生憙見菩薩，應以「舍利」流布供養，起「七寶塔」

西晉·竺法護譯《正法華經》	後秦·鳩摩羅什譯《妙法蓮華經》	隋·闍那崛多、達磨笈多共譯《添品妙法蓮華經》
❶爾時眾生憙見菩薩大士，說此偈已，前白離垢日月光首如來、至真：世尊(離垢日月光首佛)垂恩(施予恩澤)，愍哀十方，故復現在，「訓誨」(訓導誨教)一切，度脫眾生，無不蒙(受)賴(獲益;好處)。	❶爾時，一切眾生憙見菩薩說是偈已，而白(日月淨明德)佛言：世尊(日月淨明德佛)！世尊猶故在世！	❶爾時，一切眾生憙見菩薩說是偈已，而白(日月淨明德)佛言：世尊(日月淨明德佛)！世尊猶故在世！
❷時離垢日月光首如來，告眾生憙見菩薩：今時已至，吾(離垢日月光首佛)欲「滅度」，以此「法教」，而相「囑累」。(離垢日月光首)佛因其時至，所教周悉(已周到詳盡)，亂世欲到，吾(離垢日月光首佛)捨去矣。(眾生憙見菩薩你應)為(離垢日月光首)佛施「座」，今取「滅度」。	❷爾時日月淨明德佛，告一切眾生憙見菩薩：善男子！我(日月淨明德佛)「涅槃」時到、「滅盡」時至，汝可安施「床座」，我於今夜，當「般涅槃」。	❷爾時日月淨明德佛，告一切眾生憙見菩薩：善男子！我(日月淨明德佛)「涅槃」時到、「滅盡」時至，汝可安施「床座」，我於今夜，當「般涅槃」。
❸(離垢日月光首佛)又告之曰：以斯「經典」(《法華經》)，重相囑累，普令流布，(平)等(法)潤十方，咸使一切皆蒙福(德)慶(慶善)。	❸(日月淨明德佛)又勅一切眾生憙見菩薩：善男子！我(日月淨明德佛)以「佛法」，囑累於汝，及諸菩薩大弟子，并(授以)「阿耨多羅三藐三菩提法」。亦以「三千大千」七寶世界，諸「寶樹、寶臺」，及「給侍諸天」(指佛在世時之諸天侍衛)，悉付(囑)於汝。我(日月淨明德佛)「滅度」後，所有「舍利」，亦付囑汝，當令「流布」，廣設供養，應起若干「千塔」。	❸(日月淨明德佛)又勅一切眾生憙見菩薩：善男子！我(日月淨明德佛)以「佛法」，囑累於汝，及諸菩薩大弟子，并(授以)「阿耨多羅三藐三菩提法」。亦以「三千大千」七寶世界，諸「寶樹、寶臺」，及「給侍諸天」(指佛在世時之諸天侍衛)，悉付(囑)於汝。我(日月淨明德佛)「滅度」後，所有「舍利」，亦付囑汝，當令「流布」，廣設供養，應起若干「千塔」。
❹眾生憙見則曰：受教！其(離垢日月光首)佛夜半，便取「滅度」。	❹如是日月淨明德佛勅一切眾生憙見菩薩已，於夜後分，入於「涅槃」。	❹如是日月淨明德佛勅一切眾生憙見菩薩已，於夜後分，入於「涅槃」。

㈤於時菩薩眾生憙見，見(離垢日月光首)佛滅度，以「栴檀香」，琦異妙香，「蛇維」(即「闍維」→茶毘)佛身，取其「舍利」，香汁洗之，感慕哀泣，淚下如雨，修造「寶瓶」八萬四千。立「七寶塔」，高至「梵天」，莊嚴幢蓋，懸眾寶鈴。	㈤爾時，一切眾生憙見菩薩，見(日月淨明德)佛滅度，「悲感、懊惱」，戀慕(留戀愛慕)於(日月淨明德)佛，即以海此岸「栴檀」為積「(草堆積也)，供養佛身，而以燒之。火滅已後，收取「舍利」，作「八萬四千」寶瓶，以起「八萬四千」塔。高「三世界」，表刹莊嚴，垂諸幡蓋，懸眾寶鈴。	㈤爾時，一切眾生憙見菩薩，見(日月淨明德)佛滅度，「悲感、懊惱」，戀慕(留戀愛慕)於(日月淨明德)佛，即以海此岸「栴檀」為積「(草堆積也)，供養佛身，而以燒之。火滅已後，收取「舍利」，作「八萬四千」寶瓶，以起「八萬四千」塔。高「三世界」，表刹莊嚴，垂諸幡蓋，懸眾寶鈴。

六－35 一切眾生憙見菩薩於日月淨明德佛之「舍利塔」前「燃臂」供養，來世當得「佛金色之身」。彼即今藥王菩薩是也

西晉・竺法護譯 《正法華經》	後秦・鳩摩羅什譯 《妙法蓮華經》	隋・闍那崛多、達磨笈多共譯 《添品妙法蓮華經》
壹(眾生憙見菩薩)心自念言：吾已供養世尊(離垢日月光首佛)「舍利」，當復更事超過於前。	壹爾時一切眾生憙見菩薩，復自念言：我雖作是供養，心猶未足，我今當更供養(日月淨明德佛之)「舍利」。	壹爾時一切眾生憙見菩薩，復自念言：我雖作是供養，心猶未足，我今當更供養(日月淨明德佛之)「舍利」。
貳告諸「菩薩」及大「聲聞」，諸天「龍神」一切人民：諸「族姓子」(善男子)咸共思念「世尊」(離垢日月光首佛)「舍利」，普共供養。	貳便語諸「菩薩」大弟子及「天、龍、夜叉」等一切大眾：汝等當「一心念」，我今供養日月淨明德佛「舍利」。	貳便語諸「菩薩」大弟子及「天、龍、夜叉」等一切大眾：汝等當「一心念」，我今供養日月淨明德佛「舍利」。
參於是(釋迦)佛告宿王華菩薩：當爾世時，眾生憙見菩薩勸率(猶勸率領)眾人，供奉(離垢日月光首佛之)「舍利」八萬四千塔。(並)於塔寺前，建立形像，百福德相，然(燃)無數「燈」，燒香散華，光顯道法，供養奉事「七萬二千歲」。	參(一切眾生憙見菩薩)作是語已，即於「八萬四千」塔前，燃百福莊嚴「臂」，(長達)「七萬二千歲」，而以供養(日月淨明德佛之舍利)。	參(一切眾生憙見菩薩)作是語已，即於「八萬四千」塔前，然百福莊嚴「臂」，(長達)「七萬二千歲」，而以供養(日月淨明德佛之舍利)。

㊵(眾生憙見菩薩)供養訖竟，在其眾會，(度)化無數千諸「聲聞」眾，(及)開(導)諸菩薩，皆令逮(到)得「普現三昧」。(眾生憙見菩薩)見眾菩薩(皆得)建立「定」(指「普現三昧」)已，(始對眾)自(展)現其身，「諸根」缺漏(指「燃雙臂供養」事，詳下文)。	㊵令無數求「聲聞」眾、無量阿僧祇人，發「阿耨多羅三藐三菩提心」，皆使(大眾)得住「現一切色身三昧」。	㊵令無數求「聲聞」眾、無量阿僧祇人，發「阿耨多羅三藐三菩提心」，皆使(大眾)得住「現一切色身三昧」。
㊄諸「菩薩眾」及諸「弟子、天、龍、鬼神」，舉聲號咷(放聲大哭)，淚下如雨(而曰)：是「族姓子」(善男子)眾生憙見菩薩大士！(你)是我等(恩)師，開化(開示教化)我黨，今(竟)現「缺減」(指「燃雙臂供養」事，詳下文)，諸根不具，是故(吾等)「悲酸」，不能自勝。	㊄爾時，諸「菩薩、天、人、阿修羅」等，見其(一切眾生憙見菩薩)無「臂」，憂惱悲哀，而作是言：此一切眾生憙見菩薩，是我等(恩)師，教化我者，而今(竟)「燒臂」，身不具足。	㊄爾時，諸「菩薩、天、人、阿修羅」等，見其(一切眾生憙見菩薩)無「臂」，憂惱悲哀，而作是言：此一切眾生憙見菩薩，是我等師，教化我者，而今「燒臂」，身不具足。
㊅於時眾生憙見(菩薩)，謂諸「菩薩」及「大弟子、諸天、龍神」：吾建要誓，至誠之願，如我所言，隨順不虛，我此「手臂」成「紫金身」，令我「手臂」，平復如故，地當大動，於虛空中，雨眾華香。	㊅于時一切眾生憙見菩薩，於大眾中立此「誓言」：我捨「兩臂」，必當得「佛金色之身」，若實不虛，令我「兩臂」還復如故。	㊅于時一切眾生憙見菩薩，於大眾中立此「誓言」：我捨「兩臂」，必當得「佛金色之身」，若實不虛，令我「兩臂」還復如故。
㊆(眾生憙見菩薩)所言適竟，地即「大動」，天雨眾華，尋(隨即)時「手臂」平復如故。眾生憙見(菩薩)欲度一切，因「示現」此「慧力」所行，福德功勳，「勢力」所致。	㊆(一切眾生憙見菩薩)作是誓已，自然還復(兩臂)，由斯菩薩「福德智慧」淳厚所致。當爾之時，「三千大千世界」六種震動，天雨寶華，一切「人、天」，得未曾有。	㊆(一切眾生憙見菩薩)作是誓已，自然還復(兩臂)，由斯菩薩「福德智慧」淳厚所致。當爾之時，「三千大千世界」六種震動，天雨寶華，一切「人、天」，得未曾有。
㊇(釋迦)佛告宿王華菩薩：欲知爾時眾生憙見菩薩大士，今藥王菩薩是。	㊇(釋迦)佛告宿王華菩薩：於汝意云何？一切眾生憙見菩薩，豈異人乎？今藥王菩薩是也。其所「捨身」布施，	㊇(釋迦)佛告宿王華菩薩：於汝意云何？一切眾生憙見菩薩，豈異人乎？今藥王菩薩是也。其所「捨身」布施，

	如是無量百千萬億「那由他」數。	如是無量百千萬億「那由他」數。
㊉又「族姓子」(善男子)！菩薩「勤苦」不可稱計，「捐身」棄命，無有限量，常建「大乘」，志「無上道」，興發大功「無極」之德。於如來前，然一「足、指」，功德難喻，況然(燃)其「身」以為供養，勝施「國土、妻子、血肉」。	㊉宿王華(菩薩)！若有「發心」，欲得「阿耨多羅三藐三菩提」者，能燃「手指」，乃至「足」一指，供養「佛塔」，勝以「國城、妻子」，及三千大千國土「山林河池、諸珍寶物」而供養者。	㊉宿王華(菩薩)！若有「發心」，欲得「阿耨多羅三藐三菩提」者，能燃「手指」，乃至「足」一指，供養「佛塔」，勝以「國城、妻子」，及三千大千國土「山林河池、諸珍寶物」而供養者。

六－36 若有人以「七寶」，滿三千大千世界供養佛，不如受持《法華經》，乃至「一、四」句偈。此經於諸經中，最為第一，諸經中王

西晉・竺法護譯《正法華經》	後秦・鳩摩羅什譯《妙法蓮華經》	隋・闍那崛多、達磨笈多共譯《添品妙法蓮華經》
㊀設以珍寶，滿佛世界，「布施供養」諸佛聖眾，福德雖多，不及於彼。所以者何？福報(終)有(窮)盡，無益(於)眾生。若「族姓子(善男子)、族姓女(善女人)」，(能)受《正法華》「一、四句頌」，分別奉行，為人解說，比其福施(指以滿佛世界的質寶布施供養)，萬不如一。	㊀若復有人，以七寶滿「三千大千世界」，供養於佛，及「大菩薩、辟支佛、阿羅漢」，是人所得功德，不如受持此《法華經》，乃至「一、四」句偈，其福最多。	㊀若復有人，以七寶滿「三千大千世界」，供養於佛，及「大菩薩、辟支佛、阿羅漢」，是人所得功德，不如受持此《法華經》，乃至「一、四」句偈，其福最多。
㊁猶如巨海，萬川皆歸；此經(《法華經》)如是，一切諸法，最為元首。	㊁宿王華(菩薩)！譬如一切「川流江河」，諸水之中，「海」為第一。此《法華經》亦復如是，於諸如來所說經中，最為深大。	㊁宿王華(菩薩)！譬如一切「川流江河」，諸水之中，「海」為第一。此《法華經》亦復如是，於諸如來所說經中，最為深大。
㊂猶若「須彌」，眾山中高。	㊂又如「土山、黑山、小鐵圍山、大鐵圍山」及「十寶山」，眾山之中，「須彌山」為第一。此《法華經》亦復如	㊂又如「土山、黑山、小鐵圍山、大鐵圍山」及「十寶山」，眾山之中，「須彌山」為第一。此《法華經》亦復如

	是，於諸經中最為其上。	是，於諸經中最為其上。
㊉	㊉	㊉
❶如「月」盛滿，星中最明，大慧光明，照曜「三界」，為諸法首，無上道王。	❶又如「眾星」之中，「月天子」，最為第一。此《法華經》，亦復如是，於千萬億種諸經法中，最為「照明」。	❶又如「眾星」之中，「月天子」，最為第一。此《法華經》，亦復如是，於千萬億種諸經法中，最為「照明」。
❷猶如「日」出，普照天下，消眾幽冥。此經(《法華經》)如是，蠲（除）除一切「愚癡、闇蔽」，皆入道明。	❷又如「日天子」，能除「諸闇」。此經(《法華經》)亦復如是，能破一切「不善之闇」。	❷又如「日天子」，能除「諸闇」。此經(《法華經》)亦復如是，能破一切「不善之闇」。
㊄	㊄	㊄
	❶又如諸「小王」中，「轉輪聖王」，最為第一。此經(《法華經》)亦復如是，於眾經中，最為其尊。	❶又如諸「小王」中，「轉輪聖王」，最為第一。此經(《法華經》)亦復如是，於眾經中，最為其尊。
❷猶「天帝釋、忉利天上」諸天中王。此經(《法華經》)如是，一切諸法，眾經「典主」(掌管;統理)，攬持(擁抱;把持)十方，度脫一切。	❷又如「帝釋」，於「三十三天」(Trāyastriṃśat-deva 欲界忉利天)中王。此經(《法華經》)亦復如是，諸經中王。	❷又如「帝釋」，於「三十三天」(Trāyastriṃśat-deva 欲界忉利天)中王。此經(《法華經》)亦復如是，諸經中王。
❸猶「梵天王」，處「第七宮」，制御(統治駕御)諸天，莫不奉命。此經(《法華經》)如是，(能)普濟眾生，「(有)學」與「不學」，(能)教導「三乘」(聲聞乘、緣覺乘、菩薩乘)，(能)行「君父」業(此原指天子事業➜喻佛行事業)。	❸又如「大梵天王」，一切眾生之父。此經(《法華經》)亦復如是，(為)一切賢聖，「(有)學、無學」，及「發菩薩心」者之父。	❸又如「大梵天王」，一切眾生之父。此經(《法華經》)亦復如是，(為)一切賢聖，「(有)學、無學」，及「發菩薩心」者之父。
㊅猶如「四道」，及至「緣覺」，皆超(越)一切諸「凡夫學」。《正法華經》亦復如斯，皆超(越)一切「上、中、下」乘，(此經)處(於)眾生之(根)原(同「源」)，(能度)化諸「不逮」(不可計量之數)。	㊅又如一切「凡夫人」中，「須陀洹、斯陀含、阿那含、阿羅漢、辟支佛」為第一。此經(《法華經》)亦復如是，一切「如來」所說、若「菩薩」所說、若「聲聞」所說，諸經法中，最為第一。有能受持是經典(《法華經》)者，亦復如是，於	㊅又如一切「凡夫人」中，「須陀洹、斯陀含、阿那含、阿羅漢、辟支佛」為第一。此經(《法華經》)亦復如是，一切「如來」所說、若「菩薩」所說、若「聲聞」所說，諸經法中，最為第一。有能受持是經典(《法華經》)者，亦復如是，於

	一切眾生中，亦為「第一」。	一切眾生中，亦為「第一」。
㋗猶如「菩薩」所行高遠，(起)過諸「聲聞、緣覺」之業，覆護(保護;庇佑)三世。此經(《法華經》)如是，(能)調御諸法，悉令成就「無上正真」。猶如世尊，(為)三界法王，被道服飾，三十二相，(能漸)誘(導)眾(生之)愚蔽。此經(《法華經》)如是，從「菩薩學」，乃至「如來」，開導「聲聞」、諸「緣覺」等，皆使成就「無上正真」。	㋗一切「聲聞、辟支佛」中，「菩薩」為第一。此經(《法華經》)亦復如是，於一切諸經法中，最為第一。如佛為諸法王，此經(《法華經》)亦復如是，諸經中王。	㋗一切「聲聞、辟支佛」中，「菩薩」為第一。此經(《法華經》)亦復如是，於一切諸經法中，最為第一。如佛為諸法王，此經(《法華經》)亦復如是，諸經中王。

六－37 此經能令眾生離「一切病痛」苦處，能解一切眾生「生死之縛」

西晉·竺法護譯《正法華經》	後秦·鳩摩羅什譯《妙法蓮華經》	隋·闍那崛多、達磨笈多共譯《添品妙法蓮華經》
⚉猶「族姓子」(善男子)，斯經典(《法華經》)者，為「三界」護，度脫眾生「危厄之難」，(能)飽滿(眾生之)饑(渴)虛(弱)，(能滿足)眾情(有情眾生)之(苦)患。	⚉宿王華(菩薩)！此經(《法華經》)能救一切眾生者，此經(《法華經》)能令一切眾生，離諸苦惱，此經(《法華經》)能大饒益一切眾生，充滿其願。如清涼池，能滿一切「諸渴乏者」。	⚉宿王華(菩薩)！此經(《法華經》)能救一切眾生者，此經(《法華經》)能令一切眾生，離諸苦惱，此經(《法華經》)能大饒益一切眾生，充滿其願。如清涼池，能滿一切「諸渴乏者」。
⚋ ❶寒者溫煖。 ❷熱者清涼。 ❸有裸露者，皆得衣被。 ❹開導眾生，悉令入道，猶如導師，將護眾賈。菩薩如是，養育眾生，若如慈母。 ❺譬如船師，渡人往返。菩薩如是，周旋三界，度脫一切，滅眾闇冥，猶如「炬火」，滅眾闇冥。化「生、老、死」，猶「轉輪王」，制	⚋ ❶如寒者得火。 ❷如裸者得衣。 ❸如商人得主。 ❹如子得母。 ❺如渡得船。 ❻如病得醫。 ❼如暗得燈。 ❽如貧得寶。 ❾如民得王。 ❿如賈客得海。 ⓫如炬除暗。	⚋ ❶如寒者得火。 ❷如裸者得衣。 ❸如商人得主。 ❹如子得母。 ❺如渡得船。 ❻如病得醫。 ❼如闇得燈。 ❽如貧得寶。 ❾如民得王。 ❿如賈客得海。 ⓫如炬除闇。

御「四域」。 ❻此經(《法華經》)如是,以聖道明,照燿三界,猶如大明,消(解)天下(幽)冥。 ❼此經(《法華經》)如是,致「不退轉」,(獲)「無從生忍」(無生法忍),至成「佛道」。		
㊟佛告宿王華菩薩:斯經典(《法華經》)者,度脫一切「眾苦」之患,拔斷「諸垢」,「三毒」疹(壽)疾(疾病),救濟生死(輪迴),諸繫(縛)牢獄。	㊟此《法華經》亦復如是,能令眾生離「一切苦、一切病痛」,能解一切「生死之縛」。	㊟此《法華經》亦復如是,能令眾生離「一切苦、一切病痛」,能解一切「生死之縛」。

六－38 若有女人聞〈藥王菩薩本事品〉受持者,後不復受「女身」,命終即往「極樂世界」,得「菩薩神通、無生法忍、眼根清淨」

西晉・竺法護譯 《正法華經》	後秦・鳩摩羅什譯 《妙法蓮華經》	隋・闍那崛多、達磨笈多共譯 《添品妙法蓮華經》
㊀若聞此經(《法華經》),尋(隨即)即解了,能「書寫」者,其功德福,無能稱計,何況「聞、持、懷抱(心懷意誠)、誦、說」,「華香」供養,「雜香、澤香」,然(燃)燈幢幡。	㊀若人得聞此《法華經》,若「自書」、若「使人書」,所得「功德」,以佛智慧,「籌量」多少,不得其邊。	㊀若人得聞此《法華經》,若「自書」、若「使人書」,所得「功德」,以佛智慧,「籌量」多少,不得其邊。
	㊁若書是經卷(《法華經》),「華香、瓔珞、燒香、末香、塗香,幡蓋、衣服」,種種之燈,「酥燈、油燈、諸香油燈、瞻蔔油燈、須曼那油燈、波羅羅油燈、婆利師迦油燈、那婆摩利油燈」供養,所得功德,亦復無量。	㊁若書是經卷(《法華經》),「華香、瓔珞、燒香、栜香、塗香,幡蓋、衣服」,種種之燈,「鮇燈、油燈、諸香油燈、瞻蔔油燈、須曼那油燈、波羅羅油燈、婆利師迦油燈、那婆摩利油燈」供養,所得功德,亦復無量。
㊂若有聞持〈藥王菩薩往古學品〉(即〈藥王菩薩本事品〉),受持思念之,其福過彼,眾	㊂宿王華(菩薩)!若有人聞是〈藥王菩薩本事品〉者,亦得無量無邊功德。若有「女	㊂宿王華(菩薩)!若有人聞是〈藥王菩薩本事品〉者,亦得無量無邊功德。若有「女

物供養，不可稱載。若有「女人」，聞此經法（《法華經》），尋即「受持」，便於「此世」，畢「女形」壽，後得「男子」。

㊵若有「女人」，於「五濁世」最後「末俗」，聞是經法（《法華經》），能奉行者，於是壽終，生安養國（極樂世界），見無量壽佛，與諸「菩薩眷屬」圍繞。生寶「蓮華」，坐「師子座」，無「婬、怒、癡」，除去「眾結」，亦無「貪嫉」，未曾「懷恨」。

㊄適（才）生其國（極樂世界），得「五神通」，逮（到）不退轉，「不起法忍」（無生法忍）。已逮（到）「法忍」，輒得覩見「七十二億」兆載江河沙諸「如來」眾。適見諸佛，「眼根」清淨。「眼根」已淨，所見一切十方諸佛。

㊅（十方諸佛皆）遙讚歎之：善哉！善哉！族姓子（善男子）！汝乃值是能仁（釋迦）佛世，聞導（參與）佛所說《正法華經》，「受持、諷誦」，為他人說，此功德福，火不能燒，水不能漂，「盜賊、怨家、縣官（官府）」不侵，千佛嗟歎讚歎歎，不能究竟，所獲功德，不可限量，巍巍如是。

㊆緣斯功德，降伏「眾魔」，棄諸「怨敵」，渡「生死難」，周旋（周濟救助）諸患。又「族姓

人」聞是〈藥王菩薩本事品〉，能受持者，盡是「女身」，後不復受。

㊵若「如來」滅後，後「五百歲」中，若有「女人」，聞是經典（《法華經》），如說修行。於此命終，即往安樂世界（極樂世界），阿彌陀佛、大菩薩眾，圍繞「住處」，生「蓮華」中，寶座之上。不復為「貪欲」所惱，亦復不為「瞋恚、愚癡」所惱，亦復不為「憍慢（驕傲輕慢）、嫉妬」諸垢所惱。

㊄（往生於極樂世界中）得「菩薩神通、無生法忍」。得是「忍」已，「眼根」清淨，以是清淨「眼根」，見「七百萬二千億」那由他恒河沙等諸佛如來。

㊅是時諸佛遙共讚言：善哉！善哉！善男子！汝能於釋迦牟尼佛法中，「受持、讀誦、思惟」是經（《法華經》），為他人說，所得福德，無量無邊，火不能燒，水不能漂，汝之功德，千佛共說，不能令盡。

㊆汝今已能破諸「魔賊」，壞「生死軍」，諸餘怨敵，皆悉摧滅。善男子！百千諸

人」聞是〈藥王菩薩本事品〉，能受持者，盡是「女身」，後不復受。

㊵若「如來」滅後，後「五百歲」中，若有「女人」，聞是經典（《法華經》），如說修行。於此命終，即往安樂世界（極樂世界），阿彌陀佛、大菩薩眾，圍遶「住處」，生「蓮華」中，寶座之上。不復為「貪欲」所惱，亦復不為「瞋恚、愚癡」所惱，亦復不為「憍慢（驕傲輕慢）、嫉妬」諸垢所惱。

㊄（往生於極樂世界中）得「菩薩神通、無生法忍」。得是「忍」已，「眼根」清淨，以是清淨「眼根」，見「七百萬二千億」那由他恒河沙等諸佛如來。

㊅是時諸佛遙共讚言：善哉！善哉！善男子！汝能於釋迦牟尼佛法中，「受持、讀誦、思惟」是經（《法華經》），為他人說，所得福德，無量無邊，火不能燒，水不能漂，汝之功德，千佛共說，不能令盡。

㊆汝今已能破諸「魔賊」，壞「生死軍」，諸餘怨敵，皆悉摧滅。善男子！百千諸

子」(善男子)！以是經法(《法華經》)，(能)伏眾「惡逆」，為諸「千佛」所見建立，擁護汝身，「天上、世間」，而無儔ㄆ匹(可與相比者)；自捨如來(唯除如來)，未有「聲聞」及諸「菩薩」，功德福祐，智慧定意(禪定)，無有(與你相)等(之)侶。	佛，以「神通力」共守護汝，於一切世間「天、人」之中，無如汝者；唯除「如來」，其諸「聲聞、辟支佛」，乃至「菩薩」，「智慧、禪定」，無有與汝(相)等者。	佛，以「神通力」共守護汝，於一切世間「天、人」之中，無如汝者；唯除「如來」，其諸「聲聞、辟支佛」，乃至「菩薩」，「智慧、禪定」，無有與汝(相)等者。
㉚佛告宿王華菩薩：若有「(有)學人」，受是經(《法華經》)者，所逮(及；到)聖明，勢力威德，超越若斯。	㉚宿王華！此菩薩成就如是「功德智慧」之力。	㉚宿王華！此菩薩成就如是「功德智慧」之力。

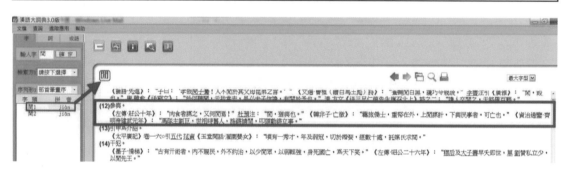

六－39 聞〈藥王菩薩本事品〉能「隨喜、讚善」者，是人「現世」，口中常出「青蓮華香」，身毛孔中常出「牛頭栴檀」之香

西晉・竺法護譯《正法華經》	後秦・鳩摩羅什譯《妙法蓮華經》	隋・闍那崛多、達磨笈多共譯《添品妙法蓮華經》
㊀是故仁者，若有講說此藥王品，有「讚善」者，後生為人，「口」中自然「優鉢華香」，身「栴檀香」。若聞此經，「讚歎善」者，其人現在功德遠聞，佛已「豫歡」(心情悅豫而讚歡)其人「功勳」。	㊀若有人聞是〈藥王菩薩本事品〉，能「隨喜、讚善」者，是人「現世」，「口」中常出「青蓮華香」，身毛孔中，常出「牛頭栴檀」(gośīrṣa-candana。旃檀香中之最具香氣者)之香，所得功德，如上所說。	㊀若有人聞是〈藥王菩薩本事品〉，能「隨喜、讚善」者，是人「現世」，「口」中常出「青蓮華香」，身毛孔中，常出「牛頭栴檀」(gośīrṣa-candana。旃檀香中之最具香氣者)之香，所得功德，如上所說。
㊁佛告宿王華(菩薩)：吾以是經(《法華經》)，囑累汝等，〈眾	㊁是故，宿王華(菩薩)！以此〈藥王菩薩本事品〉囑累	㊁是故，宿王華(菩薩)！以此〈藥王菩薩本事品〉囑累

生熹見往古法品〉（即〈藥王菩薩本事品〉），最後末俗「五濁」之世，流布天下「閻浮利」（南瞻部洲）內，無能中壞。其「魔波旬」不能得便，及魔「官屬」（官吏下屬；眷屬）邪神鬼魅，無能害者，「天、龍、羅剎、鳩洹 厭鬼」，無敢當者。

（《一切經音義·卷九》云：鳩洹 諸經或作「鳩洹」，或作「仇桓」…此譯云「大身」。後晉·可洪撰《新集藏經音義隨函錄·卷二十三》云：「鳩洹」亦云「鳩槃荼」，亦云「矩畔拏」）

參又宿王華（菩薩）！是藥王品，威德所立，所流布處，若有「疾病」，聞是經法（《法華經》），病則「消除」，無有眾患。因是功德，後致「正真」，無「老、病、死」。

肆若有比丘，最後末世，手執「青蓮華」，滿盛「雜香」，供散「法師」，心自念言：

伍假使有人，求「菩薩乘」，至此「道場」，吾授斯「華」，以為「草座」。敷佛樹下，降伏眾魔，具足法鼓，吹大法螺，緣此濟度，生死之海。

陸若（有）「大乘」學（者），見諸比丘，持是經卷（《法華經》），當觀其人，「功德」如是。

於汝。我滅度後，後「五百歲」中，廣宣流布於「閻浮提」，無令斷絕，（無令）「惡魔、魔民」、諸「天、龍、夜叉、鳩槃荼」等，得其便也。

參宿王華（菩薩）！汝當以「神通之力」，「守護」是經（《法華經》）。所以者何？此經（《法華經》）則為「閻浮提」人，病之「良藥」。若人有病，得聞是經（《法華經》），病即消滅，不老、不死。

肆宿王華（菩薩）！汝若見有「受持」是經（《法華經》）者，應以「青蓮花」，盛滿「末香」，供散其上。散已，作是念言：

伍此人不久，必當取「草」，坐於道場，破諸魔軍，當吹「法螺」、擊大法鼓，度脫一切眾「生、老、病、死」海。

陸是故「求佛道」者，見有「受持」是經典（《法華經》）人，應當如是生「恭敬心」。

於汝。我滅度後，後「五百歲」中，廣宣流布於「閻浮提」，無令斷絕，（無令）「惡魔、魔民」、諸「天、龍、夜叉、鳩槃荼」等，得其便也。

參宿王華（菩薩）！汝當以「神通之力」，「守護」是經（《法華經》）。所以者何？此經（《法華經》）則為「閻浮提」人，病之「良藥」。若人有病，得聞是經（《法華經》），病即消滅，不老、不死。

肆宿王華（菩薩）！汝若見有「受持」是經（《法華經》）者，應以「青蓮華」，盛滿「抹香」，供散其上。散已，作是念言：

伍此人不久，必當取「草」，坐於道場，破諸魔軍，當吹「法螺」、擊大法鼓，度脫一切眾「生、老、病、死」海。

陸是故「求佛道」者，見有「受持」是經典（《法華經》）人，應當如是生「恭敬心」。

㊻佛說是〈藥王菩薩往古品〉時，八萬四千菩薩，即皆逮(到)得曉「一切音方便總持」。	㊻說是〈藥王菩薩本事品〉時，八萬四千菩薩，得解「一切眾生語言陀羅尼」。	㊻說是〈藥王菩薩本事品〉時，八萬四千菩薩，得解「一切眾生語言陀羅尼」。
㊼於時眾寶如來讚言：善哉！善哉！宿王華菩薩！卿能諮(詢)啓(發)不可思議「經典」(之)行業，(及)如來(之所)講說，何以快哉！	㊼多寶如來於「寶塔」中，讚宿王華菩薩言：善哉！善哉！宿王華(菩薩)！汝成就不可思議功德，乃能問釋迦牟尼佛如此之事，利益無量一切眾生。	㊼多寶如來於「寶塔」中，讚宿王華菩薩言：善哉！善哉！宿王華(菩薩)！汝成就不可思議功德，乃能問釋迦牟尼佛如此之事，利益無量一切眾生。
		1 安爾(一) 曼爾(二) 摩禰(三) 摩摩禰(四) 旨隸(五) 遮梨第(六) 賒咩(羊鳴音)賒履(罔雉切)多瑋(七) 羶(輸干切)帝(八) 目帝(九) 目多履(十) 娑履(十一) 阿瑋娑履(十二) 桑履(十三) 娑履(十四) 叉裔(十五) 阿叉裔(十六) 阿耆膩(十七) 羶帝(十八) 賒履(十九) 陀羅尼(二十) 阿盧伽婆娑(蘇奈切)簸遮毘叉膩(二十一) 禰毘剃(二十二) 阿便哆(都餓切)邏禰履剃(二十

		三)

阿亶哆波隸輸地（途置切）（二十四）

漚究隸（二十五）

牟究隸（二十六）

阿羅隸（二十七）

波羅隸（二十八）

首迦差（初几切）（二十九）

阿三磨三履（三十）

佛陀毘吉利裒帝（三十一）

達磨波利差（初離切）帝（三十二）

僧伽涅瞿沙禰（三十三）

婆舍婆舍輸地（三十四）

曼哆邏（三十五）

曼哆邏叉夜多（三十六）

郵樓哆（三十七）

郵樓哆憍舍略（來加切）（三十八）

惡叉邏（三十九）

惡叉冶多冶（四十）

阿婆盧（四十一）

阿摩若（荏蔗切）那多夜（四十二）

2

痤（誓螺切）隸（一）

摩訶痤隸（二）

郁枳（三）

目枳（四）

阿隸（五）

阿羅婆第（六）

涅隸第（七）

涅隸多婆第（八）

伊緻（猪履切）抳（九）

韋緻抳（十）

旨緻抳（十一）

涅隸墀抳（十二）

涅梨墀婆底（十三）

3

		阿梨(一)
		那梨(二)
		㝹那梨(三)
		阿那盧(四)
		那履(五)
		拘那履(六)
		4
		阿伽禰(一)
		伽禰(二)
		瞿利(三)
		乾陀利(四)
		旃陀利(五)
		摩蹬耆(六)
		常求利(七)
		浮樓莎柅(八)
		頞底(九)
		5
		伊提履(一)
		伊提泯(二)
		伊提履(三)
		阿提履(四)
		伊提履(五)
		泥履(六)
		泥履(七)
		泥履(八)
		泥履(九)
		泥履(十)
		樓醯(十一)
		樓醯(十二)
		樓醯(十三)
		樓醯(十四)
		多醯(十五)
		多醯(十六)
		多醯(十七)
		兜醯(十八)
		㝹醯(十九)

第七卷

〈妙音菩薩品第二十四〉

七－1 世尊「眉間」放白毫相光，遍照東方諸佛世界。有世界名淨光莊嚴，佛號淨華宿王智如來，有一妙音菩薩，成就十六種「三昧定」

西晉・竺法護譯《正法華經》	後秦・鳩摩羅什譯《妙法蓮華經》	隋・闍那崛多、達磨笈多共譯《添品妙法蓮華經》
〈妙吼菩薩品第二十二〉	〈妙音菩薩品第二十四〉	〈妙音菩薩品第二十三〉
壹於是世尊能仁(釋迦)如來，即從「眉頂」大人之相(三十二大丈夫相)演百千光，照於「東方」千八百萬億江河沙諸佛國土，靡不周遍。	壹爾時釋迦牟尼佛放「大人相」(三十二大丈夫相)肉髻光明，及放「眉間」白毫相光，遍照「東方」百八萬億「那由他」恒河沙等諸佛世界。	壹爾時釋迦牟尼佛放「大人相」(三十二大丈夫相)肉髻光明，及放「眉間」白毫相光，遍照「東方」百八萬億「那由他」恒河沙等諸佛世界。
貳過是諸佛土有世界，名莊嚴照明，其土有佛，號離垢紫金宿華王如來、至真、等正覺，與無央數諸菩薩眾，眷屬圍遶，宣布導化(導引教化)。能仁(釋迦)如來，所演光明，遍照彼土(指莊嚴照明世界)。	貳過是數已，有世界名淨光莊嚴，其國有佛，號淨華宿王智如來、應供、正遍知、明行足、善逝、世間解、無上士、調御丈夫、天人師、佛、世尊，為無量無邊菩薩大眾，恭敬圍繞，而為說法。釋迦牟尼佛(之)「白毫」光明，遍照其國(指淨光莊嚴世界)。	貳過是數已，有世界名淨光莊嚴，其國有佛，號淨華宿王智如來、應供、正遍知、明行足、善逝、世間解、無上士、調御丈夫、天人師、佛、世尊，為無量無邊菩薩大眾，恭敬圍繞，而為說法。釋迦牟尼佛(之)「白毫」光明，遍照其國(指淨光莊嚴世界)。
參又其佛土有一菩薩，名曰妙音，從過去佛，殖眾德本，供養無數百千兆姟諸佛正覺，每見諸佛，諮受(諮問領受)經典，逮(到)成聖慧。	參爾時一切淨光莊嚴國中，有一菩薩名曰妙音，久已殖眾德本，供養親近無量百千萬億諸佛，而悉成就甚深智慧。	參爾時一切淨光莊嚴國中，有一菩薩名曰妙音，久已殖眾德本，供養親近無量百千萬億諸佛，而悉成就甚深智慧。
❶以得尊重三昧。 ❷定法華三昧。 ❸施離垢三昧。 ❹樂宿王三昧。	❶得妙幢相三昧。 ❷法華三昧。 ❸淨德三昧。 ❹宿王戲三昧。	❶得妙幢相三昧。 ❷法華三昧。 ❸淨德三昧。 ❹宿王戲三昧。

❺無著光三昧。	❺無緣三昧。	❺無緣三昧。
❻慧印三昧。	❻智印三昧。	❻智印三昧。
❼普曉諸音三昧。	❼解一切眾生語言三昧。	❼解一切眾生語言三昧。
❽等集眾德三昧。	❽集一切功德三昧。	❽集一切功德三昧。
❾喜信淨三昧。	❾清淨三昧。	❾清淨三昧。
❿神足(神通具足)戲樂三昧。	❿神通遊戲三昧。	❿神通遊戲三昧。
⓫慧光三昧。	⓫慧炬三昧。	⓫慧炬三昧。
⓬嚴淨王三昧。	⓬莊嚴王三昧。	⓬莊嚴王三昧。
⓭離垢光三昧。	⓭淨光明三昧。	⓭淨光明三昧。
⓮離垢藏三昧。	⓮淨藏三昧。	⓮淨藏三昧。
⓯無緣三昧。	⓯不共三昧。	⓯不共三昧。
⓰日轉三昧。	⓰日旋三昧,	⓰日旋三昧,
取要言之，普悉逮(到)得億百千姟江河沙數諸「三昧定」。	得如是等百千萬億恒河沙等諸「大三昧」。	得如是等百千萬億恒河沙等諸「大三昧」。

七－2 東方淨華宿王智佛，告欲詣娑婆世界之妙音菩薩：莫輕彼國，生下劣想。佛土本「空」，眾生罪福，現有不同

西晉·竺法護譯《正法華經》	後秦·鳩摩羅什譯《妙法蓮華經》	隋·闍那崛多、達磨笈多共譯《添品妙法蓮華經》
⓵其(釋迦)佛，光明普遍，周至照妙音菩薩，妙音菩薩蒙(釋迦)佛聖光，因詣(離垢紫金宿華王)佛所，白世尊(離垢紫金宿華王佛)曰：我欲往詣至忍世界(娑婆世界)見能仁(釋迦)佛，稽首作禮，諮受(諮問領受)經典，及欲致敬：	⓵釋迦牟尼佛「光照」其身(妙音菩薩)，(妙音菩薩)即白淨華宿王智佛言：世尊(淨華宿王智佛)！我當往詣娑婆世界，「禮拜、親近、供養」釋迦牟尼佛，及見：	⓵釋迦牟尼佛「光照」其身(妙音菩薩)，(妙音菩薩)即白淨華宿王智佛言：世尊(淨華宿王智佛)！我當往詣娑婆世界，「禮拜、親近、供養」釋迦牟尼佛，及見：
❶文殊師利。	❶文殊師利法王子菩薩。	❶文殊師利法王子菩薩。
❷藥王菩薩。	❷藥王菩薩。	❷藥王菩薩。
❸妙勇菩薩。	❸勇施菩薩。	❸勇施菩薩。
❹宿王華菩薩。	❹宿王華菩薩。	❹宿王華菩薩。
❺尊意行菩薩。	❺上行意菩薩。	❺上行意菩薩。
❻淨王菩薩。	❻莊嚴王菩薩。	❻莊嚴王菩薩。
❼超藥菩薩。	❼藥上菩薩。	❼藥上菩薩。
諮講(諮問講演)經義，(領)受諸不及(自己不足之處)，令一切(眾生得)		

聞，悉發「道意」。

　　貳其(離垢紫金宿華王)佛告曰：往！族姓子(善男子)！雖到彼土(娑婆世界)，莫發「異想」，而念其土(娑婆世界)「懈(怠荒)廢、下賤」。

　　叄所以者何？又「族姓子」(善男子)！
①彼忍世界(娑婆世界)，其大陸地，黑山雜糅，眾垢石沙，「穢惡」(污穢邪惡)充滿，谿澗山谷，不與「凡同」(一般而相同)。
②其土(娑婆世界)，佛身「卑小」丈六，(娑婆世界)諸菩薩身長「七、八尺」。
③又卿(妙音菩薩)本體，高「四萬二千」踰旬(yojana)，而我(離垢紫金宿華王佛)現身「八萬四千」踰旬(yojana)。(妙音菩薩)端正殊好，色像第一，威曜殊妙相好，顏容難可比喻，積百千德，覩莫不歡。
④又卿(妙音菩薩)往至，見彼土(娑婆世界)人，慎莫「心念」，起「不可」(缺點；過失；不堪)想；(娑婆世界中諸)「如來、菩薩」佛土「不如」(低劣想)。

　　肆所以者何？佛土「本空」，(因)眾生罪福，(故)現有不同。

　　伍妙音菩薩復白(離垢紫金宿華王)佛言：承佛威神，(離垢紫金宿華王)如來聖力，道德巍巍，以

　　貳爾時淨華宿王智佛告妙音菩薩：汝莫輕彼國(娑婆世界)，生「下劣想」。

　　叄善男子！
①彼娑婆世界，「高、下」不平，土石諸山，穢惡(污穢邪惡)充滿。
②(娑婆世界之)「佛身」卑小，諸「菩薩」眾，其形亦小。
③而汝身(妙音菩薩)「四萬二千」由旬(yojana 約95萬7千公里高)，我身(淨華宿王智佛)「六百八十萬」由旬(yojana 約1億5千萬公里高)。汝身(妙音菩薩)第一端正，百千萬福，光明殊妙。
④是故汝(妙音菩薩)往，莫輕彼國(娑婆世界)，(於娑婆世界中)若「佛、菩薩」及「國土」，(莫)生「下劣想」。

　　伍妙音菩薩白其(淨華宿王智)佛言：世尊(淨華宿王智佛)！我今詣娑婆世界，皆是(淨華宿王智)

　　貳爾時淨華宿王智佛告妙音菩薩：汝往！莫輕彼國(娑婆世界)，生「下劣想」。

　　叄善男子！
①彼娑婆世界，「高、下」不平，土石諸山，穢惡(污穢邪惡)充滿。
②(娑婆世界之)「佛身」卑小，諸「菩薩」眾，其形亦小。
③而汝身(妙音菩薩)「四萬二千」由旬(yojana 約95萬7千公里高)，我身(淨華宿王智佛)「六百八十萬」由旬(yojana 約1億5千萬公里高)。汝身(妙音菩薩)第一端正，百千萬福，光明殊妙。
④是故汝(妙音菩薩)往，莫輕彼國(娑婆世界)，(於娑婆世界中)若「佛、菩薩」及「國土」，(莫)生「下劣想」。

　　伍妙音菩薩白其(淨華宿王智)佛言：世尊(淨華宿王智佛)！我今詣娑婆世界，皆是(淨華宿王智)

自娛樂(法喜禪悅之樂)，(能助吾)往詣忍界(娑婆世界)。(離垢紫金宿華王)如來道慧清淨之業，輒當「如法」(如「實相」之法)，無所違失，不敢(於「如來」而生)起想(妄想；憶想；猜想)。	如來之力，如來(之)神通遊戲，如來(之)功德智慧莊嚴。	如來之力，如來(之)神通遊戲，如來(之)功德智慧莊嚴。

諮講→辛嶋靜志《正法華經詞典》頁 611 解作：discusses。指「討論、商議」。

✳「由旬」為 yojana 之音譯，據《大唐西域記·卷二》載，舊傳之一由旬可換算為 40 公里，若依近代學者弗斯特之説，則舊傳為 22.8 公里。

✳竺法護為西晉人，當時的 1 丈 = 242 cm。1 尺 = 24.2 cm
若至東晉，則當時的 1 丈 = 242 cm。1 尺 = 24.5 cm。

《薩婆多毗尼毘婆沙·卷九》
佛身丈六(16 尺=387 公分)，常人半之(193.6 公分)。
　(參見《薩婆多毗尼毘婆沙》卷 9。詳 CBETA, T23, no. 1440, p. 561, a)

禮曉明著《利用腳長和腳掌寬推測身長的初步研究》(見《錦州醫學院學報》1998 年 06 期)的研究結論可以知道，腳長、寬和身高的線性關係如下：

　　利用腳長推測身高：男性身高 = 93.55 + 3.26 x 腳長
　　(男生腳長大約 20.1cm~27cm。女生腳長大約 18.3cm~24.6cm)

　　利用腳寬推測身高：男性身高 = 130.79 + 4.18 x 腳寬
　　(男生腳寬大約 7.5cm~11.8cm。女生腳寬大約 7.1cm~9.6cm)

《大唐西域記·卷一》
其上有佛「足履」之跡，長尺有八寸，廣餘六寸矣。
　(參見《大唐西域記》卷 1。詳 CBETA, T51, no. 2087, p. 870, b)

《大唐西域記·卷十》
有佛坐跡，入石寸餘，長五尺二寸，廣二尺一寸，其上則建「窣堵波」焉。
　(參見《大唐西域記》卷 10。CBETA, T51, no. 2087, p. 926, c)

根據佛足，腳長為 54cm，腳寬為 18cm。長寬比為 3:1。
按照這樣計算，佛的身高應該落在 269.59 cm 或 206.03 cm。

《舊雜譬喻經·卷下》
佛言：我眼所見十方各如「十恒沙刹」，「一沙」為「一佛刹」，盡見其中所有一切。有從「兜術天」來入母腹中者，及有生者。有「出家」行學道者。有「降伏魔」者……
　(參見《舊雜譬喻經》卷 2。詳 CBETA, T04, no. 206, p. 519, b)

《放光般若經·卷第九》

(1)**世尊！置是三千大千國土，十方恒邊沙「一沙」為「一佛國」，爾所佛國其中所有皆為如來，**
   教化眾生不可計量不可稱度，眾生之性無增無減，所以者何？
(2)**一切眾生皆「空寂」故。是故眾生「無始無終」，與「空」等故。**
(3)**世尊！以是故，我作是說：欲度「眾生」者，為欲度「空」耳。**

(參見《放光般若經》卷 9〈44 無作品〉。詳 CBETA, T08, no. 221, p. 66, b)

《大方等大集經・卷第十六》

(1)**善男子！喻如一恒河沙數等諸恒河沙，以此諸恒河沙「一沙」為「一佛土」……**
(2)**善男子！乃往過去過恒河沙數等諸恒河沙，以此諸恒河沙「一沙」為「一佛土」。**

(參見《大方等大集經》卷 16。詳 CBETA, T13, no. 397, p. 111, a)

《大方等大集經・卷第三十五》

(1)**善男子！北方過「一由旬」，城「沙」滿其中，從是北行，「一沙」為「一世界」，過是數已，有**
   佛剎土名曰「娑婆」，具足五濁，有佛號釋迦牟尼。
(2)**於今現在，為無量大眾，以方便力廣說三乘論議法門，為教化眾生故。**

(參見《大方等大集經》卷 35〈2 陀羅尼品〉。詳 CBETA, T13, no. 397, p. 242, a)

《大方等大集經・卷第三十七》

世尊！譬如有城方「一由旬」，「沙」滿其中，如是「一沙」為「一佛剎」。

(參見《大方等大集經》卷 37〈3 菩薩使品〉。詳 CBETA, T13, no. 397, p. 251, b)

《佛說伅真陀羅所問如來三昧經・卷上》

佛語「提無離菩薩」，可知洹河邊沙，「一沙」為「一佛土」，盡索滿中「星宿」，是數可知；伅
真陀羅所供事佛，其數不可計。

(參見《佛說伅真陀羅所問如來三昧經》卷 1。詳 CBETA, T15, no. 624, p. 352, c)

《佛說道神足無極變化經・卷第三》

譬如「恒邊沙」，「一沙」為「一佛剎」……如「恒邊沙」等世界，一切人皆滿其中。

(參見《佛說道神足無極變化經》卷 3。詳 CBETA, T17, no. 816, p. 812, c)

《仁王護國般若波羅蜜多經・卷下》

(1)**爾時，世尊為諸大眾現不可思議神通變化——**
(2)**一「花」入無量花，無量花入一花。**
(3)**一「佛土」入無量佛土，無量佛土入一佛土。**
(4)**「一塵」剎土入「無量塵」剎土，「無量塵」剎土入「一塵」剎土。**
(5)**無量「大海」入一毛孔；無量「須彌」入「芥子」中。**
(6)**「一佛身」入無量眾生身，「無量眾生身」入一佛身。**
(7)**大復現小，小復現大；淨復現穢，穢復現淨。**
(8)**「佛身」不可思議，「眾生身」不可思議，乃至「世界」不可思議。**

(參見《仁王護國般若波羅蜜多經》卷 2〈6 不思議品〉。詳 CBETA, T08, no. 246, p. 841, a)

《大方廣佛華嚴經・卷第三》

彼諸菩薩次第坐已，
(1)**一切「毛孔」各出十佛世界「微塵數」等一切妙寶淨光明雲。**

(2)一一光中，各出十佛世界微塵數「菩薩」，一一菩薩、一切法界方便海充滿一切微塵數道。

(3)一一塵中，有十佛世界塵數佛剎；

(4)一一佛剎中，三世諸佛皆悉顯現，念念中，於一一世界各化一佛剎塵數眾生。

(參見《大方廣佛華嚴經》卷 3〈2 盧舍那佛品〉。詳 CBETA, T09, no. 278, p. 407, b)

《大方廣佛華嚴經·卷第六》

「一塵」中現「無量剎」，而彼微塵亦不增。

(參見《大方廣佛華嚴經》卷 6〈8 賢首菩薩品〉。詳 CBETA, T09, no. 278, p. 434, c)

《大方廣佛華嚴經·卷第九》

(1)無量諸佛剎，悉末為微塵，「一塵」置「一剎」，悉能分別知。

(2)是諸剎土中，一切諸如來，說初功德藏，猶故不可盡。

(參見《大方廣佛華嚴經》卷 9〈13 初發心菩薩功德品〉。詳 CBETA, T09, no. 278, p. 455, b)

《大方廣佛華嚴經·卷第二十六》

如是智明，於「一塵」中有不可說不可說世界「塵數大會」。佛在此中，隨眾生心而為說法，令一一眾生心得若干無量諸法，如一佛，一切諸佛亦如是；如一微塵，一切十方世界，亦復如是。

(參見《大方廣佛華嚴經》卷 26〈22 十地品〉。詳 CBETA, T09, no. 278, p. 569, c)

《大方廣佛華嚴經·卷第六十八》

一一「塵」中見三世一切「剎」，亦見彼諸佛，此是普門力。

(參見《大方廣佛華嚴經》卷 68〈39 入法界品〉。詳 CBETA, T10, no. 279, p. 370, c)

《大方廣佛華嚴經·卷第七十》

(1)得此三昧已，悉見二神兩處中間。所有一切「地塵、水塵」及以「火塵」，金剛摩尼眾寶微塵，華香、瓔珞、諸莊嚴具。

(2)如是一切所有微塵，一一「塵」中各見「佛剎微塵數世界」成壞，及見一切地、水、火、風諸大積聚。亦見一切世界接連，皆以「地輪」任持而住，種種山海、種種河池、種種樹林、種種宮殿。

(參見《大方廣佛華嚴經》卷 70〈39 入法界品〉。詳 CBETA, T10, no. 279, p. 378, b)

《大方廣佛華嚴經·卷第八十》

(1)又見十種光明相，何等為十？

(2)所謂：見一切世界所有微塵，

一一「塵」中，出一切世界微塵數佛光明網雲，周遍照耀。

一一「塵」中，出一切世界微塵數佛光明輪雲，種種色相周遍法界。

一一「塵」中，出一切世界微塵數佛色像寶雲，周遍法界。

一一「塵」中，出一切世界微塵數佛光焰輪雲，周遍法界。

一一「塵」中，出一切世界微塵數眾妙香雲，周遍十方，稱讚普賢一切行願大功德海。

一一「塵」中，出一切世界微塵數日月星宿雲，皆放普賢菩薩光明，遍照法界。

一一「塵」中，出一切世界微塵數一切眾生身色像雲，放佛光明，遍照法界。

一一「塵」中，出一切世界微塵數一切佛色像摩尼雲，周遍法界。

一一「塵」中，出一切世界微塵數菩薩身色像雲，充滿法界，令一切眾生皆得出離、所願滿

足。

一一「塵」中，出一切世界微塵數如來身色像雲，説一切佛廣大誓願，周遍法界，是為十。

(參見《大方廣佛華嚴經》卷 80〈39 入法界品〉。詳 CBETA, T10, no. 279, p. 440, a)

《大方廣佛華嚴經‧卷四十六》

一切諸佛皆悉能於一毛孔中出現諸佛，與一切世界微塵數等，無有斷絕。

一切諸佛皆悉能於一微塵中示現眾刹，與一切世界微塵數等，具足種種上妙莊嚴，恒於其中轉妙法輪教化眾生，而微塵不大、世界不小。

(參見《大方廣佛華嚴經》卷 46〈33 佛不思議法品〉。詳 CBETA, T10, no. 279, p. 243, b)

《菩薩十住行道品》

十方諸佛者，其數如千佛刹塵等，「一塵」者，為「一佛刹」，「一佛刹」如是十方四面。

(參見《菩薩十住行道品》卷 1。詳 CBETA, T10, no. 283, p. 454, b)

《佛説十地經‧卷第八》

(1)菩薩隨其心欲，於「一塵」中置「一世界」，周遍乃至「輪圍山」際，「微塵」不增，「世界」不減，然彼作用悉令顯現。

(2)或復於一「微塵」之中，置二、置三、四、五，乃至「不可説世界」，一一世界皆悉周備。

(參見《佛説十地經》卷 8〈10 菩薩法雲地〉。詳 CBETA, T10, no. 287, p. 570, a)

《度世品經‧卷第三》

(1)菩薩「神足」變化有十事，何謂為十？

(2)無數「世界」入於「一塵」，是神足變。復以「一塵」遍諸法界，現「一佛土」，使諸海水入「一毛孔」，曠諸法界入眾「佛土」，令諸眾生無所嬈害。

(3)無量「世界」入於己身，以「神通慧」普現所為，不可思議諸鐵圍山及大鐵圍，入一毛孔，遊諸佛土。

(參見《度世品經》卷 3。詳 CBETA, T10, no. 292, p. 634, b)

《大方廣如來不思議境界經》

(1)如彼虛空一毛端處，無量刹中，念念普現諸佛種種威儀法則，而無功用，乃至遍空「毛端」量處，亦復如是。

(2)又是諸刹「一切微塵」，一一「塵」中，復有過一切「佛刹」微塵等土，亦一刹那一一土中，自然普現一切諸佛威儀所行。

(3)或生天宮，乃至滅度，解脱無量阿僧祇眾生，如是念念窮未來際，常作佛事，利益眾生。乃至虛空眾生界盡，常不休息。

(參見《大方廣如來不思議境界經》卷 1。詳 CBETA, T10, no. 301, p. 909, c)

《大方廣佛花嚴經修慈分》

作於如是決定解已，復應想念自身「微塵」，一一「塵」中皆有「佛國」。

(參見《大方廣佛花嚴經修慈分》卷 1。詳 CBETA, T10, no. 306, p. 959, c)

七－3 妙音菩薩欲至娑婆世界時，先於耆闍崛山不遠處以「三昧力」化作眾寶「蓮華」。文殊菩薩請佛説妙音菩薩所修之「三昧」

西晉・竺法護譯《正法華經》	後秦・鳩摩羅什譯《妙法蓮華經》	隋・闍那崛多、達磨笈多共譯《添品妙法蓮華經》
㊀於是時妙音菩薩心自念言，不起于坐，即如其像「三昧正受」，到忍世界(娑婆世界)至靈鷲山(Gṛdhra-kūṭa)，當在「(釋迦)如來」法座中間，化作「八萬四千億」眾寶蓮華。「紫金莖、白銀葉」，嚴飾淨好，光明巍巍，(光)照諸(法)會(大眾)者，輒如所念，即時辦足。	㊀於是妙音菩薩不起于座，身不動搖，而入「三昧」，以「三昧力」，於耆闍ㄉ崛山(Gṛdhra-kūṭa)，去「(釋迦佛)法座」不遠，化作「八萬四千」眾寶「蓮華」。「閻浮檀金」為莖，「白銀」為葉，「金剛」為鬚，「甄叔迦寶」(kiṃśuka 赤色寶)以為其臺。	㊀於是妙音菩薩不起于座，身不動搖，而入「三昧」，以「三昧力」，於耆闍ㄉ崛山(Gṛdhra-kūṭa)，去「(釋迦佛)法座」不遠，化作「八萬四千」眾寶「蓮華」。「閻浮檀金」為莖，「白銀」為葉，「金剛」為鬚，「甄叔迦寶」(kiṃśuka 赤色寶)以為其臺。
㊁文殊師利問能仁(釋迦)佛：唯然世尊，今化現此「八萬四千」眾寶蓮華，「紫金」莖、「白銀」葉，清淨嚴好。此誰「瑞應」，而現此變？	㊁爾時，文殊師利法王子見是「蓮華」，而白佛言：世尊(釋迦佛)！是何因緣，先現此瑞？有若干千萬「蓮華」，「閻浮檀金」為莖，「白銀」為葉，「金剛」為鬚，「甄叔迦寶」(kiṃśuka 赤色寶)以為其臺？	㊁爾時，文殊師利法王子見是「蓮華」，而白佛言：世尊(釋迦佛)！是何因緣，先現此瑞？有若干千萬「蓮華」，「閻浮檀金」為莖，「白銀」為葉，「金剛」為鬚，「甄叔迦寶」(kiṃśuka 赤色寶)以為其臺？
㊂佛告文殊：有菩薩名曰妙音，從紫金離垢宿華王佛土而來，與「八萬四千菩薩」俱，進至此忍界(娑婆世界)，欲見吾(釋迦佛)身，稽首諮問，欲得「聽聞」《正法華經》，故先見瑞。	㊂爾時釋迦牟尼佛告文殊師利：是妙音菩薩摩訶薩，欲從淨華宿王智佛國，與「八萬四千菩薩」圍繞，而來至此娑婆世界，「供養、親近、禮拜」於我(釋迦佛)，亦欲「供養」聽《法華經》。	㊂爾時釋迦牟尼佛告文殊師利：是妙音菩薩摩訶薩，欲從淨華宿王智佛國，與「八萬四千菩薩」圍繞，而來至此娑婆世界，「供養、親近、禮拜」於我(釋迦佛)，亦欲「供養」聽《法華經》。
㊃文殊師利復問(釋迦)佛言：其人(妙音菩薩)宿本(宿世本性)，積何「功德」？造(何)殊妙行？而今(能)致此奇特洪勳(洪偉功勳)？住何「三昧」？本造立行？	㊃文殊師利白佛言：世尊(釋迦佛)！是「(妙音)菩薩」種何善本？修何功德？而能有是大神通力？行何「三昧」？	㊃文殊師利白佛言：世尊(釋迦佛)！是「(妙音)菩薩」種何善本？修何功德？而能有是大神通力？行何「三昧」？
㊄(我文殊菩薩)願欲聞之(妙音菩薩)，所行「三昧」神足(神通具足)變化。吾(文殊菩薩)等聞之，當	㊄願為我(文殊菩薩)等說是「三昧」名字，我等亦欲勤修行之。行此「三昧」，乃能見	㊄願為我(文殊菩薩)等說是「三昧」名字，我等亦欲勤修行之。行此「三昧」，乃能見

受奉行，見諸(妙音)菩薩，顏貌色像，為何等類？舉動「進止」(舉止；行動)，何所饒益？	是(妙音)菩薩「色相」大小，威儀「進止」(舉止；行動)。	是(妙音)菩薩「色相」大小，威儀「進止」(舉止；行動)。
(陸)甚哉世尊！唯現瑞應，使諸「(妙音)菩薩」來至於此，眾會欲(能)見之。	(陸)唯願世尊，以「神通力」，(待)彼(妙音)菩薩來，令我(文殊菩薩)得見。	(陸)唯願世尊，以「神通力」，(待)彼(妙音)菩薩來，令我(文殊菩薩)得見。
(柒)佛語文殊：卿(你)當啓白眾寶如來，令(眾寶如來)現「瑞應」，使諸「菩薩」咸來至此，各現身相，一切眾會，皆欲見之。	(柒)爾時釋迦牟尼佛告文殊師利：此久滅度多寶如來，當為汝(文殊菩薩)等，而現其相。(指佛令多寶如來現神通力，而能令文殊菩薩等大眾皆能得見妙音菩薩身)。	(柒)爾時釋迦牟尼佛告文殊師利：此久滅度多寶如來，當為汝(文殊菩薩)等，而現其相。(指佛令多寶如來現神通力，而能令文殊菩薩等大眾皆能得見妙音菩薩身)。
(捌)文殊師利即受其教，輒啓「滅度」(之)眾寶如來，尋(隨即)現「瑞應」。	(捌)時多寶佛告彼(妙音)菩薩：善男子！來！文殊師利法王子，欲見汝(妙音菩薩)身。	(捌)時多寶佛告彼(妙音)菩薩：善男子！來！文殊師利法王子，欲見汝(妙音菩薩)身。

七－4 妙音菩薩與八萬四千菩薩共來，其身真金色，無量功德莊嚴。問訊釋迦佛及多寶如來

西晉・竺法護譯 《正法華經》	後秦・鳩摩羅什譯 《妙法蓮華經》	隋・闍那崛多、達磨笈多共譯 《添品妙法蓮華經》
(壹)於時妙音菩薩而於「本土」(莊嚴照明國土)，忽然不現，與「八萬四千菩薩」俱，動諸佛土，雨「寶蓮華」，同時發作百千億「伎樂」。	(壹)于時妙音菩薩於彼國(淨光莊嚴國)沒，與「八萬四千」菩薩，俱共發來。所經諸國，六種震動，皆悉雨於「七寶蓮華」；百千天樂，不鼓自鳴。	(壹)于時妙音菩薩於彼國(淨光莊嚴國)沒，與「八萬四千」菩薩，俱共發來。所經諸國，六種震動，皆悉雨於「七寶蓮華」；百千天樂，不鼓自鳴。
(貳)諸來(妙音)菩薩(眾)，各自現形，其眼明好，猶如紺(深青而含赤的顏色)色，顏貌充滿，如月盛明。體紫金光，無央數億百千功德，莊嚴其身，威神巍巍，智慧光光(顯赫威武貌)，奇相眾好，文飾(彩飾)光顏(面顏)，身力無極。	(貳)是(妙音)菩薩，目如「廣大青蓮華葉」，正使「和合」百千萬月，其面貌「端正」，復過於此。(妙音菩薩)身「真金色」，無量百千功德莊嚴，威德熾盛，光明照曜，諸相具足，如那羅延堅固之身(nārāyaṇa 喻佛菩薩之勝身，如金剛之堅硬，亦如那羅延	(貳)是(妙音)菩薩，目如「廣大青蓮華葉」，正使「和合」百千萬月，其面貌「端正」，復過於此。(妙音菩薩)身「真金色」，無量百千功德莊嚴，威德熾盛，光明照曜，諸相具足，如那羅延堅固之身(nārāyaṇa 喻佛菩薩之勝身，如金剛之堅硬，亦如那羅延

	天之力大無窮，故名「金剛那羅延身」)。	天之力大無窮，故名「金剛那羅延身」)。
參(妙音菩薩)其身處在「七寶」交絡(車網；繩絢圍繞)，於虛空中，去地「四丈九尺」，與「諸菩薩眷屬」圍遶，到忍世界(娑婆世界)至靈鷲山(Gṛdhra-kūṭa)。	**參**(妙音菩薩眾等)入「七寶臺」，上昇「虛空」，去地「七多羅樹」(tala，為高大之植物，極高者可達二十五公尺。故譬物體之高大，常謂「七多羅樹」，言其較多羅樹高出七倍)，諸菩薩眾，恭敬圍繞，而來詣此娑婆世界耆闍崛山(Gṛdhra-kūṭa)。	**參**(妙音菩薩眾等)入「七寶臺」，上昇「虛空」，去地「七多羅樹」(tala，為高大之植物，極高者可達二十五公尺。故譬物體之高大，常謂「七多羅樹」，言其較多羅樹高出七倍)，諸菩薩眾，恭敬圍繞，而來詣此娑婆世界耆闍崛山(Gṛdhra-kūṭa)。
肆(妙音菩薩)下(七)寶「交路」，手執「寶瑛」(美玉)，其價百千。詣能仁(釋迦)佛，稽首足下，以持貢上能仁(釋迦)如來。	**肆**(妙音菩薩)到已，下「七寶臺」，以價直百千「瓔珞」，持至釋迦牟尼佛所，頭面禮足，奉上瓔珞。	**肆**(妙音菩薩)到已，下「七寶臺」，以價直百千「瓔珞」，持至釋迦牟尼佛所，頭面禮足，奉上瓔珞。
伍(妙音菩薩)復白(釋迦)佛言：紫金離垢宿王華如來， ❶致問無量？ ❷起居輕利？ ❸遊步康強？ ❹又問：世尊說法，如常乎？ ❺眾生一切，受者「增進」耶？ ❻蠲除「狐疑」，順「法律」不也？ ❼將無多懷「婬、怒、癡」行、「憎嫉、饕餮」不？ ❽能恭敬「孝順父母，聽受「道法」，如法奉行不？隨「邪見」、愛惜財寶、諸根不定？ ❾為降「諸魔眾」官屬(官吏下屬；眷屬)乎？ ❿又諸眾生，聽(久已)受「滅度」眾寶如來所說法耶？	**伍**(妙音菩薩)而白(釋迦)佛言：世尊(釋迦佛)！淨華宿王智佛問訊世尊(釋迦佛)： ❶少病、少惱？ ❷起居輕利？ ❸安樂行不？ ❹四大調和不？ ❺世事可忍不？ ❻(娑婆世界之)眾生易度不？ ❼無多「貪欲、瞋恚、愚癡、嫉妬、慳慢」不？ ❽無不孝「父母」、不敬「沙門」、邪見、不善心、不攝五情(五根)不？ ❾世尊(釋迦佛)！眾生能降伏「諸魔怨」不？ ❿久(已)滅度多寶如來，在「七寶塔」中，來聽法不？	**伍**(妙音菩薩)而白(釋迦)佛言：世尊(釋迦佛)！淨華宿王智佛問訊世尊(釋迦佛)： ❶少病、少惱？ ❷起居輕利？ ❸安樂行不？ ❹四大調和不？ ❺世事可忍不？ ❻(娑婆世界之)眾生易度不？ ❼無多「貪欲、瞋恚、愚癡、嫉妬、慳慢」不？ ❽無不孝「父母」、不敬「沙門」不？無「邪見」不？無「不善心」不？攝「五情(五根)」不？ ❾世尊(釋迦佛)！眾生能降伏「諸魔怨」不？ ❿久(已)滅度多寶如來，在「七寶塔」中，來聽法不？
陸今諸(妙音)菩薩，故來詣此(娑婆世界)。「本土」(莊嚴照明國土)	**陸**(妙音菩薩)又問訊多寶如來，安隱、少惱，堪忍久住	**陸**(妙音菩薩)又問訊多寶如來，安隱、少惱，堪忍久住

如來（離垢紫金宿華王如來）之所「（派）發遣（送）」，欲得奉見「七寶塔」寺（已）滅度眾寶如來，問訊啓（悟領）受，聖體康寧？說法如何？眾生普受行如法不？眾寶如來，現住久如。我等故來，欲得覲見眾寶如來形像所類，願（釋迦）佛現之。	不？世尊（釋迦佛）！我今欲見多寶佛身，唯願世尊（釋迦佛），示我令見。	不？世尊（釋迦佛）！我今欲見多寶佛身，唯願世尊（釋迦佛），示我令見。
㊐時能仁（釋迦）佛語眾寶如來：今妙音菩薩及諸眷屬，欲見世尊（眾寶如來）聖體形像。	㊐爾時釋迦牟尼佛語多寶佛：是妙音菩薩欲得相見。	㊐爾時釋迦牟尼佛語多寶佛：是妙音菩薩欲得相見。
㊑眾寶如來尋時（不久；片刻）讚曰：善哉！善哉！族姓子（善男子），卿能故來見能仁（釋迦）佛，稽首詔受（諮問領受）《正法華經》，及復欲覲文殊師利，啓（啓予）諸「不逮」（不足、不及之處）。	㊑時多寶佛告妙音（菩薩）言：善哉！善哉！汝能為「供養」釋迦牟尼佛，及聽《法華經》，并見文殊師利等，故來至此。	㊑時多寶佛告妙音（菩薩）言：善哉！善哉！汝能為「供養」釋迦牟尼佛，及聽《法華經》，并見文殊師利等，故來至此。

七－5　華德菩薩問妙音菩薩修何功德，方有如是「神力」？妙音菩薩於過去精進供養雲雷音王佛，故今生淨華宿王智佛國，遂有如是神力

西晉・竺法護譯《正法華經》	後秦・鳩摩羅什譯《妙法蓮華經》	隋・闍那崛多、達磨笈多共譯《添品妙法蓮華經》
㊀時蓮華首菩薩問（釋迦）佛：妙音菩薩往「宿命」時，積何德本，乃致斯變「無極」神聖？	㊀爾時華德菩薩白（釋迦）佛言：世尊！是妙音菩薩，種何善根，修何功德，有是神力？	㊀爾時華德菩薩白（釋迦）佛言：世尊！是妙音菩薩，種何善根，修何功德，有是神力？
㊁時能仁（釋迦）佛告蓮華首菩薩曰：乃往過去久遠世時有佛，號雲雷音王如來、至真、等正覺，講說經道，六度「無極」（pāramitā 波羅蜜）菩薩法藏，天上天下，靡不蒙安（蒙	㊁（釋迦）佛告華德菩薩：過去有佛，名雲雷音王多陀阿伽度、阿羅訶、三藐三佛陀，國名現一切世間，劫名憙見。	㊁（釋迦）佛告華德菩薩：過去有佛，名雲雷音王多陀阿伽度、阿羅訶、三藐三佛陀，國名現一切世間，劫名憙見。

受安樂)。		
⊜時**妙音菩薩**，聞其所說，欣然意解，鼓百千音樂娛樂其佛(雲雷音王如來)。「八萬四千」眾寶妙器，貢上至尊，如是精進供養(雲雷音王)如來「萬二千歲」。	⊜**妙音菩薩**於「萬二千歲」，以「十萬種」伎樂供養**雲雷音王佛**，幷奉上「八萬四千」七寶鉢。以是因緣果報，(妙音菩薩)今生淨華宿王智佛國，有是神力。	⊜**妙音菩薩**於「萬二千歲」，以「十萬種」伎樂供養**雲雷音王佛**，幷奉上「八萬四千」七寶鉢。以是因緣果報，(妙音菩薩)今生淨華宿王智佛所，有是神力。
⊛又族姓子(善男子)！**妙音菩薩**往宿命時，從**雲雷音王如來**之世，修無上法，種此功德，未曾懈(怠荒)廢。傳如來旨，化諸愚冥，(若有)不識「至真」(之道者)，(皆)悉令(此眾生獲)信樂。欲知爾時妙音菩薩，今妙音菩薩是也。	⊛**華德**(菩薩)！於汝意云何？爾時(於)**雲雷音王佛**所(之)妙音菩薩，伎樂供養，奉上「寶器」者，豈異人乎？今此妙音菩薩摩訶薩是。	⊛**華德**(菩薩)！於汝意云何？爾時(於)**雲雷音王佛**所(之)妙音菩薩，伎樂供養，奉上「寶器」者，豈異人乎？今此妙音菩薩摩訶薩是。
⊠(妙音菩薩)用彼世時(指雲雷音王如來之世)，布施「寶器、眾伎樂音」。又復供養無數諸佛，億千佛所，殖眾德本，修治眾行。(妙音菩薩)前世值遇，億百千姟江河沙等諸佛世尊。	⊠**華德**(菩薩)！是妙音菩薩，已曾供養親近無量諸佛，久殖德本，又值「恒河沙」等百千萬億「那由他」佛。	⊠**華德**(菩薩)！是妙音菩薩，已曾供養親近無量諸佛，久殖德本，又值「恒河沙」等百千萬億「那由他」佛。

七−6 妙音菩薩現種種身，為諸眾生說《法華經》

西晉・竺法護譯《正法華經》	後秦・鳩摩羅什譯《妙法蓮華經》	隋・闍那崛多、達磨笈多共譯《添品妙法蓮華經》
⊜今蓮華首(菩薩)！(汝見今)為現妙音菩薩所行，不可限量，變無數形，為諸眾生宣布講化(講説化度)《正法華經》。	⊜**華德**(菩薩)！汝但見妙音菩薩，其身在此。而是(妙音)菩薩，現「種種身」，處處為諸眾生說是經典(《法華經》)。	⊜**華德**(菩薩)！汝但見妙音菩薩，其身在此。而是(妙音)菩薩，現「種種身」，處處為諸眾生說是經典(《法華經》)。
⊜(妙音菩薩) ❶或現「梵天」形色貌，而誘立之。	⊜(妙音菩薩) ❶或現「梵王」身。 ❷或現「帝釋」身。	⊜(妙音菩薩) ❶或現「梵王」身。 ❷或現「帝釋」身。

❷或現「天帝」形。 ❸或「尊豪」形。 ❹或「將軍」形，(教)化(開)導眾兵。	❸或現「自在天」身。 ❹或現「大自在天」身。 ❺或現「天大將軍」身。	❸或現「自在天」身。 ❹或現「大自在天」身。 ❺或現「天大將軍」身。
㊈ ❶或「息意天王」(vaiśravaṇa 北方毘沙門天王→śramaṇa 息心；沙門。參下一之「息心天王」)。 ❷「轉輪聖王」。 ❸「諸散小王」。 ❹「尊者」。 ❺「長者」。 ❻諸「令長」(縣令)形。 ❼沙門。 ❽「梵志」形像色貌， 說《正法華經》。	㊈ ❶或現「毘沙門天王」身。 ❷或現「轉輪聖王」身。 ❸或現「諸小王」身。 ❹或現「長者」身。 ❺或現「居士」身。 ❻或現「宰官」身。 ❼或現「婆羅門」身。	㊈ ❶或現「毘沙門天王」身。 ❷或現「轉輪聖王」身。 ❸或現「諸小王」身。 ❹或現「長者」身。 ❺或現「居士」身。 ❻或現「宰官」身。 ❼或現「婆羅門」身。
㊤ ❶或現「比丘、比丘尼、清信士、清信女」形， ❷宮人「婇女」。 ❸長者「夫人」。 ❹諸「貧賤」女形。 ❺男女、大小。 而誘立之，說《正法華經》。	㊤ ❶或現「比丘、比丘尼、優婆塞、優婆夷」身。 ❷或現「長者、居士」婦女身。 ❸或現「宰官」婦女身。 ❹或現「婆羅門」婦女身。 ❺或現「童男、童女」身。	㊤ ❶或現「比丘、比丘尼、優婆塞、優婆夷」身。 ❷或現「長者、居士」婦女身。 ❸或現「宰官」婦女身。 ❹或現「婆羅門」婦女身。 ❺或現「童男、童女」身。
㊄ 或「阿須倫」形，「迦留羅、真陀羅、摩休勒、人非人」形像色貌，而誘立之，說《正法華經》。	㊄ 或現「天、龍、夜叉、乾闥婆、阿修羅、迦樓羅、緊那羅、摩睺羅伽、人非人」等身，而說是經(《法華經》)。	㊄ 或現「天、龍、夜叉、乾闥婆、阿修羅、迦樓羅、緊那羅、摩睺羅伽、人非人」等身，而說是經(《法華經》)。

西晉‧竺法護譯《普曜經》卷1〈3 所現象品〉

(1)佛告比丘：於時菩薩為大天眾，敷演經法，勸助開化咸令悅豫。問諸天子，以何形貌降神母胎？

(2)或有言曰：「儒童之形。」或有言曰：「釋梵之形。」或曰：「大天王之形。」或有言曰：「息意

天王形(vaiśravaṇa 北方毘沙門天王→śravaṇa 息心:沙門)。」

(參見《普曜經》卷1〈3 所現象品〉。詳 CBETA, T03, no. 186, p. 488, b)

西晉・竺法護譯《普曜經》卷3〈6 入天祠品〉

諸天形像無有想念，日月諸天、「息意天王」、釋梵四王，各捨本位尋時來下。

(參見《普曜經》卷3〈6 入天祠品〉。詳 CBETA, T03, no. 186, p. 497, b)

西晉・竺法護譯《修行道地經》卷2〈8 分別相品〉

海神見如此，即出珠還之。適興此方便，休「息意天王」，超至大寶山，不以為憒惓。

(參見《修行道地經》卷2〈8 分別相品〉。詳 CBETA, T15, no. 606, p. 190, c)

西晉・竺法護譯《文殊支利普超三昧經》卷2〈9 變動品〉

應時濡首威神聖德之所建立，「息意天王」即自化身。

(參見《文殊支利普超三昧經》卷2〈9 變動品〉。CBETA, T15, no. 627, p. 420, a)

西晉・竺法護譯《佛說大淨法門經》卷1

文殊師利建立威神令「息意天王」化作男子。

(參見《佛說大淨法門經》卷1。詳 CBETA, T17, no. 817, p. 817, b)

西晉・竺法護譯《大哀經》卷7〈23 八總持品〉

其行亦如王，典領其國土，如「息意王」教，以法施所聞。

(參見《大哀經》卷7〈23 八總持品〉。詳 CBETA, T13, no. 398, p. 445, a)

西晉・竺法護譯《持心梵天所問經》卷4〈17 諸天歎品〉

惟「沙慢(息意)大天王」(vaiśravaṇa 北方毘沙門天王→śravaṇa 息心:沙門)，即說頌曰：若建立道心，供養後學者。眾生緣供養，不任報其恩。於是「息意大天王」有太子名曰諦顏，以七寶蓋奉上如來。

(參見《持心梵天所問經》卷4〈17 諸天歎品〉。詳 CBETA, T15, no. 585, p. 31, c)

道略比丘集《雜譬喻經》卷1

樹神聞其言甚大驚怖，不知何方令得子息，即便上告「息意天王」，具以事情向天王說。「息意天王」即將樹神詣「天帝釋」，以其所告白「天帝釋」。

(參見《雜譬喻經》卷1。詳 CBETA, T04, no. 207, p. 524, b)

七-7 妙音菩薩應以何身得度者，即現何身而為說《法華經》，其擁有的「神通、變化、智慧」，皆無所損減

西晉・竺法護譯《正法華經》	後秦・鳩摩羅什譯《妙法蓮華經》	隋・闍那崛多、達磨笈多共譯《添品妙法蓮華經》
❼(妙音菩薩)或入「地獄、餓鬼、畜生」及諸「八難」，所在擁護，而救濟之。(妙音菩薩能於)「上、中、下」士，前後進退，隨其形體「男女」之像，而開	❼諸有「地獄、餓鬼、畜生」，及「眾難處」，(妙音菩薩)皆能救濟。乃至於(國)王「後宮」，變為「女身」，而說是經(《法華經》)。	❼諸有「地獄、餓鬼、畜生」，及「眾難處」，(妙音菩薩)皆能救濟。乃至於(國)王「後宮」，變為「女身」，而說是經(《法華經》)。

化(開示教化)之，說《正法華經》。或入「中宮」(宮中；皇后居住之處)，化(身爲)「皇后」形，(而)度眾貴人(顯貴諸人)。

（貳）蓮華首(菩薩)當知！妙音菩薩，將護(持)忍界(娑婆世界)一切眾生。又族姓子(善男子)！妙音菩薩以若干變(化身)，無數方便，(漸)誘忍(娑婆世界)佛土(而講)演《正法華經》。(妙音菩薩之)「神足」(神通具足)威德，未曾損耗，而復增益也。(妙音菩薩之)聖慧「道智」，亦復如是(未曾損耗，而復增益也)。

（參）又族姓子(善男子)！妙音菩薩(之)光明功勳，智慧巍巍，周旋(展轉；反覆；周濟)十方，隨時開化(開示教化)，(能令)輪轉無際(之眾生)，皆使入(戒)律，(若有)「上、中、下」願，(亦)各令得所。(妙音菩薩)逮(到)遊忍界(娑婆世界)，復至他方江河沙佛土，現「菩薩身」，而為說法。

（肆）(妙音菩薩)
又現「聲聞、緣覺」色像而開化(開示教化眾生)，示(眾生)「本行」所學，(令眾生)聞之(法義而)宜ㄒㄧ然(窮盡；周遍)，(皆)各成(就)所志(願)，(而)不違本誓。

（伍）若有眾生，奉「如來律」，(則)以佛色像，隨其道律，(而)

（貳）華德(菩薩)！是妙音菩薩，能救護娑婆世界諸眾生者。是妙音菩薩，(有)如是種種「變化」現身，(能)在此娑婆國土，為諸眾生說是「經典」(《法華經》)。(妙音菩薩)於(自己之)「神通、變化、智慧」，(亦)無所損減。

（參）是(妙音)菩薩，以若干「智慧」，明照娑婆世界，令一切眾生，(皆)各得所知(智慧)；(妙音菩薩)於十方恒河沙世界中，亦復如是(而廣爲眾生說法)。

（肆）(妙音菩薩)
❶若應以「聲聞」形得度者，現「聲聞」形而為說法。
❷應以「辟支佛」形得度者，現「辟支佛」形而為說法。
❸應以「菩薩」形得度者，現「菩薩」形而為說法。
❹應以「佛」形得度者，即現「佛」形而為說法。

（伍）如是種種，(妙音菩薩)隨所「應度」而為「現形」。乃至應

（貳）華德(菩薩)！是妙音菩薩，能救護娑婆世界諸眾生者。是妙音菩薩，(有)如是種種「變化」現身，(能)在此娑婆國土，為諸眾生說是「經典」(《法華經》)。(妙音菩薩)於(自己之)「神通、變化、智慧」，(亦)無所損減。

（參）是(妙音)菩薩，以若干「智慧」，明照娑婆世界，令一切眾生，(皆)各得所知(智慧)；(妙音菩薩)於十方恒河沙世界中，亦復如是(而廣爲眾生說法)。

（肆）(妙音菩薩)
❶若應以「聲聞」形得度者，現「聲聞」形而為說法。
❷應以「辟支佛」形得度者，現「辟支佛」形而為說法。
❸應以「菩薩」形得度者，現「菩薩」形而為說法。
❹應以「佛」形得度者，即現「佛」形而為說法。

（伍）如是種種，(妙音菩薩)隨所「應度」者，而為「現形」。乃

示現形貌，顯授(顯揚傳授)大道「無上正真」。(若有)欲導(歸戀)慕「泥洹」，(則)現「已滅度」，因而示(現種種身)儀，開化(開示教化)道慧。	以「滅度」而「得度」者，示現「滅度」。	至應以「滅度」而得度者，示現「滅度」。
㊅妙音菩薩，勢力聖智，不可惻度(忖)，超絕巍巍，功德若斯，無以為喻。	㊅華德(菩薩)！妙音菩薩摩訶薩，成就「大神通智慧」之力，其事如是。	㊅華德(菩薩)！妙音菩薩摩訶薩，成就「大神通智慧」之力，其事如是。

七－8 妙音菩薩住「現一切色身三昧」，故能作種種變現。佛說此品時，無量菩薩，亦得是「三昧」及「陀羅尼」。華德菩薩得「法華三昧」

西晉・竺法護譯《正法華經》	後秦・鳩摩羅什譯《妙法蓮華經》	隋・闍那崛多、達麼笈多共譯《添品妙法蓮華經》
㊀於是蓮華首菩薩前白(釋迦)佛言：妙音菩薩，積功累德，堂堂(盛大；壯偉；遠大)乃爾。唯然世尊(釋迦佛)！(妙音菩薩)住何「三昧」？開化(開示教化)眾生，不可限量？	㊀爾時華德菩薩白(釋迦)佛言：世尊(釋迦佛)！是妙音菩薩，深種善根。世尊！是菩薩住何「三昧」，而能如是在所「變現」，度脫眾生？	㊀爾時華德菩薩白(釋迦)佛言：世尊(釋迦佛)！是妙音菩薩，深種善根。世尊！是菩薩住何「三昧」，而能如是在所「變現」，度脫眾生？
㊁能仁(釋迦)如來告蓮華首菩薩曰：族姓子(善男子)聽！有「三昧」名「現入眾像」，妙音菩薩住斯「定意」(指「現入眾像三昧」之定)，利益開化(開示教化)無限眾生，使入道「議」(古通「義」)。	㊁(釋迦)佛告華德菩薩：善男子！其「三昧」名「現一切色身」，妙音菩薩住是「(現一切色身)三昧」中，能如是「饒益」無量眾生。	㊁(釋迦)佛告華德菩薩：善男子！其「三昧」名「現一切色身」，妙音菩薩住是「(現一切色身)三昧」中，能如是「饒益」無量眾生。
㊂(釋迦)佛說是〈妙音菩薩章句品〉時，其諸菩薩，與妙音「開士」(菩薩)俱發來者，尋時(不久；片刻)皆逮(到)「現入眾像三昧」正定。	㊂(釋迦佛)說是〈妙音菩薩品〉時，與妙音菩薩俱來者(有)「八萬四千人」，皆得「現一切色身三昧」。	㊂(釋迦佛)說是〈妙音菩薩品〉時，與妙音菩薩俱來者(有)「八萬四千人」，皆得「現一切色身三昧」。
㊃(妙音菩薩)其行殊勝，於是	㊃此娑婆世界(有)無量「菩	㊃此娑婆世界(有)無量「菩

忍界(婆婆世界)，(已)超越「菩薩」所修「定意」(禪定)諸有限數。若有(眾生)逮(到)致「現入眾像三昧」，便得「總持」，(而)攬持「三世」。(眾生)無不「蒙濟」(蒙澤救濟)。

(伍)時妙音菩薩，供養能仁(釋迦)如來、至真，具足奉事眾寶如來「塔寺」舍利，欲還「本土」(莊嚴照明國土)，前稽首能仁(釋迦)如來，自歸而退。與眾會別，動震諸國，雨「眾蓮華」，同時和鼓，百千億姟「雅頌」(原指古代朝廷或宗廟祭祀之樂曲)伎樂。

(陸)(妙音菩薩)與「八萬四千」諸菩薩眾，俱(返)歸「本土」(莊嚴照明國土)，前稽首禮妙紫金離垢宿華王如來：(妙音菩薩我)以詣忍界(婆婆世界)，(教)導利(益)眾生，又覩眾寶如來寶寺「舍利」，及文殊師利、藥王菩薩所，逮(到)精進「無極」(pāramitā 波羅蜜)道力。見妙勇菩薩，令是「八萬四千」菩薩，皆得「正行」，(而獲)「現入眾像三昧」，(吾)往到彼間(婆婆世界)，(與彼眾生皆)俱共(精)進(修)行。

(柒)(時有)「四萬二千」天子，聞《正法華經》，皆悉逮(到)得「無所從生法忍」(無生法忍)；蓮華首菩薩逮(到)「正法華定」。

薩」，亦得是「(現一切色身)三昧」及(得)「陀羅尼」。

(伍)爾時妙音菩薩摩訶薩，供養釋迦牟尼佛及多寶佛塔已，還歸「本土」(淨光莊嚴國土)。所經諸國，六種震動，雨「寶蓮華」，作百千萬億種種「伎樂」。

(陸)(妙音菩薩)既(返回)到「本國」(淨光莊嚴國土)，與「八萬四千」菩薩，圍繞至淨華宿王智佛所，白佛言：世尊(淨華宿王智佛)！我(妙音菩薩)到娑婆世界，饒益眾生，見釋迦牟尼佛，及見多寶佛塔，禮拜、供養；又見文殊師利法王子菩薩，及見藥王菩薩、得勤精進力菩薩、勇施菩薩等。亦令是「八萬四千菩薩」，得「現一切色身三昧」。

(柒)(釋迦佛)說是〈妙音菩薩來往品〉時，(有)「四萬二千」天子得「無生法忍」，華德菩薩得「法華三昧」。

薩」，亦得是「(現一切色身)三昧」及(得)「陀羅尼」。

(伍)爾時妙音菩薩摩訶薩，供養釋迦牟尼佛及多寶佛塔已，還歸「本土」(淨光莊嚴國土)。所經諸國，六種震動，雨「寶蓮華」，作百千萬億種種「伎樂」。

(陸)(妙音菩薩)既(返回)到「本國」(淨光莊嚴國土)，與「八萬四千」菩薩，圍遶至淨華宿王智佛所，白佛言：世尊(淨華宿王智佛)！我(妙音菩薩)到娑婆世界，饒益眾生，見釋迦牟尼佛，及見多寶佛塔，禮拜、供養；又見文殊師利法王子菩薩，及見藥王菩薩、得勤精進力菩薩、勇施菩薩等。亦令是「八萬四千菩薩」，得「現一切色身三昧」。

(柒)(釋迦佛)說是〈妙音菩薩來往品〉時，(有)「四萬二千」天子得「無生法忍」，華德菩薩得「法華三昧」。

〈觀世音菩薩普門品第二十五〉

七－9 一心稱「觀世音菩薩」名者，火不能燒、水不能漂

西晉・竺法護譯《正法華經》	後秦・鳩摩羅什譯《妙法蓮華經》	隋・闍那崛多、達磨笈多共譯《添品妙法蓮華經》
〈光世音普門品第二十三〉	〈觀世音菩薩普門品第二十五〉	〈觀世音菩薩普門品第二十四〉
圓於是無盡意菩薩，即從座起，偏露右臂，長跪叉手(即「金剛合掌」，即合掌交叉兩手之指頭)，前白佛言：唯然世尊！所以名之光世音乎，義何所趣耶？	圓爾時，無盡意菩薩即從座起，偏袒右肩，合掌向佛，而作是言：世尊！觀世音菩薩，以何因緣名觀世音？	圓爾時，無盡意菩薩即從座起，偏袒右肩，合掌向佛，而作是言：世尊！觀世音菩薩，以何因緣名觀世音？
貳佛告無盡意(菩薩)曰：此族姓子(善男子)，若有眾生，遭億百千姟「困厄」患難，苦毒無量，適聞光世音菩薩名者，輒得解脫，無有眾惱，故名光世音(菩薩)。	貳佛告無盡意菩薩：善男子！若有無量百千萬億眾生受諸苦惱，聞是觀世音菩薩，一心稱名，觀世音菩薩即時「觀」其「音聲」，皆得解脫。	貳佛告無盡意菩薩：善男子！若有無量百千萬億眾生受諸苦惱，聞是觀世音菩薩，一心稱名，觀世音菩薩即時「觀」其「音聲」，皆得解脫。
參若有「持名」，執在心懷，設遇大火，然(燃)其山野，燒百「草木、叢林、屋宅」，身墮火中，得聞光世音(菩薩)名，火即尋(隨即)滅。	參若有持是觀世音菩薩名者，設入「大火」，「火」不能燒，由是菩薩「威神力」故。	參若有持是觀世音菩薩名者，設入「大火」，「火」不能燒，由是菩薩「威神力」故。
肆若入「大水、江河、駛流(急流)」，心中恐怖，稱光世音菩薩，一心自歸(依止觀音菩薩)，則(獲)威神護，令不見溺，使出安隱。	肆若為「大水」所漂，稱其名號，即得淺處。	肆若為「大水」所漂，稱其名號，即得淺處。

觀世音

(1)梵名 Avalokite(觀察)-śvara(自在)，音譯為「阿縛盧枳低 濕伐羅」，以「慈悲」救濟眾生為本願之菩薩。又作光世音菩薩、觀自在菩薩、觀世自在菩薩、觀世音自在菩薩、現音聲菩薩、闚音菩薩、盧蔥樓亘 菩薩。略稱為觀音菩薩。別稱救世菩薩、蓮華手菩薩、圓通大士。

(2)另一梵名為 Āryāvalokiteśvara，音譯為「阿唎耶 跋盧枳羝 鑠筏囉」，為聖觀世音之義，與

　　大勢至菩薩同為西方極樂世界阿彌陀佛之脅侍，世稱西方三聖。

(3)凡遇難眾生誦念其名號，菩薩即時觀其音聲前往拯救，故稱觀世音菩薩。又因其於理事無礙之境，觀達自在，故稱觀自在菩薩。

(4)盧ィ 樓亘ミ (Avalokiteśvara 觀世音；觀自在)菩薩。

觀世音的梵文問題

「觀世音」有兩種基本的梵文寫法，分別是：

❶avalokiteśvara 與 ❷avalokitasvara

❶avalokiteśvara 的梵文合音規則是：

　avalokita + iśvara (梵文合音規則 a+i=e).
　　　觀　　　　　自在

❷avalokitasvara

　在公元 1927 年新疆出土的古抄本中出現「Avalokitasvara」為「觀音菩薩」的名稱。
　avalokita + svara
　　　觀　　　聲音

鳩摩羅什出生在西域地區，可能看見的就是「Avalokitasvara」的版本，所以羅什譯為「**觀世音菩薩**」。

❋日人佛教研究學者辛嶋静志(Seishi Karashima)於 1998 年發表的「**観音 avalokitasvara の語義解釈**」(參見--法華経の文献学的研究(2) 観音 avalokitasvara の語義解釈。創価大学国際仏教学高等研究所年報 / 創価大学・国際仏教学高等研究所[編])頁 **39-66** 中說「**觀音菩薩**」的經典應該都是先由「犍陀羅文」(Gandhāra)轉譯作「梵文」或「西域文」，再轉譯翻成「中文」的，而「觀音菩薩」(avalokitasvara)被翻作梵文時「**svara**」字在「犍陀羅」文中同時具有「**聲音**」與「**念**」的意思，但是「犍陀羅」文中的「念」這個用法在轉寫為「梵文」之後逐漸被人遺忘，因此才有了「**avalokita**(觀看)＋**svara**(聲音)」這樣的用法產生，進而「觀音菩薩」就被曾譯作「闚音菩薩」等中土的譯名。

竺法護所見的譯本及拆字問題：

竺法護所見的譯本也是「Avalokitasvara」的版本，但竺法護卻譯為「光世音菩薩」。
筆者研究後認為這應該是竺法護對梵文的「拆字」問題造成，並沒有「誤譯」，也不是因為「聲音」相近而「寫錯字」，竺法護一直都是翻成「**光世音**」，絕對不會是「誤譯」！ 如下說明之：

Avalokita➜觀察；觀見；所見
loka➜世間；世界；百姓；眾生
svara➜聲音

「**Avaloka**」的梵文原型有「光景；觀察；視界；觀照」的意思，其中有一個是「光景」的意思。這個「光景」有「光陰、時光、光輝、光亮」的意思，這極可能是竺法護將 **Avaloka** 譯為「光」的原因。

荻原雲來編《梵和大辭典》（上冊）

ava-lepana   145   **ava-śyā**

ava-lepana 匣 [同上].

ava-lepavat 形 高慢なる.

ava-lepin 形 [同上].

avalepoddhava (°pa-ud°) 男 [=uddhava] 高慢 (Jāt-m.).

ava-leha 男 舐り取ること; 拔萃; 煉藥.

ava-lehaka 形 舐むる; 衆 舐 Prāt-m., Mvyut.

ava-lehana 匣 舐り取ること.

ava-lehin 形 糖菓を好める, 食道樂の.

ava-Lok avalokate, avalokayati. → Lok.

ava-loka 男 觀察, 光景, 視界; 衆 世間(?) Aṣṭ-pr. 555. ～eṣu 於數 副 (圓)の眼前に.

ava-lokaka 形 (衆)を視んとする, 探らんとする.

ava-lokana 匣 視ること; 瞥見; 光景; 視察; 展望; 外見; 衆 視, 視觀, 觀視, 觀照 Divy. Guhy-s.,

ava-vādaka 形 教授する, 教授せらる、; 忠告を與ふる, 忠告を受くる (Divy.); 衆 諫, 所訣, 教化(弟子) Divy., Mvyut. 男 指導者, 忠言者 (Divy.); 衆 教化, 化導, 教授, 教化人 Divy.; (本)教授師 Divy.48.

avavāda-kuśala 形 衆 善能教化 Saddh-p.

avavādānuśāsani 女 衆 教授, 教誡 Aṣṭ-pr., Sūtr.

ava-viddha 過受分 → Vyadh.

a-vaśa 形 (他人)の意志に從はざる, 獨立の, 自由なる; 欲せざる; 自由意志を有せざる; 衆 不自在 Sūtr.

avaśa-ga 形 (圓)に從はざる; 衆 不隨自在而行 Bodh-bh.

ava-śapta 過受分 呪はれたる.

ava-Śam, → Śam 2.

隋・吉藏撰《法華玄論・卷十》

(1)古經云「光世音」，今云「觀世音」也，未詳方言，故為此號耳。若欲釋者，「光」猶是「智慧」，如大經云「光明者」，即是「智慧」，「智慧」即是「觀」也。又菩薩「智慧光明」，照於世間，故云「光」也。

(2)《華嚴》云：「觀音菩薩」說《大悲經》光明之行，「大悲」即是「功德」，「光明」謂「智慧」，則知「光世音」不失此意也。

(3)羅什注《淨名經》明有三名，觀世音、觀世意、觀世身，什今所以作此釋者，見《普門品》具釋三名，故有三號耳。

(參見《法華玄論》卷 10。詳 CBETA, T34, no. 1720, p. 449, a)

隋・吉藏撰《法華義疏・卷十二》

復有經云「光世音」菩薩，或可是翻之不正。

(參見《法華義疏》卷 12〈25 觀世音菩薩普門品〉。詳 CBETA, T34, no. 1721, p. 624, c)

隋・吉藏述《華嚴經探玄記・卷十九》

(1)「觀世音」者，有名「光世音」，有名「觀自在」，梵名「逋ㄠ 盧羯底 攝伐羅」(Avalokiteśvara)，「逋ㄠ 盧羯底」(Avalokite)此云「觀」。「毘盧」(Avalo)此云「光」，以「聲、字」相近，是以有翻為「光」。

(2)「攝伐羅」(śvara)此云「自在」，「攝多」此云「音」，勘梵本諸經中有作「攝多」，有「攝伐羅」(śvara)，是以翻譯不同也。

(3)《觀世音經》中即時「觀其音聲」，皆得解脫……

若偏就「語業」，名「觀世音」，以業用多故。

若就「身語」，名「光世音」，以「身光」照及故。

若具三輪，攝物無礙，名「觀自在」。

(參見《華嚴經探玄記》卷 19〈34 入法界品〉。詳 CBETA, T35, no. 1733, p. 471, c)

唐・慧琳國師撰《一切經音義・卷五》

觀世音➜梵言「阿婆盧吉佢ㄉ 舍婆羅」(Avalokiteśvara)，此譯云「觀世自在」。舊譯云「觀世音」，

或言「光世音」，並訛也。

又尋天竺^文「多羅葉本」_(印度「貝多羅葉」所寫的梵文經文)皆云「舍婆羅」(śvara)，則譯為「自在」。雪山以來，經本皆云「婆婆羅」(śvara)，則譯為「音」，當以「舍、婆」兩聲相近，遂致訛失也。

(參見《一切經音義(第 1 卷-第 15 卷)》卷 5。詳 CBETA, C056, no. 1163, p. 900, b)

唐·湛然述《法華文句記·卷十》

又正經列名之中，云「光世音」，「光、觀」聲同，便即書之。

(參見《法華文句記》卷 10〈釋囑累品〉。詳 CBETA, T34, no. 1719, p. 353, b)

七－10 若三千大千國土，滿中「夜叉、羅剎」，欲來惱人，聞其稱觀世音菩薩名者，是諸「惡鬼」，尚不能以「惡眼」視之，況復加害

西晉·竺法護譯《正法華經》	後秦·鳩摩羅什譯《妙法蓮華經》	隋·闍那崛多、達磨笈多共譯《添品妙法蓮華經》
⑤若入「大海」，_(有)百千億姟眾生「_(富)豪、_(卑)賤」，處海深淵，無底之源，採致「金銀、雜珠明月、如意寶珠、水精、琉璃、車𤦲、馬碯、珊瑚、虎𤨭」，載滿船寶。假使風吹其船，流墮「黑山」迴波_(迴旋的水波)。若經「鬼界」，值「魔竭魚」_(makara 大體魚；鯨魚；巨鼇)。眾中一人，竊獨心念光世音菩薩，_(以此)功德威神，而稱名號，皆得解脫一切眾患。及其伴侶，眾得濟渡，不遇「諸魔」邪鬼之厄，故名光世音。	⑤若有百千萬億眾生，為求「金銀、琉璃、車𤦲、馬瑙、珊瑚、虎珀、真珠」等寶，入於大海。假使「黑風」吹其「船舫_至」_(船也)，飄墮「羅剎鬼國」。其中若有，乃至一人稱觀世音菩薩名者，是諸人等，皆得解脫「羅剎」之難。以是因緣，名觀世音。	⑤若有百千萬億眾生，為求「金銀、琉璃、車𤦲、馬瑙、珊瑚、虎珀、真珠」等寶，入於大海。假使「黑風」吹其「船舫_至」_(船也)，飄墮「羅剎鬼國」。其中若有，乃至一人稱觀世音菩薩名者，是諸人等，皆得解脫「羅剎」之難。以是因緣，名觀世音。
⑥佛言：族姓子_(善男子)！若見「怨賊」，欲來危害，即稱光世音菩薩名號，而自歸命。_(則)賊所持「刀杖」，尋_(隨即)段段壞，手不得舉，自然_(生)慈心。	⑥若復有人，臨當「被害」，稱觀世音菩薩名者，彼所執「刀杖」，尋_(隨即)段段壞，而得解脫。	⑥若復有人，臨當「被害」，稱觀世音菩薩名者，彼所執「刀杖」，尋_(隨即)段段壞，而得解脫。
⑦設族姓子_(善男子)，此三千大千世界，滿中諸「鬼神、眾邪、逆魅_(惡鬼)」欲來嬈[？]_(擾亂)	⑦若三千大千國土，滿中「夜叉、羅剎」，欲來惱人。_(若)聞其_(有人)稱觀世音菩薩名	⑦若三千大千國土，滿中「夜叉、羅剎」，欲來惱人。_(若)聞其_(有人)稱觀世音菩薩名

人。一心稱呼光世音（菩薩）名，自然為伏，不能妄犯。惡心不生，（甚至）不得（對稱念觀音菩薩者生起）「邪觀」。

㈣若人「犯罪」，（或）若「無有罪」，若為「惡人、縣官」所錄（拘捕）。「縛束」其身，杻械（手銬腳鐐）在體。若（被）「枷鎖」之，（而）閉在牢獄，（遭）「拷治」（刑訊）苦毒。（只要）一心自歸（依止），稱光世音（菩薩）名號，疾得解脫，開（監）獄門出，無能「拘制」（拘禁；繫縛），故名光世音（菩薩）。

㈤佛言：如是！族姓子（善男子），光世音（菩薩）境界，威神功德，難可限量，（能）光光（顯赫威武貌）若斯，故號光世音（菩薩）。

㈥佛告無盡意：假使族姓子（善男子），此三千大千世界，（具有）滿中眾逆，盜賊「怨害」，（皆）執持「兵杖、刀刃、矛戟」，欲殺萬民。（若有）一部「賈客」，獨自經過，在於其路，（且）齎持（攜帶）重寶。導師（道路領導者心生）恐怖，心自念言：此間多賊，將無（莫非將）危（害）我，劫奪財寶？（吾）當設「權計」，脫此眾難，（令）不見危害。

㈦（道路領導者）謂眾賈人：不宜恐畏，等共「一心」，俱同「發聲」，稱光世音菩薩威神；輒

者，是諸「惡鬼」，尚不能以「惡眼」視之，況復加害。

㈣設復有人，若「有罪」、（或）若「無罪」，（被）「杻械（手銬腳鐐）、枷鎖、撿繫（繫縛察錄）」其身。（若能）稱觀世音菩薩名者，皆悉斷壞，即得解脫。

㈥若三千大千國土，（有）滿中「怨賊」。（時）有一商主，將諸商人，齎持（攜帶）重寶，經過嶮（險要）路。

㈦其中一人作是唱言：諸善男子！勿得恐怖，汝等應當「一心」稱觀世音菩薩名

者，是諸「惡鬼」，尚不能以「惡眼」視之，況復加害。

㈣設復有人，若「有罪」、若「無罪」，（被）「杻械（手銬腳鐐）、枷鎖、撿繫（繫縛察錄）」其身。（若能）稱觀世音菩薩名者，皆悉斷壞，即得解脫。

㈥若三千大千國土，（有）滿中「怨賊」。（時）有一商主，將諸商人，齎持（攜帶）重寶，經過險（險要）路。

㈦其中一人作是唱言：諸善男子！勿得恐怖，汝等應當「一心」稱觀世音菩薩名

來擁護，令無恐懼，普心自歸，便脫眾難，不遇賊害。	號。是菩薩能以「無畏」施於眾生，汝等若「稱名」者，於此「怨賊」，當得解脫。	號。是菩薩能以「無畏」施於眾生，汝等若「稱名」者，於此「怨賊」，當得解脫。
⑻眾「賈人」聞，悉共受教，咸俱同聲稱光世音(菩薩)，身命自歸，願脫此畏難。適(才)稱其名，賊便退却，不敢觸犯，眾賈解脫，永無恐怖。	⑻眾商人聞，俱發聲言：「南無觀世音菩薩！」稱其名故，即得解脫。	⑻眾商人聞，俱發聲言：「南無觀世音菩薩！」稱其名故，即得解脫。
⑼光世音菩薩，威德境界巍巍如是，故曰光世音(菩薩)。	⑼無盡意(菩薩)！觀世音菩薩摩訶薩，威神之力，巍巍如是。	⑼無盡意(菩薩)！觀世音菩薩摩訶薩，威神之力，巍巍如是。

《一切經音義・卷二十七》

檢繫➜上「居儼反」，《廣雅》「甲」也，「栝𥳎（木杖：撥火棍）」也，謂「栝𥳎 束不得開露」；又「察」也，謂「察錄」。繫，縛字，從木也。

(參見《一切經音義》卷 27。詳 CBETA, T54, no. 2128, p. 492, a)

《一切經音義・卷二十二》

撿繫其身➜《漢書音義》曰「撿」繫局也。謂「繫縛局錄」也。

(參見《一切經音義》卷 22。詳 CBETA, T54, no. 2128, p. 444, a)

七－11 受持觀世音菩薩名號，乃至一時「禮拜、供養」；與盡形壽受持「六十二億」恒河沙菩薩名字並供養，正等無異

西晉・竺法護譯《正法華經》	後秦・鳩摩羅什譯《妙法蓮華經》	隋・闍那崛多、達磨笈多共譯《添品妙法蓮華經》
⑴ 佛復告無盡意菩薩：若有學人，❶婬❷怒❸癡盛，稽首歸命光世音菩薩，「婬、怒、癡」休，觀於「無常、苦、空、非身」，一心得「定」。	⑴ ❶若有眾生，多於「婬欲」，常念恭敬觀世音菩薩，便得「離欲」。 ❷若多「瞋恚」，常念恭敬觀世音菩薩，便得「離瞋」。 ❸若多「愚癡」，常念恭敬觀世音菩薩，便得「離癡」。 ⑵無盡意(菩薩)！觀世音菩薩有如是等「大威神力」，多所饒益。是故眾生，常應「心念」。	⑴ ❶若有眾生，多於「婬欲」，常念恭敬觀世音菩薩，便得「離欲」。 ❷若多「瞋恚」，常念恭敬觀世音菩薩，便得「離瞋」。 ❸若多「愚癡」，常念恭敬觀世音菩薩，便得「離癡」。 ⑵無盡意(菩薩)！觀世音菩薩有如是等「大威神力」，多所饒益。是故眾生，常應「心念」。

㊟若有女人，無有「子姓」(子女；子孫；後輩)，求男(兒)求女(兒)，歸(命)光世音(菩薩)，輒得男女。一心「精進」，自歸命(於光世音菩薩))者，(則)世世「端正」，顏貌無比，見莫不歡。所生「子姓」(子女)，而有威相，衆人所愛，願樂「欲見」，殖衆德本，不為罪業(並非是「罪業、冤家」來投生)。	㊟若有「女人」，設欲「求男(兒)」，「禮拜、供養」觀世音菩薩，便生「福德智慧之男」；設欲「求女(兒)」，便生「端正有相之女」，宿殖德本，衆人愛敬。	㊟若有「女人」，設欲「求男(兒)」，「禮拜、恭敬」觀世音菩薩，便生「福德智慧之男」；設欲「求女(兒)」，便生「端正有相之女」，宿殖德本，衆人愛敬。
㊁其光世音(菩薩)威神功德，智慧境界，巍巍如是。其聞(光世音菩薩)名(號)者，所至到處，終不虛妄，不遇「邪害」，致得「無上」道德果實。	㊁無盡意(菩薩)！觀世音菩薩有如是力。若有衆生，「恭敬、禮拜」觀世音菩薩，福不唐捐(落空；虛耗)。是故衆生，皆應「受持」觀世音菩薩名號。	㊁無盡意(菩薩)！觀世音菩薩有如是力。若有衆生，「恭敬、禮拜」觀世音菩薩，福不唐捐(落空；虛耗)。是故衆生，皆應「受持」觀世音菩薩名號。
㊄常遇「諸佛、真人、菩薩、高德、正士」，不與「逆人」，無反復會(不會遇見諸「變化無常；傾覆；動蕩」的人事物)。若聞名「執持」懷抱(心懷意誠)，功德無量，不可稱載。		
㊅若有供養「六十二億」江河沙諸菩薩等，是諸菩薩，皆使現在，(平)等行「慈心」。若「族姓子、女」(善男子、善女人)，盡其形壽，供養「衣被、飲食、床、臥具」，「病瘦、醫藥」一切所安。福寧多不？	㊅無盡意(菩薩)！若有人受持「六十二億」恒河沙菩薩名字，復盡形供養「飲食、衣服、臥具、醫藥」。於汝意云何？是善男子、善女人，功德多不？	㊅無盡意(菩薩)！若有人受持「六十二億」恒河沙菩薩名字，復盡形供養「飲食、衣服、臥具、醫藥」。於汝意云何？是善男子、善女人，功德多不？
㊆無盡意(菩薩)曰：多矣！世尊！不可限量。所以者何？是諸菩薩，無央數億，不可譬喻。	㊆無盡意(菩薩)言：甚多，世尊！	㊆無盡意(菩薩)言：甚多，世尊！

⑻佛言：雖供養此無限(六十二億)菩薩，不如一歸(一時歸命)光世音(菩薩)，稽首作禮，(並)執持(其)名號，(則)福(超)過於彼，況復供養？雖復供養「六十二億」江河沙數諸菩薩等，執持名號，計此「二福」，億百千劫，不可盡極；(但持六十二億菩薩名號)終不(能與持光世音菩薩名號)相比，是故名曰光世音(菩薩)。	⑻佛言：若復有人，受持觀世音菩薩名號，乃至一時「禮拜、供養」，是二人福，正等無異，於百千萬億劫不可窮盡。	⑻佛言：若復有人，受持觀世音菩薩名號，乃至一時「禮拜、供養」，是二人福，正等無異，於百千萬億劫不可窮盡。
	⑼無盡意(菩薩)！受持觀世音菩薩名號，(能)得如是無量無邊福德之利。	⑼無盡意(菩薩)！受持觀世音菩薩名號，得如是無量無邊福德之利。

七－12 觀世音菩薩以眾生有何因緣得度，即現何身而為說法。以種種形度脫眾生，令得「無所畏」而獲「安隱」，故遊娑婆世界

西晉·竺法護譯《正法華經》	後秦·鳩摩羅什譯《妙法蓮華經》	隋·闍那崛多、達磨笈多共譯《添品妙法蓮華經》
㊀於是無盡意菩薩，前白佛言：光世音(菩薩)， ❶以何因緣，遊忍世界(娑婆世界)？ ❷云何「說法」？ ❸何謂「志願」？ ❹所行至法，「善權」方便，「境界」云何？	㊀無盡意菩薩白佛言：世尊！觀世音菩薩， ❶云何遊此娑婆世界？ ❷云何而為眾生「說法」？ ❹「方便」之力，其事云何？	㊀無盡意菩薩白佛言：世尊！觀世音菩薩， ❶云何遊此娑婆世界？ ❷云何而為眾生「說法」？ ❹「方便」之力，其事云何？
㊁佛言：族姓子(善男子)！光世音菩薩所遊世界， ❶或現「佛身」而班宣(頒布宣諭)法。 ❷或現「菩薩形像」色貌，說經開化(開示教化)。 ❸或現「緣覺」。 ❹或現「聲聞」。	㊁佛告無盡意菩薩：善男子！若有國土眾生， ❶應以「佛身」得度者，觀世音菩薩即現「佛身」而為說法。 ❷應以「辟支佛身」得度者，即現「辟支佛身」而為說法。	㊁佛告無盡意菩薩：善男子！若有國土眾生， ❶應以「佛身」得度者，觀世音菩薩即現「佛身」而為說法。 ❷應以「辟支佛身」得度者，即現「辟支佛身」而為說法。

❺或現「梵天帝像」而說經道。

❻或「揵沓和像」。

❼欲度「鬼神」現「鬼神像」。

❽欲度「豪尊」現「豪尊像」。

❾或復示現「大神妙天像」。

❿或「轉輪聖王」化「四域像」。

⓫或「殊特像」。

⓬或復「反足」（《一切經音義》云：鬼名也……注云「一手一腳」反卷曲也。東方《朔神異經》云：西荒中有獸焉，其狀如鹿，人面有牙，猴手熊足，縱目橫鼻，反踵鋭力，很ㄏ 惡名曰「惡物」，此即鬼類也）羅剎形像。

⓭或「將軍像」。

⓮或現「沙門、梵志」之像。

⓯或「金剛神、隱士、獨處仙人、僮儒像」。

---

❸應以「聲聞身」得度者，即現「聲聞身」而為說法。

❹應以「梵王身」得度者，即現「梵王身」而為說法。

❺應以「帝釋身」得度者，即現「帝釋身」而為說法。

❻應以「自在天身」得度者，即現「自在天身」而為說法。

❼應以「大自在天身」得度者，即現「大自在天身」而為說法。

❽應以「天大將軍身」得度者，即現「天大將軍身」而為說法。

❾應以「毘沙門身」得度者，即現「毘沙門身」而為說法。

❿應以「小王身」得度者，即現「小王身」而為說法。

⓫應以「長者身」得度者，即現「長者身」而為說法。

⓬應以「居士身」得度者，即現「居士身」而為說法。

⓭應以「宰官身」得度者，即現「宰官身」而為說法。

⓮應以「婆羅門身」得度者，即現「婆羅門身」而為說法。

⓯應以「比丘、比丘尼、優婆塞、優婆夷」身得度者，即現「比丘、比丘尼、優婆塞、優婆夷」身而為說法。

⓰應以「長者、居士、宰官、婆羅門婦女」身得度者，即現「婦女身而為說法。

⓱應以「童男、童女」身得度者，即現「童男、童女」身

---

❸應以「聲聞身」得度者，即現「聲聞身」而為說法。

❹應以「梵王身」得度者，即現「梵王身」而為說法。

❺應以「帝釋身」得度者，即現「帝釋身」而為說法。

❻應以「自在天身」得度者，即現「自在天身」而為說法。

❼應以「大自在天身」得度者，即現「大自在天身」而為說法。

❽應以「天大將軍身」得度者，即現「天大將軍身」而為說法。

❾應以「毘沙門身」得度者，即現「毘沙門身」而為說法。

❿應以「小王身」得度者，即現「小王身」而為說法。

⓫應以「長者身」得度者，即現「長者身」而為說法。

⓬應以「居士身」得度者，即現「居士身」而為說法。

⓭應以「宰官身」得度者，即現「宰官身」而為說法。

⓮應以「婆羅門身」得度者，即現「婆羅門身」而為說法。

⓯應以「比丘、比丘尼、優婆塞、優婆夷」身得度者，即現「比丘、比丘尼、優婆塞、優婆夷」身而為說法。

⓰應以「長者、居士、宰官、婆羅門婦女」身得度者，即現「婦女身而為說法。

⓱應以「童男、童女」身得度者，即現「童男、童女」身

	而為說法。	而為說法。
	⓲應以「天、龍、夜叉、乾闥婆、阿修羅、迦樓羅、緊那羅、摩睺羅伽、人非人」等身得度者，即皆現之而為說法。	⓲應以「天、龍、夜叉、乾闥婆、阿修羅、迦樓羅、緊那羅、摩睺羅伽、人非人」等身得度者，即皆現之而為說法。
	⓳應以「執金剛身」得度者，即現「執金剛身」而為說法。	⓳應以「執金剛神」得度者，即現「執金剛神」而為說法。
㊌光世音菩薩，遊諸佛土，而普示現若干種形，在所變化，開(導)度(化)一切。是故「族姓子」(善男子)，一切眾生咸當供養光世音(菩薩)。	㊌無盡意(菩薩)！是觀世音菩薩成就如是功德，以種種形，遊諸國土，度脫眾生。是故汝等，應當「一心」供養觀世音菩薩。	㊌無盡意(菩薩)！觀世音菩薩，成就如是功德，以種種形，遊諸國土，度脫眾生。是故汝等，應當「一心」供養觀世音菩薩。
㊍其「族姓子」(善男子)，(有眾生)所可(當;應該;所堪)周旋(照顧;周濟)，(若)有「恐懼」者，(則)令(其)「無所畏」。已致「無畏」(者)，(則)使普「安隱」，(皆)各自欣慶(歡欣慶悅)。故(光世音菩薩)遊忍界(娑婆世界)。	㊍是觀世音菩薩摩訶薩，於「怖畏急難」之中，能「施無畏」，是故此娑婆世界，皆號之(觀世音菩薩)為「施無畏者」。	㊍是觀世音菩薩摩訶薩，於「怖畏急難」之中，能「施無畏」，是故此娑婆世界，皆號之(觀世音菩薩)為「施無畏者」。

七－13 無盡意菩薩以寶珠瓔珞供養觀世音菩薩。佛言當愍無盡意菩薩及諸四眾而受瓔珞；後分作二分，一分奉釋迦佛，一分奉多寶佛塔

西晉・竺法護譯 《正法華經》	後秦・鳩摩羅什譯 《妙法蓮華經》	隋・闍那崛多、達磨笈多共譯 《添品妙法蓮華經》
㊀於是無盡意菩薩，即解己身百千「寶瓔」，以用貢上於光世音(菩薩)：惟願正士，受此「法供」；己身所有殊異「寶瓔」，而(觀世音菩薩)不肯受。	㊀無盡意菩薩白佛言：世尊！我今當供養觀世音菩薩。即解頸眾「寶珠、瓔珞」，價直百千兩金，而以與之(觀世音菩薩)，(並)作是言：仁者！受此「法施」，珍寶「瓔珞」。時觀世音菩薩不肯受之。	㊀無盡意菩薩白佛言：世尊！我今當供養觀世音菩薩。即解頸眾「寶珠、瓔珞」，價直百千兩金，而以與之(觀世音菩薩)，(並)作是言：仁者！受此「法施」，珍寶「瓔珞」。時觀世音菩薩不肯受之。

⑴時無盡意(菩薩)復謂光世音(菩薩)：唯見愍念，以時「納受」(接受)，願勿「拒逆」(拒絕違逆)。時光世音(菩薩)心自計念：不用是寶。	⑴無盡意(菩薩)復白觀世音菩薩言：仁者！愍我等故，受此「瓔珞」。	⑴無盡意(菩薩)復白觀世音菩薩言：仁者！愍我等故，受此「瓔珞」。
⑶無盡意(菩薩)言：(光世音菩薩)唯復垂愍「諸天、龍、神、揵沓和、阿須倫、迦留羅、真陀羅、摩睺勒、人及非人」(應受此寶瓔)。	⑶爾時佛告觀世音菩薩：當愍此無盡意菩薩及「四眾」，「天、龍、夜叉、乾闥婆、阿修羅、迦樓羅、緊那羅、摩睺羅伽、人非人」等故，受是「瓔珞」。	⑶爾時佛告觀世音菩薩：當愍此無盡意菩薩及「四眾」，「天、龍、夜叉、乾闥婆、阿修羅、迦樓羅、緊那羅、摩睺羅伽、人非人」等故，受是「瓔珞」。
⑷(光世音菩薩)受其「寶瓔」，輒作兩分，一分奉上能仁(釋迦)如來，一分供養眾寶如來、至真、等正覺，貢上寶寺。	⑷即時觀世音菩薩愍諸「四眾」，及於「天、龍、人非人」等，受其「瓔珞」，分作二分，一分奉釋迦牟尼佛，一分奉多寶佛塔。	⑷即時觀世音菩薩愍諸「四眾」，及於「天、龍、人非人」等，受其「瓔珞」，分作二分，一分奉釋迦牟尼佛，一分奉多寶佛塔。
⑸其「族姓子」(善男子)，(光世音菩薩)普為一切，以是之故，「神足」(神通具足)變化，遊忍世界(娑婆世界)，無所不(救)濟。	⑸無盡意(菩薩)！觀世音菩薩有如是「自在神力」，遊於娑婆世界。	⑸無盡意(菩薩)！觀世音菩薩有如是「自在神力」，遊於娑婆世界。

七－14 持地菩薩云：若有眾生，聞是〈觀世音菩薩品〉自在之業，「普門」示現「神通」力者，當知是人功德不少

西晉・竺法護譯 《正法華經》	後秦・鳩摩羅什譯 《妙法蓮華經》	隋・闍那崛多、達磨笈多共譯 《添品妙法蓮華經》
	⑴	⑴爾時莊嚴幢菩薩問無盡意菩薩言：佛子！以何因緣名觀世音？ ⑴無盡意菩薩，即便「遍觀」觀世音菩薩「過去」願海，告莊嚴幢菩薩言：佛子！諦聽

		觀世音菩薩所行之行。
	爾時無盡意菩薩以偈問曰：	爾時無盡意菩薩即說偈言：
	世尊妙相具，我今重問彼， 佛子何因緣，名為觀世音？ 具足妙相尊，偈答無盡意： 汝聽觀音行，善應諸方所， 弘誓深如海，歷劫不思議， 侍多千億佛，發大清淨願。 我為汝略說，聞名及見身， 心念不空過，能滅諸有苦。 假使興害意，推落大火坑， 念彼觀音力，火坑變成池。 或漂流巨海，龍魚諸鬼難， 念彼觀音力，波浪不能沒。 或在須彌峯，為人所推墮， 念彼觀音力，如日虛空住。 或被惡人逐，墮落金剛山， 念彼觀音力，不能損一毛。 或值怨賊繞，各執刀加害， 念彼觀音力，咸即起慈心。 或遭王難苦，臨刑欲壽終， 念彼觀音力，刀尋段段壞。 或囚禁枷鎖，手足被杻械， 念彼觀音力，釋然得解脫。 呪詛諸毒藥，所欲害身者， 念彼觀音力，還著於本人。 或遇惡羅剎、毒龍諸鬼等， 念彼觀音力，時悉不敢害。 若惡獸圍遶，利牙爪可怖， 念彼觀音力，疾走無邊方。 蚖蛇及蝮蠍，氣毒煙火燃， 念彼觀音力，尋聲自迴去。 雲雷鼓掣電，降雹澍大雨， 念彼觀音力，應時得消散。 眾生被困厄，無量苦逼身， 觀音妙智力，能救世間苦。 具足神通力，廣修智方便，	世尊妙相具，我今重問彼； 佛子何因緣，名為觀世音？ 具足妙相尊，偈答無盡意。 汝聽觀音行，善應諸方所， 弘誓深如海，歷劫不思議， 侍多千億佛，發大清淨願。 我為汝略說，聞名及見身， 心念不空過，能滅諸有苦。 假使興害意，推落大火坑； 念彼觀音力，火坑變成池。 或漂流巨海，魚龍諸鬼難； 念彼觀音力，波浪不能沒。 或在須彌峯，為人所推墮； 念彼觀音力，如日虛空住。 或被惡人逐，墮落金剛山； 念彼觀音力，不能損一毛。 或值怨賊繞，各執刀加害； 念彼觀音力，咸即起慈心。 或遭王難苦，臨刑欲壽終； 念彼觀音力，刀尋段段壞。 或囚禁枷鎖，手足被杻械； 念彼觀音力，釋然得解脫。 呪咀諸毒藥，所欲害身者； 念彼觀音力，彼即轉迴去。 或遇惡羅剎，毒龍諸鬼等； 念彼觀音力，時悉不敢害。 若惡獸圍遶，利牙爪可怖； 念彼觀音力，疾走無邊方。 蚖蛇及蝮蠍，毒氣煙火燃； 念彼觀音力，尋聲自迴去。 雲雷鼓掣電，降雹澍大雨； 念彼觀音力，應時得消散。 眾生被困厄，無量苦逼身； 觀音妙智力，能救世間苦。 具足神通力，廣修智方便，

	十方諸國土，無剎不現身。種種諸惡趣，地獄鬼畜生，生老病死苦，以漸悉令滅。真觀清淨觀，廣大智慧觀，悲觀及慈觀，常願常瞻仰。無垢清淨光，慧日破諸闇，能伏災風火，普明照世間。悲體戒雷震，慈意妙大雲，澍甘露法雨，滅除煩惱焰。諍訟經官處，怖畏軍陣中，念彼觀音力，眾怨悉退散。妙音觀世音，梵音海潮音，勝彼世間音，是故須常念，念念勿生疑。觀世音淨聖，於苦惱死厄，能為作依怙，具一切功德，慈眼視眾生，福聚海無量，是故應頂禮。	十方諸國土，無剎不現身。種種諸惡趣，地獄鬼畜生；生老病死苦，以漸悉令滅。真觀清淨觀，廣大智慧觀；悲觀及慈觀，常願常瞻仰。無垢清淨光，慧日破諸闇；能伏災風火，普明照世間。悲體戒雷震，慈意妙大雲，澍甘露法雨，滅除煩惱焰。諍訟經官處，怖畏軍陣中；念彼觀音力，眾怨悉退散。妙音觀世音，梵音海潮音，勝彼世間音，是故須常念。念念勿生疑，觀世音淨聖；於苦惱死厄，能為作依怙。具一切功德，慈眼視眾生；福聚海無量，是故應頂禮。
㊼於是持地菩薩，即從座起前白佛言：假使有人，聞光世音（菩薩）所行德本，終不虛妄，世世安隱，至「無極」（pāramitā 波羅蜜）慧，其光世音（菩薩），「神足」（神通具足）變化，普（普遍攝受一切眾生）至「道門」（佛道之法門），所顯威神，而無窮極。	㊼爾時持地菩薩即從座起，前白佛言：世尊！若有眾生，聞是〈觀世音菩薩品〉自在之業，「普門」（普攝一切眾生的廣大圓融方便法門）示現「神通」力者，當知是人功德不少。	㊼爾時持地菩薩即從座起，前白佛言：世尊！若有眾生，聞是〈觀世音菩薩品〉自在之業，「普門」（普攝一切眾生的廣大圓融方便法門）示現「神通」力者，當知是人功德不少。
㊽佛說是「普門道品」，彼時會中「八萬四千」人，至無等倫，尋（隨即）發「無上正真道意」。	㊽佛說是〈普門品〉時，眾中「八萬四千」眾生，皆發無等等「阿耨多羅三藐三菩提心」。	㊽佛說是〈普門品〉時，眾中「八萬四千」眾生，皆發無等等「阿耨多羅三藐三菩提心」。

〈陀羅尼品第二十六〉

七－15 受持《法華經》「一、四」句偈，能「讀誦、解義、如說修行」，其福勝於供養恒河沙諸佛

西晉‧竺法護譯《正法華經》	後秦‧鳩摩羅什譯《妙法蓮華經》	隋‧闍那崛多、達磨笈多共譯《添品妙法蓮華經》
〈總持品第二十四〉	〈陀羅尼品第二十六〉	〈陀羅尼品第二十一〉
壹於是藥王菩薩，即從座起，長跪叉手(即「金剛合掌」，即合掌交叉兩手之指頭)，前白佛言：若「族姓子」(善男子)及「族姓女」(善女人)，聞是《正法華》經典，「受持、懷抱(心懷憶誠)、書寫」經卷，獲福如何？	壹爾時，藥王菩薩即從座起，偏袒右肩，合掌向佛，而白佛言：世尊！若「善男子、善女人」，有能「受持」《法華經》者，若「讀誦、通利(通暢；無阻礙；無有忘失)」，若「書寫」經卷，得幾所福？	壹爾時，藥王菩薩即從座起，偏袒右肩，合掌向佛，而白佛言：世尊！若「善男子、善女人」，有能「受持」《法華經》者，若「讀誦、通利(通暢；無阻礙；無有忘失)」，若「書寫」經卷，得幾所福？
貳佛言：「族姓子、女」(善男子、善女人)，「受持」是經(《法華經》)，「誦」在「懷抱(心懷憶誠)、書寫」經卷，福不可量，無以為喻。若「族姓子」(善男子)，供養「八十億」百千姟江河沙諸如來眾，若復「受持、懷抱(心懷憶誠)、書寫」是《正法華經》，講說「供養」。何所福多？於意云何？寧當一心「奉持經典」，若(如)以衣食「供養諸佛」(般)。	貳佛告藥王(菩薩)：若有「善男子、善女人」，供養「八百萬億」那由他恒河沙等諸佛，於汝意云何？其所得福，寧為多不？	貳佛告藥王(菩薩)：若有「善男子、善女人」，供養「八百萬億」那由他恒河沙等諸佛，於汝意云何？其所得福，寧為多不？
參藥王菩薩白佛言：若「族姓子」(善男子)及「族姓女」(善女人)，受《正法華》經典之要，「執持、書寫」一四句頌，講說、諷誦，若復「奉行」，具足成就，其福最多，勝於供養若干江沙諸佛世尊。	參甚多，世尊！	參甚多，世尊！
肆佛言：甚哉！「法」之供養，(《法華經》)最為第一。	肆佛言：若「善男子、善女人」，能於是經，乃至受持	肆佛言：若「善男子、善女人」，能於是經，乃至受持

	「一、四」句偈,「讀誦、解義、如說修行」,功德甚多。	「一、四」句偈,「讀誦、解義、如說修行」,功德甚多。

七－16 藥王菩薩為守護受此經,而説諸佛所説之咒。若有「侵毀」受持解説《法華經》之「法師」者,如是等同「侵毀」諸佛

西晉・竺法護譯《正法華經》	後秦・鳩摩羅什譯《妙法蓮華經》	隋・闍那崛多、達磨笈多共譯《添品妙法蓮華經》
㊀藥王菩薩復白佛言:我當擁護如是等輩,諸「族姓子」(善男子)及「族姓女」(善女人),「受此經」者、斯「法師」(能通曉能解說《法華經》,又能引導眾生修行《法華經》者)等,(皆能)以「義」宿衛(守護慧命)。(若欲)長使無患,(應)誦「總持」句。又尋咒曰:	㊀爾時藥王菩薩白佛言:世尊!我今當(給)與「說法者」(能通曉能解說《法華經》)陀羅尼咒,以(而)守護之。即說咒曰:	㊀爾時藥王菩薩白佛言:世尊!我今當(給)與「說法者」(指解說此《法華經》者)陀羅尼咒,以(而)守護之。即說咒曰:
		恒(都割)姪(地夜)他(一)
	tadyathā	tadyathā
	安爾(一)	安㨖(如帝)(二)
奇異所思,	anye	anye
意念無意,	曼爾(二)	曼(莫安)㨖(三)
永久所行,	manye	manye
奉修寂然。	摩禰(三)	末泥(奴抵)(四)
	mane	mane
澹泊志默,	摩摩禰(四)	磨(莫賀)磨泥(五)
解脫濟渡,	mamane	mamane
平等無邪,	旨隸(五)	質抵(六)
安和普平。	cire	cire
滅盡無盡,	遮梨第(六)	折(之熱)唎㨖(七)
莫勝玄默,	carite	carite
澹然總持,	賖咩(羊鳴音)(七)	攝迷(八)
觀察光耀,	śame	śame
有所依倚,	賖履(冈雉反)多瑋(八)	攝寐多鼻(九)
恃怙於內,	śamitavi	śamitavi
究竟清淨,	羶(輸千反)帝(九)	奢(舒迦)安㨖(十)
無有坑坎,	śānte	śānte
亦無高下,	目帝(十)	目訖㨖(十一)
無有迴旋,	mukte	mukte
所周旋處,	目多履(十一)	目訖跢(都箇)檻(都濫)迷 㮠
其目清淨,	muktame	(蘇濫)迷(十二)

等無所等，	娑履(十二)	mukta-tame same
覺已越度，	same	
而察於法。	阿瑋娑履(十三)	穩ㄨ(烏合)鼻鈒迷(十三)
合衆無音，	aviṣame	aviṣame
所說解明，	桑履(十四)	穆磨穆迷(十四)
而懷止足。	sama	sama same
盡除節限，	娑履(十五)	
宣暢音響，	same	
曉了衆聲，	叉裔(十六)	社(時夜)頤(余鈞)(十五)
而了文字，	kṣaye	jaye
無有窮盡，		憩(欽債)頤(十六)
永無力勢，		kṣaye
無所思念。	阿叉裔(十七)	惡憩頤(十七)
	akṣaye	akṣaye
	阿耆膩(十八)	惡攲嬭(奴皆)(十八)
	akṣīṇe	akṣīṇe
	羶帝(十九)	奢安銅攝寐(十九)
	śānte	śānte śame
	賖履(二十)	
	śame	
	陀羅尼(二十一)	陁邏膩(奴寄)(二十)
	dhāraṇī	dhāraṇī
	阿盧伽婆娑(蘇奈反)簸蔗毘叉膩(二十二)	阿(長聲)盧迦婆抾(二十一)
	ālokabhāse pratyavekṣaṇi	āloka bhāse
		鉢囉詆(都夜)鞞剎(駈察)膩(二十二)
		pratyavekṣaṇi
	禰毘剃(二十三)	鼻鼻㗭(二十三)
	nir-bhīte	bhibhiru
	阿便哆(都餓反)邏禰履剃(二十四)	穩便(扶延)哆邏儞(奴棄)鼻瑟薺(都皆)(二十四)
	abhyantara ni-viṣṭe	abhyantara ni-viṣṭe(深殖;執著)
	阿亶哆波隷輸地(途賣反)(二十五)	頞(烏割)顚路波唎秇(鼠出)啼(二十五)
	atyanta pariśuddhi	atyanta pariśuddhi
	漚究隷(二十六)	郁(於竹)究犁(二十六)
	utkūle	utkūle
	牟究隷(二十七)	目究犁(二十七)

	mutkūle(疑作 nikūle？)	mutkūle
	阿羅隸(二十八)	頞邏第 (屠皆)(二十八)
	arale	araḍe
	波羅隸(二十九)	鉢邏第(二十九)
	parale	paraḍe
	首迦差 (初几反)(三十)	怒(鼠注)迦歆(三十)
	śukla-akṣi	śukla-akṣi
	阿三磨三履(三十一)	頞糁磨糁迷(三十一)
	asama　same	asama　same
	佛馱毘吉利裒帝(三十二)	勃地鼻盧吉鞠(三十二)
	buddha-vilokite	buddha-vilokite
	達磨波利差 (猜離反)帝(三十三)	達磨鉢離器鞠(三十三)
	dharma-parīkṣite	dharma-parīkṣite
	僧伽涅瞿沙禰(三十四)	僧伽涅瞿殺嫲(三十四)
	saṅgha　nirghoṣaṇi	saṅgha　nirghoṣaṇi
	婆舍婆舍輸地(三十五)	跋耶 (余哥)跋夜 (余箇)輸達泥
	bhāṣya--bhāṣya　śuddhi	(三十五)
		bhāṣya--bhāṣya　śudhani
	曼哆邏(三十六)	曼窒 (都桔)棃(三十六)
	mantre	mantre
	曼哆邏叉夜多(三十七)	曼怛邏憩夜鞠(三十七)
	mantra-akṣayate	mantra-akṣayate
	郵樓哆(三十八)	護路跢慱 (俱昭)舍利頤(三十八)
	rute	rute　ruta-kauśalye
	郵樓哆憍舍略 (來加反)(三十九)	
	ruta-kauśalye	
	惡叉邏(四十)	惡叉夜(三十九)
	akṣara	akṣaye
	惡叉冶多冶(四十一)	惡叉跋奈 (奴箇)多夜(四十)
	akṣayatāye	kṣaya vanatāye
	阿婆盧(四十二)	跋盧
	abalo	balo
	阿摩若 (荏蔗反)那多夜(四十三)	優曼禰 (奴夜)奈多夜
	amanyanatāye	amanyanatāye
㦯藥王菩薩白日：唯然世尊，是「總持句」(皆為)「六十二」江河沙諸佛所說。假使有	㦯世尊！是陀羅尼神咒，(皆為)「六十二億」恒河沙等諸佛所說，若有「侵毀」(侵害毀壞)	㦯世尊！是陀羅尼神咒，(皆為)「六十二億」恒河沙等諸佛所說，若有「侵毀」(侵害毀壞)

「犯此呪言」者，若復「違毀」(違犯毀壞)此等「法師」(能通曉能解說《法華經》，又能引導眾生修行《法華經》者)，為(衰)失諸佛世尊(之)道教。

㊤佛歎藥王菩薩大士：善哉！善哉！若「族姓子」(善男子)說(此)「總持句」，為眾生故，愍念擁護，多所安隱。

此「法師」(能通曉能解說《法華經》，又能引導眾生修行《法華經》者)者，則為「侵毀」是諸佛已。

㊤時釋迦牟尼佛讚藥王菩薩言：善哉！善哉！藥王！汝愍念擁護此「法師」(能通曉能解說《法華經》，又能引導眾生修行《法華經》者)故，(應)說是「陀羅尼」，於諸眾生，多所饒益。

此「法師」(能通曉能解說《法華經》，又能引導眾生修行《法華經》者)者，則為「侵毀」是諸佛已。

㊤時釋迦牟尼佛讚藥王菩薩言：善哉！善哉！藥王！汝愍念擁護此「法師」(能通曉能解說《法華經》，又能引導眾生修行《法華經》者)故，(應)說是「陀羅尼」，於諸眾生，多所饒益。

一、藥王菩薩說呪：

(呪義內容乃錄自竺法護《正法華經》。超小字體為筆者試著還原回梵文羅馬拼音及釋義，僅供您讀誦呪語發音之參考)

tadyathā・anye・manye・mane・mamane・cire・carite・same・śamita・
(別;更;異;有) (思惟;分別) (思惟;分別) (思惟;分別) (久) (行;修;所修) (靜;寂;滅;定;涅槃) (平穩;平靜)
奇異 所思 意念 無意 永久 所行奉修 寂然 澹泊

viśānte・mukte・muktame・same・avisame・sama--same・kṣaye・akṣaye・
(寂靜;淡泊) (解脫) (得度;得解脫者) (正直;齊平) (平正) (正直;齊平) (正直;齊平) (滅盡;滅;斷) (無盡;無滅盡)
志默 解脫 濟度 平等 無邪 安和 普平 滅盡 無盡

akṣīne・śānte・same・dhāraṇī・āloka bhāse・prat-yavekṣaṇi・
(無有窮盡) (寂靜;淡泊) (寂;靜;滅;定) (陀羅尼;總持) (光明) (光;光耀) (思惟;內審觀察)
莫勝 玄默 澹然 總持 光 耀 觀察
(《正法華經》原順序作：觀察光耀)

nir-bhīte・abhyantara ni-viṣṭe・atyanta pariśuddhi・utkūle・nikūle・
(無畏) (內) (深殖;執著) (究竟) (清淨) (高;堆阜) (下;低;坑坎)
有所依倚 恃怙於內 究竟 清淨 亦無高下 無有坑坎
(《正法華經》原順序作：無有坑坎，亦無高下)

araḍe・paraḍe・śukla-akṣi・asama・same・
(義不明?) (義不明?) (清淨) (眼睛) (無等等) (普等)
無有迴旋 所周旋處 其目清淨 等無所等

buddha- vilokite・dharma- parīkṣite・saṅgha・nirghoṣaṇi・bhāṣya--bhāṣya・
(覺悟;覺者) (觀察) (法) (觀察) (和;眾;和合眾;和合僧) (音;聲) (所說;講說;經書) (所說;講說;經書)
覺已越度 而察於法 合眾 無音 所說

śuddhi・mantre・mantra-akṣayate・rute・
(清淨;嚴淨) (真言;明呪;明) (真言;明呪;明) (無盡) (義不明?)
解(宋本將「解」作「鮮」字) 明 而懷止足 盡除節限

ruta- kauśalye・akṣara・akṣayatāye・
(聲音;語言) (善巧;巧方便) (文字) (無盡)

宣暢音響　曉了眾聲　而了文字　無有窮盡

abalo・　　amanyanatāye・(svāhā)・
（無力）　　　　（無所思念）
永無力勢　　無所思念

唐・般若譯《大乘理趣六波羅蜜多經》

(1)復次，慈氏！云何名為「第三法寶」？所謂過去無量殑伽沙諸佛世尊所說正法，我今亦當作如是說。

(2)所謂「八萬四千」諸妙法蘊，調伏純熟有緣眾生，而令阿難陀等諸大弟子，一聞於耳，皆悉憶持，攝為五分：

　一「素呾纜」。(sutra)

　二「毘奈耶」。(vinaya)

　三「阿毘達磨」。(abhidharma)

　四「般若波羅蜜多」。(prajñā-pāramitā)

　五「陀羅尼門」。(dhāraṇī)

(3)此五種藏，教化有情，隨所應度而為說之。

　❶若彼有情，樂處「山林」，常居「閑寂」，修「靜慮」者，而為彼說「素呾纜藏」(經藏)。

　❷若彼有情，樂習「威儀」，護持「正法」，一味「和合」，令得久住，而為彼說「毘奈耶藏」(律藏)。

　❸若彼有情，樂說「正法」，分別性相，循環研覈，究竟甚深，而為彼說「阿毘達磨藏」(論藏)。

　❹若彼有情，樂習「大乘真實智慧」，離於「我、法」執著分別，而為彼說「般若波羅蜜多藏」(般若藏)。

　❺若彼有情不能受持「契ㄑ 經」(經藏)、調伏(律藏)、對法(論藏)、般若。或復有情造諸「惡業」，「四重、八重、五無間罪、謗方等經、一闡提」等種種重罪；(設欲)使得(諸惡業)「銷滅」，速疾解脫，頓悟「涅槃」，(故)而為彼說諸「陀羅尼藏」。

(4)此「五法藏」，譬如「乳、酪、生酥、熟酥」，及「妙醍醐」。

　❶「契ㄑ 經」(經藏)如「乳」。

　❷「調伏」(律藏)如「酪」。

　❸「對法教」(論藏)者如彼「生酥」。

　❹「大乘般若」猶如「熟酥」。

　❺「總持門」者，譬如「醍醐」。

(5)「醍醐」之味(指「總持門」)，(為)「乳、酪、酥」中，微妙第一，(總持門)能除諸病，令諸有情「身心安樂」。「總持門」者，(於)「契ㄑ 經」等中，最為第一，能除重罪，(能)令諸眾生解脫生死，速證「涅槃」，安樂「法身」。

(參見《大乘理趣六波羅蜜多經》卷 1〈1 歸依三寶品〉。詳 CBETA, T08, no. 261, p. 868, c)

七－17 妙勇菩薩說咒，擁護受持《法華經》者，令無諸衰患，常獲吉利

西晉・竺法護譯《正法華經》	後秦・鳩摩羅什譯《妙法蓮華經》	隋・闍那崛多、達磨笈多共譯《添品妙法蓮華經》
壹 於時妙勇菩薩前白佛	壹 爾時勇施菩薩白佛言：	壹 爾時勇施菩薩白佛言：

言：唯然世尊，我身亦為眾生之故，欲令永安。

　（貳）若有「奉持」此「經典」（《法華經》）者，授「總持」句，將護如此諸「法師」（能通曉能解説《法華經》，又能引導眾生修行《法華經》者）等，令無「伺求」（鬼常「伺察」求害於人）得其便者，「鬼神、諸魅、溷﹝廁所﹞廁眾鬼、突鬼、厭鬼、餓鬼、反足（《一切經音義》云：鬼名也……注云「一手一腳」反卷曲也。東方《朔神異經》云：西荒中有獸焉，其狀如鹿，人面有牙，猴手熊足，縱目橫鼻，反踵饒力，恨ㄑ惡名日「惡物」，此即鬼類也」，雖欲來嬈ㄋ（擾），無能得便。妙勇菩薩專心思惟，說此總持日：

晃耀大明，
炎光演暉，
順來富章，
悅喜欣然住此，
立制永作，
無合無集。

世尊！我亦為擁護「讀誦、受持」《法華經》者，說「陀羅尼」。

　（貳）若此「法師」，得是「陀羅尼」，若「夜叉」、若「羅刹」、若「富單那」、若「吉遮」（kṛtya 起屍鬼）、若「鳩槃茶」、若「餓鬼」等，「伺求」（「伺察」加害）其「短」（缺失；短處），無能得便。即於佛前而說呪曰：

（呪前可再加上 tadyathā 句）
痤（誓螺反）隸（一）
jvale
摩訶痤隸（二）
mahā-jvale
郁枳（三）
ukke
目枳（四）
mukke
阿隸（五）
aḍe
阿羅婆第（六）
aḍāvati
涅隸第（七）
nṛtye
涅隸多婆第（八）
nṛtyāvati
伊緻（猪履反）柅（女氏反）（九）
iṭṭini
韋緻柅（十）
viṭṭini
旨緻柅（十一）
ciṭṭini
涅隸墀柅（十二）
nṛtyeni

世尊！我亦為擁護「讀誦、受持」《法華經》者，說「陀羅尼」。

　（貳）若此「法師」，得是「陀羅尼」，若「夜叉」、若「羅刹」、若「富單那」、若「吉蔗」（kṛtya 起屍鬼）、若「鳩槃荼」、若「餓鬼」等，「伺求」（「伺察」加害）其「短」（缺失；短處），無能得便。即於佛前而說呪曰：

怛姪他（一）
tadyathā
涉皤（菩播）犁（二）
jvale
莫訶涉皤犁（三）
mahā-jvale
郁雞（四）
ukke
目雞（五）
mukke
頞第（六）
aḍe
頞荼（屠迦）皤底（都棄）（七）
aḍāvati
涅唎致（都寄）頤（八）
nṛtye
涅唎致耶跋底（九）
nṛtyāvati
壹郅（都筆）爾（十）
iṭṭini
比（扶必）郅爾（十一）
viṭṭini
質郅爾（十二）
ciṭṭini
涅唎哲（都八）爾（十三）
nṛtyeni

	涅犁墀婆底(十三) nṛtyāvati (咒尾可再加上 svāhā 句)	涅唎吒(都家反)跋爾(十四) nṛtyāvati (咒尾可再加上 svāhā 句)
參是「總持句」,「江河沙」等諸佛所說,咸共「勸助」(勸發獎助)。若違「如來」,如是「比像」(比擬象徵)諸「法師」(能通曉能解說《法華經》,又能引導眾生修行《法華經》者)教,還自「危亡」。	參世尊!是陀羅尼神咒,「恒河沙」等諸佛所說,亦皆「隨喜」,若有「侵毀」(侵害毀壞)此「法師」(能通曉能解說《法華經》,又能引導眾生修行《法華經》者)者,則為「侵毀」是「諸佛」已。	參世尊!是陀羅尼神咒,「恒河沙」等諸佛所說,亦皆「隨喜」,若有「侵毀」(侵害毀壞)此「法師」(能通曉能解說《法華經》,又能引導眾生修行《法華經》者)者,則為「侵毀」是「諸佛」已。

二、妙勇菩薩說咒:

(咒義內容乃錄自竺法護《正法華經》。超小字體為筆者試著還原回梵文羅馬拼音及釋義,僅供您讀誦咒語發音之參考)

tadyathā · jvale · mahā-jvale · ukke · mukke ·

(光明/熾勝) (大) (光明/熾勝) (義不明?) (義不明?)

晃耀　大明　炎光　演暉

aḍe · aḍāvati · nṛtye · nṛtyāvati · iṭṭini · viṭṭini · ciṭṭini · nṛtyeni · nṛtyāvati · (svāhā) ·

(義不明?)(義不明?)(舞/技樂)(義不明?)(義不明?)(義不明?)(義不明?)(義不明?)(義不明?)

順來　富章　悅喜　欣然　住此　立制　永作　無合　無集

七－18 毘沙門天王說咒,擁護受持《法華經》者,令無諸衰患,常獲吉利

西晉·竺法護譯 《正法華經》	後秦·鳩摩羅什譯 《妙法蓮華經》	隋·闍那崛多、達磨笈多共譯 《添品妙法蓮華經》
壹時毘沙門天王前白佛言:我亦當演此「總持句」,加以慈心,為眾生故,擁護「法師」(能通曉能解說《法華經》,又能引導眾生修行《法華經》者)。	貳爾時毘沙門天王護世者白佛言:世尊!我亦為愍念眾生,「擁護」此「法師」(能通曉能解說《法華經》,又能引導眾生修行《法華經》者)故,說是陀羅尼。即說咒曰:	參爾時毘沙門天王護世者白佛言:世尊!我亦為愍念眾生,「擁護」此「法師」(能通曉能解說《法華經》,又能引導眾生修行《法華經》者)故,說是陀羅尼。即說咒曰:
		怛姪他(一) tadyathā
富有調戲無戲, 無量無富何富。	tadyathā 阿梨(一) arthe 那梨(二) nṛtye 㝹那梨(三)	頞㗚(都皆)(二) arthe 捼(奴割)㗚(三) nṛtte 訥(奴骨)捼㗚(四)

	na-nṛtye 阿那盧 (四) anante 那履 (五) nāḍhi 拘那履 (六) guṇāḍhi	na-nṛiṭṭe 案那廚 (拏句) (五) anaḍe 那稚 (徒寄) (六) nāḍi 挕 (俱運) 奈 (奴箇) 稚 kunaḍhi
貳 以是故，擁護諸「法師」（能通曉能解說《法華經》，又能引導眾生修行《法華經》者）等，百由旬內，無敢犯觸，宿衛（保衛；守護）將順。諸「族姓子」（善男子），如是「比像」（比擬象徵），至學「法師」乃能「受持」，以是擁護，常獲吉利。	貳 世尊！以是神呪擁護「法師」（能通曉能解說《法華經》，又能引導眾生修行《法華經》者），我亦自當「擁護」持是經（《法華經》）者，令百由旬內，無諸「衰患」（衰惱憂患）。	貳 世尊！以是神呪擁護「法師」（能通曉能解說《法華經》，又能引導眾生修行《法華經》者），我亦自當「擁護」持是經（《法華經》）者，令百由旬內，無諸「衰患」（衰惱憂患）。

三、毘沙門天王説咒：

(咒義內容乃錄自竺法護《正法華經》。超小字體為筆者試著還原回梵文羅馬拼音及釋義，僅供您讀誦咒語發音之參考)

tadyathā ‧ arthe ‧ nṛtye ‧ na-nṛtye ‧ anante ‧ nāḍhi ‧ guṇāḍhi ‧ (svāhā) ‧

（財利;金錢;富）	（舞;伎樂）	（無）	（舞;伎樂）	（無量）	（義不明?）	（富德）
富有	調戲	無戲		無量	無富	何富

七－19 持國天王説咒，擁護受持《法華經》者，令無諸衰患，常獲吉利

西晉‧竺法護譯 《正法華經》	後秦‧鳩摩羅什譯 《妙法蓮華經》	隋‧闍那崛多、達磨笈多共譯 《添品妙法蓮華經》
壹 時順怨天王，在彼會坐，與諸「香音」（乾闥婆）億百千姟鬼眷屬圍遶，往詣佛所前白佛言：唯然世尊，我亦當宣此「總持句」。	壹 爾時持國天王在此會中，與千萬億那由他「乾闥婆」眾，恭敬圍繞，前詣佛所，合掌白佛言：世尊！我亦以「陀羅尼神呪」，擁護持《法華經》者。 即說呪曰：	壹 爾時持國天王在此會中，與千萬億那由他「乾闥婆」眾，恭敬圍繞，前詣佛所，合掌白佛言：世尊！我亦以「陀羅尼神呪」，擁護持《法華經》者。 即說呪曰： 怛姪他 (一)
	tadyathā 阿伽禰 (一)	tadyathā 惡揭 (其羯) 嬭 (奴皆) 揭嬭 (二)
無數有數，曜黑持香，		

凶呪大體，于器順述，暴言至有。	agaṇe 伽禰（二） gaṇe 瞿利（三） gauri 乾陀利（四） gandhāri 旃陀利（五） caṇḍāli 摩蹬耆（六） mātaṅgi 常求利（七） pukkasi 浮樓莎柅（八） vrūsali 頞底（九） ati	agaṇe　gaṇe 瞿唎（三） gauri 𤙲（伽安）陀唎（四） gandhāri 旃荼（徒家）利（五） caṇḍāli 摩登祇（渠棄）（六） mātaṅgi 比羯肆（七） pukkasi 僧句犁（八） saṃkule 部𪘜薩利（九） vrūsali
㉒唯然世尊，此「總持句」，「四千二百億」諸佛所說。以此「總持」，擁護供養諸「學經（《法華經》）者，令無伺求（鬼常「伺察」求害於人）得其便者。	㉒世尊！是「陀羅尼」神呪，「四十二億」諸佛所說，若有「侵毀」（侵害毀壞）此「法師」（能通曉能解說《法華經》，又能引導眾生修行《法華經》）者，則為「侵毀」是諸佛已。	㉒世尊！是「陀羅尼」神呪，「四十二億」諸佛所說，若有「侵毀」（侵害毀壞）此「法師」（能通曉能解說《法華經》，又能引導眾生修行《法華經》）者，則為「侵毀」是諸佛已。

四、持國天王說呪：

(呪義內容乃錄自竺法護《正法華經》。超小字體為筆者試著還原回梵文羅馬拼音及釋義，僅供您讀誦呪語發音之參考)

tadyathā・agaṇe・gaṇe・　gauri・gandhāri・caṇḍāli・　　　mātaṅgi・　pukkasi・
（無數）（數）（白;鮮白;月）（持地調;持香龍王名）（屬種;暴驣;執惡）（屬種;下賤種;象;牛;墨黑）（屬家;卡羯娑）
無數　　有數　曜黑　持香　凶呪（「呪」宋本作「祝」字）大體　　于器

saṃkule・　brū sāli・ati・　(svāhā)・
（群集）（言;說）（堅固）（甚;極;最極）
順述　　　暴言　至有

七─20 十羅刹女，與鬼子母并其子及眷屬，亦說呪語，擁護「讀誦、受持」《法華經》者，令得安隱，離諸衰患

西晉‧竺法護譯《正法華經》	後秦‧鳩摩羅什譯《妙法蓮華經》	隋‧闍那崛多、達磨笈多共譯《添品妙法蓮華經》
壹時有一魅， 名❶有結縛。 復名❷離結。 復名❸施積。 復名❹施華。 復名❺施黑。 復名❻被髮。 復名❼無著。 復名❽持華。 復名❾何所。 復名❿取一切精。 往詣佛所，鬼子母與諸子俱。	壹爾時有羅剎女等， 一名藍婆。 二名毘藍婆。 三名曲齒。 四名華齒。 五名黑齒。 六名多髮。 七名無厭足。 八名持瓔珞。 九名睪帝。 十名奪一切眾生精氣。 是十羅剎女，與鬼子母，幷其子及眷屬，俱詣佛所。	壹爾時有羅剎女等， 一名藍婆。 二名毘藍婆。 三名曲齒。 四名華齒。 五名黑齒。 六名多髮。 七名無厭足。 八名持瓔珞。 九名睪帝。 十名奪一切眾生精氣。 是十羅剎女，與鬼子母，幷其子及眷屬，俱詣佛所。
貳異口同音，前白佛言：我等，世尊！常當擁護如是「比像」(比擬象徵)諸「法師」(能通曉能解說《法華經》，又能引導眾生修行《法華經》者)等，加施「吉祥」，令無「伺求」(鬼常「伺察」求害於人)得「法師」短(缺失；短處)。于時諸魅，同共舉聲，宣此「總持」，將順法師：	貳同聲白佛言：世尊！我等亦欲擁護「讀誦、受持」《法華經》者，除其「衰患」(衰惱憂患)，若有伺求(鬼常「伺察」求害於人)「法師」(能通曉能解說《法華經》，又能引導眾生修行《法華經》者)短(缺失；短處)者，令不得便。即於佛前，而說呪曰：	貳同聲白佛言：世尊！我等亦欲擁護「讀誦、受持」《法華經》者，除其「衰患」(衰惱憂患)，若有伺求(鬼常「伺察」求害於人)「法師」(能通曉能解說《法華經》，又能引導眾生修行《法華經》者)短(缺失；短處)者，令不得便。即於佛前，而說呪曰： 怛姪他 tadyathā
於是於斯於爾於氏， 極甚無我無吾， 無身無所俱同， 已興已生已成， 而住而立， 亦住嗟讚(讚)歎， 亦非消頭， 大疾無得加害。	伊提履(一)伊提泯(二)伊提履(三)阿提履(四)伊提履(五) itime	壹底(都棄)迷(此一句，五遍道) itime
	泥履(六)泥履(七)泥履(八)泥履(九)泥履(十) nime	爾(奴棄)迷(亦五遍) nime
	樓醯(十一)樓醯(十二)樓醯(十三)樓醯(十四)多醯(十五) ruhe	護(咯)醯(呼羯，亦五遍道) ruhe

	多醯(十六) 多醯(十七) 兜醯(十八) 瓷醯(十九) stuhe	薩路(都箇)醯(亦五遍道) stuhe
❸是等之類,是我「眷屬」,令無所犯,擁護「法師」(能通曉能解說《法華經》,又能引導眾生修行《法華經》者)。消除「鬼神、諸魅餓鬼、溷ᶿ神、突鬼、蠱道符呪、癲狂顛鬼」,化是像來,若「鬼神形」及「非人像」。	❸寧上我頭上,莫惱於「法師」(能通曉能解說《法華經》,又能引導眾生修行《法華經》者)。若「夜叉」、若「羅剎」、若「餓鬼」、若「富單那」、若「吉遮」(kṛtya 起屍鬼)、若「毘陀羅」、若「犍馱」、若「烏摩勒伽」、若「阿跋摩羅」、若「夜叉吉遮」、若「人吉遮」。	❸寧上我頭上,莫惱於「法師」(能通曉能解說《法華經》,又能引導眾生修行《法華經》者)。若「夜叉」、若「羅剎」、若「餓鬼」、若「富單那」、若「吉蔗」(kṛtya 起屍鬼)、若「毘陀羅」、若「乾馱」、若「烏摩勒伽」、若「阿跋摩羅」、若「夜叉吉遮」、若「人吉蔗」。
❹二日、三日,若至四日,若「常熱病」。	❹若「熱病」,若一日、若二日、若三日、若四日,乃至七日,若「常熱病」。	❹若「熱病」,若一日、若二日、若三日、若四日,乃至七日,若「常熱病」。
❺若復「夜臥」,值「惡夢」者,若現「男女、大小」諸像,我等「擁護」,令無「伺求」(鬼常「伺察」求害於人)得其便者。	❺若「男形」、若「女形」、若「童男形」、若「童女形」,乃至夢中,亦復莫惱。	❺若「男形」、若「女形」、若「童男形」、若「童女形」,乃至夢中,亦復莫惱。

五、十羅剎女,與鬼子母并其子及眷屬説咒:
(咒義内容乃録自竺法護《正法華經》。超小字體爲筆者試著還原回梵文羅馬拼音及釋義,僅供您讀誦咒語發音之參考)

tadyathā・itime・itime・itime・itime・itime・
(iti→然;如是;此是;如此)
於是　於斯　於爾　於氐　極甚

nime・nime・nime・nime・nime・
(ni→無・mad→我・mama→我)
無我　無吾　無身　無所　俱同

ruhe・ruhe・ruhe・ruhe・ruhe・
(ruh→生;生長;出生;建立;增長)
已興　已生　已成　而住　而立亦住

stuhe・　stuhe・　stuhe・stuhe・stuhe・(svāhā)・
(stu→稱嘆;讚賞;稱揚;建立;增長)
嗟歎　亦非消頭　大疾　無得　加害

七－21 十羅剎女，與鬼子母，并其子及眷屬所說「咒語」，能「擁護」受持《法華經》之「經名」者，福不可量，何況能全部修持此經典者

西晉‧竺法護譯 《正法華經》	後秦‧鳩摩羅什譯 《妙法蓮華經》	隋‧闍那崛多、達磨笈多共譯 《添品妙法蓮華經》
㊀於時「諸魅」(十羅剎女，與鬼子母，并其子及眷屬)，共於佛前，說此頌曰： 犯頭破七分，猶如華菜剖， 當致殺母罪，亦得害父殃。 其有犯法師，皆當獲此殃， 世世不得安，不與諸佛會。 破壞佛寺罪，鬥亂聖眾殃， 如合眾麻油，麻油聚一處。 放火皆燋然，消盡無有餘， 其有犯法師，當獲此罪殃。 猶如稱載峻，罪垢之所聚， 其有犯法師，當獲此重殃。 ㊁諸鬼神「軍頭」等，說此頌已，前白佛言：我等咸護如是「比像」(比擬象徵)諸「法師」(能通曉能解說《法華經》，又能引導眾生修行《法華經》者)等，使常安隱，除去「怨敵」，周匝宿衛(保衛；守護)，令無傷害，若有行毒，毒為不行。 ㊂時佛嗟歎(讚歎)「諸魅」所呪：善哉！善哉！汝等乃欲護諸「法師」(能通曉能解說《法華經》，又能引導眾生修行《法華經》者)。若聞此經(《法華經》)，宣持名號，德不可量，何況「具足」隨時(修)持(演)說，「書」(寫)在經卷。 ㊃若以供養「華香、幢蓋、雜香、搗香」，然燈懸繪，思	㊀(十羅剎女，與鬼子母，并其子及眷屬)即於佛前，而說偈言： 若不順我呪，惱亂說法者， 頭破作七分，如阿梨樹枝。 如殺父母罪，亦如壓油殃， 斗秤欺誑人，調達破僧罪。 犯此法師者，當獲如是殃。 ㊁諸「羅剎女」，說此偈已，白佛言：世尊！我等亦當身自擁護「受持、讀誦、修行」是經者，令得安隱，離諸「衰患」(衰惱憂患)，消眾毒藥。 ㊂佛告諸「羅剎女」：善哉！善哉！汝等但能「擁護」受持「法華」名者，福不可量，何況擁護「具足(全部完整經典)」受持。 ㊃(能)供養經卷(《法華經》)，「華香、瓔珞、末香、塗香、	㊀(十羅剎女，與鬼子母，并其子及眷屬)即於佛前，而說偈言： 若不順我呪，惱亂說法者； 頭破作七分，如摩利闍迦， 如殺父母罪，亦如壓油殃， 斗秤欺誑人，調達破僧罪， 犯此法師者，當獲如是殃。 ㊁諸「羅剎女」，說此偈已，白佛言：世尊！我等亦當身自擁護「受持、讀誦、修行」是經者，令得安隱，離諸「衰患」(衰惱憂患)，消眾毒藥。 ㊂佛告諸「羅剎女」：善哉！善哉！汝等但能「擁護」受持「法華」名者，福不可量，何況擁護「具足(全部完整經典)」受持。 ㊃(能)供養經卷(《法華經》)，「華香、瓔珞、末香、塗香、

夷合歡，青蓮紅蓮，黃蓮白蓮。稍著油蘇，以用然燈，供養此經(《法華經》)，勤修不懈，百千億倍，福不可限。	燒香，幡蓋、伎樂」。燃種種燈：「酥燈、油燈、諸香油燈、蘇摩那華油燈、瞻蔔華油燈、婆師迦華油燈、優鉢羅華油燈」，如是等百千種供養者。	燒香，幡蓋、伎樂」。然種種燈：「酥燈、油燈、諸香油燈、蘇摩那華油燈、瞻蔔華油燈、婆師迦華油燈、優鉢羅華油燈」，如是等百千種供養者。
㊄汝等當護如是「比像」(比擬象徵)精進學者。	㊄皋帝(「十羅剎女」之第九位)汝等及眷屬，應當擁護如是「法師」(能通曉能解說《法華經》，又能引導眾生修行《法華經》者)。	㊄皋帝(「十羅剎女」之第九位)汝等及眷屬，應當擁護如是「法師」(能通曉能解說《法華經》，又能引導眾生修行《法華經》者)。
㊅佛說是「總持品」時，「六萬八千」人，逮(到)得「無所從生法忍」(無生法忍)。	㊅說是「陀羅尼品」時，「六萬八千人」，得「無生法忍」。	㊅說此「陀羅尼呪品」時，「六萬八千人」得「無生法忍」。

〈妙莊嚴王本事品第二十七〉

七－22 過去有雲雷音宿王華智佛、妙莊嚴國王、淨德夫人，及淨藏、淨眼二子。二子皆久修「菩薩」所行之道，與通達諸「三昧」

西晉‧竺法護譯《正法華經》	後秦‧鳩摩羅什譯《妙法蓮華經》	隋‧闍那崛多、達磨笈多共譯《添品妙法蓮華經》
〈淨復淨王品第二十五〉	〈妙莊嚴王本事品第二十七〉	〈妙莊嚴王本事品第二十五〉
⑴佛告「族姓子」(善男子)：乃往過去無央數劫，不可思議長遠難量。爾時有佛，號總水雷音宿華慧王如來、至真、等正覺、明行成為、善逝、世間解、無上士、道法御、天人師、為佛、世尊，世界曰照明嚴飾，劫曰愛見。	⑴爾時佛告諸大眾：乃往古世，過無量無邊不可思議阿僧祇劫。有佛名雲雷音宿王華智多陀阿伽度、阿羅訶、三藐三佛陀，國名光明莊嚴，劫名憙見。	⑴爾時佛告諸大眾：乃往古世，過無量無邊不可思議阿僧祇劫。有佛名雲雷音宿王華智多陀阿伽度、阿羅訶、三藐三佛陀，國名光明莊嚴，劫名喜見
⑵又族姓子(善男子)！於其佛世，有王名淨復淨。爾時其王有一「正后」，名曰離垢施。其后有二子，一名離垢藏，二名離垢目。	⑵彼佛法中有王，名妙莊嚴。其王「夫人」，名曰淨德。有二子，一名淨藏，二名淨眼。	⑵彼佛法中有王，名妙莊嚴。其王「夫人」，名曰淨德。有二子，一名淨藏，二名淨眼。
⑶又其二子(離垢藏、離垢目)，皆得「神足」(神通具足)，輕舉能飛，智慧具足，功德備悉，聖達(聰明睿智)魏魏。行菩薩業，夙夜精進，未曾懈廢(怠荒)。勤心專精，六度「無極」(pāramitā 波羅蜜)。善權四(慈悲喜捨)等，所(教)濟無限，悉遵通達「三十有七道品」(三十七道品)之法。	⑶是二子(淨藏、淨眼)有大神力，福德智慧，久修「菩薩」所行之道。所謂：「檀」波羅蜜、「尸羅(持戒)」波羅蜜、「羼提(忍辱)」波羅蜜、「毘梨耶(精進)」波羅蜜、「禪」波羅蜜、「般若」波羅蜜、「方便」波羅蜜。「慈、悲、喜、捨」，乃至「三十七品」助道法(三十七品在小乘中名為「正道」，在大乘中則名為「助道」)，皆悉明了通達。	⑶是二子(淨藏、淨眼)有大神力，福德智慧，久修「菩薩」所行之道。所謂：「檀」波羅蜜、「尸羅(持戒)」波羅蜜、「羼提(忍辱)」波羅蜜、「毘梨耶(精進)」波羅蜜、「禪」波羅蜜、「般若」波羅蜜、「方便」波羅蜜。「慈、悲、喜、捨」，乃至「三十七」助道法(三十七品在小乘中名為「正道」，在大乘中則名為「助道」)，皆悉明了通達。
⑷普暢道義，所周旋(運轉；展轉)業，進逮(到)： ❶「離垢」三昧定矣。 ❷「度宿日光」三昧。	⑷又得： ❶「菩薩淨」三昧。 ❷「日星宿」三昧。 ❸「淨光」三昧。	⑷又得： ❶「菩薩淨」三昧。 ❷「日星宿」三昧。 ❸「淨光」三昧。

❸「離垢顯曜」三昧。 ❹「淨莊嚴」三昧。 ❺「大威藏」三昧。 皆得通達，此「三昧定」而(六)度「無極」(pāramitā 波羅蜜)。 ㊄時(總水雷音宿華慧王)佛集會，與諸「四輩」(四眾弟子)，「(帝)釋、(大)梵(天)、四天王」、諸「天、人民」，班宣(頒布宣諭)分別《正法華經》。時(總水雷音宿華慧王)佛愍念一切眾生，哀(憐愍)傷國土，皆欲(度)化之，使入「大道」。	❹「淨色」三昧。 ❺「淨照明」三昧。 ❻「長莊嚴」三昧。 ❼「大威德藏」三昧。 於此「三昧」，亦悉通達。 ㊄爾時彼(雲雷音宿王華智)佛，欲引導妙莊嚴王，及愍念眾生故，說是《法華經》。	❹「淨色」三昧。 ❺「淨照明」三昧。 ❻「長莊嚴」三昧。 ❼「大威德藏」三昧。 於此「三昧」，亦悉通達。 ㊄爾時彼(雲雷音宿王華智)佛，欲引導妙莊嚴王，及愍念眾生故，說是《法華經》。

七─23 淨藏、淨眼二子願與母往詣雲雷音宿王華智佛所，聽受《法華經》。因父親妙莊嚴王深著外道婆羅門法，故現神變，令父心淨信解

西晉・竺法護譯 《正法華經》	後秦・鳩摩羅什譯 《妙法蓮華經》	隋・闍那崛多、達磨笈多共譯 《添品妙法蓮華經》
⓵又族姓子(善男子)，其二太子(離垢藏、離垢目)往詣母(離垢施夫人)所，叉手白(離垢施母親)言：惟願(母親)屈意(委屈心意;屈就)，見(我)念(我)加慈(悲)，專精(專心求精)身心，欲往到(總水雷音宿華慧王)佛，奉見如來身，亦自欲稽首自歸(依)。所以者何？今日(總水雷音宿華慧王)如來，為天上天下一切眾生，廣宣要典《正法華經》，故當「奉覲」(供奉覲見)，聽《正法華》。 ⓶離垢施后告二太子(離垢藏、離垢目)：汝等父王(淨復淨國王)，志存「外邪」，信樂「梵志」，常懷「瞋恨」。以是之故，不	⓵時淨藏、淨眼二子到其母(淨德夫人)所，合十指爪掌(十指兩掌,一時俱合)白言：願母(淨德夫人)往詣雲雷音宿王華智佛所，我等亦當「侍從(伺候隨從)、親近、供養、禮拜」(雲雷音宿王華智佛)。所以者何？此(雲雷音宿王華智)佛於一切「天人眾」中，說《法華經》，宜應聽受。 ⓶母(淨德夫人)告子(淨藏、淨眼)言：汝父(妙莊嚴國王)信受「外道」，深著「婆羅門」法。汝等應往白父(妙莊嚴國王)，與共俱	⓵時淨藏、淨眼二子到其母(淨德夫人)所，合十指爪掌(十指兩掌,一時俱合)白言：願母(淨德夫人)往詣雲雷音宿王華智佛所，我等亦當「侍從(伺候隨從)、親近、供養、禮拜」(雲雷音宿王華智佛)。所以者何？此(雲雷音宿王華智)佛於一切「天人眾」中，說《法華經》，宜應聽受。 ⓶母(淨德夫人)告子(淨藏、淨眼)言：汝父(妙莊嚴國王)信受「外道」，深著「婆羅門」法。汝等應往白父(妙莊嚴國王)，與共俱

可得往。

參時二太子(離垢藏、離垢目)同心叉手(即「金剛合掌」，即合掌交叉兩手之指頭)，復白其母(離垢施夫人)：我等「薄相」，所生「邪見無義」之家。又我等身，本是「法王子」(菩薩)，當以「經道」，化于濁俗，反「偽」向「真」，爾乃佛子也。

肆於是離垢施后告二太子(離垢藏、離垢目)：善哉行矣！汝真孝子，為其「父母」，修「大慈愍」。(願汝二人)各顯「神足」(神通具足)，(令父)覩之欣然，心中開解，便聽(命)子等，俱詣(總水雷音宿華慧王)佛所，稽首受業。

伍時「二太子」(離垢藏、離垢目)輒受母(離垢施夫人)教，其身踊住，在虛空中，去地「七仞」，愍念其親，各現「威變」(威勢神變)。

❶在於虛空，二人(離垢藏、離垢目)俱時「坐、臥、經行」。
❷身上出火，身下出水；身上出水，身下出火。演大光明，照曜遠近。
❸現身「長大」，復還為「小」。
❹從「虛空」下，入于「地」中。
❺若人入水，從「地」踊出，處在「虛空」，猶如「履地」。

陸其二太子(離垢藏、離垢目)，

去(聽雲雷音宿王華智如來講《法華經》)。

參淨藏、淨眼合十指爪掌(十指兩掌，一時俱合)白母(淨德夫人)：我等是「法王子」(菩薩)，而(竟)生此「邪見」家。

肆母(淨德夫人)告子(淨藏、淨眼)言：汝等當憂念汝父(妙莊嚴國王)，為現「神變」。若(父親)得見者，(父)心必清淨，或聽我等，(共)往至(雲雷音宿王華智)佛所。

伍於是二子(淨藏、淨眼)念其父(妙莊嚴國王)故，踊在「虛空」，高「七多羅樹」(tala，為高大之植物，極高者可達二十五公尺。故譬物體之高大，常謂「七多羅樹」，言其較多羅樹高出七倍)，現種種「神變」。
❶於「虛空」中「行、住、坐、臥」。
❷身上出水、身下出火，身下出水、身上出火。
❸或現「大身」，滿虛空中；而復「現小」，「小」復現「大」。
❹於「空」中滅，忽然在「地」。
❺入「地」如水，履「水」如地。

陸(淨藏、淨眼)現如是等種種

去(聽雲雷音宿王華智如來講《法華經》)。

參淨藏、淨眼合十指爪掌(十指兩掌，一時俱合)白母(淨德夫人)：我等是「法王子」(菩薩)，而(竟)生此「邪見」家。

肆母(淨德夫人)告子(淨藏、淨眼)言：汝等當憂念汝父(妙莊嚴國王)，為現「神變」。若(父親)得見者，(父)心必清淨，或聽我等，(共)往至(雲雷音宿王華智)佛所。

伍於是二子(淨藏、淨眼)念其父(妙莊嚴國王)故，踊在「虛空」，高「七多羅樹」(tala，為高大之植物，極高者可達二十五公尺。故譬物體之高大，常謂「七多羅樹」，言其較多羅樹高出七倍)，現種種「神變」。
❶於「虛空」中「行、住、坐、臥」。
❷身上出水、身下出火，身下出水、身上出火。
❸或現「大身」，滿虛空中；而復「現小」，「小」復現「大」。
❹於「空」中滅，忽然在「地」。
❺入「地」如水，履「水」如地。

陸(淨藏、淨眼)現如是等種種

現若干「變」，而顯「神足」(神通具足)，以用開化(開示教化)於其「父母」(淨復淨國王、離垢施夫人)。	「神變」，令其「父王」(妙莊嚴國王)心淨信解。	「神變」，令其「父王」(妙莊嚴國王)心淨信解。。

唐・崇慧大師

(1)唐・大曆九年(公元 775 年)，道士史華(同叟華)以「術」得幸，因請立「刃梯」與沙門角殺(同「殺」→較量:競爭)法，(唐代宗皇帝)有旨，兩街選僧，剋日(約定日期)較勝負。

(2)沙門崇慧(同崇惠)者，不知何許人，常誦《首楞嚴咒》(即「大佛頂首楞嚴咒」)，表請挫(摧折:抑制)之。

(3)帝(唐代宗)率百僚臨觀，道士叟華履「刃梯」而上。命沙門崇慧登之，(崇)慧亦躡刃而昇，往復無傷。

(4)(崇)慧師乘勝，遂命聚薪于庭，舉烈焰。(崇)慧師入火聚，呼道士史華令入。華慚汗(汗顏羞愧)，不敢正視。

(5)帝(唐代宗)大悅而罷，賜崇慧師，號護國三藏，後不知終。

—《佛祖統紀・卷四十一》。《大正藏》第 49 冊頁 378 上。

—《釋氏稽古略・卷三》。《大正藏》第 49 冊頁 829 上。

—《隆興編年通論・卷十八》。《卍續藏》第 75 冊頁 198 下。

開元三大士

唐玄宗時東來之印度密宗三大祖師(按年代排列)

1 善無畏(公元 637-735)

2 金剛智(公元 671-741)

3 不空(公元 705-774)

《神僧傳・卷七》

(1)無畏，釋無畏(善無畏大師，密宗開元三大士之開山祖師)三藏，本天竺(印度)人，讓國(將國家或封地的統治權讓給賢者)出家，「道德、名稱」為天竺(印度)之冠，所至講法，必有異相。

(2)初自天竺至，所司引謁於(唐)玄宗，(唐)玄宗見而敬信焉……開元十年七月「旱」，(唐玄宗)帝遣使詔無畏(善無畏大師)請雨，畏(善無畏大師)持「滿鉢水」，以「小刀」攪之，誦呪數番，即有物如「蚪龍」從「鉢」中矯首水面。畏(善無畏大師)呪遣之，「白氣」自「鉢」騰涌。(善無畏大師)語詔使日:速歸！雨即至矣。(善無畏大師)詔使馳出，頃刻風雷震電……

(3)又嘗「淫雨」逾時，(唐玄宗)詔畏(善無畏大師)止之。畏(善無畏大師)捏泥媼(泥塑之婦人)五軀，向之作「梵語」叱罵者，即刻而霽。

(4)(善無畏大師)嘗過「龍河」，以一橐(袋子)駝負(背負)「經」(經書)沒水，畏(善無畏大師)懼失「經」，遽隨之入水，於是「龍王」邀之(善無畏大師)入宮講法，為留三宿而出，所載梵夾，不濕一字，其神異多類此。

(參見《神僧傳》卷 7。詳 CBETA, T50, no. 2064, p. 996, c)

《神僧傳・卷八》

(1)不空，釋不空……本北天竺(北印度)「婆羅門」族，幼失所天，隨「叔父」觀光東國，年十五，

師事<u>金剛智三藏</u>……

(2)至<u>訶陵國</u>界，遇「大黑風」，眾商惶怖，各作「本國法」，禳之無驗。皆膜拜求哀，乞加救護，<u>慧辯</u>等慟哭。

(3)空(不空大師)曰：吾今有法，汝等勿憂，(不空大師)遂右手執「五股菩提心杵」，左手持《般若佛母經》夾，作法誦「大隨求」(陀羅尼)一遍，即時風偃(停息)海澄……

(4)一日王作「調象戲」，人皆登高望之，無敢近者，空(不空大師)口誦「手印」，住於慈定，當衢而立，「狂象」數頭，頓皆踢(徒郎切)跌(徒郎切)，舉國奇之……

(5)後因一日，「大風」卒起，(唐肅宗)詔空(不空大師)禳止，請「銀瓶」一枚，作法加持，須臾戢(收斂；止息)靜……

(6)上元(唐肅宗年號)末，帝(唐肅宗)不豫(古代皇帝有病的「諱稱」)，空(不空大師)以「大隨求真言」祓除，至七遍(七遍)，翼日乃瘳(病癒)，(唐肅宗)帝愈加殊禮焉……

(7)又<u>北邙</u>山有「巨蛇」，樵采者往往見之，矯首若「丘陵」，夜常承吸「露氣」，見空(不空大師)人語(巨蛇發出「人語」)曰：弟子惡報，和尚如何見度？每欲翻河，水陷<u>洛陽城</u>，以快所懷也。空(不空大師)為其「受(三)歸(五)戒」，說因果。且曰：汝以瞋心，故受今報，那復恚恨乎！……

(8)又一日「風雨」不止，坊市有漂溺者，樹木有拔仆(僕)者，(唐肅宗)遽召空(不空大師)止之。空(不空大師)於「寺庭」中，捏「泥媼」(泥塑之婦人)五、六溜水，作「梵言」罵之，有頃開霽矣。

(9)嘗<u>西蕃</u>(西藏)<u>大石康</u>三國，帥兵圍<u>西涼府</u>(唐・廣德二年[764年]涼州地入吐蕃，至五代、宋初當地豪首自置牧守，稱為西涼府)。(唐肅宗)詔空(不空大師)入，帝御于道場。空(不空大師)秉「香爐」，誦《仁王》(《仁王護國般若波羅蜜多經》)密語(指《仁王經・奉持品第七》之陀羅尼咒)二七遍(即14遍)。

(10)帝見「神兵」可(大約)五百員，在于「殿庭」。(唐肅宗)驚問空(不空大師)。空(不空大師)曰：「毘沙門天王」子，領兵救<u>安西</u>(位於河西走廊西端之甘肅省酒泉)，請急設(香)食(派)發遣(送)。

(11)(至)四月二十日，果(如其)奏云：(再至)二月十一日，(於)城東北三十許里，(於)雲霧間見「神兵」長偉，鼓角喧鳴，山地崩震，蕃(西藏)部驚潰(驚慌潰散)。

(12)彼(西藏軍)營中有「鼠」金色，咋(齧；啃咬)弓弩(弓和弩)絃，皆(斷)絕。(西藏軍隊時見)城北門樓有「光明天王」，怒視(著)蕃(西藏)，(於是西藏領)帥大奔。

(13)(唐肅宗)帝覽奏，謝空(不空大師)，因勅諸道「城樓」，置「天王」像，此其始也。

(參見《神僧傳》卷8。詳 CBETA, T50, no. 2064, p. 1002, a)

七－24 父親<u>妙莊嚴王</u>見二子神力，故生信解，而共往<u>雲雷音宿王華智</u>佛處。諸佛難值，時亦難遇，故父母聽許二子出家修道

西晉・竺法護譯《正法華經》	後秦・鳩摩羅什譯《妙法蓮華經》	隋・闍那崛多、達磨笈多共譯《添品妙法蓮華經》
⑤于時「父王」(淨復淨王)，覩其二子(離垢藏、離垢目)「神足」(神通具足)變化，威德若斯，欣然踊躍，「善心」生焉，躬身(俯屈身體，以示恭敬)叉手，向二子(離垢藏、離垢目)曰：汝等師主，所受誰乎？	⑤時父(妙莊嚴國王)見子(淨藏、淨眼)神力如是，心大歡喜，得未曾有，合掌向子言：汝等「師」為是誰，(為)誰之弟子？	⑤時父(妙莊嚴國王)見子(淨藏、淨眼)神力如是，心大歡喜，得未曾有，合掌向子言：汝等「師」為是誰，(為)誰之弟子？
⑥時「二太子」(離垢藏、離垢目)	⑥二子(淨藏、淨眼)白言：大	⑥二子(淨藏、淨眼)白言：大

自啓父王(淨復淨王)：大王欲知我等「師主」，(為)總水雷音宿華慧王如來、至真；是我等「師主」，今現在遊於「寶樹」下，處于「法座」。為「四部衆」、諸「天、人民」廣演宣布《正法華經》。其(總水雷音宿華慧王)佛世尊，是我「師主」也。	王(妙莊嚴國王)！彼雲雷音宿王華智佛，今在七寶「菩提樹」下，法座上坐，於一切世間「天、人」衆中，廣說《法華經》，(雲雷音宿王華智佛)是我等師，我是(其)弟子。	王(妙莊嚴國王)！彼雲雷音宿王華智佛，今在七寶「菩提樹」下，法座上坐，於一切世間「天、人」衆中，廣說《法華經》，(雲雷音宿王華智佛)是我等師，我是(其)弟子。
(參)(淨復淨)王告二子(離垢藏、離垢目)：吾欲往詣卿等「師主」，奉覲(供奉覲見)親受「大聖」正真，無上言教。	(參)父(妙莊嚴國王)語子(淨藏、淨眼)言：我今亦欲見汝等師，可共俱往。	(參)父(妙莊嚴國王)語子(淨藏、淨眼)言：我今亦欲見汝等師，可共俱往。
(肆)於時「二子」(離垢藏、離垢目)，從「虛空」下，行至母(離垢施夫人)所，自白其母(離垢施夫人)，而又手言：阿母威德，則(度)化「父王」(淨復淨王)，以造立心「無上正真」，因成道教「聖尊」之業，惟垂愍念，聽我(二人)詣(總水雷音宿華慧王)佛，(將)「出家」為道，得作沙門。	(肆)於是「二子」(淨藏、淨眼)從「空中」下，到其母(淨德夫人)所，合掌白母：父王(妙莊嚴國王)今已「信解」，堪任(堪承任受)發「阿耨多羅三藐三菩提心」。我等為父(妙莊嚴國王)已作「佛事」，願母見聽，(吾等二人將)於彼(雲雷音宿王華智)佛所「出家」修道。	(肆)於是「二子」(淨藏、淨眼)從「空中」下，到其母(淨德夫人)所，合掌白母：父王(妙莊嚴國王)今已「信解」，堪任(堪承任受)發「阿耨多羅三藐三菩提心」。我等為父(妙莊嚴國王)已作「佛事」，願母見聽，(吾等二人將)於彼(雲雷音宿王華智)佛所「出家」修道。
(伍)時二太子(離垢藏、離垢目)，為母(離垢施夫人)說偈曰：	(伍)爾時「二子」(淨藏、淨眼)，欲重宣其意，以偈白母(淨德夫人)：	(伍)爾時「二子」(淨藏、淨眼)，欲重宣其意，以偈白母(淨德夫人)：
唯母聽我等，出家為沙門，如來甚難遇，曼時(經常)當精學所云難得值，猶如靈瑞華，難遇復越彼，閑靜不可得。	願母放我等，出家作沙門，諸佛甚難值，我等隨佛學。如優曇鉢羅，值佛復難是，脫諸難亦難，願聽我出家。	願母放我等，出家作沙門；諸佛甚難值，我等隨佛學。如優曇波羅，值佛復難是；脫諸難亦難，願聽我出家。
(陸)於時王后離垢施，以頌告曰：吾以聽汝等，善哉子輒去，至聖甚難遭，我亦出家俱。	(陸)母(淨德夫人)即告言：聽汝出家。所以者何？佛難值故。	(陸)母(淨德夫人)即告言：聽汝出家。所以者何？佛難值故。

㈦爾時「二太子」(離垢藏、離垢目)，歎是「法頌」，報父母(恩)已。重復白「父王」(淨復淨國王)，及所生母(離垢施夫人)：惟願二親，同時「一心」，俱往詣總水雷音宿華慧王佛所，屈意(委屈心意；屈就)一時，發見彼「世尊」(總水雷音宿華慧王如來)，稽首歸命。	㈦於是「二子」(淨藏、淨眼)白父母言：善哉！父母！願時往詣雲雷音宿王華智佛所，親近供養。	㈦於是「二子」(淨藏、淨眼)白父母言：善哉！父母！願時往詣雲雷音宿王華智佛所，親覲供養。
㈧所以者何？二親(淨復淨國王、離垢施夫人)當知，佛興「難值」，猶「靈瑞華」，亦如「如意」最上「明珠」。佛亦復然，不可再遇，是故我等，來生此土，心念「出家」，功德第一。由是之故，不宜有(障)難，便可相許(同意)。	㈧所以者何？佛難得值，如「優曇鉢羅華」，又如「一眼」之「龜」，值浮「木孔」。而我等「宿福」深厚，生值「佛法」，是故「父母」當聽我等，令得「出家」。所以者何？諸佛難值，時亦難遇。	㈧所以者何？佛難得值，如「優曇波羅華」，又如「一眼」之「龜」，值浮「木孔」。而我等「宿福」深厚，生值「佛法」，是故「父母」當聽我等，令得「出家」。所以者何？諸佛難值，時亦難遇。
㈨報言：善哉！得「出家」學，棄捐「愛欲」，捨其「俗業」。所以者何？若覩「如來」，「福慶」無量。「人命」難得，「佛世」難值。離於「八難」，(能)得「閑靜」(乃)難(得)，猶死更生。 父王「皇后」(離垢施夫人)報「太子」(離垢藏、離垢目)言：諾！宜知是時。		
㈩(釋迦)佛言：族姓子(善男子)！爾時淨復淨王宮內，八萬四千宮人婇女，宿命德本，應得啓(悟領)受是《正法華》經典，本是道器。	㈩彼時妙莊嚴王，後宮「八萬四千」人，皆悉堪任(堪承任受)「受持」是《法華經》。	㈩彼時妙莊嚴王，後宮「八萬四千」人，悉皆堪任(堪承任受)「受持」是《法華經》。

七－25 淨眼菩薩通達「法華三昧」，淨藏菩薩通達「離諸惡趣三昧」，離垢施夫人得「諸佛集三昧」及「諸佛祕密之藏」。妙莊嚴王未來得娑羅樹王佛

西晉・竺法護譯《正法華經》	後秦・鳩摩羅什譯《妙法蓮華經》	隋・闍那崛多、達磨笈多共譯《添品妙法蓮華經》
㊀	㊀	㊀
❶離垢目太子，宿命本修行「積功」累德，從來無限。	❶淨眼菩薩，於「法華三昧」，久已通達。	❶淨眼菩薩，於「法華三昧」，久已通達。
❷離垢藏太子，無央數億百千姟劫，往昔宿命，曾以奉行「棄於眾生一切惡趣三昧正定」。何謂「棄於眾生一切惡趣三昧正定」？	❷淨藏菩薩，已於無量百千萬億劫，通達「離諸惡趣三昧」，欲令一切眾生「離諸惡趣」故。	❷淨藏菩薩，已於無量百千萬億劫，通達「離諸惡趣三昧」，欲令一切眾生「離諸惡趣」故。
❸其王「正后」，「二太子」(離垢藏、離垢目)母離垢施者，曉十方佛「一切道」同「諸佛要集」，諸佛奧藏(奧妙法藏)「無極」聖慧，以「權方便」，現于「女身」耳。	❸其「王夫人」(淨德夫人)，得「諸佛集三昧」(住正定時，十方諸佛能集在目前)，能知「諸佛祕密之藏」。	❸其「王夫人」(淨德夫人)，得「諸佛集三昧」(住正定時，十方諸佛能集在目前)，能知「諸佛祕密之藏」。
㊁(釋迦)佛告「族姓子」(善男子)：時淨復淨王，見「二太子」(離垢藏、離垢目)所見「神足」(神通具足)，化入如來、至真之法，以得超越，展轉相成，多所度脫，一切「盲冥」，咸入道明。便自發意，與其眷屬「四萬二千」，離垢施后與諸群黨，隨「二太子(離垢藏、離垢目)、中宮(宮中)婇女、群臣百官」，一時和同往詣(總水雷音宿華慧王)佛所，稽首足下。退各就坐，從本常位(固定的位置)。	㊁二子(淨藏、淨眼)如是，以「方便力」善化其父(妙莊嚴國王)，令心信解，好樂佛法。於是妙莊嚴王，與群臣眷屬俱。淨德夫人，與後宮「婇女」眷屬俱，其王「二子」(淨藏、淨眼)與「四萬二千人」俱，一時共詣(雲雷音宿王華智)佛所。到已，頭面禮足，繞佛三匝，却住一面。	㊁二子(淨藏、淨眼)如是，以「方便力」善化其父(妙莊嚴國王)，令心信解，好樂佛法。於是妙莊嚴王，與群臣眷屬俱。淨德夫人，與後宮「婇女」眷屬俱，其王「二子」(淨藏、淨眼)與「四萬二千人」俱，一時共詣(雲雷音宿王華智)佛所。到已，頭面禮足，繞佛三匝，却住一面。
㊂時(總水雷音宿華慧王)佛見淨復淨王，與大眷屬，自投歸命。因其本行，觀「宿所緣」，而為說法。應病與藥，各得開解，欣然踴躍，「善心」生	㊂爾時彼(雲雷音宿王華智)佛為(妙莊嚴)王說法，示教(開示教誨)利喜(利益生喜)。(妙莊嚴)王大歡悅。	㊂爾時彼(雲雷音宿王華智)佛為(妙莊嚴)王說法，示教(開示教誨)利喜(利益生喜)。(妙莊嚴)王大歡悅。

焉。		
(詳見七-28之肆)	㈣爾時妙莊嚴王及其(淨德)夫人，解頸真珠「瓔珞」，價直百千，以散(雲雷音宿王華智)佛上。於虛空中，化成四柱「寶臺」，臺中有「大寶床」，敷百千萬天衣。其上有佛，結「加趺坐」，放大光明。	㈣爾時妙莊嚴王及其(淨德)夫人，解頸真珠「瓔珞」，價直百千，以散(雲雷音宿王華智)佛上。於虛空中，化成四柱「寶臺」，臺中有「大寶床」，敷百千萬天衣。其上有佛，結「加趺坐」，放大光明。
(詳見七-28之伍)	㈤爾時妙莊嚴王作是念：(雲雷音宿王華智)佛身希有，端嚴殊特，成就第一微妙之色。	㈤爾時妙莊嚴王作是念：(雲雷音宿王華智)佛身希有，端嚴殊特，成就第一微妙之色。
(詳見七-28之陸柒捌)	㈥時雲雷音宿王華智佛告「四眾」言：汝等見是妙莊嚴王，於我前合掌立不？此(妙莊嚴)王，於我法中作「比丘」，精勤修習，助佛道法，當得作佛，號娑羅樹王(如來)。國名大光，劫名大高王。其娑羅樹王佛，有無量「菩薩」眾及無量「聲聞」，其國平正，功德如是。	㈥時雲雷音宿王華智佛告「四眾」言：汝等見是妙莊嚴王，於我前合掌立不？此(妙莊嚴)王，於我法中作「比丘」，精勤修習，助佛道法，當得作佛，號娑羅樹王(如來)。國名大光，劫名大高王。其娑羅樹王佛，有無量「菩薩」眾及無量「聲聞」，其國平正，功德如是。
㈦(淨復淨國王)更立國王，與其「正后」離垢施及「二太子(離垢藏、離垢目)、宮人婇女、一切官屬(官吏下屬；眷屬)」，棄國「捐王」，行作「沙門」。已作沙門，「八萬四千歲」奉修「道業」，思惟觀察是《正法華》經典之要，諷誦奉行，如佛所教，無所違失。	㈦其(妙莊嚴)王即時以「國」付「弟」，與「(淨德)夫人、二子(淨藏、淨眼)」幷諸「眷屬」，於佛法中「出家」修道。	㈦其(妙莊嚴)王即時以「國」付「弟」，與「(淨德)夫人、二子(淨藏、淨眼)」幷諸「眷屬」，於佛法中「出家」修道。

七－26 妙莊嚴王出家勤修，得「一切淨功德莊嚴三昧」。「善知識」能作佛事，示教利喜，令入「阿耨多羅三藐三菩提」

西晉・竺法護譯《正法華經》	後秦・鳩摩羅什譯《妙法蓮華經》	隋・闍那崛多、達磨笈多共譯《添品妙法蓮華經》
⑤於是淨復淨王，遵奉勤修《正法華經》，與其眷屬竟八萬四千歲，逮(到)「衆德本嚴淨三昧正定」。	⑤(妙莊嚴)王「出家」已，於「八萬四千歲」，常勤精進，修行《妙法華經》。過是已後，得「一切淨功德莊嚴三昧」。	⑤(妙莊嚴)王「出家」已，於「八萬四千歲」，常勤精進，修行《妙法華經》。過是已後，得「一切淨功德莊嚴三昧」。
⑤(淨復淨王)適逮(及;到)斯「定」(指「衆德本嚴淨三昧正定」)，其身即時踊在「虛空」，去地「四丈九尺」，住於「虛空」，遙白總水雷音宿華慧王如來、至真：	⑤(妙莊嚴王)即昇「虛空」，高「七多羅樹」(tala，爲高大之植物，極高者可達二十五公尺。故譬物體之高大，常謂「七多羅樹」，言其較多羅樹高出七倍)，而白(雲雷音宿王華智)佛言：	⑤(妙莊嚴王)即昇「虛空」，高「七多羅樹」(tala，爲高大之植物，極高者可達二十五公尺。故譬物體之高大，常謂「七多羅樹」，言其較多羅樹高出七倍)，而白(雲雷音宿王華智)佛言：
⑤唯然世尊，其「二子」(離垢藏、離垢目)者，則是(吾之)「聖師」。(斯二子教)化(開)導吾家，蒙其恩德，(故吾)獲現「神足」(神通具足)，顯揚變化，而緣是見。(斯二子)所化「神變」，(令吾)心得開解，退俗「入道」。奉佛法訓，度衆穢厄，順從「法律」，堅住「無極」(pāramitā 波羅蜜)。得奉如來，啓(悟領)受經法，(斯二子)乃為至聖「無蓋」(無有遮蓋;無極)善師。	⑤世尊！此我二子(淨藏、淨眼)，已作「佛事」，以「神通」變化，轉我「邪心」，令(吾)得安住於佛法中，得見世尊(雲雷音宿王華智佛)。	⑤世尊！此我二子(淨藏、淨眼)，已作「佛事」，以「神通」變化，轉我「邪心」，令(吾)得安住於佛法中，得見世尊(雲雷音宿王華智佛)。
⑤是「二子」(離垢藏、離垢目)者，示現(吾之)「子」像，(轉)生我家耳。(此)皆是「宿世」明識「本德」，承佛仁慈，非是「凡庶」(凡夫)之可「思論」(思慮議論)。	⑤此「二子」(淨藏、淨眼)者，是我「善知識」，為欲發起(吾之)「宿世善根」，饒益我故，(故)來(轉)生我家。	⑤此「二子」(淨藏、淨眼)者，是我「善知識」，為欲發起(吾之)「宿世善根」，饒益我故，(故)來(轉)生我家。
⑤(總水雷音宿華慧王)佛告(淨復淨)王曰：如是！如是！大王！如大王所言。是「二太子」(離垢藏、離垢目)，宿殖德故，乃	⑤爾時，<u>雲雷音宿王華智</u>佛告<u>妙莊嚴王</u>言：如是！如是！如汝所言。	⑤爾時，<u>雲雷音宿王華智</u>佛告<u>妙莊嚴王</u>言：如是！如是！如汝所言。

西晉‧竺法護譯	後秦‧鳩摩羅什譯	隋‧闍那崛多、達磨笈多共譯
能「示現」，因欲「開王」（開導國王），及諸眷屬一切眾生。		
⑥（總水雷音宿華慧王）佛言：大王（淨復淨國王）！若「族姓子」（善男子）及「族姓女」（善女人）！（若有）學是「經典」（《法華經》），（其）所生之處，周旋（環繞）終始（從頭至尾；周而復始），（皆）易得「善師」，（開）顯「世尊」（之法）教，得立「無上正真之道」。	⑥（雲雷音宿王華智佛云：）若「善男子、善女人」，種「善根」故，世世得「善知識」；其「善知識」，能作「佛事」，示教（開示教誨）利喜（利益生喜），令入「阿耨多羅三藐三菩提」。	⑥（雲雷音宿王華智佛云：）若「善男子、善女人」，種「善根」故，世世得「善知識」；其「善知識」，能作「佛事」，示教（開示教誨）利喜（利益生喜），令入「阿耨多羅三藐三菩提」。
⑦（善知識能）開化（開示教化）導示，度脫一切，是為微妙「無極」之業。（因善知識之）展轉相教，展轉相成，（故能）得至聖諦「無極」之處，值「佛道法王」。因遇「善師」，（故能）得見「如來」，啓（悟領）受經法，（皆）由（善知識）「勸助」（勸發獎助）恩。	⑦大王（妙莊嚴王）當知，「善知識」者，是大因緣，所謂（教）化（開）導，令得見佛，發「阿耨多羅三藐三菩提」心。	⑦大王（妙莊嚴王）當知，「善知識」者，是大因緣，所謂（教）化（開）導，令得見佛，發「阿耨多羅三藐三菩提」心。
⑧（淨復淨）王！今寧見此「二太子」（離垢藏、離垢目），是諸「族姓子」（善男子），（於）前世已曾供養奉事「六十五億」百千兆姟江河沙等如來、至真；而復授持是《正法華經》。（斯二子）愍傷（悲愍傷憐）眾生，沒在「邪冥」九十六種（96種邪見外道），不能自濟。故開化（開示教化）之，令住「正見」，修行精進，求「佛大道」。	⑧大王（妙莊嚴王）！汝見此「二子」（淨藏、淨眼）不？此二子，（過去）已曾供養「六十五百千萬億」那由他恒河沙諸佛，親近恭敬；於諸佛所，受持《法華經》，（斯二子）愍念「邪見」眾生，（故教眾生）令住「正見」。	⑧大王（妙莊嚴王）！汝見此「二子」（淨藏、淨眼）不？此二子，（過去）已曾供養「六十五百千萬億」那由他恒河沙諸佛，親近恭敬；於諸佛所，受持《法華經》，（斯二子）愍念「邪見」眾生，（故教眾生）令住「正見」。

七－27 妙莊嚴王讚雲雷音宿王華智佛，相好莊嚴，其眼長廣，而紺青色。眉間毫相，白如珂月。齒白齊密，常有光明

《正法華經》	《妙法蓮華經》	《添品妙法蓮華經》
壹於是(總水雷音宿華慧王)佛語「族姓子」(善男子)曰：其淨復淨王，於彼世時，歎衆功德，從虛空下，即又十指，前白其(總水雷音宿華慧王)佛：	壹妙莊嚴王即從「虛空」中下，而白(雲雷音宿王華智)佛言：	壹妙莊嚴王即從「虛空」中下，而白(雲雷音宿王華智)佛言：
貳唯(總水雷音宿華慧王)佛宣布：如來、至真，本宿命時，行何功德？聖慧巍巍，眉間之相，演大暉曜，照無限國。而目明好，徹覩十方。其眉間相，白如珂雪，柔軟細好，巍巍光澤。平政無斜，無所不照。世尊面像，充滿如日，安住道目，猶如月初。一切觀之，而無「厭極」(滿足窮盡)。	貳世尊！如來甚希有，以功德智慧故，頂上肉髻，光明顯照。其眼長廣，而紺(深青而含赤的顏色)青色。眉間毫相，白如珂月。齒白齊密，常有光明。脣色赤好，如「頻婆菓」(bimba 果實爲鮮紅色)。	貳世尊！如來甚希有，以功德智慧故，頂上肉髻，光明顯照。其眼長廣，而紺(深青而含赤的顏色)青色。眉間毫相，白如珂月。齒白齊密，常有光明。脣色赤好，如「頻婆果」(bimba 果實爲鮮紅色)。
參於時(淨復淨)國王，說此頌曰：		
其殊異功勳，巨億百千姟， 虛空尚可喻，其慧不可限。		
肆(總水雷音宿華慧王)佛以頌答曰：		
前世行中正，加施人平等， 故使眉間相，所照無有限。 和視施燈慧，目明踰日月， 其眼如月初，徹覩十方國。		

七－**28** 妙莊嚴王發願：不復自隨「心行」，不生「邪見、憍慢、瞋恚」諸惡之心。雲雷音宿王華智佛爲妙莊嚴王「授記」未來爲娑羅樹王佛

西晉·竺法護譯 《正法華經》	後秦·鳩摩羅什譯 《妙法蓮華經》	隋·闍那崛多、達磨笈多共譯 《添品妙法蓮華經》

㊀時(淨復淨)王嗟歎(讚)歎已，叉手(即「金剛合掌」，即合掌交叉兩手之指頭)白(總水雷音宿華慧王)佛：

㊀爾時妙莊嚴王，讚歎(雲雷音宿王華智)佛如是等，無量百千萬億功德已，於(雲雷音宿王華智)如來前，一心合掌，復白(雲雷音宿王華智)佛言：

㊀爾時妙莊嚴王，讚歎(雲雷音宿王華智)佛如是等，無量百千萬億功德已，於(雲雷音宿王華智)如來前，一心合掌，復白(雲雷音宿王華智)佛言：

㋁至未曾有，如來、至真之教，弘(大)慈「無極」(沒有窮盡)，不可思議，功德具足。敷(陳講)演道義，施設「法禁」(法條戒律)，令無「罪釁」(罪衍；過惡)。(使)長塗(同「途」→遠程)之難，皆得無患。唯然世尊，如吾今日，心不「放逸」。由得「自在」，不隨「邪徑」，棄捐「自大」。不從「虛偽」，亦無「瞋恨」。不興「惡心、無益」之業。我國多事，欲「出家」學，不還「中宮」(宮中)，重欲自歸(依)，所有供養。

㋁世尊(雲雷音宿王華智)！未曾有也。如來之法，具足成就不可思議微妙功德，教誡所行，安隱快善。我從今日，不復自隨「心行」(內心任意而行)，不生「邪見、憍慢(驕傲輕慢)、瞋恚」諸惡之心。

㋁世尊(雲雷音宿王華智)！未曾有也。如來之法，具足成就不可思議微妙功德，教戒所行，安隱快善。我從今日，不復自隨「心行」(內心任意而行)，不生「邪見、憍慢(驕傲輕慢)、瞋恚」諸惡之心。

㋂(總水雷音宿華慧王)佛言：大佳！時(淨復淨)王即起，稽首(總水雷音宿華慧王)佛足。

㋂(妙莊嚴王)說是語已，禮(雲雷音宿王華智)佛而出。

㋂(妙莊嚴王)說是語已，禮(雲雷音宿王華智)佛而出。

㋃其王「正后」離垢施者，解身百千所著「寶瓔」，以散(總水雷音宿華慧王)佛上。佛之威神，化成七寶「交露」(交錯的珠串所組成的帷幔，狀若露珠)之帳，以為「交露」琦異妙帳，自然有床。布以無數琦異「坐具」，(總水雷音宿華慧王)如來坐上。

(詳見七-25之㋃)

(詳見七-25之㋃)

㋄於時(淨復淨)國王，心自念言：至未曾有，天尊至德，(於)「交露」(交錯的珠串所組成的帷幔，狀若露珠)帳中，所見(總水雷音宿華慧

(詳見七-25之㋄)

(詳見七-25之㋄)

王)如來,甚大端正,威神巍巍,光色第一。顏貌充滿,淨好無比。願令一切,皆蒙此福。		
㈥於時「世尊」(總水雷音宿華慧王)告「四部眾」:汝等寧見淨復淨王,一心叉手(即「金剛合掌」,即合掌交叉兩手之指頭),而住(於)佛前?(四部眾)皆曰:已見!	(詳見七—25之㈥)	(詳見七—25之㈥)
㈦(總水雷音宿華慧王)佛言:比丘!是(淨復淨)王於今,是我學世(學習世尊法),現「比丘」像,於將來世,當得作佛,名曰種帝王(即羅什譯文之娑羅樹王佛)如來、至真、等正覺、明行成為、善逝、世間解、無上士、道法御、天人師、為佛、世尊。其佛土曰廣普,劫曰超王。	(詳見七—25之㈥)	(詳見七—25之㈥)
㈧於時其(種帝王)佛,諸「菩薩眾」,不可稱限。諸「聲聞眾」,亦無央數。其(種帝王)佛世界,平等如掌,無有傾斜,無「沙礫、石」。得作佛時,威神巍巍,廣大無極,光光(顏赫威武貌)如是。	(詳見七—25之㈥)	(詳見七—25之㈥)

七—29 妙莊嚴王,今華德菩薩是。淨德夫人,今光照莊嚴相菩薩是。二子者,今藥王菩薩、藥上菩薩是

西晉・竺法護譯《正法華經》	後秦・鳩摩羅什譯《妙法蓮華經》	隋・闍那崛多、達磨笈多共譯《添品妙法蓮華經》
㊀能仁(釋迦)如來,告「族姓子」(善男子):	㊀(釋迦)佛告大眾:於意云何?	㊀(釋迦)佛告大眾:於意云何?

❶欲知爾時<u>淨復淨王</u>，發「道意」者，豈是異人？莫造此觀。所以者何？則是今現<u>蓮華首菩薩</u>是。	❶<u>妙莊嚴王</u>，豈異人乎？今<u>華德菩薩</u>是。	❶<u>妙莊嚴王</u>，豈異人乎？今<u>華德菩薩</u>是。
❷欲知爾時<u>離垢皇后</u>者，今<u>光照嚴飾菩薩</u>是。常念諸菩薩愍傷(悲愍傷憐)眾生，故(轉)生彼國，開化(開示教化)度之。	❷其<u>淨德夫人</u>，今(於)佛前(之)<u>光照莊嚴相菩薩</u>是。哀愍<u>妙莊嚴王</u>及諸眷屬故，於彼中(轉)生。	❷其<u>淨德夫人</u>，今(於)佛前(之)<u>光照莊嚴相菩薩</u>是。哀愍<u>妙莊嚴王</u>及諸眷屬故，於彼中(轉)生。
❸欲知爾時「二太子」(離垢藏、離垢目)者，則今<u>藥王菩薩</u>、<u>超藥菩薩</u>身是。	❸其二子(淨藏、淨眼)者，今<u>藥王菩薩</u>、<u>藥上菩薩</u>是。	❸其二子(淨藏、淨眼)者，今<u>藥王菩薩</u>、<u>藥上菩薩</u>是。
(貳)又族姓子(善男子)！<u>藥王菩薩</u>、<u>超藥菩薩</u>，功德巍巍，無限若斯，在無央數億百千姟諸如來所，殖眾德本，是「二正士」(藥王、超藥菩薩)，道德備悉，不可思議。	(貳)是<u>藥王</u>、<u>藥上菩薩</u>，成就如此諸大功德，已於無量百千萬億諸佛所，殖眾德本，成就不可思議諸善功德。	(貳)是<u>藥王</u>、<u>藥上菩薩</u>，成就如此諸大功德，已於無量百千萬億諸佛所，殖眾德本，成就不可思議諸善功德。
(參)若有聞此「二正士」(藥王、超藥菩薩)名，執持懷抱(心懷意識)，一切眾人，皆當禮敬。如是「學士」(修學佛法之大菩薩)，天上、世間(諸眾生)，皆(應)歸(依景)仰之。	(參)若有人識是「二菩薩」(藥王、藥上菩薩)名字者，一切世間「諸天、人民」，亦應禮拜。	(參)若有人識是「二菩薩」(藥王、藥上菩薩)名字者，一切世間「諸天、人民」，亦應禮拜。
(肆)(釋迦)佛說是往古「宿世本所行」時，「八萬四千」人，遠塵「離垢」，諸「法眼淨」。	(肆)(釋迦)佛說是〈妙莊嚴王本事品〉時，「八萬四千」人，遠塵「離垢」，於諸法中，得「法眼淨」。	(肆)(釋迦)佛說是〈妙莊嚴王本事品〉時，「八萬四千」人，遠塵「離垢」，於諸法中，得「法眼淨」。

〈普賢菩薩勸發品第二十八〉

七－30 如來滅後，能獲得《法華經》之四種條件：❶為諸佛護念。❷殖眾德本。❸入正定聚。❹發救一切眾生之心

西晉・竺法護譯《正法華經》	後秦・鳩摩羅什譯《妙法蓮華經》	隋・闍那崛多、達磨笈多共譯《添品妙法蓮華經》
〈樂普賢品第二十六〉	〈普賢菩薩勸發品第二十八〉	〈普賢菩薩勸發品第二十六〉
壹於時普賢菩薩，過東方江河沙諸佛國土，諸菩薩來者，動諸佛國，雨眾蓮華，鼓億百千姟伎樂，歌歎如來功德。承其「開士」(菩薩)其大神足(神通具足)無極變化，大菩薩身，威神巍巍，聖旨玄妙，普照十方。	壹爾時普賢菩薩，以「自在」神通力，威德名聞，與大菩薩無量無邊不可稱數，從「東方」來。所經諸國，普皆震動，雨寶蓮華，作無量百千萬億種種伎樂。	壹爾時普賢菩薩，以「自在」神通力，威德名聞，與大菩薩無量無邊不可稱數，從「東方」來。所經諸國，普皆震動，雨寶蓮華，作無量百千萬億種種伎樂。
貳(普賢菩薩)與諸「天、龍、神、揵陀羅、阿須倫、迦留羅、真陀羅、摩休勒、人及非人」俱，各各將諸眷屬，各顯「神足」(神通具足)不可思議，至靈鷲山(Gṛdhra-kūṭa)往詣(釋迦)佛所。	貳(普賢菩薩)又與無數諸「天、龍、夜叉、乾闥婆、阿修羅、迦樓羅、緊那羅、摩睺羅伽、人非人」等，大眾圍繞，各現威德神通之力，到娑婆世界耆闍崛山(Gṛdhra-kūṭa)中。	貳(普賢菩薩)又與無數諸「天、龍、夜叉、乾闥婆、阿修羅、迦樓羅、緊那羅、摩睺羅伽、人非人」等，大眾圍遶，各現威德神通之力，到娑婆世界耆闍崛山(Gṛdhra-kūṭa)中。
參(普賢菩薩)稽首足下，繞佛七匝，前白(釋迦)佛：我從寶超威王如來佛土來，承今世尊(釋迦佛)演《正法華經》，故至忍界(娑婆世界)欲得聽受；(吾)與諸菩薩無數百千，亦樂聽聞所宣道議。善哉世尊(釋迦佛)，唯加垂哀，以時「頒宣」(頒布宣諭)《正法華經》。	參(普賢菩薩)頭面禮釋迦牟尼佛，右繞七匝，白(釋迦)佛言：世尊！我於寶威德上王佛國，遙聞此娑婆世界說《法華經》，(便)與無量無邊，百千萬億諸「菩薩眾」，共來聽受。唯願世尊(釋迦佛)，當為說之。	參(普賢菩薩)頭面禮釋迦牟尼佛，右繞七匝，白(釋迦)佛言：世尊！我於寶威德上王佛國，遙聞此娑婆世界說《法華經》，(便)與無量無邊，百千萬億諸「菩薩眾」，共來聽受。唯願世尊(釋迦佛)，當為說之。
肆寧有「女人」，何所修行？(方)得奉(受)執(持此)經卷(《法華經》)？	肆若善男子！善女人！於「如來」滅後，云何能(獲)得是《法華經》？	肆若善男子！善女人！於「如來」滅後，云何能(獲)得是《法華經》？

㊄佛時即告<u>普賢</u>菩薩：「族姓子」(善男子)！「女人」有四事法，(能愛)得是「經卷」(《法華經》)。何謂為四？	㊄佛告<u>普賢</u>菩薩：若「善男子、善女人」，(若能)成就(底下)四法，(則)於「如來」滅後，當(獲)得是《法華經》。	㊄佛告<u>普賢</u>菩薩：若「善男子、善女人」，(若能)成就(底下)四法，(則)於「如來」滅後，當(獲)得是《法華經》。
一曰：(需)常為諸佛所見「建護」(援救佑護→漢・劉向《說苑・建本》：「建」作「援」)。	一者：(需)為諸佛(之所)「護念」。	一者：(需)為諸佛(之所)「護念」。
二曰：(需)「積功累德」，不以懈(怠荒)廢。	二者：(需)殖「眾德本」。	二者：(需)殖「眾德本」。
三曰：能分別(度)化，究(竟通)暢眾要(眾多要領之法)，諸(法之)所「聚處」。	三者：(需)入「正定聚」(samyaktva-niyata-rāśi。《俱舍論・卷十》云，「見道」以上之聖者，斷盡「見」等惑，獲得「畢竟不退」之離繫，得定於「正性」之「涅槃擇滅」中，故稱「正定」。亦指菩薩階位在「十信」以上者，亦稱「正定聚」)。	三者：(需)入「正定聚」(samyaktva-niyata-rāśi。《俱舍論・卷十》云，「見道」以上之聖者，斷盡「見」等惑，獲得「畢竟不退」之離繫，得定於「正性」之「涅槃擇滅」中，故稱「正定」。亦指菩薩階位在「十信」以上者，亦稱「正定聚」)。
四曰：(需)普護眾生，(啟)發未發(心)者。	四者：(需)發「救一切眾生之心」。	四者：(需)發「救一切眾生之心」。
㊅是為四(法)，逮(及；到)是「經卷」(《法華經》)。	㊅善男子！善女人！(若能)如是成就(這)「四法」，(則)於「如來」滅後，必(獲)得是「經」(《法華經》)。	㊅善男子！善女人！(若能)如是成就(這)「四法」，(則)於「如來」滅後，必(獲)得是「經」(《法華經》)。

七－31 普賢菩薩於後五濁惡世中，將「現身」守護受持是經典者，令得安隱，即得「旋、百千萬億旋、法音方便」三種陀羅尼

西晉・竺法護譯《正法華經》	後秦・鳩摩羅什譯《妙法蓮華經》	隋・闍那崛多、達磨笈多共譯《添品妙法蓮華經》
㊀時普賢菩薩前白佛言：最後末俗「五濁」之世，若有「比丘」，受是「經典」(《法華經》)，(吾將)長擁護之，令得吉	㊀爾時普賢菩薩白佛言：世尊！於後五百歲「濁惡世」中。其有「受持」是經典(《法華經》)者，我當守護，除其「衰	㊀爾時普賢菩薩白佛言：世尊！於後五百歲「濁惡世」中。其有「受持」是經典(《法華經》)者，我當守護，除其「衰

祥，除眾拄^(狂亂)橫^(災)，毒亦不行，令無「伺求」_(鬼常「伺察」求害於人)得其便者。

(貳)有受是經(《法華經》)，_(普賢菩薩)咸共「宿衛」_(保衛；守護)，令「魔波旬」不能嬈_(擾)亂。及諸「官屬」_(官吏下屬；眷屬)，諸「鬼神龍、溝邊廁_(廁所)鬼、蠱道、符呪」，_(皆)令不得行。_(普賢菩薩將)躬身_(親身)自往，常以「一心」擁護「法師」_(能通曉能解說《法華經》，又能引導眾生修行《法華經》者)，常使_(其人獲得)安隱。

(參)若有比丘，學此「經典」(《法華經》)，「坐、起、經行」，精進修業，_(普賢菩薩我將)「象馬車乘」往到其所，護此「經典」_(《法華經》)。_(並)與諸「菩薩眷屬」圍遶，俱當往詣_(修學《法華經》處之)「法師、比丘」。

_(肆)_(若有)受是經_(《法華經》)者，「思惟」行者，令不忘失《正法華經》「一句」之義。_(普賢菩薩我將)乘駕_(白象)往詣此「學士_(修學之士)」所，_(令此人之)目自_(行)「奉見」。

_(伍)為是_(受持此)經_(《法華經》)舉，見我_(普賢菩薩)歡喜，普更勤學。_(我)當護「法師」_(能通曉能解說《法華經》，又能引導眾生修行《法華經》者)逮_(到)得「三昧」。若復獲致：
❶「迴轉」總持。

(貳)若「魔」、若「魔子」、若「魔女」、若「魔民」、若「為魔所著」者。若「夜叉」、若「羅剎」、若「鳩槃茶」、若「毘舍闍」、若「吉遮」(kṛtya 起屍鬼)、若「富單那」、若「韋陀羅」_(Vetāḍa 可殺害人之惡鬼)等諸惱人者，皆不得便。

(參)是人若「行」、若「立」(而)「讀誦」此經_(《法華經》)，我_(普賢菩薩)爾時乘「六牙白象」王，與「大菩薩眾」，俱詣其所，而自「現身」。_(並)供養守護_(此人)，安慰其心，亦為供養《法華經》故。

(肆)是人若「坐」、「思惟」此經(《法華經》)，爾時我_(普賢菩薩)復乘「白象王」，「現」其人前。其人若於《法華經》有所忘失「一句、一偈」，我_(普賢菩薩)當「教」之，與共「讀誦」，還令「通利」_(通暢；無阻礙；無有忘失)。

(伍)爾時「受持、讀誦」《法華經》者，得「見」我(普賢菩薩)身，甚大歡喜，轉復「精進」。以「見我」故，即得「三昧」及「陀羅尼」，名為：
❶「旋」陀羅尼。

(貳)若「魔」、若「魔子」、若「魔女」、若「魔民」、若「為魔所著」者。若「夜叉」、若「羅剎」、若「鳩槃茶」、若「毘舍闍」、若「吉遮」(kṛtya 起屍鬼)、若「富單那」、若「韋陀羅」_(Vetāḍa 可殺害人之惡鬼)等諸惱人者，皆不得便。

(參)是人若「行」、若「立」(而)「讀誦」此經_(《法華經》)，我_(普賢菩薩)爾時乘「六牙白象」王，與「大菩薩眾」，俱詣其所，而自「現身」。_(並)供養守護_(此人)，安慰其心，亦為供養《法華經》故。

(肆)是人若「坐」、「思惟」此經(《法華經》)，爾時我_(普賢菩薩)復乘「白象王」，「現」其人前。其人若於《法華經》有所忘失「一句、一偈」，我_(普賢菩薩)當「教」之，與共「讀誦」，還令「通利」_(通暢；無阻礙；無有忘失)。

(伍)爾時「受持、讀誦」《法華經》者，得「見」我(普賢菩薩)身，甚大歡喜，轉復「精進」。以「見我」故，即得「三昧」及「陀羅尼」，名為：
❶「旋」陀羅尼。

❷又當逮(及;到)成若干「百千億周旋」總持。 ❸曉了「一切諸音總持」。	❷「百千萬億旋」陀羅尼。 (從「一法」演出「無數百千萬億」陀羅尼門) ❸「法音方便」陀羅尼。 (於「法音」中,獲善解方便) 得如是等陀羅尼。	❷「百千萬億旋」陀羅尼。 (從「一法」演出「無數百千萬億」陀羅尼門) ❸「法音方便」陀羅尼。 (於「法音」中,獲善解方便) 得如是等陀羅尼。

三陀羅尼：
相當於「天台宗」所說之「空、假、中」三觀。
❶旋陀羅尼：「旋」為「旋轉」之義。凡夫執著「有相」,故須令其「旋轉」差別之「假相」,以入於「平等之空」;此即「從假入空」之「空持」。➜是「緣起」,但亦不離「性空」。
❷百千萬億陀羅尼：旋轉「平等之空」,而入於「百千萬億法」差別之假相 (現象界);此即「從空入假」之「假持」。➜是「性空」,亦無礙於「緣起」。
❸法音方便陀羅尼：以上記「空、假」二持為「方便」,而入於「絕待之中道」;此即中道第一義諦之「中持」。
(以上資料據《佛光大辭典》再略作修訂)

七－32 五濁惡世中欲修習《法華經》,應於三七日中一心精進。普賢菩薩將現在前,而為說法,復與「陀羅尼咒」

西晉・竺法護譯 《正法華經》	後秦・鳩摩羅什譯 《妙法蓮華經》	隋・闍那崛多、達磨笈多共譯 《添品妙法蓮華經》
壹(普賢菩薩云:)惟願世尊,若於最後「餘殘」末俗「五濁」之世,餘「五十歲」中,(若有)「比丘、比丘尼、清信士、清信女」,受是經典(《法華經》),宣示(於)同學(同道修學),(能)「持、書、慕求、為他人說」。(於)最後末俗「餘五十歲」,若能受是《正法華經》,心存解義,精進不廢,致「二十一日」,諸行(所有行門之修持)稍備(大致已完備)。	壹(普賢菩薩云:)世尊!若後世、後「五百歲」(五)濁惡世中,(若有)「比丘、比丘尼、優婆塞、優婆夷」。(若有)「求索者、受持者、讀誦者、書寫者」,欲「修習」是《法華經》,於「三七日」中,應「一心精進」。	壹(普賢菩薩云:)世尊!若後世、後「五百歲」(五)濁惡世中,(若有)「比丘、比丘尼、優婆塞、優婆夷」。(若有)「求索者、受持者、讀誦者、書寫者」,欲「修習」是《法華經》者,於「三七日」中,應「一心精進」。
貳已致「諸行」,(於)「二十一日」勤,心存於法,(普賢菩薩我將)「自現」可敬巍巍之德。(吾將)乘六(牙白象)「通馳」(通行;疾走),(並)與諸「眷屬」大小相	貳滿「三七日」已,我(普賢菩薩)當乘「六牙白象」,與無量「菩薩」而自圍繞。以一切眾生所喜見身,「現」(在)其人前,而為說法,示教(開示教誨)	貳滿「三七日」已,我(普賢菩薩)當乘「六牙白象」,與無量「菩薩」而自圍遶。以一切眾生所喜見身,「現」(在)其人前,而為說法,示教(開示教誨)

隨，往詣「法師」(能通曉能解說《法華經》，又能引導眾生修行《法華經》者)，勸助(勸發獎助)「法師」。(若有能於)「二十一日」專修此法，(吾將)使(其)心開(悟)解(脫)，懷(向)致(贈)「總持」。	利喜(利益生喜)，亦復與其「陀羅尼呪」。	利喜(利益生喜)，亦復與其「陀羅尼呪」。
㊂若使「法師」不(度)化眾生，若不「勸助」(勸發獎助)、不能「開化」(開示教化)，(則易令)「非人」得便。猶是(此類)法師(將)不得(普賢菩薩)擁護，(故)不致「安隱」。是故學者，(應)常行精進，(普賢菩薩)承佛威神，(將)宿衛(保衛;守護)「法師」(能通曉能解說《法華經》，又能引導眾生修行《法華經》者)。	㊂得是「陀羅尼」故，無有「非人」能破壞者，亦不為「女人」之所惑亂，我(普賢菩薩)身亦自常護是人。	㊂得是「陀羅尼」故，無有「非人」能破壞者，亦不為「女人」之所惑亂，我(普賢菩薩)身亦自常護是人。
㊃若有「法師」(能通曉能解說《法華經》，又能引導眾生修行《法華經》者)，持佛「正法」，便勸「精進」，願聽「總持」。其辭呪曰：	㊃唯願世尊，聽我(普賢菩薩)說此陀羅尼呪。即於佛前，而說呪曰：	㊃惟願世尊，聽我(普賢菩薩)說此「陀羅尼」。即於佛前，而說呪曰：
無我除我，因我方便，賓仁和除，甚柔軟，柔弱句，見諸佛因，諸總持行，眾諸說，蓋迴轉，盡集會，除眾趣無央數，計諸句三世數等，越有為，舉諸法，曉眾生音，師子娛樂。	阿檀地(途賣反)(一) adānte 檀陀婆地(二) dānta-pati 檀陀婆帝(三) dānta-pati (此句據不空大師《成就妙法蓮華經王瑜伽觀智儀軌》作難拏韈怛䪼 daṇḍāvartani) 檀陀鳩舍隸(四) dānta--kuśale 檀陀修陀隸(五) dānta-sudhāri 修陀隸(六)	多(上)姪他 tadyathā 阿壇茶(徒皆反) adaṇḍe 壇茶(直下反)鉢底 daṇḍa-pati 壇茶跋囉(上)多(上)爾 daṇḍa āvartani 壇茶(上)矩舍(始迦上反)犁 dānta--kuśale 壇茶穌(上)陀唎(上) dānta-sudhāri 穌(上)陀囉(上)

	sudhāri	sudhāri
	修陀羅婆底(七)	陀囉(上)跋底
	sudhāra-pati	dhāra-pati
	佛馱波羶禰(八)	勃馱鉢羶泥
	buddha-paśyani	buddha-paśyani
	薩婆陀羅尼阿婆多尼(九)	陀囉(上)尼(奴移反)阿跋囉(上)怛爾
	sarva-dhāraṇi āvartani	dhāraṇi āvartane
		阿囉怛爾
	薩婆婆沙阿婆多尼(十)	aratane
	sarva-bhāṣya āvartani	
	修阿婆多尼(十一)	
	su-āvartani	
	僧伽婆履叉尼(十二)	僧伽(上)跛梨(上)綺羯
	saṅgha-parikṣīṇi	saṅgha- parikṣīṇi
	僧伽涅伽陀尼(十三)	僧伽(上)爾伽多(上)泥
	saṅgha-nirghātani	saṅgha-nirghātani
	阿僧祇(十四)	達囉(上)麼(上)跛梨(上)綺羯
	asaṃkhya	dharma-suparīkṣite
	僧伽波伽地(十五)	囉(上)婆(上)娑(上)多(上)婆(上)戶
	saṅgha apagate	
	帝隸阿惰僧伽兜略(盧遮反)阿羅帝(敦煌本無此三字)婆羅帝(十六)	ravasatavahu
	tri-adhvasṅghatulya-prāpte	
	薩婆僧伽三摩地伽蘭地(十七)	
	sarva saṅgha-samatikrānte	
	薩婆達磨修波利刹帝(十八)	
	sarva dharma-suparīkṣite	
	薩婆薩埵樓馱憍舍略阿㝹伽地(十九)	嚕多(上)憍(俱照反)舍(始迦上)羅耶阿(上)努伽(上)祇
	sarva-sattva-ruta kauśalya-anugate	ruta kauśalya-anugate
	辛阿毘吉利地帝(二十)	謝伽(上)鼻(上)抧梨馳(上)祇
	siṃha-vikrīḍite	siṃha-vikrīḍite
	阿砮轙帝 轙底顇 轙多理 **anuvarte vartani vartali** (以上三句乃據不空大師《成就妙法蓮華經	

	王瑜伽觀智儀軌》增入)	

六、普賢菩薩説咒：

(咒義內容乃錄自竺法護《正法華經》。超小字體爲筆者試著還原回梵文羅馬拼音及釋義，僅供您讀誦咒語發音之參考)

tadyathā・　adānte・　　dānta- pati・　dānta　āvartani・
(未調伏者;不蒙所化者。此句可喻爲「吾人;我」) (調伏;降伏) (主;頭主;夫;王;支配者) (調伏;降伏) (伏;伏除;轉)
　　　　無我　　　　　　　　除我

dānta- kuśale・　dānta-sudhāri・　sudhāri・sudhāra-pati・
(調伏;降伏) (善巧) (調伏;降伏) (美;甘露) (美;甘露) (美;甘露) (主;頭主;夫;王;支配者)
因我　　方便　　　賓仁和除　　　甚柔軟　　柔弱句

buddha-paśyani・sarva-dhāraṇi・āvartani・　sarva-　　bhāṣya　āvartani・
(佛) (見) (一切;諸) (陀羅尼;總持) (伏除;迴轉) (一切;諸) (所說;講說;經書) (伏除;迴轉)
見諸佛因　　諸　總持行　　　　　衆諸　　　說

su-āvartani・　saṅgha-　　　parikṣīṇi・saṅgha-nirghātani・asaṃkhya・
(伏除;迴轉) (和合衆;和合僧) (盡;悉盡) (和合衆;和合僧) (除;破) (無數)
蓋迴轉　　　　　盡集會　　　　　　除衆　　趣無央數

saṅgha　apagate・　　tri-adhva　saṅgha　tulya　prāpte
(多;衆) (離;消;滅;斷) (三) (世) (多;衆) (等;稱量) (得;至得;至;受)
計諸句　　　　三　世　數　　等

sarva saṅgha-samatikrānte・sarva　dharma-suparīkṣite・
(一切;所有) (多;衆) (超越) (一切;衆) (法) (極善思;已簡擇試驗)
越有為　　　　　　舉(推薦;選用)諸法

sarva-sattva　ruta・kauśalya-anugate・siṃha-vikrīḍite・
(一切;衆) (衆生) (聲音;語言) (善巧;巧方便) (通達;了知) (師子) (遊戲;神變)
曉衆生音　　　　　　師子　娛樂

anuvarte・vartani・vartali(以上三句乃據不空大師《成就妙法蓮華經王瑜伽觀智儀軌》增入)・(svāhā)
(隨順) (轉) (義不明?)

✠宋・釋普明

(1)臨淄 張氏，少出家，稟性清純，「懺誦」爲業，誦《法華經》。

(2)時有別衣別座，未嘗穢褻ʸ(同「褻」)。每(誦經)至「勸發品」，輒見普賢乘「六牙象」在其前。
　(參見《法華經持驗記》卷 1。詳 CBETA, X78, no. 1541, p. 67, c // Z 2B:7, p. 454, a // R134, p. 907, a)

✠齊・釋慧基

(1)姓呂，吳錢塘人。十五出家祇洹寺，厲行精苦，善《小品》(《小品般若經》)、《法華》。還止山陰 法華寺，講宣經教，學徒「屬ᶻ 至」(群集而來)，乃於「會邑」(都城)立寶林精舍。

(2)夢普賢放光接引，因造普賢像，并「六牙白象」形。

(3)竟陵王嘗詢以《法華》「要指」(主要的旨趣)，乃著《法華義疏》三卷。建武三年，示疾。弟子夢「梵僧」數人，「踞ᵏ 砌ˢ」(倚靠臺階)而坐，云：「從大乘國來迎基和尚」。泊然而化。
　(參見《法華經持驗記》卷 1。詳 CBETA, X78, no. 1541, p. 68, c // Z 2B:7, p. 455, b // R134, p. 909, b)

✳梁‧荊州釋僧遷

(1)吳人，自幼神俊，為侍中王錫嘆異，常誦《蓮華經》，數溢(超過)六千部。一日「假寐」(閉目養神)，夢普賢大士，香光照燭，親為「摩頂」。譚(隱諱)而不傳，至將「示寂」，方陳(陳述)同志。

(2)《法華》、《大品》(般若經)、《涅槃》等經，各講數十徧，皆製疏(闡釋經書及其舊注的文字)流傳。

(參見《法華經持驗記》卷1。詳 CBETA, X78, no. 1541, p. 69, c // Z 2B:7, p. 456, a // R134, p. 911, a)

✳陳‧南嶽尊者慧思

(1)武津 李氏子，幼持戒，頂禮《法華》，致忘寢息。因久雨蒸濕，身患「浮腫」，忍心(忍耐其苦，而心仍)向經，尋即痊愈。夢普賢乘「白象王」，親為「摩頂」，頂上隱起「肉髻」。

(2)年十五，出家受具，日惟一食，專誦《法華》，計盈千遍。感「瓶水」不竭，「天童」侍奉。

(參見《法華經持驗記》卷1。詳 CBETA, X78, no. 1541, p. 70, a // Z 2B:7, p. 456, c // R134, p. 912, a)

✳隋‧衡嶽寺釋僧照

(1)聞南嶽 妙善心觀，特往參謁(晉見尊敬的人)，凡所指授(指導；傳授)，無不領解。後以南嶽命，行「法華三昧」，用銷夙⸝障(舊有的業障)。

(2)妙行將圓⸝(圓滿)，覩普賢大士，乘白象王，放光證明。又感普門大慈，為其說法，於是頓悟玄旨，辨才無礙。師於眾中，苦行禪定，皆為第一。

(參見《法華經持驗記》卷1。詳 CBETA, X78, no. 1541, p. 71, c // Z 2B:7, p. 458, b // R134, p. 915, b)

✳隋‧終南山悟真寺釋法誠

(1)雍州 樊氏，止藍田 王效寺，崇⸝(同「專」)誦《法華》。負笈歷遊名嶽，「法華三昧」，「矢心」(發誓)奉行。夢感普賢勸書「大乘」，乃命工書八部《般若》。

(2)又造華嚴堂，竭其精志，書寫受持。時弘文學士張靜，夙善「翰墨」(平日擅長文章書畫)，請至山舍，含香(銜香於口以增芬芳之氣)繕⸝寫(謄寫)終部，時感異鳥飛至經案，自然馴擾。

(參見《法華經持驗記》卷1。詳 CBETA, X78, no. 1541, p. 73, c // Z 2B:7, p. 460, b // R134, p. 919, b)

✳唐‧釋妙行

(1)精天台教觀，既入居泰山，結草為衣，拾果為食。行「法華三昧」，感普賢「現身」證明。後於一夕，見琉璃地佛，與二菩薩，涌立空中。僖宗聞其名，詔賜常精進號。

(2)後一日再見寶地，謂左右曰：「吾無觀相而實地復見，安養(極樂世界)之期至矣」。即日右脅安臥而逝。

(參見《法華經持驗記》卷1。詳 CBETA, X78, no. 1541, p. 78, c // Z 2B:7, p. 465, b // R134, p. 929, b)

✳唐‧汴州廣福寺釋功迥⸝

(1)汴州 浚儀人，六歲時，母口授《觀音經》，累日(連日；多日)而度。十六捨俗，入泰山事弘法師。少欲自節，衣布坐茅，師自惟曰：「拱默(垂拱無為)山林，一途獨善，至於維持餘寄，非化誘(教化誘導)不弘」。遂南參止慧福寺，專誦《法華》，撰疏(闡釋經書及其舊注的文字)五卷，常為敷演。

(2)一日普賢現身，乘「六牙象」，地皆銀色。前後講《法華》五十餘遍，每(講經)至〈藥草品〉，天必「澍雨」(大雨)。

(參見《法華經持驗記》卷1。詳 CBETA, X78, no. 1541, p. 79, a // Z 2B:7, p. 465, c // R134, p. 930, a)

✳吳越‧錢塘永明寺釋道潛

(1)蒲津 武氏，嘗於山齋，行三七日《法華懺》，忽見普賢御象，在「塔寺」三門亭下，其象鼻直，枕行懺所(禮懺之處所)。漢南國錢王建慧日 永明寺，請師居之。

(2)嘗閱《大藏經》,「晏坐」(禪坐)中見<u>文殊</u>現形,後禮<u>阿育王塔</u>,跽ㄐㄧˋ(跪拜)**而頂戴**(敬禮),**淚下如雨。俄見「舍利」在懸鐘外,旋遶而行,師悲喜交集。**

(3)**建隆二年**,坐化「闍維」(荼毗),**舍利甚繁**(多),**建塔藏焉,塔頂放白光,如初化**(變化之始)**時。**

(參見《法華經持驗記》卷 2。詳 CBETA, X78, no. 1541, p. 81, b // Z 2B:7, p. 467, c // R134, p. 934, a)

✳宋‧仁和范儼

(1)**常時蔬食,世緣淡然**,云:**我自是旅泊**(旅途中行舟暫時停泊)**耳。日誦《法華》,復「手書」經**(《法華經》)**一部,備極莊嚴。**

(2)**大觀中,忽見<u>普賢</u>乘「六牙白象」,放金色光,謂儼曰:「汝嘗誦《法華》,念<u>阿彌陀佛</u>,得生淨土,故來相報」。越一夕,視眾聖授手,就座合掌而逝。**

(參見《法華經持驗記》卷 2。詳 CBETA, X78, no. 1541, p. 84, c // Z 2B:7, p. 471, b // R134, p. 941, b)

七－33 若有修持《法華經》者,當知是人即同修行<u>普賢</u>行,並為諸如來「手摩」其頭。命終得千佛授手,生「忉利天」,或兜率<u>彌勒菩薩</u>處

西晉‧竺法護譯 《正法華經》	後秦‧鳩摩羅什譯 《妙法蓮華經》	隋‧闍那崛多、達磨笈多共譯 《添品妙法蓮華經》
壹(普賢菩薩云:)唯然世尊,是則名曰是「總持句」。若有菩薩,「耳根」聽聞此「(普賢菩薩)總持句」,入「耳」中者,即當知之,(此皆是)<u>普賢菩薩</u>之所建立。是《正法華經》若(流)布天下「閻浮利」(南瞻部洲)內。(若有遇)值是經(《法華經》)者,心當思念:(此為)<u>普賢菩薩</u>(之)「威神」所致,(故)令我等輩,(能獲)致是經卷(《法華經》)。(此為)<u>普賢菩薩</u>所行(之)「神化」,(故能)令此眾人,(獲)致此妙典(《法華經》)。	壹(普賢菩薩云:)世尊!若有「菩薩」,得聞是「(普賢菩薩)陀羅尼」者,當知普賢神通之力。若《法華經》行(於)「閻浮提」,有「受持」者,應作此念:(此)皆是普賢(菩薩)威神之力。	壹(普賢菩薩云:)世尊!若有「菩薩」,得聞是「(普賢菩薩)陀羅尼」者,當知普賢神通之力。若《法華經》行(於)「閻浮提」,有「受持」者,應作此念:(此)皆是普賢(菩薩)威神之力。
貳斯等(修學《法華經》之)眾生,(已於)無數佛所,積眾德本,(並為)如來、至真「手摩」其頭。若有「書寫」(《法華經》),「執持在手,則(如同供)奉(真)佛身(般的)「敬愛」道法,(故需)「敬書」是經。	貳若有「受持、讀誦、正憶念」,解其「義趣」,如說「修行」(《法華經》者)。當知是人,(為修)行普賢行,(已)於無量無邊諸佛所,深種善根,(並)為諸如來「手摩」其頭。	貳若有「受持、讀誦、正憶念」,解其「義趣」,如說「修行」(《法華經》者)。當知是人,(為修)行普賢行,(已)於無量無邊諸佛所,深種善根,(並)為諸如來「手摩」其頭。

⓪(若有)「書」是經(《法華經》)已,欲解中「義」,於此壽終,生「忉利天」。適生天上,(有)八萬四千「天人玉女」,往就供養,鼓琴歌頌。(此人)已作「天子」,(並)坐玉女中,而相娛樂。	⓪若但「書寫」(《法華經》),是人命終,當生「忉利天」上。是時「八萬四千」天女,作衆伎樂,而來迎之,其人即著「七寶冠」,於「婇女」中,娛樂快樂;何況「受持、讀誦、正憶念」,解其「義趣」,如說「修行」。	⓪若但「書寫」(《法華經》),是人命終,當生「忉利天」上。是時「八萬四千」天女,作衆伎樂,而來迎之,其人即著「七寶冠」,於「婇女」中,娛樂快樂;何況「受持、讀誦、正憶念」,解其「義趣」,如說「修行」。
⓪若「族姓子」(善男子)!但「書」是經(《法華經》),功德如是,何況「誦、說」、「思惟」中「義」!是故世尊!(若有人)一心勤修《正法華經》,「書、持」經卷,常當「思惟」,一切不忘,當禮此(修學《法華經》之)人。		
⓪(若有)用「書寫」此經(《法華經》),「至德」所致,而為「千佛」所見「授臂」。(斯人於)臨壽終時,(將)面見「千佛」,遊(遊止:遊憩)在(於)吉(祥)安(隱),不墮「惡趣」。壽終之後,生「兜術天」;適生天上,(即有)「八萬四千」諸「玉女」衆,往詣其所,鼓諸伎樂,而歌頌德。(斯人)在諸「玉女」,以「法」相樂。是「族姓子」(善男子)!(若能)「書」此經(《法華經》)者,功德如斯,何況「誦、說」、「思惟」其「義」!	⓪若有人「受持、讀誦」、解其「義趣」,是人「命終」,為「千佛」授手,令不恐怖,不墮「惡趣」,即往「兜率天上」彌勒菩薩所。彌勒菩薩有「三十二相」,大菩薩衆,所共圍繞,有百千萬億「天女眷屬」,而於中生,有如是等「功德」利益。	⓪若有人「受持、讀誦」、解其「義趣」,是人「命終」,為「千佛」授手,令不恐怖,不墮「惡趣」,即往「兜率天上」彌勒菩薩所。彌勒菩薩有「三十二相」,大菩薩衆,所共圍遶,有百千萬億「天女眷屬」,而於中生,有如是等「功德」利益。
⓪是故「勤修、書寫、宣傳」《正法華經》,思惟奉行,皆令(種種行門)具足。(能)專精一心,志未曾亂,(獲)「千佛」授		

西晉・竺法護譯	後秦・鳩摩羅什譯	隋・闍那崛多、達磨笈多共譯
臂。(於)臨壽終時，面見「千佛」，不墮「惡趣」，於是壽終，(即)生「兜術天」。在彌勒佛所，成「菩薩身」，(具)「三十二相」莊嚴其體，(有)億千「玉女眷屬」(共)圍遶。		
㊆是故智者，常當「勤修、書」是經典(《法華經》)，「敷演、思惟」。唯然世尊！若有「書」此「經卷」，「思惟、誦、說」，功「祚」(福德)無量，不可稱限，巍巍如是。是故「智者」，(若能)「書、持」是經(《法華經》)，當得還致若干功德。	㊆是故智者，應當一心「自書」、若「使人書」，「受持、讀誦、正憶念」，如說「修行」。	㊆是故智者，應當一心「自書」、若「使人書」，「受持、讀誦、正憶念」，如說「修行」。
㊇吾(普賢菩薩)以是故，「建立」是經(《法華經》)，用(於)五(濁世中)弘(揚此)意，勤念道法，流布天下「閻浮利」(南贍部洲)內。	㊇世尊！我(普賢菩薩)今以「神通力」故，「守護」是經(《法華經》)，於如來滅後「閻浮提」內，廣令流布，使不斷絕。	㊇世尊！我(普賢菩薩)今以「神通力」，「守護」是經(《法華經》)，於如來滅後「閻浮提」內，廣令流布，使不斷絕。
㊈於是能仁(釋迦)如來、至真，告普賢(菩薩)曰：善哉！善哉！汝(普賢菩薩)乃發心，多所哀念，精進勤護(於)將來(修道之)菩薩，勸(修)道於斯(此)「無思」(不可思)誼(同「義」)法。(普賢菩薩)其心懷抱(心懷意識)「無極」大哀，(於)發心之頃，(便)攝(受)無量(萬)行，(令眾生)各執「經卷」(《法華經》)，(而)建立擁護(之)。	㊈爾時釋迦牟尼佛讚言：善哉！善哉！普賢！汝(普賢菩薩)能「護助」是經(《法華經》)，令多所眾生，安樂利益。汝(普賢菩薩)已成就不可思議功德，深大慈悲，從久遠來，發「阿耨多羅三藐三菩提意」，而能作是「神通」之願，「守護」是經(《法華經》)。我(釋迦佛)當以「神通力」，守護能受持普賢菩薩「名」者。	㊈爾時釋迦牟尼佛讚言：善哉！善哉！普賢！汝(普賢菩薩)能「護助」是經(《法華經》)，令多所眾生，安樂利益。汝(普賢菩薩)已成就不可思議功德，深大慈悲，從久遠來，發「阿耨多羅三藐三菩提意」，而能作是「神通」之願，「守護」是經(《法華經》)。我(釋迦佛)當以「神通力」，守護能受持普賢菩薩「名」者。

七-34 若有修習《法華經》者，❶如從釋迦佛口親聞此經。❷如同供養佛。❸為佛所讚善。❹為佛所摩頂。❺為「佛衣」之所覆護

《正法華經》	《妙法蓮華經》	《添品妙法蓮華經》
⑤若有受持<u>普賢</u>菩薩，宣其「名」者，	⑤<u>普賢</u>(菩薩)！若有「受持、讀誦、正憶念、修習、書寫」是《法華經》者。	⑤<u>普賢</u>(菩薩)！若有「受持、讀誦、正憶念、修習、書寫」是《法華經》者。
❶則當知之，(是人於)見<u>能仁</u>(釋迦)佛前，已「曾聞」如是(佛陀之)像法。	❶當知是人，則(得親)見<u>釋迦牟尼佛</u>，如從「(釋迦)佛口」聞此經典(《法華經》)。	❶當知是人，則(得親)見<u>釋迦牟尼佛</u>，如從「(釋迦)佛口」聞此經典(《法華經》)。
❷(此人能)供養奉事，(如同)見<u>能仁</u>(釋迦)佛。	❷當知是人，(如同)「供養」<u>釋迦牟尼佛</u>。	❷當知是人，(如同)「供養」<u>釋迦牟尼佛</u>。
❸(此人能)班宣(頒布宣諭)經道，(佛陀)講讚「善哉」！	❸當知是人，(爲)佛讚「善哉」！	❸當知是人，(爲)佛讚「善哉」！
❹(此人將爲)如來「摩頭」，則當謂之(汝)是<u>普賢</u>也。(如前文所說「當知是人，爲已修行、已實踐<u>普賢</u>大行者」)	❹當知是人，為<u>釋迦牟尼佛</u>「手摩其頭」。	❹當知是人，為<u>釋迦牟尼佛</u>「手摩其頭」。
❺(此人將爲)佛之「威神」之所建立，佛以「衣服」而「覆護」之，(此人並能)受「如來」教。	❺當知是人，為<u>釋迦牟尼佛</u>「衣」之所覆(護)。	❺當知是人，為<u>釋迦牟尼佛</u>「衣」之所覆(護)。
㉓不樂「俗業」、不喜「調戲、合偶(匹配成雙;和合嫁娶)、謿㦛(笑語:嘲弄。「謿」同「嘲」。㦛→夢中說話)」。不好「歌舞」，不遊在「外」。不入「屠殺」、養「猪、雞、鶩」，不與「女人」無益從事(從事無益而有害之事)。	㉓如是之人，不復貪著「世樂」，不好「外道經書、手筆」，亦復不喜親近(外道)其人，及諸「惡者」；若「屠兒」、若畜「猪、羊、雞、狗」，若「獵師」、若「衒㐮賣」(叫賣;出賣)女色。	㉓如是之人，不復貪著「世樂」，不好「外道經書、手筆」，亦復不喜親近(外道)其人，及諸「惡者」，若「屠兒」、若畜「猪、羊、雞、狗」，若「獵師」、若「衒㐮賣」(叫賣;出賣)女色。
㉔若「聞」是經(《法華經》)，「書寫、聽、受持、諷誦、說」，樂如是「像」，自然之法，思惟「奉行」，緣內精專，自興福力。一切眾生，若有「覩見」，靡不愛敬。		
㉕若有「比丘」，「受持」此經(《法華經》)，不為「婬、怒、愚癡」所縛。不為「貪嫉、自大」所繫。不懷「憍慢(驕傲輕	㉕是人心意「質直」(樸實正直)，有「正憶念」，有「福德力」，是人不為「三毒」所惱。亦復不為「嫉妬、我慢、邪慢、增	㉕是人心意「質直」(樸實正直)，有「正憶念」，有「福德力」，是人不為「三毒」所惱。亦復不為「嫉妬、我慢、邪慢、增

慢)、剛強、自用(固執己見)、彊梁(剛強橫公暴)、邪見」，己利「止足」(凡事知止知足，不貪得無厭)。	上慢」所惱。是人「少欲」知足，能修普賢之(大)行。	上慢」所惱。是人「少欲」知足，能修普賢之(大)行。
㊄若有「法師」(能通曉能解說《法華經》，又能引導眾生修行《法華經》者)，普修「至賢」(極有賢德)，(於)最後「末俗」，世餘「五十歲」五濁之俗。若有「比丘」，「受持」是經(《法華經》)，當作是知，「思惟」解念：是等「族姓子」(指修持《法華經》之善男子)必至「道場」，降伏「魔宮」。而轉「法輪」，擊於「法鼓」，吹「大法螺」，演(講經義)時(降)法雨。於「師子座」而處「法座」。	㊄普賢(菩薩)！若「如來」滅後，後「五百歲」，若有人見「受持、讀誦」《法華經》者，應作是念：此(修持《法華經》之)人不久，當詣「道場」，破諸魔眾，得「阿耨多羅三藐三菩提」。「轉法輪、擊法鼓、吹法螺、雨ㄩ法雨」。當坐「天人、大眾」中，「師子法座」上。	㊄普賢(菩薩)！若「如來」滅後，後「五百歲」，若有人見「受持、讀誦」《法華經》者，應作是念：此(修持《法華經》之)人不久，當詣「道場」，破諸魔眾，得「阿耨多羅三藐三菩提」。「轉法輪、擊法鼓、吹法螺、雨ㄩ法雨」。當坐「天人、大眾」中，「師子法座」上。
㊅(若有人於)最後「末俗世」，「受持」是經(《法華經》)，功德如是。又是「比丘」，不猗ˇ(依：貪著)「利養」、不貪「衣鉢」。是等「法師」(能通曉能解說《法華經》，又能引導眾生修行《法華經》者)，志性「質直」(樸實正直)，而無「諛ˊ諂ㄔ」(奉承諂媚)，不墮「癡冥」，其人「現在」(現在世)自然如是。	㊅普賢(菩薩)！若於後世，(有人)「受持、讀誦」是經典(《法華經》)者；是人不復貪著「衣服、臥具、飲食、資生之物」，(諸)所(求)願(皆)不虛，亦於「現世」得其福報。	㊅普賢(菩薩)！若於後世，(有人)「受持、讀誦」是經典(《法華經》)者；是人不復貪著「衣服、臥具、飲食、資生之物」，(諸)所(求)願(皆)不虛，亦於「現世」得其福報。

七－35 若有輕毀修持《法華經》者，當世世「無眼」、得「白癩病」及諸惡重病。若見修持《法華經》者，當起「遠迎」，當如「敬佛」

西晉·竺法護譯《正法華經》	後秦·鳩摩羅什譯《妙法蓮華經》	隋·闍那崛多、達磨笈多共譯《添品妙法蓮華經》
㊀若有「比丘」，「受持」是經(《法華經》)，世世不忘，所生「聰明、黠ㄒ慧」，未曾「聾、盲」，現在「獲安」，無有「眾患」。(以下內容可參閱二－13)	㊀若有人「輕毀」之(修持《法華經》者)，(甚而)言：汝「狂人」耳！空作是行，終無所獲！如是(輕毀修持《法華經》之)罪報，當世世「無眼」。若有「供養、	㊀若有人「輕毀」之(修持《法華經》者)，(甚而)言：汝「狂人」耳！空作是行，終無所獲！如是(輕毀修持《法華經》之)罪報，當世世「無眼」。若有「供養、

	「讚歎」之(修持《法華經》者)者,(則)當於今世得「現(世)果報」。(以下內容可參閱二—13)	「讚歎」之(修持《法華經》者)者,(則)當於今世得「現(世)果報」。(以下可參閱二—13)
(貳)若「毀」此經(《法華經》),詞「(修)學、持(誦)」者,而復「誹謗」,其人「現在身」致「癩病」。(「癩病」即「麻風病、癬疥」等皮膚病,亦稱「大風惡疾、癘風、大風、惡疾、麻風病」)	(貳)若復見「受持」是經(《法華經》)者,(有)出其「過惡」(過失罪惡),若「實」、若「不實」,此人現世(將)得「白癩病」。(「癩病」即「麻風病、癬疥」等皮膚病,亦稱「大風惡疾、癘風、大風、惡疾、麻風病」)	(貳)若復見「受持」是經(《法華經》)者,(有)出其「過惡」(過失罪惡),若「實」、若「不實」,此人現世(將)得「白癩病」。(「癩病」即「麻風病、癬疥」等皮膚病,亦稱「大風惡疾、癘風、大風、惡疾、麻風病」)
(參)(若有)見「書」是經(《法華經》),(而)非(毀謗)之「不可」(缺點;過失),而共「調戲」(嘲謔)。(如此輕毀修持《法華經》者)所生之處, ❶其身「缺漏」(指六根所缺漏)。 ❷為「火」所燒。 ❸常遇「諍訟」。 ❹鼻面生「皰」(同「皰」,面瘡)。 ❺手足「了戾」(迂曲回旋)。 ❻口目不政(同「正」)。 ❼其身「臭穢」。 ❽體生「瘡痍」(瘡瘍)。 ❾醫藥不治。 ❿困苦「難言」(語言能力障礙)。	(參)若有「輕笑」之(修持《法華經》者)者,當(生生)世世: ❶牙齒踈缺。 ❷醜脣。 ❸平鼻。 ❹手腳「繚戾」(回旋曲折)。 ❺眼目「角睞」(眼角斜視)。 ❻身體臭穢。 ❼惡瘡。 ❽膿血。(細菌侵入血液迴圈,持續存在,迅速繁殖,產生大量毒素,引起嚴重的全身症狀者) ❾水腹(人體肚臍以下的部位,亦稱少腹,此指腹部的一種「鼓脹病」。由「水、氣、瘀血、寄生蟲」等原因引起的腹部膨脹的病) ❿短氣(呼吸短促,難以接續的病)。 諸惡「重病」。	(參)若有「輕笑」之(修持《法華經》者)者,當(生生)世世: ❶牙齒踈缺。 ❷醜脣。 ❸平鼻。 ❹手腳「繚戾」(回旋曲折)。 ❺眼目「角睞」(眼角斜視)。 ❻身體臭穢。 ❼惡瘡。 ❽膿血。(細菌侵入血液迴圈,持續存在,迅速繁殖,產生大量毒素,引起嚴重的全身症狀者) ❾水腹(人體肚臍以下的部位,亦稱少腹,此指腹部的一種「鼓脹病」。由「水、氣、瘀血、寄生蟲」等原因引起的腹部膨脹的病) ❿短氣(呼吸短促,難以接續的病)。 諸惡「重病」。
(肆)若(見有人)說是經(《法華經》),有聞見(說《法華經》)者,(而)宣之「不可」(缺點;過失),(生)增惡不喜,(毀)所說「不誠」,言「不真實」。(如此毀謗說《法華經》者)		

用是犯惡(觸犯)「眾罪」之故，
得「殃」無量，在所不安。

㈤佛言：是故普賢(菩薩)！
若見「比丘」，「受持」是經(《法
華經》)，(應)遙起「遠迎」，恭敬
承事，如(同供)奉「如來」(般)。
(如同)今佛「現在」，(對此比丘)靡
不「歸命」，歸(依)彼「法師」(能
通曉能解說《法華經》，又能引導眾生修行
《法華經》者)如是無異，乃(相)
應佛(之)教(導)。

㈥(釋迦)佛說是〈樂普賢品〉
時，如江河沙億百千姟諸「菩
薩」眾，皆逮(及;到)「總持」。

㈤是故，普賢(菩薩)！若見
「受持」是經典(《法華經》)者，
當起「遠迎」，當如「敬佛」(般
的恭敬修持《法華經》者)。

㈥(釋迦佛)說是〈普賢勸發
品〉時，恒河沙等無量無邊「菩
薩」，得百千萬億「旋陀羅
尼」；三千大千世界微塵等諸
菩薩，(皆得)具(足)普賢(之)道。

㈦(釋迦)佛說是經(《法華經》)
時，普賢等諸菩薩，舍利弗
等諸「聲聞」，及諸「天、龍、
人非人」等，一切大會，皆大
歡喜，受持「佛語」，作禮而
去。

㈤是故，普賢(菩薩)！若見
「受持」是經典(《法華經》)者，
當起「遠迎」，當如「敬佛」(般
的恭敬修持《法華經》者)。

㈥(釋迦佛)說是〈普賢勸發
品〉時，恒河沙等無量無邊「菩
薩」，得百千萬億「旋陀羅
尼」；三千大千世界微塵等諸
菩薩，(皆得)具(足)普賢(之)道。

《妙法蓮華經》六首咒語

一、藥王菩薩說咒：

tadyathā・anye・manye・mane・mamane・cire・carite・śame・śamita・viśānte・mukte・
muktame・same・aviṣame・sama--same・kṣaye・akṣaye・akṣīṇe・śānte・śame・dhāraṇī・
āloka-bhāse・prat-yavekṣaṇi・nir-bhīte・abhyantara・ni-viṣṭe・atyanta-pariśuddhi・
utkūle-nikūle・araḍe・paraḍe・śukla-akṣi・asama・same・buddha-vilokite・dharma-parīkṣite・
saṅgha・nirghoṣaṇi・bhāṣya--bhāṣya・śuddhi・mantre・mantra-akṣayate・rute・
ruta-kauśalye・akṣara・akṣayatāye・abalo・amanyanatāye・(svāhā)・

二、妙勇菩薩說咒：

tadyathā・jvale・mahā-jvale・ukke・mukke・aḍe・aḍāvati・nṛtye・nṛtyāvati・iṭṭini・viṭṭini・
ciṭṭini・nṛtyeni・nṛtyāvati・(svāhā)・

三、毘沙門天王說咒：

tadyathā・arthe・nṛtye・na-nṛtye・anante・nāḍhi・guṇāḍhi・(svāhā)・

四、持國天王說咒：

tadyathā・agaṇe・gaṇe・gauri・gandhāri・caṇḍāli・mātaṅgi・pukkasi・saṃkule・brū-sāli・
ati・(svāhā)・

五、十羅剎女，與鬼子母并其子及眷屬說咒：

tadyathā・itime・itime・itime・itime・itime・
       nime・nime・nime・nime・nime・
       ruhe・ruhe・ruhe・ruhe・ruhe・
       stuhe・stuhe・stuhe・stuhe・stuhe・(svāhā)・

六、普賢菩薩說咒：

tadyathā・adānte・dānta-pati・dānta-āvartani・dānta-kuśale・dānta-sudhāri・sudhāri・
sudhāra-pati・buddha-paśyani・sarva-dhāraṇi・āvartani・sarva-bhāṣya・āvartani・
su-āvartani・saṅgha-parikṣīṇi・saṅgha-nirghātani・asaṃkhya・saṅgha-apagate・
tri-adhva・saṅgha-tulya-prāpte・sarva-saṅgha-samatikrānte・sarva-dharma-suparīkṣite・
sarva-sattva・ruta・kauśalya-anugate・siṃha-vikrīḍite・anuvarte・vartani・vartali(以上三句乃
據不空大師《成就妙法蓮華經王瑜伽觀智儀軌》增入)・(svāhā)・

《薩曇分陀利經》之研究

全文摘要

　　目前學術界並未對《薩曇分陀利經》做單獨的研究與比對，故本論以《薩曇分(或作「芬」)陀利經》為研究中心，並與《法華經》的三個譯本作比對研究，進而考證《薩曇分陀利經》與《薩芸分陀利經》是不同的兩部經。經四種譯本比對下來，可從「提婆達多、文殊與智積菩薩對話、八歲龍女成佛」等主題內容獲得深入的研究成果，解開《薩曇分陀利經》諸多不為人知的經文內容及啟示。

關鍵詞

《正法華經》、《妙法蓮華經》、《薩曇分陀利經》、龍女成佛、提婆達多

《薩曇分陀利經》之研究

全文摘要

　　目前學術界並未對《薩曇分陀利經》做單獨的研究與比對，故本論以《薩曇分(或作「芬」)陀利經》為研究中心，並與《法華經》的三個譯本作比對研究，進而考證《薩曇分陀利經》與《薩芸分陀利經》是不同的兩部經。經四種譯本比對下來，可從「提婆達多、文殊與智積菩薩對話、八歲龍女成佛」等主題內容獲得深入的研究成果，解開《薩曇分陀利經》諸多不為人知的經文內容及啟示。

關鍵詞

《正法華經》、《妙法蓮華經》、《薩曇分陀利經》、龍女成佛、提婆達多

字數統計	? X
統計:	
頁數	31
字數	32,509
字元數 (不含空白)	35,569
字元數 (含空白)	36,541
段落數	644
行數	2,092
半形字	1,936
全形字	30,573

☑ 含文字方塊、註腳及章節附註(F)

關閉

一、前言

　　本經未詳譯者，只有掛上「失譯人名今附西晉錄」，[1]歷年來所有的「眾經目錄」都將此經歸類於《妙法蓮華經》之〈見寶塔品〉少分，加上〈提婆達多品〉內容。詳細說就是本經為鳩摩羅什譯《妙法蓮華經》之〈見寶塔品第十一〉之部份內容（在《正法華》內則為〈七寶塔品第十一〉），加上鳩摩羅什譯《妙法蓮華經》之〈提婆達多品第十二〉完整內容（在竺法護譯《正法華》內則為〈梵志品第二十八〉，在闍那崛多、達磨笈多共譯《添品妙法蓮華經》內仍為〈見寶塔品第十一〉）。《薩曇分陀利經》的內容涉及到〈提婆達多品〉與「龍女成佛」(女性成佛與否的思想)的經文，前人對這兩品皆有深入的研究與成果，如 1983 年陳國燦發表〈吐魯番出土的《諸佛要集經》殘卷與敦煌高僧竺法護譯經考略〉(載於《敦煌學輯刊》第 4 輯)。2000 年劉曼麗發表〈竺法護譯經數量及時間考〉(載於《西北大學學報》社科版第 2 期)。2002 年永祥法師〈提婆達多之研究〉(刊於《普門學報》第 10 期。2002 年 7 月)。2002 年夏金華撰〈提婆達多：惡魔還是菩薩？--經典研讀中的誤判與澄清〉(上海社會科學院哲學研究所，2000 年 2 月)。2004 年李尚全發表〈「敦煌菩薩」竺法護的生平及其佛學思想〉(載於《敦煌學輯刊》第 1 期)。2008 年李幸玲撰「《法華經·提婆達多品》的成立--與嘉達美詮釋學的對話」(刊於玄奘佛學研究第十期 2008 年 11 月)。2011 年台南大學賴怡如碩士論文《竺法護譯經中的女性思想及其影響》。藍吉富主講，釋長梵整理〈從提婆達多談起——兼論佛教史研究與佛教信仰的衝突現象〉（詳 http://enlight.lib.ntu.edu.tw/FULLTEXT/JR-BJ013/bj013133076.pdf)。福建佛學院義慧法師之〈論《法華經》之龍女成佛〉。2011 年浙江大學康振棟博士論文〈竺法護翻譯佛經詞彙研究--以《正法華經》詞彙為中心〉……等等。其中李幸玲在〈《法華經·提婆達多品》的成立--與嘉達美詮釋學的對話〉論文研究中說：

> 西晉失譯的《薩芸芬陀利經》一卷本，與梵本及羅什以外譯本的〈寶塔品〉相近，內容包括：寶塔踊現、提婆授記、龍女獻珠等情節。就此三段情節未曾分割的情況來看，正可說明在梵本之中，這〈寶塔〉與〈提婆〉二者原是在同一品之中的。[2]

另一位賴怡如在碩士論文《竺法護譯經中的女性思想及其影響》中也指出：

> 竺法護的譯經為基礎，整理法護本人的翻譯情況，並依據他所翻譯的大乘經典，歸納早期譯經所建立的佛教女性觀。從竺法護譯經看來，他否定了「女身不淨、女子不能成佛」的保守派觀點，以「法無男女」肯定女性修行成就的可能。另外從「順權方便說」，可見竺法護有意將婦女作為重要的傳教對象。作為西晉質量並重的譯經師，大量翻譯的經典是使佛教興盛的原因之一。又竺法護譯經所強調的「菩薩道」，著重發心與落實，由東晉以後女性的信仰活動，都可看出女性對佛教入世精神的實踐。隋唐之後，依然有許多在家、出家婦女為佛法奉獻，直到現代，女性依舊是佛教慈悲實踐的重要力量。[3]

　　學術界對「提婆達多」與「龍女成佛」的研究頗多，但對《薩曇分陀利經》一經的「獨立研究」；與三種《法華經》譯本的「比對」仍未有所聞。故本論將詳細比對《薩曇分陀利經》、《正法華經》、《妙法蓮華經》與《添品妙法蓮華經》，釐清「失譯人西晉錄」的《薩曇分陀利經》究竟與現在漢譯三本《法華經》有何異同？有何新發現？本文預計撰寫標題如下：

---

[1] 參見《薩曇分陀利經》。詳 CBETA, T09, no. 265, p. 197, a。

[2] 以上參見李幸玲撰「《法華經·提婆達多品》的成立--與嘉達美詮釋學的對話」。玄奘佛學研究第十期 2008 年 11 月。頁31。

[3] 詳賴怡如《竺法護譯經中的女性思想及其影響》。台南大學碩士論文。2011年，頁1。

一、前言

二、譯經年代與作者考究

三、《薩曇分陀利經》與《法華經》三譯本之比對研究

    （一）開經人數與偈頌之比對研究

    （二）提婆達多品之比對研究

    （三）文殊與智積菩薩之比對研究

    （四）八歲龍女成佛之比對研究

四、結論

五、參考書目

二、譯經年代與作者考究

唐·智昇撰的《開元釋教錄》中載《妙法蓮華經》云:「前後六譯,三存三闕」。[4]這六譯指的是:

❶《法華三昧經》六卷。吳·支疆梁接（或譯成支疆良接,魏言正無畏）於孫亮五鳳二年（公元 255）譯。

❷《薩芸芬陀利經》六卷。西晉·竺法護於秦始元年（公元 265）譯（前譯）。

❸《正法華經》十卷。西晉·竺法護於西晉武帝太康七年（公元 286）譯（後譯）。

❹《方等法華經》五卷。東晉·沙門支道根於咸亨元年（公元 335）譯。

❺《妙法蓮華經》七卷（後世改八卷）。姚秦·鳩摩羅什於弘始八年（公元 406）譯。

❻《添品妙法蓮華經》七卷。隋·闍那崛多、達摩笈多於仁壽元年（公元 601）譯。

據歷代祖師撰寫的《法華經》資料及近代研究《法華經》的學者,普遍皆認為:支疆梁接（或譯成支疆良接,魏言正無畏）與支道根的譯本應屬誤傳,可能是不存在的。[5]而上述六譯本之中,竺法護一人就同時有兩譯;《薩芸芬陀利經》與《正法華經》,這點也可能是誤傳的,如唐·智昇於《開元釋教錄》中就說:

> 謹按(費)長房《錄》。其《正法華》是竺法護,太康七年(公元 286)譯,見《轟道真錄》。復云太始元年(公元 265)譯《薩芸芬陀利經》六卷,出竺道祖(347~419)《錄》,同是一經,不合再出。名目既殊,本復存沒,未詳所以。或可「薩芸芬陀利」是梵語,「正法華」是晉名。梵晉俱存,錄家誤也。[6]

從智昇的推測來看,竺法護的所譯的《法華經》應只有一譯本,不會有二種譯本出現。那六卷本的《薩芸芬陀利經》究竟是什麼時候譯的?據梁·僧佑（445~518）撰《出三藏記集·卷二》云:「《法華經》（舊錄有《薩曇分陀利經》,云是異出《法華》,未詳誰出,今闕此經）」。[7]可見《薩芸芬陀利經》在西晉·道安的《舊錄》中便已記載,那《薩芸芬陀利經》的譯出時間就不會晚於西晉·道安（312~385）大師的年代。而隋·費長房撰《歷代三寶紀·卷六》云卻直接說是「太始元年」,那就是公元 265 年。如云:

> 《薩芸分陀利經》六卷(太始元年[265 年]譯,見竺道祖 (347~419)《晉世雜錄》)。[8]

既然六卷的《薩芸分陀利經》有明確的譯出時間,卻沒有人見過這部經,而且還曾掛上竺法護的譯名,所以唐·智昇的《開元釋教錄》就認為《薩芸分陀利經》六卷應該是「恐誤,(僧)祐《錄》中無」[9],所以按照《開元釋教錄》中對《法華經》所說的「三闕」可能都是誤傳了。

---

[4] 詳《開元釋教錄》卷14。CBETA, T55, no. 2154, p. 629, a。

[5] 如隋·吉藏造《法華遊意》中所云:「又胡僧枝僵魏甘露元年於交洲譯出六卷,名《法花三昧經》。又沙門支道良,晉代康元年抄譯為五卷,名《方等法花經》,此二本南土皆無也」。詳CBETA, T34, no. 1722, p. 649, c。又如唐·圓照撰《貞元新定釋教目錄·卷三》亦云:「《法華三昧經》六卷……右一部六卷本闕。沙門支疆梁接,吳云正無畏,西域人。以孫亮五鳳二年乙亥,於交州譯《法華三昧經》」。詳CBETA, T55, no. 2157, p. 788, c。

[6] 參見《開元釋教錄·卷十四》。詳CBETA, T55, no. 2154, p. 628, c。

[7] 參見梁·僧佑撰《出三藏記集·卷二》。詳CBETA, T55, no. 2145, p. 14, a。

[8] 參見隋·費長房撰《歷代三寶紀·卷六》。詳CBETA, T49, no. 2034, p. 62, a。

[9] 參見唐·智昇撰《開元釋教錄·卷二》云:「《薩芸芬陀利經》六卷(太始元年譯,見竺道祖《晉世雜錄》第二出,隋錄云「薩曇芸」者,恐誤,祐《錄》中無)」。詳CBETA, T55, no. 2154, p. 495, b。

　　不過單獨一卷的《薩曇分陀利經》是確實存在的，只是掛上「失譯人名今附西晉錄」，[10]但這「一卷本」的《薩曇分陀利經》與「六卷本」的《薩芸分陀利經》常常令後人搞混，如：

❶梁‧僧佑（445～518）撰《出三藏記集‧卷三‧新集安公失譯經錄第二》中說：
　　《分陀利經》一卷（舊錄云《薩芸芬陀利經》，或云是異出《法花經》）。[11]

　　《薩芸芬陀利經》明明是「六卷」，但僧佑的《出三藏記集》卻說成是「一卷」。

❷唐‧智昇的《開元釋教錄》中說：

　　《薩曇分陀利經》一卷（舊錄云《薩芸芬陀利經》，亦直云《分陀利經》，是《法華經》「寶塔、天授」二品，各少分異譯）。[12]

　　《薩曇分陀利經》是「一卷」沒錯，但智昇的《開元釋教錄》又說此經等同「舊錄」中「六卷」的《薩芸芬陀利經》。[13]

　　但其實大部份的「經典目錄」都描敘《薩曇分陀利經》是「一卷」的，如：

❶隋‧彥琮撰《眾經目錄》云：
　　《薩曇分陀利經》一卷（是《法華經》「寶塔品」少分，及「提婆達多品」；是後十品重翻闕本）。[14]

❷唐‧智昇撰《開元釋教錄‧卷十一》云：
　　《薩曇分陀利經》一卷（是異出《法華》「寶塔、天授」二品各少分）。[15]

❸唐‧圓照撰《貞元新定釋教目錄‧卷二十一》云：
　　《薩曇分陀利經》一卷（是異出《法華》「寶塔、天授」二品各少分）。[16]

❹隋‧法經等撰《眾經目錄》云：
　　《薩曇分陀利經》一卷（是《法華經》「寶塔品」少分，及「提婆達多品」）。[17]

❺唐‧僧詳撰《法華傳記》云：
　　又有《薩曇分陀利經》一卷，「寶塔、提婆品」。少於世見行，而人不受持。古錄注法護譯，

---

[10] 參見《薩曇分陀利經》。詳CBETA, T09, no. 265, p. 197, a。

[11] 詳梁‧僧佑撰《出三藏記集‧卷三‧新集安公失譯經錄第二》。詳CBETA, T55, no. 2145, p. 18, a。

[12] 參見唐‧智昇撰《開元釋教錄‧卷二》。詳CBETA, T55, no. 2154, p. 501, c。

[13] 同樣的問題也見於《開元釋教錄‧卷十九》中說：「《薩曇分陀利經》一卷（舊錄云《薩芸芬陀利經》，亦直云《分陀利經》三紙）」。詳CBETA, T55, no. 2154, p. 682, b。亦見於唐‧圓照撰的《貞元新定釋教目錄‧卷四》中說：「《薩曇分陀利經》一卷（舊錄云《薩芸芬陀利經》，亦直云《分陀利經》，見《法華經》「寶塔、天授」二品，各小分異譯）」。詳CBETA, T55, no. 2157, p. 1027, a。

[14] 參見《眾經目錄》卷5。詳CBETA, T55, no. 2147, p. 176, a。

[15] 參見唐‧智昇撰《開元釋教錄‧卷十一》。詳CBETA, T55, no. 2154, p. 591, b。

[16] 參見唐‧圓照撰《貞元新定釋教目錄‧卷二十一》。詳CBETA, T55, no. 2157, p. 921, b。

[17] 參見《眾經目錄》卷1。詳CBETA, T55, no. 2146, p. 120, a。

唐朝錄者，附「失譯錄」。[18]

「一卷本」的《薩曇分陀利經》與誤傳的「六卷本」《薩芸芬陀利經》確實是兩個不同的譯本。《薩曇分陀利經》是真實有譯文內容，內容為《法華經》的「寶塔品、提婆達多品」。但《薩芸芬陀利經》可能是誤傳的資料。明·如愚所撰的《法華經知音》就曾《薩曇分陀利經》一經詳細的說：

> 「見寶塔品」一品，「藏」中別名云《薩曇分陀利經》，今為開合「華、梵」，俾見經題「蓮華」，是用經文「優曇鉢華」為義。
> 「薩」謂「妙法」（祥邁師云：梵語「薩達摩」，此云「妙法」，亦云「正法」。蓋「薩」字中，含攝二義，故晉譯「正法」，秦譯「妙法」）。
> 「雲」即「優曇」，瑞應義。特省其文耳。
> 「分陀利」云「白蓮華」（此開釋也）。
> 合釋應云《妙法瑞應蓮華經》，以彼「薩曇分陀利」，證此「妙法蓮華」，開合相符，妙得佛心，可為古今定衡矣。[19]

如愚法師認為「藏本」中亦有《薩曇分陀利經》，但他說「雲」即「優曇」的解釋可能誤解了。因為「薩曇」二字就是「薩達摩」的簡譯，梵文羅馬拼音是「sadharma」，意為「正法、妙法」的意思，[20]「薩曇」二字是不可拆開的，而且「sadharma」只能譯作「薩曇」不可能譯為「薩芸」。若要譯作「薩芸」的話只有「薩云若」（一切智也）的對應字詞；而「薩云若」的梵文羅馬拼音是「sarvajña」。[21]「薩曇」的「sadha」與「薩芸」的「sarva」完全是不同的。「分陀利」是「白蓮華」，梵語作「分陀利華」，梵文羅馬拼音是「puṇḍarīka」。唐·慧琳《一切經音義》中就「妙法蓮華經」詳細解釋云：

> 「妙法蓮花」，梵云「薩達磨 奔荼利迦 素怛纜」。「薩」者「妙」也、「正」也。「達磨」，法也。西域呼「白蓮花」為「奔荼利迦」。「素怛纜」，經也。應云「妙法白蓮花經」。放白毫光駕以白牛，「白」是眾色之本。「一乘」為「二乘」之基，故以「白蓮花」喻於「妙法」……「花」字古譯作「華」，非「華」字，無「花」音，今不取。[22]

《一切經音義》亦就「薩曇分陀利經」解釋說：

> 薩曇分陀利（梵語訛略也，正梵語云「薩達摩奔荼里迦」，唐云「妙法白蓮花」，姚秦·羅什譯為《妙法蓮花經》，略去白字也）。[23]

宋·法雲編《翻譯名義集》對「薩達磨芬陀利」（同「薩曇分陀利經」）也同樣解釋說：「薩達磨芬陀利，此云『妙法蓮華』，天台云：『妙名不可思議』」。[24]

---

[18] 參見《法華傳記》。詳CBETA, T51, no. 2068, p. 52, c。

[19] 參見《法華經知音》卷1。詳CBETA, X31, no. 608, p. 340, c// Z 1:49, p. 215, d// R49, p. 430, b。

[20] 參見荻原雲來編《梵和大辭典》下冊，頁1398。

[21] 參見唐·慧琳撰《一切經音義》卷9云：「薩云若（又言『薩芸然』，或言『薩婆若』，皆訛也。正言『薩伐若』，此譯云『一切智』也）。詳CBETA, T54, no. 2128, p. 356, c。

[22] 參見唐·慧琳《一切經音義》卷27。詳CBETA, T54, no. 2128, p. 482, a。

[23] 參見《一切經音義》卷28。詳CBETA, T54, no. 2128, p. 496, a。

[24] 參見宋·法雲編《翻譯名義集》卷4。詳CBETA, T54, no. 2131, p. 1112, b。

　　可見所有的「經典音義」資料都明確指出《薩曇分陀利經》(同「薩達磨芬陀利」及「薩曇分陀利」)就是《妙法蓮華經》的「少分」譯本；與誤傳中「六卷本」的《薩芸分陀利經》完全是不同的。據此，若將漢譯《妙法蓮華經》的「全譯本」及「部分譯本」加起來，應有「四存」。除了三種譯本的《法華經》，再名上《薩曇分陀利經》便是。《薩曇分陀利經》雖是《法華經》的「少分」內容，也無確定的譯者[25]及真實的譯經年代，但據本論文的研究比對結果，《薩曇分陀利經》與竺法護的《正法華經》譯本內容是最接近的，與《妙法蓮華經》及《添品妙法蓮華經》相差是最多的，詳細比對將在下文說明。

---

[25] 如唐・智昇撰《開元釋教錄・卷十一》云：「《薩雲分陀利經》一卷……今附西晉錄，拾遺編入」。詳CBETA, T55, no. 2154, p. 591, b。唐・圓照撰《貞元新定釋教目錄・卷二十一》亦云：「《薩曇分陀利經》一卷……今附西晉錄，拾遺編入」。詳CBETA, T55, no. 2157, p. 921, b。

三、《薩曇分陀利經》與《法華經》三譯本之比對研究

有關《薩曇分陀利經》與《法華經》三譯本之比對研究方向；將分成四個小節來說明：
(一)開經人數與偈頌之比對研究。
(二)提婆達多品之比對研究。
(三)文殊與智積菩薩之比對研究。
(四)八歲龍女成佛之比對研究。

（一）開經人數與偈頌之比對研究

佛陀說《法華經》的地點在王舍城(Rāja-gṛha)耆闍崛山(Gṛdhra-kūṭa)，這與《薩曇分陀利經》是一樣的，但聽法人數有些不同。《正法華經》譯為「一千二百」位阿羅漢，《妙法蓮華經》與《添品妙法蓮華經》同譯為「一萬二千」位阿羅漢。其實佛的常隨眾只有「一千二百五十人」，今譯為「一萬二千」可能是兼「他方來集」之大眾，如《妙法蓮華經》中說：「爾時世尊因藥王菩薩，告『八萬』大士：藥王！汝見是大眾中，無量諸天、龍王、夜叉、乾闥婆、阿修羅、迦樓羅、緊那羅、摩睺羅伽、人與非人，及比丘、比丘尼、優婆塞、優婆夷，求聲聞者、求辟支佛者、求佛道者，如是等類，咸於佛前，聞《妙法華經》一偈一句，乃至一念隨喜者，我皆與授記，當得阿耨多羅三藐三菩提。」[26]故宋·戒環《法華經要解》也有同樣的解釋：「今言萬二千者，兼他方所集也」。[27]《薩曇分陀利經》則說是「四萬二千人俱」。其實有關佛陀講經「出席」的大眾數字一向都是「不定」的，如《勝天王般若波羅蜜經》上說：「與大比丘眾四萬二千人俱，——皆是阿羅漢」。[28]《佛說如來不思議祕密大乘經》亦說：「與大苾芻眾四萬二千人俱」。[29]《悲華經》則說：「與大比丘僧六萬二千人俱，皆阿羅漢」。[30]而《聖善住意天子所問經》亦說：「與大比丘眾六萬二千人俱……一切悉是大阿羅漢」。[31]《方廣大莊嚴經》說：「與大比丘眾萬二千人俱，皆是大阿羅漢」[32]。《大般若波羅蜜多經》說：「與大苾芻眾萬二千人俱，皆阿羅漢」。[33]《佛說無量壽經》亦說：「與大比丘眾萬二千人俱」。[34]四種譯本比對後如下表所列：

西晉·竺法護譯《正法華經》	後秦·鳩摩羅什譯《妙法蓮華經》	隋·闍那崛多、達摩笈多共譯《添品妙法蓮華經》	失譯人（西晉錄）《薩曇分陀利經》
聞如是：一時，佛遊王舍城(Rāja-gṛha)靈鷲山(Gṛdhra-kūṭa)，與大比丘眾俱，比丘千二	如是我聞：一時，佛住王舍城(Rāja-gṛha)耆闍崛山(Gṛdhra-kūṭa)中，與大比丘眾，萬	如是我聞：一時，佛住王舍城(Rāja-gṛha)耆闍崛山(Gṛdhra-kūṭa)中，與大比丘眾，萬	聞如是：佛在羅閱(Rāja-gṛha)祇耆闍崛山(Gṛdhra-kūṭa)中，與大比丘眾，四萬二千人

---

26 參見《妙法蓮華經》卷4〈10 法師品〉。詳CBETA, T09, no. 262, p. 30, b。
27 參見宋·戒環撰《法華經要解·卷一》。詳CBETA, X30, no. 602, p. 281, c // Z 1:47, p. 270, d // R47, p. 540, b。
28 參見《勝天王般若波羅蜜經》卷1。詳CBETA, T08, no. 231, p. 687, a。
29 參見《佛說如來不思議祕密大乘經》卷1〈1 菩薩身密品〉。詳CBETA, T11, no. 312, p. 704, b。
30 參見《悲華經》卷1〈1 轉法輪品〉。詳CBETA, T03, no. 157, p. 167, a。
31 參見《聖善住意天子所問經》卷1。詳CBETA, T12, no. 341, p. 115, b。
32 參見《方廣大莊嚴經》卷1〈1 序品〉。詳CBETA, T03, no. 187, p. 539, a。
33 參見《大般若波羅蜜多經(第401卷-第600卷)》卷556〈1 善現品〉。詳CBETA, T07, no. 220, p. 865, c。
34 參見《佛說無量壽經》卷1。詳CBETA, T12, no. 360, p. 265, c。

百。一切「無著」(阿羅漢果),「諸漏」已盡。[35]	二千人俱。皆是「阿羅漢」,諸漏已盡。[36]	二千人俱。皆是「阿羅漢」,諸漏已盡。[37]	俱。[38]

《薩曇分陀利經》另外說有「普賢、文殊」菩薩,共計有「八萬四千人」,而《正法華經》、《妙法蓮華經》與《添品妙法蓮華經》皆同譯為「八萬人」,四種譯本比對後如下表所列:

西晉・竺法護譯《正法華經》	後秦・鳩摩羅什譯《妙法蓮華經》	隋・闍那崛多、達磨笈多共譯《添品妙法蓮華經》	失譯人(西晉錄)《薩曇分陀利經》
菩薩(計有)八萬。	菩薩摩訶薩(計有)八萬人。	菩薩摩訶薩(計有)八萬人。	三慢陀颰陀 (Samantabhadra 普賢)、文殊師利菩薩等,八萬四千人。

《薩曇分陀利經》中還有「彌勒菩薩等,拔陀劫(bhadrakalpa 賢劫。三劫之現在「住劫」)中千人」的經文,這是另外三種譯本沒有的內容。經文後面還有「釋王(Śakra Devānām-indra 帝釋天,忉利三十三天之天主)、忉利諸天(Trāyastriṃśa 共有三十三天)、梵王(Mahābrahmā-deva 色界初禪天之第三天。大梵天王;梵天;梵王)、阿闍世王(Ajātaśatru)、閻浮提(Jambu-dvīpa)人王,眾多不可復計」。這些經文與另三種譯本大約是相同的。以上是《薩曇分陀利經》開經「出席人數」與《法華經》三種譯本的大略比較。

接下來《薩曇分陀利經》經文就會跳到《妙法蓮華經》及《添品妙法蓮華經》的〈見寶塔品第十一〉(同《正法華經》的〈七寶塔品第十一〉)。《薩曇分陀利經》將《妙法蓮華經》中的「多寶佛」譯為「抱休羅蘭」,後面並附註是「漢言大寶」。其實多寶佛梵文羅馬拼音是 Prabhūta-ratna,「抱」對應「Pra」字。「休」可能是對應「bhū」字(此說還有待商榷?)。「羅蘭」則對應「ratna」字。此時的釋迦佛便順著多寶佛的請求坐上「師子之座」並開講《法華經》的偈頌,這個偈頌在《正法華》為「十六行」,在《薩曇分陀利經》只有「八行」,在《妙法蓮華經》與《添品妙法蓮華經》完全沒有。四種譯本比對後如下表所列:

西晉・竺法護譯《正法華經》	後秦・鳩摩羅什譯《妙法蓮華經》	隋・闍那崛多、達磨笈多共譯《添品妙法蓮華經》	失譯人(西晉錄)《薩曇分陀利經》
〈七寶塔品第十一〉	〈見寶塔品第十一〉	〈見寶塔品第十一〉	
能仁(釋迦)如來尋(隨即)如(多寶佛)所勸,則升講堂「師子之座」,分別敷演《正法華經》,而說頌曰:			於是釋迦文佛,上講堂,就於金床而坐,便說《薩曇分陀利經》,復說無央數偈言:

---

[35] 以上經文出自《正法華經》卷1〈1 光瑞品〉。詳CBETA, T09, no. 263, p. 63, a。

[36] 以上經文出自《妙法蓮華經》卷1〈1 序品〉。詳CBETA, T09, no. 262, p. 1, c。

[37] 以上經文出自《添品妙法蓮華經》卷1〈1 序品〉。詳CBETA, T09, no. 264, p. 134, c。

[38] 以上經文出自《薩曇分陀利經》。詳CBETA, T09, no. 265, p. 197, a。

設聞多寶佛， 知其名號者， 未曾畏終始， 不復遭苦患。 若聞藥王師， 假記名號者， 眾病自然愈， 尋則識宿命。 一切所供養， 奉法為最上， 分別空無慧， 自致得佛道。 宣暢《法華經》， 以示諸不及， 解本無「三乘」， 順一無上真。[39]			聞樂寶佛， 知名字者， 不畏生死， 不復勤苦； 聞藥王佛， 知字名者， 可得愈病， 自識宿命。[40]

比對後有個小問題就是：《薩曇分陀利經》在前面把「多寶佛」譯為「抱休羅蘭」，並註是「大寶」，這裡的偈頌又譯為「樂寶佛」，不知此譯法從何而來的？多寶佛的「多」梵文羅馬拼音是「Prabhūta」，只有「多；多饒；豐饒；眾；眾多；極多；最大；無量；廣；充溢；盈溢」的意思，沒有「樂」的意思在內。「樂」的梵文羅馬拼音是「sukha」，與「Prabhūta」是不同的。

（二）提婆達多品之比對研究

《薩曇分陀利經》的〈提婆達多品〉內容提到釋迦佛前世曾是一位「國王」，為了求取《法華經》而廣修「六度」布施，布施「象馬、七珍、國城、妻子，奴婢、僕從，頭目、髓腦，身肉、手足……」等，並將國王位讓給自己的兒子，並說若有人能為我講演「大乘經典」的話，我一定終身充當他的僕人，供給差遣、使喚。當時有一位「婆羅門」說他可以為這位「國王」說《法華經》大乘經典，這位「婆羅門」就是「提婆達多」(Devadatta)的前身。《薩曇分陀利經》譯為「婆羅門」。《正法華經》譯作「梵志」。《妙法蓮華經》與《添品妙法蓮華經》則譯作「仙人」，其實這三種譯法是一樣的。

「仙人」梵語作 ṛṣi，在於佛教經典中，「仙人」之種類與名稱極多。如《孔雀王咒經》記載有「五十八位仙人」。[42]《佛說大孔雀咒王經》則說有「六十八位仙人」。[43]《正法念處經》也舉

---

[39] 以上經文出自《正法華經》卷6〈11 七寶塔品〉。CBETA, T09, no. 263, p. 103, a。後面所出有關《正法華經》之經文比對皆同此冊頁，故不再重加註腳。

[40] 以上經文出自《薩曇分陀利經》。CBETA, T09, no. 265, p. 197, a。後面所出有關《薩曇分陀利經》之經文比對皆同此冊頁，故不再重加註腳。

[41] 參見荻原雲來編《梵和大辭典》下冊，頁863。

[42] 參見《孔雀王咒經》卷2。詳CBETA, T19, no. 984, p. 457, c。

了「三十二位仙人」。[44]印度「婆羅門教」及印度教用以指「吠陀頌詩」的作者也叫「仙人」，一般分為三類：❶出身於「神」者，稱「天仙」(devarṣi)。❷出身於「婆羅門」者，稱「梵仙、婆羅門仙」(brahmarṣi)。❸出身於「剎帝利」者，稱為「王仙」(rājarṣi)。「梵志」(brahmaṇa)的音譯本來就作「婆羅門、梵士」，有時「梵志」也通稱為一切「外道」之出家者，[45]但有些經典也稱「在家」之「婆羅門」為「梵志」。[46]所以四種譯本分別譯作「梵志、仙人、仙人、婆羅門」是一樣的譯文，比對後如下表所列：

西晉・竺法護譯《正法華經》	後秦・鳩摩羅什譯《妙法蓮華經》	隋・闍那崛多、達磨笈多共譯《添品妙法蓮華經》	失譯人（西晉錄）《薩曇分陀利經》
〈梵志品第二十八〉	〈提婆達多品第十二〉	內容仍屬〈見寶塔品第十一〉	
時有「梵志」(即提婆達多)，而報之(即釋迦佛)曰：我有大典《正法華經》，若(有人)能為(之)僕(役)，吾當慧報。	時有「仙人」(即提婆達多)，來白王(即釋迦佛)言：我有大乘，名《妙法華經》。若不違(背)我，(我)當為宣說。[47]	時有「仙人」(即提婆達多)，來白王(即釋迦佛)言：我有大乘，名《妙法華》。若不違(背)我，(我)當為演說。[48]	時有一「婆羅門」(即提婆達多)語我(即釋迦佛)言：與我作奴來！我有《薩曇分陀利經》。

後面有釋迦佛重宣此義的「偈頌」，《正法華經》作「二十四句」。《妙法蓮華經》及《添品妙法蓮華經》各作「三十句」。《薩曇分陀利經》只作「五句」，沒有求索「大法」或求《法華經》的內容。四種譯本比對後如下表所列：

西晉・竺法護譯《正法華經》	後秦・鳩摩羅什譯《妙法蓮華經》	隋・闍那崛多、達磨笈多共譯《添品妙法蓮華經》	失譯人（西晉錄）《薩曇分陀利經》
佛時頌曰：擊鼓振鐸，宣令遠近，欲求大典，《正法華經》。若見賜者，吾當為僕，趨走役使，給所當得。甘心樂聞，不敢疲倦，	爾時世尊，欲重宣此義，而說偈言：我念過去劫，為求大法故，雖作世國王，不貪五欲樂，搥鍾告四方，誰有大法者，若為我解說，身當為奴僕。時有阿私仙，來白於大王	爾時世尊，欲重宣此義，而說偈言：我念過去劫，為求大法故，雖作世國王，不貪五欲樂，搥鍾告四方：誰有大法者，若為我解說，身當為奴僕。爾時有仙人，來白大王言	佛於是說偈言：搥鼓搖鈴願，自衒言誰欲持我作奴者，我欲行供養奴心善意行。

---

[43] 參見《佛說大孔雀咒王經》卷3。詳CBETA, T19, no. 985, p. 474, b。

[44] 參見《正法念處經》卷69〈7 身念處品〉。詳CBETA, T17, no. 721, p. 409, b。

[45] 如《大智度論》卷56〈31 滅諍亂品〉云：「『梵志』者，是一切出家外道，若有承用其法者，亦名『梵志』」。詳CBETA, T25, no. 1509, p. 461, b。

[46] 如唐・湛然述《法華文句記》卷9〈釋安樂行品〉云：「在家事梵，名為『梵志』」。詳CBETA, T34, no. 1719, p. 319, b。

[47] 以上經文出自《妙法蓮華經》卷4〈12 提婆達多品〉。詳CBETA, T09, no. 262, p. 34, c。後面所出有關《妙法蓮華經》之經文比對皆同此冊頁，故不再重加註腳。

[48] 以上經文出自《添品妙法蓮華經》卷4〈11 見寶塔品〉。CBETA, T09, no. 264, p. 169, a。後面所出有關《添品妙法蓮華經》之經文比對皆同此冊頁，故不再重加註腳。

所當供養,不惜身力。 趣欲聞受,《正法華經》, 願及十方,不適為已。 其王精進,未曾休懈, 衣食供命,不求甘奇。 慈念衆生,諸未度者, 尋時即獲,《正法華經》。	我有微妙法,世間所希有 若能修行者,吾當為汝說 時王聞仙言,心生大喜悅 即便隨仙人,供給於所須 採薪及菓蓏,隨時恭敬與 情存妙法故,身心無懈倦 普為諸衆生,勤求於大法 亦不為己身,及以五欲樂 故為大國王,勤求獲此法 逐致得成佛,今故為汝說	我有微妙法,世間所希有 若能修行者,吾當為汝說 時王聞仙言,心生大歡喜 即便隨仙人,供給於所欲 採薪及果蓏,隨時恭敬與 情存妙法故,身心無懈倦 普為諸衆生,勤求於大法 亦不為己身,及以五欲樂 故為大國王,勤求獲此法 逐致得成佛,今故為汝說	

　　從上述偈頌可得知釋迦佛往昔為了尋求「解脫大法」,不惜為法捐軀,放棄「五欲樂」。其實像這樣的經文常出現在大乘經典中,如《華嚴經》上說菩薩應以「十法事善知識」,其中第一條就是「於身命財,無所吝惜」,第二條則是「於世資具,心不貪求」。[49]《大智度論》中也記載類似的故事,文中說釋迦佛前世曾名樂法,為了求得「大法」,不顧魔王所變成的「婆羅門」;便向彼人求法。「婆羅門」竟說如果你能「以皮為紙、以骨為筆、以血為墨」書寫此偈頌,我就傳授給你「大法」。結果樂法菩薩真的剝自己的皮,曝之令乾,欲書寫其偈頌。此時魔王看見這種「為法忘軀」的真誠行,於是便消失了。[50]

　　佛陀說往昔求索《法華經》的「國王」就是釋迦佛自己之前身,而授予《法華經》的仙人就是提婆達多的前身,釋迦之所以能成佛都是提婆達多的恩德,提婆達多是釋迦佛的「善知識」。四種譯本不同在於《正法華經》沒有出現「善知識」詞。《妙法蓮華經》及《添品妙法蓮華經》都有「善知識」詞,而且連續出現二次。《薩曇分陀利經》除了有「善師」的字詞外,還重複提到四次「恩」字。四種譯本比對後如下表所列:

西晉·竺法護譯 《正法華經》	後秦·鳩摩羅什譯 《妙法蓮華經》	隋·闍那崛多·達磨笈多共譯 《添品妙法蓮華經》	失譯人(西晉錄) 《薩曇分陀利經》
今吾具足「六度」無極(pāramitā 波羅蜜)大慈大悲,成四等心、三十二相、八十種好紫磨金色,「十種力、四無所畏、四事不護、十八不共」,威神尊重,	由提婆達多「善知識」故,令我具足六波羅蜜,慈、悲、喜、捨,三十二相,八十種好,紫磨金色,「十力、四無所畏、四攝法、十八不共神通道	由提婆達多「善知識」故,令我具足六波羅蜜,慈、悲、喜、捨,三十二相,八十種好,紫磨金色,「十力、四無所畏、四攝法、十八不共神通道	誰「恩」令我得滿「六波羅蜜」者、「三十二相、八十種好」?皆是調達(之)「福恩」。調達是我善師,善師恩令我得滿「六波羅蜜、三十二相、八十

<hr>

[49] 參見《大方廣佛華嚴經》卷27〈入不思議解脫境界普賢行願品〉。詳CBETA, T10, no. 293, p. 786, c。

[50] 以上內容參見《大智度論》卷49〈20 發趣品〉云:「釋迦文佛本為菩薩時,名曰樂法。時世無佛,不聞善語。四方求法精勤不懈,了不能得。爾時魔變作婆羅門,而語之言:我有佛所說一偈,汝能以皮為紙,以骨為筆,以血為墨,書寫此偈,當以與汝。樂法即時自念,我世世喪身無數,不得是利,即自剝皮曝之令乾,欲書其偈,魔便滅身。是時佛知其至心,即從下方涌出,為說深法,即得無生忍」。詳CBETA, T25, no. 1509, p. 412, a。

度脫十方，皆由調達 (Devadatta)恩德之力。	力」。成等正覺，廣度眾生，皆因提婆達多 (Devadatta)「善知識」故。	力」。成等正覺，廣度眾生，皆因提婆達多 (Devadatta)「善知識」故。	種好」。威神尊貴度脫十方，一切皆是調達(之)恩。

在大小乘經典中對提婆達多是「惡人」的形象描敘很多，如提婆達多在初期佛教經律中的形象是犯「五逆重罪」的惡人，所謂「五逆」是指「五惡事」：❶以石擲擊佛陀，出佛足血。❷欲取僧團領導權，破和合僧。❸毆打蓮花色比丘尼致死。❹縱醉象害佛。❺十指爪中藏毒禮佛足，反自受毒害而死。[51]提婆達多的形象在《法華經》中反而逆轉成為釋迦佛的「善知識」，並得到佛陀的「授記」將來成佛名為天王如來(《薩曇分陀利經》譯作提和羅耶如來、其餘三部經皆譯作天王如來)，這與《法華經》旨--「人人成佛有分」是吻合的。[52]四種譯本比對後如下表所列：

西晉・竺法護譯《正法華經》	後秦・鳩摩羅什譯《妙法蓮華經》	隋・闍那崛多、達磨笈多共譯《添品妙法蓮華經》	失譯人（西晉錄）《薩曇分陀利經》
調達 (Devadatta) 却後(過後)無央數劫，當得作佛，號曰天王如來、至真、等正覺、明行成為、善逝、世間解、無上士、道法御、天人師、為佛、眾祐，世界名天衢。	(佛)告諸四眾：提婆達多(Devadatta) 却後(過後)過無量劫，當得成佛，號曰天王如來、應供、正遍知、明行足、善逝、世間解、無上士、調御丈夫、天人師、佛、世尊。世界名天道。	(佛)告諸四眾：提婆達多(Devadatta) 却後(過後)過無量劫，當得成佛，號曰天王如來、應供、正遍知、明行足、善逝、世間解、無上士、調御丈夫、天人師、佛、世尊。世界名天道。	調達 (Devadatta) 却後(過後)阿僧祇劫，當得作佛，號名提和羅耶(deva-rāja 漢言天王佛)。當得「十種力、三十二相、八十種好」。天王佛國，名提和越(漢言天地國)。

雖然「提婆達多品」曾被受懷疑是提婆達多的作品，[53]但「人人本具佛性」的思想則是大乘一貫的義理。[54]能讓釋迦成佛的人都是佛的「善知識」，如《圓覺經》云：「一切眾生皆證『圓

---

[51] 以上可參見《根本說一切有部破僧事》卷十、卷十八、卷十九。詳《大正藏》第二十四冊頁149中-下、191中-194中、197中-200下。及見《摩訶僧祇律・卷七》。詳《大正藏》第二十二冊頁281下-283下。

[52] 「人人成佛有分」之說參見《法華問答》卷1云：「問：提婆達多品中明何義？答：品內顯《法花經》有三：一、由達多者說此《法花》故，自致「成佛」有「成佛力」。二、由文殊說此《法花經》故，無邊菩薩悟道，故「廣大力」。三、由龍女修行現身成佛故，即「速疾力」」。詳CBETA, T85, no. 2752, p. 202, c。明・德清述《法華經通義》卷1亦云：「足證此會弟子，各當「成佛有分」也」。詳CBETA, X31, no. 611, p. 527, c// Z 1:49, p. 403, c// R49, p. 806, a。明・德清述《法華經通義》卷4云：「今見龍女成佛之易，亦自信「成佛有分」，故請世尊特爲授記」。詳CBETA, X31, no. 611, p. 566, c// Z 1:49, p. 442, c// R49, p. 884, a。

[53] 如隋・吉藏《法華義疏》卷1〈1 序品〉云：「外國傳云：流沙以西，多有此品，流沙以東，多無此品(指「提婆達多品」)。所以然者？小乘之流皆謂：諸「方等經」並是調達所作，是以諸國或有闕之」。詳CBETA, T34, no. 1721, p. 452, a。

[54] 如《大般涅槃經》卷7〈4 如來性品〉云：「一切眾生皆有佛性」。詳CBETA, T12, no. 374, p. 404, c。《央掘魔羅經》卷4云：「一切眾生悉有佛性，當一時得度」。詳CBETA, T02, no. 120, p. 539, a。《大法鼓經》卷2云：「一切眾生悉有佛性，無量相好，莊嚴照明，以彼性故，一切眾生得般涅槃」。詳CBETA, T09, no. 270, p. 297, b。《大方等無想經》卷2〈1 大眾健度〉云：「如來昇寶座，而作師子吼，宣說諸眾生，一切有佛性」。詳CBETA, T12, no. 387, p. 1085, a。《大方等如來藏經》云：「我以佛眼觀，眾生類如是。煩惱淤泥中，皆有如來性」。詳CBETA, T16, no. 666, p. 459, b。

覺』，逢『善知識』，依彼所作，因地法行」。[55]也就是我們修學佛道必須依止「善知識」，沒有「善知識」是無法成佛的，如《大乘本生心地觀經》所說的：「菩提妙果不難成，『真善知識』實難遇。[56]若有值遇『真善知識』，於菩薩行必不退轉」。[57]《大莊嚴論經》也說：「唯有癡者不依『善友』，云何而能得於解脫」？[58]《華嚴經》上更說：「一切佛法，如是皆由『善知識』力，而得圓滿。以『善知識』而為根本，從善知識來」。[59]提婆達多雖曾是「五逆罪人」，但佛典常說「罪性本空」，[60]儒典也說「見賢思齊焉，見不賢而內自省也」[61]、三人行，必有吾師焉。擇其善者而從之，其不善者而改之」。[62]故修學佛法的人應該為「法」而親近「善知識」，勿生疲厭，如《華嚴經》上說：「善男子！親近供養諸善知識，是具一切智最初因緣。是故於此(指親近供養善知識一事)，勿生疲厭」。[63]

　　經文最後佛陀告諸大眾說如果能聽聞此《法華經》深信不惑者，可閉「三惡道門」，而開「三善道門」；如果轉生到「天上」，則「受勝妙樂」；如果轉生到「人間」，則常第一；如果轉生在佛前，則定「蓮華化生」。四種譯本比對後如下表所列：

西晉・竺法護譯《正法華經》	後秦・鳩摩羅什譯《妙法蓮華經》	隋・闍那崛多、達磨笈多共譯《添品妙法蓮華經》	失譯人（西晉錄）《薩曇分陀利經》
若族姓子(善男子)、族姓女(善女人)，逮(及;到)得聞是《正法華經》，心中燋(閃耀)然，而無狐疑，杜塞(杜絕堵塞)「三趣」(指地獄、餓鬼、畜生)，不墮「地獄、餓鬼、畜生」(三惡趣)，便當得生十方佛前，諮受(諮問領受)正法。若在天上，世間豪貴；若在佛前，「自然」化生，七寶「蓮華」。	佛告諸比丘：未來世中，若有善男子、善女人，聞《妙法華經・提婆達多品》，淨心信敬，不生疑惑者，不墮「地獄、餓鬼、畜生」，生十方佛前，所生之處，常聞此經。若生「人天」中，受勝妙樂；若在佛前，「蓮華」化生。	佛告諸比丘：未來世中，若有善男子、善女人，聞此《妙法蓮華經》品，聞已淨心信敬，不生疑惑者，不墮「地獄、餓鬼、畜生」，生十方佛前，所生之處，常聞此經。若生「天人」中，受勝妙樂；若在佛前，「蓮華」化生。	善男子！善女人！聞是《法華》之經，信不誹謗，除滅「過去、當來」罪，閉「三惡道門」(指地獄、餓鬼、畜生)，開「三善道門」(指「天、人、阿修羅」等三善趣)。(若)生「天上」，(則)常第一；(若)生「人中」，(則)常第一；(若)生「十方佛」前，(則)自然七寶「蓮華」中化生。

---

[55] 參見《大方廣圓覺修多羅了義經》。詳CBETA, T17, no. 842, p. 916, b。

[56] 以上兩句參見《大乘本生心地觀經》卷3〈2 報恩品〉。詳CBETA, T03, no. 159, p. 305, a。

[57] 以上兩句參見《大乘本生心地觀經》卷7〈8 波羅蜜多品〉。詳CBETA, T03, no. 159, p. 322, b。

[58] 參見《大莊嚴論經》卷12。詳CBETA, T04, no. 201, p. 326, b。

[59] 參見《大方廣佛華嚴經》卷33〈入不思議解脫境界普賢行願品〉。CBETA, T10, no. 293, p. 814, b。

[60] 如《父子合集經》卷13〈24 淨居天子說偈讚佛品〉云：「若起諸惡業，內心非所思，了『罪性本空』，此為證法者」。詳CBETA, T11, no. 320, p. 955, a。又如《佛說未曾有正法經》卷5云：「我今得悟『罪業性空』，不生怖畏。我今樂欲於佛法中出家修道，持於梵行」。詳CBETA, T15, no. 628, p. 445, b。

[61] 語出《論語・里仁》。

[62] 語出《論語・述而》。

[63] 參見《大方廣佛華嚴經》卷62〈39 入法界品〉。詳CBETA, T10, no. 279, p. 333, b。

從上表可看出《薩曇分陀利經》、《正法華經》及《添品妙法蓮華經》都指的是聽聞整部的《法華經》，唯獨鳩摩羅什譯的《妙法蓮華經》譯作「聞《妙法華經‧提婆達多品》」一詞，為何鳩摩羅什的譯本會這微小的差別呢？這跟鳩摩羅什原譯的《妙法蓮華經》是「二十七品」？還是「二十八品」有關，如李幸玲在「《法華經‧提婆達多品》的成立--與嘉達美詮釋學的對話」論文研究中說：

> 重新整理前述的分析之後，可以發現：
> 1. 現存「梵本」並無獨立成品的〈提婆達多品〉，梵本「提婆達多」授記之內容，附於〈寶塔品〉之末。
> 2. 獨立成品的〈提婆達多品〉，僅見於西域文字寫成的《法華經》。後人據此流通於西域諸國的〈提婆達多品〉單行本譯成漢文，乃有漢譯之〈提婆達多品〉。
> 3. 〈提婆達多品〉最初可能由西域諸國譯經僧以「高昌文」，或「龜茲文」節譯自梵本《法華經‧寶塔品》，後復轉譯為「漢文」而來。經陳代真諦之手，編入今本《妙法蓮華經》中，而成為現存「二十八品」本名為鳩摩羅什所譯的《妙法蓮華經》。[64]

鳩摩羅什所譯的《妙法蓮華經》是經陳代真諦將〈提婆達多品〉編入而成為現代「流通本」的「二十八品」說法備見於智顗、吉藏、窺基等人之說；[65]既然是真諦再編入的內容，所以這品的原始風貌就名為「《妙法華經‧提婆達多品》」；而並非如其餘三部經譯作「法華經」的字詞。那為何鳩摩羅什原始的譯本沒有「提婆達多」與「龍女成佛」的內容呢？隋‧吉藏（549—623）曾做出一些「推測性」的解釋說：

> 一者……羅什既在龜茲國，不見此品，故不翻之。二者羅什譯經，觀察機情，每多存略……故《正法華經》凡有十卷，刪彼「煩文」，略為「七軸」。三者〈見寶塔品〉命持而〈持品〉應命言勢相接。而忽間以提婆達多，則文似非。次恐末世「多惑」，所以刪之也。[66]

李幸玲的研究論文亦認同羅什可能將「提婆達多」與「龍女成佛」情節刪減未翻造成，如她說：

> 而《法華》的漢譯本中，僅翻自龜茲文的鳩摩羅什原譯本，疑似將「提婆達多」與「龍女成佛」情節刪去未翻，其餘各本皆有此部分內容。甚至，兩晉南北朝時期，曾流傳有西域語言的〈提婆達多品〉單行本。早在西晉時期，也有相當於〈提婆達多品〉內容的節譯本《薩曇芬陀利經》流通。從種種的記錄來看，〈提婆達多品〉的內容，應原本屬於〈寶塔品〉的一部分，後來被「單行流通」後，才成為「單獨」的一品。至於它何以在西域「單行流通」？之後又傳入中國？推測可能與西域諸國因各自奉行「大、小乘信仰」有差異所致。如前述，此品有關提婆達多情節與部分「大小乘經」所傳不同，部分信奉「小乘教者」將〈寶塔品〉此部分略去「不傳」，以致鳩摩羅什所據的經本即是如此「不完整」的經本。

---

[64] 以上參見李幸玲撰「《法華經‧提婆達多品》的成立--與嘉達美詮釋學的對話」。玄奘佛學研究第十期2008年11月。頁30。

[65] 如隋‧吉藏《法華義疏》卷1〈1 序品〉中說：「第四：論品有無者。羅什翻經，但有二十七品。後更有〈提婆達多品〉者，釋道慧宋齊《錄》云：上定林寺釋法獻於于闐國得此一品，瓦官寺沙門釋法意以齊永明八年十二月譯出為《提婆達多品經》，未安《法華》內。梁末有西天竺 優禪尼國人，名婆羅末陀，此云真諦，又翻出此品，始安〈見寶塔品〉後也。問：竺法護翻《正法華經》，〈見寶塔品〉後有提婆達事，羅什何故不翻譯之」？詳CBETA, T34, no. 1721, p. 452, a。

[66] 參見《法華義疏》卷1〈1 序品〉。詳CBETA, T34, no. 1721, p. 452, a。

因此，並不能夠因爲〈提婆達多品〉獨立成品時間稍晚，而說它的内容也是晚出的。[67]

鳩摩羅什的原始譯本沒有「提婆達多」與「龍女成佛」的内容從吉藏大師的「種種推測」，到近人的學術研究，都只是「猜測」；在缺乏「直接證據」之下，這個疑問可能還有待「新資料」的發現才能解開。

（三）文殊與智積菩薩之比對研究

佛在講完提婆達多故事及《法華經》功德後，經文還有一段文殊菩薩與智積菩薩的對話，内容是說從多寶佛處所來的一位智積菩薩告訴多寶佛：請多寶佛歸還本國！此時的釋迦佛便謂智積菩薩說此處有一位文殊菩薩可與相見共論法義，再還本土。於是文殊菩薩便從「大海」的「娑竭羅」(Sāgara)龍宮中自然踊出，住立於虛空，再往詣靈鷲山與智積菩薩會合。接著智積菩薩問文殊菩薩在龍宮中度化了多少眾生？文殊則以「非口所宣，非心所測」作回答。四種譯本比對後如下表所列：

西晉·竺法護譯《正法華經》	後秦·鳩摩羅什譯《妙法蓮華經》	隋·闍那崛多、達磨笈多共譯《添品妙法蓮華經》	失譯人（西晉錄）《薩曇分陀利經》
㊀於時下方多寶世尊(處)所從(來之)菩薩，號曰智積，自啓其(多寶)佛：當還本土。	㊀於時下方多寶世尊(處)所從(來之)菩薩，名曰智積，白多寶佛：當還本土。	㊀於時下方多寶世尊(處)所從(來之)菩薩，名曰智積，白多寶佛：當還本土。	㊀於是(從)下方(多寶)佛所從(來之)菩薩，名般若拘(智積)，自白其(多寶)佛：早還本土。
㊁時能仁(釋迦)佛告智積(菩薩)曰：吾有菩薩，名溥首童真(文殊菩薩)，且待斯須(須臾；片刻)，可與相見，宜敘闊別(久別)，諮講(諮詢講演)經典，乃(再)還本土。	㊁釋迦牟尼佛告智積(菩薩)曰：善男子！且待須臾。此有菩薩，名文殊師利，可與相見，論說妙法，可還本土。	㊁釋迦牟尼佛告智積(菩薩)曰：善男子！且待須臾。此有菩薩，名文殊師利，可與相見，論說妙義，可還本土。	㊁釋迦文佛謂：般若拘(智積)！我有菩薩，字文殊師利，可與相見，乃(再)還本土。
㊂於是溥首(文殊)坐七寶蓮華，有千葉，大如車輪，與「諸菩薩」，俱坐蓮華，從「龍王宮」，踊出大海。	㊂爾時文殊師利，坐千葉蓮華，大如車輪，(與文殊菩薩)俱來(之諸)菩薩，亦坐寶蓮華，從於「大海」娑竭羅(Sāgara)龍宮，自然	㊂爾時文殊師利，坐千葉蓮華，大如車輪，(與文殊菩薩)俱來(之諸)菩薩，亦坐寶蓮華，從於「大海」娑竭羅(Sāgara)龍宮，自然	㊂即時，文殊師利，從沙曷(同「娑竭Sāgara)龍王池中涌出，坐大蓮華，華如車輪，其華千葉，從諸菩薩其數甚多。

[67] 以上參見李幸玲撰「《法華經·提婆達多品》的成立--與嘉達美詮釋學的對話」。玄奘佛學研究第十期2008年11月。頁39。

	踊出，住虛空中，詣靈鷲山(Gṛdhra-kūṭa)。	踊出，住虛空中，詣靈鷲山(Gṛdhra-kūṭa)。	
㈣溥首童真(文殊菩薩)，皆退下華(從蓮華臺上退下)，禮「二佛」(釋迦佛、多寶佛)已。(文殊菩薩)與智積菩薩，對相問訊。	㈣(文殊菩薩)從「蓮華」下，至於佛所，頭面敬禮「二世尊」(釋迦佛、多寶佛)足。修敬已畢，(文殊菩薩)往智積(菩薩)所，共相慰問，却坐一面。	㈣(文殊菩薩)從「蓮華」下，至於佛所，頭面敬禮「二世尊」(釋迦佛、多寶佛)足。修敬已畢，(文殊菩薩)往智積(菩薩)所，共相慰問，却坐一面。	㈣文殊師利下大蓮華，為二佛(釋迦佛、多寶佛)作禮，還與般若拘(智積)菩薩相問訊。
㈤智積菩薩問溥首(文殊菩薩)曰：所詣「海淵」，化度幾何？	㈤智積菩薩問文殊師利：仁往「龍宮」，所化眾生，其數幾何？	㈤智積菩薩問文殊師利：仁者！往詣「龍宮」，所化眾生，其數幾何？	㈤般若拘(智積)問文殊：所入池中，度云何數多少？
㈥(文殊菩薩)答曰：其數無量，不可稱限，非口所宣，非心所計，如今不久，自當有應(證)。	㈥文殊師利言：其數無量，不可稱計，非口所宣，非心所測，且待須臾，自當有證。	㈥文殊師利言：其數無量，不可稱計，非口所宣，非心所測，且待須臾，自當有證。	㈥文殊答曰：其數甚多，無能計者；若當口說，非心所信，自當有證。

　　從上表可得知「智積菩薩」在《薩曇分陀利經》中譯作「般若拘」。「般若拘」梵文羅馬拼音作「prajñā-kūṭa」，意為「智積」，[68]所以與其餘三譯本是相同的。《正法華經》中說文殊菩薩與諸菩薩從「龍王宮」中踊出大海，沒有「住虛空中，詣靈鷲山」的經文。《妙法蓮華經》與《添品妙法蓮華經》皆說是從「大海娑竭羅龍宮」踊出。《薩曇分陀利經》則將「娑竭羅」簡譯為「沙曷」二字，「娑竭羅」的梵文羅馬拼音作 Sāgara，本意譯為「海」，也是「八大龍王」的名稱之一，完整名稱作「Sāgara-nāgarāja」譯作「娑伽羅龍王」。《薩曇分陀利經》與《正法華經》一樣都沒有「住虛空中，詣靈鷲山」的內容，所以這二個譯本內容是最接近的。

　　接下來文殊菩薩要證明自己在「龍宮」中度化了多少眾生？於是有無數菩薩從大海踊出「詣靈鷲山，住在虛空」，這些從大海踊出的菩薩有二類型：一是「本發大乘菩薩心者」，二是「本發聲聞心者」，今則皆受文殊菩薩度化而同歸「大乘空義」的「諸法實相」，如明・智旭《法華經會義》云：「坐寶蓮華無數菩薩具有二種。一者『本發大心』、二者『本是聲聞』。今蒙文殊法化，同歸『一實』也，『大乘空義』即『諸法實相』。」[69]四種譯本比對後如下表所列：

---

[68] 參見《一切經音義》卷28云：「般若拘(古譯梵語也，正梵云『鉢囉』二合，『吉壤』二合。『拘』，唐云『智積菩薩』名也)」。詳CBETA, T54, no. 2128, p. 496, a。

[69] 參見明・智旭撰《法華經會義》卷4。詳CBETA, X32, no. 616, p. 137, c。// Z 1:50, p. 311, c。// R50, p. 622, a。

西晉・竺法護譯 《正法華經》	後秦・鳩摩羅什譯 《妙法蓮華經》	隋・闍那崛多、達磨笈多共譯 《添品妙法蓮華經》	失譯人（西晉錄） 《薩曇分陀利經》
(文殊菩薩)所說未竟，尋(隨即)有蓮華，從「海」踊出，在虛空中，無數「菩薩」皆坐其上。	(文殊菩薩)所言未竟，無數「菩薩」，坐寶蓮華，從「海」踊出，詣靈鷲山(Gṛdhra-kūṭa)，住在虛空。	(文殊菩薩)所言未竟，無數「菩薩」，坐寶蓮華，從「海」踊出，詣靈鷲山(Gṛdhra-kūṭa)，住在虛空。	其池即時涌華，從下而出，盡是池中一切所散。
❶此皆溥首(文殊菩薩)在海之所「(度)化」，悉發「大意」，其志「無上正真道」者，(今)普在空中，(宣)講「大乘」事。	❶此諸菩薩，皆是文殊師利之所「化度」，具「菩薩」行，皆共論說「六波羅蜜」。	❶此諸菩薩，皆是文殊師利之所化度，具菩薩道行，皆共論說「六波羅蜜」。	❶(此諸菩薩)本發「菩薩心」者，其華在空中，但(宣)說「摩訶衍」(大乘)事。
❷(此諸菩薩)本發「聲聞」意者，(亦)在於虛空，(宣)說「弟子」(聲聞)行，(今則亦令彼)解知「大乘」。	❷(此諸菩薩)本(是)「聲聞」人，在虛空中(則宣)說「聲聞」行。今(則)皆修行「大乘空義」。	❷(此諸菩薩)本(是)「聲聞」人，在虛空中(宣)說「聲聞」行。今(則)皆修行「大乘空義」。	❷(此諸菩薩)本發「聲聞」者，其華在空中，但(宣)說「斷生死事」。

　　從上表可知《妙法蓮華經》及《添品妙法蓮華經》皆有「詣靈鷲山，住在虛空」的經文，《薩曇分陀利經》與《正法華經》都沒有這段內容。另只有《薩曇分陀利經》沒有「無數菩薩」從海踊出的經文，四種譯本皆有**本發大乘菩薩心者**與**本發聲聞心者**這二類型的菩薩，但《正法華經》、《妙法蓮華經》與《添品妙法蓮華經》都有令「**解知大乘**」及「**今皆修行大乘空義**」的經文，唯獨《薩曇分陀利經》沒有這段內容。經文最後有文殊與智積菩薩對答的「偈頌」內容，《薩曇分陀利經》與其餘三譯本差異較大，四種譯本比對後如下表所列：

西晉・竺法護譯 《正法華經》	後秦・鳩摩羅什譯 《妙法蓮華經》	隋・闍那崛多、達磨笈多共譯 《添品妙法蓮華經》	失譯人（西晉錄） 《薩曇分陀利經》
ⓐ溥首(文殊菩薩)前謂智積(菩薩)曰：在海所化，其現若茲。智積菩薩，以頌問曰：	ⓐ文殊師利謂智積(菩薩)曰：(我)於海教化，其事如是。爾時智積菩薩，以偈讚曰：	ⓐ文殊師利謂智積(菩薩)曰：(我)於海所化，其事如此。爾時智積菩薩，以偈讚曰：	ⓐ文殊師利見華如是，以偈答般若抱(智積)菩薩言：以仁者之意，自分別其數。
至仁(文殊菩薩)慧無量， 化海眾寶數， 唯為露聖旨， 分別說其意。	大智(文殊菩薩)德勇健， 化度無量眾， 今此諸大會， 及我(智積菩薩)皆已見。 (文殊菩薩)演暢實相義，	大智(文殊菩薩)德勇健， 化度無量眾， 今此諸大會， 及我(智積菩薩)皆已見。 (文殊菩薩)演暢實相義，	

	開闡「一乘法」， 廣導諸眾生， 令速成菩提。	開闡「一乘法」， 廣度諸群生， 令速成菩提。	㈡般若拘(智積)菩薩 復問文殊師利：說何 等法？所度乃爾？
㈢溥首(文殊菩薩) 答曰：在於海中，惟 但敷演《正法華經》。	㈢文殊師利言：我 於海中，唯常宣說《妙 法華經》。	㈢文殊師利言：我 於海中，唯常宣說《妙 法華經》。	㈢文殊答曰：於是 池中，但說《薩曇分 陀利》。

從上述比對內容可知《正法華經》、《妙法蓮華經》及《添品妙法蓮華經》三譯本皆有智積菩薩的「偈頌」，《正法華經》只有「四句」，《妙法蓮華經》及《添品妙法蓮華經》皆有「八句」，內容增加文殊菩薩「演暢實相義，開闡一乘法，廣導諸眾生，令速成菩提」內容。《薩曇分陀利經》完全沒有「偈頌」，只有文殊菩薩以「偈」答智積菩薩說：依你「之意」，自會知道我在大海龍宮度化眾生數量的多寡，但內容仍沒有「偈頌」；反在後文多出其餘三譯本沒有的內容--智積問文殊：你在大海龍宮說何等法教來度化眾生？最後文殊菩薩回答說：我本人在大海龍宮只是常宣講《法華經》內容(以上四種譯本皆同有此段經文)。

（四）八歲龍女成佛之比對研究

智積菩薩繼續問文殊菩薩說：既然《法華經》是如此的尊貴奧妙難得，有沒有依《法華經》而修就能迅速獲得「佛果」的呢？此時的文殊菩薩便推薦大海「娑竭羅」(Sāgara)龍王有位八歲的女兒為例子來說明「成佛」的迅速。四種譯本比對後如下表所列：

西晉・竺法護譯 《正法華經》	後秦・鳩摩羅什譯 《妙法蓮華經》	隋・闍那崛多、達磨笈多共譯 《添品妙法蓮華經》	失譯人（西晉錄） 《薩曇分陀利經》
㈠智積(菩薩)又問(文殊菩薩)：其法甚深，尊妙(尊貴奧妙)難及，能有尋時(不久；片刻)「得佛者」乎？	㈠智積(菩薩)問文殊師利言：此經甚深微妙，諸經中寶，世所希有。頗有眾生，勤加精進，修行此經，速得佛不？	㈠智積(菩薩)問文殊師利言：此經甚深微妙，諸經中寶，世所希有。頗有眾生，勤加精進，修行此經，速得佛不？	㈠般若拘(智積)復問(文殊師利)：其法甚尊，無能及者，為有(修此法)便可(速)得佛(果)者不？
㈡溥首(文殊菩薩)答曰：龍王有女，厥(其)年八歲。	㈡文殊師利言：有娑竭羅(Sāgara)「龍王女」，年始八歲。	㈡文殊師利言：有娑竭羅(Sāgara)「龍王女」，年始八歲。	㈡文殊答曰：沙曷(Sāgara)龍王，有女年八歲。
❶聰明智慧。	❶智慧利根，善知眾生「諸根」行業。	❶智慧利根，善知眾生「諸根」行業。	❶智慧甚大。
❷與眾超異。	❷得「陀羅尼」，諸佛	❷得「陀羅尼」，諸佛	

	所說甚深「祕藏」，悉能受持。	所說甚深「祕藏」，悉能受持。	
❸發「大道」意。	❸深入「禪定」，了達諸法，於剎那頃，發「菩提心」，得「不退轉」，「辯才」無礙。	❸深入「禪定」，了達諸法，於剎那頃，發「菩提心」，得「不退轉」，「辯才」無礙。	
❹志願弘廣。	❹慈念眾生，猶如赤子，功德具足，心念口演(心之所念，口能演說其義)，微妙廣大。	❹慈念眾生，猶如赤子，功德具足，心念口演(心之所念，口能演說其義)，微妙廣大。	❹意願不輕。
❺性行(本性與行為)「和雅」(溫和文雅)，而不倉卒(匆忙急迫)，便可成佛。	❺慈悲「仁讓」(仁愛謙讓)，志意「和雅」(溫和文雅)，能至「菩提」。	❺慈悲「仁讓」(仁愛謙讓)，志意「和雅」(溫和文雅)，能至「菩提」。	❺便可得佛。

　　從文殊菩薩的口中可得知八歲龍王女的「資歷」，筆者用五點詳加分類；得知《正法華經》只用簡略的五點說明龍王女--「❶聰明智慧。❷與眾超異。❸發大道意。❹志願弘廣。❺性行和雅，而不倉卒，便可成佛」。《薩曇分陀利經》更是簡略到只有三點說明--「❶智慧甚大。❷意願不輕。❸便可得佛」。唯獨《妙法蓮華經》及《添品妙法蓮華經》用了超長的內容在描述八歲龍女的「資歷」。如--「❶智慧利根，善知眾生諸根行業。❷得陀羅尼，諸佛所說甚深祕藏，悉能受持。❸深入禪定，了達諸法，於剎那頃，發菩提心，得不退轉，辯才無礙。❹慈念眾生，猶如赤子，功德具足，心念口演，微妙廣大。❺慈悲仁讓，志意和雅，能至菩提」。這樣比對下來，《薩曇分陀利經》與《正法華經》這二個譯本內容是最接近的。在大智文殊菩薩的口中，能具足以上五點的人，便可「得佛位」，而那位「八歲龍女」的確是符合「資格」的。也就是「八歲龍女」能迅速獲得「佛位」，「女人可成佛」的思想對文殊菩薩來說是沒有任何懷疑的！

　　問題是智積菩薩根本不相信「八歲龍女」能迅速獲得「佛果」，而且舉出釋迦佛往昔無量勤苦，積功累德，修行三大阿僧祇劫，布施如三千大千世界那麼多的「身命」才成「佛果」。四種譯本比對後如下表所列：

西晉·竺法護譯《正法華經》	後秦·鳩摩羅什譯《妙法蓮華經》	隋·闍那崛多·達摩笈多共譯《添品妙法蓮華經》	失譯人(西晉錄)《薩曇分陀利經》
❺智積(菩薩)又問：我覩能仁(釋迦佛)，是仁大師，本求佛道，為菩薩時，積功累德，精進不懈。	❺智積菩薩言：我見釋迦如來，於無量劫，難行苦行，積功累德，求菩提道，未曾止息。	❺智積菩薩言：我見釋迦如來，於無量劫，難行苦行，積功累德，求菩提道，未曾止息。	❺般若拘(智積)菩薩謂文殊師利言：我見仁者之師(釋迦佛)，求佛勤苦，積累功德。

㉑歷劫難計，乃得佛道。(我)不信此女，便成「正覺」。	㉑觀三千大千世界，乃至無有如「芥子」許；非是菩薩「捨身命處」；為眾生故，然後乃得成「菩提道」。(我)不信此女於「須臾頃」，便成「正覺」。	㉑觀三千大千世界，乃至無有如「芥子」許；非是菩薩「捨身命處」；為眾生故，然後乃得成「菩提道」。(我)不信此女於「須臾頃」，便成「正覺」。	㉑劫數甚多，(故我)不信此(龍)女，便可得佛。

　　從四種譯本對比來看，《妙法蓮華經》及《添品妙法蓮華經》多了釋迦佛往昔修行--「三千大千世界，乃至無有如芥子許；非是菩薩捨身命處」的經文。《正法華經》用了「四句」--歷劫難計，乃得佛道。不信此女，便成正覺。《薩曇分陀利經》更只用了「三句」--劫數甚多，不信此女，便可得佛。可見《薩曇分陀利經》與《正法華經》這二種譯本內容是最接近的。

　　在智積菩薩與文殊菩薩的「對話內容」尚未結束時，龍女便突然現在大眾前，而且繞佛三匝，然後對著釋迦佛講「偈頌」讚嘆佛陀。四種譯本比對後如下表所列：

西晉・竺法護譯《正法華經》	後秦・鳩摩羅什譯《妙法蓮華經》	隋・闍那崛多、達磨笈多共譯《添品妙法蓮華經》	失譯人（西晉錄）《薩曇分陀利經》
言語未竟，(龍)女忽然現，稽首作禮，繞佛三匝，却住讚曰：	言論未訖，時龍王女忽現於前，頭面禮敬，却住一面，以偈讚曰：	言論未訖，時龍王女忽現於前，頭面禮敬，却住一面，以偈讚曰：	池中有(龍)女，即時涌出，遶佛三匝，叉手而白佛言：
(佛之)功祚殊妙達，現相三十二，諸天所敬侍，神龍皆戴仰。一切眾生類，莫不宗奉(於佛)者，今我(龍女)欲成佛，說法救群生。	(佛)深達罪福相，遍照於十方，微妙淨法身，具相三十二，以八十種好，(佛)用莊嚴法身。天人所戴仰，龍神咸恭敬，一切眾生類，無不宗奉(於佛)者。又聞成菩提，唯佛當證知，我(龍女)闡大乘教，度脫苦眾生。	(佛)深達罪福相，遍照於十方，微妙淨法身，具相三十二，以八十種好，(佛)用莊嚴法身。天人所戴仰，龍神咸恭敬，一切眾生類，無不宗奉(於佛)者。有聞成菩提，唯佛當證知；我(龍女)闡大乘教，度脫苦眾生。	佛相好端正，功德巍巍，為諸天所奉，為一切「龍、鬼神、人民、薩和薩(sattva 有情眾生;菩薩)」所敬，所說法甚尊，今我(龍女)立願，便欲得佛。

　　《正法華經》用了「八句」偈頌，《妙法蓮華經》與《添品妙法蓮華經》用了「十四句」偈

頌。而《薩曇分陀利經》完全不用偈頌，採直述譯文。《正法華經》後面說「今我欲成佛，說法救群生」，《薩曇分陀利經》也說「今我立願，便欲得佛」，可見這二個譯本是最接近的。而《妙法蓮華經》與《添品妙法蓮華經》只有「我闡大乘教，度脫苦眾生」句，沒有明確的「發願成佛」字眼。

在龍王女講完偈頌後，對話的主角換成是舍利弗，由舍利弗來問難龍女。我們不難發現「八歲龍女能成佛」的思想是文殊菩薩親自介紹的，所以文殊菩薩本人並沒有懷疑這種事情；首先是智積菩薩懷疑龍女能成佛，現又再加入舍利弗的懷疑；舍利弗直接明講的說「女身垢穢，非是法器，云何能得無上菩提」？又舉出「女人身，猶有五障……云何女身，速得成佛」？其實在其餘經典的記載中舍利弗對「女身成佛」的理論時有懷疑，佛也常常為他開示，如同為竺法護所譯的《寶女所問經》中，當這位寶女「於維衛佛(vipaśyin 毗婆尸佛)，[70] 初發無上正眞道意」時，舍利佛同樣提出「以何罪蓋，受女人身？」之疑問。但佛陀卻要舍利弗以「無男子法、無女人法」去修觀，因為「眞菩薩」並非是以「罪」而受「女身」的；示現成「女性形象」是菩薩度化眾人的方便法，[71] 此寶女因此令「九萬二千諸童女眾，皆發無上正眞道意」。《寶女所問經》原經文如下：

> 時舍利弗問世尊曰：「以何罪蓋，受女人身？」佛告舍利弗：「菩薩大士不以罪蓋受女身也，所以者何？菩薩大士，以慧神通善權方便聖明之故，現女人身，開化群黎。於舍利弗，意趣云何？斯寶女者，爲女人乎？莫造斯觀。承聖通力，而有所變，則眞菩薩也。當造斯觀，無男子法，無女人法，具足一切諸法之要，無來無去。此寶女者，處閻浮提開化教授，九萬二千諸童女眾，皆發無上正眞道意。[72]

另一部也同為竺法護所譯的《佛說離垢施女經》，內容則是大目犍連(Mahāmaudgalyāyana）懷疑離垢施女不能成佛的經文，結果離垢施女當下就變為「男形八歲童子」，並開示法義說「不以女身及男子形遠成正覺，道無所起」的道理，原經文如下：

> 離垢施女報目連曰：如我所言，至誠不虛，吾將來世得成如來……我轉「女像」得爲「男子」，而年「八歲」適立斯誓願。應時三千大千世界六反震動，筬篌樂器不鼓自鳴。離垢施女身變爲「男形八歲」童子……時大目連問離垢施：汝族姓子，建立於慧，發無上正眞道意以來久遠，何以不轉于「女人」身？……離垢施曰：不以「女身」及「男子形」遠成正覺。所以者何？道「無所起」，無有能成「無上正覺」。[73]

---

[70] 此為为「過去七佛」之第一佛，七佛為維衛佛、式佛、隨葉佛、拘留秦佛、拘那含牟尼佛、迦葉佛與釋迦牟尼佛。

[71] 如《寶雲經》卷7中記載有一位「伽耶山神」為何不轉「女身」的原因，佛明確的回答說：「善男子！爲利益眾生故」！詳CBETA, T16, no. 658, p. 240, a。《華嚴經》中的婆須蜜女也是以「女身」而教化眾生，如經云：「若有眾生「抱持」於我，則離貪欲，得菩薩攝一切眾生恒不捨離三昧。若有眾生唵唼 (吸吮)我「脣吻」，則離貪欲，得菩薩增長一切眾生福德藏三昧。凡有眾生親近於我，一切皆得住「離貪際」，入「菩薩一切智地」現前無礙解脫」。參見《大方廣佛華嚴經》卷68〈39 入法界品〉，詳CBETA, T10, no. 279, p. 366, a。又如《佛說除蓋障菩薩所問經》卷20，佛也明確的說：「善男子！不轉女身者，廣爲利樂一切有情大因緣故」。詳CBETA, T14, no. 489, p. 750, b。

[72] 參見《寶女所問經》卷2〈4 問寶女品〉。詳CBETA, T13, no. 399, p. 460, b。

[73] 參見《佛說離垢施女經》。詳CBETA, T12, no. 338, p. 96, a。

　　為了讓婦女有因緣親近佛法，諸佛菩薩有時皆以「女相」做為媒介，這些女相大多是「在家」形象，並非已剃度出家的「比丘尼」，如此便可拉近佛教與一般人的距離。只要能發心向佛，在家女眾也可以領悟佛理，進而度化他人。有關此段經文，《法華經》四種譯本比對後如下表所列：

西晉・竺法護譯《正法華經》	後秦・鳩摩羅什譯《妙法蓮華經》	隋・闍那崛多、達磨笈多共譯《添品妙法蓮華經》	失譯人（西晉錄）《薩曇分陀利經》
❶時舍利弗即謂（龍）女言：汝雖「發意」，有「無極」（pāramitā波羅蜜）慧，佛（果亦）不可得。又如「女身」，（雖）累劫精進，功積顯著，（仍）尚不得佛（位）。	❶時舍利弗語龍女言：汝謂不久，得「無上道」，是事難信。所以者何？「女身」垢穢，非是「法器」，云何能得「無上菩提」？	❶爾時舍利弗語龍王女言：汝謂不久，得「無上道」，是事難信。所以者何？「女身」垢穢，非是「法器」，云何能得「無上菩提」？	❶舍利弗即謂（龍）女：（汝）雖發是願，佛（位亦）不可得。又汝（為）女（身），（雖）行積功累，（諸）行（猶）未（相）應（於）菩薩。
❷所以者何？以「女人身」，未階（未能達到的階級）五位：	❷佛道懸曠（高遠開闊），經無量劫，勤苦積行，具修諸（六）度，然後乃成（佛）。又「女人身」，猶有「五障」：	❷佛道玄曠（高遠開闊），經無量劫，勤苦積行，具修諸（六）度，然後乃成（佛）。又「女人身」，猶有「五障」：	
一曰：天帝。	一者、不得作「梵天王」。	一者、不得作「梵天王」。	
二曰：梵天。	二者、帝釋。	二者、不得作「帝釋」。	
三曰：天魔。	三者、魔王。	三者、魔王。	
四曰：轉輪聖王。	四者、轉輪聖王。	四者、轉輪聖王。	
五曰：大士（對佛的尊稱之一）。	五者、佛身。云何「女身」，（能）速得「成佛」？	五者、佛身。云何「女身」，（能）速得「成佛」？	

　　女身有「五障」而不能成佛的思想由來已久，列舉經典如下：

❶西晉・聶承遠（與竺法護同年代）譯《佛說超日明三昧經》云：

　　於是有長者女名曰慧施，與五百「女人」俱來詣佛所……聞佛說斯「超日明定」，喜踊無量，前白佛言：我今「女身」，願發無上正真道意，欲轉「女像」，疾成「正覺」，度脫十方。

有一比丘名曰上度，謂慧施曰：不可「女身」得成「佛道」也，所以者何？女有「三事隔、五事礙」。何謂三？

少(小時)制(受制；受限)「父母」。

出嫁制(受制；受限)「夫」，不得自由。

長大(中老年時)難「子」(爲不孝兒孫所責難、障難)，是謂三。

何謂五礙？

一曰：女人不得作「(天)帝釋」。所以者何？勇猛「少欲」，乃得爲男。(女人)雜惡「多態」故，爲女人不得作「天帝釋」。

二曰：不得作「梵天」。所以者何？奉「清淨行」，無有「垢穢」，修「四等心」，若遵「四禪」，乃昇「梵天」。(女人)「婬恣」無節故，爲女人不得作「梵天」。

三曰：不得作「魔天」。所以者何？「十善」具足，尊敬「三寶」，孝(順)事(奉)「二親」，謙順(謙遜恭順)「長老」，乃得「魔天」。(女人)「輕慢」不順，毀(謗)疾(傷害)「正教」故，爲女人不得作「魔天」。

四曰：不得作「轉輪聖王」。所以者何？行「菩薩道」，慈愍群萌(眾生)，奉養「三尊、先聖(先世聖人)、師父」，乃得(作)「轉輪(聖)王」，主四天下，教化人民，普行「十善」，遵崇「道德」，爲「法王」教。(女人)「匿態」(隱藏虛假之惡態)有「八十四」，無有「清淨行」故，爲女人不得作「聖帝」(轉輪聖王)。

五曰：女人不得「作佛」。所以者何？行「菩薩心」，愍念一切，大慈大悲，被「大乘鎧」，消「五陰」、化「六衰」(謂「色聲香味觸法」六塵能衰損「善法」)、廣「六度」，了深「慧行」。空、無「相、願」，越「三脫門」。解無「我、人」、「無壽、無命」。曉了「本無」，不起「法忍」。分別一切「如幻、如化、如夢、如影、芭蕉、聚沫、野馬、電燿、水中之月」。「五處」(五道眾生)本無，無「三趣」(三惡道)想，乃得成佛。而(女人)著「色欲」，淖溺情(沉溺情欲)「匿態」(隱藏虛假之惡態)，「身口意」異(違異；違背)故，爲女人不得「作佛」得。此「五事」者，皆有本末，(是爲五礙)。[74]

❷東晉・僧伽提婆(Saṃghadeva)譯《中阿含經》云：

> 阿難！當知女人不得行「五事」，若女人作❶「如來」・無所著・等正覺，及「❷轉輪王、❸天帝釋、❹魔王、❺大梵天」者，終無是處。
>
> 當知男子得行「五事」，若男子作❶「如來」・無所著・等正覺，及「❷轉輪王、❸天帝釋、❹魔王、❺大梵天」者，必有是處。[75]

從《法華經》四種譯本比對中可發現竺法護《正法華經》對「女人五障」最後一個譯作「大士」而不是譯為「佛」，其實「大士」這個字眼梵語羅馬拼音作「mahāpuruṣa」，是對「佛」之尊稱之一，與「無上士」是同義的，意指「最勝之士夫」。在《雜阿含經》中記載有「山神天子八人」讚嘆釋迦佛的偈頌，內容都是用「大士」一詞在尊稱「佛陀」，如經文云：「大士之大龍，大士之牛王，大士夫勇力，大士夫良馬，大士夫上首，大士夫之勝」。[76]「大士」也譯作「菩薩」的尊稱，梵語羅馬拼音則作「mahāsattva」，音譯作「摩訶薩埵、摩訶薩」，此與「菩薩」是同義的。

---

[74] 參見《佛說超日明三昧經》卷2。詳CBETA, T15, no. 638, p. 541, b。

[75] 參見《中阿含經》卷28〈5 林品〉。詳CBETA, T01, no. 26, p. 607, b。

[76] 參見《雜阿含經》卷48：。詳CBETA, T02, no. 99, p. 355, a。

四個譯本都有「女身五障」內容，唯獨《薩曇分陀利經》中完全沒此段內容，這應是《薩曇分陀利經》較奇特的地方了。

接著龍女便以一顆價值三千大千世界的「寶珠」供養給釋迦佛，佛也迅速接下「供養」，龍女便對智積菩薩及舍利弗說：我能取佛果的速度比佛陀接受我的「寶珠」還要快，於是龍女瞬間變成「男子」，然後前往「南方無垢世界」成佛，與會大眾「遙見」龍女於「南方無垢世界成佛」的事蹟後皆心大歡喜。四種譯本比對後如下表所列：

西晉・竺法護譯《正法華經》	後秦・鳩摩羅什譯《妙法蓮華經》	隋・闍那崛多、達磨笈多共譯《添品妙法蓮華經》	失譯人（西晉錄）《薩曇分陀利經》
❶於斯(龍女)變成「男子」菩薩，尋(片刻)即「成佛」，相三十二、眾好具足，國土、名號，眾會皆見，怪未曾有。(沒有往「南方」無垢世界成佛之經文)	❶當時眾會，皆見「龍女」，忽然之間，變成「男子」，具「菩薩行」，即往「南方」無垢世界，坐寶蓮華，成「等正覺」，三十二相、八十種好，(並)普為十方一切眾生，演說妙法。	❶當時眾會，皆見「龍女」，忽然之間，變成「男子」，具「菩薩行」，即往「南方」無垢世界，坐寶蓮華，成「等正覺」，三十二相、八十種好，(並)普為十方一切眾生，演說妙法。	❶於是，即時(龍)女身變為「菩薩」，眾會皆驚，即變為「佛身」，「三十二相、八十種好」皆具足。國土、弟子，如佛所為。(沒有往「南方」無垢世界成佛之經文)
❷(有)無央數「人、天龍、鬼神」，(因見龍女成佛而)皆發「無上正真道意」。	❷爾時娑婆世界「菩薩、聲聞、天龍八部、人」與「非人」，皆遙見彼「龍女成佛」，(亦遙見龍女佛)普為時會「人、天」說法，(此娑婆世界大眾見此事而)心大歡喜，悉遙敬禮。	❷爾時娑婆世界「菩薩、聲聞、天龍八部、人」與「非人」，皆遙見彼「龍女成佛」，(亦遙見龍女佛)普為時會「人、天」說法，(此娑婆世界大眾見此事而)心大歡喜，悉遙敬禮。	❷一切「眾會、天龍、鬼神、無央數人」，(因見龍女成佛而)皆發「無上正真道意」。
❸(時有)三千世界，(因龍女成佛而)六反震動。	❸(有)無量眾生，聞(彼龍女佛講)法解悟，(皆)得「不退轉」；(有)無量眾生，得受道記。(時彼)無垢世界，(因龍女成佛而)六反震動。	❸(有)無量眾生，聞(彼龍女佛講)法解悟，(皆)得「不退轉」；(有)無量眾生，得受道記。(時彼)無垢世界，(因龍女成佛而)六反震動。	❸(時有)三千大千國土，六反震動。
❹(時有)三萬道迹，得「不退轉」，皆當逮	❹(於此)娑婆世界，(亦有)「三千眾生」住「不	❹(於此)娑婆世界，(亦有)「三千眾生」住「不	❹(時有)三萬「須陀洹」，得「阿惟越致」

(到)成「無上正真道」。	退地」,「三千衆生」發「菩提心」,而得「受記」。(因三千衆生見彼龍女成佛,而發大道心,遂亦蒙彼龍女佛而得授記)	退地」,「三千衆生」發「菩提心」,而得「授記」。(因三千衆生見彼龍女成佛,而發大道心,遂亦蒙彼龍女佛而得授記)	(avinivartanīya 不退轉)。
(五)(時)舍利弗、智積菩薩,(見此龍女成佛事後而)「默然」無言。	(五)(時)智積菩薩,及舍利弗,一切衆會,(因見此龍女成佛事後而)「默然」信受。	(五)(時)智積菩薩,及舍利弗,一切大會,(因見此龍女成佛事後而)「默然」信受。	

　　上述四個譯本比對後的結果差異性較多,《正法華經》譯作「變成男子菩薩」,此與《妙法蓮華經》與《添品妙法蓮華經》譯作「變成男子,具菩薩行」差異不大。《薩曇分陀利經》沒有任何「男子」字眼,直接譯作「變爲佛身」,這樣的經文非常「圓滿」,因為「佛身」本來就沒有「男女相」的,如《大乘本生心地觀經》中說:「如來永斷妄想因,眞性本無男女相。菩提妙果證皆同,妄計凡夫生異相」。[77]《轉女身經》也說:「諸法悉如幻,但從分別生,於第一義中,無有男女相」。[78]接下來《妙法蓮華經》與《添品妙法蓮華經》同說龍女並不是在這個「娑婆世界」成佛,而是前往「南方無垢世界成佛」,而且大眾都能「遙見」龍女在「南方無垢世界成佛」。

　　我們不難發現《妙法蓮華經》及《添品妙法蓮華經》二譯本巧妙的避開「女身」在娑婆世界能立刻「成佛」的道理,將「女身也能瞬間獲得佛果」的道理移轉到「南方無垢世界」去。而《薩曇分陀利經》與《正法華經》完全沒有龍女於「南方無垢世界成佛」與「遙見龍女成佛」的經文,這是四種譯本差異性最大的地方。為何龍女不能在「娑婆世界直接成佛果」而一定要到「他方世界」呢?因為這個「娑婆世界」只有釋迦能在此「肉身」成佛;除此外,就是「五十六億七千萬年」後的彌勒菩薩來此「肉身成佛」了。[79]很多經典都記載「女身」可立刻轉為「男身」並「得道」,如《四分律》載:「爾時有一比丘尼,變爲男子形」。[80]《無所有菩薩經》載:「彼諸女人說是語時,彼諸女人悉轉女身,得丈夫身」。[81]《金色童子因緣經》載:「迦尸孫那利童女於刹那間,即轉女身,成男子相,所成男身,色相具足,端正殊妙」。[82]《佛說大乘不思議神通境界經》載:「大慧女,即於同來諸眷屬前,轉彼女身得成男子,即時大慧童子合掌

---

[77] 參見《大乘本生心地觀經》卷4〈3 厭捨品〉。詳CBETA, T03, no. 159, p. 309, b。

[78] 參見《佛說轉女身經》。詳CBETA, T14, no. 564, p. 920, b。

[79] 如《一切智光明仙人慈心因緣不食肉經》云:「婆羅門子,彌勒菩薩摩訶薩是。我涅槃後五十六億萬歲,當於穰佉(saṅkha)轉輪聖王國土,華林園中金剛座處,龍華菩提樹下,得成佛道,轉妙法輪」。詳CBETA, T03, no. 183, p. 458, c。《賢愚經》卷4〈21 摩訶斯那優婆夷品〉云:「彌勒世尊,不久五十六億七千萬歲,來此成佛」。詳CBETA, T04, no. 202, p. 376, a。《菩薩從兜術天降神母胎說廣普經》卷2〈5 三世等品〉云:「彌勒當知!汝復受記五十六億七千萬歲,於此樹王下,成無上等正覺」。詳CBETA, T12, no. 384, p. 1025, c。《佛說觀彌勒菩薩上生兜率天經》云:「閻浮提歲數五十六億萬歲,爾乃下生於閻浮提,如《彌勒下生經》說」。詳CBETA, T14, no. 452, p. 420, a。

[80] 參見《四分律》卷35。詳CBETA, T22, no. 1428, p. 813, b。

[81] 參見《無所有菩薩經》卷4。詳CBETA, T14, no. 485, p. 692, a。

[82] 參見《金色童子因緣經》卷7。詳CBETA, T14, no. 550, p. 879, a。

恭敬前白佛言：世尊！我今已轉女身」。[83]《經律異相》載：「時有長者女，名曰善信………佛便微笑，無數光出，語以戒法，繞身百匝，還從頂入，即授二十四戒……善信歡喜，而得「七住」(七住菩薩)，便於佛前化身為男」。[84]但要「女身能立刻成佛」的話都是「未來」的事了。佛典中除了<u>釋迦</u>佛在「娑婆世界」成佛外，沒有第二尊能在此成佛的。如《佛說如幻三摩地無量印法門經》中的<u>離塵</u>女人「如佛所言：聞此法時，隨處即得轉女人相；是事實者，願我轉身得成男子。爾時彼女發如是言已，即得轉成「男子之身」，時佛為授不退轉阿耨多羅三藐三菩提記，當得成佛，號<u>除一切煩惱</u>如來應供正等正覺」。[85]經中的<u>離塵</u>女人也不是在「娑婆世界」成佛，而是「未來才成佛」，名為<u>除一切煩惱</u>如來。

至於龍女瞬間成佛的「南方<u>無垢</u>世界」其實就是<u>文殊</u>菩薩「未來成佛的淨土」名稱，這個世界就在我們「娑婆世界」的南方，名為「<u>無垢</u>世界」，這個字詞有時也譯作「<u>離塵垢心</u>、<u>清淨無垢寶寘</u>、<u>淨無塵積</u>、<u>如願圓滿積集離塵清淨</u>、<u>隨願積集清淨圓滿</u>」等諸多異名。[86]如《文殊師利佛土嚴淨經》云：「(文殊菩薩)成佛之時，所號云何？佛言：名曰<u>普現</u>如來……世界名曰<u>離塵垢心</u>……在於南方，去(離也)是忍界，極在其邊」。[87]<u>文殊</u>菩薩未來成佛的名號是<u>普現</u>(或普見)如來，國土世界就在「娑婆世界」的南方「不遠」之處，甚至經典還說我們的「娑婆世界」其實是囊括在<u>文殊</u>菩薩未來成佛的「<u>無垢</u>世界」中。這樣的說法見於《大聖文殊師利菩薩佛剎功德莊嚴經》云：「佛言：善男子！此<u>文殊師利</u>成佛之時，名為<u>普見</u>……彼佛世界名<u>如願圓滿積集離塵清淨</u>，其佛剎土在此南方，娑訶世界亦在其中。」[88]在《大寶積經》中與《大聖文殊師利菩薩佛剎功德莊嚴經》為「同本異譯」的內容亦云：「此<u>文殊師利</u>成佛之時名為<u>普見</u>……彼剎名<u>隨願積集清淨圓滿</u>……在於南方。此娑婆世界，亦當在彼佛剎之中。」[89]《悲華經》則云：「於此南方有佛世界，名曰<u>清淨無垢寶寘</u>……彼世界中有種種莊嚴，汝(文殊菩薩)於此中當成阿耨多羅三藐三菩提，號<u>普現</u>如來。[90]與《悲華經》同本譯異的《大乘悲分陀利經》亦云：「於南方有世界名<u>淨無塵積</u>，此娑訶世界亦在其內，如是莊嚴佛土嚴淨，汝<u>曼陀尸利</u>(文殊菩薩)！當於其中成阿耨多羅三藐三菩提，號<u>普現</u>如來」。[91]

龍女不在我們的娑婆世界「成佛」，而在<u>文殊</u>未來的淨土世界「成佛」，這也是有根據的，因為《文殊師利佛土嚴淨經》中說<u>文殊</u>菩薩的淨土是：「無有寒暑老病死事，唯行菩薩，便成「正覺」……臨命終沒，皆成「正覺」」。[92]所以「龍女」的確可以到<u>文殊</u>淨土「成佛」的；但這樣的說法不是完全沒有缺點，因為經典說的都是<u>文殊</u>菩薩「未來成佛」的淨土名稱，並非指的是「現在的淨土」；但「佛法遍在一切處，一切山河及國土，無他方此土之殊，無過現未來之異」的。[93]在《大般若波羅蜜多經》上<u>釋迦</u>佛曾對這個問題解釋說：「云何世尊出現於此穢

---

[83] 參見《佛說大乘不思議神通境界經》卷2。詳CBETA, T17, no. 843, p. 927, c。

[84] 參見《經律異相》卷38。詳CBETA, T53, no. 2121, p. 205, c。

[85] 參見《佛說如幻三摩地無量印法門經》卷3。詳CBETA, T12, no. 372, p. 364, a。

[86] 《佛光大辭典》頁1426中說：「有關<u>文殊</u>菩薩之淨土，於經典記載說法不一……當來成佛，稱為<u>普現</u>如來，其佛土在南方，號<u>離塵垢心</u>世界、<u>無垢</u>世界、<u>清淨無垢寶寘</u>世界……」等。

[87] 參見《文殊師利佛土嚴淨經》卷2。詳CBETA, T11, no. 318, p. 899, b。

[88] 參見《大聖文殊師利菩薩佛剎功德莊嚴經》卷3。詳CBETA, T11, no. 319, p. 915, a-c。

[89] 參見《大寶積經》卷60。詳CBETA, T11, no. 310, p. 347, b-c。

[90] 參見《悲華經》卷3〈4 諸菩薩本授記品〉。詳CBETA, T03, no. 157, p. 188, a-b。

[91] 參見《大乘悲分陀利經》卷3〈7 三王子授記品〉。詳CBETA, T03, no. 158, p. 253, a。

[92] 參見《文殊師利佛土嚴淨經》卷2。詳CBETA, T11, no. 318, p. 899, b。

[93] 上述話語引自清·行悅集《列祖提綱錄》卷25。詳CBETA, X64, no. 1260, p. 204, c。// Z 2:17, p. 288, c。// R112,

惡充滿『堪忍世界』?……諸佛如來所居之處,皆無雜穢,即是淨土。如佛所說,其義無二,有情薄福,見淨爲穢」。[94]及《勝天王般若波羅蜜經》亦云:「諸佛住處,實無穢土,眾生薄福,而見不淨」。[95]《維摩詰所說經》上佛跟寶積長者子說:「若菩薩欲得淨土,當淨其心;隨其心淨,則佛土淨。[96]文殊菩薩雖有未來成佛的「無垢世界淨土」,但龍女在一念「心淨」及「大願」下亦得前往彼「淨土」成佛,誠如《佛說仁王般若波羅蜜經》所說的:「以大願力,常生一切淨土」[97],亦如《月燈三昧經》所說:「身若無礙者,能往諸佛刹,常見於淨土,及見世導師」。[98]

　　「龍女成佛」的經文最後說「娑婆世界」的「菩薩、聲聞、天龍八部」等「遙見」龍女成佛;還為當時的「人天」大眾講法,有無量眾生因「龍女講法」而獲「受記」得「不退轉」,且無垢世界大地震動。而住在另一邊「娑婆世界」觀看「龍女成佛」事蹟的眾生,也有三千位發「菩提心」而獲佛的「受記」得道。四種譯本比對後如下表所列:

西晉·竺法護譯《正法華經》	後秦·鳩摩羅什譯《妙法蓮華經》	隋·闍那崛多、達磨笈多共譯《添品妙法蓮華經》	失譯人(西晉錄)《薩曇分陀利經》
㊀(有)無央數「人、天龍、鬼神」,(因見龍女成佛而)皆發「無上正真道意」。	㊀爾時娑婆世界「菩薩、聲聞、天龍八部、人」與「非人」,皆遙見彼「龍女成佛」,(亦遙見龍女佛)普為時會「人、天」說法,(此娑婆世界大眾見此事而)心大歡喜,悉遙敬禮。	㊀爾時娑婆世界「菩薩、聲聞、天龍八部、人」與「非人」,皆遙見彼「龍女成佛」,(亦遙見龍女佛)普為時會「人、天」說法,(此娑婆世界大眾見此事而)心大歡喜,悉遙敬禮。	㊀一切「眾會、天龍、鬼神、無央數人」,(因龍女成佛而)皆發「無上正真道意」。
㊁(時有)三千世界,(因龍女成佛而)六反震動。	㊁(有)無量眾生,聞(彼龍女佛講)法解悟,(皆)得「不退轉」;(有)無量眾生,得受道記。(時彼)無垢世界,(因龍女成佛而)六反震動。	㊁(有)無量眾生,聞(彼龍女佛講)法解悟,(皆)得「不退轉」;(有)無量眾生,得受道記。(時彼)無垢世界,(因龍女成佛而)六反震動。	㊁(時有)三千大千國土,六反震動。
㊂(時有)三萬「道迹」(初果須陀洹),得「不退轉」,皆當逮(到)成「無	㊂(於此)娑婆世界,(亦有)「三千眾生」住「不退地」,「三千眾生」發	㊂(於此)娑婆世界,(亦有)「三千眾生」住「不退地」,「三千眾生」發	㊂(時有)三萬「須陀洹」,得「阿惟越致」(avinivartanīya 不退轉)。

p. 576, a。

[94] 參見《大般若波羅蜜多經(第401卷-第600卷)》卷569〈6 法性品〉。詳CBETA, T07, no. 220, p. 941, c。

[95] 參見《勝天王般若波羅蜜經》卷3〈5 法性品〉。詳CBETA, T08, no. 231, p. 706, a。

[96] 參見《維摩詰所說經》卷1〈1 佛國品〉。詳CBETA, T14, no. 475, p. 538, c。

[97] 參見《佛說仁王般若波羅蜜經》卷2〈7 受持品〉。詳CBETA, T08, no. 245, p. 832, a。

[98] 參見《月燈三昧經》卷3。詳CBETA, T15, no. 639, p. 564, c。

上正真道」。	「菩提心」，而得「受記」。(因三千眾生見彼龍女成佛，而發大道心，遂亦蒙彼龍女佛而得授記)	「菩提心」，而得「授記」。(因三千眾生見彼龍女成佛，而發大道心，遂亦蒙彼龍女佛而得授記)	
㊣(時)舍利弗、智積菩薩，(見此龍女成佛事後而)「默然」無言。	㊣(時)智積菩薩，及舍利弗，一切眾會，(因見此龍女成佛事後而)「默然」信受。	㊣(時)智積菩薩，及舍利弗，一切大會，(因見此龍女成佛事後而)「默然」信受。	

　　四種譯本比對後可知《薩曇分陀利經》與《正法華經》皆說有「無數眾會、天龍鬼神」發「無上正真道意」，很奇特的，兩譯本都作「無上正真道意」一字不差，沒有「遙見彼龍女成佛」、「遙見龍女佛為時會人天說法」及「遙敬禮」的情節。《妙法蓮華經》與《添品妙法蓮華經》則多了「菩薩、聲聞」也一起遙見「龍女成佛」的內容。接下來《妙法蓮華經》與《添品妙法蓮華經》同說無垢世界有無量眾生因聽「龍女佛」講法而得「不退轉」及「受記」，而在《薩曇分陀利經》與《正法華經》中則完全沒有這樣的譯文。《妙法蓮華經》與《添品妙法蓮華經》同說「娑婆世界」有「三千眾生」因見龍女成佛及為眾講法的事蹟後而「發菩提心」得「受記」，《薩曇分陀利經》與《正法華經》只說有「三萬道迹(即初果須陀洹)，得不退轉」。可見《薩曇分陀利經》與《正法華經》二譯本是最接近的內容。最後智積菩薩與舍利弗因見「龍女成佛」事蹟後而「默然無言」，《正法華經》、《妙法蓮華經》與《添品妙法蓮華經》皆有相同內容，唯《薩曇分陀利經》沒有內容。

四、結論

本論文研究《薩曇分陀利經》並詳細比對了《法華經》的三種譯本，可謂是學術上一大創舉，並獲得不少研究成果。首先是「一卷本」的《薩曇分陀利經》與「六卷本」的《薩芸分陀利經》完全不同，「薩曇」是「薩達摩」的簡譯，梵文羅馬拼音是「sadharma」，這與「六卷本」的「薩芸」(sarva)名稱是完全不同的。《薩曇分陀利經》與《法華經‧寶塔品》有少許相似的經文，經研究比對結果，除了「開經」的「聽法人數」相異外，《薩曇分陀利經》的偈頌內容較少，還有一個「多寶佛」為何譯作「樂寶佛」未解的疑問。

接下來《薩曇分陀利經》的〈提婆達多品〉內容是最豐富的，《薩曇分陀利經》中有關佛陀講的偈頌較少外，其餘大同小異。經文後面有關聽聞《法華經》的功德，《薩曇分陀利經》、《正法華經》及《添品妙法蓮華經》都指的是聽聞整部的《法華經》，唯獨鳩摩羅什譯的《妙法蓮華經》譯作「聞《妙法華經‧提婆達多品》」一詞，這可能因鳩摩羅什的譯本來自龜茲文，在翻譯時可能將「提婆達多」與「龍女成佛」的內容刪去？或者是鳩摩羅什所據的龜茲文原譯就是缺少這部份內容；後來才由陳‧真諦將〈提婆達多品〉編入今本《妙法蓮華經》中；而成為現存「二十八品」名為鳩摩羅什所譯的《妙法蓮華經》。這個問題曾由隋‧吉藏大師做出「種種推測」，甚至近人的學術研究成果在缺乏「直接證據」之下；〈提婆達多品〉的疑問可能還有待「新資料」的發現才能獲得圓滿的答案。在四種譯本的比對下，《薩曇分陀利經》提供了〈提婆達多品〉強有力的輔證資料，可佐證〈提婆達多品〉原本就是存在的內容，並非是後期晚出的經文作品。

從《薩曇分陀利經》中的文殊與智積菩薩的「對話」內容來看，《薩曇分陀利經》的譯文與《正法華經》最接近，與《妙法蓮華經》及《添品妙法蓮華經》差異較大。《薩曇分陀利經》最後是「龍女成佛」的內容，《正法華經》只用簡略的五點說明龍王女的「資歷」，《薩曇分陀利經》更是簡略到只有三點的說明，唯獨《妙法蓮華經》及《添品妙法蓮華經》用了超長的內容在描述八歲龍女的「資歷」。比對下來，《薩曇分陀利經》與《正法華經》這二個譯本內容是最接近的。後面是「女身五障」內容，比對結果下，《薩曇分陀利經》完全沒有此段經文，算是很奇經的地方。接下來是龍女到「**南方無垢世界成佛、普度眾生、娑婆世界遙見龍女佛為時會人天說法**」的事蹟，《薩曇分陀利經》與《正法華經》二個譯本內容最接近，完全沒有《妙法蓮華經》與《添品妙法蓮華經》上述所說的情節。

本論特地探討了龍女為何一定要到「**南方無垢世界成佛並普度眾生**」的理由，雖然「**龍女能瞬間成佛、女身也能成佛**」是由「智慧第一」的文殊菩薩親口說的，但舍利弗、智積菩薩都不相信此事，結果龍女所前往「成佛的地方」就是文殊菩薩未來成佛的「淨土」--無垢世界。因為「無垢世界」的人只要能行菩薩道，一定可成「正覺」，就算命終，也一定成「正覺」。[99]「無垢世界」雖是文殊菩薩未來成佛的「淨土」名稱，但《華嚴經》上說：「一切諸佛住『淨法界』，知一切法本無名字，無『過去名』，無『現在名』，無『未來名』」。[100]《大寶積經》上也說：「無過去、未來、現在相，但眾生取著謂有出世」。[101]淨土並無真實的有「過去、現在、未來」，若能

---

[99] 參見《文殊師利佛土嚴淨經》卷2云：「無有寒暑老病死事，唯行菩薩，便成『正覺』……臨命終沒，皆成『正覺』」。詳CBETA, T11, no. 318, p. 899, b。

[100] 參見《大方廣佛華嚴經》卷46〈33 佛不思議法品〉。詳CBETA, T10, no. 279, p. 246, a。

[101] 參見《大寶積經》卷116。詳CBETA, T11, no. 310, p. 653, b。

一念「心淨」，則「頓超三世」，[102]「十方法界」都是「淨土」！龍女的確不能在「娑婆世界」瞬間成佛，卻能在他方的「**無垢世界**」立刻成佛，這是千真萬確的事實！筆者相信這樣的「**女身能瞬間成佛**」思想能帶給修學佛道的女眾菩薩們更多的經典依據與法喜。[103]

---

[102] 如清‧通微說，行猷等編《萬如禪師語錄》卷3所云：「過去、未來、現在，一念頓超『三世』，東西南北中央，究竟從來無定，故經云『應生無所住心』，若心有住，即為非住」。詳CBETA, J26, no. B182, p. 453, a。

[103] 如果您對此說法還有興趣可進一步參考2011年台南大學賴怡如的碩士論文《竺法護譯經中的女性思想及其影響》。或許文筆編著《華嚴經的女性成就者》。全佛出版社。2005年07月。

五、參考文獻

《大正藏》經文皆由 CBETA 電子佛典集成 April 2011 中所檢索。

(1)唐末五代後晉・可洪撰《新集藏經音義隨函錄・卷五・正法華經》。

(2)唐・玄應撰《一切經音義・卷二十八・正法花經》。

(3)民國・日人辛嶋靜志撰《正法華經詞典》(The International Research Institute for Advanced Buddhology Soka University, Tokyo, 1998)。

(4)荻原雲來編《梵和大辭典》。台北新文豐印。

(5)許文筆編著《華嚴經的女性成就者》。全佛出版社。2005 年。

1983 年陳國燦發表〈吐魯番出土的《諸佛要集經》殘卷與敦煌高僧竺法護譯經考略〉(載於《敦煌學輯刊》第 4 輯)。

2000 年劉曼麗發表〈竺法護譯經數量及時間考〉(載於《西北大學學報》社科版第 2 期)。

2002 年永祥法師〈提婆達多之研究〉(刊於《普門學報》第 10 期。2002 年 7 月)。

2002 年夏金華撰〈提婆達多：惡魔還是菩薩？--經典研讀中的誤判與澄清〉(上海社會科學院哲學研究所，2000 年 2 月)。

2004 年李尚全發表「敦煌菩薩」竺法護的生平及其佛學思想〉(載於《敦煌學輯刊》第 1 期)。

2008 年李幸玲撰「《法華經・提婆達多品》的成立--與嘉達美詮釋學的對話」(刊於玄奘佛學研究第十期 2008 年 11 月)。

2011 年台南大學賴怡如碩士論文〈竺法護譯經中的女性思想及其影響〉。

2011 年浙江大學康振棟博士論文〈竺法護翻譯佛經詞彙研究--以《正法華經》詞彙為中心〉。

果濱其餘著作一覽表

一、《大佛頂首楞嚴王神咒‧分類整理》(國語)。1996 年 8 月。大乘精舍印經會發行。➜書籍編號 C-202。

二、《生死關初篇》。1996 年 9 月。大乘精舍印經會發行。➜書籍編號 C-207。

三、《雞蛋葷素說》。1998 年。大乘精舍印經會發行。➜ISBN：957-8389-12-4。

四、《生死關全集》。1998 年。和裕出版社發行。➜ISBN：957-8921-51-9。

五、《大悲神咒集解(附千句大悲咒文)》。2002 年 9 月。臺南噶瑪噶居法輪中心貢噶寺發行。新鳴遠出版有限公司製作。➜ISBN：957-28070-0-5。

六、《唐密三大咒修持法要全集》。2006 年 8 月。新鳴遠出版有限公司發行。
➜ISBN：978-957-8206-28-1。

七、《楞嚴經聖賢錄》(上下冊)。2007 年 8 月及 2012 年 8 月。萬卷樓圖書股份有限公司發行。
➜ISBN：978-957-739-601-3(上冊)。
➜ISBN：978-957-739-765-2(下冊)。

八、《楞嚴經傳譯及其真偽辯證之研究》。2009 年 8 月。萬卷樓圖書股份有限公司發行。
➜ISBN：978-957-739-659-4。

九、《果濱學術論文集(一)》。2010 年 9 月。萬卷樓圖書股份有限公司發行。
➜ISBN：978-957-739-688-4。

十、《淨土聖賢錄‧五編》(合訂版)。2011 年 7 月初版。萬卷樓圖書股份有限公司發行。
➜ISBN：978-957-739-714-0。

十一、《穢跡金剛法全集》(增訂本)。2012 年 8 月再版。萬卷樓圖書股份有限公司發行。
➜ISBN：978-957-739-766-9。

十二、《漢譯《法華經》三種譯本比對暨研究》(全彩本)。2013 年 9 月初版。萬卷樓圖書股份有限公司發行。➜ISBN：978-957-739-816-1。

✠大乘精舍印經會。地址：臺北市漢口街一段 132 號 6 樓。電話：(02)23145010、23118580

✠和裕出版社。地址：臺南市海佃路二段 636 巷 5 號。電話：(06)2454023

✠萬卷樓圖書股份有限公司。地址：臺北市羅斯福路二段 41 號 6 樓之 3。電話：(02)23216565、23952992

果濱佛學專長

一、漢傳佛典生老病學。二、漢傳佛典死亡學。三、悉曇梵咒學。四、楞伽學。五、維摩學。

六、般若學(《金剛經》+《大般若經》+《文殊師利所說般若波羅蜜經》)。七、十方淨土學。

八、佛典兩性哲學。九、佛典宇宙天文學。十、中觀學。十一、唯識學(唯識三十頌+《成唯識論》)。

十二、楞嚴學。十三、唯識腦科學。十四、敦博本六祖壇經學。十五、佛典與科學。十六、法華學。

十七、佛典人文思想。十八、《唯識双密學》(《解深密經+密嚴經》)。十九、佛典數位教材電腦。

二十、華嚴經科學。

國家圖書館出版品預行編目(CIP)資料

漢譯《法華經》三種譯本比對暨研究(全彩版) / 果濱 撰. – 初版. –
臺北市：萬卷樓, 2013.09
面 ；　　公分
全彩版
ISBN 978-957-739-816-1 (精裝)

1.法華部

　221.5　　　　　　　　　　　　　　　　　102018005

ISBN 978-957-739-816-1

漢譯《法華經》三種譯本比對暨研究(全彩版)

2013 年 9 月初版 精裝(全彩版)　　　　　　　定 價：新台幣 860

撰　著　者：陳士濱(法名：果濱)
　　　　　　現為德霖技術學院通識中心專任教師
發　行　人：陳滿銘
封 面 設計：張守志
出　版　者：萬卷樓圖書股份有限公司
編輯部地址：106 臺北市羅斯福路二段 41 號 9 樓之 4
電話：02-23216565
傳真：02-23218698
E-mail：wanjuan@seed.net.tw
萬卷樓網路書店：http://www.wanjuan.com.tw
發行所地址：106 臺北市羅斯福路二段 41 號 6 樓之 3
電話：02-23216565
傳真：02-23944113
劃撥帳號：15624015
作 者 網站：http://www.ucchusma.net/sitatapatra/
承 印 廠 商：中茂分色製版印刷事業股份有限公司